Das Christentum im frühen Europa

Millennium-Studien
zu Kultur und Geschichte
des ersten Jahrtausends n. Chr.

Millennium Studies
in the culture and history
of the first millennium C.E.

Herausgegeben von / Edited by
Wolfram Brandes, Alexander Demandt, Helmut Krasser,
Peter von Möllendorff, Dennis Pausch, Rene Pfeilschifter,
Karla Pollmann

Band 75

Das Christentum im frühen Europa

—

Diskurse – Tendenzen – Entscheidungen

Herausgegeben von
Uta Heil

DE GRUYTER

ISBN 978-3-11-073690-8
e-ISBN (PDF) 978-3-11-064350-3
e-ISBN (EPUB) 978-3-11-064276-6
ISSN 1862-1139

Library of Congress Control Number: 2019931219

Bibliografische Information der Deutschen Nationalbibliothek
Die Deutsche Nationalbibliothek verzeichnet diese Publikation in der Deutschen
Nationalbibliografie; detaillierte bibliografische Daten sind im Internet
über http://dnb.dnb.de abrufbar.

© 2020 Walter de Gruyter GmbH, Berlin/Boston
Dieser Band ist text- und seitenidentisch mit der 2019 erschienenen
gebundenen Ausgabe.
Druck und Bindung: CPI books GmbH, Leck

www.degruyter.com

Vorwort

Der Sammelband geht auf die Tagung „Formation of European Christianity in Late Antiquity and the Early Middle Ages" zurück, die vom 6. bis zum 8. April 2017 in Wien stattfand. Ermöglicht wurde die Tagung durch die Finanzierung des Forschungsprojektes „Die Formation des westlichen Christentums im frühen Mittelalter – oder: Übersehene Fundamente Europas" von Volker Henning Drecoll (Tübingen) und Uta Heil (Wien), das die Volkswagenstiftung im Rahmen der Förderlinie „Originalitätsverdacht? Neue Optionen für die Geistes- und Kulturwissenschaften", Kategorie „Konstellationen" bewilligt hat. Wir bedanken uns sehr für diese Förderung!

Die Tagung war gezielt interdisziplinär ausgerichtet, um das Gespräch zwischen den Forschungstraditionen zu fördern, was erfreulicherweise in guter Atmosphäre gelingen konnte: Wir bedanken uns bei den TeilnehmerInnen, vor allem auch bei denjenigen, die uns ein Manuskript Ihres Beitrags in überarbeiteter Form zur Verfügung gestellt haben.

Unser Dank gilt auch der Institutsreferentin Hildegard Busch, die während der Tagung immer dabei war und bei der praktischen Organisation kompetent geholfen hat. Zu danken ist auch den beiden Assistentinnen Antje Klein und Michaela Durst für ihr Mitwirken sowie für ihre exzellente Hilfe bei der Erstellung der Druckfassung des Tagungsbandes. Dieser Dank gebührt auch den Studienassistenten Johannes Blüher, Sara Huber und Andreas Kohlndorfer.

Ein Dankeschön richtet sich auch an den Verlag Walter de Gruyter, namentlich an Nancy Christ und Katrin Hofmann, für die Begleitung bei der Fertigstellung des Bandes sowie an die Herausgeber der Reihe „Millennium Studies", insbesondere Peter von Möllendorff (Gießen), für die Aufnahme des Bandes. Die Unterstützung war sehr hilfreich.

Zu guter Letzt danke ich meinem Kollegen Volker Henning Drecoll für dieses gemeinsame Projekt, besonders aber für seine vielen Reisen von Tübingen nach Wien und die guten Gespräche. Der gemeinsame Austausch war bereichernd und hat das Projekt getragen!

Ich wünsche allen Leserinnen und Lesern eine anregende Lektüre!

Uta Heil
Wien, im November 2018

Inhalt

I. Einleitung

Uta Heil und Volker Henning Drecoll
Anti-Arianismus und mehr. Zum Profil des lateinischen Christentums im entstehenden Frühmittelalter —— 3

II. Universal und regional

Walter Pohl
Die christliche Dimension ethnischer Identitäten im Frühmittelalter —— 35

Fabian Schulz
Westkirche und Okzident im frühen 5. Jahrhundert —— 51

Carmen Cardelle de Hartmann
Latinitas: **Überlegungen zur sprachlichen Korrektheit zwischen Spätantike und Karolingerzeit** —— 67

III. Konfisziert und kodifiziert

Clemens Weidmann
Zum Problem der Pseudepigraphie in patristischen lateinischen Predigten —— 93

Mark Vessey
Sidonius Apollinaris Writes Himself Out: Aut(hol)ograph and Architext in Late Roman Codex Society —— 117

IV. Bekennen und verdammen

Yitzhak Hen
Dialog und Debatte in Spätantike und frühmittelalterlichem Christentum —— 157

Irene van Renswoude
Crass Insults: *Ad hominem* **Attacks and Rhetorical Conventions** —— 171

Roland Steinacher
Vom Ketzerkönig zum *christianissimus rex*. Politische Dimensionen der homöischen Christologie: Afrika im 5. und 6. Jahrhundert mit einem Ausblick nach Spanien — 195

Uta Heil und Christoph Scheerer
Wiederentdeckung eines homöischen Dokuments: Thrasamunds Einwände gegen den katholischen Glauben als Zeugnis homöischer Theologie Nordafrikas — 219

Benjamin Gleede
(Neu-)Chalkedonismus bei Fulgentius von Ruspe — 263

Jan-Markus Kötter
Der Umgang der zeitgenössischen lateinischen Chronistik mit der reichskirchlichen Entwicklung im fünften Jahrhundert — 281

Ian Wood
Discussions with Kings: The Dialogues of Avitus of Vienne — 301

Hanns Christof Brennecke
Das *Athanasianum* – ein Text aus dem Westgotenreich? Überlegungen zur Herkunft des *Symbolum quicumque* — 317

Richard Price
Western Theology and the Ecumenical Councils — 339

V. Christen und Juden

Günter Stemberger
Gregor von Tours und die Stellung der Juden im Gallien des 6. Jahrhunderts — 355

Wolfram Drews
Anti-Jewish Treatises in Visigothic Spain — 369

VI. Gelehrtes und Gelerntes

Wolfram Kinzig
Formation des Glaubens. Didaktische und liturgische Aspekte der Rezeption altkirchlicher Symbole in der lateinischen Kirche der Spätantike und des Frühmittelalters — 389

Andreas Weckwerth
Was hat Cicero mit der Liturgie zu schaffen? Zur Bedeutung der Rhetorik in der spätantiken lateinisch-christlichen Gebetssprache —— 433

Els Rose
Plebs sancta ideo meminere debet. **The Role of the People in the Early Medieval Liturgy of Mass —— 459**

Sachregister —— 477

Personenregister —— 482

Stellenregister —— 484

Altes Testament —— 484
Neues Testament —— 484
Antike bis frühmittelalterliche Quellen —— 485

List of Contributors —— 507

I. **Einleitung**

Uta Heil und Volker Henning Drecoll
Anti-Arianismus und mehr. Zum Profil des lateinischen Christentums im entstehenden Frühmittelalter

Einführung

1 Allgemeines

Von der christlichen Prägung Europas zu sprechen, ist heute ein Politikum, denn es ist höchst umstritten, wie christlich Europa eigentlich *ist* und bleiben soll: Beruht eine europäische Kultur mit ihren spezifischen Prägungen überhaupt auf einer christlichen Basis oder nicht vielmehr auf einer Überwindung eben dieser christlichen Basis seit der Zeit der Aufklärung? Um das ansatzweise überhaupt beantworten zu können, müsste erst einmal eine Auseinandersetzung darüber geführt werden, wie diese christliche Basis aussieht.

Das von der Volkswagenstiftung geförderte Forschungsprojekt von uns, Volker Henning Drecoll und Uta Heil, „Die Formation des westlichen Christentums im frühen Mittelalter – oder: Übersehene Fundamente Europas" hat sich daher mit dieser vorausgesetzten christlichen Basis befasst und sich der Frage gewidmet, wie und in welcher Form der geographische Raum Europa im Übergang von der Spätantike zum Frühmittelalter erst christlich *wurde*. Das kann natürlich nicht im Rahmen eines kleineren Projektes abschließend beantwortet werden, zudem auch die umgekehrte Frage mit zu berücksichtigen ist, wie und in welcher Form das Christentum „europäisch" wurde. Die konkrete Absicht des Projekts lag darin, darauf aufmerksam zu machen, dass bei der Erforschung des Christentums im beginnenden Frühmittelalter wichtige inhaltliche Aspekte unserer Ansicht nach bislang unberücksichtigt geblieben sind.

2 Von der „Völkerwanderung" zur „Transformation"

Die zeitlich relevante Epoche ist die früher sogenannte „Völkerwanderungszeit", also die Zeit von etwa 450 bis 650 n.Chr. Die allgemeine Geschichtswissenschaft hat inzwischen unser Verständnis dieser Umbrüche radikal verändert: Sowohl der Begriff der „Völker" als auch der ihrer „Wanderungen" wurden dekonstruiert. So wurde deutlich, dass die „Völker" keine greifbaren Voraussetzungen darstellen, sondern sich wohl erst in dem Moment des Aufeinandertreffens verschiedenster Gruppen mit unterschiedlichen Hintergründen im Zuge ihres Kontakts mit dem Römischen Reich herausbildeten. Daher gab es keine konstanten Verbände oder fixe größere Kriegergruppen, sondern vielfältige Migrationsbewegungen, die in unterschiedlicher Weise in das Römische Reich integriert wurden.[1] Biologistisches Denken über Völker wurde also von sozialgeschichtlichen Modellen abgelöst. Von einem „Zusammenbruch" des Römischen Reiches (das dann etwa auf das Ende eines weströmischen Kaisers im Jahr 476 zu datieren wäre) kann daher auch nicht mehr so ohne weiteres gesprochen werden.[2]

In der Forschung wird gegenwärtig die Zeit des 5. – 7. Jahrhunderts überwiegend als eine eigene Epoche der Transformation betrachtet, was vor allem das einflussreiche ERC-Projekt „The Transformation of the Roman World" in die Frühmittelalterforschung eingetragen hat.[3] Ziel dieses Projektes war es nicht nur, die Forschungen zu dieser Epoche zu intensivieren, sondern auch das Denken in Dekadenzmodellen, die beim Ende oder Untergang des Römischen Reichs einsetzen, aufzubrechen. In dieser Zeit beginnen sich nämlich relevante neue Strukturen herauszubilden, die ins westliche lateinische Mittelalter weisen, und der Osten und Westen des Römischen Reichs entfernen sich stärker voneinander weg als je zuvor.[4] Es ist überdies eine entscheidende Phase der Christianisierung neuer Bevölkerungsgruppen.

Die Transformationsprozesse im Frühmittelalter sowie die in dieser Zeit stattfindende Christianisierung werden also bereits seit einigen Jahrzehnten intensiv erforscht, aber mehr mit Bezug auf strukturelle oder formale (wie die Entstehung des Papsttums, des Mönchtums, des Bischofsamtes) oder frömmigkeitsgeschichtliche (wie die Entwicklungen im Reliquienwesen, Pilgerwesen, Bußwesen, in der Heiligenverehrung, in der Liturgie, in der asketischen Lebensweise) Bereiche. Wie sieht es jedoch aus mit den christlichen Vorstellungen von dem trinitarischen Gott? Von der Menschwerdung Christi? Von der Auferstehung? Von der Gnade Gottes und dem Gericht? Waren diese ebenfalls relevant, präsent und prägten eine christliche Identität? Wie wirkten sie sich aus? Wurde darüber überhaupt debattiert, und wenn ja, wie?

---

[1] Vgl. exemplarisch dazu Geary (2002); die kommentierte Aufsatzsammlung von Noble (2006) und Pohl (2005), hier bes. Kap. I.: „Völkerwanderung, Ethnogenese, Umwandlung der Römischen Welt: Modelle für den Wandel Europas am Beginn des Mittelalters" (S. 14–39). Zur Begriffsgeschichte vgl. Springer (2006) 509–510; vgl. auch Heil (2016).
[2] Vgl. aber die erneute Debatte darüber, ausgelöst vor allem durch Heather (2005/2010).
[3] 1993–1998, geführt von Evangelos Chrysos, Javier Arce und Ian N. Wood; vgl. die archivierte Seite des Projekts: The Transformation of the Roman World: http://archives.esf.org/coordinating-research/research-networking-programmes/humanities-hum/completed-rnp-programmes-in-humanities/the-transformation-of-the-roman-world.html. Vgl. auch Mathisen/Shanzer (2011), sowie Wood (2006). Aus dem Projekt gingen die vierzehn Bände der Reihe „The Transformation of the Roman World" (Leiden 1997–2004) hervor, seit 2008 fortgeführt als „Brill's Series on the Early Middle Ages".
[4] Vgl. dazu auch den Beitrag von Fabian Schulz in diesem Band.

3 Von der „Germanisierung des Christentums" zu einem anderen Megatrend?

Im 19. Jahrhundert, besonders in den Auseinandersetzungen nach der deutschen Reichsgründung von 1871, als um ein spezifisch deutsches Christentum heftig gerungen wurde, war vor allem in der deutschsprachigen Forschung die These von einer „Germanisierung des Christentums" weit verbreitet.[5] Eine Orientierung an frühen Entwicklungen in der Völkerwanderungszeit, als die Germanen das Christentum auf eine ihnen eigentümliche Weise so umgeprägt hätten, dass es zu ihrem Wesen passe, wurde damals auch als ein Ausweg aus der Modernitätskrise besonders des deutschen Protestantismus empfohlen.[6]

Die Germanisierungsthese war damals vom Ansatz her vergleichsweise modern, weil sie umfassend a) auf das Recht (Gesetzeswerke, Rechtsvorstellungen), b) auf soziale Ordnungen (Vorstellungen von Sippe, Ehe etc.), c) auf die Kultur (Grabkultur, Kleidung etc.), d) Herrschaftsstrukturen (Vorstellungen vom König, Adel etc.), sowie e) auf die Religion (Christus als Kriegsheld, Neigung zur Subordination, Verbindung mit Naturkräften bzw. Materialisierung des Religiösen etc.) bezogen war. Weitere Aspekte ließen sich vermutlich anfügen. Die Germanisierungsthese konnte sich also recht lange erfolgreich behaupten, weil sie so etwas wie einen umfassenden „Megatrend" einer Epoche beschrieb, an den man unterschiedliche Forschungsansätze anschließen konnte. Dass dadurch schließlich der Boden für eine völkische Ideologisierung bereitet wurde, die auch nationalsozialistischem Gedankengut Tür und Tor öffnete, desavouierte allerdings die „Germanisierung" für die Forschung nach 1945.

Das Paradigma der „Germanisierung" als einer Größe, die das *Imperium Romanum* geprägt habe, hat außerdem, zusätzlich zur inzwischen erfolgten Dekonstruktion der „Völker-Wanderung", ein weiteres Manko: Weder lässt sich überhaupt ausreichend erheben, worin die frühere Religion und Kultur der Germanen hätte bestehen sollen,[7] noch lässt sich jeweils ein harter Bruch in den Tendenzen vor und nach der

---

[5] Zur Germanisierung des Christentums vgl. als erstes größeres Werk: Krafft (1854). Grundlegend wurden Vilmar (1848) (vgl. S. 7–8); Freytag (1859) 209–268; Hase (1890); Schubert (1909); Boehmer (1913); Seeberg (1914); Heussi (1934); Schmidt (1939). Gestritten wurde damals vor allem, ob es eine Art „Prädisposition" der Germanen für das Christentum gegeben habe oder nicht, ob also das Christentum für „die Germanen" „artgemäß" sein könne. Hinzu kamen dann die Debatten um einen „germanischen Arianismus"; vgl. Brennecke (2002).
[6] Vgl. Bonus (1896); Bonus (1899). Vgl. auch seine Aufsatzsammlung Bonus (1911). Vgl. dazu Brennecke (1996 und 2006); Schäferdiek (1984); Schäferdiek (1996); Lächele (2001); Radmüller (2012).
[7] Vgl. z.B. zur Religion der „Germanen" Maier (2003) (ibid. 142–154 zur Problematik der Forschungsgeschichte, vgl. dazu auch Siewert [2002] 81–137); Rubel (2016) (ibid. 48–49 zur Problematik, dass sich aus den verschiedenen archäologischen Funden und Einzelergebnissen keine kohärente „germanische Religion" ableiten lässt); vgl. auch die Problemanzeige von Pohl (2004) 78–85. Egeler (2013) nimmt eine wichtige Vermittlungsfunktion der Kelten für die Wahrnehmung germanischer Religiosität durch die Römer an, vgl. Gschlößl (2006); zu den Kelten dann besonders Maier (2012). Zum

„Germaneninvasion" feststellen. Viele Aspekte der Entwicklungen der vormals sogenannten „Germanisierung" gehen genau genommen von der Spätantike ins frühe Mittelalter weiter, ohne dass ein erkennbarer oder ursächlicher „germanischer" Anteil greifbar wäre.

Wenn also im Hinblick nicht zuletzt auf die Christianisierungsprozesse in dieser Zeit nicht länger von einer Germanisierung gesprochen werden kann, stellt sich die Frage: Welcher Megatrend beschreibt (bzw. welche Megatrends beschreiben) stattdessen die Zeit vom 5. bis zum 7. Jahrhundert? Die „Transformation des *Imperium Romanum*" ist ja eine vergleichsweise formale Angabe, die zunächst einmal nur besagt, dass etwas verändert wird, wobei sich Kontinuitäten und Diskontinuitäten abzeichnen. Ethnizität und Migration sind gewiss ebenfalls wichtige Grundlagenbegriffe, deren kulturelle, politische, soziale Ordnungen sich genauer beschreiben lassen.[8] Es sind aber nicht nur die Mechanismen als solche zu untersuchen, sondern auch ihre, wenn man so sagen darf, inhaltliche Füllung: Welche neuen Inhalte erweisen sich als Bezugspunkte der Veränderungen? Bilden sich auch hier gemeinsame Vorstellungen, die über Differenzen hinweg Anerkennung fanden und somit stabilisierende Faktoren waren – neben den Beharrungskräften von sozialen Ordnungen, Institutionen und kulturellen Gegebenheiten?

In den gegenwärtigen Forschungen zum Übergang von der Spätantike zum Frühmittelalter stehen diese Aspekte einer christlichen Theologie jedoch nicht im Vordergrund; sie scheinen mit der Abwendung von der Germanisierungsthese aus der Wahrnehmung verloren gegangen zu sein. Eine Ausnahme im Forschungsdiskurs bildet allein der früher sogenannte „germanische Arianismus", heute korrekter als das homöische Bekenntnis in den gentilen Nachfolgereichen bezeichnet: Die Konstruktion von Zugehörigkeiten zu bestimmten *gentes* ging an vielen Stellen nämlich Hand in Hand mit einer Hinwendung zum Christentum in einer bestimmten Form, die die moderne Forschung als Homöertum bezeichnet.[9] Aber auch hier lässt sich feststellen, dass über die faktische Benennung dieses konfessionellen Dualismus hinaus die inhaltliche Ausprägung und Weiterentwicklung der theologischen Debatte um dieses Homöische kaum genauer erforscht wurde. Was war eigentlich das Überzeugende oder Attraktive am Homöertum? Und warum wurde es schließlich doch von den

---

Königtum vgl. Murray (1998); vgl. auch Erkens (2010), der jedoch trotz fehlender Quellen ein Sakralkönigtum voraussetzt.

8 Die Ethnogenese, ethnische Identitäten und Ethnographie der Völkerwanderungszeit hat die Rede von Völkern inzwischen abgelöst, aber zum Teil nur verlagert, da die Beschreibung einer Ethnogenese/ Volkwerdung (Bezeichnung von Herwig Wolfram) nach wie vor umstritten ist: Kann man doch einen stabilen Kern z. B. gotischer Identität voraussetzen (Peter Heather, auch Reinhard Wenskus und Herwig Wolfram) oder sind entsprechende Erzählungen reine Fiktion, um Privilegien einer gotischen Kriegerkaste zu legitimieren (Walter Goffart; Patrick Amory)? Was konstituiert eigentlich eine ethnische Identität, die Herkunft, die Sprache, die Religion, die Kampfweise? Und warum definierte man sich überhaupt über eine solche Ethnizität, so konstruiert sie auch sein mag? Vgl. die Literatur oben in Anm. 5, 6, 7 und Castritius (2005); Kulikowski (2012) sowie den Beitrag von Walter Pohl in diesem Band.
9 Vgl. dazu die Beiträge in: Berndt/Steinacher (2014) sowie Heil (2011).

Burgundern und Westgoten aufgegeben?[10] Inwiefern war das Nizänische attraktiver – abgesehen von dem Bestreben, für eine einheitliche Herrschaft den konfessionellen Dualismus aufzuheben?

Es gehört zwar zum Selbstverständnis moderner Geschichtswissenschaften als kritischer Wissenschaft, vor allem soziale, strukturelle und institutionelle Rahmenbedingungen von Entwicklungen zu beschreiben und die Praxis (Alltagsleben, Verhaltensmuster und Rituale) zu untersuchen. Allerdings sollte das nicht dazu führen, dass inhaltliche Konzeptionen oder Vorstellungsmuster in ihrer Bedeutung relativiert oder minimiert werden. Denn: So wenig eine Geschichte sich in dem Sinne nur als Ideengeschichte beschreiben lässt, dass die inhaltlich entscheidenden Konzepte zu den universalen Schlüsseln des Verständnisses einer Epoche werden, so wenig sollte man solche Inhalte ausblenden oder sie für sekundär und in gewisser Weise zufällig halten. Das betrifft im besonderen Maße auch die Ethnogenese, wenn biologistische Modelle zugunsten von sozialgeschichtlichen Erklärungen aufgegeben wurden: Wenn für die Identität eines sich bildenden Gemeinwesens eines gentilen Nachfolgereichs und der damit verbundenen identitätsstiftenden Erzählungen und Rückbezüge auch die Religion konstitutiv gewesen ist, dann auch inklusive deren inhaltliche Füllung, die demzufolge umfassend mit zu berücksichtigen ist.

Nun kann man natürlich mit Fug und Recht in Frage stellen, ob überhaupt ein „Megatrend" für die genannte Zeit benannt werden muss. Wird damit nicht eine unzulässige Vereinfachung vorgenommen und eine Art Signatur der Epoche ausgerufen, die als einseitig abzulehnen ist? Die Gefahr besteht auf jeden Fall. Beispielsweise sind regionale Differenzierungen zu beachten, da die Entwicklungen in den jeweiligen gentilen Nachfolgereichen unterschiedlich verliefen. Daneben ist auch eine zeitliche Differenzierung mit zu berücksichtigen, denn zwei bis drei Jahrhunderte über einen Kamm zu scheren ist problematisch. Vor allem das 6. Jahrhundert, also die Zeit des byzantinischen Kaisers Justinian, scheint eine entscheidende Phase gewesen zu sein, in der sich Tendenzen beschleunigten und zuspitzten. Der nochmalige intensive Kontakt mit dem griechischen Osten durch die Eroberungen Justinians im Westen provozierte offenbar eine Profilierung des westlichen lateinischen Christentums.

Der Verzicht auf die Beschreibung eines Megatrends läuft aber umgekehrt Gefahr, dass von der Spätantike, kirchengeschichtlich gesprochen von Augustinus und Leo I., zur karolingischen Zeit gesprungen, die Zeit dazwischen aber eher übergangen als betrachtet wird. Dabei gibt es Indizien, dass genau diese Zeit entscheidende Weichen für die Formation der westeuropäischen Kultur und Sprache gestellt hat. Gerade wenn man ein Dekadenzmodell ablehnt, also die Zeit des 5. Jahrhunderts nicht in erster Linie als „Ende des weströmischen Reiches" beschreibt, und zugleich die Voraussetzungen der Karolingerzeit stärker hervorhebt, wird die Zeit des 5.–7. Jahrhunderts neu interessant.

---

10 Vgl. dazu den Beitrag von Steinacher in diesem Band.

4 Problematische „Dekadenzmodelle"

Dennoch erscheint es schwierig, insbesondere auch nach den Diskussionen auf der Tagung im April 2017, ein Denken in Dekadenzmodellen gänzlich zu vermeiden. Theologisch wird diese Zeit im Westen noch immer vor allem als eine Zeit der Augustinusrezeption und der Verflachung der theologischen Argumentationstiefe angesehen; demgegenüber seien wesentliche Veränderungen alleine in der Frömmigkeit wie etwa der Reliquienverehrung zu finden.[11] Daher sei diese Zeit des Übergangs zwischen Spätantike und Frühmittelalter eher als eine Zeit des Verfalls ohne „hohe Theologie" oder nennenswerte Gestalten und Werke anzusehen. Eine allgemeine Vernachlässigung dieser Epoche im Fach Kirchengeschichte hat das Ihrige dazu beigetragen. So konzentriert sich die Forschung auf nur wenige Autoren wie Gregor den Großen († 604), Cassiodor († um 580), Boethius († um 585) oder Isidor von Sevilla († 636) oder auf strukturelle Fragen (s.o.).[12] Vielfach herrscht die Einschätzung vor, dass diese Phase der gewaltigen politischen Umbrüche („Völkerwanderung") keine grundlegenden und langfristig bedeutenden kirchlich-theologischen Weichenstellungen habe hervorbringen können. Oder das Christentum wird schlicht als eine Konstante oder „Klammer" in dieser Zeit angesehen bzw. als Bewahrerin der Kultur, besonders in den Klöstern – so als wäre es selbst von den Umbrüchen nur marginal

---

11 Vgl. den Beitrag von Rose in diesem Band zur Kritik an einer angeblichen „Klerikalisierung" in dieser Zeit, vor allem bei Arnold Angenendt zu finden.

12 Vgl. exemplarisch Haendler (1987) mit einer Konzentration auf die Päpste; Pietri (2001), hier 250: „Die Zeiten der gelehrten Auseinandersetzungen der Theologen waren vorbei" (wobei insgesamt die Beiträge in dieser Gesamtdarstellung noch am ausführlichsten theologische Entwicklungen nachzeichnen). Der Klassiker von Angenendt (2001) beschreibt die „Auswirkungen" der Völkerwanderung auf die Kirche unter den Überschriften „§ 17 Kirche im Rückzug" und „§ 18 Der germanische Arianismus". Es folgen dann zu Gallien und Italien die Kapitel über „§ 19 Reichsgründungen und Landeskirchen", „§ 20 Nothelfer in der Völkerwanderung", „§ 21 Das Ende des weströmischen Kaisertums", „§ 22 Kirche und Kultur" (mit der Zwischenüberschrift „Kulturelle Nachblüte" zu Boethius, Cassiodor, Dionysius Exiguus und dem *Liber Pontificalis*) und schließlich „§ 23 Italien als byzantinische Provinz". Das folgende Kapitel geht von der „Dekomposition der Alten Welt" aus. In der Darstellung von Martin (2001) wird das Christentum in fünf Kapiteln thematisiert, die a) die Ausbreitung und das christliche Rombild, b) das Mönchtum, c) Bischofsamt und Konzilien, d) Landes- und Nationalkirchen und e) „die Juden, das römische Reich und die Christen" behandeln. Prägungen durch theologische Entwicklungen kommen hier nicht in den Blick. Dies gilt etwa auch für Meinhardt/Ranft/Selzer (2007) oder Knefelkamp (2003). Auf „Bistümer", „Entwicklung des Mönchtums" und „Mission und Herrschaft" wird die Geschichte der „Kirche zwischen Spätantike und Frühmittelalter" reduziert bei Prinz (2004). Stark auf die Institutionen und religiöse Praxen konzentriert sich Goetz (2003). Auf die Nennung einiger weniger Theologen des 6. Jahrhunderts beschränkt sich umgekehrt Frank (1996). Zum Dekadenzmodell vgl. Demandt (2008) 488–503. Vgl. hingegen Leppin (2012) (bes. 94–96 zu den Christusbildern) und Hauschild/Drecoll (2016), wo sich die Stoffaufteilung gar nicht mehr an der Epochenunterscheidung Alte Kirche – Mittelalter orientiert, Dekadenzmodelle konsequent vermieden und neben institutionellen Aspekten (wie Mönchtum, Papsttum) und der Ausbreitungsgeschichte auch die theologischen Entwicklungen (in Ost und West) in den Blick genommen werden.

betroffen gewesen. Sogar die große Synthese von Peter Brown (*The Rise of Western Christendom. Triumph and Diversity AD 200–1000* [The Making of Europe], 3. Aufl., New York 2013) beschreibt die Entstehung des westlichen Christentums eher flächig als einen jahrhunderteübergreifenden Prozess zwischen 200 und 1000 n.Chr., innerhalb dessen dem Zeitraum zwischen 450 und 650 keine herausgehobene Bedeutung zukommt. Er hebt auch die eher traditionellen Protagonisten (Gregor von Tours, Caesarius von Arles, Benedikt, Gregor der Große) und Entwicklungen (Mönchtum, Klöster als Bildungsinseln, Reliquienfrömmigkeit und Bußbücher) hervor.

Das noch immer präsente Dekadenzmodell hat dazu geführt, dass die tatsächlich vorhandenen Quellen sowie theologische Entwicklungen in der Zeit nach Augustinus († 430) kaum erforscht wurden. Es waren aber nicht einfach nur die lateinischen „Kirchenväter" der Spätantike zwischen Tertullian und Augustinus, welche die Basis des westlichen Christentums bildeten, sondern spätere Autoren, die nach der zunehmenden Trennung vom griechischen Kulturraum zwischen 450 und 650 n.Chr. eine eigenständige westliche, lateinische christliche Tradition in Theologie, Kultus und Geschichte ausbildeten. Diesen Prozess vereinfacht als „Synthese" einer komplexen lateinischen Tradition eines Augustinus, Ambrosius oder Hieronymus zu beschreiben, ist unzureichend. Die bislang vorherrschende verengte Perspektive der Rezeption der Schriften der Väter ist zu korrigieren und zu erweitern.

Demgegenüber wollte das Projekt darauf aufmerksam machen, dass von dem Selbstverständnis der Akteure ausgehend inhaltliche Kernpunkte des christlichen Glaubens eine entscheidende Bedeutung haben und einen reichhaltigen Niederschlag in Literaturen gefunden haben. Im lateinischen Westen entstanden in dieser Zeit überdies viele pseudepigraphe Schriften, die in der Forschung oft vernachlässigt werden, obwohl sie für das Verständnis der Epoche und das spätere Bild vom Erbe der „Kirchenväter" von großer Bedeutung sind (v. a. Ps-Ambrosius; Ps-Hieronymus; Ps-Augustinus[13]; Ps-Maximus; gallikanischer Euseb sowie lateinische Pseudepigraphie der griechischen „Väter" Origenes, Athanasius, Johannes Chrysostomus). Die Entstehungs- und Überlieferungsprozesse zu erforschen wird diese Epoche erhellen, ist aber ein großes Forschungsdesiderat. Aus dem 5. und 6. Jahrhundert gibt es ferner bemerkenswert viele Streitgespräche bzw. dialogisch gestaltete Schriften,[14] die darauf hinweisen, dass in dieser Zeit um den Kern des Christentums gerungen wurde.[15] Diese

---

13 Vgl. dazu den Beitrag von Weidmann in diesem Band.
14 Vgl. dazu die Beiträge von Hen, Wood und auch van Renswoude in diesem Band.
15 *De altercatione Ecclesiae et Synagogae* (Edition von Hillgarth): eine Disputation zwischen „Kirche" und „Synagoge", unter Augustinus überliefert (5. Jahrhundert); *Liber altercationum christianae philosophiae contra erroneas et seductiles paganorum philosophorum* und *Contra Iudaeos* (Edition von Aschoff; anonymer Dialog 5. Jahrhundert); *Consultationes Zacchei christiani et Apollonii philosophi* (drei Bücher, in PL 20; Edition von Feiertag und Steinmann; anonymer Dialog 5. Jahrhundert); Arnobius Iunior, *Altercatio cum Serapione* (in PL 53; Edition von Daur); Ps-Augustinus, *Collatio cum Pascentio* (Edition von Müller, Weber und Weidmann; pseudepigrapher Dialog mit Bezug auf eine tatsächliche Disputation Augustinus', Ende 5. Jahrhundert); eine in Fragmenten greifbare Debatte zwischen Fulgentius von Ruspe und Fabian (Anfang 6. Jahrhundert); der pseudepigraphe Dialog zwischen Avitus

Schriften behandeln insbesondere den konfessionellen Gegensatz zwischen homöischen gentilen Bevölkerungsteilen und der „katholischen" (d.h. nizänischen) *Romanitas*, hängen also mit den Disputen über Trinitätslehre und Christologie zusammen. Zum Teil sind die Dialoge ebenfalls pseudepigraph und werden insbesondere Augustinus und Athanasius zugeschrieben, offenbar um neue Themen und Texte mit Autorität zu versehen. Die Angehörigen der gentilen Gruppen tauchen in diesen Schriften nicht mehr nur als „kulturlose Barbaren" auf, sondern als Adressaten und Gesprächspartner, denen das Christentum korrekt zu vermitteln ist. Im Rahmen des Projekts wurde von Uta Heil als ein Zugang dazu das trinitätstheologisch relevante Schrifttum des Fulgentius von Ruspe für eine erste neusprachliche Übersetzung und Analyse ausgewählt.[16]

Die aus der Zeit erhaltene Literatur thematisiert die theologischen Inhalte der christlichen Religion sowohl vom Umfang als auch von der Stellung und Betonung her in auffallender Weise. Insbesondere die Auseinandersetzung um die homöische bzw. nizänische Trinitätslehre und um die Rezeption der chalcedonischen Christologie führten offenbar zu einer Art „Standardset" theologischer Grundlagen, deren Rechtgläubigkeit als fundamental angesehen wurde. In dem Kontext dieses Diskurses entstand ferner eine spezifische theologische Sprachlichkeit, verbunden mit einer Reihe von geläufigen Argumenten und Debatten. Das Ringen um die richtige, orthodoxe Auffassung von Gott als Dreieinigkeit und die Betonung der Christologie scheinen so wichtig gewesen zu sein, dass diese Themen in verschiedensten Kontexten und Literaturgattungen auftauchen.

Dieses reichhaltige, in der Forschung bisher wenig untersuchte Schrifttum kann insofern auch „didaktisch" genannt werden, als es auf eine Bestimmung der Identität für ein in neuer Weise universal gedachtes, lateinisch formuliertes Christentum zielt.[17] Denn man wird davon ausgehen müssen, dass es sich bei der Trinitätslehre und Christologie um eher abstrakte Debatten für wenige Gebildete handelte. Zwar stimmt

---

von Vienne und Gundobad (*Collatio episcoporum coram rege Gundobado adversus Arrianos*; Edition von Peiper); Rusticus, *Contra Acephalos disputatio* (in PL 67; 6. Jahrhundert); Johannes Maxentius, *Dialogus contra Nestorianos* (in ACO 4,2; 7. Jahrhundert); die im Werk des Gregor von Tours überlieferten Dialoge (*Historiarum liber* 5,43–44: Gespräch zwischen Agila und Gregor; 6,18: Gespräch mit Ansowald; 6,40: Gespräch mit Oppila; 6,5: Gespräch mit Jude Priscus); Vigilius von Thapsus, *Contra Arrianos, Sabellianos, Fotinianos Dialogus* (Edition von Hombert); ders., *Contra Felicianum et Arianum de Unitate Trinitatis Optatum liber dialogus* (in PL 62; PL 42); ders., *Contra Varimadum Arianum* (Edition von Schwank; in PL 62 als *Contra Marivadum Arianum diaconum libri tres*); ders., *Solutiones obiectionum arrianorum* (Edition von Hombert); ders., *Contra Eutychem Libri Quinque* (in PL 62). Diese und andere Dialoge sind nur in Einzelfällen analysiert (vgl. der Band zu Ps-Augustinus, *Collatio cum Pascentio* von Müller, Weber und Weidmann) oder oberflächlich aufgelistet worden (Bardy/Hermann [1957]); die zwei älteren Studien (Hoffmann [1966]; Voss [1970]) decken nicht diese spätere Zeit ab und der letzte grundsätzliche Aufsatz zu den lateinischen Dialogen ist von Peter Schmidt (1977).
16 Vgl. dazu den Beitrag von Heil/Scheerer in diesem Band sowie auch den Beitrag von Gleede zu Fulgentius.
17 Vgl. dazu die Beiträge von Brennecke und Kinzig in diesem Band.

es, dass die Feinheiten der theologischen Diskussionen und Debatten, ihre ontologischen und exegetischen Voraussetzungen und die Verquickung von Theologie und Politik auf Konzilien, in kaiserlicher Religionspolitik und den regionalen Herrschaftssystemen der neuen, gentilen Reiche sicherlich nicht in allen Ebenen der Bevölkerung nachvollzogen werden konnten oder bekannt waren. Doch das bedeutet nicht, dass die entsprechenden Festlegungen und Abgrenzungen nicht in die Sphären des Institutionellen und der Frömmigkeit diffundiert wären und somit weite Bereiche des Sozialen, Politischen und Alltäglichen durchdrungen und geprägt hätten. Insofern ist nicht nur der theologische Diskurs als solcher interessant, sondern auch dessen Vereinfachung und Zuspitzung, von der aus sich die jeweiligen Identitätsprozesse her aufbauen.

Die Kombination speziell von anti-homöischer Trinitätslehre und Christologie als einer Art „Standardset" ist nicht von vornherein selbstverständlich, erst recht nicht im Westen, wo es einen eigentlichen christologischen Streit ja gar nicht gab. Daher stellt sich die Frage, weshalb die entsprechenden Debatten überhaupt ein derartiges Gewicht erhalten konnten. Beide Felder der theologischen Reflexion, sowohl die Trinitätslehre und die in diesem Zusammenhang thematisierte Zugehörigkeit von Christus zu Gott als auch die Christologie und die Frage nach der Vereinbarkeit von Gottheit und Menschheit in Christus, konvergieren in der Christologie. Die Frage, wie Christus zu beschreiben ist, ist daher für das Selbstverständnis wie für die Frömmigkeit von zentraler Bedeutung.

Als zentrale Frage der Religion ist dabei zu formulieren: Wo ist das Göttliche oder das Heilige? Im Christentum setzt die Suche nach dem Göttlichen bei Christus an. Die Besonderheit der christlichen Lehre, dass Gott nicht nur in Menschengestalt erschien, sondern selbst Mensch wurde, obwohl er zugleich nicht seine Gottheit verlor, lässt das Göttliche greifbar und historisch verortbar werden. Dieser Gedanke, der offenbar mit den bisherigen Konzeptionen des Göttlichen nicht so ohne weiteres in Deckung zu bringen war, wurde neu durchdekliniert. Man hat regelrecht den Eindruck, dass Grundlagen des Christentums in dieser Zeit noch einmal neu, wie bereits im 2. und 3. Jahrhundert geschehen, diskutiert wurden, nun aber auf der Basis von schon weiterentwickelten Debatten seit dem 4. Jahrhundert, so dass zwei Diskussionskreise und Bedürfnisse aufeinandertrafen. Der Verweis auf Christus als einerseits historisch bereits erschienene Erlösergestalt, andererseits als eingreifenden und rettenden Herrscher im Himmel, dem man sich in Gottesdienst, Taufe und Gebet nähern kann, könnte hier eine in der Zeit besonders ansprechende Option gewesen sein. Von hier aus ergeben sich auch Bezüge zum Prozess der Christianisierung, die nicht länger als „Missionsgeschichte", sondern als Geschichte einer Ausstrahlung und eines entsprechenden Attraktivitätspotentials zu beschreiben ist.

5 Ein Beispiel

Radegunde von Poitiers († 587) kam als kriegsgefangene Thüringerin an den Hof des Merowingers Clothar I., den sie als dritte Frau im Jahr 540 auch heiratete, wählte bekanntlich dann aber ein Leben im Dienst der Kirche, erst als Diakonin, dann als Klostergründerin in Poitiers,[18] für welches sie die älteste bekannte Nonnenregel des Caesarius von Arles heranzog. Quellen für ihr Wirken sind eigene Briefe, die zwei Viten von Venantius Fortunatus und von Baudonivia, die Gedichte des Venantius Fortunatus und Berichte bei Gregor von Tours.

Berühmt wurden Radegunde und ihr Kloster durch die erworbenen Kreuzesreliquien:[19] Wohl im Jahr 568/569 schickte sie, vermittelt durch ihren Stiefsohn, den merowingischen Teilkönig Sigibert I. von Poitiers, einen Brief mit Sendboten an den kaiserlichen Hof in Konstantinopel zu Justin II. und seiner Frau Sophia – dort hielt sich auch ihr Cousin Amalafried als *Magister Militum* auf – und bat um Zusendung eines Teils der berühmten Kreuzesreliquien für ihr Kloster.[20] Die Bitte stand im Kontext der Überführung der Kreuzreliquie von Apameia, Syrien, nach Konstantinopel durch Justin II. wegen der Bedrohung durch die Perser.[21]

Ein Gedicht, das sowohl Venantius Fortunatus als auch Radegunde selbst zugeschrieben wird, bezieht sich auf dieses Reliquiengeschenk und ist eine lobpreisende Dankes-Hymne, gerichtet an Kaiser Justin II. und Sophia nach dem Erhalt der Reliquien. Diese Hymne zeigt beispielhaft die Bedeutung, die einer Verbindung von philologischer, historischer, frömmigkeitsgeschichtlicher, liturgischer, sozialgeschichtlicher und eben auch theologiegeschichtlicher Forschung beizulegen ist. Acht Perspektiven seien hervorgehoben:

a) Für die Geschichte des Klosterwesens in Gallien, besonders der Entwicklung der Frauenklöster, ist die Klostergründung der Radegunde allgemein von großer Bedeutung.

b) Frömmigkeitsgeschichtlich ist der Erwerb der Kreuzesreliquien selbstverständlich ein wichtiges Beispiel für die zunehmende Bedeutung der Verehrung von Reliquien im Allgemeinen und der Kreuzesreliquien im Besonderen. Nicht ohne Grund sind von Venantius Fortunatus mehrere Gedichte über das Kreuz überliefert (*Carmina* 2,1– 6). Es ist ein wichtiger Schritt in der Karriere des Kreuzes als schützender und apotropäisch wirkender Reliquie. Die Parallelisierung des Kaiserpaars mit Konstantin und Helena in dem Hymnus in dem Brief ist daher aufschlussreich.

---

18 Vgl. ihr Testament in ihrem Brief an die Bischöfe, bei Gregor von Tours, *Historiarum liber* 9,42 zitiert.
19 Meier (2003), hier 249 zum Datum.
20 Berichtet in Baudonivia, *Vita Radegundis* 2 16 (387,33– 389,35 Krusch); Gregor von Tours, *Historiarum liber* 9,40 (464,5– 8 Krusch/Levison). Vgl. Edwards (2007).
21 Cameron (1976).

> *Vir Constantinum, Helenam pia femina reddis:*
> *sicut honor similis, sic amor ipse crucis.*²²

> Du als Mann [scil. Justin], Du gibst Konstantin wieder, Du als fromme Frau [scil. Sophia], Helena. Wie der kaiserliche Rang gleich ist, so ist es gerade auch die Liebe zum Kreuz.

c) Das Kloster, sein Bau und seine Ausstattung inklusive kostbarer Reliquien ist ferner ein Beispiel für das kirchliche Engagement der vermögenden Laien und steht exemplarisch für das Phänomen des von Ulrich Stutz vormals sogenannten „Eigenkirchenwesens". Die Ereignisse um das Kloster sowie der Konflikt über die von Radegunde erworbenen Reliquien mit dem lokalen Bischof, was sich nach ihrem Tod noch einmal zuspitzen sollte, ist ebenfalls vor dem Hintergrund der sich ausbildenden Bischofsherrschaft zu interpretieren.²³

d) Der Brief bietet auch Material für die (Selbst-)Einschätzung der Merowinger/ Thüringer gegenüber der *Romanitas*:

> *Hoc meritis, Auguste, tuis et Gallia cantat,*
> *hoc Rhodanus, Rhenus, Hister et Albis agit.*
> *axe sub occiduo audivit Gallicia factum,*
> *Vascone vicino Cantaber ista refert.*
> *currit ad extremas fidei pia fabula gentes*
> *et trans Oceanum terra Britanna favet.*²⁴

> Das [scil. was das Konzil von Chalkedon festgelegt hat] besingt aufgrund
> Deiner Verdienste, Kaiser, auch Gallien,
> das feiern Rhône, Rhein, Donau und Elbe,
> was geschehen war, hörte unter dem Himmel im Westen Gallizien,
> das erzählt der Cantabrer in der Nachbarschaft des Basken.
> Die fromme Erzählung vom Glauben gelangt bis zu den entlegensten Völkern
> und noch jenseits des Ozeans freut sich das Land Britannien.

> *Thrax Italus Scytha Phryx Daca Dalmata Thessalus Afer*
> *quod patriam meruit nunc tibi vota facit.*²⁵

> Der Einwohner Thrakiens, Italiens, Skythiens, Phrygiens, Daciens, Dalmatiens, Thessaliens, Nordafrikas vollzieht Dir jetzt seine Dankgelübde, weil er ein Vaterland gefunden hat.

> *Ortus et Occasus militat ore tibi.*
> *illinc Romanus, hinc laudes barbarus ipse,*
> *Germanus Batavus Vasco Britannus agit.*
> *pars tua cum cruce sit florens, Augusta, per aevum,*
> *cui facis extremis crescere vota locis.*²⁶

---

22 Radegunde, *Epistula ad Iustinum et Sophiam Augustos* (277,67–68 Leo). Für die Übersetzung wurde durchweg Fels konsultiert.
23 Edwards (2007); Rosenwein (1999) 52–58.
24 Radegunde, *Epistula ad Iustinum et Sophiam Augustos* (276,27–32 L.).
25 Radegunde, *Epistula ad Iustinum et Sophiam Augustos* (276,45–46 L.).
26 Radegunde, *Epistula ad Iustinum et Sophiam Augustos* (277,82–86 L.).

> Osten und Westen streiten für Dich mit dem Munde,
> dort singt der Römer, hier sogar der Barbar das Lob,
> ebenso der Germane, Niederländer, Baske, Britanne.
> Dein Schicksal, Kaiserin, gedeihe auf ewig unter dem Kreuz,
> für das Ihr an den entlegensten Orten Gebete aufgehen lasst.

Das ganze Geschehen ist überhaupt relevant für die Frage nach den Beziehungen zwischen dem *Imperium Romanum*/Ostreich und dem Westen, genauer Gallien.

e) Der Brief weist aber zugleich auch auf Theologiegeschichtliches hin: Die ersten zehn Zeilen setzen in Anlehnung an das „nizänische" Bekenntnis von Konstantinopel 381 eine trinitätstheologische Eröffnung an den Beginn:

> *Gloria summa patris natique ac spiritus almi,*
> *unus adorandus hac trinitate deus,*
> *maiestas, persona triplex, substantia simplex,*
> *aequalis consors atque coaeva sibi,*
> *virtus una manens idem, tribus una potestas*
> *(quae pater haec genitus, spiritus ipsa potest),*
> *personis distincta quidem, coniuncta vigore,*
> *naturae unius, par ope luce throno,*
> *secum semper erat trinitas, sine tempore regnans,*
> *nullius usus egens nec capiendo capax.*[27]

> Die höchste Ehre gebührt dem Vater und dem Sohn und dem erquickenden Geist,
> es ist der eine, in dieser Trinität zu verehrende Gott,
> er ist die Majestät, dreifach als Person, einfach als Substanz,
> in gleicher Weise regierend und sich gleichewig,
> eine Kraft, die dasselbe bleibt, eine Macht bei allen dreien
> – Was der Vater kann, das kann der Sohn, das auch der Geist –,
> in den Personen zwar unterschieden, verbunden aber in der Kraft,
> von einer Natur, gleich an Vermögen, Licht, Throngewalt,
> immer war die Trinität bei sich, ohne Zeit regierend,
> keiner Erfahrung ermangelnd noch fähig, etwas aufzunehmen.

Das ist einerseits durch die Struktur des Textes zu erklären, der insgesamt als Hymnus an den trinitarischen Gott zu lesen ist (siehe das wiederholte *gloria summa tibi, rerum sator atque redemptor*). Andererseits ist das ein Hinweis für die Überzeugung, dass ein politischer Konsens auch einen theologischen Konsens voraussetzt, und bringt selbstbewusst zugleich zum Ausdruck, wie dieser aussieht. Das Gedicht, das Justin II. und Sophia hochleben lässt, ist also trinitätstheologisch aufgeladen. Gott wird als der dreieinige Gott vorgestellt, wobei insbesondere Ausdrücke der Macht und Hoheit im Vordergrund stehen (*maiestas, virtus, potestas*). Zugleich wird eine Standardterminologie der Trinitätslehre benutzt (*persona triplex, substantia simplex*), und es werden

---

[27] Radegunde, *Epistula ad Iustinum et Sophiam Augustos* (275,1–10 L.).

philosophische Festlegungen aufgegriffen (*nullius usus egens nec capiendo capax*). Gott als *trinitas* wird Empfänger dieses Gedichts.

f) Dieser hymnische Brief belässt es aber nicht bei trinitätstheologischen Thesen, sondern wechselt anschließend zum umstrittenen Thema der Christologie jener Zeit sowie zu dem Konzil von Chalcedon 451, worüber seit dem Ausbruch des „Drei-Kapitel-Streits" unter Justinian heftige Auseinandersetzungen geführt wurden:

> *Gloria summa tibi, rerum sator atque redemptor,*
> *qui das Iustinum iustus in orbe caput.*
> *rite super reges dominantem vindicat arcem*
> *caelesti regi qui famulando placet.*
> *quam merito Romae Romanoque imperat orbi*
> *qui sequitur quod ait dogma cathedra Petri,*
> *quod cecinit Paulus passim, tuba milibus una,*
> *gentibus et stupidis fudit ab ore salem,*
> *cuius quadratum linguae rota circuit axem*
> *eloquiique fide frigida corda calent.*
> *gloria summa tibi, rerum sator atque redemptor,*
> *qui das Iustinum iustus in orbe caput.*
> *ecclesiae turbata fides solidata refulget*
> *et redit ad priscum lex veneranda locum.*
> *reddite vota deo, quoniam nova purpura quidquid*
> *concilium statuit Calchedonense tenet.*[28]

Höchste Ehre sei Dir, Schöpfer und Erlöser aller Dinge,
der Du in Deiner Gerechtigkeit Justin zum Oberhaupt im Erdkreis eingesetzt hast.
Er beansprucht zu Recht den Herrschaftssitz, der über Könige herrscht,
er, der dem himmlischen König gefällt durch den Dienst, den er tut.
Wie berechtigt ist es, dass er über Rom und den römischen Erdkreis befiehlt,
er, der befolgt, was der Stuhl Petri als Lehre festgelegt hat,
was Paulus überall besungen hat, die eine Posaune für Tausende,
der den Völkern und den Törichten von seinem Munde aus Klugheit hat zuströmen lassen,
dessen Zungenschlag die vier Himmelsrichtungen umschritt,
so dass kalte Herzen glühen, weil man seiner Rede vertraut!
Höchste Ehre sei Dir, Schöpfer und Erlöser aller Dinge,
der Du in Deiner Gerechtigkeit Justin als das Oberhaupt im Erdkreis eingesetzt hast.
Der Glaube der Kirche, einst verwirrt, erstrahlt in neuem Glanz, und das ehrwürdige Gesetz nimmt wieder seinen früheren Platz ein.
Erfüllt Eure Dankgelübde Gott, weil der neue Purpur alles festhält, was
das Konzil von Chalkedon festgelegt hat.

Diese Verse sind nicht nur als Herrscherpanegyrik relevant, sondern präsentieren auch ein theologisches Statement: Derjenige regiert von Gott geführt, der mit dem Glauben Roms (erwähnt werden interessanterweise Petrus und Paulus) übereinstimmt. Gepriesen wird der Kaiser, der den zerstörten Glauben der Kirche wieder zum

---

[28] Radegunde, *Epistula ad Iustinum et Sophiam Augustos* (275,11–276,26 L.).

Vorschein brachte. Später im Text werden die aufgehobenen Exile, Rückkehrer aus den Gefängnissen sowie das Schicksal von *confessores* angesprochen.

So hat der Hymnus zwei Hauptthemen, die ihn auch gliedern: Der erste Teil, an Kaiser Justin gerichtet, thematisiert seine rechtgläubige Herrschaft; der zweite Teil, an Kaiserin Sophia gerichtet, behandelt die Übersendung der Reliquie des heiligen Kreuzes. An der Schnittstelle steht:

> *Gloria summa tibi, rerum sator atque redemptor,*
> *qui das Iustinum iustus in orbe caput.*
> *Cui meritis compar nubens felicibus annis*
> *obtinet augustum celsa Sophia gradum.*[29]

> Höchste Ehre sei Dir, Schöpfer und Erlöser aller Dinge,
> der Du in Deiner Gerechtigkeit Justin als das Oberhaupt im Erdkreis eingesetzt hast.
> Ihm ist an Verdiensten gleich die erhabene Sophia, mit ihm vermählt in glücklichen Jahren,
> und hat den Rang der Kaiserin inne.

g) Liturgiegeschichtlich stellt sich die Frage, in welcher Form das Kreuz verehrt wurde – Gregor von Tours berichtet, es sei immer mittwochs und freitags, also an den Fastentagen, verehrt worden.[30] Geschah das in Form einer eher privaten Andacht, im Rahmen eines Gottesdienstes oder öffentlich in einer Prozession, auch außerhalb des Klosters?

h) In den weiteren Kontext gestellt sind die verschiedenen apokryphen und pseudepigraphen Legenden der Kreuzauffindung relevant. Während gemeinhin ein Wunder die Echtheit des Kreuzes legitimiert, sind besonders die Legende des Judas Cyriacus und die sogenannte Protonike-Legende mit Erzählsträngen verwoben, die Judenbekehrungen und andere antijüdische Aspekte enthalten. Was war damals in Gallien bekannt? Baudonivia vergleicht Bischof Maroveus von Poitiers mit den Juden, als er sich weigerte, das Kreuz als Reliquie im Kloster zu installieren (*Vita* 2,16), und referiert in diesem Kontext eine Passage aus der Judas Cyriacus-Legende.

Die theologischen Akzente stehen also in einem komplexen Wechselverhältnis zu a) der Verherrlichung kaiserlicher Herrschaft als von Gott gewollter und unterstützter Macht, b) der Präsentation der Radegunde als bittender, erhaltender und dankbarer Herrscherin (deren Bedeutung auch durch das Verhältnis zum byzantinischen Kaiserpaar aufgewertet wird), c) der Betonung des Kreuzes und der Reliquie, d) der Verbindung von Ost und West (*Ortus et Occasus*) und e) der Ausbreitung des Christentums. Die theologischen Akzente genauer zu bewerten und in ihrer Bedeutung einzuordnen, bedarf weiterer Analysen und einer Kontextualisierung im 6. Jahrhundert.

---

29 Radegunde, *Epistula ad Iustinum et Sophiam Augustos* (276,49–52 L.).
30 Vgl. Gregor von Tours, *Liber in Gloria martyrum* 5.

6 Zum Tagungsband

Vom 6. bis 8. April 2017 fand in Wien im Rahmen des Forschungsprojekts eine Tagung statt. Das Ziel war, Historiker, Philologen und Theologen, die sich mit dieser Epoche befassen, zusammenzubringen und einen Diskurs über das Projektthema zu eröffnen. Neben den Auseinandersetzungen um die Trinitätslehre zwischen nizänischer und homöischer Seite in der Zeit nach Augustinus sowie der Weiterentwicklung der Trinitätslehre in Bezug auf die Christologie und der westlichen Rezeption des christologischen Streits inklusive der Entwicklungen in der Liturgie und Katechetik standen die Themenfelder Pseudepigraphie, Dialoge sowie das Verhältnis zwischen Christentum und Judentum im Fokus. Aus diesen Themenfeldern ist schließlich der folgende Sammelband erwachsen, dessen Grundgedanken im Zusammenhang kurz vorgestellt werden sollen.

A Universal und regional

Walter Pohl, Die christliche Dimension ethnischer Identitäten im Frühmittelalter: Der Beitrag von Walter Pohl eröffnet den Sammelband mit der grundsätzlichen Frage, ob das Christentum überhaupt eine Tradition kenne, die nach einer Regionalisierung oder Ethnisierung zu fragen erlaube, oder ob damit Fremdes in das Christentum eindringe. Entgegen einer verbreiteten Einschätzung, dass dem Christentum eigentlich ein Universalismus inhärent sei, was einer regionalen „Germanisierung" des Christentums widerspreche, wie es beispielsweise auch Joseph Ratzinger vertrete, betont Pohl, dass das Christentum mit seinem Alten und Neuen Testament gleichwohl eine entscheidende gedankliche Basis für eine Identität in Ethnien bereitet habe: Von einem Denken in Völkern im Alten Testament über den Bundesgedanken bis hin zur Kreuzinschrift „König der Juden" reiche das Material aus einer „Welt von vielen Völkern". Interessanterweise wurde ja der ethnische Königstitel wie *rex gentis Langobardorum* eine Besonderheit des europäischen Mittelalters. So betont Pohl, dass christliche Traditionen wichtig waren bei der Herausbildung der Ethnizität als politischem Ordnungsmuster im lateinischen Europa.

Die Wahrnehmung einer eigenen regionalen Identität setzt natürlich eine Abgrenzung von anderen Identitäten voraus; und sucht man nach einem lateinischen oder westlichen, europäischen Christentum, ist neben einem Denken in Ethnien die langwirkende sprachliche Trennung in einen griechischen Osten und lateinischen Westen relevant.

Fabian Schulz, Westkirche und Okzident im frühen 5. Jahrhundert: Wie sehr aber sowohl die politischen also auch die sprachlichen und kirchlichen Räume unterschieden und doch auch aufeinander bezogen waren, zeigt Fabian Schulz. Das lange als westlich angesehene Griechenland wanderte zur Osthälfte, das im Westen liegende Rom der Päpste sah sich nicht als Okzidens an, und Nordafrika wiederum konnte sich mit und auch ohne Rom als Westen betrachten. Die Aufteilung in Provinzen und Diözesen war eigentlich wichtiger; auch wurde mal mehr und mal weniger die Einheit zwischen Ost und West betont, je nach kirchenpolitischer Absicht.

Neben den kirchlichen und politischen Grenzziehungen wurden zunehmend die sprachlichen Hürden relevant, obwohl, oder gerade auch, weil das Christentum nicht grundsätzlich einer „heiligen" Sprache verbunden ist: Der Sprung vom Aramäischen in die griechisch-hellenistische Welt fand schon in der ersten Generation statt; die Anfänge des lateinischen Christentums liegen im 2. Jahrhundert und das Übergreifen in den syrischen und orientalischen Sprachraum folgte ab dem 3. Jahrhundert. Obwohl Ulfila dann im 4. Jahrhundert sein sprach- und missionsgeschichtlich überragendes Werk der Bibelübersetzung ins Gotische vorgelegt hatte, blieb das westliche Christentum dem Lateinischen verbunden. Aber auch das Latein war dem Wandel unterworfen, was aber nur ansatzweise von den Autoren des Frühmittelalters reflektiert wurde. Wenn nun die aktuelle Sprache von den schriftlichen Normen des antiken Lateins merklich abweicht, einerseits wegen des stets vorhandenen Bruchs zwischen gesprochener und literarischer Sprache, andererseits vor allem wegen des Einflusses der Sprache der Bibel und schließlich wegen des Eindringens neuer Bevölkerungsgruppen in den Sprachraum, wie gingen die damaligen Autoren damit um?

Carmen Cardelle de Hartmann, Latinitas: Überlegungen zur sprachlichen Korrektheit zwischen Spätantike und Karolingerzeit: Cardelle de Hartmann stellt vor, wie sich die Autoren seit Augustinus (Cassiodor, Gregor der Große, Beda, Julian von Toledo, Isidor von Sevilla, *Anonymus ad Cuimnanum*) zwischen dem Bemühen um korrektes Latein und dem Zugeständnis von Abweichungen bewegten und den durchaus erkannten Wandel eher als Dekadenz beurteilten, obwohl besonders die bereits geführte Debatte um die „niedere" Sprache der Bibel auch ein Potential für andere Einschätzungen geboten hätte. Dennoch hat wohl die Hochschätzung der klassischen lateinischen Grammatik vor allem der „Kirchenväter" dazu geführt, das Latein als gemeinsame Sprache im westlichen Raum zu bewahren und Abweichungen nur als „Ausnahme" zuzulassen, so dass im Ergebnis eine recht flexible Weiterverwendung des Lateins entstanden ist.

B Konfisziert und kodifiziert

Die christliche Literatur wurde seit der Spätantike in Büchern, Kodizes, niedergeschrieben, gesammelt und verbreitet. Die damit verbundenen praktischen Vorteile für den Benutzer, Texte leichter zu finden, zu vergleichen, zu korrigieren, zu exzerpieren, führte auch zu dem Nachteil, dass weniger fixierte, sondern eher offene, weiterverwendbare Texte vorlagen. Das verschärfte sicher das Problem der Pseudepigraphie, wie der Beitrag von Clemens Weidmann offenlegt, provozierte aber auch ein Bemühen um Literatursicherung, wie Mark Vessey zeigen kann.

Clemens Weidmann, Zum Problem der Pseudepigraphie in patristischen lateinischen Predigten: Weidmann stellt bei den Predigten eine Fälschungsabsicht in Frage und stellt eine Reihe von Problemfällen vor: wie aus ps-augustinischen Sammlungen eine Predigt des Caesarius von Arles identifiziert, wie ein neues Augustinusfragment gefunden und wie ein kleines Predigtkorpus erkannt werden kann. Die Überlieferungswege zeigen natürlich die Anziehungskraft großer Namen wie Augustinus, ebenfalls aber auch, wie schwierig es gerade ist, in der Masse der Predigten die Autoren zu identifizieren, da auf der Basis der Texte der Väter weiter gepredigt und wieder neue Texte verfasst und gesammelt wurden.

Mark Vessey, Sidonius Apollinaris Writes Himself Out. Aut(hol)ograph and Architext in Late Roman Codex Society: Welche Auswirkung hat das Schreiben in einem Kodex bzw. mit der Produktion eines Kodex vor Augen für die Produktion von Texten? Vessey setzt bei den verschiedenen erkennbaren Schlüssen der Briefsammlung des Sidonius Apollinaris an (in den Büchern 7, 8 und 9), um einerseits zu erläutern, wie die Form des Kodex das Sammeln der Briefe bestimmt hat, und andererseits zu beschreiben, wie Sidonius mit Erzählungen und Hinweisen auf Kodizes und Buchproduktionen wichtige Briefe spickt. Sidonius schreibe sich mit dieser Sammlung als Bischof in die bischöfliche Briefliteratur ein (*episcopo-literarity*) und fixiere seine Briefe in einem Kodex, ausgefüllt bis zur letzten Seite (*aut[hol]ographic perfection*). Die Berichte von gefundenen und auch gestohlenen und exzerpierten Kodizes zeigen aber auch das Überpersönliche und Variable der Briefe, was das Verständnis von Eigentum und Autorschaft hinterfragen lässt.

Neben dem Wunsch, sich ein christliches literarisches Denkmal mit einem Briefkorpus zu errichten, gab es weitere Anlässe dafür, Werke zu verfassen, wie die folgenden Beiträge nahelegen.

C Bekennen und verdammen

Ein großer Teil der überlieferten lateinischen Literatur der damaligen Zeit entstand im Zusammenhang theologischer Debatten, die dem Projektanliegen gemäß im Zentrum der Tagung standen. Die folgenden Beiträge zeigen, wie intensiv theologische Streitgespräche sowohl im Vandalenreich als auch andernorts geführt wurden. Dabei geht es zunächst um die grundsätzliche Bedeutung der entsprechenden Disputationen für die Geschichte des Christentums (Yitzhak Hen) und um den spezielleren Aspekt der Polemik in den Streitgesprächen des Frühmittelalters (Irene van Renswoude). Anschließend werden konkrete Beispiele analysiert, besonders aus den Reichen der Vandalen und der Burgunder sowie in Bezug auf die östlichen Konzilien.

Yitzhak Hen, Dialog und Debatte in Spätantike und frühmittelalterlichem Christentum: Hen weist die Kritik von Simon Goldhill und auch von Richard Lim zurück, dass das Christentum der Spätantike und des Frühmittelalters keine oder nur im Ausnahmefall Dialoge und Debatten kenne. Das Gegenteil sei der Fall: Anstatt anachronistisch falsche Maßstäbe an die Zeit zu legen, zeige ein Blick auf die Entwicklungen und die dazugehörige Literatur eine sehr ausgeprägte Streitkultur. Man müsse sogar betonen, dass erst mit diesen Debatten eine Lehre ausgebildet wurde.

Irene van Renswoude, Crass Insults: Ad hominem *Attacks and Rhetorical Conventions:* Mit welchen Mitteln diese Debatten ausgefochten wurden, stellt Irene van Renswoude vor und schlägt dabei einen Bogen von den Streitgesprächen der Spätantike bis ins frühe Mittelalter der Karolingerzeit. Genauer fragt sie sich, ob die für unsere heutigen Ohren so scharfen persönlichen Angriffe z. B. eines Florus von Lyon auch damals akzeptabel waren. Vor allem auf der Basis der im Frühmittelalter verfassten und kommentierten Handschriften betont sie jedoch eher die Kontinuität zur Spätantike und konstatiert, dass in der Rhetorik, besonders, wenn es darum ging, Häretiker zu widerlegen, ein *argumentum ad hominem* durchaus als angebracht galt. Umgekehrt könne man an den gesammelten Vorwürfen wiederum die Werte einer Gesellschaft ablesen. Es wurde also kontinuierlich heftig gestritten, besonders über Häresie, und gerade diese Schriften wurden auch gezielt zusammengestellt und rezipiert.

Allerdings wird aus den folgenden Beiträgen auch deutlich, dass es durchaus regionale und zeitliche Unterschiede in der Streitkultur und verschiedene Wellen oder *hot spots* gab. Ohne Zweifel wurden überdies inzwischen die Provinzgrenzen von den Grenzen der gentilen *regna* überlagert. Außerdem kam es aufgrund des konfessionellen Dualismus zu einer Spaltung innerhalb der gentilen Nachfolgereiche. Besonders konfliktreich war dieser Dualismus bekanntlich innerhalb des Vandalenreichs, eine regionale Besonderheit.

Roland Steinacher, Vom Ketzerkönig zum christianissimus rex. *Politische Dimensionen der homöischen Christologie: Afrika im 5. und 6. Jahrhundert mit einem Ausblick nach Spanien:* Roland Steinacher beschreibt die wechselnde vandalische Religionspolitik gegenüber der katholischen Kirche in einer Gesamtschau von Geiserich bis Gelimer. Er betont, wie durchaus die innervandalischen Machtkämpfe verstärkt und die jeweilige Machtbasis geschwächt wurde durch unterschiedliche Haltungen zur katholischen Kirche, die zwischen einem Ausschluss und einer Einbindung der Katholiken hin und her schwankten. Der konfessionelle Dualismus war also politisch brisant und konnte trotz eines phasenweise großen Drucks in Richtung „arianisch"-homöischer Homogenität nicht überwunden werden, da einerseits die katholische Kirche außerhalb des Vandalenreichs einen zu großen Rückhalt hatte und andererseits die Hasdingen selbst gelegentlich den Rückhalt im „katholischen" Konstantinopel suchten. Ob es einige Jahrzehnte später zu einem Ausgleich wie in Spanien unter Reccared hätte kommen können, wird wohl eine offene Frage der fiktionalen Geschichtsschreibung bleiben, auch wenn Steinacher zu Recht einen detaillierten Vergleich der Entwicklungen im westgotischen Spanien und vandalischen Afrika als Desiderat benennt. Offenbar begrenzte jedoch die vandalische Überzeugung von der eigenen Orthodoxie sowie der Bedarf nach einer auch religiösen eigenen Identität den politischen Handlungsspielraum.

Uta Heil/Christoph Scheerer, Wiederentdeckung eines homöischen Dokuments: Thrasamunds Einwände gegen den katholischen Glauben als Zeugnis homöischer Theologie Nordafrikas: Worauf die homöische vandalische Orthodoxie inhaltlich gründete, zeigt ein wichtiges Werk von Fulgentius gegen Thrasamund, denn er zitiert und widerlegt in *Contra Thasamundum* die sogenannten *Dicta* bzw. *Obiectiones regis Thrasamundi*. Eine genaue Analyse dieser *Dicta* kann jedoch zeigen, dass es sich dabei selbst wiederum um die Widerlegung eines „katholischen" Textes handelt, nämlich des sogenannten *Liber fidei catholicae*, bei Victor von Vita in seiner Vandalengeschichte zitiert als schriftliche Stellungnahme der Katholiken für das von Hunerich anberaumte Religionsgespräch in Karthago von 484. Die *Obiectiones* sind also eine konzise theologische Stellungnahme auf der Basis homöischer Trinitätstheologie zu nizänischen Irrtümern der „Homousianer" – so die Perspektive der vandalischen Homöer. Es liegt ein enges Geflecht von intertextuellen Bezügen vor, die einerseits die Bedeutung des Religionsgesprächs von 484 sowie der *Obiectiones* aufwerten, gleichzeitig aber auch die Zuschreibung an Thrasamund in Frage stellen. Auch ist es fraglich, ob Fulgentius damals tatsächlich als Disputations-Sparrings-Partner von Thrasamund aus Sardinien nach Karthago geholt wurde, es sich also um ein Religionsgespräch zwischen König und Bischof handelt, vergleichbar den Gesprächen zwischen Avitus und Gundobad (s. u.). Viel wahrscheinlicher wurde um Bedingungen des Exils oder auch eine Rückkehr der Exilierten verhandelt, was jedoch scheiterte, so dass Fulgentius unverrichteter Dinge wieder zurückgeschickt wurde. Dieses zweite Exil auf Sardinien war aber für Fulgentius eine überaus fruchtbare Zeit, was Gleede an einem Beispiel zeigt.

Benjamin Gleede, (Neu-)Chalkedonismus bei Fulgentius von Ruspe: Fulgentius wurde erst aufgrund seines (zweiten) Exils auf Sardinien in die Debatten um die Christologie im engeren Sinne mit hineingezogen, als die sogenannten skythischen Mönche ihn am Anfang des 6. Jahrhunderts um eine Stellungnahme zum theopaschitischen Streit ersuchten. Gleede stellt zunächst den theologischen Kontext der Auseinandersetzungen im griechischen Osten dar, die vor allem um die Definition von Hypostase und Natur (*Physis*) rangen bzw. darum, was die Person des inkarnierten Christus konstituiert oder was in Maria als Gottesgebärerin eigentlich geschah. Der Grundgedanke des Neuchalkedonismus, die sogenannte Enhypostasie, nach welcher der menschlichen Natur Christi vorher keine Hypostase zukomme, sondern erst durch die vollkommene natürliche Einung der Naturen in der einen Hypostase Christi, scheint bei Fulgentius aufgegriffen worden zu sein. Gleede jedoch erkennt in der Antwort des Fulgentius vielmehr einen weiterentwickelten Augustinus: Ohne sich auf griechische Definitionsfragen einzulassen oder zu versuchen, sie in lateinische Terminologie zu übersetzen, greife Fulgentius auf Augustinus' „psychologische" Trinitätslehre zurück und entwickele sie weiter in Bezug auf die Christologie und Inkarnationslehre. Das hier aufscheinende „Vertrauen in die eigene Tradition" ist durchaus eine Basis für ein vom griechischen Osten unabhängiges selbständiges lateinisches Christentum.

Wendet man den Blick von Nordafrika nach Gallien oder Spanien, sieht die Diskussionslage anders aus. Zwar bleibt der konfessionelle Dualismus virulent, aber die Rezeptions- und Partizipationswege zu den christologischen Debatten im griechischen Osten sind lückenhaft.

Jan-Markus Kötter, Der Umgang der zeitgenössischen lateinischen Chronistik mit der reichskirchlichen Entwicklung im fünften Jahrhundert: Kötter stellt anhand der drei lateinischen Fortsetzungen der Chronik von Hieronymus (Prosper von Aquitanien, *Gallische Chronik* von 452 und Hydatius) vor, wie wenig hier in den 450er und 460er Jahren die Ereignisse des Konzils von Chalcedon 451 rezipiert wurden. Er benennt als Hauptthemnis die einseitige Perspektive des römischen Papstes, nur den Primat Förderndes weiterzuleiten, was sich schon an der verengten Darstellung des Konzils bei Prosper zeige. In Spanien (Hydatius) war schließlich noch weniger von den Debatten im Osten bekannt als in Gallien. Die Feinheiten der theologischen Diskussionen gingen dabei ganz verloren.

So muss man feststellen: Eine eigene westliche Rezeption der christologischen Debatte setzt erst zum Ende des 5. Jahrhunderts ein, was im Œuvre des späten Fulgentius und auch bei Avitus von Vienne erkennbar ist. Der Anstoß kann dabei auch von der politischen Seite kommen, was der anschließende Beitrag zeigt.

Ian Wood, Discussions with Kings. The Dialogues of Avitus of Vienne: Wood betont nämlich das Besondere der theologischen Gespräche zwischen Avitus von Vienne und dem Burgunderherrscher Gundobad, was sogar die legendarische Rezeption des Avitus geprägt hat. Das Rhônetal habe sich gerade zu einem „hotbed of theological debate, in which the king and his son played a leading role", entwickelt. Das liege aber nicht nur an den Qualitäten des Avitus, sondern gerade auch an der Bildung und Besonnenheit von Gundobad selbst. Außerdem seien die Hinweise ernster zu nehmen, die den katholischen, nicht arianisch-homöischen Glauben der Burgunder belegen. Erst durch den Einfluss von Ricimer bzw. seiner Schwester, Gundobads Mutter, habe die homöische Tradition auch bei den Burgundern Fuß gefasst; das falle in die Zeit, in der sich auch Faustus von Riez mit *De spiritu sancto* gegen arianisch-homöische Positionen wende. Daraus könne man wiederum erkennen, wie wenig das Homöische eine spezifische Lehre der *gentes* sei. Auch beschränkten sich die Gespräche zwischen Avitus und Gundobad nicht allein auf diese Frage.

Der Hinweis auf das Auftragswerk des Avitus *Contra Eutychianam haeresim* für Gundobad weist auf die wachsende Bedeutung der Debatte um die Christologie im engeren Sinn, die seit ihrem Ausbruch am Anfang des 5. Jahrhunderts im Osten inzwischen auch den Westen erreicht hatte, im Spätwerk des Fulgentius eine wachsende Rolle spielt (s. o.) und auch im *Athanasianum* thematisiert wird.

Hanns Christof Brennecke, Das Athanasianum – ein Text aus dem Westgotenreich? Der Beitrag von Brennecke wendet sich noch einmal dem Westgotenreich zu, einem Raum, der schon von Roland Steinacher im Vergleich zum Vandalenreich herangezogen wurde wie auch von Jan-Markus Kötter und der noch von Wolfram Drews in Bezug auf Antijudaismus behandelt werden wird (s. u.). Brennecke konzentriert sich vor allem auf die Konversion Reccareds während der Synode von Toledo und ihre Konsequenzen, denn für die dadurch notwendig gewordene Klerikerunterweisung sei das *Symbolum quicumque* oder *Athanasianum* gedacht gewesen. Auch wenn theologische Anklänge an Augustinus sowie vor allem gallische Autoren vorlägen, könne eher die historische Situation nach dieser Konversion einen derartigen Text erklären. Jeder Kleriker habe wenigstens diesen Text als minimalisierte standardisierte Form der Trinitätslehre und Christologie lernen müssen, um den christlichen Glauben auch konfessionell korrekt vermitteln zu können. Der Text verbinde also Theologisches und Katechetisches mit pseudepigraphen Texten, da er dem Anti-Arianer Athanasius schlechthin zugeschrieben wurde, und ist ein herausragendes Beispiel dafür, wie gerade in dieser Zeit des Übergangs zwischen Spätantike und Mittelalter eine neue abendländische lateinische theologische Kultur entsteht.

Eine andere, mit zu berücksichtigende Perspektive zeigt der folgende Aufsatz:

Richard Price, Western Theology and the Ecumenical Councils: Der Beitrag von Richard Price knüpft an die Überlegungen von Schulz an, wie westlich der Westen überhaupt war, und geht dem Einflussbereich des Westens bzw. seiner Einflussnahme auf die Entscheidungen der ökumenischen Konzile im Osten nach. Auch bestätigt er die Ergebnisse von Kötter, dass es im Westen unterschiedliche Perspektiven und Kenntnisstände gab: Eine römische Sicht entspricht nicht einer gallischen und die spanische fällt wieder anders aus. Price wendet nun den Blick in die umgekehrte Richtung: Gegen den *common sense* eines griechischen bzw. östlichen Profils dieser Konzile kommt er nun sogar zu dem Schluss, dass ein wichtiges Anliegen der ökumenischen Konzile darin bestanden habe, römische Positionen aufzunehmen „to win the support of Rome and the West". Price betont nicht nur, dass auch die westliche Theologie weitaus „cyrillischer" sei als oft angenommen, sondern verweist vor allem auf den späteren Streit um die zwei Willen in Christus im 7. Jahrhundert und den Bilderstreit im 8. Jahrhundert, wo beide Male römischer Einfluss bedeutend gewesen sei.

D Christen und Juden

Zwei Gründe lassen nach einer Auseinandersetzung zwischen Christentum und Judentum fragen. Erstens entstand mit dem Prozess der Trennung des Christentums vom Judentum seit dem 2. Jahrhundert eine durchaus sehr polemisch geführte *Adversus-Iudaeos*-Debatte und entsprechende Literatur; zweitens war der sogenannte „arianische" Streit um die Trinitätslehre mit Vorwürfen durchzogen, die „Arianer" wären die neuen Juden, da beide die Gottessohnschaft Christi ablehnten. Hat sich dies ab dem 5. Jahrhundert fortgesetzt, da sowohl der arianische Streit noch im 6. Jahrhundert aktuell war als auch erneut Identitätsfragen virulent wurden? Auffallend sind die Auseinandersetzungen mit dem Judentum sowohl in Traktaten und Dialogen (u. a. Evagrius, *Altercatio legis inter Simonem Judaeum et Theophilum Christianum*; Ps-Augustinus, *De altercatione Ecclesiae et Synagogae*; Streitgespräch des Silvester mit den Juden in Rom vor Konstantin und Helena, lat. als Teil der *Acta Silvestri papae*; *Liber altercationum christianae philosophiae contra erroneas et seductiles paganorum philosophorum*, Teil 2: *Contra Iudaeos*; Debatte zwischen Gregor von Tours und Priscus in *Liber Historiarum* 6,6) als auch in Gesetzen aus jener Zeit. Sind sie als Ausdruck einer sich festigenden Judenfeindschaft oder eher als Teil einer christologischen Profilbildung zu verstehen? Aber wann sind wo jüdische Gemeinden überhaupt nachweisbar? Wie sahen die Kontakte zwischen Christen und Juden in dieser Zeit aus?

Günter Stemberger, Gregor von Tours und die Stellung der Juden im Gallien des 6. Jahrhunderts: Hinweisen auf eine jüdische Präsenz in Gallien sowie das christlich-jüdische Verhältnis geht Günter Stemberger nach. Es gibt kaum frühere Anzeichen für jüdisches Leben in Gallien sowie ihre Zuwanderung in das spätantike Gallien, so dass die Lage ab dem 5. Jahrhundert kaum mit vorhergehenden Verhältnissen verglichen werden kann. Die dann einsetzenden *Canones* der gallischen Regionalsynoden wiederholen oft schematisch einzelne Bestimmungen wie Verbot der Teilnahme an jüdischen Gastmählern, Verbot von Ehen sowie Einschränkungen des Steuereintreibens und des Sklavenbesitzes. Aber auch das Verbot jüdischen Psalmengesangs bei Begräbnissen zeuge spiegelbildlich eigentlich eher von einem recht engen gesellschaftlichen Miteinander, was kirchliche Autoritäten zu unterbinden suchten. Es gebe aber auch Hinweise auf grassierende Vorurteile (Juden als Betrüger) und Zerstörungen von Synagogen. Hinzu komme das neuartige Phänomen von Massentaufen, das bei der Taufe Chlodwigs auftauche und auch bei der Massentaufe der Juden von Clermont 576. Diese Erzählungen konzentrieren sich jedoch besonders auf das Schrifttum von Gregor von Tours sowie Venantius Fortunatus, so dass sich insgesamt kein kohärentes Bild ergebe.

Wolfram Drews, Anti-Jewish Treatises in Visigothic Spain: Auch der Beitrag von Wolfram Drews zeigt ein widersprüchliches Bild für das westgotische Spanien. Einerseits seien zwar seit dem 7. Jahrhundert Zwangstaufen und Auseinandersetzungen mit judaisierenden Christen bekannt, andererseits könne aber über die tatsächliche Größe jüdischer Gemeinden kaum etwas gesagt werden. Wenn Isidor von Sevilla, Ildefons von Toledo und Julian von Toledo anti-jüdische Traktate verfassen, seien diese eher zur Stärkung der christlichen Gemeinden als gegen jüdische Gruppen gerichtet. Im Traktat zur Mariologie von Ildefons fungiere ein Jude als Typus einer heterodoxen Ansicht, ohne dass ein persönlicher Kontakt zu einem Juden erkennbar sei. Auch sei keine Fortsetzung der Debatten um Trinität und Christologie mit anti-jüdischem Einschlag erkennbar. Eine Wurzel antijüdischer Maßnahmen und Texte sei vielmehr das entstehende sakrale Königtum, das zu einer „political instrumentalization" von Antijudaismus geführt habe. Die weitreichende Wirkung der spanischen antijüdischen Werke beruhe aber eher darauf, dass sie eine praktische „compilation of patristic doctrine" geboten haben.

Angesichts dieses sehr disparaten Ergebnisses lässt sich vorläufig nicht bestätigen, dass die Auseinandersetzung mit jüdischen Gruppen oder Gelehrten eine Debatte um Trinität und Christologie forciert hat, oder dass die doch so präsenten Diskussionen um diese theologischen Fragen ihrerseits anti-jüdische Tendenzen bestärkt haben. Bei tatsächlichen Auseinandersetzungen standen eher andere Themen und praktische Fragen des Zusammenlebens im Vordergrund; bei einer theologischen Kritik stand eher ein Typus „Jude" Pate.

E Gelehrtes und Gelerntes

Seit der Anfangszeit des Christentums wurden zentrale Inhalte des christlichen Glaubens in Kurzformeln (*regula fidei*) zusammengestellt, die leicht erlernbar, aber auch sehr variabel waren. Die auf Trinitätslehre und Christologie fokussierten theologischen Debatten haben daran nichts geändert, auch wenn eine zunehmende Fokussierung auf einzelne, sich verfestigende Formeln erkennbar ist: Die „arianischen" Homöer des lateinischen Westens sahen die theologische Erklärung von Rimini aus dem Jahr 359 als Orientierungspunkt an; die „katholischen" Nizäner das *Nizänum* von 325, das später in der geänderten Fassung von Konstantinopel 381 (oder 383) beibehalten wurde. Kannten diese Texte alle Getauften? Wie vertraut waren dem Nicht-Spezialisten diese Texte und die dahinterstehenden Debatten? Diese Frage ist insofern zentral, als gerade diese inhaltlichen Aspekte des Christentums eine wesentliche Rolle für eine lateinisch-westliche Identität spielen sollten (s. o. S. 4; 10 – 11). Neben den bereits thematisierten öffentlichen Debatten waren die Taufkatechese und die gottesdienstliche Liturgie die beiden Bereiche, in denen alle Christen mit Inhalten des christlichen Glaubens konfrontiert wurden. Die Rolle der Bekenntnisse und die Beteiligung der Laien stehen daher bei den folgenden Beiträgen im Mittelpunkt.

Wolfram Kinzig, Formation des Glaubens. Didaktische und liturgische Aspekte der Rezeption altkirchlicher Symbole in der lateinischen Kirche der Spätantike und des Frühmittelalters: Kinzig fragt nach der Funktion der Bekenntnisse in der Katechese, als sich im Westen seit dem 5. Jahrhundert die Kindertaufe anstelle der vorher meist üblichen Erwachsenentaufe etabliert hat: Wie wurden in dieser veränderten Situation Inhalte des christlichen Glaubens vermittelt? Kinzig stellt zunächst den liturgischen Rahmen der Katechese vor (*traditio* und *redditio* des Bekenntnisses) und veranschaulicht die Glaubenskatechese, die nach der Überlieferung vieler *explanationes symboli* vorauszusetzen ist, anhand eines typischen Beispiels. Hier werden Trinität und Christologie knapp erläutert, auch wenn es gelegentlich ausführlichere Auslegungen, aus patristischen Autoren entnommen, gibt. Die so erkennbare standardisierte Formelsprache (*lingua catechetica*) ist sicher auch der Situation geschuldet, dem theologisch kaum gebildeten Klerus auf dem Lande in der Merowinger- und Karolingerzeit etwas Elementares an die Hand geben zu können für seine Unterweisung der zu Taufenden und auch für seine Predigten. Interessanterweise begegnet hier in der Karolingerzeit erstmals das Phänomen, in der „Volkssprache" zu predigen. Auch das Vaterunser und das Glaubensbekenntnis, Minimalkenntnis vom Christentum, wurden in der Volkssprache oder jeweiligen Landessprache gelehrt und gelernt. Im Gegensatz dazu stand offenbar die fixierte Liturgie.

Andreas Weckwerth, Was hat Cicero mit der Liturgie zu schaffen? Zur Bedeutung der Rhetorik in der spätantiken lateinisch-christlichen Gebetssprache: Weckwerth ergänzt mit seinem Beitrag die Ausführungen von Carmen Cardelle de Hartmann am Beginn des Bandes. Interessanterweise werde die Gebetssprache in den frühmittelalterlichen Überlieferungszeugen sowohl der römischen als auch der spanischen und der gallischen Sakramentare von einer rhetorisch gestalteten erhabenen Sprache getragen trotz aller erkennbaren Abweichungen von einem ciceronianischen Latein. Aufgrund eines Bedürfnisses, so Weckwerth, auch die Eliten zu erreichen, und auch aufgrund des Anliegens, Gott in erhabener Sprache zu preisen, griff man weder auf die lateinische Umgangssprache noch auf das biblische Latein zurück, sondern auf Elemente der römischen Sakralsprache sowie des Herrscherlobs. So entstand eine neue christliche Sakralsprache in der Spätantike, die bis heute prägend ist, obwohl sie nicht auf Verständlichkeit für breite Schichten ausgerichtet war. Was haben dann die meisten Leute davon verstanden und wie konnten sie daran partizipieren? Diese Frage stellt Els Rose:

Els Rose, Plebs sancta ideo meminere debet. *The Role of the People in the Early Medieval Liturgy of Mass:* Sie bestätigt neue Tendenzen der Forschung, den Anteil der Laien an der Liturgie wieder höher zu bewerten; mitnichten sei die Entwicklung im Frühmittelalter mit dem Stichwort „Klerikalisierung" ausreichend erfasst. Das zeigen sowohl Predigten, besonders von Caesarius von Arles, als auch überlieferte Messbücher sowie Messkommentare, von denen sie neben Isidor von Sevilla, (Germanus von Paris) *De ordine* und (anonym) *Dominus vobiscum* vorstellt. Diese Texte mit ihren dialogischen Elementen zeigen, dass die Gemeinde durchaus beteiligt ist bzw. sein soll und auch verstehen muss, was gerade geschieht, um korrekt zu reagieren, und dass erst das Zusammenspiel zwischen dem Kleriker und der Gemeinde die gottesdienstliche Feier ermöglicht.

So zeigen die Beiträge ein disparates Bild. Auch Wolfram Kinzig, der eher ernüchternd, wenn nicht sogar pessimistisch den Kenntnisstand einschätzt, gesteht dennoch zu, dass es auch später im Frühmittelalter (7. und 8. Jahrhundert) noch eine, wenn auch rudimentäre, Unterweisung in Glaubensfragen gegeben hat, welche sicher mit großen qualitativen Unterschieden eher auf das Auswendiglernen von Formeln, weniger auf Verstehen und Reflektieren ausgerichtet war. Ein wichtiger Text der *Explanationes symboli* war und blieb das *Athanasianum,* das ja an sich schon konzipiert war als minimaler Wissensstand zur Trinität und Christologie für den Klerus (vgl. den Beitrag von Brennecke). Was man jedoch genau von Chalcedon und der damit verbundenen Debatte wusste und welche Rolle für die Rezeption des *Chalcedonense* im Westen insbesondere die Herrschaft Justinians in Italien und Nordafrika spielte, bedarf noch weiterer Analysen und der Entwicklung neuer Deutungskategorien (s.o. unter 5.). Die Thematisierung von Trinitätslehre und Christologie als Kernthemen christlicher Theologie und Religiosität tritt außerdem in recht verschiedenen Texten und Kontexten auf. Interessant wäre es beispielsweise, aufzuspüren, ob und, wenn ja, wie die Entwicklung der römischen Messe und liturgischer Gebetstraditionen mit diesen Themen zusammenhängt, denn auch hier scheinen im 5.–7. Jahrhundert entscheidende Weichenstellungen erfolgt zu sein, an welche die karolingische Zeit anknüpfen konnte, welche aber für das 4. Jahrhundert oder für Augustinus noch nicht in der gleichen Weise vorauszusetzen sind. Leider ist die Entwicklung der Liturgie in dieser Zeit ziemlich unklar, auch wenn deutlich ist, dass insbesondere die altgallischen Traditionen eine wichtige Rolle spielen. Das traditionelle Bild, demzufolge die römische Messe ab dem 8. Jahrhundert die älteren Liturgien schlichtweg verdrängt habe, ist zu revidieren. Stattdessen sind die Austauschbeziehungen, die später in der Zeit der karolingischen *correctio* zu beobachten sind, auch für die frühere Zeit anzunehmen.

Die Zeit der Transformation des westlichen *Imperium Romanum* im 5. bis 7. Jahrhundert erscheint so als eine Epoche, die für die Ausbildung eines westlich-lateinischen Christentums entscheidende Weichen gestellt hat. Diese Prägung ist genauer zu untersuchen, insbesondere auch in ihren Wechselwirkungen mit den verschiedensten Bereichen der Kultur, den Institutionen, den politischen Entscheidungen und den sozialen Dynamiken. Die Perspektiven der jüngeren Forschung sind um die Beachtung gerade auch der inhaltlichen, theologischen Weichenstellungen und Grundlegungen zu ergänzen. Diesem Anliegen dient der vorliegende Tagungsband als ein erster Schritt. Die Forschungen zu den Ausdifferenzierungen in den einzelnen Regionen sind ebenso fortzuführen wie zu der Frage nach Gemeinsamkeiten eines sich formierenden Europas. Nur so wird man genauer verstehen können, wieso dem in jener Epoche entstehenden Kulturraum insbesondere in der Rückschau als „christlichem Abendland" identitätsstiftende Bedeutung zugemessen werden konnte.

Bibliographie

Quellen

Arnobius Iunioris, *Altercatio cum Serapione* =
 Jacques P. Migne (Hg.), *Salviniani Massiliensis presbyteri, S. Patricii, Hibernorum Apostoli, Arnobii Iunioris, Mamerti Claudiani opera omnia* (PL 53), Paris 1865, 239–322.
 Klaus D. Daur (Hg.), *Arnobii Iunioris, Opera minora* (CChr.SL 25A), Turnhout 1992, 43–173.
Ps-Augustinus, *Collatio cum Pascentio* = Hildegund Müller, Dorothea Weber und Clemens Weidmann (Hgg.), *Collatio Augustini cum Pascentio. Einleitung, Text, Übersetzung* (Österreichische Akademie der Wissenschaften, philosophisch-historische Klasse, Sitzungsberichte 779/Veröffentlichungen der Kommission zur Herausgabe der lateinischen Kirchenväter 24), Wien 2008, 74–121.
Baudonivia, *Vita Radegundis* 2 = Bruno Krusch (Hg.), *Fredegarii et aliorum chronica. Vitae Sanctorum* (MGH.SRM 2), Hannover 1888, 377–395.
Collatio episcoporum coram rege Gundobado adversus Arrianos = Rudolf Peiper (Hg.), *Alcimi Ecdicii Aviti Viennensis episcopus opera quae supersunt* (MGH.AA 6,2), Berlin 1883, 161–164.
Consultationes Zacchei christiani et Apollonii philosophi =
 Jacques P. Migne (Hg.), *Quinti saeculi scriptorum ecclesiasticorum […] opera omnia* (PL 20), Paris 1845, 1071–1166.
 Jean Louis Feiertag und Werner Steinmann (Hgg.), *Questions d'un païen à un chrétien (Consultationes Zacchei christiani et Apollonii philosophi)* 1–2 (SC 401–402), Paris 1994.
Contra Iudaeos = Diethard Aschoff (Hg.), *Anonymi contra Iudaeos* (CChr.SL 58B), Turnhout 2009.
De altercatione Ecclesiae et Synagoge = Jocelyn N. Hillgarth (Hg.), *Altercatio ecclesiae et synagogae. Potamii episcopi Olisponensis opera omnia* (CChr.SL 69A), Turnhout 1999, 25–47.
Fulgentius von Ruspe, *Contra Fabianum fragmenta* = Johannes Fraipont (Hg.), *Sancti Fulgentii episcopi Ruspensis opera* (CChr.SL 91A), Turnhout 1968, 763–866.

Gregor von Tours, *Libri Historiarum* = Bruno Krusch und Wilhelm Levison (Hgg.), *Scriptores rerum Merowingicarum. Gregorii Episcopi Turonensis Libri Historiarum X* (MGH.SRM 1,1), editio altera, Hannover 1951.

Johannes Maxentius, *Dialogus contra Nestorianos* = Eduard Schwartz (Hg.), *Iohannis Maxentii libelli. Collectio codicis Novariensis XXX. Collectio codicis Parisini 1682. Procli tomus ad Armenios. Iohannis Papae II epistula ad viros illustres* (ACO 4,2), Berlin 1914, 14 – 44.

Liber altercationum christianae philosophiae contra erroneas et seductiles paganorum philosophorum = Diethard Aschoff (Hg.), *Anonymi contra philosophos* (CChr.SL 58A), Turnhout 1975.

Radegunde, *Epistula ad Iustinum et Sophiam Augustos* =
    Friedrich Leo (Hg.), *Venanti Honori Clementiani Fortunati Presbyteri Italici opera poetica* (MGH.AA 4,1), Berlin 1881, 275 – 278.
    Wolfgang Fels (Hg. und Übers.), *Venantius Fortunatus, Gelegentlich Gedichte. Das lyrische Werk. Die Vita des hl. Martin* (Bibliothek der Mittellateinischen Literatur 2), Stuttgart 2006, 27 – 36 (Kreuzgedichte) und 302 – 305 (Brief).

Rusticus, *Contra Acephalos disputatio* = Jacques P. Migne (Hg.), *Dionysii Exigui [...] et Rustici [...] opera omnia* (PL 67), Paris 1865, 1167 – 1254.

Vigilius von Thapsus, *Contra Arianos, Sabellianos, Fotinianos Dialogus* = Pierre-Marie Hombert (Hg.), *Vigilii Thapsensis Contra Arrianos Sabellianos Fotinianos dialogus* (CChr.SL 90B), Turnhout 2017.

Vigilius von Thapsus, *Contra Eutychem Libri Quinque* = Jacques P. Migne (Hg.), *Eugyppii, Africani abbatis, opera omnia [...] accedunt Symmachi papae, Vigilii Tapsensis [...] scripta omnia quae supersunt* (PL 62), Paris 1865, 95 – 154.

Vigilius von Thapsus, *Contra Felicianum et Arianum de Unitate Trinitatis Optatum liber dialogus* =
    Jacques P. Migne (Hg.), *Eugyppii, Africani abbatis, opera omnia [...] accedunt Symmachi papae, Vigilii Tapsensis [...] scripta omnia quae supersunt* (PL 62), Paris 1865, 333 – 352.
    Jacques P. Migne (Hg.), *Sancti Aurelii Augustini, Hipponensis episcopi, opera omnia* 8 (PL 42), Paris 1865, 1158 – 1172.

Vigilius von Thapsus, *Solutiones obiectionum arrianorum* = Pierre-Marie Hombert, „Les Solutiones obiectionum arrianorum. Une œuvre authentique de Vigile de Tapse. Édition intégrale, traduction et commentaire", in: *Sacris Erudiri* 49 (2010), 151– 241.

Vigilius von Thapsus, *Contra Varimadum Arianum* =
    Jacques P. Migne (Hg.), *Eugyppii, Africani abbatis, opera omnia [...] accedunt Symmachi papae, Vigilii Tapsensis [...] scripta omnia quae supersunt* (PL 62), Paris 1865, 351 – 434 (= *Contra Marivadum Arianum diaconum libri tres*).
    Benedikt Schwank (Hg.), *Contra Varimadum. Solutiones diversarum quaestionum ab haereticis obiectarum. Testimonia de patre et filio et spiritu sancto. Liber de trinitate* (CChr.SL 90), Turnhout 1961, 1– 134.

Sekundärliteratur

Angenendt (2001): Arnold Angenendt, *Das Frühmittelalter. Die abendländische Christenheit von 400 bis 900*, 3. Aufl., Stuttgart.

Bardy/Hermann (1957): Gustave Bardy und Alfred Hermann, „Dialog", in: *RAC* 3, 928 – 955.

Berndt/Steinacher (2014): Guido M. Berndt und Roland Steinacher (Hgg.), *Arianism. Roman Heresy and Barbarian Creed*, Farnham.

Boehmer (1913): Heinrich Boehmer, „Das germanische Christentum. Ein Versuch", in: *Theologische Studien und Kritiken* 86, 165 – 280.

Bonus (1896): Arthur Bonus, *Von Stöcker zu Naumann. Ein Wort zur Germanisierung des Christentums*, Heilbronn.

Bonus (1899): Arthur Bonus, „Vom deutschen Gott. Zur Germanisierung des Christentums", in: *Christliche Welt* 13, 57–59; 81–85; 101–103; 125–127; 147–150; 171–173; 195–197; 219–222.

Bonus (1911): Arthur Bonus, *Zur religiösen Krisis* 1: *Zur Germanisierung des Christentums*, Jena.

Brennecke (1996/2007): Hanns Christof Brennecke, „Christianisierung und Identität – Das Beispiel der germanischen Völker", in: ders., *Ecclesia est in re publica. Studien zur Kirchen- und Theologiegeschichte im Kontext des Imperium Romanum*, hg. von Uta Heil, Annette von Stockhausen und Jörg Ulrich (AKG 100), Berlin, 145–156.

Brennecke (2002): Hanns Christof Brennecke, „Der sog. germanische Arianismus als ‚arteigenes' Christentum. Die völkische Deutung der Christianisierung der Germanen im Nationalsozialismus", in: Thomas Kaufmann und Harry Oelke (Hgg.), *Evangelische Kirchenhistoriker im „Dritten Reich"* (Veröffentlichungen der Wissenschaftlichen Gesellschaft für Theologie 21), Gütersloh, 310–329.

Brennecke (2006): Hanns Christof Brennecke, „Christianisierung der Germanen oder ‚Germanisierung des Christentums'. Über Ideologisierung und Tabuisierung in der Geschichtsschreibung", in: Klaus Manger (Hg.), *Sitzungsberichte der Geisteswissenschaftlichen Klasse der Akademie gemeinnütziger Wissenschaften zu Erfurt* 5: *Klassensitzungsvorträge 2000–2004*, Erfurt, 153–172.

Cameron (1976): Averil Cameron, „Early Religious Policies of Justin II.", in: Derek Baker (Hg.), *The Orthodox Churches and the West* (Studies in Church History 13), Cambridge, 51–67.

Castritius (2005): Helmut Castritius, „Stammesbildung, Ethnogenese", in: *Reallexikon der Germanischen Altertumskunde* 29, 508–515.

Demandt (2008): Alexander Demandt, *Geschichte der Spätantike. Das Römische Reich von Diocletian bis Justinian 284–565 n. Chr.*, 2. Aufl., München.

Edwards (2007): Jennifer C. Edwards, „Their Cross to Bear: Controversy and the Relic of the True Cross in Poitiers", in: *Essays in Medieval Studies* 24, 65–77.

Egeler (2013): Matthias Egeler, *Celtic Influences in Germanic Religion. A Survey*, München.

Erkens (2010): Franz-Reiner Erkens, „Reflexionen über das sakrale Königtum germanischer Herrschaftsverbände", in: Matthias Becher und Stefanie Dick (Hgg.), *Völker, Reiche und Namen im frühen Mittelalter* (Mittelalter Studien 22), München, 87–95.

European Science Foundation, *The Transformation of the Roman World*. http://archives.esf.org/coordinating-research/research-networking-programmes/humanities-hum/completed-rnp-programmes-in-humanities/the-transformation-of-the-roman-world.html (aufgerufen am 25.10.2018).

Frank (1996): Karl S. Frank, *Lehrbuch der Geschichte der Alten Kirche*, Paderborn.

Freytag (1859): Gustav Freytag, *Bilder aus der deutschen Vergangenheit* 1: *Aus dem Mittelalter*, Leipzig.

Geary (2002): Patrick J. Geary, *Europäische Völker im frühen Mittelalter. Zur Legende vom Werden der Nationen* (Europäische Geschichte), 2. Aufl., Frankfurt a. M.

Goetz (2003): Hans-Werner Goetz, *Europa im frühen Mittelalter 500–1050* (Handbuch der Geschichte Europas 2), Stuttgart.

Gschlößl (2006): Roland Gschlößl, *Im Schmelztiegel der Religionen. Göttertausch bei Kelten, Römern und Germanen*, Darmstadt.

Haendler (1987): Gert Haendler, *Die Abendländische Kirche im Zeitalter der Völkerwanderung* (Kirchengeschichte in Einzeldarstellungen 1: Alte Kirche und Mittelalter 5), 3. Aufl., Berlin.

Hase (1890): Karl von Hase, *Kirchengeschichte auf der Grundlage akademischer Vorlesungen* (Gesammelte Werke 2), Leipzig.

Hauschild/Drecoll (2016): Wolf-Dieter Hauschild und Volker Henning Drecoll, *Lehrbuch der Kirchen- und Dogmengeschichte* 1: *Alte Kirche und Mittelalter*, 5. Aufl., Gütersloh.

Heather (2005/2010): Peter Heather, *The Fall of the Roman Empire. A New History of Rome and the Barbarians*, London; dt. Der Untergang des Römischen Weltreichs, übers. von Klaus Kochmann, Reinbek b. Hamburg.
Heil (2011): Uta Heil, *Avitus von Vienne und die homöische Kirche der Burgunder* (PTS 66), Berlin.
Heil (2016): Uta Heil, „Die ‚Völkerwanderung' und die Gegenwart", in: *Berliner Theologische Zeitschrift* 33, 219–245.
Heussi (1934): Karl Heussi, „Die Germanisierung des Christentums als historisches Problem", in: *Zeitschrift für Theologie und Kirche* 42, 119–145.
Hoffmann (1966): Manfred Hoffmann, *Der Dialog bei den christlichen Schriftstellern der ersten vier Jahrhunderte*, Berlin.
Knefelkamp (2003): Ulrich Knefelkamp, *Das Mittelalter. Geschichte im Überblick*, 2. Aufl., Paderborn.
Krafft (1854): Wilhelm Krafft, *Die Kirchengeschichte der germanischen Völker* 1,1: *Die Anfänge der christlichen Kirche bei den germanischen Völkern*, Berlin.
Kulikowski (2012): Michael Kulikowski, „Barbarische Identität. Aktuelle Forschungen und neue Interpretationsansätze", in: Michaela Konrad und Christian Witschel (Hgg.), *Römische Legionslager in den Rhein- und Donauprovinzen – Nuclei spätantik-frühmittelalterlichen Lebens?* (Bayerische Akademie der Wissenschaften. Philosophisch-Historische Klasse Abh.NF 138), 103–111.
Lächele (2001): Rainer Lächele, „Germanisierung des Christentums – Heroisierung Christi. Arthur Bonus – Max Brewer – Julius Bode", in: Stefanie von Schnurbein und Justus H. Ulbricht (Hgg.), *Völkische Religion und Krisen der Moderne. Entwürfe „arteigener" Glaubenssysteme seit der Jahrhundertwende*, Würzburg, 165–183.
Leppin (2012): Volker Leppin, *Geschichte des mittelalterlichen Christentums*, Tübingen.
Maier (2003): Bernhard Maier, *Die Religion der Germanen. Götter – Mythen – Weltbild*, München.
Maier (2012): Bernhard Maier, *Geschichte und Kultur der Kelten* (Handbuch der Altertumswissenschaften 3,10), München.
Martin (2001): Jochen Martin, *Spätantike und Völkerwanderung*, 4. Aufl., München.
Mathisen/Shanzer (2011): Ralph W. Mathisen und Danuta Shanzer (Hgg.), *Romans, Barbarians, and the Transformation of the Roman World. Cultural Interaction and the Creation of Identity in Late Antiquity*, Farnham.
Meier (2003): Mischa Meier, „Die Translatio des Christusbildes von Kamulianai und der Kreuzreliquie von Apameia nach Konstantinopel unter Justin II. Ein übersehenes Datierungsproblem", in: *ZAC* 7, 237–250.
Meinhardt/Ranft/Selzer (2007): Matthias Meinhardt, Andreas Ranft und Stephan Selzer (Hgg.), *Mittelalter* (Oldenbourg Geschichte Lehrbuch), München.
Murray (1998): Alexander C. Murray, „Et postea vocantur Merohingii: Fredegar, Merovech and ‚Sacral Kingship'", in: ders., *After Rome's Fall. Narrators and Sources of Early Medieval History*, Toronto, 121–151.
Noble (2006): Thomas F.X. Noble, *From Roman Provinces to Medieval Kingdoms* (Rewriting Histories), London.
Pietri (2001): Luce Pietri, „Gallien", in: ders. (Hg.), *Die Geschichte des Christentums. Religion, Politik, Kultur. Altertum 3: Der lateinische Westen und der byzantinische Osten (431–642)*, Freiburg i. Br., 222–263.
Pohl (2004): Walter Pohl, *Die Germanen* (Enzyklopädie Deutscher Geschichte 57), München.
Pohl (2005): Walter Pohl, *Die Völkerwanderung. Eroberung und Integration*, 2. Aufl., Stuttgart.
Prinz (2004): Friedrich Prinz, „Europäische Grundlagen deutscher Geschichte (4.–8. Jahrhundert)", in: Alfred Haverkamp und ders. (Hgg.), *Gebhardt. Handbuch der deutschen Geschichte* 1, 10. Aufl., Stuttgart.

Radmüller (2012): Angelo Radmüller, „Zur ‚Germanisierung des Christentums' – Verflechtungen von Protestantismus und Nationalismus in Kaiserreich und Weimarer Republik", in: *Zeitschrift für junge Religionswissenschaft* 7, 100–122.

Rosenwein (1999): Barbara Rosenwein, *Negotiating Space. Power, Restraint, and Privileges of Immunity in Early Medieval Europe*, Manchester.

Rubel (2016): Alexander Rubel, *Religion und Kult der Germanen*, Stuttgart.

Schäferdiek (1984): Knut Schäferdiek, „Germanisierung des Christentums", in: *TRE* 12, 521–524.

Schäferdiek (1996): Knut Schäferdiek, „Germanisierung des Christentums?", in: *Der evangelische Erzieher* 48, 333–342.

Schmidt (1939): Kurt Dietrich Schmidt, *Die Bekehrung der Germanen zum Christentum* 1: *Die Bekehrung der Ostgermanen zum Christentum (Der ostgermanische Arianismus)*, Göttingen.

Schmidt (1977): Peter L. Schmidt, „Zur Typologie und Literarisierung des frühchristlichen lateinischen Dialogs", in: Manfred Fuhrmann (Hg.), *Christianisme et formes littéraires de l'antiquité tardive en Occident* (Entretiens sur l'antiquité classique 23), Genf, 101–180.

Schubert (1909): Hans von Schubert, *Das älteste germanische Christentum oder der sogenannte ‚Arianismus' der Germanen*, Tübingen.

Seeberg (1914): Reinhold Seeberg, *Christentum und Germanentum* (Schriften der Treitschke-Stiftung), Leipzig.

Siewert (2002): Sylvia Siewert, *Germanische Religion und neugermanisches Heidentum*, Frankfurt a. M.

Springer (2006): Matthias Springer, „Völkerwanderung", in: *Reallexikon der germanischen Altertumskunde* 32, 509–517.

Vilmar (1848): August F.C. Vilmar, *Geschichte der deutschen National-Literatur* 1, 3. Aufl., Marburg.

Voss (1970): Bernd Reiner Voss, *Der Dialog in der frühchristlichen Literatur* (Studia et Testimonia Antiqua 9), München.

Wood (2006): Ian N. Wood, „Transformation of the Roman World", in: *Reallexikon der germanischen Altertumskunde* 31, 32–134.

II. Universal und regional

Walter Pohl[1]
Die christliche Dimension ethnischer Identitäten im Frühmittelalter

Im Jahr 1962 hielt ein junger Theologe in Salzburg eine Vorlesung unter dem Titel „Die Einheit der Nationen – Eine Vision der Kirchenväter". Sie wurde später auch als Buch publiziert. Sein Name war Joseph Ratzinger; er ist später unter dem Namen Benedikt XVI. bekannt geworden.[2] Das christliche Anliegen, so argumentierte er, war von Anfang an, die Spaltung der Nationen zu überwinden. Es ist interessant, wie stark Ratzinger seine Vision christlicher Einheit an den „kosmischen Anspruch der Pax Romana" anknüpft.[3] Wie er an Augustinus zeigt, ging es darum, „die ungeheure Hingabe, mit der Menschen hier an dem vergänglichen Ziel eines irdischen Staates und irdischer Größe gearbeitet haben, auf das ewige Ziel einer Einheit in Christus umzulenken."[4] Im *Epheserbrief*, so argumentiert Ratzinger, ist Einheit das Leitmotiv – die Sünde erscheint „als ein Mysterium der Trennung", das „Christusmysterium, das die Sünde aufhebt, wird hier folgerecht als ein Mysterium der Wiedervereinigung verstanden."[5] Aus Sicht der Nachkriegszeit ist der Nationalismus, der zum Krieg führte, sicherlich mitgedacht bei der Sünde, die zur Trennung führt; Aufgabe der Kirche war es, auf dem Mysterium der Vereinigung zu bestehen. „Das Christusmysterium ist für die Väter als solches und ganzes ein Mysterium der Einheit", stellt Ratzinger fest.[6] Eingeschärft wird durch die fast schon stereotype Wiederholung dieses Gedankens, dass diese Einheit eben ein Mysterium ist und kaum durch irdische Bemühung, sondern nur in Christus erreichbar ist. So gedeutet, ersetzt die auf Erden in der Kirche Christi verkörperte Einheit auf höherer Ebene den Zusammenhalt des Imperiums. Die Implikationen für die Geschichte der Spätantike und des Frühmittelalters sind in dem Büchlein nicht ausgeführt. Hier wird nur in sehr subtiler Form ein Gegensatz angesprochen, der auf selten reflektierte Weise eine Grundkonstante der Meistererzählung von der Geschichte des Abendlandes darstellt: der Widerspruch zwischen christlichem Universalismus und nationalem Partikularismus, oder überhaupt, zwischen Visionen der Einheit und den immer konfliktträchtigen Einzelinteressen, die den Kontinent geprägt haben.

Das ist in der jüngeren deutschen Kirchengeschichtsforschung oft recht zugespitzt formuliert worden. „Dem gentilen Selbstverständnis stand das Christentum radikal

---

[1] Diese Forschungen wurden vom Fonds zur wissenschaftlichen Forschung in Österreich (FWF) im Rahmen des SFB F 42 „VISCOM" gefördert.
[2] Ratzinger (2005).
[3] Ratzinger (2005) 18.
[4] Ratzinger (2005) 88.
[5] Ratzinger (2005) 32.
[6] Ratzinger (2005) 31.

ablehnend gegenüber", schrieb Arnold Angenendt.[7] Allenfalls konnte die Kirche durch äußere Einflüsse von diesem Weg der Einheit abgebracht werden, durch eine „Germanisierung" oder „Barbarisierung" des Christentums.[8] Diese Vorstellung entspricht wiederum dem Modell der drei Säulen, auf denen das Mittelalter aufbaute: Rom, Christentum und Germanen. Als die Germanen Rom zerstörten, war es das Christentum, das römische Zivilisation und Universalität bewahrte. So konnte es allmählich zu einer Synthese kommen. Die Wiedererrichtung des westlichen Kaisertums unter Karl dem Großen verfolgte ein christlich-römisches Programm.[9] Immer wieder gerieten eine geistliche Autorität, die nach weltlicher Macht strebte, und eine weltliche Herrschaft, die religiöser Legitimation bedurfte, in Konflikt miteinander. Aus nationaler, katholischer und protestantischer Sicht konnten solche Konflikte ganz unterschiedlich eingeschätzt werden; doch dass es dabei um den Primat von Kirche oder Staat bzw. Nation ging, war vielen dieser Positionen gemeinsam.

Diese „große Erzählung", die in vielen Facetten weiterhin die Handbücher dominiert, hatte und hat durchaus einen gewissen heuristischen Wert. Zu diskutieren, ob Meistererzählungen oder historische Modelle wahr oder falsch sind, ist meist wenig produktiv; es geht eher darum, wie erklärungsmächtig und quellenadäquat sie sind. In diesem Sinn möchte ich auf einige Gesichtspunkte hinweisen, die im Gegensatzpaar von universalem Christentum und partikularen Nationen ausgeblendet werden. Es gibt wesentliche Entwicklungen in Spätantike und Frühmittelalter, die mit diesem binären Muster nicht zu erklären sind.

Viele Völker Europas sind zwischen 400 und 1000 entstanden oder suchen in dieser Zeit ihren Ursprung: Franzosen und Deutsche, Engländer und Schotten, Schweden und Dänen, Kroaten und Serben, Polen und Tschechen, Ungarn und Bulgaren und viele andere.[10] Aber im Frühmittelalter entstanden nicht nur viele Völker, die sich später zu modernen Nationen entwickelten und bis heute die politische Landkarte prägen. Zugleich entstand überhaupt die abendländische Art und Weise, wie man über Völker dachte und wie ethnische Identitäten zur Grundlage politischer Macht und individueller Selbstwahrnehmung wurden. Europa ist in dieser Hinsicht außergewöhnlich, denn seine politische Landschaft ist seit mehr als einem Jahrtausend geprägt von relativ stabilen und zumeist ethnisch definierten Staaten. Das heißt keineswegs, dass diese Staaten ethnisch einheitlich wären, das waren sie nie und sind sie auch nach einem Jahrhundert des Nationalismus und der teils gewaltsamen Vereinheitlichung nicht. Doch sind sie fast alle nach Völkern benannt (wenn nicht umgekehrt das Volk nach dem Land benannt ist wie in Italien und Spanien) und leiten von diesen ihre Legitimität ab. In vielen dieser *regna*, „Reiche", Alteuropas ist die institutionelle und territoriale Entwicklung gar nicht linear verlaufen (wie in

---

[7] Angenendt (2003) 81.
[8] Angenendt (1994); von Padberg (1997) 184.
[9] Siehe z. B. Prinz (2000).
[10] Ausführlicher dazu siehe Pohl (2008); Pohl (2013a).

Deutschland oder Polen). Ethnizität war nicht die Substanz dieser Staaten, doch bot sie wichtige Integrations- und Identifikationsressourcen.

In den meisten anderen Kulturräumen der Weltgeschichte wurden ethnische Identitäten nicht in ähnlicher Weise als politische Ressource genutzt.[11] Aus der islamischen Eroberung großer Teile des Römischen Reiches sowie des Sassanidenreiches ging wiederum ein Imperium unter Führung der Kalifen hervor. Peter Webb hat in einem kürzlich erschienenen Buch die Bedeutung der arabischen Identität für die erste Zeit des Kalifats relativ gering eingeschätzt.[12] Als im 10. Jahrhundert die Herrschaft der Abbasiden zerfiel, entstanden daraus relativ kurzlebige dynastische Reiche.[13] Viele dieser Machtbildungen wurden ähnlich wie beim Zerfall des weströmischen Reiches von Stämmen oder ethnischen Einheiten getragen – die Buyiden waren zum Beispiel iranische Daylamiten, die Marwaniden waren Kurden, die Uqayliden kamen vom Beduinenstamm der Banu Taghlib. Diese ethnischen Verbände zerfielen aber rasch und wurden durch neue dynastische Machtzentren ersetzt.[14] Vergleichbar ist auch die Einwicklung in Nordchina in der Zerfalls-Epoche zwischen der Han- und der Tang-Dynastie, also vom 3. bis zum 7. Jahrhundert.[15] Ähnlich wie wenig später in Westrom, ergriffen nördliche Barbaren in ehemaligen Provinzen des Han-Reiches die Macht. Besonders erfolgreich waren die Tuoba, ein Volk der Xianbei, die unter dem chinesischen Dynastie-Namen Wei ihre Herrschaft konsolidierten. Auch diese sogenannten „nördlichen Dynastien" verschwanden bald wieder, und die Sui- und Tang-Dynastie restaurierten das einheitliche Imperium.[16] In der chinesischen Geschichte wurden diese fast regelmäßigen Perioden von Zerfall und Fremdherrschaft immer fast problemlos in das einheitliche dynastische Schema eingeordnet.

Die Ablösung der römischen Herrschaft durch eine Vielfalt von Völkern und ihre langfristige Konsolidierung wird bis heute in der Forschung als selbstverständlich betrachtet, als quasi naturwüchsiger Prozess. Das ist nach zwei Jahrhunderten nationalen Denkens und der Verbreitung von „Nationen" über die ganze Erde kein Wunder. Doch der globale Vergleich zeigt, dass dieser Prozess in Wirklichkeit höchst erklärungsbedürftig ist. Warum wurde das Imperium durch Reiche der Goten, Franken, Langobarden, Angeln ersetzt und nicht etwa durch Könige von Italien, Gallien oder Britannien?[17] Auch dynastische Bezeichnungen für die neuen *Regna* setzten sich im frühmittelalterlichen Westen nicht durch. Wir sprechen von einem Reich der Merowinger oder Karolinger, das war aber in den Quellen der Zeit keineswegs die gängige Benennung oder die vorwiegende Form der Herrschaftslegitimation. Dem entspricht,

---

[11] Pohl/Gantner/Payne (2012); Pohl/Wieser (im Druck 2019).
[12] Webb (2017).
[13] Kennedy (1986).
[14] Zum Vergleich zwischen dem Zerfall des weströmischen und des abbasidischen Imperiums siehe Pohl (im Druck a).
[15] Lewis (2009); Abramson (2008).
[16] Skaff (2012).
[17] Überblick über die Ereignisse: Pohl (2005); Wolfram (2018).

dass im lateinischen Kontinentaleuropa (zum Unterschied von den britischen Inseln) Genealogien keine wesentliche Rolle spielten.[18]

Diese Entwicklung ist nicht einfach dadurch zu erklären, dass von Königen geführte, fertige Völker hier die Macht übernahmen. Denn diese Völker selbst konsolidierten sich erst in den neuen *Regna*, auch wenn viele davon alte Namen trugen.[19] Ebenso wie in China nach der Han-Dynastie oder der islamischen Welt nach den Abbasiden waren die neuen regionalen Mächte im poströmischen Europa sehr instabil. Die Reiche der Burgunder, Goten und Langobarden wurden von Franken, Byzantinern oder Muslimen erobert, das angelsächsische England fiel den französischen Normannen zum Opfer. Dennoch gibt es Burgund, England oder die Lombardei auch heute noch. Hier überdauerte die ethnische Benennung einer politischen oder regionalen Einheit also die Herrschaft des so benannten Volkes. In Burgund herrschte nach 534 ein Frankenkönig, in Italien nach 774 Karl der Große als *rex gentis Langobardorum*, und in England nach 1066 ein franko-normannischer *rex Angliae*. Die Benennungskontinuität ist also nicht aus der tatsächlichen Herrschaftskontinuität zu erklären. Die ethnische Selbstzuordnung der Reichsgründer dehnte sich vielerorts allmählich auf die Vorbevölkerung aus.

Die Bedeutung der ethnischen Identitäten, die diesen Ethnonymen jeweils entsprachen, war wohl recht unterschiedlich; ihr Umfang schwankte. Was aber als Orientierungsrahmen ungebrochen blieb, war eine politische Geographie christlicher Völker, die über die Wechselfälle der Geschichte hinweg für neue Identifikationen und ihren politischen Gebrauch verfügbar blieben. Ethnizität ist zunächst diese kognitive Ordnung der Welt, die Unterscheidungen zwischen Großgruppen ermöglichte.[20] Sie bot den Rahmen für ethnische Identitäten und bildete sie ab, allerdings nicht direkt, sodass der Schluss von ethnischen Zuschreibungen in unseren Quellen auf tatsächliche ethnische Identitäten oft hypothetisch bleibt. Doch die politische Landschaft wurde weitgehend von ethnischen Zuordnungen bestimmt; kollektives politisches Handeln wurde geläufig Völkern zugeschrieben. Auf dieser diskursiven Ebene können wir die Wandlungen in der Bedeutung ethnischer Identifikation gut in den Quellen nachvollziehen. Hier wird auch der Einfluss des Christentums deutlich.

Die hier vorgeschlagene Hypothese lautet also: Das Christentum spielte eine wesentliche Rolle dabei, dass Ethnizität als politisches Ordnungsmuster im lateinischen Europa wichtiger wurde als anderswo. Zunächst hatte das natürlich pragmatische Gründe. Die Errichtung großräumiger politischer Herrschaft durch eine ethnisch definierte Führungsgruppe im frühmittelalterlichen Europa gelang nur christlichen Königen, die über lateinische Schriftlichkeit und Elemente spätrömischer Organisation verfügten. Dabei konnten Bischöfe, Kleriker und Mönche helfen, und das ist in der Forschung auch allgemein anerkannt. Weniger erforscht ist, dass das

---

[18] Pohl (2016).
[19] Zur „Ethnogenese" der Völker des Frühmittelalters Wenskus (1961); Wolfram (2009); Pohl (2018b).
[20] Ausführliche Darstellung: Pohl (2013b).

Christentum reiche Ressourcen der Orientierung und Legitimität bieten konnte. Das machte den neuen Glauben nicht nur für die Herrschenden attraktiv, was durch die Erfolge der Mission „von oben" hinreichend belegt ist. Es veränderte auch die Vorstellungen von der Rolle der Völker in einer christlichen Welt.

An den Königstiteln lässt sich dieser neue Zusammenhang gut zeigen. Als im Jahr 643 der Langobardenkönig Rothari in Pavia sein Gesetzbuch verkündete, nannte er sich im Prolog *Ego in Dei nomine Rotharis rex vir excellentissimus, septimusdecimus rex gentis Langobardorum*[21] – die dreifache Ableitung seiner Herrschaft von Gott, von einem traditionellen römischen Rangtitel und von der *gens Langobardorum* wurde in lateinischer Staatssprache verkündet. Allmählich setzte sich dann der Königstitel nach dem Muster *Gratia Dei N. rex Francorum* oder *rex Angliae* im Abendland durch.[22] Dieser ethnische Königstitel ist eine Besonderheit des europäischen Mittelalters. Und er hat ein biblisches Vorbild.[23]

Bei der Kreuzigung Christi wird in allen vier Evangelien die Aufschrift auf dem Kreuz mit *rex Iudaeorum* oder ähnlich wiedergegeben.[24] *Ave, rex Iudaeorum*, verspotteten ihn die römischen Soldaten.[25] Johannes fügt hinzu, dass der Titel auf Hebräisch, Latein und Griechisch geschrieben war, und dass die Hohepriester dagegen protestierten. *Ipse dixit, sum rex Iudaeorum*,[26] wollten sie dort stehen haben; dass Jesus das Königtum der Juden beansprucht hatte, bezweifelten sie nicht. *Quod scripsi, scripsi*,[27] antwortete Pilatus. Diese Form des jüdischen Königstitels war offenbar nicht aus dem Alten Testament abgeleitet, wo der Titel König von Juda oder von Israel lautet. Erst Flavius Josephus verwendet manchmal *basileus Ioudaiōn*, zum Beispiel für Herodes oder für Antipater; das dürfte aus der hellenistischen Selbstdarstellung der Hasmonäer, besonders des Herodes, stammen.[28] Als Pilatus Jesus fragt: *Tu es rex Iudaeorum?*, antwortet dieser nur: *Tu dicis!*[29] Tatsächlich entsprach dieser gentile Königstitel dem römischen Brauch für die barbarischen Gentes an der Peripherie, zum Beispiel für Ariovist als *rex Germanorum*, für Marbod als *rex Marcomannorum* oder für Decebalus als *rex Dacorum*.[30] Im 5. Jahrhundert erscheinen ethnische Königstitel auf römischem Territorium; Alarich II. als König der Goten um 500 oder Hunerich (477–484) als *rex Vandalorum et Alanorum* gehören zu den frühesten Beispielen ethnischer

---

21 *Edictus Langobardorum, Prologus* (1 Bluhme).
22 Wolfram (1967 und 1973).
23 Zum Folgenden Pohl (2009).
24 Mt 27,37: *Hic est Iesus rex Iudaeorum*; Mk 15,26: *Rex Iudaeorum*; Lk 23,38: *Hic est rex Iudaeorum*; Joh 19,19: *Iesus Nazarenus rex Iudaeorum*.
25 Mt 27,29; Mk 15,18.
26 Vgl. Joh 19,21.
27 Joh 19,22.
28 Vgl. Flavius Josephus, *Antiquitates Iudaicae* 15,409 (406,7 Niese); 15,421–25 (408–409 N.); *Bellum Iudaicum* 1,14,1 (114 Vitucci).
29 Mt 27,11; Mk 15,2; Lk 23,3; Joh 18,34.
30 Wolfram (2005).

Selbstaussagen von Herrschern barbarischer Herkunft in römischen Provinzen.³¹ *Rex Francorum* ist als Selbstaussage erstmals ein Jahrhundert später bezeugt, in einem Brief König Childeberts II. aus den 580er Jahren an den Kaiser in Konstantinopel. Dass er den *princeps Romanae reipublicae* letztlich auch in einem ethnischen Zusammenhang versteht, geht daraus hervor, dass es im Brief um den Frieden zwischen den beiden *gentes* geht.³²

Auch wenn königliche Selbstaussagen aus der Zeit selten erhalten sind, ist es also unwahrscheinlich, dass der ethnische Königstitel ein germanischer Import ist. Für ein fast imperiales Königtum wie das der Goten oder Franken gab es keine germanischen Vorbilder, es beruhte auf der römischen Anerkennung barbarischer Bundesgenossen.³³ Die Formel war in der lateinischen Fremdwahrnehmung gut vertraut. Und jeder christliche König konnte sie im Evangelium lesen. Freilich, dort diente sie zu Spott und Anklage. In gewissem Sinn starb Jesus als König der Juden und wurde durch seine Auferstehung der König aller Könige. Oder, um es in den Worten der Chronik des Sulpicius Severus zu sagen: *Is enim [...] mundum istum, in quo sunt regna terrarum, in nihilum rediget regnumque alium incorruptum atque perpetuum, id est futurum saeculum, quod sanctis paratum est, confirmabit.*³⁴ Dennoch muss die im Evangelium überlieferte Form des Königstitels in christlichen Ohren einen besonderen Klang gehabt haben.

Das Alte Testament enthält ein wesentlich vielfältigeres Spektrum an Vorbildern für die Rolle von Völkern als das Neue Testament. Erstens bot es zwei Große Erzählungen von der ethnischen und sprachlichen Vielfalt der Welt: einerseits die Genealogie Noahs, auf dessen Söhne alle bekannten Völker zurückgeführt wurden (Gen 9–10); und andererseits die Geschichte vom Turmbau zu Babel, bei dem Gott die Sprachen verwirrt, um ein gemeinsames Handeln der Völker zu verhindern (Gen 11). Diese biblischen Geschichten entfalteten im Mittelalter eine breite Wirkung; Arno Borst hat die Belege in seinem voluminösen Werk *Der Turmbau von Babel* zusammengetragen.³⁵ Ein dynamisches Element lag darin, dass die beiden Mythen nicht leicht in Übereinstimmung zu bringen waren. Die Vielfalt der Völker wurde auf die Söhne Noahs zurückgeführt, die Vielfalt der Sprachen auf ihre anschließende Verwirrung beim Turmbau von Babel; und dennoch galt die Sprache als Kriterium für die Unterscheidung der Völker. Diesem Problem widmete Isidor von Sevilla eine längere und selbst wiederum keineswegs widerspruchsfreie Erörterung.³⁶ Auch er hat, wie andere vor ihm, die Völker des Abendlandes als Nachkommen der Söhne Noahs in die biblische Heilsgeschichte eingeordnet.

---

31 Steinacher (2016) 251; 264; Wolfram (1967) 76–89.
32 *Epistulae Austrasicae* 37–39 (457–459 Rochais); siehe auch 32 (454 R.); 34 (455–456 R.).
33 Wolfram (2005) 62–65.
34 Sulpicius Severus, *Chronica* 2,3,7 (62 Parroni): „Er wird die Welt, in der irdische Königreiche bestehen, zunichtemachen, und wird ein anderes Königreich aufrichten [...]".
35 Borst (1957–1963).
36 Isidor, *Etymologiae* 9,1 (s.p., Lindsay). Pohl (1998) 22–27.

Zweitens ist der Kern der alttestamentlichen Erzählung der Bund Gottes mit einem bestimmten Volk, dem Volk Israel. Diesem Volk wird dadurch eine besondere moralische und kultische Verantwortung aufgebürdet. Häufig weichen die Juden von diesem Weg ab. Um den Bund mit Gott zu gefährden, reicht oft schon das Handeln einzelner Repräsentanten, nicht selten verführt von einer ausländischen Ehefrau. Die Strafe dafür kann das gesamte Volk treffen. Häufig sind die Instrumente von Gottes Zorn andere Völker, Ägypter oder Philister, Assyrer oder Babylonier. Ob eine solche ethnische Sicht des Alten Orients adäquat ist oder nicht – frühmittelalterlichen Lesern erschloss sich leicht eine vertraute Landschaft von *gentes* und *regna*, in der ein *populus* in einer besonderen Beziehung zu Gott im Zentrum stand. Dieser *populus* konnte, wie in der Exegese des Alten Testaments üblich, die Kirche sein. Doch ebenso leicht ließ sich darin der christliche Populus der eigenen Gens entdecken. Mayke de Jong hat gezeigt, wie *populus Christianus* und *ecclesia* in der Karolingerzeit weitgehend synonym mit dem Reichsvolk oder der *gens Francorum* verwendet werden konnte:

> From the late eighth century onwards, the notion of *ecclesia*, including all its connotations of the eventual salvation of God's people, was harnessed to the identity of the Carolingian polity, with the ruler's responsibility for the salvation of its people as its defining factor [...] The Holy Church or the Christian people (*sancta ecclesia vel populus Christianus*) could be one way of defining the identity of the Frankish polity.[37]

Die Übernahme alttestamentlicher Vorbilder im Frühmittelalter verlief dabei durchaus selektiv und behutsam. Zum Beispiel hatte der vom päpstlichen Rom des 8. Jahrhunderts ausgehende Versuch, unter Berufung auf das Alte Testament (z. B. 1 Kön 11,1–13) Heiraten mit auswärtigen Ehefrauen, *alienigenae uxores*, zu verbieten, kaum nachhaltigen Einfluss.[38] Ebenso wird der im Alten Testament mehrfach geäußerte Rat, nach dem Sieg über die Feinde alle Männer zu töten (z. B. 1 Kön 11,14–22), im Frühmittelalter nur selten aufgenommen. Nur in der *Chronik* des Sulpicius Severus findet sich eine scharfe Kritik daran, dass die Römer unter dem Anschein des Friedens *permixtas barbaras nationes, praecipue Iudeaos*, aufgenommen hätten, die nun römische Städte und Provinzen bewohnten, ohne sich römischen Sitten anzupassen.[39] *Cuncta cum externis societas perniciosa est*, sagt er an anderer Stelle.[40] Doch in der Regel werden fremdenfeindliche Passagen des Alten Testaments wenig als Maximen rezipiert.

Eher vorsichtig ging man im Frühmittelalter auch mit der direkten Identifikation mit dem auserwählten Volk Israel um. Das neue Israel war vor allem die Kirche; zudem hätte eine unvermittelte Gleichsetzung mit den Juden des Alten Testaments für ein christliches Volk recht ambivalent gewirkt. Mühsam genug hatten Generationen von Exegeten das Heilsversprechen des Alten Testaments von den Juden ihrer Ge-

---

37 De Jong (2006) 119; siehe auch de Jong (2000).
38 Pohl (2014).
39 Sulpicius Severus, *Chronica* 2,2,5–6 (61 P.). Vgl. Weber (1995) 49; 54; Wieser (im Druck).
40 Sulpicius Severus, *Chronica* 1,24,2 (18 P.).

genwart abgetrennt.⁴¹ Um wieder mit Mayke de Jong zu sprechen, „no self-respecting biblical scholar at the beginning of the ninth century [...] would argue that his polity was ‚Israel', let alone the ‚New Israel'."⁴²

Dennoch gab es im Frühmittelalter die Vorstellung einer besonderen Verbindung zu Gott, ja einer göttlichen Auserwähltheit. *Gens Francorum inclita, auctorem Deo condita*, beginnt der um 760 entstandene lange Prolog der fränkischen *Lex Salica*.⁴³ Hier wird nicht die Herrschaft des Königs, sondern die Entstehung der Gens auf Gott zurückgeführt, ein im Frühmittelalter eher selten so emphatisch geäußerter Anspruch. Vorstellungen besonderer göttlicher Gnade für ein bestimmtes Volk waren meist neutestamentlich vermittelt und implizierten keine Nachfolge des alttestamentlichen Israel. Sie folgten allgemeinen christlichen Identifikationsmustern und engten sie bis zu einem gewissen Grad auf ein bestimmtes Volk ein. Eines dieser Muster setzte am teils emphatischen Gebrauch ethnischer Metaphern für die frühen Christen an. Denise Buell und Judith Lieu haben reiches Material für die Bezeichnung christlicher Gemeinschaften als *gens* zusammengetragen.⁴⁴ Der Gebrauch ethnischer Sprache für die Christen war meist gerade Ausdruck dessen, dass nach der Taufe bisherige ethnische oder soziale Zugehörigkeiten keine Rolle mehr spielten. Das entspricht der Formulierung im *Kolosserbrief*, die Christen hätten alle bisherigen Bindungen abgeschüttelt: *Ubi non est Graecus vel Iudaeus, circumcisio et praeputium, barbarus, Scytha, servus, liber, sed omnia et in omnibus Christus* (Kol 3,11). In dieselbe Richtung geht das ebenso berühmte Zitat aus dem *1. Petrusbrief: Vos autem genus electum, regale sacerdotium, gens sancta, populus in adquisitionem* [...] *qui aliquando non populus, nunc autem populus Dei.*⁴⁵

Gerade diese besondere Hervorhebung der Christen als Volk Gottes konnte aber schon bald wieder dazu dienen, bestimmte Völker oder Menschengruppen vor anderen anzusprechen.⁴⁶ Um 500 zog der Brite Gildas die Strafen für die Juden des Alten Testaments als Vergleich für das düstere Schicksal der Briten seiner Zeit heran, benützte dabei aber Formulierungen des *Petrus-Briefes*:

> *Si, inquam, peculiari ex onmnibus nationibus populo, semini regali gentique sanctae, ad quam dixerat: „primogenitus meus Israel", eiusque sacerdotibus, prophetis, regibus, per tot saecula apostolo ministro membrisque illius primitivae ecclesiae dominus non pepercit, cum a recto tramite deviarint, quid tali huius atramento aetatis facturus est?*⁴⁷

---

41 Yuval (2007); kritisch Fredriksen (2008); vgl. Heydemann (2013).
42 De Jong (2006) 120. Siehe auch Garrison (2000); Heydemann (2016).
43 *Lex Salica, Incipit Prologus* (2 Eckhardt).
44 Lieu (2004); Buell (2005).
45 „Ihr aber seid ein auserwähltes Geschlecht, eine königliche Priesterschaft, ein heiliger Stamm, ein Volk, das sein besonders Eigentum wurde [...] einst wart ihr kein Volk, aber jetzt seid ihr Gottes Volk." (1 Petr 2,9–10). Die Einheitsübersetzung hat hier: „Einst wart ihr nicht sein Volk". Siehe auch Horrell (2011).
46 Zum Folgenden Pohl/Heydemann (2016).
47 Gildas, *De excidio et conquestu Britanniae, Praefatio* (26,31 Mommsen).

Im 8. Jahrhundert nannte Papst Paul I. in einem Brief an Pippin III. und Papst Stefan III. an Karl den Großen die Franken *gens sancta*, heiliges Volk.[48] Alcuin, der Berater Karls des Großen, verwendete das Zitat mehrfach, differenzierte aber genau: In der *Vita Vedastis* schrieb er, dass durch die Taufe Chlodwigs die Franken *gens sancta, populus adquisitionis* geworden waren.[49] In einem mahnenden Brief an die englischen Bischöfe und Priester nach der Plünderung von Lindisfarne spricht er sie als *genus electum, regale sacerdotium* an, die unermüdlich der *gens sancta, populus adquisitionis*, nämlich den Angeln, predigen sollte.[50] Für Alcuin konnte ein Volk heilig und Gottes besonderes Eigentum sein, aber keine königliche Priesterschaft (was theologisch anstößig war), und auch kein auserwähltes Geschlecht.

Ein zweiter Weg, die Auserwähltheit eines Volkes auszudrücken, war die Gnade der Taufe und Bekehrung, wie schon im eben erwähnten Beispiel von Alcuins *Vita Vedastis*. Schon nach seiner Taufe hatte Bischof Avitus von Vienne an Chlodwig geschrieben: *Deus gentem vestram per vos ex toto suam faciet.*[51] Die Bekehrung eines Barbarenvolkes war so gesehen das Ergebnis einer göttlichen Wahl. So konnten sich daran Vorstellungen der Auserwähltheit knüpfen. Der heilige Patrick nannte die Iren *plebem nuper venientem ad credulitatem, quam sumpsit Dominus ab extremis terrae.*[52] Und auch Papst Gregor der Große führte in einem Brief an den Missionar Augustinus in Britannien dessen erfolgreiche Bekehrungstätigkeit auf göttlichen Willen zurück: *Scio enim quia omnipotens Deus per dilectionem tuam in gente quam eligi voluit magna miracula ostendit.*[53] Ähnlich äußerte sich später Beda über die Bekehrung der Angeln, Gottes Volk, das Gott bereits vorherbestimmt hatte.[54]

All diese Bekehrungen erfüllten, was das Evangelium den Anhängern Christi aufgegeben hatte: *Euntes ergo, docete omnes gentes* (Mt 28,19; ähnlich bei Mk 13,10). „Darum geht zu allen Völkern und macht alle Menschen zu meinen Jüngern", sagt die Einheitsübersetzung. Man könnte auch einfach „alle Heiden" übersetzen. Waren mit *gentes* spezifisch die Völker oder die Heiden insgesamt gemeint? Das war Gegenstand spätantiker Debatten. Im 5. Jahrhundert, im Kontext des Streits um Pelagius, argumentierte Prosper in *De vocatione omnium gentium* nachdrücklich, dass damit alle Völker und nicht alle Heiden gemeint seien. Sonst müsste man ja an der göttlichen Gerechtigkeit zweifeln, denn nicht jedem einzelnen Heiden könne in absehbarer Zeit

---

48 *Codex Carolinus*, Epistula 39 und 45 (552,12; 561,36 Gundlach).
49 Alcuin, *Vita II Vedastis episcopi Atrebatensis* 2 (418,5 Krusch).
50 Alcuin, *Epistula* 17 (47,8 Dümmler); ähnlich auch *Epistula* 138 (219,13 D.).
51 Avitus von Vienne, *Epistulae ad diversos*, epistula 46 (76,8–9 Peiper).
52 Patricius, *Confessio* 38 (78,25–27 Bieler); vgl. Brown (2003) 132.
53 Gregorius Magnus, *Registrum Epistularum* 11,36 (926,22–24 Norberg).
54 Beda Venerabilis, *Historia ecclesiastica gentis Anglorum* 1,22 (68 Colgrave/Mynors): *Sed non tamen divina pietas plebem suam, quam prescivit, deseruit, quin multo digniores genti memoratae praecones veritatis, per quos crederet, destinavit.*

das Evangelium gepredigt werden, wohl aber jedem Volk. Gott aber habe *nulli tamen nationi hominum bonitatis suae dona* entzogen.⁵⁵

So konnten die Völker zum Subjekt der Heilsgeschichte werden. Zum Unterschied von der Sprache der Hebräischen Bibel, die recht deutlich, wenn auch nicht durchgehend zwischen *el*, dem eigenen *populus*, und den *goyim*, den fremden *gentes*, unterschied, konnten seit der Spätantike christliche und heidnische Völker unterschiedslos als *gentes* bezeichnet werden. Die Grenze sollte immer weiter vorgeschoben werden; die christlichen Herrscher der Völker waren wesentliche Akteure bei der Bekehrung und langfristige Partner der Bischöfe in den neuen „Micro-Christendoms", wie Peter Brown das genannt hat.⁵⁶ Damit entsprach aber eine Welt von Völkern und ihren Königreichen durchaus dem göttlichen Heilsplan. Dass diese daraus Legitimität schöpften, wird vielfach sichtbar. Von einer radikalen Ablehnung der ethnischen Einteilung der Welt aus universalistischer Perspektive ist in den frühmittelalterlichen Quellen seltener zu hören. Im Gegenteil, besonders drastische Formulierungen ethnischer Vorurteile und Abgrenzen stammen von höchsten Kirchenfürsten. Dazu zählt die Warnung Papst Stephans III. an Karl den Großen vor einer Ehe mit der Tochter des Langobardenkönigs Desiderius:

> *Quod vestra praeclara Francorum gens, quae super omnes gentes enitet [...] perfidae [...] ac foetentissimae Langobardorum genti polluatur, quae in numero gentium nequaquam conputatur, de cuius natione et leprosorum genus oriri certum est!*⁵⁷

Und der Heilige Bonifatius versuchte Angelsachsen zur Sachsenmission zu motivieren, da die kontinentalen Sachsen doch meinten, mit den englischen Angeln und Sachsen „von gemeinsamem Blut und Bein zu sein."⁵⁸

Wo aus christlicher Autorität und moralischen Gründen die Repräsentanten eines Volkes kritisiert wurden, da wurden sie meist nicht wegen ihres gentilen Selbstverständnisses zurechtgewiesen, sondern an ihre Verantwortung für Volk und Reich gemahnt. Als zum Beispiel 793 die Normannen Lindisfarne plünderten, schrieb der Angelsachse Alcuin an Aethelheard, den Erzbischof von Canterbury, und an die gesamte englische Kirche:

> *Patres itaque nostri, Deo dispensante, licet pagani, hanc patriam bellica virtute primum pagani possederunt. Quam grande igitur obprobrium est, ut nos christiani perdamus, quod illi pagani adquisierunt.*⁵⁹

---

55 Prosper, *De vocatione omnium gentium* 1,6 (83,19 Teske/Weber); vgl. Hwang (2009). Zum Pelagianismus Markus (1990) 40–46.
56 Brown (2003) 13–20; 355–379.
57 *Codex Carolinus*, epistula 45 (561,11–15 G.); Pohl (2007).
58 Bonifatius, *Epistula* 46 (75,5–6 Tangl): *Miseremini illorum, quia et ipsi solent dicere: „De uno sangue et de uno osse sumus"*. Siehe Pohl (im Druck b).
59 Alcuin, *Epistula* 17 (47,12–14 D.). Siehe Garrison (2002) 73–76; Pohl (2018a).

Die Sünden einzelner in einem Volk könnten durch die Gnade Gottes vergeben werden, solange die Hirten der Herde sie in untadeliger Weise zur Erlösung führten. Die Plünderung von Lindisfarne aber war ein Warnsignal, dass der moralische Kredit der *gens sancta* verloren gehen könnte. Dann drohte den Angeln das Schicksal der Juden und der Briten.[60] Alt- und neutestamentliche, ethnische und kirchliche Argumentation sind hier zu einer nachdrücklichen Warnung verwoben, das göttliche Wohlwollen für die Gens nicht aufs Spiel zu setzen. Nirgends sonst bekennt sich Alcuin, der Berater Karls des Großen, so deutlich zu seiner englischen Herkunft und Identität.

Das Christentum hat sich der Welt von Völkern, in der Gregor der Große, Isidor oder Alcuin lebten, nicht einfach angepasst. Es hat die *Gentes* und *Regna* des Frühmittelalters in vielfacher Weise legitimiert, geprägt und in einen größeren Zusammenhang eingeordnet. Gerade dadurch konnten ethnische und politische Einheiten, repräsentiert durch ihre Kirchen, Anteil am Heilsversprechen des Christentums gewinnen. Das Alte Testament hatte gezeigt, dass Völker Partner Gottes und Adressaten seines Wortes sein konnten. Dieses stets prekäre Verhältnis war oft vermittelt durch Könige, Priester oder Propheten; aber zu Grunde lag ihm die Vorstellung, dass die Ordnung der Welt in Völker und ihre Gemeinwesen gottgegeben war. Die ersehnte Einheit im Glauben beruhte auf einer Vielfalt von Völkern, die Teil des göttlichen Heilsplanes war. Sie alle waren zur Erlösung berufen, die wiederum ihrer Mitwirkung bedurfte. Es ist kaum ein Zufall, dass nur im christlichen Bereich Europas eine relativ stabile Landschaft von Völkern und ihren Staaten entstand, während sich Imperien kaum mehr zu entfalten vermochten. Dieses politische Muster christlich legitimierter ethnischer Staaten hat sich im Frühmittelalter entwickelt. Es bot notwendige Voraussetzungen für die Entstehung moderner Nationen in Europa.

Bibliographie

Quellen

Alcuin, *Epistula* 17; 138 = Ernst Dümmler (Hg.), *Epistolae Karolini Aevi* 2 (MGH.Ep 4), Berlin 1895, 45–49; 216–220.

Alcuin, *Vita II Vedastis episcopi Atrebatensis* = Bruno Krusch (Hg.), *Passiones vitaeque Sanctorum Aevi Merovingici et antiquiorum aliquot* (MGH.SRM 3), Hannover 1896, 414–427.

Avitus von Vienne, *Epistulae ad diversos, epistula* 46 = Rudolf Peiper (Hg.), *Alcimi ecdicii Aviti Viennensis episcopi opera quae supersunt* (MGH.AA 6,2), Berlin 1883, Nachdruck 1985, 75–76.

Beda Venerabilis, *Historia ecclesiastica gentis Anglorum* = Bertram Colgrave und Roger A. B. Mynors (Hgg. und Übers.), *Bede's Ecclesiastical History of the English People* (Oxford Medieval Texts), Oxford 1969.

Bonifatius, *Epistula* 46 = Michael Tangl (Hg.), *Die Briefe des heiligen Bonifatius und Lullus* (MGH.ES 1), Berlin 1916, 74–75.

---

60 Pohl/Heydemann (2016).

Codex Carolinus, epistulae 39; 45 = Wilhelm Gundlach (Hg.), *Epistolae Merowingici et Karolini aevi* 1 (MGH.Ep 3), Berlin 1892, 551–552; 560–563.

Edictus Langobardorum = Friedrich Bluhme (Hg.), *Leges Langobardorum* (MGH.LL 4), Hannover 1868, 1–225.

Epistulae Austrasicae = Wilhelm Gundlach (Hg.), *Defensoris Locogiacensis Monachi liber scintillarum. Desiderii Cadurcensis epistulae. Epistulae Austrasicae* (CChr.SL 117), Turnhout 1957, 405–470.

Flavius Josephus, *Antiquitates* = Benedikt Niese (Hg), *Flavii Iosephi opera* 3: *Antiquitatum Iudaicarum libri XI–XV*, Berlin 1892.

Flavius Josephus, *Bellum Iudaicum* = Giovanni Vitucci (Hg.), *La Guerra giudaica* 1: *Libri I–III*, Mailand 1974.

Gildas, *De excidio et conquestu Britanniae* = Theodor Mommsen (Hg.), *Chronica minora* 3: *saec. IV. V. VI. VII* (MGH.AA 13), Berlin 1898, 25–88.

Gregorius Magnus, *Registrum Epistularum* 11 = Dag Norberg (Hg.), *S. Gregorii Magni. Registrum epistularum* 2: *Libri VIII–XIV. Appendix* (CChr.SL 140A), Turnhout 1982, 857–966.

Isidor von Sevilla, *Etymologiae* 9 = Wallace M. Lindsay (Hg.), *Isidori Hispalensis episcopi etymologiarum sive originum libri XX* 1: *Libros I–X continens*, Oxford 1911, s.p.

Lex Salica = Karl August Eckhardt (Hg.), *Leges nationum Germanicarum* 4,2: *Lex Salica* (MGH.LNG 4,2), Hannover 1969.

Patricius, *Confessio* = Ludwig Bieler (Hg.), *Clavis Patricii* 2: *Libri epistolarum Sancti Patricii episcopi. Introduction, Text and Commentary* (Royal Irish Academy Dictionary of Medieval Latin from Celtic Sources. Ancillary Publications 4), Dublin 1993, 56–91.

Prosper, *De vocatione omnium gentium* = Roland J. Teske und Dorothea Weber (Hgg.), *Prosper, De vocatione omnium gentium* (CSEL 97), Wien 2009.

Sulpicius Severus, *Chronica* = Piergiorgio Parroni (Hg.), *Sulpicii Severi Chronica* (CChr.SL 63), Turnhout 2017.

Vulgata = Robert Weber und Roger Gryson (Hgg.), *Biblia Sacra Vulgata*, 5. Aufl., Stuttgart 2007.

Sekundärliteratur

Abramson (2008): Marc S. Abramson, *Ethnic Identity in Tang China* (Encounters with Asia), Philadelphia.

Angenendt (1994): Arnold Angenendt, „Der eine Adam und die vielen Stammväter. Idee und Wirklichkeit der Origo gentis im Mittelalter", in: Peter Wunderli (Hg.), *Herkunft und Ursprung. Historische und mythische Formen der Legitimation. Akten des Gerda-Henkel-Kolloquiums, Düsseldorf, 13. bis 15. Oktober 1991*, Sigmaringen, 27–52.

Angenendt (2003): Arnold Angenendt, *Grundformen der Frömmigkeit im Mittelalter* (Enzyklopädie deutscher Geschichte 68), München.

Borst (1957–1963): Arno Borst, *Der Turmbau zu Babel. Geschichte der Meinungen über Ursprung und Vielfalt der Sprachen und Völker* 1–4, Stuttgart.

Brown (2003): Peter Brown, *The Rise of Western Christendom. Triumph and Diversity, A.D. 200–1000* (The Making of Europe), 2. Aufl., Oxford.

Buell (2005): Denise K. Buell, *Why this New Race? Ethnic Reasoning in Early Christianity*, New York.

Fredriksen (2008): Paula Fredriksen, *Augustine and the Jews. A Christian Defense of Jews and Judaism*, New York.

Garrison (2000): Mary Garrison, „The Franks as the New Israel? Education for an Identity from Pippin to Charlemagne", in: Yitzhak Hen und Matthew Innes (Hgg.), *The Uses of the Past in the Early Middle Ages*, Cambridge, 114–161.

Garrison (2002): Mary Garrison, „The Bible and Alcuin's Interpretation of Current Events", in: *Peritia* 16, 69–84

Heydemann (2013): Gerda Heydemann, „Biblical Israel and the Christian *gentes*. Social Metaphors and Concepts of Community in Cassiodorus' *Expositio psalmorum*", in: Walter Pohl und dies. (Hgg.), *Strategies of Identification. Ethnicity and Religion in Early Medieval Europe* (Cultural Encounters in Late Antiquity and the Middle Ages 13), Turnhout, 143–208.

Heydemann (2016): Gerda Heydemann, „People(s) of God? Biblical Exegesis and the Language of Community in Late Antique and Early Medieval Europe", in: Eirik Hovden, Christina Lutter und Walter Pohl (Hgg.), *Meanings of Community across Medieval Eurasia* (Brill's Series on the Early Middle Ages 25), Leiden, 27–60.

Horrell (2011): David G. Horrell, „‚Race', ‚Nation', ‚People'. Ethnic Identity-Construction in 1 Peter 2.9", in: *New Testament Studies* 58, 123–143.

Hwang (2009): Alexander Hwang, *Intrepid Lover of Perfect Grace. The Life and Thought of Prosper of Aquitaine*, Washington, D.C.

De Jong (2000): Mayke de Jong, „The Empire as *ecclesia*. Hrabanus Maurus and Biblical *historia* for Rulers", in: Yitzhak Hen und Matthew Innes (Hgg.), *The Uses of the Past in the Early Middle Ages*, Cambridge, 191–226.

De Jong (2006): Mayke de Jong, „*Ecclesia* and the Early Medieval Polity", in: Stuart Airlie, Helmut Reimitz und Walter Pohl (Hgg.), *Staat im frühen Mittelalter* (Forschungen zur Geschichte des Mittelalters 11 / Denkschriften, Österreichische Akademie der Wissenschaften, Philosophisch-Historische Klasse 334), Wien, 113–132.

Kennedy (1986): Hugh Kennedy, *The Prophet and the Age of the Caliphates. The Islamic Near East from the Sixth to the Eleventh Century* (A History of the Near East Series), London.

Kennedy (im Druck): Hugh Kennedy, „Why Did the Break-Up of the Abbasid Caliphate in the Tenth Century not Lead to the Development of Ethnically Based Polities in the Middle East?", in: Walter Pohl und Rutger Kramer (Hgg.), *Empires and Communities in the Post-Roman and Islamic World, c. 400–1000 CE*, Oxford.

Lewis (2009): Mark Edward Lewis, *China between Empires. The Northern and Southern Dynasties* (History of Imperial China 2), Cambridge, MA.

Lieu (2004): Judith M. Lieu, *Christian Identity in the Jewish and Graeco-Roman World*, Oxford.

Markus (1990): Robert A. Markus, *The End of Ancient Christianity*, Cambridge.

Von Padberg (1997): Lutz von Padberg, „Unus populus ex diversis gentibus. Gentilismus und Einheit im früheren Mittelalter", in: Christoph Lüth, Rudolf W. Keck und Erhard Wiersing (Hgg.), *Der Umgang mit dem Fremden in der Vormoderne. Studien zur Akkulturation in bildungshistorischer Sicht* (Beiträge zur historischen Bildungsforschung 17), Köln, 155–193.

Pohl (1998): Walter Pohl, „Telling the Difference – Signs of Ethnic Identity", in: Walter Pohl und Helmut Reimitz (Hgg.), *Strategies of Distinction. The Construction of Ethnic Communities, 300–800* (The Transformation of the Roman World 2), Leiden, 17–69.

Pohl (2005): Walter Pohl, *Die Völkerwanderung. Eroberung und Integration*, 2. Aufl., Stuttgart.

Pohl (2007): Walter Pohl, „Alienigena coniugia. Bestrebungen zu einem Verbot auswärtiger Heiraten in der Karolingerzeit", in: Andreas Pečar und Kai Trampedach (Hgg.), *Die Bibel als politisches Argument. Voraussetzungen und Folgen biblizistischer Herrschaftslegitimation in der Vormoderne* (Historische Zeitschrift, Beiheft 43), München, 159–188.

Pohl (2008): Walter Pohl, *Die ethnische Wende des Frühmittelalters und ihre Auswirkungen auf Ostmitteleuropa* (Oskar-Halecki-Vorlesung. Jahresvorlesung des Geisteswissenschaftlichen Zentrums Geschichte und Kultur Ostmitteleuropas 2006), Leipzig.

Pohl (2009): Walter Pohl, „Regnum und gens", in: Walter Pohl und Veronika Wieser (Hgg.), *Der frühmittelalterliche Staat – Europäische Perspektiven* (Forschungen zur Geschichte des Mittelalters 16/Denkschriften, Österreichische Akademie der Wissenschaften, Philosophisch-Historische Klasse 386), Wien, 435–450.

Pohl (2013a): Walter Pohl, „Christian and Barbarian Identities in the Early Medieval West. Introduction", in: Walter Pohl und Gerda Heydemann (Hgg.), *Post-Roman Transitions. Christian and Barbarian Identities in the Early Medieval West* (Cultural Encounters in Late Antiquity and the Middle Ages 14), Turnhout, 1–46.

Pohl (2013b): Walter Pohl, „Introduction: Strategies of Identification. A Methodological Profile", in: Walter Pohl und Gerda Heydemann (Hgg.), *Strategies of Identification. Ethnicity and Religion in Early Medieval Europe* (Cultural Encounters in Late Antiquity and the Middle Ages 13), Turnhout, 1–64.

Pohl (2014): Walter Pohl, „Why Not Marry a Foreign Woman: Stephen III's Letter to Charlemagne", in: Valerie Garver und Owen Phelan (Hgg.), *Rome and Religion in the Medieval World. Studies in Honor of Thomas F.X. Noble* (Church, Faith and Culture in the Medieval West), Farnham, 47–63.

Pohl (2016): Walter Pohl, „Genealogy. A Comparative Perspective from the Early Medieval West", in: Eirik Hovden, Christina Lutter und ders. (Hgg.), *Meanings of Community across Medieval Eurasia* (Brill's Series on the Early Middle Ages 25), Leiden, 232–269.

Pohl (2018a): Walter Pohl, „Ethnicity in the Carolingian Empire", in: Deborah G. Tor (Hg.), *The 'Abbasid and Carolingian Empires. Comparative Studies in Civilizational Formation* (Islamic History and Civilization 150), Leiden, 102–122.

Pohl (2018b): Walter Pohl, „Von der Ethnogenese zur Identitätsforschung", in: Max Diesenberger, ders. und Bernhard Zeller (Hgg.), *Neue Wege der Frühmittelalterforschung. Bilanz und Perspektiven* (Denkschriften der philosophisch-historischen Klasse 507/Forschungen zur Geschichte des Mittelalters 22), Wien, 9–34.

Pohl (im Druck a): Walter Pohl, „Why Did the Break-Up of the Western Roman Empire Lead to the Development of Kingdoms with Ethnic Names?", in: ders. und Rutger Kramer (Hgg.), *Empires and Communities in the Post-Roman and Islamic World, c. 400–1000 CE*, Oxford.

Pohl (im Druck b): Walter Pohl, „Sächsische Identitäten und die Bedeutung der Ethnizität im frühmittelalterlichen Europa", in: Matthias Hardt (Hg.), *Identitäten. Internationales Sachsensymposion in Leipzig 2015*.

Pohl/Gantner/Payne (2012): Walter Pohl, Clemens Gantner und Richard Payne (Hgg.), *Visions of Community in the Post-Roman World. The West, Byzantium and the Islamic World, 300–1100*, Farnham.

Pohl/Heydemann (2016), „The Rhetoric of Election – 1 Peter 2.9 and the Franks", in: Rob Meens u. a. (Hgg.), *Religious Frank. Religion and Power in the Frankish Kingdoms. Studies in Honour of Mayke de Jong*, Manchester, 13–31.

Pohl/Wieser (im Druck 2019): Walter Pohl und Veronika Wieser (Hgg.), *Shadows of Empire – Imperial Peripheries in Early Medieval Eurasia*, Cambridge.

Prinz (2000): Friedrich Prinz, *Von Konstantin zu Karl dem Großen. Entfaltung und Wandel Europas*, Düsseldorf.

Ratzinger (2005): Joseph Ratzinger, *Die Einheit der Nationen. Eine Vision der Kirchenväter* (Transformationen), 2. Aufl., Salzburg.

Skaff (2012): Jonathan Skaff, *Sui-Tang China and Its Turko-Mongol Neighbors. Culture, Power and Connections, 580–800* (Oxford Studies in Early Empires), Oxford.

Steinacher (2016): Roland Steinacher, *Die Vandalen. Aufstieg und Fall eines Barbarenreichs*, Stuttgart.

Webb (2017): Peter A. Webb, *Imagining the Arabs. Arab Identity and the Rise of Islam*, Edinburgh.

Weber (1995): Stefan Weber, *Die Chronik des Sulpicius Severus. Charakteristika und Intentionen* (Bochumer Altertumswissenschaftliches Colloquium 30), Trier.

Wenskus (1961): Reinhard Wenskus, *Stammesbildung und Verfassung. Das Werden der frühmittelalterlichen Gentes*, Köln.

Wieser (im Druck): Veronika Wieser, „Die Weltchronik des Sulpicius Severus. Fragmente einer Sprache der Endzeit im ausgehenden 4. Jahrhundert", in: dies. (Hg.), *Abendländische Apokalyptik. Kompendium zur Genealogie des Untergangs im europäischen Kontext*, Berlin.

Wolfram (1967): Herwig Wolfram, *Intitulatio 1: Lateinische Königs- und Fürstentitel bis zum Ende des 8. Jahrhunderts* (Mitteilungen des Instituts für Österreichische Geschichtsforschung, Ergänzungsband 21), Wien.

Wolfram (1973): Herwig Wolfram (Hg.), *Intitulatio 2: Lateinische Herrscher- und Fürstentitel im neunten und zehnten Jahrhundert* (Mitteilungen des Instituts für Österreichische Geschichtsforschung, Ergänzungsband 24), Wien.

Wolfram (2005): Herwig Wolfram, „Rom und das frühe Königtum nördlich der Alpen", in: ders., *Gotische Studien. Volk und Herrschaft im frühen Mittelalter*, München, 15–65.

Wolfram (2009): Herwig Wolfram, *Die Goten. Von den Anfängen bis zur Mitte des sechsten Jahrhunderts. Entwurf einer historischen Ethnographie* (Reihe „Frühe Völker"), 5. Aufl., München.

Wolfram (2018): Herwig Wolfram, *Das Römerreich und seine Germanen. Eine Erzählung von Herkunft und Ankunft*, Wien.

Yuval (2007): Israel Jacob Yuval, *Two Nations in Your Womb. Perceptions of Jews and Christians in Late Antiquity and the Middle Ages*, Berkeley.

Fabian Schulz
Westkirche und Okzident im frühen 5. Jahrhundert

Historiker sprechen heute von Westrom und Ostrom, Theologen von Westkirche und Ostkirche, um Staat und Kirche in der Spätantike zu beschreiben.[1] Der Gebrauch moderner Raumbegriffe, um antike Verhältnisse zu beschreiben, ist jedoch nicht unproblematisch. Zwar kann man für die genannten Wortverbindungen antike Äquivalente finden, für die Spätantike als Ganzes kann man aber nicht sagen, dass *imperium* und *ecclesia* grundsätzlich nach den Himmelsrichtungen geschieden wurden. Vielmehr gab es Entwicklungen und regionale Unterschiede. Was Orient und Okzident waren, hing von Kontexten und Perspektiven ab und konnte mit jedem Thronwechsel und jedem Schisma neu definiert werden. Und schließlich waren die politischen und kirchlichen Räume nicht unbedingt deckungsgleich. Orient und Okzident waren folglich ephemere, fluide und hybride Gebilde.

Um zwischen modernen und antiken Raumbegriffen zu unterscheiden, benutze ich im Folgenden einerseits „Osten" und „Westen", die als moderne Analysekategorien fungieren, und andererseits „Orient" und „Okzident", um mit diesen Lehnworten den Sprachgebrauch der Zeitgenossen zu greifen, die von *oriens* und *occidens* sprachen.

Im 4. Jahrhundert, das vom trinitarischen Streit und dem antiochenischen Schisma geprägt war, wurden die Begriffe Orient und Okzident von Akteuren verschiedener Couleur benutzt, um das eigene oder das fremde Lager zu bezeichnen und beide vo abzugrenzen.[2] Die Räume hingen dabei eher von theologischen und kirchenpolitischen Positionen als von sprachlichen oder politischen Bedingungen ab. Während man sich im Osten spätestens seit dem Konzil von Serdika (343) mit dem Orient identifizierte, hatte man im Westen gegenüber dem Okzident lange Zeit Vorbehalte, die mit der geringeren Schärfe des Begriffs oder mit seiner schlechteren Konnotation zusammenhängen könnten. Ab den 360er Jahren lockerten sich die Vorbehalte zwar vielerorts, sie blieben aber in Rom bestehen, was mit dem Machtanspruch der dortigen Bischöfe zusammenhängen dürfte, der über diese Sphäre hinausging. Diese Diskrepanz zeichnet sich im frühen 5. Jahrhundert besonders schroff ab. Gleichzeitig wird in dieser Periode deutlich, wie die Päpste ihren Einflussbereich stattdessen konzipierten.

Um die Materialmenge überschaubar zu halten und trotzdem zu aussagekräftigen Ergebnissen zu kommen, möchte ich zwei einflussreiche Autoren und Akteure vorstellen, die Zeitgenossen waren, aber extreme Positionen einnahmen: einerseits

---

[1] Die Frage, ab wann man von Ost- und West-Kirche sprechen kann, wird nur selten gestellt; Ausnahmen sind Markschies (1997) 35 und Heyden (2014) 10.
[2] Näheres dazu in meiner nächsten Monographie.

Innozenz, der als Bischof von Rom das Wort „Okzident" nicht in den Mund nimmt, obwohl er sich sehr dezidiert über seinen Einflussbereich äußert, andererseits Augustinus von Hippo, der verhältnismäßig häufig davon und sogar von einer okzidentalischen Kirche spricht. Wenn im Folgenden untersucht wird, wie Innozenz den päpstlichen Einflussbereich konzipiert und in welchen Kontexten Augustinus von einer okzidentalischen Kirche spricht und was er genau damit meint, ist das nicht nur ein Beitrag zur Papstgeschichte und zur Augustinus-Forschung, sondern auch ein Versuch, in den Diskussionen, die aktuell um die Themen Raum und Kirche kreisen,[3] den antiken Raumvorstellungen stärker Rechnung zu tragen. Um den Sprachgebrauch von Innozenz und Augustinus zu kontextualisieren, soll eingangs die Bedeutung der Himmelsrichtungen in Reichsverwaltung und Kirche vorgestellt und kontrastiert werden.

1 Reichsteile

Die Wiederherstellung der kirchlichen Einheit nach dem trinitarischen Streit fiel zeitlich ungefähr mit der Verstetigung der Doppelherrschaft in der Politik zusammen.[4] Im 4. Jahrhundert hatte es phasenweise auch einen, drei oder vier Herrscher gegeben. Nach Theodosius' Tod im Jahr 395 fiel das Reich dann an seine beiden Söhne, von denen Arcadius den Osten und Honorius den Westen regierte. Die Grenze zwischen westlicher und östlicher Hälfte verlief mitten durch den Balkan (s.u. Abb. 1). Griechenland, das die meiste Zeit zur Westhälfte gezählt hatte, wurde nun dem Osten einverleibt. Damit näherten sich die administrativen Bereiche den Sprachräumen an. Der Heermeister Stilicho, der als Honorius' Vormund fungierte, versuchte zwar noch einmal, Griechenland zurückzugewinnen, was zu schweren Spannungen zwischen den Höfen in Mailand und Konstantinopel führte, scheiterte damit aber. Auch in der Folgezeit blieb die Balkangrenze zwischen den West- und Ostkaisern umstritten.

Diese beiden Herrschaftsbereiche (*regna, imperia, cura,* ἀρχαί) wurden nach Westen und Osten unterschieden.[5] Die *Notitia dignitatum* (frühes 5. Jh.), die einen Überblick über die zivile und militärische Verwaltung gibt, listet die Ämter nämlich explizit nach Orient und Okzident getrennt auf. Dabei handelt es sich also um offizielle Termini. Im *Codex Theodosianus* erscheinen *partes occidentales* im Sinne von Westreich in einem Reskript von 410.[6] In einem Schreiben an seinen Bruder und Kollegen Arcadius, das diesen bittet, die orientalischen Bischöfe in Thessaloniki zu versammeln, um über die Restitution des Johannes Chrysostomos zu verhandeln,

---

[3] Blaudeau (2017).
[4] Barnes (1982) 195–200; Pabst (1986) Einführung und 173; Girardet (2008).
[5] Stellen bei Fischer (1957) 27, Anm. 17 und 23; Pabst (1986) 43, mit Anm. 63 und 64; 173, mit Anm. 414; 177, mit Anm. 446 und 448.
[6] *Codex Theodosianus* 16,5,48 (871 Mommsen/Meyer).

Abb. 1: Karte nach Jones (1964) s.p.: Diözesen und Provinzen gemäß der *Notitia dignitatum*. Rote Linie: Grenze zwischen den beiden Reichsteilen nach 395; dunkelblaue Markierung: Päpstliche Ansprüche im Westen; hellblaue Markierung: Päpstliche Ansprüche im Osten.

spricht der Westkaiser Honorius sogar von „meinem Okzident".[7] Das Possessivpronomen ist Ausdruck des Herrschaftsanspruchs. Diese Emphase sucht man bei westlichen Klerikern vergeblich.

2 Kirchenteile

Die geographische Organisation der Kirche war nicht einfach der staatlichen Ordnung nachempfunden, wie man lange Zeit annahm.[8] Die zivilen und kirchlichen Strukturen entsprachen einander vor allem auf der Ebene der Provinzen. Größere Strukturen wie die Diözesen wurden hingegen nur zögerlich adaptiert und lagen bisweilen quer zu den gleichnamigen administrativen Bereichen. Des Weiteren gab es bedeutende re-

---

7 Palladius von Helenopolis, *Dialogus de vita Joannis Chrysostomi* (21,20 Coleman/Norton): οἱ τῆς ἡμετέρας ἑσπερίας ἐπίσκοποι. Honorius möchte die strittige Frage der Absetzung des Johannes Chrysostomos von einem reichsweiten Konzil klären lassen. Der Ton des Briefs ist konzilianter als der früherer Schreiben, auf die Arcadius nicht reagiert hatte. Zur Datierung und zum Kontext vgl. Demougeot (1951) 345–348 und Kelly (1995) 273–279.
8 Norton (2007) 118–144.

gionale Unterschiede: Im Osten war die Übereinstimmung schnell größer als im Westen. Die Reichsebene ist in diesem Zusammenhang noch nicht untersucht worden.

In den Dekreten der ökumenischen Konzile, die vornehmlich von griechischsprachigen Bischöfen besucht wurden, tauchen die Räume Orient und Okzident so gut wie gar nicht auf, sondern nur Provinzen und Diözesen, die seit 324 und 381 als Ordnungseinheiten dienten.[9] Die Weltgegenden sind strenggenommen also keine kirchenrechtlichen Begriffe. Ein anderes Bild zeigen freilich eine Reihe von Briefen, die sich in den Konzilsakten finden, wie folgendes frühes Beispiel illustriert: Im Brief des Konzils von Rimini an Kaiser Constantius II. kennzeichnen sich die Absender folgendermaßen: „Wir Bischöfe aus den verschiedenen okzidentalischen Provinzen".[10] Die Absender stammten aus Italien, Afrika, Spanien, Gallien und Illyrien,[11] das damals noch komplett zur Westhälfte gehörte. In den Dokumenten gallischer, spanischer und afrikanischer Konzile ist hingegen nur selten von Orient, nie von Okzident die Rede. Rufinus spricht in seiner *Kirchengeschichte* immerhin zweimal von okzidentalischen Bischöfen.[12]

3 Innozenz und der Westen

Die römischen Bischöfe der ersten Hälfte des 5. Jahrhunderts haben wie ihre Vorgänger ein Problem mit dem Okzident; in ihren Briefen fällt der Begriff kein einziges Mal. Östliche Bischöfe sprechen in ihren Schreiben an die Päpste hingegen häufiger davon,[13] Bischöfe aus der westlichen Peripherie immerhin manchmal. Das zeigt der Brief der karthagischen Synode an Bonifatius, die in den Kontext des Apiarius-Streits gehört. Darin bitten die Synodalen den Papst, sich gemeinsam mit ihnen zu bemühen, aus dem Orient eine griechische Fassung des Nizänums zu erhalten, „damit von dort die in Nicäa von den Vätern aufgestellten *Canones* an uns gelangen und so mit Gottes Hilfe alle okzidentalischen Kirchen am meisten deiner Bemühung diese

---

9 Lübeck (1901) und Scheuermann (1957).
10 *Epistula synodi Ariminensis* (Juli 359 [= Hilarius von Poitiers, *Collectanea antiariana, Series A* 5,1,1]) (456,5–6 Brennecke/von Stockhausen/Müller/Heil/Wintjes): [...] *ex diversis provinciis Occidentalium episcopi* [...].
11 Barnes (1993) 145.
12 Rufinus, *Historia ecclesiastica* 10,20 (987,16–21 Mommsen/Schwartz/Winkelmann): *Ipse quoque cum ob vindictam necis fraternae regnumque recuperandum ad occidentis partes venisset et extincto tyranno regni solus arce potiretur, fatigare occidentales episcopos et per deceptionem ad consensum Arrianae haereseos cogere adgreditur, Athanasi prius condemnatione praemissa et velut obicis validissimi obiectione sublata.* 10,22 (988,6–9 M./Sch./W.): *Ibi secundum ea, quae orientales apud Seleuciam conposuerant, callidi homines et versuti simplices et inperitos occidentalium sacerdotes facile circumveniunt, hoc modo proponendo eis, quem magis colere et adorare vellent, homousion an Christum?*
13 Z.B. Nestorius, *Epistula ad Caelestinum I.* (J³ 824; 428–429) (165,16 Loofs).

Wohltat verdanken."[14] Dem Papst wird von Augustinus' Landsmännern also eine besondere Verantwortung für den Okzident zugesprochen.

Aufschluss darüber, wie die Päpste ihren Einflussbereich stattdessen konzipierten, bieten mehrere Briefe des Innozenz, dessen Pontifikat von 402 bis 417 dauerte. Innozenz ist für zwei Dinge bekannt: einerseits für den Ausbau des römischen Primatsanspruchs, der sich als Befehls- und Oberhoheitsanspruch auf die Überzeugung stützte, die Päpste stünden in direkter Nachfolge des Petrus;[15] andererseits für die Gründung des päpstlichen Vikariats Thessaloniki, durch das die Kirchen im Illyricum enger an Rom gebunden und der Einfluss Konstantinopels zurückgedrängt wurde.[16] Apostolische und geographische Ansprüche sind, wie sich zeigen wird, eng miteinander verknüpft.

In einem Brief an den umbrischen Bischof, Decentius von Gubbio, beansprucht Innozenz die Autorität in liturgischen und disziplinären Fragen mit folgendem Argument:

> Wer weiß denn nicht oder beachtet es nicht, dass, was von dem Apostelfürsten Petrus der römischen Kirche überliefert worden ist und bis heute noch beachtet wird, von allen befolgt werden muss, und dass nichts hinzugefügt oder eingeführt werden darf, was keine Autorität hat beziehungsweise einem anderen Beispiel entnommen ist? Denn es ist zumal gewiss, dass in ganz Italien, Gallien, Spanien, Afrika und Sizilien und auf den dazwischenliegenden Inseln niemand Kirchen gegründet hat außer denen, die der ehrwürdige Apostel Petrus oder seine Nachfolger zu Priestern eingesetzt haben. Oder man nenne ein Beispiel, wenn in diesen Provinzen ein anderer von den Aposteln gefunden wird oder als Lehrer genannt wird. Wenn sie kein Beispiel nennen, weil sie es nirgendwo finden, dann müssen sie dem folgen, was die römische Kirche beachtet. Denn es besteht kein Zweifel, dass sie von ihr ihren Ursprung empfangen haben. Indem sie fremden Ansprüchen folgen, verlieren sie offensichtlich die Quelle ihrer Einrichtungen.[17]

---

14 *Epistula Concilii Carthaginiensis ad Bonifatium papam* (J³ 782; 419) (160,110 – 113 Munier): *Ut inde ad nos idem canones aput Nicaea civitate a patribus constituti veniant, te potissimum hoc beneficium cunctis occidentalibus ecclesiis in Domini adiutorio conferente.* Die orientalische Fassung des Nizänums soll eine Überprüfung des römischen Appellationsanspruchs ermöglichen, der auf falschen *Canones* beruhte. Zum Kontext vgl. Wojtowytsch (1981) 254–255.
15 Vgl. Caspar (1927) 72: „Das Wort primatus im Sinne der päpstlichen Doktrin, als Primat des römischen Bischofs und der römischen Kirche findet sich zum ersten Mal in einem Gesetz Valentinians III. von 445 und dann in Chalkedon 451." Verschiedenste Aspekte beleuchtet der Sammelband von Maccarrone (1991).
16 Grundsteine des Vikariats wurden bereits von früheren Bischöfen Roms gelegt, vgl. Grumel (1964) und Rist (2006) 651–654.
17 *Innocentius Decentio episcopo Egubino* (J³ 701; 19. März 416) (18,12–20,25 Cabié; Übers. 489–491 Sieben): *Quis enim nesciat aut non advertat id quod a principe apostolorum Petro Romanae ecclesiae traditum est, ac nunc usque custoditur ab omnibus debere servari nec superduci aut introduci aliquid quod aut auctoritatem non habeat, aut aliunde accipere videatur exemplum, praesertim cum sit manifestum in omnem Italiam, Gallias, Spanias, Africam atque Siciliam et insulas interiacentes nullum instituisse ecclesias, nisi eos quos venerabilis apostolus Petrus aut eius successores constituerint sacerdotes. Aut legant si in his provinciis alius apostolorum invenitur aut legitur docuisse. Qui si non legunt, quia nusquam inveniunt, oportet eos hoc sequi, quod ecclesia Romana custodit a qua eos principium*

Kurzum: Da alle Kirchen in den fünf genannten Provinzen von Petrus bzw. seinen Nachfolgern gegründet worden seien, sollen sie sich nach ihrem Ursprung, der römischen Kirche, und nicht nach „fremden Ansprüchen" richten. Mit den „fremden Ansprüchen" ist wahrscheinlich das Bistum von Mailand gemeint, das im 4. Jahrhundert auf die gallischen und illyrischen Kirchen größeren Einfluss als Rom gehabt hatte. Dieser Einfluss wird nun zurückgedrängt. In historischer und terminologischer Hinsicht wirkt die Argumentation schief: Dass in den fünf Provinzen kein anderer als Petrus Kirchen gegründet habe, ist eine steile These. Wir kennen aus dieser Zeit nämlich kaum Kirchen, die sich dort auf Petrus zurückgeführt hätten.[18] Außerdem soll ja Paulus mit Petrus gereist sein und in denselben Gebieten missioniert haben. Strenggenommen ist nur *Sicilia* eine „Provinz"; bei *Italia*, *Gallia* und *Hispania* handelt es sich um Diözesen, *Africa* ist doppeldeutig (s.o. Abb. 1). Mit „ganz Italien" ist offenbar die Diözese *Italia* gemeint, die rechtlich eine Einheit bildete, aber faktisch in die beiden Unterbereiche *Italia Annonaria* und *Italia Suburbicaria* zerfiel.[19] Diese Diözesen decken ziemlich genau den westlichen Herrschaftsbereich ab, der ungenannt bleibt. Sein Hoheitsgebiet Okzident zu nennen, käme Innozenz nicht in den Sinn. Da hält er es wie seine Vorgänger. Griechenland, Kleinasien und die übrigen Teile der östlichen Reichshälfte, wo Petrus natürlich ebenfalls wirkte, fehlen, obwohl man sich etwa in Antiochien auf ihn[20] und in Alexandrien auf seinen Schüler, Markus, berief.[21] Die Überlieferung der reichsweiten Missionstätigkeit des Apostels wird also den politischen Gegebenheiten der Zeit entsprechend selektiert, damit man hier Autorität gewinnt, ohne dort anzuecken.

Die päpstlichen Ansprüche waren aber weder auf den Westen beschränkt noch war Petrus der einzige Apostel, den man in Rom beanspruchte. Das zeigt der Brief an Rufus von Thessaloniki.[22] Die Stadt lag im Ost-Illyricum bzw. in der Diözese Macedonia, die administrativ zur östlichen Reichshälfte gehörte. Im ersten Absatz wird betont, wie wichtig in der Heilsgeschichte die Übertragung von Leitungsfunktionen war: von Propheten und Aposteln auf ihre Stellvertreter und Schüler. Dann folgt ein prominentes Beispiel:

---

accepisse non dubium est, ne dum peregrinis assertionibus student, caput institutionum videantur omittere. Vgl. zu diesem Brief Schima (2005) 674–678.
18 In den folgenden Jahrhunderten bildeten sich aber viele Legenden über Petrus, der Bischöfe in italischen und gallischen Städten eingesetzt habe, vgl. Moorhead (2015) 221–222.
19 De Giovanni (2007) 136 und 305–306.
20 Demacopoulos (2013) 64–66. Diese Gemeinsamkeit betont Innozenz in einem Brief an Alexander von Antiochien (J³ 695; um 415).
21 Gemeinhardt (2011) 24.
22 *Innocentius Rufo Thessalonicensi episcopo* (J³ 688; 17. Juni 412). Zu diesem Brief vgl. Dunn (2009 und 2013).

> So endlich ... übergab der bewunderungswürdige Paulus dem Titus die ganze Sorge über Kreta, dem Timotheus übertrug er sie über Asien.[23]

Hier werden die Missionsreisen des Paulus evoziert, die ihn natürlich nicht nur nach Kleinasien, sondern auch nach Makedonien und Griechenland führten, also in das Gebiet, das nun zum östlichen Illyricum bzw. Makedonien zählte. Das deutet Innozenz an: Kreta lag nämlich in der betreffenden Diözese. Dabei schwingt mit, dass Paulus die Kirchen von Thessaloniki und Rom gegründet habe, wo er auch begraben liege,[24] was die beiden amtierenden Bischöfe einerseits verbindet, andererseits in ein hierarchisches Verhältnis setzt.[25]

Der zweite Abschnitt leitet aus dieser übertragenen Leitungsfunktion eine Verantwortung für bestimmte Gebiete ab:

> Die genannten vorauseilenden göttlichen Gnadenerweise sollen uns anleiten, mich um die von mir durch weite Zwischenräume entfernten Kirchen in der Weise zu kümmern, dass ich Deiner Klugheit und Besonnenheit die Sorge und die anfallenden Streitigkeiten in den Kirchen von Achaia, Thessalien, Alt und Neu-Epirus, Kreta, Dacia Mediterranea, Dacia Ripensis, Moesia, Dardania und Praevali unter Zustimmung des Herrn Christus zu übertragen beschließe.[26]

Mit anderen Worten: Weil die räumliche Distanz es dem Papst erschwere, sich um die genannten Gebiete selbst zu kümmern, überträgt er ihre Verwaltung an den Bischof von Thessaloniki. Die Provinz *Macedonia*, in der Thessaloniki lag, wird nicht extra genannt. Diese elf Provinzen, die bereits vor dem Konzil von Nizäa als politische Einheiten bestanden[27] und nun dem Vikariat Thessaloniki unterstellt werden, bilden

---

23 *Innocentius Rufo Thessalonicensi episcopo* (J³ 688; 17. Juni 412 [21,13–15 Silva-Tarouca; Übers. 433 Sieben]): *Ita denique tota ... mirabiliis Paulus Tito quae curet apud Cretam, Timotheo quae per Asiam disponat, <commisit prout> sanctarum epistularum lectione cognoscimus.*
24 Nach Apg 17,1–9 macht Paulus auf seiner 2. Missionsreise in Thessaloniki Station und gründet dort eine christliche Gemeinde, an die später die beiden Briefe gerichtet sind (*1. Thessalonicher* bzw. *2. Thessalonicher*). Die Gründung der römischen Kirche durch Paulus und sein Ende in Rom sind schlechter bezeugt.
25 In einem späteren Brief an Rufus und andere makedonische Bischöfe beansprucht Innozenz die auf der apostolischen Tradition beruhende Führungsrolle explizit (*Innocentius Rufo, Eusebio [...] episcopis* [J³ 691; 13. Dezember 414]). Eingangs bezeichnet er den apostolischen Stuhl als das Haupt der Kirchen (*caput ecclesiarum* [526B Migne]) wie gegenüber Decentius von Gubbio (vgl. Anm. 17). Um die Körpermetapher zu vervollständigen: Zum Kopf gehören natürlich die Glieder, die diesem folgen. Zu diesem Brief vgl. Dunn (2008).
26 *Innocentius Rufo Thessalonicensi episcopo* (J³ 688; 17. Juni 412) (21,15–22,21 Silva-Tarouca; Übers. 433–435 Sieben): *Divinitus ergo haec procurrens gratia ita longis intervallis disterminatis a me ecclesiis docet consulendum, ut prudentiae gravitatique tuae committendam curam causasque si que exoriantur, per Achaiae, Thessaliae, Epiri veteris, Epiri novae, Cretae, Daciae mediterraneae, Daciae ripensis, Moesiae, Dardaniae et Praevali ecclesias, Christo domino nostro annuente, censeam.*
27 Zu den Provinzen, die bereits der *Laterculus Veronensis* verzeichnet, vgl. Jones (1964) 386 und Barnes (1982) 207.

exakt die Diözesen *Dacia* und *Macedonia* ab (s. o. Abb. 1), die genauso alt waren.²⁸ Das Ostillyricum wird von Innozenz also ebenfalls beansprucht, obwohl es politisch zur östlichen Reichshälfte gehörte.

Zählen diese illyrischen Provinzen in päpstlichen Augen somit zum Okzident, wie man oft liest?²⁹ Nein, in mehreren Briefen von Innozenz' Nachfolgern werden die Bistümer des Ost-Illyricums explizit zum Orient gezählt.³⁰ Interessanterweise kann ein Papst trotzdem verlangen, dass sich die dortigen Bischöfe nicht an orientalische Synoden gebunden fühlen sollen.³¹ Die administrative West-Ost-Ordnung und die kirchenrechtlichen Gebiete liegen also auf verschiedenen Ebenen.

Die *cathedra Petri* leitet Hoheitsansprüche über Provinzen also aus dem Wirken der bzw. des Apostel(s) ab. Das Kerngebiet entspricht faktisch dem westlichen Reichsteil, der aber nicht beim Namen genannt wird. Das Ost-Illyricum wird dem Vikar von Thessaloniki unterstellt; seine Zugehörigkeit zum politischen Ostteil aber nicht in Frage gestellt. In Rom, wohin die Kaiser nur noch zu Besuch kamen, schuf man so eine alternative Ordnung, die sich freilich nur langsam durchsetzen sollte.³²

4 Augustinus und der Okzident

Im Unterschied zu den Päpsten spricht Augustinus vom „Okzident" und das sogar verhältnismäßig häufig. Die vielen Belege erklären sich nicht allein durch den Umfang seines Werks. Vielmehr scheinen sie zu einem Bischof zu passen, der seiner Heimat Nordafrika sehr verbunden war, den Westen nie verlassen hat und nur schlecht

---

28 Jones (1964) 387, Anm. 8.

29 Dunn (2013) 697: „This authority of Rome within the West (and Illyricum Orientale was still considered by Rome to be western) was not unlimited [...]". Schima (2005) 682: „Das Vikariat von Thessaloniki soll zum Westen zählen [...] die Form der römischen Oberherrschaft über Thessalonike soll sich im Grunde nicht von der über die übrigen Gebiete des Westens unterscheiden [...]."

30 Z. B. *Bonifacius Rufo et ceteris episcopis Illyrici* (J³ 793; 11. März 422) (27,10 – 12 Silva-Tarouca; Übers. 707 Sieben): *Quae res animum meum usque ad Orientis loca, quae per ipsam sollicitudinem quodammodo videmus, extendunt.* („Diese Tatsache lässt meinen Geist sich bis zu den Orten des Morgenlandes erstrecken, aufgrund unserer Sorge haben wir sie gewissermaßen vor Augen."); die in der Anrede genannten Kirchenprovinzen decken sich mit denen, die Innozenz genannt hatte, nur *Creta*, *Moesia* und *Dardania* fehlen.

31 *Xistus universis episcopis per Illyricum* (J³ 875; 18. Dezember 437) (42,42 Silva-Tarouca). Sixtus versucht, einen Keil zwischen die Bischöfe des Illyricums und des Orients zu treiben: Jene sollen sich nicht an eine orientalische Synode (wahrscheinlich von Konstantinopel) gebunden fühlen. Zu den Sixtus-Briefen vgl. Kötter (2012).

32 Dunn (2008) 77: „My sense is that Rome spoke to the churches of Illyricum orientale with varying degrees of authority, which would rarely have been spelt out, depending upon what was being asked of it." Im Streit um die Kirchenhoheit im Ost-Illyricum, der im Jahr 421 zwischen Papst Bonifatius und dem Patriarch von Konstantinopel entbrannte und von den Kaisern Honorius und Theodosius II entschieden wurde, errang der Papst einen Scheinsieg, vgl. Millar (2006) 54.

Griechisch sprach.³³ Von einer okzidentalischen Kirche ist besonders die Rede, wenn Kleriker, die man als Häretiker betrachtete, im Osten Schutz suchten.

Als Pelagius, der sich in Karthago niedergelassen und mit Augustinus über die Frage der Erbsünde zerstritten hatte, die Exkommunikation drohte, wich er nach Jerusalem aus (411). Johannes, der dortige Bischof, empfing ihn mit offenen Armen, eine Synode erklärte seinen Glauben für rechtmäßig (415). Dass Pelagius im Osten Zuflucht und Unterstützung fand, lag an theologischen und persönlichen Gegebenheiten: Seine Lehre war mit der östlichen Theologie eher kompatibel,³⁴ außerdem sprach er hervorragend Griechisch. Pelagius' Freispruch ärgerte Augustinus und die anderen nordafrikanischen Bischöfe so sehr, dass sie sich zu einer offiziellen Verurteilung seiner Lehre entschlossen (416). In diese Zeit (417) datiert ein zu den Neufunden zählender Brief an Kyrill von Alexandrien.³⁵ Darin warnt Augustinus den Bischof vor Pelagianern, die dessen Land infiltriert hätten. Es dürfe nicht angehen, dass sich Lateiner, die wie er (Augustinus) der okzidentalischen Kirche angehörten, straflos unter Griechen versteckt hielten, wo es schwerer falle, sie zu verstehen und zu widerlegen.³⁶ Mit anderen Worten: Der Westkirche, die eine eigene, nämlich lateinische Kultur hat, gehört man laut Augustinus zeitlebens an; sie hat die Kraft, ihre Mitglieder zu disziplinieren. Häretiker, die in den griechisch geprägten Osten immigrieren, sind daher Irrläufer und bilden eine Gefahr, da sie von der Sprachbarriere geschützt werden. In seiner *Verteidigungsschrift gegen die Pelagianer* (415) hatte Orosius, der mit Augustinus in dieser Sache eng kooperierte, bereits ähnlich argumentiert.³⁷ Im Kern ging es also um die Frage der Appellation, die den Kirchenfrieden immer wieder gestört hatte, seitdem das Mehrkaisertum Exilanten besondere Möglichkeiten des Rückzugs eröffnet hatte.

Auf diese Argumente sollte Augustinus zurückkommen, als der Pelagianische Streit in eine neue Phase eintrat. Die letzten zehn Jahre seines Lebens wurde Augustinus vom Kampf gegen den Pelagianer Julian von Aeclanum in Atem gehalten, der seit 419 im östlichen Exil weilte.³⁸ Im Gegensatz zu Pelagius gelang es diesem, Augustinus' Lehre massiv und gefährlich unter Beschuss zu nehmen, was die Schärfe von dessen Antwort erklärt.

---

33 Brown (2000) und Schulz (2016).
34 Fürst (1999) 296 und Fürst (2011) 413.
35 Zur Datierung des vierten Briefs auf 417 vgl. Eno (1989) 38; zum Kontext vgl. Dunn (2006).
36 Augustinus, *Epistula* 4*,5 (29,3–8 Divjak): *Latini sunt [...] et de occidentali ecclesia, in qua et nos sumus, ad loca illa venerunt. Unde a nobis potissimum oportet eos commendari venerationi tuae, ne illas sibi terras, ut inter Graecos impune latitent, elegisse videantur, ubi cum ista disputant minus intelliguntur et ideo non facile redarguitur error illorum.*
37 Orosius, *Liber apologeticus contra Pelagianos* 6 (610,14–611,5 Zangemeister): Da die Häretiker Lateiner seien und die Häresie vornehmlich im lateinischen Teil grassiere, müssten auch die Richter Lateiner sein, und zwar der Papst.
38 Lössl (2001), 286–318.

Um Julian zu widerlegen, führt Augustinus zu Beginn von *Contra Iulianum* (421) westliche Autoren an: Irenäus, Cyprian, Reticius, Olympius, Hilarius und Ambrosius. Dann fragt er Julian vorwurfsvoll:

> Denkst du etwa, sie sind zu verachten, weil sie alle zur okzidentalischen Kirche gehören, und ich unter ihnen keinen Bischof des Orients erwähnt habe? Was werden wir also machen, wo sie Griechen sind und wir Lateiner? Ich denke, dir hätte der Teil der Welt genügen sollen, in dem der Herr den ersten seiner Apostel mit dem ruhmvollsten Martyrium krönen wollte. Wenn Du auf den seligen Vorsitzenden der Kirche Innozenz gehört hättest, hättest du deinen jugendlichen Leichtsinn schon lang den pelagianischen Fallen entrissen [...]. Du hast daher keinen Grund, nach dem Beistand des Orients zu rufen. Denn auch diese sind genauso Christen und in beiden Teilen der Welt gibt es einen einzigen Glauben, weil dieser Glaube christlich ist. Dich hat zweifellos die okzidentalische Erde erzeugt, die okzidentalische Kirche hat dich regeneriert.[39]

Kurz gesagt: Julian hätte sich mit dem Weltteil begnügen sollen, in dem Petrus das Martyrium erlitt, und er hätte auf den Bischof von Rom hören sollen. Als Kind des Okzidents und der okzidentalischen Kirche brauche er sich nicht auf östliche Bischöfe zu berufen, deren Rückhalt Augustinus ihm im Folgenden abspricht; angeführt werden Gregor, Basilius, etc. In beiden Weltteilen herrsche ein und derselbe christliche Glaube. Orient und Okzident stimmten in dieser Frage überein, wie mehrfach betont wird. Das Beispiel des Hieronymus, der als intellektueller Grenzgänger gezeichnet wird,[40] soll das quasi in Personalunion bestätigen.

Augustinus arbeitet mit Dichotomien: Er sieht die Welt und die Kirche in Orient und Okzident zerfallen, in Lateiner und Griechen, in wir und sie.[41] Diese Darstellung ist tendenziös: Bei Hieronymus lässt er den kirchlichen und geographischen Seitenwechsel nicht nur angehen, sondern lobt ihn sogar, Julian bleibt hingegen ein Westler. Der gemeinsame Glaube, den er absolut setzt, ist der seiner Partei, die im Osten weniger Rückhalt hatte, als er suggeriert. Dass Irenäus von Lyon am Anfang der Bischofliste steht, die am Schluss zum lateinischen Okzident erklärt wird, ist kurios. Denn dieser stammte aus Smyrna in Kleinasien, worauf man im Osten stolz war, und schrieb auf Griechisch – erhalten sind nur lateinische Übersetzungen, aus denen Augustinus ihn auch zitiert. Hieronymus hatte Irenäus noch zu den Griechen gezählt.[42]

---

39 Augustinus, *Contra Iulianum* 1,13–14 (648–649 Migne): *An ideo contemnendos putas, quia occidentalis Ecclesiae sunt omnes, nec ullus est in eis commemoratus a nobis Orientis episcopus? Quid ergo faciemus, cum illi Graeci sint, nos Latini? Puto tibi eam partem orbis sufficere debere, in qua primum Apostolorum suorum voluit Dominus gloriosissimo martyrio coronare. Cui ecclesiae praesidentem beatum Innocentium si audire voluisses, iam tunc periculosam iuventutem tuam pelagianis laqueis exuisses [...]. Non est ergo cur provoces ad Orientis antistites; quia et ipsi utique christiani sunt, et utriusque partis terrarum fides ista una est; quia et fides ista christiana est: et te certe occidentalis terra generavit, occidentalis regeneravit Ecclesia.*
40 Augustinus, *Contra Iulianum* 1,34 (665 M.).
41 Ähnlich argumentiert Orosius gegen Pelagius, vgl. Anm. 37.
42 Hieronymus, *Commentarii in Isaiam* 18, *prol.* (741,19–20 Adriaen).

Uneingeschränkt auf den Papst hören, das wollten Augustinus und seine Kollegen selbst nur bedingt. Das zeigt der Streit über Apiarius von Sicca, der zeitgleich schwelte (418–426). Apiarius hatte in Rom Zuflucht gefunden, nachdem er in Nordafrika verurteilt worden war. Das Konzil von Karthago (424) verbat sich eine römische Einmischung.[43] Wenn ein Abweichler in den Osten flieht, formiert sich folglich ein Okzident, dessen Zentrum Rom ist; wenn einer nach Rom flieht, sieht die Welt schon anders aus.

Die anti-pelagianischen Schriften zeigen: Orient und Okzident, in denen Kirchen und Kleriker verortet werden, sind für Augustinus getrennte, klar voneinander abgegrenzte Entitäten, deren Angehörige kulturell verschieden sind. Für Augustinus gibt es eine einzige Westkirche, der Irenäus zugeschlagen wird und der Pelagius und Julian weiter angehören, auch wenn sie das Land verlassen haben. Ein Austausch zwischen beiden Teilen sei gefährlich, da es die Sprachbarriere im Ausland erschwere, zugewanderte Häretiker zu identifizieren. Trotz dieser Unterschiede wird auf die Kraft des Glaubens verwiesen, der beide Kirchen eine.

Die von Augustinus beschworene Westkirche existiert übrigens auch ohne Häretiker und nicht nur in der Gegenwart, wie ein Passus aus dem *Gottesstaat* zeigt, der sie in die Vergangenheit zurückprojiziert. Dort heißt es, besonders die okzidentalische Kirche habe dem *Buch der Weisheit* und dem *Prediger* von alters her einen hohen Wert beigemessen, obwohl die Gelehrten bezweifelten, dass jene zu den echten Büchern Salomos gehörten.[44] Die okzidentalische Kirche, die Augustinus hier vorschwebt, schließt wahrscheinlich Rom ein; die erwähnten Denker waren vor allem griechische Theologen.[45] Wenn Augustinus in den anti-pelagianischen Schriften die Kirche des lateinischen Okzidents von der Kirche des griechischen Orients unterscheidet, ist das dem modernen Sprachgebrauch zwar am nächsten, dabei ist es für das 5. Jahrhundert nicht repräsentativ. Der Tadel an die Adresse Julians, er habe sich nicht mit dem Weltteil begnügt, in dem Petrus sein Martyrium erlitt, war da schon anschlussfähiger.

5 Fazit

In der Spätantike, in die man gemeinhin die Entstehung der Westkirche setzt, werden Synonyme von *occidens* nicht durchgängig benutzt, um Räume zu bezeichnen. Anders als in der Reichsverwaltung wird Okzident in der Kirche nicht zum *terminus technicus*. Diese Beobachtung, die aus dem begriffsgeschichtlichen Ansatz erwächst, ist wertvoll, wenn man verstehen will, wie sich die frühe Kirche selbst gedacht hat. Presst man die Spätantike in moderne West-Ost-Schablonen, verliert man den Blick für die Selbstverortung der Akteure. Diese ist nicht leicht zu entschlüsseln; es gibt regionale

---

43 Wojtowytsch (1981) 235–236; 368–369.
44 Augustinus, *De civitate Dei* 17,20 (587,16–18 Dombart/Kalb): *Non autem esse ipsius non dubitant doctiores; eos tamen in auctoritatem maxime occidentalis antiquitus recepit ecclesia.*
45 Bardy/Combès (1960) 740–742.

Unterschiede, es hängt von Situationen und Kontexten ab, aber genau diese Unterschiede sind interessant.

Augustinus und Innozenz haben die administrative Ordnung des Reichs klar vor Augen: Aber während der Bischof von Hippo die Kirche in einen West- und einen Ostteil unterscheidet, vermeidet es der Papst, die Himmelsrichtungen in dieser Weise zu benutzen. Diese Diskrepanz erklärt sich aus unterschiedlichen Zielen: Augustinus sind die Reichsteile ein willkommenes Vehikel, um entflohene Häretiker einzufangen. Dabei arbeitet er mit den Dichotomien Wir – Die und Lateiner – Griechen. Diese kulturelle Differenz beißt sich mit der dogmatischen Einheit von Orient und Okzident, die im selben Atemzug hervorgekehrt wird. Letztlich zeichnet sich ein (Wieder)Erstarken ethnischer bzw. kultureller Differenzkategorien ab.[46]

Innozenz wiederum möchte seine Stellung in Italien festigen und seine Einflusssphäre nach Gallien, Spanien und Griechenland ausweiten, das politisch zur östlichen Reichshälfte gehörte, ohne dabei die kaiserliche Aufteilung der Herrschaftsbereiche in Frage zu stellen. Hier kommt die apostolische Tradition ins Spiel, die von Rom monopolisiert wird: Grundsätzlich unterstünden alle Kirchen, die Petrus oder seine Schüler gegründet haben, der *cathedra Petri*. Paulus, der als Missionar und Märtyrer bekannt war, wird von Rom in ähnlicher Weise beansprucht. Petrus firmiert dabei als Vater und Vorbild der italischen Kirchen, Paulus der illyrischen Kirchen. Die Nachfolger des Innozenz griffen diese Argumentation auf, wenn es ihnen passte.[47]

Faktisch waren die römischen Ansprüche natürlich trotzdem dazu angetan, den Osten zu verärgern, wo staatliche und kirchliche Ordnung enger verzahnt waren. Hier deutet sich ein Konflikt an, den Kaiser Justinian im 6. Jahrhundert durch die Einrichtung der Pentarchie zu entschärfen suchte. Wenngleich die Päpste den Titel „Patriarch" im Frühmittelalter übernahmen,[48] ist der Titel „Patriarch des Westens" erst in der Neuzeit belegt.[49] Dass Benedikt XVI. ihn im Jahr 2006 abgelegt hat, zeigt ein Unbehagen gegenüber diesem Raum, das in der Tradition der frühen Päpste steht. Erst im Spätmittelalter kam es dann häufiger vor, dass eine Kirche des Okzidents von einer Kirche des Orients abgegrenzt wurde, was wahrscheinlich mit den Kreuzzügen zusammenhing.[50]

---

46 Zum Gegensatz Italer – Griechen vgl. Hunger (1987).
47 Papst Leo erinnerte sizilische Bischöfe daran, dass der Sitz Petri die Mutter ihrer bischöflichen Würde sei; vgl. *Leo episcopis per Siciliam constitutis* (J³ 922; 21. Oktober 447 [62,19–25 Tomassetti]); zum Kontext Demacopoulos (2013) 52–54. Andererseits konnte Leo den Bischof von Arles, der sein Bistum auf einen Petrusschüler zurückführte, trotzdem abblitzen lassen, vgl. Demacopoulos (2013) 58.
48 Legrand (2007) 259–260 weist darauf hin, dass man im 7. Jahrhundert begann, die Lateranbasilika *Patriarchium* zu nennen.
49 Der Titel ist laut Hainthaler (2009) 59 seit 1863 oder 1926 belegt.
50 Oschema (2013) 266.

Bibliographie

Quellen

Augustinus, *Contra Iulianum* = Jaques P. Migne (Hg.), *Sancti Aurelii Augustini, Hipponensis episcopi, opera omnia* 10,1 (PL 44), Paris 1865, 641–874.

Augustinus, *De civitate Dei* = Bernhard Dombart und Alfons Kalb (Hgg.), *Aurelii Augustini opera* 14,2: *Sancti Aurelii Augustini De civitate Dei libri XI–XXII* (CChr.SL 48), Turnhout 1955.

Augustinus, *Epistula 4** = Johannes Divjak (Hg.), *Sancti Aureli Augustini Opera* 2,4: *Epistolae ex duobus codicibus nuper in lucem prolatae* (CSEL 88), Wien 1981, 26–29.

Bonifacius Rufo et ceteris episcopis Illyrici =
  Carl Silva-Tarouca (Hg.), *Epistularum Romanorum pontificum ad vicarios per Illyricum aliosque episcopos Collectio Thessalonicensis, Ad fidem codicis Vat. Lat. 5751* (Textus et documenta 22), Rom 1937, 27–32.
  Hermann-Josef Sieben (Hg. und Übers.), *Vetustissimae epistulae Romanorum pontificum. Die ältesten Papstbriefe* 3 (FC 58,3), Freiburg i. Br. 2015, 706–719.

Codex Theodosianus = Theodor Mommsen und Paul Meyer (Hgg.), *Theodosiani libri XVI cum constitutionibus Sirmondianis et leges novellae ad Theodosianum pertinentes* 1,2, Berlin 1905.

Epistula Concilii Carthaginiensis ad Bonifatium papam = Charles Munier (Hg.), *Concilia Africae a. 345–a. 525* (CChr.SL 149), 158–161.

Epistula synodi Ariminensis (= Hilarius von Poitiers, *Collectanea antiariana*, Series A 5) = Hanns Christof Brennecke, Annette von Stockhausen, Christian Müller, Uta Heil und Angelika Wintjes (Hgg.), *Athanasius Werke* 3,1: *Dokumente zur Geschichte des arianischen Streites*, 4. Lfg. *Bis zur Synode von Alexandrien 362*, Berlin 2014, 456–465 (= Dokument 59.5).

Hieronymus, *Commentarii in Isaiam* = Marcus Adriaen (Hg.), *S. Hieronymi presbyteri opera* 1,2A: *Commentariorum in Esaiam libri XII–XVIII. In Esaiam parvula adbreviatio* (CChr.SL 73A), Turnhout 1963, 465–799.

Innocentius Decentio episcopo Egubino =
  Robert Cabié (Hg.), *La lettre du pape Innocent Ier à Décentius de Gubbio (19 mars 416)* (Bibliothèque de la Revue d'histoire ecclésiastique 58), Louvain 1973.
  Hermann-Josef Sieben (Hg. und Übers.), *Vetustissimae epistulae Romanorum pontificum. Die ältesten Papstbriefe* 2 (FC 58,2), Freiburg i. Br. 2014, 488–503.

Innocentius Rufo, Eusebio [...] episcopis = Jaques P. Migne (Hg.), *Quinti saeculi scriptorum ecclesiastorum [...] opera omnia*, Paris 1845, 526B–537B.

Innocentius Rufo Thessalonicensi episcopo =
  Carl Silva-Tarouca (Hg.), *Epistularum Romanorum pontificum ad vicarios per Illyricum aliosque episcopos Collectio Thessalonicensis, Ad fidem codicis Vat. Lat. 5751* (Textus et documenta 22), Rom 1937, 21–22.
  Hermann-Josef Sieben (Hg. und Übers.), *Vetustissimae epistulae Romanorum pontificum. Die ältesten Papstbriefe* 2 (FC 58,2), Freiburg i. Br. 2014, 432–437.

Leo episcopis per Siciliam constitutis = Aloysius Tomassetti (Hg.), *Bullarum diplomatum et privilegiorum sanctorum Romanorum pontificum* 1, Turin 1857, 61–65.

Nestorius, *Epistula ad Caelestinum I.* = Friedrich Loofs (Hg.), *Nestoriana. Die Fragmente des Nestorius*, Halle 1905, 165–168.

Orosius, *Liber apologeticus contra Pelagianos* = Karl Zangemeister (Hg.), *Paulus Orosius, Historiarum adversum paganos libri VII, accedit eiusdem Liber apologeticus* (CSEL 5), Wien 1882, 603–664.

Palladius von Helenopolis, *Dialogus de vita Joannis Chrysostomi* = Paul Robinson Coleman-Norton (Hg.), *Palladii dialogus de vita S. Joanni Chrysostomi*, Cambridge 1928.

Rufinus, *Historia ecclesiastica* = Theodor Mommsen, Eduard Schwartz und Friedrich Winkelmann (Hgg.), *Eusebius Werke* 2,2: *Die Kirchengeschichte* (GCS.NF 6), 957–1042.

Xistus universis episcopis per Illyricum = Carl Silva-Tarouca (Hg.), *Epistularum Romanorum pontificum ad vicarios per Illyricum aliosque episcopos Collectio Thessalonicensis, Ad fidem codicis Vat. Lat. 5751* (Textus et documenta 22), Rom 1937, 41–43.

Sekundärliteratur

Bardy/Combès (1960): Gustave Bardy und Gustave Combès (Hgg. und Übers.), *La cité de Dieu, livres XV–XVIII. Luttes des deux cités* (Bibliothèque Augustinienne. Oeuvres de Saint Augustin 36, Série 5), 4. Aufl., Paris.

Barnes (1982): Timothy D. Barnes, *The New Empire of Diocletian and Constantine*, Cambridge, MA.

Barnes (1993): Timothy D. Barnes, *Athanasius and Constantius. Theology and Politics in the Constantinian Empire*, Cambridge.

Blaudeau (2017): Philippe Blaudeau, „What is Geo-Ecclesiology? Defining Elements Applied to Late Antiquity (Fourth–Sixth Centuries)", in: Rita Lizzi Testa (Hg.), *Late Antiquity in Contemporary Debate*, Newcastle upon Tyne, 156–172.

Brown (2000): Peter Brown, *Augustinus von Hippo. Eine Biographie*, erweiterte Neuausgabe, München.

Caspar (1927): Erich Ludwig Eduard Caspar, *Primatus Petri. Eine philologisch-historische Untersuchung über die Ursprünge der Primatslehre*, Weimar.

De Giovanni (2007): Lucio De Giovanni, *Istituzioni, scienza giuridica, codici nel mondo tardoantico. Alle radici di una nuova storia* (Saggi di storia antica 29), Rom.

Demougeot (1951): Émilienne Demougeot, *De l'unité à la division de l'Empire romain, 395–410. Essai sur le gouvernement impérial*, Paris.

Demacopoulos (2013): George E. Demacopoulos, *The Invention of Peter. Apostolic Discourse and Papal Authority in Late Antiquity* (Divinations: Rereading Late Ancient Religion), Philadelphia.

Dunn (2006): Geoffrey D. Dunn, „Augustine, Cyril of Alexandria, and the Pelagian Controversy", in: *Augustinian Studies* 37, 63–88.

Dunn (2008): Geoffrey D. Dunn, „Innocent I and the Illyrian Churches on the Question of Heretical Ordination", in: *Journal of the Australian Early Medieval Association* 4, 65–81.

Dunn (2009): Geoffrey D. Dunn, „Innocent I and Rufus of Thessalonica", in: *Jahrbuch der Österreichischen Byzantinistik* 59, 51–64.

Dunn (2013): Geoffrey D. Dunn, „The Church of Rome as a Court of Appeal in the Early Fifth Century. The Evidence of Innocent I and the Illyrian Churches", in: *The Journal of Ecclesiastical History* 64, 679–699.

Eno (1989): Robert B. Eno, *Saint Augustine. Letters Volume VI (1*–29*)* (The Fathers of the Church. A New Translation 81), Washington, D.C.

Fischer (1957): Jürgen Fischer, *Oriens – Occidens – Europa. Begriff und Gedanke „Europa" in der späten Antike und im frühen Mittelalter* (Veröffentlichungen des Instituts für Europäische Geschichte Mainz 15), Wiesbaden.

Fürst (1999): Alfons Fürst, „Augustinus im Orient", in: *ZKG* 110, 293–314.

Fürst (2011): Alfons Fürst, *Von Origenes und Hieronymus zu Augustinus. Studien zur antiken Theologiegeschichte* (AKG 115), Berlin.

Gemeinhardt (2011): Peter Gemeinhardt (Hg.), *Athanasius-Handbuch*, Tübingen.

Girardet (2008): Klaus Martin Girardet, „Antike Herrschertestamente – Politische Absichten und Folgen", in: Brigitte Kasten (Hg.), *Herrscher- und Fürstentestamente im westeuropäischen Mittelalter* (Norm und Struktur 29), Köln, 83–124.

Grumel (1964): Vénance Grumel, „Les Origines du Vicariat apostolique de Thessalonique d'après les premiers documents pontificaux", in: *Actes du XIIe Congrès international d'Études byzantines. Ochride 10 – 16 septembre 1961* 2, Belgrad, 451 – 461.

Hainthaler (2009): Theresia Hainthaler, „Einige Überlegungen zum Titel ‚Patriarch des Westens'", in: dies., Franz Mali und Gregor Emmenegger (Hgg.), *Einheit und Katholizität der Kirche. Forschung aus dem Osten und Westen Europas an den Quellen des gemeinsamen Glaubens. Pro-Oriente-Studientagung „L'Unité et la Catholicité de l'Église" – „Einheit und Katholizität der Kirche", Sibiu, 27. – 30. Juni 2007* (Pro Oriente 32; Wiener patristische Tagungen 4), Innsbruck 59 – 77.

Heyden (2014): Katharina Heyden, *Orientierung. Die westliche Christenheit und das Heilige Land in der Antike* (Jerusalemer theologisches Forum 28), Münster.

Hunger (1987): Herbert Hunger, *Graeculus perfidus. Italos itamos. Il senso dell'alterità nei rapporti greco-romani ed italo-bizantini* (Conferenze/Unione Internazionale degli Istituti di Archeologia, Storia e Storia dell'Arte in Roma 4), Rom.

J³ = Philipp Jaffé (Hg.), *Regesta pontificum Romanorum ab condita ecclesia ad annum post Christum natum MCXCVIII*, hg. von Marcus Schütz u. a., 3. Aufl., Göttingen 2016.

Jones (1964): Arnold H. M. Jones, *The Later Roman Empire. 284 – 602. A Social, Economic and Administrative Survey* 3, Oxford, Nachdruck.

Kelly (1995): John N. D. Kelly, *Golden Mouth. The Story of John Chrysostom. Ascetic, Preacher, Bishop*, Ithaca, NY.

Kötter (2012): Jan-Markus Kötter, „Autonomie der illyrischen Kirche? Die Sixtus-Briefe der Collectio Thessalonicensis und der Streit um das kirchliche Illyricum", in: *Millennium. Jahrbuch zu Kultur und Geschichte des ersten Jahrtausends n. Chr.* 9, 163 – 186.

Legrand (2007): Hervé Legrand, „Le pape, patriarche d'Occident. Actualité d'un titre inactuel", in: *Proche-Orient Chrétien* 57, 250 – 278.

Lössl (2001): Josef Lössl, *Julian von Aeclanum. Studien zu seinem Leben, seinem Werk, seiner Lehre und ihrer Überlieferung* (VCS 60), Leiden.

Lübeck (1901): Konrad Lübeck, *Reichseinteilung und kirchliche Hierarchie des Orients bis zum Ausgange des vierten Jahrhunderts. Ein Beitrag zur Rechts- und Verfassungsgeschichte der Kirche* (Kirchengeschichtliche Studien 5,4), Münster.

Maccarrone (1991): Michele Maccarrone, *Il primato del vescovo di Roma nel primo millennio. Ricerche e testimonianze. Atti del symposium storico-teologico Roma, 9 – 13 ottobre 1989* (Atti e documenti. Pontificio Comitato di Scienze Storiche 4), Vatikanstadt.

Markschies (1997): Christoph Markschies, *Zwischen den Welten wandern. Strukturen des antiken Christentums* (Fischer-Taschenbücher, Europäische Geschichte), Frankfurt a. M.

Millar (2006): Fergus Millar, *A Greek Roman Empire. Power and Belief under Theodosius II (408 – 450)* (Sather Classical Lectures/Joan Palevsky Imprint in Classical Literature), London.

Moorhead (2015): John Moorhead, *The Popes and the Church of Rome in Late Antiquity* (Routledge Studies in Ancient History 8), London.

Norton (2007): Peter Norton, *Episcopal Elections 250 – 600. Hierarchy and Popular Will in Late Antiquity* (Oxford Classical Monographs), Oxford.

Oschema (2013): Klaus Oschema, *Bilder von Europa im Mittelalter* (Mittelalter-Forschungen 43), Ostfildern.

Pabst (1986): Angela Pabst, *Divisio Regni. Der Zerfall des Imperium Romanum in der Sicht der Zeitgenossen* (Habelts Dissertationsdrucke. Reihe Alte Geschichte 23), Bonn.

Rist (2006): Josef Rist, „Das apostolische Vikariat von Thessalonike als Beispiel der Begegnung zwischen Rom und Konstantinopel in der Spätantike", in: Reinhardt Harreither (Hg.), *Frühes Christentum zwischen Rom und Konstantinopel. Akten des XIV. Internationalen Kongresses für Christliche Archäologie, Wien, 19. – 26. 9. 1999* 1, Vatikanstadt, 649 – 662.

Scheuermann (1957): Audomar Scheuermann, „Diözese (Dioikesis)", in: *RAC* 3, 1053 – 1062.

Schima (2005): Stefan Schima, „Innozenz I. Ein Zeitgenosse des Johannes Chrysostomus und sein Kirchenbild", in: *Giovanni Crisostomo. Oriente e Occidente tra IV e V secolo. XXXIII incontro di studiosi dell'antichità cristiana Roma, 6–8 maggio 2004* 2 (Studia ephemeridis Augustinianum 93,2), Rom, 665–686.

Schulz (2016): Fabian Schulz, „Hieronymus, Augustinus und der Osten", in: Carola Föller und ders. (Hgg.), *Osten und Westen 400–600 n. Chr. Kommunikation, Kooperation und Konflikt* (Roma aeterna 4), Stuttgart, 135–155.

Wojtowytsch (1981): Myron Wojtowytsch, *Papsttum und Konzile von den Anfängen bis zu Leo I. (440–461). Studien zur Entstehung der Überordnung des Papstes über Konzile* (Päpste und Papsttum 17), Stuttgart.

Carmen Cardelle de Hartmann
Latinitas: Überlegungen zur sprachlichen Korrektheit zwischen Spätantike und Karolingerzeit

Wandel und Wandelbarkeit gehören zur menschlichen Sprache. Der Wandel vollzieht sich in der Zeit wie auch im Raum. Die Wandelbarkeit wiederum erlaubt die zweckmäßige Anpassung einer Sprache an verschiedene Situationen und Bedürfnisse – soziale Abgrenzung, erleichterte Kommunikation innerhalb der Expertengruppe –, so dass verschiedene Register entstehen. Die Beschreibung dieser Vielfalt in lebenden Sprachen erfordert eine genaue Erfassung der Sprachverwendung in verschiedenen Medien und Kontexten. Für eine nicht mehr aktiv verwendete Sprache wie Latein geht die Datenerfassung naturgemäß mit besonderen methodischen Problemen einher, insbesondere weil wir nur über schriftliche Zeugnisse verfügen, deren Kontexte nicht immer ersichtlich sind. Besonders die Zeit vom 5. bis zum 7. Jahrhundert stellt die heutigen Forschenden vor spezielle Herausforderungen: Aus dieser Zeit sind nur verhältnismäßig wenige schriftliche Zeugnisse zu uns gekommen, deren Sprache von der schriftlichen Norm des antiken Lateins in ihren unterschiedlichen Formen (Fachsprachen, Literatursprache in verschiedenen stilistischen Ausprägungen) merklich abweicht. Darüber, wie die Sprache dieser Zeugnisse gedeutet werden soll, besteht eine langanhaltende Diskussion, die verschiedene Aspekte betrifft: die Gründe für die Abweichungen und deren Bewertung (handelt es sich um bewusste oder unbewusste Annäherung an die Mündlichkeit?), das Ausmaß der Kenntnis der antiken Norm in verschiedenen Regionen oder bei den einzelnen Verfassern, die soziale Ausdifferenzierung von Sprache, die möglichen Unterschiede im Sprachwandel nach Grad der Bildung.[1]

Ein Weg, sich der sprachlichen Situation in dieser Epoche anzunähern, besteht in der Bewertung von Aussagen über Sprache und sprachliche Kommunikation in zeitgenössischen Werken. Dabei stellt sich ein Problem: Die Autoren verwenden Begriffe und Kategorien, die sie aus der grammatikographischen und rhetorischen Tradition kennen, in Bezug zu einer gewandelten sprachlichen Situation. Es ist deshalb notwendig, dieses Instrumentarium genau zu prüfen. Dies soll im Folgenden für die Idee der sprachlichen Korrektheit, die als *latinitas* bezeichnet wurde, versucht werden. Die

---

[1] Das sind lediglich Stichworte, um die Diskussionen der letzten Jahre in einem lebendigen Forschungsfeld, an dem sich Latinisten und Romanisten beteiligen, zu umreißen. Wie man sehen kann, berücksichtigen diese Debatten pragmatische und soziolinguistische Fragen, und ergänzen so andere Forschungsansätze, die vornehmlich die lautliche und morphologische Entwicklung zu erfassen suchen. Obwohl die Nennung von so wenigen Namen bedeutet, viele wichtige Akteure dieser Forschung außer Acht zu lassen, sollen hier mindestens die Werke von Wright (1982 und 2002), Banniard (1992), Adams (2007 und 2013) und Adams/Vincent (2016) genannt werden.

Diskussion um die *latinitas* kreiste vor allem um die Kriterien, sie zu definieren und zu beurteilen. Je nachdem, welcher Maßstab angewendet wurde, konnten ungewöhnliche sprachliche Erscheinungen als fehlerhaft oder ganz im Gegenteil als stilistischer Schmuck beurteilt werden.

In der Antike waren unterschiedliche Quellen für die *latinitas* ausgemacht worden, die alle auf zwei grundlegende Prinzipien zurückgeführt werden können: die Vernunft, welche die Regelmäßigkeiten in der Sprache erkennen kann (durch *etymologia* und *analogia*), und der Sprachgebrauch (*usus* oder *consuetudo*).[2] Dieser spaltet sich wiederum auf, je nachdem, ob die allgemein verwendete Sprache oder aber diejenige von besonderen Sprechern berücksichtigt wird. Die *auctoritates*, d.h. die Autoren, deren Werke als Vorbild sprachlicher Korrektheit gelten, standen im Mittelpunkt des Grammatikunterrichts und gewannen so zunehmend an Gewicht. Die Grammatiker der Spätantike wiegen vor allem die Regeln und die Autoren gegeneinander ab, nehmen aber auch gelegentlich Bezug auf den allgemeinen Sprachgebrauch. Grammatikalische Regeln, allgemeiner Sprachgebrauch und Autoritäten wichen gelegentlich voneinander ab, und dieses Problem wurde für die christlichen Autoren der Spätantike durch zwei Faktoren akuter: die Einführung einer neuen Autorität mit einer eigenwilligen Sprache (die Bibel in ihren lateinischen Übersetzungen) und den sich wandelnden Sprachgebrauch. Dies führt zu Veränderungen in den Einstellungen zur sprachlichen Korrektheit.

Im Folgenden soll zuerst nachgezeichnet werden, wie christliche Autoren ab Augustinus und bis zur Karolingerzeit das Verhältnis der Bibel zur Grammatik einschätzten; sodann stehen die Diskussion von Regelverstößen der *auctores* in der grammatikalischen Tradition und die Fortsetzung dieser Debatte in Bezug auf die Bibelsprache im Mittelpunkt. In einem dritten Teil werden schließlich einige Beobachtungen frühmittelalterlicher Autoren über die gewandelte *consuetudo* erörtert. Es wird hier nicht angestrebt, sämtliche Zeugnisse zu versammeln, sondern lediglich einige Äußerungen auszuwählen, die unterschiedliche Einstellungen sichtbar werden lassen. Augustin dient als Referenzpunkt in der Patristik, denn er hat besonders genau über verschiedene Aspekte von Sprache und sprachlicher Kommunikation nachgedacht. Seine Werke waren weit verbreitet und wurden hoch geachtet, seine Ideen waren außerdem durch Anthologien und indirekte Zeugnisse bekannt.[3] Die späteren Autoren, die hier zitiert werden, lebten zu verschiedenen Zeiten und in unterschiedlichen Regionen. Obwohl nur einige unter ihnen sich aufeinander beziehen, bezeugen

---

[2] Zur *latinitas* vgl. Siebenborn (1976); Desbordes (1991, nachgedruckt in Desbordes [2007] 91–105); Vainio (1999) 70–74; Grebe (2000); Coleman (2001) und die extensive Sammlung von Zeugnissen von Morin (1998); ferner Alberte (1991) zur Einstellung der spätantiken christlichen Autoren.

[3] Zur Verbreitung der Werke Augustins vgl. Dolbeau (2013). Von den vier westlichen Kirchenvätern wurde Gregor wohl am meisten gelesen, er spricht jedoch kaum über die Probleme, die uns hier beschäftigen (eine berühmte Stelle wird weiter unten kommentiert). Zur Verbreitung der Werke Gregors vgl. Turcan-Verkerk (2014).

ihre Stellungnahmen die Langlebigkeit und die Verbreitung von den hier nachgezeichneten Problemen und Diskussionen.

1 Die Bibel als *auctoritas*

Die lateinische Bibel stand der traditionellen Literatursprache sehr fern. Dies gilt nicht nur für die alten Übersetzungen, die wir mit dem Sammelbegriff *Vetus Latina* bezeichnen, sondern auch für die Redaktions- und Übersetzungsarbeit des Hieronymus, der in den meist verwendeten Büchern (den Evangelien und den Psalmen) wenig an den alten, inzwischen für die Christen vertrauten Übersetzungen änderte.[4] Es fehlt nicht an Zeugnissen des Widerwillens von gebildeten Christen gegenüber einer Sprache, die von Hellenismen, Hebraismen und umgangssprachlichen, sogar vulgären Formen geprägt ist.[5] Als Reaktion darauf wurde einerseits die Sprache der Bibel als Zeichen von Demut und von der Universalität der christlichen Botschaft verteidigt, andererseits die alte Literatursprache für die christlichen Inhalte vereinnahmt.[6] Trotz des Bewusstseins um den besonderen Charakter der Bibelsprache begannen christliche Autoren auch, die Bibel vom Standpunkt der antiken grammatikalischen und rhetorischen Tradition zu lesen, wodurch sie auch in die Position einer – freilich ganz besonderen – sprachlichen Autorität rückte.

Die Spannung zwischen der Anerkennung stilistischer Qualitäten in der Bibelsprache und dem Bewusstsein ihrer Traditionsferne lässt sich an einem Werk Augustins zeigen, *De doctrina christiana*. In den drei ersten Büchern, die zum größten Teil – die zwei ersten Bücher sowie das dritte bis 3,35 – im Jahr 397 verfasst wurden[7], diskutiert Augustin die korrekte Auslegung der dunklen und mehrdeutigen Stellen der

---

[4] Zu den alten lateinischen Übersetzungen und zu Hieronymus' Arbeit siehe die neueren Überblicke von Gribomont (1985), Bogaert (2013) und Kamesar (2013). Zu den zeitgenössischen Debatten um Hieronymus' Übersetzung vgl. Marti (1974). Stotz (2015) bietet einen konzisen und klaren Überblick über die Geschichte der lateinischen Bibel.
[5] Es fehlt noch eine detaillierte Untersuchung der Sprache der lateinischen Bibelübersetzungen; einen nützlichen Überblick und eine kommentierte Bibliographie findet man bei Sheerin (1996). Zu dem Widerwillen manches kultivierten Christen vor der Bibelsprache und der Angst, die Schönheit der Sprache heidnischer Autoren könne der Bibel vorgezogen werden, vgl. Fredouille (1985) 28–29; Cardelle de Hartmann (2016a) 145–147; allgemein zu einer moralischen Einschätzung des korrekten oder fehlerhaften Lateins vgl. Cardelle de Hartmann (2017).
[6] Es gibt zahlreiche Untersuchungen zu diesem Problemkreis. Zur Apologie der schlichten Sprache vgl. Curtius (1948/1993) 443–461; Auerbach (1958) 39–43, zum Umgang mit der antiken Literatur Gemeinhardt (2007); Gnilka (2012).
[7] Die Abfassungsdaten von *De doctrina christiana* werden nach den Angaben Augustins in *Retractationes* 2,4,1 (92,1–93,10 Mutzenbecher) erschlossen: Die Bücher 1 und 2 sowie Buch 3 bis 3,35 sind 397 entstanden, der Schluss von Buch 3 und Buch 4 erst 426/427.

Bibel.⁸ Zum einen sind es Passagen, in denen übertragene Rede verwendet wird oder Ereignisse geschildert werden, die eine besondere Bedeutung haben. Zum anderen wird die Aussage durch Übersetzungsfehler, ungebräuchliche Wörter und Wendungen oder ungewöhnliche Konstruktionen schwer verständlich.⁹ Es gibt allerdings auch Stellen, an denen der biblische Text von den Sprachregeln abweicht und dabei (oder gerade deswegen) verständlich bleibt – diese Verstöße, warnt Augustin, seien nicht zu tadeln.¹⁰ Im später verfassten Teil (das dritte Buch ab 3,36 und das vierte Buch entstanden 426/427) gibt er seinen Lesern Ratschläge für die mündliche Vermittlung des Glaubens und empfiehlt die Bibel als sprachliches und stilistisches Vorbild, allerdings mit ausdrücklichen Einschränkungen. Der Prediger könne in der Bibel die Verwendung von rhetorischen Mitteln lernen, dürfe aber selber weder ungewöhnliche Wörter und Ausdrücke noch die tropische Rede verwenden.¹¹ Der von Augustin nachdrücklich verteidigte Vorrang des Verständnisses (*intellectus*) auf Seiten der Zuhörer führt zur Erlaubnis für den Prediger, sich *vulgi more* auszudrücken, falls dies die Verständlichkeit garantiere.¹² Dies soll aber die Ausnahme sein, denn der Redner sollte sich davor hüten, in das Niedrige und Verächtliche (*sordes*) zu verfallen.¹³ Augustin bestätigt dadurch die anerkannte Norm, während er gleichzeitig die Rolle des allgemeinen Sprachgebrauchs bestärkt. In diesem Kontext haben die traditionellen Autoritäten die schwächste Position, denn sie erhalten lediglich – wie Augustin treffend beobachtet – einen überkommenen Brauch.¹⁴ Von Interesse ist auch, dass er die Möglichkeiten der Bibel, eine sprachliche Veränderung herbeizuführen, sieht: Er weist nämlich darauf hin, dass die Bibellektüre dazu führen kann, sich an unlateinische

---

8 Zur Bibelhermeneutik in *De doctrina christiana* vgl. Pollmann (1996), zur Rhetorik des vierten Buches Enos/Thompson (2008), spezifisch zur Dunkelheit und deren Verhältnis zur Mehrdeutigkeit Cardelle de Hartmann (2018).
9 Konkrete sprachliche Probleme aus den sieben ersten Bibelbüchern behandelt Augustinus in den *Locutiones in Heptateuchum*, dazu vgl. Schirner (2015) 460–492.
10 Augustinus, *De doctrina christiana* 2,20 (45,29–46,60 Martin). Auch in *De catechizandis rudibus* 9 (135,1–136,38 Bauer) sagt Augustin, dass diejenigen neuen Christen, die eine Bildung in Grammatik und Rhetorik haben, lernen sollen, die Reinheit des Herzens höher als die sprachliche Reinheit zu schätzen und so über die Barbarismen und Solözismen mancher Bischöfe und Kleriker hinwegzusehen.
11 Augustinus, *De doctrina christiana* 4,22 (131,1–132,18 M.).
12 Augustinus, *De doctrina christiana* 4,24 (132,6–10 M.): *Quamuis in bonis doctoribus tanta docendi cura sit uel esse debeat, ut uerbum, quod, nisi obscurum sit uel ambiguum, latinum esse non potest, uulgi autem more sic dicitur, ut ambiguitas obscuritasque uitetur, non sic dicatur, ut a doctis, sed potius ut ab indoctis dici solet.*
13 Augustinus, *De doctrina christiana* 4,24 (132,1–133,26 M.).
14 Augustinus, *De doctrina christiana* 2,19 (45,26–28 M.): *Quid est ergo integritas locutionis, nisi alienae consuetudinis conseruatio loquentium ueterum auctoritate firmatae.* („Was ist denn die Reinheit der Sprache anderes, als die Beibehaltung eines fremden Sprachgebrauchs, der durch die Autorität der alten Sprecher bestätigt wird?") Die Historizität der Sprachnorm wurde bereits vor Augustin diskutiert, dazu Fladerer (2009) 131.

Wendungen zu gewöhnen und sie deshalb zu akzeptieren.[15] Ihm geht es allerdings darum, dem Unbehagen der Gebildeten entgegenzuwirken, und nicht darum, die Bibel als sprachverändernde Autorität zu etablieren. In seiner eigenen Praxis führt Augustin die Empfehlungen vor, die er in *De doctrina christiana* formuliert, und kombiniert in Werken, die sich an ein breites Publikum richten, eine klare, direkte, häufig umgangssprachliche Ausdrucksweise mit rhetorischem Schmuck auf der Grundlage von Positionsfiguren und einer effizienten Argumentation.[16] In seinen philosophischen Traktaten pflegt er hingegen die traditionelle Literatursprache, wobei es ihm in seinen späteren Werken gelingt, die Sprache der lateinischen Bibel damit zu verschmelzen.[17]

Auf die Spannung zwischen dem Sprachgebrauch einerseits und den grammatikalischen Regeln und den traditionellen Autoritäten andererseits werden wir zurückkommen. Was die Bibel betrifft, schätzen frühmittelalterliche Autoren ihre Sprache und ihren Stil im Großen und Ganzen ähnlich wie Augustin ein. Verfasser von grammatikalischen Traktaten im Mittelalter (wie Beda in *De schematibus et tropis*) zeigen ihre Achtung vor dem rhetorischen Können biblischer Autoren dadurch, dass sie Beispiele für rhetorische Figuren ganz oder zum Teil der Bibel entnehmen. Auch in der Bibelexegese lässt sich dieser Ansatz beobachten und so kommentiert Cassiodor die Psalmen mit den Begriffen der Rhetorik.[18]

Im Konflikt zwischen grammatikalischen Regeln und Bibelsprache sind frühmittelalterliche Autoren sich einig: Die Bibelsprache steht über der Grammatik und darf wegen ihrer mangelnden Befolgung der Regeln nicht getadelt werden, allerdings empfehlen sie auch nicht, dem Vorbild der Bibel zu folgen. Man kann es pointiert so ausdrücken: Die Bibelsprache ist weder normwidrig noch normgebend, sie ist der Norm enthoben.[19] Ein gutes Beispiel für diese Einstellung bietet Cassiodor, der im ersten Buch der *Institutiones* Empfehlungen für die Schreiber von Bibelhandschriften gibt.[20] Diese dürfen sich nicht anmaßen, die Sprache der Bibel nach menschlichen Maßstäben – d. h. nach den anerkannten stilistischen Autoritäten und den Regeln der Grammatik – zu beurteilen oder zu korrigieren. Andererseits dürfen die Schreiber auch nicht Fehler, die sich in der Überlieferung eingeschlichen haben, stehen lassen, weshalb Cassiodor sichere Kenntnisse der Rechtschreibung (von der er einen Umriss am Ende desselben Kapitels gibt) sowie der Grammatik (zu der er im zweiten Buch der *Institutiones* eine Einführung bietet) als unabdingbar betrachtet. Wenn weder die Grammatik noch die maßgeblichen Autoren, ja nicht einmal der übliche Sprachge-

---

15 Augustinus, *De doctrina christiana* 2,21 (46,1–47,25 M.).
16 Dazu Auerbach (1952); MacMullen (1966); zu Ausdrücken aus der Umgangssprache in den Predigten und in den exegetischen Werken Augustins vgl. Löfstedt (1975) und Bartelink (1982).
17 Vgl. z. B. Knauer (1955).
18 Zur Präsenz der lateinischen Bibel in Grammatiktraktaten vgl. Pérez Rodríguez (2001), zu Cassiodor vgl. Agosto (2003).
19 So Stotz (2015) 20 in einer Kapitelüberschrift: „Der Bibeltext den lateinischen Sprachnormen enthoben", zu diesem Thema 20–22.
20 Cassiodorus, *Institutiones* 1,15,1–12 (41,22–49,9 Mynors).

brauch die Messlatte sein dürfen, an der die Korrektheit des Textes gemessen wird, stellt sich die Frage, wie zwischen biblischem Sprachgebrauch und Fehlern unterschieden werden kann. Dazu empfehlen sowohl Augustin als auch Cassiodor die genaue Lektüre des Bibeltextes, um sich mit den besonderen biblischen Redewendungen vertraut zu machen, und im Zweifelsfall den Vergleich von verschiedenen Übersetzungen (Augustin) oder von verschiedenen Handschriften (Cassiodor).

Dass die Bibelsprache außerhalb der Zuständigkeit der Grammatik steht, wird von Gregor dem Großen in einem bekannten Ausspruch formuliert, nämlich dass man die Bibelsprache der Autorität des Donat nicht unterstellen dürfe (darauf werden wir zurückkommen). Seine Aussage beschreibt pointiert den besonderen Status der Bibelsprache und darf deshalb nicht generell als Zeugnis für ein christliches Misstrauen gegenüber der Grammatik missdeutet werden. Im Frühmittelalter werden die spätantiken Schulgrammatiken, insbesondere die Werke des Aelius Donatus gelesen, gelehrt und kommentiert. In einem dieser Kommentare findet sich eine Aussage, welche die Ambivalenz von Gregors Spruch vorzuführen vermag. Sie ist in einem Donatkommentar zu lesen, der wohl in Bobbio Anfang des 8. Jahrhunderts von einem irischen Autor geschrieben wurde.[21] Der Text trägt in der Handschrift den Titel *Expossitio latinitatis*, wird heute aber nach dem Widmungsträger als *Anonymus ad Cuimnanum* bezeichnet. Der Autor zitiert Gregors Ausspruch als Zeuge für die Autorität Donats; von anderen, ähnlichen Aussagen, die er bei Hieronymus, Augustin und in einer lateinischen Übersetzung des Origenes findet, erklärt er, dass sie keine Angriffe auf die Grammatik darstellen, sondern dass der jeweilige Autor an diesen Stellen den Sinn des Textes und nicht dessen Wortlaut diskutiert, oder sich für etwaige eigene Fehler entschuldigen möchte. Donat habe selbst gemerkt, fährt der unbekannte Autor fort, dass seine Regeln Grenzen hätten:

> *Et Originis dicit: Nolumus uerba considerari, sed res. Non quasi uituperans grammaticam dicit artem, sed timens, ne forsitan in loquendo erraret. Hironimus quoque in commentario Danielis de torque, an aurea aureoue, dubitauit; dicit: Rediculam rem facio, ut <in> interpretatione prophetarum de generibus uerborum quassi grammaticus disputem. Quod non, ut incauti quidam putant, reprobando dicit, sed in angustis misteriorum et interpretationis possito non erat temporis de uerborum generibus disputare, quippe qui alibi se discipulum fuisse Donati professus est dicens: Victorinus rethor et Donatus grammaticus, praeceptor meus, Romae insignis habentur; et in hoc auctoritas Donati ostenditur. [...] Nam etiam quod Augustinus dicit, non distruit regulas grammaticorum, ut est Ne timeamus ferulas grammaticorum, ni ad certiorem et ad probabiliorem perueniamus rationem; hoc est ad intellectum misticum aut ad latitudinem eufoniae. Quod etiam Donatus caute et sagagiter sensit dicendo et suis regulis praeponendo dicens: De participis aduerbia fieri plurimi negant, sed hos plurimae lectionis reuincit auctoritas; et alibi: Eufonia plus in uocibus ualet*

---

21 Auf den Abfassungsort Bobbio weist die Verwendung einiger seltener Quellen, vgl. dazu die Edition von Bischoff/Löfstedt (1992) XV, und Andrés Sanz (1997). Die einzige vollständige Handschrift wurde in der ersten Hälfte des 8. Jahrhunderts geschrieben (Bischoff/Löfstedt [1992] VII). Als Ire sehen ihn Bischoff/Löfstedt (1992) XXI–XXIII, vor allem weil der Widmungsträger Cuimnanus einen irischen Namen trägt, und Holtz (1981) 264–265. Law (1982) 87 vermutet hingegen, dass der Autor Angelsachse war.

quam analogia uel regula praeceptorum; Donatum autem palam est esse grammaticorum principem dicendum. Gregorius Romanus Non constringam, inquit, uerba caelestis oraculi sub regula Donati grammatici.[22]

Und Origenes sagt: „Wir wollen nicht die Wörter in Betracht ziehen, sondern die Inhalte." Und er sagte dies nicht, als würde er die Grammatik schelten, sondern weil er fürchtete, beim Sprechen vielleicht Fehler zu machen.[23] Auch Hieronymus zweifelte in seinem Kommentar zu Daniel, ob man *aureo* oder *aurea* mit *torque* verwenden sollte, und sagt: „Ich mache etwas Lächerliches, wenn ich in der Auslegung der Propheten das Genus der Wörter wie ein Grammatiker erörtere".[24] Und das sagte er nicht tadelnd, wie die Unvorsichtigen annehmen, sondern weil es bei den Schwierigkeiten der Geheimnisse und der Auslegung nicht die Zeit war, um das Genus der Wörter zu erörtern, zumal er sich woanders dazu bekennt, ein Schüler Donats zu sein, indem er sagt: „Der Rhetor Victorinus und der Grammatiker Donat, mein Lehrer, waren in Rom berühmt",[25] und darin zeigte er die Autorität Donats [...]. Denn auch das, was Augustin sagte, setzt nicht die Regeln der Grammatiker außer Kraft, nämlich: „Wir sollten die Strafen der Grammatiker nicht fürchten, solange[26] wir zu einer sichereren und wahrscheinlicheren Begründung kommen",[27] das heißt, zu einem allegorischen Verständnis und zur Breite des Wohlklangs. Und das verspürte Donat in seiner Vorsicht und Klugheit, als er vor seinen Regeln sagte: „Viele bestreiten, dass aus Partizipien Adverbien gebildet werden können, aber diese besiegt die Autorität vieler Lektüren"[28] und woanders: „In den Wörtern ist der Wohlklang wichtiger als die Analogie und als die Regeln der Lehrer".[29] Und es ist klar, dass Donat der erste unter den Grammatikern zu nennen ist. So der römische Bischof Gregor: „Ich werde nicht die Worte des himmlischen Orakels den Regeln des Grammatikers Donat unterwerfen."[30]

Die Gesamtaussage des unbekannten Autors ist klar: Man findet in autoritativen Schriften Ausnahmen von den grammatikalischen Regeln und diese Ausnahmen sind so zu akzeptieren, zumal dann, wenn die Inhalte im Mittelpunkt stehen müssen, aber dadurch werden die Regeln nicht außer Kraft gesetzt. Wenn Gregor sich dazu bekennt, sich über die Regeln Donats gelegentlich hinwegzusetzen, wird Donats Autorität dadurch nicht verneint, sondern im Gegenteil bestätigt.

---

22 Anonymus ad Cuimnanum, *Expossitio latinitatis* 1,7 (12,372–383.386–396 Bischoff/Löfstedt).
23 Die Belege sind der Edition entnommen. Der Origenes zugeschriebene Satz konnte von den Editoren nicht nachgewiesen werden, eine Recherche meinerseits blieb ebenfalls erfolglos.
24 Hieronymus, *Commentarius in Danielem* 2,5,7 (823,95–97 Glorie).
25 Eusebius/Hieronymus, *Chronicon* a. 368 (239,12–13 Helm).
26 Ich übersetze nach dem ursprünglichen Text von Augustin, in dem *dum* statt *ni* steht. *Ni* ergibt hier keinen zufriedenstellenden Sinn.
27 Augustinus, *In Iohannis euangelium tractatus* 2,14 (18,13–14 Willems).
28 Aelius Donatus, *Ars maior* 2,14 (646,11–12 Holtz): *Aduerbia de participiis fieri posse nonnulli negant; sed hos plurimae lectionis reuincit auctoritas.*
29 Aelius Donatus, *Ars maior* 2,10 (627,12–13 H.): [...] *uerum euphoniam in dictionibus plus interdum ualere, quam anlogiam uel regulam praeceptorum.*
30 Gregor der Große, *Moralia in Iob*, Epistola ad Leandrum 5 (7,220–222 Adriaen), dort etwas anders formuliert: [...] *quia indignum uehementer existimo, ut uerba caelestis oraculi restringam sub regulis Donati.*

Abweichungen der Bibel vom Sprachgebrauch werden seit der Väterzeit durch die Originaltreue der Übersetzer erklärt und verteidigt,[31] aber mir ist nur ein Fall bekannt, in dem ein vorkarolingischer Grammatiker die Bibel als Autorität in grammatikalischen Fragen genommen hätte, und er tut dies nur in einer eingeschränkten Form. Der Angelsachse Bonifatius (7.–8. Jh.) sagt im Widmungsbrief seiner *Ars grammatica*, dass es in den von ihm herangezogenen älteren Grammatiktraktaten manchmal voneinander abweichende Meinungen gebe. In solchen Fällen habe er sich für die Ansicht entschieden, die am ehesten mit dem Sprachgebrauch in Bibel und Liturgie übereinstimme.

> *Verum in unaquaque regula illum praeeligens maxime sequi uisus sum, cuius uestigia ab ecclesiasticis dogmatistis frequentissime trita in sacrosanctis tractatibus et cotidianae lectionis intentione usitata repperi.*[32]
>
> Aber in einer jeden Regel beachtete ich vor allem dies, dass ich jenes wählte, dessen Spuren, von kirchlichen Autoren am häufigsten befolgt, ich in den heiligen Traktaten und im Ansinnen der täglichen Lektüre verwendet fand.

Bonifatius versucht nicht etwa, neue Regeln nach der Bibelsprache zu formulieren, sondern bleibt bewusst in der grammatikalischen Tradition und setzt die Bibel als Autorität nur ein, wenn die älteren Grammatiktraktate voneinander abweichen. In der Karolingerzeit behaupten Verfasser von Grammatiktraktaten wiederholt, dass die Bibel eine höhere Autorität habe als die Grammatik, aber das führt nur zu vereinzelten Diskussionen von einigen ungewöhnlichen Formen.[33] Auch Smaragdus von Saint-Mihiel, der in seinem *Liber in partibus Donati* ankündigt, den Sprachgebrauch von Bibel und Liturgie zu berücksichtigen und dadurch die Grammatik zu aktualisieren, tut dies nur an einzelnen Stellen.[34] Sein Ansatz sollte keine Schule bilden. Es ist Peter Stotz zuzustimmen, wenn er feststellt: „Hinter dergleichen bekenntnishaften, mitunter gar polemischen Äußerungen zeichnet sich in punktierten Linien das Programm einer ‚christlichen Grammatik' ab, die als ganze freilich denn doch recht schemenhaft bleibt."[35]

---

[31] Stotz (2015) 19–20 und 68–69.
[32] Bonifatius (Vynfreth), *Ars grammatica*, Praefatio ad Sigibertum (10,53–56 Gebauer/Löfstedt). Die Praefatio wird ausführlich kommentiert von Law (1997) 169–187, zum zitierten Satz 177–179. Bonifatius fand in den spätantiken Grammatiktraktaten sowohl den Sprachgebrauch der Schulautoren als auch archaische Formen. Trotz seiner Aussage übernimmt er einige dieser Formen (wie die passiven Infinitivformen auf -ier, die kontrahierten Perfektformen oder die Alternativform in -ere für die dritte Person Plural im Perfekt), vielleicht (wie Law vermutet) weil er sie aus den poetischen Werken Aldhelms kannte und ihren Wert für den Dichter anerkannte.
[33] Stotz (2015) 20–22 und 69.
[34] Rädle (1974) 51–60; Holtz (1981) L–LVIII.
[35] Stotz (2015) 22.

2 Fehler und poetische Freiheit

Der Konflikt zwischen grammatikalischen Regeln und Autorität spitzt sich im Fall der Bibel zu, bestand aber auch in Bezug auf die antiken und allgemein anerkannten Schulautoren. In den Grammatiktraktaten taucht das Problem der Regelverstöße in literarischen Werken an mehreren Stellen auf, wird manchmal explizit gelöst und bleibt in anderen Fällen in der Schwebe. Manche Strategien der antiken Grammatiker im Umgang mit diesem Konflikt werden von den frühmittelalterlichen Autoren in Bezug auf die Bibel übernommen.

Eine wichtige Aussage darüber, wie mit Regelwidrigkeiten bei den Autoren im Unterricht umzugehen sei, findet sich in Quintilians *Institutio oratoria*: Der Grammatiklehrer solle auf diese Verstöße hinweisen, sich aber davor hüten, sie als Fehler zu beanstanden, denn in der Dichtung werden sie vom metrischen Zwang verursacht und haben deshalb als poetische Freiheiten zu gelten:

> *Deprendat quae barbara, quae inpropria, quae contra legem loquendi sint posita, non ut ex his utique inprobentur poetae (quibus, quia plerumque seruire metro coguntur, adeo ignoscitur, ut uitia ipsa aliis in carmine appellationibus nominentur: μεταπλασμούς enim et σχηματισμούς et σχήματα, ut dixi, uocamus et laudem uirtutis necessitati damus), sed ut commoneat artificialium et memoriam agitet.*

> Der Lehrer greife heraus, was unlateinisch, was nicht im eigentlichen Sinn und was gegen die grammatischen Regeln gebraucht ist – nicht, um daraus den Dichtern gerade einen Vorwurf zu machen –, finden diese doch vielmehr, weil sie meist unter Verszwang stehen, so viel Nachsicht, dass sogar die eigentlichen Fehler in einem Gedicht andere Namen erhalten: wir nennen sie nämlich Metaplasmen, Schematismen und, wie ich schon erwähnt, Schemata und machen bei ihnen aus der Not sogar eine Tugend –, sondern um sie auf diese Kunstmittel aufmerksam zu machen und das Gedächtnis anzuregen.[36]

In den spätantiken Grammatiktraktaten, die im Frühmittelalter ein wichtiges Instrument zur Erlernung der Sprache darstellten, wird die Unterscheidung zwischen Fehlern und poetischen Freiheiten aufgenommen und durch die Begrifflichkeit markiert.[37] So gibt Donat in seiner *Ars maior* folgende Definitionen: Der *barbarismus* ist ein Fehler, der nur ein einzelnes Wort betrifft, in der Dichtung heißt er *metaplasmus*; der *soloecismus* betrifft eine Gruppe von Wörtern und heißt in der Dichtung *schema* oder *figura*:

> *Barbarismus est una pars orationis uitiosa in communi sermone. In poemate metaplasmus [...]*[38]

> *Metaplasmus est transformatio quaedam recti solutique sermonis in alteram speciem metri ornatusue causa.*[39]

---

36 Quintilianus, *Institutio oratoria* 1,8,14 (1, 120 – 122; Übers. 121 – 123 Rahn).
37 Vainio (1999) 123 – 148.
38 Aelius Donatus, *Ars maior* 3,1 (653, 2 – 3 H.).
39 Aelius Donatus, *Ars maior* 3,4 (660,8 – 9 H.).

Soloecismus in prosa oratione, in poemate schema nominatur.[40]

Der Konflikt zwischen *auctoritas* und grammatikalischen Regeln scheint auf diese Weise gelöst, doch gibt es zwei weitere Aspekte in der *Ars maior*, die diese Lösung auf den ersten Blick aushebeln: Donat entnimmt erstens viele Beispiele für die Fehler den Dichtern, vor allem Vergil, und gibt zweitens eine Liste von anderen Fehlern (*cetera uitia*), die durch ihre Zusammensetzung verwirrend wirkt.

Die Erklärung von Fehlern mit Beispielen aus der Dichtung, die auch bei anderen Artigraphen zu finden ist, hat man in der Forschung durch die Rolle der Autorenlektüre in der antiken Schule zu erklären versucht: Der Unterricht drehte sich um die Kommentierung der Autoren und es lag deshalb nahe, deren Werken Beispiele für Fehler zu entnehmen.[41] Aber bereits in der Spätantike und dann im Frühmittelalter sahen die Leser von Donat den inhärenten Widerspruch, Dichterzitate als Beispiele für Fehler zu verwenden, und versuchten sich deshalb an einer Erklärung. So vermutete Sedulius Scottus in der Karolingerzeit, dass der Lehrer Donat aus didaktischen Gründen die Formulierung von fehlerhaften Aussagen vermeiden wollte:

> *Non enim metaplasmos barbarismos esse asserit, sed per cognita metaplasmorum exempla uult barbarismorum resecare uitia. Noluit exempla barbarismorum ponere, ne ipse incurreret barbarismos. Metaplasmos autem inducit duas scilicet ob causas: unam ut ostenderet barbarismum et metaplasmum unam naturam habere, quia, sicut una pars corrumpitur in barbarismo, ita etiam in metaplasmo; alteram, ut ostenderet, si quis hoc faceret in prosa causa erroris, quod poeta necessitatis causa fecit in metro, barbarismum esse.*[42]

Er behauptet ja nicht, dass die Metaplasmen Barbarismen seien, sondern will durch die bekannten Beispiele für Metaplasmen die Fehler der Barbarismen beseitigen. Er wollte keine Beispiele für Barbarismen geben, damit er nicht selber diese Fehler begehen musste. Er bringt Metaplasmen aus zwei Gründen: erstens, damit er zeigt, dass der Barbarismus und der Metaplasmus dieselbe Natur haben, denn so wie ein einzelnes Wort im Barbarismus verdorben wird, so auch im Metaplasmus; zweitens, damit er zeigen kann, dass es sich um einen Barbarismus handelt, wenn jemand aus Irrtum dasselbe in Prosa macht, was der Dichter aus metrischem Zwang macht.

Servius, einer der frühen Kommentatoren, der zeitlich noch nahe an Donat ist, kann dazu beitragen, den Ursprung und die Bedeutung dieser Auswahl von Beispielen für Fehler aus den Werken der Schulautoren zu beleuchten. An dieser Stelle bringt er nämlich einen relevanten Ausspruch des Plinius:

> *Quaesitum est apud Plinium Secundum, quid interesset inter figuras et uitia. Nam cum figurae ad ornatum adhibeantur, uitia uitentur, eadem autem inueniantur exempla tam in figuris quam in uitiis, debet aliqua esse discretio. Quidquid ergo scientes facimus nouitatis cupidi, quod tamen idoneorum auctorum firmatur exemplis, figura dicitur. Quidquid autem ignorantes ponimus, uitium putatur. Nam sicut superius diximus, <si> sciens quis dicat „pars in frusta secant" et causa uarietatis hoc*

---

[40] Aelius Donatus, *Ars maior* 3,2 (658,3 H.).
[41] Holtz (1981) 69–74; Baratin/Desbordes (1986).
[42] Sedulius Scottus, *In Donati artem maiorem* 3 (324,79–325,88 Löfstedt).

*dicat, figuram facit; si autem nescius, cum aliud uelit dicere, incongrue inter se numeros iunxerit, soloecismum fecisse iudicatur.*⁴³

Man fragte Plinius Secundus, was der Unterschied zwischen Figuren und Fehlern sei. Es müsse ja einen Unterschied geben, weil die Figuren zum Schmuck eingesetzt, die Fehler vermieden werden, und trotzdem findet man dieselben Beispiele für Figuren und für Fehler. Was immer wir auf der Suche nach Neuheit bewusst machen, weil es durch das Beispiel der geeigneten Autoren bestätigt wird, wird Figur genannt. Was wir aber unbewusst setzen, wird als Fehler betrachtet. Wie wir oben sagten, falls jemand *pars in frusta secant*⁴⁴ wissend sagt und dies auf der Suche nach Abwechslung tut, verwendet er eine Figur; falls er es aber unwissend sagt, während er etwas anderes sagen will, setzt er den Numerus unpassend ein, und das wird als Solözismus beurteilt.

Der Dichter verstößt bewusst gegen die Norm, um einen besonderen Effekt zu erzielen, wer hingegen spontan und ohne besondere Absicht sich so ausdrückt, begeht einen Fehler. Servius führt sogar eine weitere Differenzierung vor, nämlich zwischen den Metaplasmen, die aus metrischem Zwang entstehen, den Figuren (*schemata*), die nur dem Schmuck dienen, und den Tropen, die beides vereinen.⁴⁵ Vor diesem Hintergrund lässt sich vermuten, dass die Beispiele, die Werken anerkannter Dichter entnommen werden, zur Schärfung des kritischen Geistes im Umgang mit Literatur⁴⁶ dienen sollten, denn in jedem einzelnen Fall konnte diskutiert werden, warum der Dichter sich an dieser Stelle genau so und nicht anders ausdrückt.⁴⁷

Nach der Definition von Barbarismus und Solözismus gibt Donat eine Liste von sogenannten *cetera uitia*, die auch durchaus korrekte, aber schwerfällige Ausdrucksweisen und sogar Stilmittel einschließt. Auch hier wird von der modernen Forschung ein Ursprung in der Schulpraxis der Kommentierung vermutet.⁴⁸ Die *cetera uitia* stellen eine Auflistung von nicht regelkonformen Ausdrücken in den Autoren dar, seien diese Regelverstöße oder Figuren und Tropen – Ausdrücke, die keinen Fehler darstellen, aber vom regulären Gebrauch abweichen. Es gibt mehrere Hinweise darauf, dass die von Donat aufgelisteten Begriffe vor allem im Rahmen der Stilkritik eingesetzt wurden. In einigen Grammatiktraktaten werden dieselben Figuren, sogar zum Teil dieselben Beispiele, als *ornatus* und als *uitia* behandelt.⁴⁹ Dies lässt vermuten, dass die Verfasser vor allem die mehr oder minder misslungene Verwendung

---

43 Servius, *Commentarius in artem Donati, de soloecismorum generibus* (447,5–13 Keil).
44 Vergil, *Aeneis* 1,212, eine *constructio ad sensum* (das Subjekt ist zwar im Singular, bedeutet aber eine Gruppe, weshalb das Verb im Plural steht).
45 Servius, *Commentarius in artem Donati, de soloecismorum generibus* (447,22–24 K.): *Inter metaplasmos et schemata et tropos hoc interest, quod metaplasmi tantum necessitate excusantur, schemata ad ornatum adhibentur, tropi ad utrumque.*
46 Diese war auch Aufgabe des Grammatiklehrers, vgl. Irvine (1994) 49–63.
47 Die Grammatiktraktate geben ja nicht den Unterricht wieder, sondern bilden die Grundlage dafür, vgl. Holtz (1981) 80. Luhtala (2010) setzt das Aufkommen von Kommentaren in Bezug zur Exegese der Grundtexte (in diesem Fall der Grammatiktraktate) im spätantiken Unterricht und betont, dass die Kürze von Donats Traktaten eine solche kommentierende Praxis verlangt.
48 Baratin/Desbordes (1986).
49 Holtz (1986) 147–150; Morin (1998) 406–413; Vainio (1999) 71–74 und 139–142.

dieser Mittel im Visier hatten. In der Grammatik des Diomedes (eines Zeitgenossen Donats) werden die Fehler nach der Stiltugend, gegen die sie verstoßen, eingeteilt. Demnach entstehen *uitia* nicht nur da, wo es keine sprachliche Korrektheit gibt (*barbarum*), sondern auch durch Dunkelheit und Schmucklosigkeit. Der Fehlerbegriff wird somit erweitert und bezeichnet nicht nur Verstöße gegen die Norm, sondern auch einen misslungenen Stil.

> *Vitia orationis generalia sunt tria, obscurum inornatum barbarum. Obscuritatis species sunt octo, acyrologia pleonasmos perissologia macrologia amphibolia tautologia ellipsis aenigma. Inornatae orationis species sunt quinque, tapinosis aeschrologia cacenphaton cacozelia cacosyntheton. Barbarae orationis partes sunt duae, soloecismus et barbarismus, quorum species sunt plurimae.*[50]
>
> Die allgemeinen Fehler der Rede sind drei: Dunkelheit, Schmucklosigkeit, mangelnde Korrektheit. Es gibt acht Formen der Dunkelheit: Acyrologie [uneigentliche Rede], Pleonasmus, Perissologie [überflüssige Wortfülle], Makrologie [weitschweifige Rede], Amphibolie [Zweideutigkeit], Tautologie, Ellipse, Rätsel. Die Formen der Schmucklosigkeit sind fünf: Tapinosis [eine zu schlichte Darstellung], Aeschrologie [unanständige Zweideutigkeit], Cacenphaton [obszöne Nebenbedeutung], Cacozelie [ungeschickte Nachahmung], Cacosyntheton [fehlerhafte Verbindung]. Es gibt zwei Formen des Verstoßes gegen die Korrektheit, der Solözismus und der Barbarismus, deren Spielarten zahlreich sind.

Einige dieser Begriffe finden sich bei den Vergilkritikern,[51] und Ausonius baut seinen parodistischen Vergil-Cento gerade aus den von ihnen beanstandeten Versen, was allerdings, wenn man die spätantike Ehrfurcht vor den vergilianischen Werken bedenkt, eher eine Kritik der Kritiker denn eine Kritik Vergils vermuten lässt.[52]

Die bisher besprochenen Ansichten über die Fehler finden sich gelegentlich in christlichen Autoren wieder, die den Bibeltext diskutieren. So verteidigt Ermenrich von Ellwangen (um 814–874) die Verstöße der Bibelsprache gegen die Norm als poetische Freiheiten des Heiligen Geistes. Wenn man menschlichen Dichtern solche Verstöße erlaube, umso mehr dem Schöpfer der Sprache selbst:[53]

> *Et si nos mortales in schematibus et tropis uolumus libere uti regula inde olim disposita, ita ut ornatus necessitatisue causa, ubi nobis uidetur, ponimus litteram pro littera [...] quanto magis auctori totius artis sine ulla controuersia licitum est in uerbis sanctissimis eloquiorum suorum uti regula sua?*[54]
>
> Und wenn wir Sterbliche in Figuren und Tropen mit der seit alters her bestehenden Regel frei umgehen wollen, so dass wir einen Buchstaben für den anderen zum Schmuck oder aus Zwang setzen [...], wie viel mehr ist es ohne Disput dem Urheber der Ars erlaubt, in den allerheiligsten Worten seiner Rede seine eigene Regel zu gebrauchen?

---

50 Diomedes, *Ars grammatica* 2 (449,6–11 Keil).
51 *Vita Suetonii* 43–44 (226,177–228,191 Bayer).
52 Schwitter (2016).
53 Zu diesem Abschnitt siehe Stotz (2015) 19–20. Hier (und in anderen, ähnlich gelagerten Fällen) ist das Bewusstsein dafür verloren gegangen, dass es sich um eine Übersetzung handelt.
54 Ermenrich von Ellwangen, *Epistola ad Grimoldum* 12 (88,2–4.8–10 Goullet).

Einen ähnlichen Zugang zeigt sich in der *Ars grammatica*, die in einer Handschrift des 8. Jahrhunderts Julian von Toledo (ca. 644–690) zugeschrieben wird.[55] Der Traktat, der dem Text Donats aus der Nähe folgt, lässt in seinem sorgfältigen Aufbau und seiner klaren Strukturierung das didaktische Geschick des Verfassers und die Nähe zum Unterricht erkennen. Die Beispielsätze geben uns Einblick in die Schullektüre dieser Zeit: Sie sind spätantiken und frühmittelalterlichen Autoren entnommen, die in der antiken literarischen Tradition verbleiben (Dracontius, Prudentius, Eugenius von Toledo). Trotzdem bringt der Verfasser auch einige Beispielsätze aus der lateinischen Bibel, von denen einer die Beurteilung von poetischen Freiheiten durch die Absicht des Dichters (in diesem Fall: des biblischen Autors) aufzeigt:

> *Est autem tapinosis miseria, quae statum rei magnae dictis infirmat, ut est in Psalmo: „Ego autem sum uermis et non homo". Et „Ego sum pastor bonus". Quibus uerbis uilibus inmensitas diuina ostenditur.*[56]

> Die Tapinosis besteht in einer unglücklichen Ausdrucksweise, die den Stand einer großen Sache mit Wörtern schwächt, so wie im Psalm: „Ich bin ein Wurm und kein Mensch" [Ps 21,7]. Und „Ich bin der gute Hirt" [Joh 10,11]. Mit diesen niederen Wörtern wird die unermessliche Größe Gottes gezeigt.

Die Erweiterung des Fehlerbegriffs für stilistische Missgriffe blieb in diesem Kontext nicht ohne Kritik. Im 5. Jahrhundert in Südgallien beanstandete Consentius in seinem Traktat über Barbarismen und Metaplasmen die Gewohnheit, Beispiele für Barbarismen aus den Dichtern zu nehmen, und zieht es deshalb vor, fehlerhafte Ausdrücke aus der gesprochenen Sprache anzuführen:

> *Nunc iam quibus modis barbarismus fiat tempestiuius proferemus. In quo equidem non imitabor eos scriptores, qui exempla huius modi uitiorum de auctoritate lectionum dare uoluerunt, quo factum est, ut eorum uitiorum confusione paene iam nemo intellegat, quid barbarismus sit, quid metaplasmus. Nam plerumque alii atque alii, interdum idem ipsi, et ad metaplasmum et ad barbarismum isdem lectionis utuntur exemplis eoque cuncta confundunt.*[57]

> Und nun, zu einem passenderen Zeitpunkt, werden wir zeigen, in welchen Formen ein Barbarismus begangen wird. Darin werde ich freilich nicht jene Autoren nachahmen, welche die Beispiele für solche Sprachfehler lieber aus autoritativen Texten nahmen, so dass, durch die verwirrenden Fehlerbeispiele, kaum jemand noch versteht, was ein Barbarismus und was ein Metaplasmus ist. Denn in der Regel verwenden unterschiedliche, zuweilen sogar ein und derselbe

---

[55] Es handelt sich um die Handschrift Vatikan, Biblioteca Apostolica Vaticana, lat. 1746. Es besteht Uneinigkeit darüber, ob der Text in dieser Form von Julian stammt, oder ob die *Ars* auf der Grundlage seines Unterrichts oder seiner Materialien zusammengestellt wurde. Sie scheint auf jeden Fall direkt oder indirekt auf ihn zurückzugehen, vgl. Martín (2010) 164. Zur Überlieferung der *Ars* vgl. Alberto (2018). Zu Julian vgl. auch den Beitrag von Drews in diesem Band.
[56] Julian von Toledo, *De uitiis et uirtutibus orationis* 3,9 (258,52–55 Carracedo Fraga = *Ars grammatica* 2,16,9 [188,49–189,52 Maestre Yanes]).
[57] Consentius, *Ars de barbarismis et metaplasmis* (10,17–24 Niedermann), dazu Vainio (1999) 71–72.

Autor dieselben Beispielsätze aus einem Text sowohl für den Metaplasmus als auch für den Barbarismus und dadurch verwirren sie alles.

Auch Cassiodor äußert sich zu den unterschiedlichen Einteilungen derselben Phänomene, je nach Grammatiker, als Fehler oder als Figuren. Er selbst zieht es vor, sie als Figuren zu sehen, und gewichtet dabei die Autorität der Dichter und der Bibel höher als die Regel der Grammatiker:

> *Schemata sunt transformationes sermonum uel sententiarum, ornatus causa posita, quae ab artigrapho nomine Sacerdote collecta fiunt numero nonaginta et octo; ita tamen ut quae a Donato inter uitia posita sunt, in ipso numero collecta claudantur. Quod et mihi quoque durum uidetur, uitia dicere, quae auctorum exemplis et maxime legis diuinae auctoritate firmantur.*

> Die Redefiguren sind eine Umformung von Worten beziehungsweise Gedanken zur Ausschmückung (sc. der Rede) und wurden, 98 an der Zahl, vom Grammatiker Sacerdos gesammelt. In dieser Zahl sind auch die von Donatus als fehlerhaft erachteten Redefiguren enthalten. Mir auch (sc. ebenso wie Sacerdos) scheint es hart, als Fehler zu bezeichnen, was durch die Beispiele der Autoren und vor allem durch die Heilige Schrift belegt ist.[58]

Vor diesem Hintergrund ist Gregors des Großen Ausspruch über die Überlegenheit der Bibel gegenüber Donat im Prolog zu seinen *Moralia in Iob* (von dem vorher kurz die Rede war) zu verstehen:

> *Nam sicut huius quoque epistolae tenor enuntiat, non metacismi collisionem fugio, non barbarismi confusionem deuito, situs modosque etiam et praepositionum casus seruare contemno, quia indignum uehementer existimo, ut uerba caelestis oraculi restringam sub regulis Donati.*[59]

> Denn, wie der Inhalt dieses Briefes ankündigt, weiche ich nicht dem Zusammenstoß (von Nasalen) im Metacismus aus, vermeide ich nicht die Regellosigkeit eines Barbarismus, verschmähe ich, die Platzierung, die Art und auch die Kasus der Präpositionen einzuhalten, denn ich halte es ganz und gar für unwürdig, die Worte des himmlischen Orakels den Regeln des Donat zu unterwerfen.

Gregor erwähnt nicht nur klare Regelverstöße, sondern auch eine stilistische Empfindlichkeit wie den Metacismus, d. h. die Verwendung von zu vielen nasalen Lauten in einem Satz.[60] Die *Moralia* gehen bekanntlich auf eine Predigtreihe zum Buch *Hiob* zurück. Gregor selbst sagt, er habe über längere Zeit seine Predigten überarbeitet und sie dem schriftlichen Ausdruck angepasst, wiederum hätte er die Partien des Werkes, die er neu geschrieben habe, bewusst der mündlichen Sprache angenähert.[61] Im Vorwort nimmt er deshalb die Freiheit des Predigers in Anspruch, sich vor allem

---

58 Cassiodor, *Institutiones* 2,1,2 (96,1–8 M.; Übers. 305–307 Bürsgens).
59 Gregor der Große, *Moralia in Iob, Epistola ad Leandrum* 5 (7,217–222 A.).
60 Dazu und zu Aussagen anderer Autoren, die die Bibelsprache als von der Grammatik enthoben betrachten, siehe Stotz (2015) 19–22, mit weiterer Literatur. Dabei geht sogar zum Teil das Bewusstsein dafür verloren, dass es sich in vielen Fällen um Übersetzungsfehler oder um Treue zur Ursprungssprache handelt. Gregor bezieht sich hier wörtlich auf Cassiodor, dazu Holtz (1986).
61 Gregor der Große, *Moralia in Iob, Epistola ad Leandrum* 2 (3,72–86 A.).

verständlich auszudrücken, auch wenn dies auf Kosten der stilistischen Eleganz oder sogar der grammatikalischen Korrektheit gehen sollte.

3 Die Entfernung zwischen Sprachgebrauch und grammatikalischen Regeln

Wie am Anfang dargelegt, setzt Augustin in der mündlichen Kommunikation die Verständlichkeit über die grammatikalische Korrektheit, was die vorrangige Orientierung am Sprachgebrauch seiner Zeit voraussetzt. Auch Gregor der Große schätzt im Kontext der Predigt die Befolgung der grammatikalischen Regeln als nachrangig ein. Aus dieser Einstellung entstand ein Stil, der nach Erich Auerbach als *sermo humilis* bezeichnet wird: Der Wortschatz ist der gesprochenen Sprache nah, die Syntax einfach, der rhetorische Schmuck basiert auf den Figuren, d. h. arbeitet mit Position und Klang.[62] Soziolinguistisch orientierte Forschungen haben gezeigt, wie mancher Text, der früher einfach als „schlechtes Latein" eingeschätzt wurde, eigentlich den Versuch darstellt, Verständlichkeit zu erreichen bei gleichzeitiger Einhaltung der erlernten Norm.[63]

In der Praxis gibt es immerhin diese Teilanpassung an den veränderten Gebrauch, in den Grammatiktraktaten hingegen wird der tatsächliche Sprachgebrauch der Romania nur indirekt wiedergegeben, zum Beispiel in Anweisungen für die korrekte Schreibweise, durch die Aufnahme von Wörtern, die sogar ausdrücklich als volkstümlich oder umgangssprachlich gekennzeichnet werden, oder gelegentlich in Beispielen aus dem zeitgenössischen Sprachgebrauch.[64] Doch sind explizite Gedanken über die Geschichte von Sprache und über den Sprachwandel rar.[65]

Ein repräsentatives Beispiel für diese Widersprüche ist Isidor von Sevilla. In seinen *Etymologiae*, in denen er eine Beschreibung des Wissens und der Welt anhand der Begriffe vornimmt, nennt er gelegentlich auch zeitgenössische Wörter, aber sucht in der Regel nach den antiken, präzisen und für ihn einzig korrekten Bezeichnungen.[66] Was die *latinitas* betrifft, empfiehlt er in seiner Behandlung der Rhetorik im zweiten Buch der *Etymologiae* dem Redner und insbesondere dem Prediger, sich nach dem Sprachgebrauch der eigenen Zeit auszudrücken,[67] geht aber im ersten Buch, in seiner

---

[62] Dazu Auerbach (1952); Auerbach (1958) 25–64; MacMullen (1966).
[63] Bahnbrechend war Banniard (1992).
[64] Vainio (1999) 113–192 mit weiterer Literatur und einer Auflistung der Beispiele der Grammatiker für Barbarismen ibid., 160–180.
[65] Zu der Beobachtung von Sprachveränderung und der Vorstellung vom Sprachverfall von Tertullian bis Isidor vgl. Denecker (2017) 288–303.
[66] Vgl. Sofer (1930); Maltby (1999).
[67] Isidor von Sevilla, *Etymologiae* 2,16,2 (s.p., Lindsay): *Latine autem et perspicue loquendum. Latine autem loquitur, qui uerba rerum uera et naturalia persequitur, nec a sermone atque cultu praesentis temporis discrepat.*

Darstellung der Grammatik, nicht auf die Veränderungen seiner Zeit ein und betrachtet Solözismen und Barbarismen als Fehler auch im mündlichen Ausdruck:

> *Vnde et similiter loquentes soloecismos facere dicuntur. Soloecismus autem apud poetas schema dicitur, quotiens in uersu necessitate metri factus inuenitur. Cum autem non inuenitur necessitas, permanet soloecismi culpa. [...] Nam Lucilius centum genera soloecismorum dixit, quos omnes uitare potius quam sequi debet qui regulam recte loquendi tenere studet.*[68]

Und ähnlich sagt man, dass die Sprecher Solözismen begehen. Der Solözismus heißt bei den Dichtern Schema, sooft man ihm im Vers und unter metrischem Zwang begegnet. Wenn es keinen Zwang gibt, bleibt es beim Fehler des Solözismus. [...] Denn Lucilius sagt, dass es hundert Arten von Solözismen gibt, die derjenige, der die Regel des guten Sprechens einhalten will, alle vermeiden und nicht verwenden soll.

> *Vitia apud Grammaticos illa dicuntur, quae in eloquio cauere debemus.*[69]

Bei den Grammatikern heißt Fehler alles, was wir beim Reden vermeiden müssen.

> *Metaplasmus Graeca lingua, Latine transformatio dicitur. Qui fit in uno uerbo propter metri necessitatem et licentiam poetarum.*[70]

Im Griechischen heißt es Metaplasmus, im Lateinischen Transformatio. Und es wird in einem Wort wegen des metrischen Zwangs und aus dichterischer Freiheit gemacht.

Im 9. Buch der *Etymologiae*, als er die menschlichen Gesellschaften beschreibt, erwähnt er verschiedene Sprachstufen des Lateins, doch bestimmt er sie nicht etwa nach sprachlichen, sondern nach politischen Veränderungen:[71]

> *Latinas autem linguas quattuor esse quidam dixerunt, id est Priscam, Latinam, Romanam, Mixtam. Prisca est quam uetustissimi Italiae sub Iano et Saturno sunt usi, incondita, ut se habent carmina Saliorum. Latina, quam sub Latino et regibus Tusci et ceteri in Latio sunt locuti, ex qua fuerunt duodecim tabulae scriptae. Romana, quae post reges exactos a populo Romano coepta est, qua Naeuius, Plautus, Ennius, Vergilius poetae, et ex oratoribus Gracchus et Cato et Cicero uel ceteri effuderunt. Mixta, quae post imperium latius promotum simul cum moribus et hominibus in Romanam ciuitatem inrupit, integritatem uerbi per soloecismos et barbarismos corrumpens.*[72]

Einige sagten, dass es vier lateinische Sprachstufen gibt, und zwar die alte, die lateinische, die römische und die vermischte. Die alte ist diejenige, die die Ältesten in Italien unter Janus und Saturn verwendeten, so kunstlos wie die Lieder der Salier. Die lateinische wurde von den Tusziern und anderen in Latium unter Latinus und den Königen gesprochen, darin wurden die zwölf Tafeln geschrieben. Die römische wurde vom römischen Volk nach der Austreibung der Könige angenommen, in ihr drückten sich die Dichter Naevius, Plautus, Ennius und Vergilius, unter den Rednern Gracchus, Cato, Cicero und andere aus. Die vermischte kam in die Stadt Rom mit (neuen)

---

68 Isidor von Sevilla, *Etymologiae* 1,33,2–3.5 (s.p., L.).
69 Isidor von Sevilla, *Etymologiae* 1,34,1 (s.p., L.).
70 Isidor von Sevilla, *Etymologiae* 1,35,1 (s.p., L.).
71 Borst (1966) 41. Zur Periodisierung des Latein Ax (1996), der auf diese Stelle allerdings kaum eingeht.
72 Isidor von Sevilla, *Etymologiae* 9,1,6–7 (s.p., L.). Zu dieser Passage im Kontext der *Etymologiae* vgl. Cardelle de Hartmann (2016b) 96–98.

Sitten und Menschen nach der Ausbreitung des Reiches und verdarb die Reinheit der Rede durch Solözismen und Barbarismen.

Isidor nimmt hier Beobachtungen antiker Grammatiker auf, die er nicht für seine eigene Zeit fortsetzt.[73] Die zeitgenössische Sprache gehört für ihn offenbar noch zur *lingua mixta*, die er dem Kaiserreich zuordnet; sie charakterisiert sich durch Veränderungen, die von den neuen Völkern verursacht wurden und die er als Sprachverderbnis einstuft.[74]

Eine ähnliche Reflexion findet sich etwa ein Jahrhundert später im bereits erwähnten *Anonymus ad Cuimnanum*. An zwei Stellen seines Werkes[75] beobachtet der unbekannte Autor, dass die Sprache sich wandelt. Dies macht er am Verlust und Zugang neuer Wörter sowie an syntaktischen Veränderungen fest. Es ist aber bezeichnend, dass er als Beleg Sätze antiker Autoren wie Nevius, Titinius und Plautus mit der klassischen Literatursprache[76] und nicht etwa die Literatursprache mit dem Sprachgebrauch der Romanen seiner Zeit vergleicht. Trotzdem sieht er den Wandel als Niedergang: [...] *sed postera aetas mundi, ut disciplinam pristini saeculi, ita et sermonem fastidiare coepit.*[77] In seinem am Ende des Werkes platzierten Widmungsbrief stellt er eine Reflexion darüber an, mit welchen Klippen sich der Grammatiker konfrontiert sieht. Er müsse sich davor hüten, den Sprachgebrauch der Bibel zu kritisieren, und außerdem müsse er vermeiden, von den Dichtern mit ihren Freiheiten, dem Volk mit seiner grammatikfernen Rede und den Lateinern mit ihren Neuerungen in die Irre geführt zu werden:

> [...] *quis denique inter scopulos tamquam tetras tetros sine naufragio euadere potest undas? Quorum primus est scopulus poetalium scoemata canentium auctoria, quia aut addendo aut minuendo aut motando, quae grammatici regulariter possuere, euertere solent. Secundus uulgarium barbarismos*

---

73 Die konkrete(n) Quelle(n) dieser Passage sind allerdings unbekannt, vgl. die Edition von Reydellet (= Isidor von Sevilla, *Etymologiarum liber IX. De linguis gentium*) 36, Anm. 13. Borst (1966) 41 vermutet, dass Isidor hier keine Quellen zitiert, denn die Ansichten, die er in dieser Passage zum Ausdruck bringt, korrespondieren mit seinen Ansichten zum Verlauf der Geschichte, etwa der Verknüpfung vom Ursprung einer Gesellschaft und der Religion und vom Königtum mit dem Recht.

74 Fremde Völker galten in der grammatikographischen Tradition als Ursprung von Fehlern, daher auch die Begriffe *barbarismus* und *barbarolexis* (die sich allerdings nicht auf die Fehler der Fremden reduzieren lassen, sondern auch diejenigen der Ungebildeten und der Land- oder Provinzbewohner bezeichnen können), vgl. Banniard (1992) 242–243; Vainio (1999) 108–122.

75 Anonymus ad Cuimnanum, *Expossitio latinitatis, prologus* (1,33–2,41 B./L.) und 15 (113,351–114,368 B./L.).

76 Die Quelle einiger dieser Belege konnten die Editoren als Diomedes identifizieren; es ist jedoch unklar, woher der unbekannte Verfasser die Zitate aus Titinius und Plautus hat. Titinius wird etwa von Sextus Pompeius Festus, den wir vor allem nur durch die *Epitome* des Paulus Diaconus kennen, häufig zitiert. Ob der Anonymus wohl über das vollständige Werk verfügte?

77 Anonymus ad Cuimnanum, *Expossitio latinitatis* 15 (114,367–368 B./L.). Er zitiert hier Diomedes, *Ars grammatica* 1 (1, 400,8–9 Keil): *Sed iniecit postera aetas manum et ueluti disciplinam pristini saeculi ita et sermonem fastidire coepit.*

> imperitorum per suos regulas grammaticorum cauteriantium, quibus consuetudo plus placet indocta quam praecoeptorum ratio polita. Tertius est scopulus commentatorum interpretumque constringere sub grammaticorum regulis latas Scripturae adsertiones sanctae nolentium, immo non ualentium. Quartus demum scopulus est Latinorum per incrementa hominum ac temporum aetates noua ac recentia addentium.[78]

> [...] wer kann schließlich den dunklen Gewässern zwischen dunklen Klippen ohne Schiffbruch entkommen? Die erste Klippe sind die autoritativen Figuren der singenden Dichter, die mit Ergänzungen, Entfernungen und Änderungen das umwerfen, was die Grammatiker als Regel aufstellten. Die zweite ist diejenige des unwissenden Volkes, das mit seinen Barbarismen die Regeln der Grammatiker verhöhnt, denn ihm gefällt der ungebildete Sprachgebrauch besser als die kultivierte Vernunft. Die dritte Klippe sind die Kommentatoren und Übersetzer, die die weitreichenden Sätze der Heiligen Schrift den Regeln der Grammatik nicht unterwerfen wollen, ja vielmehr nicht dürfen. Die vierte Klippe schließlich sind die Lateiner, die durch den Zuwachs an Menschen und durch die Zeiten Neues und Frisches hinzufügen.

Die Sprache des einfachen Volkes (die zweite Klippe) gilt diesem insularen Autor als Vorrang des Sprachgebrauchs über die vernunftkonformen Regeln der Grammatik und wird nicht mit den Innovationen der Lateiner gleichgestellt. In beiden Fällen sieht er einen Niedergang der Sprache, aber im ersten Fall ist er durch Unwissen bestimmt, im zweiten durch die Verbreitung des Lateins und seine fortwährende Verwendung. Hier könnte Isidor (der in der *Expossitio latinitatis* häufig herangezogen wird) im Hintergrund stehen. Isidor interpretiert nämlich die Abweichungen der Norm in der Umgangssprache nicht als Wandel, sondern als Unkenntnis, der man entgegenwirken soll. Ferner macht er fremde Völker für die Veränderungen in der *lingua mixta* verantwortlich. In beiden Fällen (Isidor wie dem Anonymus) ist die negative Einstellung zum Wandel auffällig. Bei Isidor lässt sich dies dadurch erklären, dass er eine enge Beziehung zwischen den Wörtern und den mit ihnen bezeichneten Sachen postuliert, weshalb sprachliche Neuerung einen Verlust im epistemischen Zugang zur Welt bedeutet. Die *Etymologiae* stellen seinen Versuch dar, die Sprache und das Wissen, das darin vermittelt wird, zu bewahren. Im Fall des unbekannten irischen Autors ist diese Einstellung durch den Einfluss Isidors wie durch die Zielsetzung seines eigenen grammatikalischen Werkes bedingt, nämlich die notwendigen Sprachkenntnisse zu vermitteln, damit die Mönche ihre Aufgaben als Lektoren korrekt erfüllen und die Texte, die sie lesen müssen, auch richtig verstehen.[79] Diese Texte sind noch so tief in der traditionellen Literatursprache verankert, dass er sich dafür an den älteren Grammatiktraktaten orientieren kann. Die Veränderungen in der Sprachpraxis der Romanen interessieren ihn daher nicht.

---

[78] Anonymus ad Cuimnanum, *Expossitio latinitatis* 26 (159,10–22 B./L.).
[79] Anonymus ad Cuimnanum, *Expossitio latinitatis* 1,7 (16,530–17,552 B./L.).

4 Zum Schluss

Die Einstellungen zur sprachlichen Korrektheit changieren im Frühmittelalter zwischen der Annahme antiker Diskurse und deren Modifizierung wegen neuer Ideen und neuer Autoritäten, für die man auch an einer bereits bestehenden Kritik anknüpfen konnte. Vor allem die Auseinandersetzung mit der Bibelsprache brachte eine Dynamisierung in der Sprachnorm: Stilistische Überempfindlichkeiten wurden vermehrt in Frage gestellt und Verstöße gegen die grammatikalischen Regeln dann erlaubt, wenn ein besonderer Effekt erzielt werden sollte.

Die unterschiedlichen Einstellungen zur sprachlichen Korrektheit ermöglichten die Normenvielfalt, die dem mittelalterlichen Latein eigen ist. Obwohl man von der Besonderheit der Bibelsprache wusste, wirkte sich die ständige Bibellektüre auf die schriftliche Praxis aus: durch Gewöhnung, durch unbewusste Übernahmen und durch bewusste Annäherung. Auch das christliche Ideal einer schlichten Sprache wirkte allzu strengen Regeln entgegen, wenn es auch häufig in einem sorgfältigen Stil verteidigt wurde. Die antike Literatursprache wurde nur als Maßstab für die mündliche Kommunikation und für die Beurteilung der Bibelsprache in Frage gestellt, sie erhielt sich aber als ein möglicher Gradmesser der Korrektheit im schriftlichen Ausdruck aus zwei Gründen: wegen der kontinuierlichen Verwendung der spätantiken, auf die Lektüre und Kommentierung der *auctores* ausgerichteten Grammatiktraktate und wegen der Lektüre der christlichen spätantiken Dichter, die in ihrer Sprache, ihrem Stil und ihrer Gattungswahl den klassischen Vorbildern folgten. Auf der Grundlage der antiken Literatursprache wurde allerdings keine eng gefasste Norm entwickelt. Kein antiker Autor errang die Stellung, die Cicero zum Teil im Humanismus, viel stärker jedoch im Neuhumanismus des 19. Jahrhunderts zukommen sollte, und das heißt, dass verschiedene stilistische Prägungen der antiken und spätantiken Literatursprache als Muster und Orientierung dienen konnten. Viele mittelalterliche Autoren folgten dem sprachlichen Vorbild der Kirchenväter, die sich weitgehend der antiken Literatursprache bedienten, aber einige (lexikalische, morphologische, syntaktische) Veränderungen aus ihrem zeitgenössischen Sprachgebrauch in ihre Sprache aufnahmen, zumal in ihren Predigten, die im Mittelalter häufig gelesen (und vorgetragen) wurden. Die Vielfalt an schriftlichen Vorbildern und das Bewusstsein, dass die *latinitas* nach unterschiedlichen Maßstäben gemessen werden kann, schufen die Voraussetzung für eine flexible und deshalb äußerst erfolgreiche Weiterverwendung von Latein als Sprache der schriftlichen Kommunikation.

Bibliographie

Quellen

Aelius Donatus, *Ars maior* = Louis Holtz (Hg.), *Donat et la tradition de l'enseignement grammatical. Étude sur l'Ars Donati et sa diffusion (Ive–IXe siècle) et édition critique*, (Documents, études et répertoires), Paris 1981.

Anonymus ad Cuimnanum, *Expossitio latinitatis* = Bernhard Bischoff und Bengt Löfstedt (Hgg.), *Anonymus ad Cuimnanum, Expossitio latinitatis* (CChr.SL 133D), Turnhout 1992.

Augustinus, *De catechizandis rudibus* = Johannes B. Bauer (Hg.), *Sancti Aurelii Augustini De fide rerum invisibilium. Enchiridion ad Laurentium de fide et spe et caritate. De catechizandis rudibus. Sermo ad catechumenos de symbolo. Sermo de disciplina Christiana. Sermo de utilitate ieiunii. Sermo de excidio urbis Romae. De haeresibus* (CChr.SL 46), Turnhout 1969, 121–178.

Augustinus, *De doctrina christiana* = Joseph Martin (Hg.), *Sancti Aurelii Augustini De doctrina christiana. De vera religione* (CChr.SL 32), Turnhout 1962, 1–167.

Augustinus, *In Iohannis euangelium tractatus* = Radbod Willems (Hg.), *Sancti Aurelii Augustini In Iohannis euangelium tractatus CXXIV* (CChr.SL 36), editio altera, Turnhout 1990.

Augustinus, *Retractationes* = Almut Mutzenbecher (Hg.), *Sancti Aurelii Augustini Retractationum libri II* (CChr.SL 57), Turnhout 1984.

Bonifatius (Vynfreth), *Ars grammatica* = George J. Gebauer und Bengt Löfstedt (Hgg.), *Bonifatii (Vynfreth) Ars grammatica* (CChr.SL 133B), Turnhout 1980.

Cassiodor, *Institutiones* =
Roger A.B. Mynors (Hg.), *Cassiodori senatoris Institutiones*, Oxford 1963.
Wolfgang Bürsgens (Übers.), *Cassiodor, Institutiones divinarum et saecularium litterarum. Einführung in die geistlichen und weltlichen Wissenschaften* (FC 39,1–2), Freiburg i. Br. 2003.

Consentius, *Ars de barbarismis et metaplasmis* = Max Niedermann (Hg.), *Consentii Ars de barbarismis et metaplasmis. Édition nouvelle suivie d'un fragment inédit de Victorinus, De soloecismo et barbarismo*, Neuchâtel 1937.

Diomedes, *Ars grammatica* = Heinrich Keil (Hg.), *Grammatici latini 1: Diomedis Artis Grammaticae libri III*, Leipzig 1857, 297–529.

Ermenrich von Ellwangen, *Epistola ad Grimoldum* = Monique Goullet (Hg. und Übers.), *Ermenrich d'Ellwangen, Lettre à Grimald* (Sources d'histoire médiévale 37), Paris 2008.

Eusebius/Hieronymus, *Chronicon* = Rudolf Helm (Hg.), *Die Chronik des Hieronymus. Hieronymi Chronicon* (GCS 47 = GCS Eusebius Werke 7), Berlin 1956.

Gregor der Große, *Moralia in Iob, Epistola ad Leandrum* = Marc Adriaen (Hg.), *S. Gregorii Magni Moralia in Iob Libri I–X* (CChr.SL 143), Turnhout 1979.

Hieronymus, *Commentarius in Danielem* = François Glorie (Hg.), *S. Hieronymi presbyteri Commentariorum in Danielem libri III <IV>* (CChr.SL 75A), Turnhout 1964.

Isidor von Sevilla, *Etymologiae* = Wallace M. Lindsay (Hg.), *Isidori Hispalensis episcopi Etymologiarum sive Originum libri XX* (Scriptorum Classicorum Bibliotheca Oxoniensis), Oxford 1911 (Nachdrucke 1971 und 1989).

Isidor von Sevilla, *Etymologiarum liber IX. De linguis gentium* = Marc Reydellet (Hg.), *Isidore de Séville, Etymologies. Livre IX. Les langues et les groupes sociaux* (Auteurs latins du moyen âge), Paris 1984.

Julian von Toledo, *Ars grammatica* = María A.H. Maestre Yenes (Hg.), *Ars Iuliani Toletani episcopi. Una gramática latina de la España visigoda*, Toledo 1973.

Julian von Toledo, *De uitiis et uirtutibus orationis* = José Carracedo Fraga (Hg. und Übers.), *El tratado De uitiis et uirtutibus orationis de Julián de Toledo. Estudio, edición y traducción*, Santiago de Compostela 2015.

Quintilianus, *Institutio oratoria* = Helmut Rahn (Hg. und Übers.), *Marcus Fabius Quintilianus. Institutionis oratoriae libri XII/Ausbildung des Redners. Zwölf Bücher 1–2* (Texte zur Forschung 3), Darmstadt 1975.
Sedulius Scottus, *In Donati artem maiorem* = Bengt Löfstedt (Hg.), *Sedulius Scottus, In Donati artem maiorem* (CChr.CM 40B), Turnhout 1977.
Servius, *Commentarius in artem Donati* = Heinrich Keil (Hg.), *Grammatici latini 4: Marii Servii Honorati Commentarius in artem Donati*, Leipzig 1864, 403–448.
Smaragdus, *Liber in partibus Donati* = Bengt Löfstedt, Louis Holtz und Adele Kibre (Hgg.), *Smaragdus, Liber in partibus Donati* (CChr.CM 68), Turnhout 1986.
Vita Suetonii (vulgo *Vita Donatiana*) = Johannes und Maria Götte und Karl Bayer (Hgg. und Übers.), *Vergil, Landleben. Bucolica – Georgica – Catalepton. Vergil-Viten* (Sammlung Tusculum), Würzburg 1970, 214–241.

Sekundärliteratur

Adams (2007): James Noel Adams, *The Regional Diversification of Latin. 200 BC–AD 600*, Cambridge.
Adams (2013): James Noel Adams, *Social Variation and the Latin Language*, Cambridge.
Adams/Vincent (2016): James Noel Adams und Nigel Vincent (Hgg.), *Early and Late Latin. Continuity or Change? Early Latin and Late Latin/Romance. Continuity and Innovation, Workshop Manchester, 2014*, Cambridge.
Agosto (2003): Mauro Agosto, *Impiego e definizione di tropi e schemi retorici nell'Expositio Psalmorum di Cassiodoro* (Biblioteca filologica Centrum Latinitatis Europae. Collana 1), Montella.
Alberte (1991): Antonio Alberte, „Actitud de los cristianos ante el principio de la *latinitas*", in: *Estudios Clásicos* 33, 55–62.
Alberto (2018): Paulo Farmhouse Alberto, „New evidence of Julian of Toledo's *Ars grammatica*", in: *Revue d'histoire des textes. NS* 13, 165–183.
Andrés Sanz (1997): Adelaida Andrés Sanz, „Sobre el lugar de origen del *Anonymus ad Cuimnanum*. Notas a partir del estudio de una de sus fuentes (Isidoro, *De differentiis* 2)", in: *Euphrosyne.NS* 25, 435–442.
Auerbach (1952): Erich Auerbach, „Sermo humilis", in: *Romanische Forschungen* 64, 304–364.
Auerbach (1958): Erich Auerbach, *Literatursprache und Publikum in der lateinischen Spätantike und im Mittelalter*, Bern.
Ax (1996): Wolfram Ax, „*Quattuor linguae latinae aetates*. Neue Forschungen zur Geschichte der Begriffe ‚Goldene' und ‚Silberne Latinität'", in: *Hermes* 124, 220–240.
Banniard (1992): Michel Banniard, *Viva voce. Communication écrite et communication orale du IVe au IXe siècle en Occident latin* (Collection des études augustiniennes. Série Moyen-âge et temps modernes 25), Paris.
Baratin/Desbordes (1986): Marc Baratin und Françoise Desbordes, „La ‚troisième partie' de l'*ars grammatica*", in: *Historiographia linguistica* 13, 215–240.
Bartelink (1982): Gerhardus J.M. Bartelink, „Augustin und die lateinische Umgangssprache", in: *Mnemosyne* 35, 283–289.
Bischoff/Löfstedt (1992): Bernhard Bischoff und Bengt Löfstedt, „Einleitung", in: dies. (Hgg.), *Anonymus ad Cuimnanum Expositio latinitatis* (CChr.SL 133D), Turnhout 1992, VII–XLII.
Bogaert (2013): Pierre-Maurice Bogaert, „The Latin Bible", in: James Carleton Paget und Joachim Schaper (Hgg.), *The New Cambridge History of the Bible 1: From the Beginnings to 600*, Cambridge, 505–526.

Borst (1966): Arno Borst, „Das Bild der Geschichte in der Enzyklopädie Isidors von Sevilla", in: *Deutsches Archiv für Erforschung des Mittelalters* 22, 1–62.

Cardelle de Hartmann (2016a): Carmen Cardelle de Hartmann, „Was ist ein Klassiker? Mittelalterliche Antworten auf eine nicht gestellte Frage (Hrotsvit von Gandersheim, Walther von Châtillon, Alanus von Lille)", in: Tobias Leuker und Christian Pietsch (Hgg.), *Klassik als Norm – Norm als Klassik. Kultureller Wandel als Suche nach funktionaler Vollendung* (Orbis antiquus 48), Münster, 135–167.

Cardelle de Hartmann (2016b): Carmen Cardelle de Hartmann, „Wissensorganisation und Wissensvermittlung im ersten Teil von Isidors *Etymologiae* (Bücher I–X)", in: Stephan Dusil, Gerald Schwedler und Raphael Schwitter (Hgg.), *Exzerpieren – Kompilieren – Tradieren. Transformationen des Wissens zwischen Spätantike und Frühmittelalter* (Millennium-Studien 64), Berlin, 85–103.

Cardelle de Hartmann (2017): Carmen Cardelle de Hartmann, „La moral del latín. Observaciones sobre la *latinitas* cristiana de Agustín a la Baja Edad Media", in: Juan Francisco Mesa Sanz (Hg.), *Latinidad Medieval Hispánica. Proceedings of the Conference held in La Nucia, Spain, 20.–23. November 2013* (MediEVI. Series of the Società Internazionale per lo Studio del Medioevo Latino 14), Firenze, 3–24.

Cardelle de Hartmann (2018): Carmen Cardelle de Hartmann, „Obscuritas bei Augustinus", in: Susanne Köbele (Hg.), *wildekeit. Spielräume literarischer Obscuritas im Mittelalter* (Wolfram-Studien 25), Berlin, 53–89.

Coleman (2001): Robert Coleman, „Quintilian I. 6 and the definition of *latinitas*", in: Claude Moussy (Hg.), *De lingua Latina novae quaestiones. Actes du Xè Colloque International de Linguistique Latine, Paris-Sèvres, 19.–23. avril 1999* (Bibliothèque d'études classiques. Collection 22), Louvain, 917–930.

Curtius (1948/1993): Ernst Robert Curtius, *Europäische Literatur und lateinisches Mittelalter*, 11. Aufl., Bern.

Denecker (2017): Tim Denecker, *Ideas on Language in Early Latin Christianity. From Tertullian to Isidore of Seville* (VCS 142), Leiden.

Desbordes (1991): Françoise Desbordes, „*Latinitas*. Constitution et évolution d'un modèle de l'identité linguistique", in: Suzanne Saïd (Hg.), Ἑλληνισμός. *Quelques jalons pour une histoire de l'identité grecque. Actes du colloque de Strasbourg, 25.–27. octobre 1989* (Travaux du Centre de Recherche sur le Proche-Orient et la Grèce Antiques 11), Leiden, 33–47.

Desbordes (2007): Françoise Desbordes, *Idées grecques et romaines sur le langage. Travaux d'histoire et d'épistémologie*, Lyon.

Dolbeau (2013): François Dolbeau, „La transmission des œuvres d'Augustin et l'évolution intellectuelle de l'Occident médiéval (V[e]–XVe siècles)", in: *Ephemerides Theologicae Lovanienses* 89, 229–252.

Enos/Thompson (2008): Richard L. Enos und Roger C. Thompson (Hgg.), *The Rhetoric of St. Augustine of Hippo. De Doctrina Christiana and the Search for a Distinctly Christian Rhetoric* (Studies in Rhetoric and Religion 7), Waco.

Fladerer (2009): Ludwig Fladerer, „Augustinus und die Latinitas", in: *Würzburger Jahrbücher für die Altertumswissenschaft* 33, 123–137.

Fredouille (1985): Jean-Claude Fredouille, „Les lettrés chrétiens face à la Bible", in: Jacques Fontaine und Charles Pietri (Hgg.), *Le monde latin antique et la Bible* (Bible de tous les temps 2), Paris, 25–42.

Gemeinhardt (2007): Peter Gemeinhardt, *Das antike Christentum und die antike pagane Bildung* (STAC 41), Tübingen.

Gnilka (2012): Christian Gnilka, *Der Begriff des rechten Gebrauchs* (Chrēsis. Die Methode der Kirchenväter im Umgang mit der antiken Kultur 1), 2. Aufl., Basel.

Grebe (2000): Sabine Grebe, „Kriterien für die *Latinitas* bei Varro und Quintilian", in: Andreas Haltenhoff und Fritz-Heiner Mutschler (Hgg.), *Hortus litterarum antiquarum. Festschrift für Hans Armin Gärtner zum 70. Geburtstag* (Bibliothek der klassischen Altertumswissenschaften.NF 2, 109), Heidelberg, 191–210.

Gribomont (1985): Jean Gribomont, „Les plus anciennes traductions latines", in: Jacques Fontaine und Charles Pietri (Hgg.), *Le monde latin antique et la Bible* (Bible de tous les temps 2), Paris, 43–65.

Holtz (1981): Louis Holtz, *Donat et la tradition de l'enseignement grammatical. Étude sur l'Ars Donati et sa diffusion (IVe – IXe siècle) et édition critique* (Documents, études et répertoires 35), Paris.

Holtz (1986): Louis Holtz, „Le contexte grammatical du défi à la grammaire. Grégoire et Cassiodore", in: Jacques Fontaine, Robert Gillet und Stan Pellistrandi (Hgg.), *Grégoire le Grand. Chantilly, Centre Culturel Les Fontaines, 15.–19. Septembre 1982* (Colloques internationaux du Centre National de la Recherche Scientifique 612), Paris, 531–540.

Irvine (1994): Martin Irvine, *The Making of Textual Culture. ‚Grammatica' and Literary Theory 350–1100* (Cambridge Studies in Medieval Literature 19), Cambridge.

Kamesar (2013): Adam Kamesar, „Jerome", in: James Carleton Paget und Joachim Schaper (Hgg.), *The New Cambridge History of the Bible* 1: *From the Beginnings to 600*, Cambridge, 653–675.

Knauer (1955): Georg N. Knauer, *Psalmenzitate in Augustins Konfessionen*, Göttingen.

Law (1982): Vivien Law, *The Insular Latin Grammarians* (Studies in Celtic History 3), Woodbridge.

Law (1997): Vivien Law, *Grammar and Grammarians in the Early Middle Ages*, London.

Löfstedt (1975): Bengt Löfstedt, „Augustin als Zeuge der lateinischen Umgangssprache", in: Helmut Rix (Hg.), *Flexion und Wortbildung. Akten der V. Fachtagung der Indogermanischen Gesellschaft Regensburg 9.–14. Sept. 1973*, Wiesbaden, 192–197.

Luhtala (2010): Anneli Luhtala, „Latin *Schulgrammatik* and the Emergence of Grammatical Commentaries", in: Marietta Horster und Christiane Reitz (Hgg.), *Condensing Texts – Condensed Texts* (Palingenesia 98), Stuttgart, 209–243.

MacMullen (1966): Ramsay MacMullen, „A Note on *sermo humilis*", in: *JThS.NS* 17, 108–112.

Maltby (1999): Robert Maltby, „Late Latin and Etymology in Isidore of Seville", in: Hubert Petersmann (Hg.), *Latin vulgaire – latin tardif* 5: *Actes du Ve Colloque International sur le Latin Vulgaire et Tardif, Heidelberg, 5.–8. septembre 1997* (Bibliothek der klassischen Altertumswissenschaft. NF 2, 105), Heidelberg, 441–450.

Marti (1974): Heinrich Marti, *Übersetzer der Augustin-Zeit. Interpretation von Selbstzeugnissen* (Studia et testimonia antiqua 14), München.

Martín (2010): José Carlos Martín, „Julián de Toledo", in: Carmen Codoñer (Hg.), *La Hispania visigótica y mozárabe. Dos épocas en su literatura* (Obras de referencia 28), Salamanca, 155–172.

Morin (1998): Jacqueline Morin, *Latinitas. Permanence et transformations d'une formule de norme linguistique latine*, Diss., Villeneuve d'Ascq.

Müller (2005): Roman Müller, „*Verba peregrina*. Von der Interdiktion zur Integration", in: *Journal of Latin Linguistics* 9, 371–381.

Pérez Rodríguez (2001): Estrella Pérez Rodríguez, „La cristianización de la gramática latina (ss. V–IX)", in: Antonio Alberte González und Cristóbal Macías Villalobos (Hgg.), *Actas del Congreso International „Cristianismo y tradición latina", Málaga, 25 a 28 de abril 2000*, Madrid, 49–74.

Pollmann (1996): Karla Pollmann, *Doctrina christiana. Untersuchungen zu den Anfängen der christlichen Hermeneutik unter besonderer Berücksichtigung von Augustinus, De doctrina christiana* (Paradosis 41), Freiburg, Schweiz.

Rädle (1974): Fidel Rädle, *Studien zu Smaragd von Saint-Mihiel* (Medium aevum 29), München.

Schirner (2015): Rebekka S. Schirner, *Inspice diligenter codices. Philologische Studien zu Augustins Umgang mit Bibelhandschriften und -übersetzungen* (Millennium-Studien 49), Berlin.

Schwitter (2016): Raphael Schwitter, „Der obszöne Leser: Vergilkritik und apologetische Strategie in Ausonius, *Cento nuptialis* 101–131", in: *Museum Helveticum* 73, 192–210.

Sheerin (1996): Daniel Sheerin, „Christian and Biblical Latin", in: Frank Anthony Carl Mantello und Arthur George Rigg (Hgg.), *Medieval Latin. An Introduction and Bibliographical Guide*, Washington, D.C., 137–156.

Siebenborn (1976): Elmar Siebenborn, *Die Lehre von der Sprachrichtigkeit und ihren Kriterien. Studien zur antiken normativen Grammatik* (Studien zur antiken Philosophie 5), Amsterdam.

Sofer (1930): Johann Sofer, *Lateinisches und Romanisches aus den Etymologiae des Isidorus von Sevilla. Untersuchungen zur lateinischen und romanischen Wortkunde*, Göttingen.

Stotz (2015): Peter Stotz, *Die Bibel auf Latein – unantastbar?* (Mediävistische Perspektiven 3), 3. Aufl., Zürich.

Turcan-Verkerk (2014): Anne-Marie Turcan-Verkerk, „La place de Grégoire le Grand dans les inventaires de livres avant le XIIIe siècle", in: Claudio Leonardi (Hg.), *Gregorio Magno e l'origini dell'Europa. Atti del convegno internazionale, Firenze, 13.–17. maggio 2006* (Millennio medievale 100), Firenze, 355–396.

Vainio (1999): Raija Vainio, *Latinitas and Barbarisms According to the Roman Grammarians. Attitudes towards Language in the Light of Grammatical Examples*, Turku.

Wright (1982): Roger Wright, *Late Latin and Early Romance in Spain and Carolingian France* (Arca. Classical and Medieval Texts, Papers and Monographs 8), Liverpool.

Wright (2002): Roger Wright, *A Sociophilological Study of Late Latin* (Utrecht Studies in Medieval Literacy 10), Turnhout.

III. Konfisziert und kodifiziert

Clemens Weidmann
Zum Problem der Pseudepigraphie in patristischen lateinischen Predigten

1 Pseudepigraphie bei Predigten

„The late antique period is the golden age of pseudepigraphy, with many texts being passed down to the copyists of medieval times under false names." – Mit diesem Satz charakterisiert Wendy Mayer in ihrer Einführung zum Buch *A Companion to Late Antiquity* zutreffend die Überlieferung spätantiker Literatur und setzt fort: „[...] the homiletic genre is perhaps the most complex."[1] Sie illustriert diese Feststellung mit dem Beispiel des Johannes Chrysostomus: Von ihm sind ungefähr 820 authentische Predigten überliefert, ungefähr 3000 weitere werden ihm in der handschriftlichen Tradition zugeschrieben. Ich möchte in meinem Beitrag den lateinischen Westen in den Blick nehmen und darf die Zahlen für Augustinus von Hippo (354–430), den produktivsten Prediger in lateinischer Sprache, ergänzen: Zu den mehr als 800 als echt anerkannten Predigten kommt eine mindestens ebenso große Zahl an Predigten hinzu, die ihm zu Unrecht zugeschrieben werden. Die Situation ist also im lateinischen Westen nicht viel anders, die Masse an pseudepigraphischen Predigten ist schier unüberblickbar.

In der Tat sind vor allem im Bereich der Homiletik falsche Autorenzuschreibungen ein weit verbreitetes Phänomen, das nicht einfach mit Fälschungsabsicht beschrieben werden kann. Trotz der großen Zahl an unechten Predigten wage ich die Behauptung, dass es in der lateinischen Homiletik der Spätantike und des frühen Mittelalters keine Fälschungen im modernen Sinne gibt, d. h. es gibt keine Predigten, die bewusst und mit Täuschungsabsicht unter dem Namen eines renommierten Kirchenvaters in Umlauf gebracht werden. Das Präfix „Pseudo-", mit dem diese Predigten markiert werden, suggeriert zwar Täuschung und Betrug, beschreibt den Sachverhalt aber in unzutreffender Weise. Pseudo-Augustinus verhält sich zum echten Augustinus nicht immer so wie Pseudo-Propheten zu echten Propheten. Zwei Zitate aus pseudo-augustinischen Predigten, die jeweils einen Textabschnitt aus einem echten Augustinustext verarbeiten und auf die Person des Augustinus Bezug nehmen, sollen die Trennlinie zwischen Pseudepigraphie und Fälschung beleuchten.

Das erste Beispiel: Caesarius von Arles († 542), dessen Predigten nur zu einem geringen Teil unter dem Namen ihres Autors überliefert sind – der überwiegende Teil seiner Predigten ist in den Handschriften Augustinus zugeschrieben – berichtet in *Sermo* 140 ein Ereignis aus Augustins Leben und nennt ausdrücklich Augustinus als

---
[1] Mayer (2009) 5. Aus der umfangreichen Literatur zum Thema Pseudepigraphie, Echtheitskritik, Zuschreibung verweise ich auf Dolbeau (1999–2000); Janßen (2003).

beteiligte Person: *dicam quid fecerit homo quidam pauperrimus, eo tempore quo sanctus Ambrosius Mediolani erat episcopus, ubi tunc praesens erat etiam Augustinus nondum episcopus.*[2] Nun schöpft aber diese Predigt zum überwiegenden Teil aus einer echten Predigt von Augustinus, *Sermo* 178, wo Augustinus dieselbe selbst erlebte Anekdote berichtet und dafür natürlich die erste Person (*nobis*) verwendet: *dicam quod fecerit homo pauperrimus, nobis apud Mediolanum constitutis.*[3] Die Predigt des Caesarius ist zwar in einer Sammlung, die unter dem Namen des Augustinus zirkulierte, überliefert; es ist aber völlig undenkbar, dass Caesarius ein derart plumper Fälscher wäre, dass er zwar bewusst die erste Person seiner Quelle (*nobis*) in ein objektives *Augustinus* ändert, aber trotzdem die Predigt unter Augustins Namen in Umlauf bringt.

Das zweite Beispiel stammt aus einer wohl spätmittelalterlichen Predigt, die fälschlich einem sogenannten Augustinus Belgicus aus dem 12. Jahrhundert zugeschrieben wird, in Wahrheit aber aus dem Milieu der Augustinereremiten stammt und mit Sicherheit in die erste Hälfte des 14. Jahrhunderts zu datieren ist.[4] Diese Predigt ist aus zahlreichen Fragmenten lateinischer Kirchenschriftsteller zusammengesetzt, die der unbekannte Verfasser aus dem *Manipulus Florum*, einer umfangreichen Kompilation des Thomas Hibernicus vom Anfang des 14. Jahrhunderts, bezogen hat. Das Spektrum der benutzten Autoren reicht von Ambrosius über Augustinus, Hieronymus und Cassiodor bis hin zu Bernhard von Clairvaux. Aufschlussreich ist hier, wie der Verfasser mit einem Zitat aus der Augustinusschrift *De natura et gratia* umgeht: *haec [sc. Maria] est enim illa gemma gloriosa paradisi, de qua supra diximus, in libello, quem nuper edidimus de natura et gratia, quia propter honorem Domini cum de peccatis agitur, nullam prorsus de Maria volo haberi quaestionem.*[5] Er leitet das danach folgende „Selbstzitat" aus *De natura et gratia* 42, das sicherlich nicht direkt dem Augustinuswerk entnommen ist, sondern gemeinsam mit anderen Exzerpten aus dem im Jahr 1306 fertig gestellten Florileg *Manipulus Florum* des Thomas Hibernicus bezogen wurde, mit dem Hinweis auf das angeblich jüngst von ihm selbst herausgegebene Buch ein. Mit den in erster Person gesprochenen Worten will der Verfasser den Eindruck erwecken, Augustinus selbst zu sein.

Dass hier eine bewusste Fälschung mit Täuschungsabsicht vorliegt, ist evident. Predigten wie diese verfolgen einen bestimmten Zweck. Sie sollen den Orden der Augustinereremiten direkt auf Augustinus zurückführen und somit Prioritätsansprüche gegen die Augustinerkanoniker durch „echte" an die als Idealbild überhöhten Eremiten gerichtete Predigten ihres Ordensgründers untermauern.

Doch wie sind die unzähligen pseudepigraphischen Predigten zu werten, die unter falschem Namen überliefert sind? Ein kurzer Blick in die Entstehung und Rezeption der Predigten kann das Problem beleuchten: Die Zuhörer einer Predigt

---

[2] Caesarius von Arles, *Sermo* 140,2 (577 Morin). Sperrungen im Text hier und im Folgenden C.W.
[3] Augustinus, *Sermo* 178,8 (606,177–179 Boodts).
[4] Weidmann (2017) 136–138; Weidmann (im Erscheinen).
[5] Ps-Augustinus, *Sermo Mai* 194,2 (452 Mai).

wussten in der Regel, welchem Bischof sie ihr Ohr schenkten. Das Problem der Autorenfrage stellt sich erst mit der Verschriftlichung, sei es, wie im Falle des Augustinus, durch stenographische Mitschriften anderer, sei es durch eine vom Autor selbst besorgte Ausgabe der Predigten. Mit der Publikation ist aber der Text der Kontrolle durch ihren Autor entzogen. Er wird frei verfügbar und veränderbar. Mehr als bei vielen anderen literarischen Gattungen ist das Genus der Predigten Gegenstand von Kürzungen, Vereinfachungen, Amplifikationen und Bearbeitungen aller Art. Nicht historisch-kritische Überlegungen und philologische Erwägungen nach der Dokumentation des originalen Wortlauts bestimmten die Rezeption, sondern praktische Bedürfnisse. In besonderem Maß gilt dies für „Gebrauchstexte" wie z. B. Predigten auf den kirchlichen Festkalender, also die Geburt Christi, Epiphanie, Ostern, Himmelfahrt, Pfingsten, sowie auf Heilige. Solche Predigten wurden oft aus ihrem ursprünglichen Überlieferungszusammenhang, einer vom Verfasser selbst oder aus seinem Nachlass erstellten Sammlung, gerissen und in Homiliarien mit Predigten anderer Kirchenväter zusammengestellt und zu einer neuen Einheit arrangiert. Es liegt auf der Hand, dass bei diesen Auswahl- und Rezeptionsprozessen paratextuelle Elemente wie Titel und vor allem die Autorenangabe, so sie überhaupt vorhanden war, leicht verloren gehen oder verwechselt werden konnten. Man kann sich leicht vorstellen – und unzählige Beispiele bezeugen es –, dass bei der Rubrizierung der Titel einer Handschrift Fehler passieren. Dieser Arbeitsschritt wurde ja oft erst in einem zweiten Durchgang, womöglich auch von einem anderen Schreiber, durchgeführt, der die in Abkürzung gebotenen Anweisungen des Hauptschreibers falsch interpretieren konnte und dem Text eine falsche Autorenangabe voranstellte. Symptomatisch ist hier vor allem der Fall einer Titelangabe wie *idem unde supra*, die durch geänderte Anordnung der Texte, durch Blattverlust o. ä. leicht zu groben Missverständnissen führen konnte.

Zu all diesen Unsicherheiten der handschriftlichen Überlieferung kommt, dass ein bekannter Name anonym überlieferte Predigten wie ein Magnet an sich zieht, sodass sie das ganze Mittelalter hindurch als sein authentisches Werk gelesen wurden. Das gilt in besonderer Weise für Augustinus, der eine so starke Anziehungskraft ausübte, dass Texte, die in seinem Umfeld verbreitet wurden, unter seine Patronanz gerieten und unter seinem Namen tradiert wurden. Dass dies schon zu seinen Lebzeiten geschehen konnte, zeigt ein Blick auf das Genus der Quaestiones: In seiner Schrift *De diversis quaestionibus* finden sich zwei Quaestiones, die nicht von ihm stammen – bei einer handelt es sich um ein Exzerpt aus Cicero[6] –, aber unter Augustins Namen Verbreitung fanden. Augustinus informiert darüber in seinem in den letzten Lebensjahren entstandenen Werkverzeichnis, den *Retractationes*, und adoptiert dann gewissermaßen dieses Kuckucksei als Teil seines eigenen Werks.[7] Über eine Adoption fremder Predigten sind wir leider nicht informiert, es scheint aber gut

---

6 Augustinus, *De diversis quaestionibus* 12 von Fonteius; 31 von Cicero (*De inventione* 2,159–167).
7 Augustinus, *Retractationes* 1,26 (75,28–33; 77,67–70 Mutzenbecher).

möglich, dass in seinem Archiv fremde Predigten aufbewahrt wurden, die von Benutzern als Werk des Augustinus gelesen wurden.

Von Predigten aus Augustins Umfeld kennen wir nur in Ausnahmefällen ihren Verfasser, etwa Eraclius, den Nachfolger des Augustinus, oder Quodvultdeus, den Bischof von Karthago. Während die zwei bekannten Predigten des Eraclius auch unter dem richtigen Namen überliefert sind,[8] fehlt der Name des Quodvultdeus in der handschriftlichen Überlieferung völlig: Keine einzige der 15 ihm heute zugeschriebenen Predigten trägt seinen Namen; alle laufen unter dem Namen Augustinus; das Corpus wurde erst von Germain Morin restituiert.[9] Außerhalb Afrikas ist auf die gallischen Bischöfe Eucherius von Lyon und Caesarius von Arles zu verweisen. Die Predigten des Caesarius sind nur zu einem kleinen Teil unter dem richtigen Namen ihres Verfassers überliefert,[10] die zwei bekannten echten Predigten des Eucherius kamen nur unter dem Namen des Augustinus auf uns; die Zuschreibung an ihn stützt sich auf ein Zitat bei seinem Zeitgenossen Claudianus Mamertus.[11] Das Phänomen der magnetischen Anziehungskraft ist natürlich nicht auf Augustinus beschränkt. Vergleichbares findet sich beispielsweise bei anderen großen Namen wie Ambrosius, Maximus, Petrus Chrysologus, Leo, Fulgentius, deren Predigtcorpus im Mittelalter um zahlreiche Spuria erweitert wurde. Doch sind auch Sermones bekannter Prediger nicht vor Fehlzuweisungen sicher; so sind etwa die autorspezifischen Sammlungen der echten Predigten des Maximus von Turin nie unter dem richtigen Namen, sondern immer anonym, unter dem Namen des Augustinus oder des Ambrosius überliefert.[12]

Für viele dieser pseudepigraphischen Predigten gilt, dass der Name eines bekannteren Kirchenvaters zu einer breiteren Rezeption führt, ja oft überhaupt erst dafür verantwortlich ist, dass die Predigten erhalten blieben. Die Zuweisung einer Predigt an einen orthodoxen Kirchenvater erhöht die Chance ihrer Aufnahme in Homiliarien und bewahrt sie somit vor der Elimination aus der handschriftlichen Tradition. Als Beispiel seien die zwei weit verbreiteten Homiliarien des Alanus von Farfa und des Paulus Diaconus genannt: Beide Kompilatoren erklären jeweils im Vorwort ihrer Zusammenstellung, Predigten der „katholischen" Kirchenväter ausgewählt zu haben.[13] Man

---

8 Verbraken (1961) 3–21.
9 Morin (1914) 156–162; Braun (1976) V–VI.
10 Morin (1953) XX–CXXII.
11 Weidmann (2014b) 111–138.
12 Mutzenbecher (1962) XV–LXII.
13 Alanus von Farfa, *Homiliarium*, praefatio 4 (133,31 Grégoire): *et revolvens paginas librorum venerabilium catholicorum patrum*; Paulus Diaconus, *Homiliarium*, prologus (427 Grégoire): *In nomine omnipotentis Dei incipiunt omeliae sive tractatus beatorum Ambrosii, Augustini, Hieronimi, Leonis, Maximi, Gregorii et aliorum catholicorum et venerabilium patrum* [...]; so auch schon in der *Encyclica de emendatione librorum et officiorum ecclesiasticorum* (45,11–17 Pertz): *Idque opus Paulo diacono, familiari clientulo nostro, elimandum iniunximus, scilicet ut studiose catholicorum patrum dicta percurrens, veluti e latissimis eorum pratis certos quosque flosculos legeret, et in unum quaeque essent utilia quasi sertum aptaret. Qui nostrae celsitudini devote parere desiderans, tractatus atque sermones diversorum*

darf daher bezweifeln, dass Paulus Diaconus die kurzen katechetischen Predigten eines vermutlich donatistischen Bischofs aufgenommen hätte, wenn er sie nicht in seiner Vorlage unter dem unverdächtigen Namen *Iohannes episcopus* angetroffen hätte, den er wohl mit Johannes Chrysostomus, dem orthodoxen Bischof von Konstantinopel, identifizierte.[14] Nur diesem Umstand ist es zu verdanken, dass diese Predigten im Homiliar des Paulus Diaconus einen Platz neben so klingenden Namen wie Augustinus, Maximus, Leo, Gregor oder Beda fanden.

In der Gegenwart ist es nicht viel anders: Ist der Autor einer oft überlieferten Predigt bekannt, steigt die Chance, dass sie kritisch ediert wird, dass ihr Text in Datenbanken wie die *Library of Latin Texts* aufgenommen wird und dadurch wieder von der Forschung in größerem Ausmaß rezipiert wird. Ist das nicht der Fall, verbleibt sie im Massengrab der anonymen und pseudonymen Predigten. Unzählige Predigten eines Pseudo-Augustinus oder eines Pseudo-Maximus warten daher trotz breitester Überlieferung und nicht zu unterschätzender Wirkungsgeschichte noch immer auf eine kritische Edition.

Bevor ich zu meinem zweiten Teil komme, in dem ich einige Aspekte moderner Echtheitskritik vorstelle, möchte ich als Zwischenergebnis festhalten, dass spätantike Predigten zum Teil orthonym, zum Teil anonym, zum Teil pseudonym überliefert sind. Man geht wohl nicht fehl, als Gründe dafür allgemein eine Mischung von Gleichgültigkeit, Irrtum und optimistischem Wunschdenken, aber wohl kaum Fälschungsabsicht anzunehmen.

Versuche, authentische Predigten einzelner Kirchenväter zusammenzustellen, gab es zwar schon im Mittelalter, eine Systematisierung der Kriterien zur Echtheitskritik wurde jedoch erst in der Neuzeit im Zusammenhang mit den Editionsunternehmen der *Opera omnia* begonnen. Instruktiv ist wieder das Beispiel des Augustinus: Nach der weitgehend unkritischen *Editio princeps* des Johann Amerbach,[15] der alles, was unter Augustins Namen überliefert und ihm zugänglich war, aufnahm, ist es das Verdienst des Johannes Vlimmerius in der Mitte des 16. Jahrhunderts, als erster systematisch den *Indiculus*, ein Verzeichnis der Werke Augustins, das sein Biograph Possidius seiner Augustinusbiographie anfügt, ausgewertet zu haben und eine erste Scheidung echter von unechten Predigten vorgenommen zu haben.[16] Ein erster Höhepunkt in der Echtheitskritik ist am Ende des 17. Jahrhunderts mit den Maurinern erreicht, aus deren Edition auch heute noch – abgesehen von einigen wenigen Ausnahmen – alle als echt anerkannt werden.[17] Es ist gerade das Zusammenspiel von inneren und äußeren Kriterien, d. h. Kriterien aus dem Bereich Sprache, Stil und Argumentationsgang auf der einen, und der handschriftlichen Überlieferung sowie se-

---

catholicorum patrum perlegens, et optima quaeque decerpens, in duobus voluminibus [...] *obtulit lectiones.*
14 Schiller/Weber/Weidmann (2008) 244–245.
15 Amerbach (1494–1495).
16 Vlimmerius (1564).
17 Monachi ordinis S. Benedicti e congregatione S. Mauri (1683).

kundärer Bezeugungen auf der anderen Seite, worauf sich ihr Urteil stützt. Ein gewisser Rückschritt ist in den folgenden Jahrhunderten zu beobachten, in denen neu gefundene Predigten oft ohne kritische Beurteilung gedruckt und in ehrfürchtiger Bewunderung für echt gehalten wurden. Ein gewisser negativer Höhepunkt ist mit der Sermonesausgabe von A. B. Caillau und B. Saint-Yves in der Mitte des 19. Jahrhunderts erreicht. Die Editoren halten 160 der neu gefundenen Predigten für echt; nach der Revision aller Predigten durch Morin blieben nur sieben übrig, die heute noch als echt anerkannt werden.[18] Der genannte Morin ist nicht nur als Entdecker unzähliger bis dahin unbekannter Predigten bekannt, vor allem aber ist seine Autorität in Echtheitsfragen bis heute weitgehend unangefochten.[19]

Diese Autorität Morins führte dazu, dass die Echtheitskritik als abgeschlossen betrachtet wurde und einige neu entdeckte Predigten trotz größter stilistischer Ähnlichkeit nicht Augustinus zugesprochen wurden. Besonders paradox ist das Beispiel zweier Predigten, die ich in meine Edition der *Sermones selecti* aufgenommen habe.[20] Sie wurden dem Augustinus gerade deswegen abgesprochen, weil ihr Stil frappant an Augustinus erinnert. Man begnügte sich mit einer Zuschreibung an Caesarius, der bekanntlich in großem Ausmaß längere Textpassagen aus Augustinus verwendete, oder war geneigt, einen anderen namentlich unbekannten Schüler bzw. Nachahmer anzunehmen, der in wunderbarer Weise den Stil seines Lehrers so erreichte, dass man die Predigten fälschlicherweise für ein Werk des Meisters halten könnte. Man hatte also gewissermaßen Angst sowohl vor der Courage, die Predigten dem Augustinus zuzuschreiben, als auch vor der Blamage, sich durch eine voreilige Autorennennung der Kritik der Fachwelt auszusetzen. Die Behelfskonstruktion eines Schülers oder Nachahmers möchte ich mit allem Nachdruck in Frage stellen. Zwar darf man nicht unterschätzen, dass ein Mensch, der lange Zeit in engem persönlichen Kontakt mit einem großen Literaten gestanden ist, sich den Stil und die Denkmuster seines bewunderten Meisters aneignen kann. Dennoch bleiben immer gewisse Unterschiede bestehen, wie etwa das Beispiel des schon genannten Eraclius zeigt, der Augustins Schüler war und von diesem zu seinem Nachfolger bestellt wurde. Obwohl sich in seinen zwei Predigten das eine oder andere augustinische Argument oder einzelne mit Augustinus vergleichbare sprachliche Ausdrücke finden, bleiben seine Predigten auf stilistischer und inhaltlicher Ebene weit hinter denen seines Lehrmeisters zurück. Wenn nicht einmal der von Augustinus selbst – nicht zuletzt wohl auch wegen seiner rhetorischen Fähigkeiten – zum Nachfolger bestimmte Eraclius imstande ist, den Stil Augustins zu erreichen, welcher Wunderknabe wäre dazu imstande?

Ebenso untauglich wie die Zuschreibung an einen Schüler ist der Versuch, eine Predigt als einen Cento zu klassifizieren, d.h. anzunehmen, dass eine Predigt aus mehreren Textabschnitten eines oder verschiedener Autoren zusammengesetzt sei,

---

[18] Caillau (1842) = Caillau/Saint-Yves (1836–1839); Drobner (2000) 7.
[19] Morin (1930).
[20] Augustinus, *Sermo* 2A und 61B, vgl. Weidmann (2015).

ohne dass die Einzelteile auf konkrete Quellen zurückgeführt werden können. Solange sie nicht bestimmt werden können, ist es höchst problematisch, von einem Cento zu sprechen. Unter den *Sermones selecti* habe ich eine Predigt auf Pfingsten aufgenommen, die bisher nur deswegen für einen Cento gehalten wurde, weil sie in einem Zweig der handschriftlichen Überlieferung einige aus einer anderen Augustinuspredigt übernommene Zeilen enthält, sonst aber nur kleinräumige wörtliche Entsprechungen mit Augustinus – diese aber in großer Zahl – aufweist.[21] Am Beginn der folgenden Textbeispiele möchte ich zeigen, dass eine Predigt, die man bisher für einen Cento aus Caesarius hielt, zweifellos eine echte Predigt des Bischofs von Arles ist.

2 Eine echte Predigt des Caesarius

Die im 14. Jahrhundert erstellte pseudo-augustinische Sammlung *Sermones ad fratres in eremo* besteht in ihrem Kern (*Sermones* 1–44, 46–48 und 55) aus Predigten eines spätmittelalterlichen „Fälschers"; die verbleibenden der insgesamt 76 Predigten scheinen älter zu sein. *Sermo* 50 dieser Sammlung trägt den Titel *De salute animae* und behandelt das Thema der Sorge für den Leib und die Seele. Ein Christ soll dem Leib nur das zukommen lassen, was ihm zum Leben notwendig ist; seine vorrangige Sorge hat der Seele zu gelten. Die Predigt ist in zwei Fassungen überliefert. Die längere (= Ps-Augustinus, *Sermo ad fratres in eremo* 50) ist nicht vor dem 15. Jahrhundert bezeugt; sie ist, soweit ich sehe, handschriftlich nur sehr selten überliefert.[22] Die kürzere (= Ps-Gregor der Große, *Sermo*) ist in der aus der Mitte des 12. Jahrhunderts stammenden Handschrift Paris, Bibliothèque nationale de France, lat. 2738, überliefert. Sie wurde von Jean Leclercq ediert, ohne dass er die weitgehende Übereinstimmung beider Texte erkannt hätte.[23] Tatsächlich aber stimmt die kürzere Fassung abgesehen von den letzten 10 Zeilen wörtlich mit der ersten Hälfte der längeren überein.[24] Wer ist der Verfasser? In den Handschriften wird die längere dem Augustinus zugeschrieben, die kürzere trägt den Titel *Sermo sancti Gregorii papae*. Aus sprachlichen und inhaltlichen Gründen kann keine der beiden Zuschreibungen korrekt sein.

Die Mauriner hielten die längere Fassung für einen Cento des Caesarius, für die kürzere Fassung unternahm Leclecq den wenig überzeugenden Versuch einer Zuschreibung an Paulinus von Aquileia († 802). Er stützte sich dabei vor allem auf den karolingischen Überlieferungskontext: Der Codex unicus, Paris, Bibliothèque nationale de France, lat. 2738, enthält den *Liber exhortationis* des Paulinus (fol. 1r–41v), der

---

21 Augustinus, *Sermo* 272C, vgl. Weidmann (2015).
22 Ich konnte sie bisher nur in einigen wenigen Handschriften finden: London, British Library, Harley 3081, 15. Jh. (1407), fol. 80v–82v; München, Bayerische Staatsbibliothek, Clm 15221, 15. Jh., fol. 71r–74v; Rein, Stiftsbibliothek 139, 16. Jh., fol. 86v–88r; Würzburg, Universitätsbibl. Cod. I. t. f. XXXIV, 15. Jh., fol. 58v1–59v2.
23 Leclercq (1949).
24 Frede (1984) 40.

im Titel Augustinus zugeschrieben wird, danach die pseudo-augustinische Predigt *Sermo* 109 (fol. 41v – 44r), die er für ein Werk aus der Karolingerzeit hält,[25] sowie die Kapitel 1–16 und 18 von Alcuins *De virtutibus et vitiis* (fol. 44r – 57v); an der Stelle von Kapitel 17 findet sich der *Sermo* (fol. 54v – 56r), in dem anfangs davon die Rede ist, dass der Bischof die angesprochene Gemeinde nur einmal im Jahr besuchen kann, was Leclercq in der Größe der Diözese des Paulinus bestätigt sieht. Weitere Unterstützung für seine Zuweisung an Paulinus erkennt er in den Themen der Predigt: Der Unterschied zwischen Leib und Seele, der Mensch als Ebenbild Gottes, Unterwerfung des Leibes unter die Herrschaft der Seele, Kampf gegen das Fleisch, Furcht vor der Unterwelt.

Nun begegnen die zuletzt genannten Themen in unterschiedlicher Ausprägung bei so gut wie jedem Kirchenschriftsteller zwischen Tertullian und der Karolingerzeit und können daher in keiner Weise als stichhaltiges Argument für eine Autorenzuschreibung dienen, zumal keine wörtlichen Entsprechungen zwischen der Predigt und dem Corpus des Paulinus nachgewiesen werden. Als einziges Vorbild nennt Leclercq zwei Stellen aus Predigten des Caesarius von Arles, die hier dem Text unserer Predigt gegenübergestellt werden:

Ps-Gregor der Große, *Sermo* (160,32–38 Leclercq): *Animae vero aut nihil aut certe parum praeparasti, et ubi te iustum invenire potero quem in te ipsum iniustum esse cognosco? Certe nutrimus carnem, ornamus carnem, aliquoties inebriamur et nimium deliciose pascimus illam quam post paucos annos vermes, licet nolumus, devoraturi sunt in sepulchro et contemnimus aliam (animam melius) quae Deo et angelis eius praesentatur in caelo.*	Caesarius von Arles, *Sermo* 5,5 (29 Morin): *Sed oportebat illis, ut erga animam, ubi imago dei est, maiorem sollicitudinem semper inpenderent: quia quando caro, quae modo tantum diligitur, vermibus devorari coeperit in sepulchro, anima deo ab angelis praesentabitur in caelo*; Caesarius von Arles, *Sermo* 224,3 (887 Morin): *Quid est quod agis, o homo? Erigis lutum, et despicis aurum: ornas et deliciis satias carnem, quam vermes devoraturi sunt in sepulchro; et despicis animam, quae deo et angelis repraesentatur in caelo.*

Die Ähnlichkeit aller drei Texte ist frappierend: Gemeinsames Thema ist der Gegensatz zwischen der Vernachlässigung der Seele und der übertriebenen Sorge für den Leib: Während dieser im Grab von den Würmern verzehrt wird, wird die Seele Gott und den Engeln gegenübertreten. Die zwei von Leclercq angeführten Stellen aus Caesarius sind aber nicht die engsten Parallelen im Corpus des Caesarius. Um die Zeitangabe *post paucos annos* erweitert findet sich derselbe Gedanke in ganz ähnlichem Wortlaut an drei weiteren Stellen:

Caesarius von Arles, *Sermo* 14,1 (69–70 Morin): *Certe pascimus carnem: velimus, nolimus, post paucos annos vermes illam devoraturi sunt in sepulchro; anima vero, quam despicimus atque contemnimus, deo et angelis praesentatur in caelo.*

---

25 In Wahrheit gehört die Predigt dem Anonymus Veronensis, der in das 6. Jahrhundert datiert wird.

Caesarius von Arles, *Sermo* 31,2 (135 Morin): *Fratres dilectissimi, si laboramus pro carne nostra, laboremus et pro anima nostra: si currimus pro carne, satiamus carnem, ornamus carnem, quam post paucos annos aut forsitan dies vermes devoraturi sunt in sepulchro, quanto magis non debemus despicere animam, quae deo et angelis praesentatur in caelo?*

Caesarius von Arles, *Sermo* 45,4 (204 Morin): *Et cum corpora nostra videant oculi hominum, et animas nostras inspiciant oculi angelorum, nescio qua conscientia ornamus et conponimus pretiosis rebus carnem nostram, quam post paucos dies aut annos vermes devoraturi sunt in sepulchro, et animam nostram non ornamus bonis operibus, quae deo et angelis praesentanda erit in caelo.*

Auch der von Leclercq als Beweis für die Autorschaft des Paulinus bemühte Hinweis auf die jährliche Visitation der Gemeinde hat eine deutliche Entsprechung im Corpus des Caesarius. Ich stelle den Einleitungsworten der Predigt die entsprechenden Similien aus Caesarius gegenüber:

Ps-Gregor der Große, *Sermo* (159,2 – 5 L.): *Quantum ad nostrae animae desiderium pertinet, voluntatis nostrae erat ut ad vos visitandos, etsi non frequenter, certe vel annos singulos veniremus. Sed necessitas temporis impedimentum facit desideriis nostris.*	Caesarius von Arles, *Sermo* 19,1 (87 Morin): *Diu enim est quod vobis desiderabam occurrere, sed diversae necessitates temporum non permiserunt huc usque implere desiderium meum;* Caesarius von Arles, *Sermo* 151,1 (617 Morin): *Si temporis necessitas permitteret, fratres carissimi, non solum semel in anno, sed etiam secundo vel tertio vos visitare volebamus, ut et nostra simul et vestra desideria de conspectu vestro satiare possimus;* Caesarius von Arles, *Sermo* 29,1 (129 Morin): *Quantum nos, fratres dilectissimi, caritas vestra desideret, ex meis animis recognosco; et licet vos humilitatem meam adsidue videre velitis, tamen ego, si posset fieri, frequentius de conspectu vestro et vestrum et meum vellem desiderium satiari: sed patienter tolerare debemus, quod implere pro temporum necessitate non possumus.*
Ps-Gregor der Große, *Sermo* (159,5 – 6 L.): *Deo tamen gratias agimus qui, licet post longum tempus veniremus, incolumes vos invenire mereamur;*	Caesarius von Arles, *Sermo* 6,1 (30 Morin): *Gratias deo agimus, fratres carissimi, quia nos etsi inter multas occupationes sanctae caritati vestrae repraesentare dignatus est;* Caesarius von Arles, *Sermo* 16,1 (76 Morin): *Gaudemus, fratres carissimi, et deo gratias agimus, quod secundum desideria nostra vos incolomes invenire meruimus;* Caesarius von Arles, *Sermo* 17,1 (79 Morin): *Benedicimus deum nostrum, fratres dilectissimi, et uberes illi gratias agimus, quia vos secundum desideria nostra incolomes invenire meruimus;* Caesarius von Arles, *Sermo* 19,1 (87 M.): *Et quia deo praestante de conspectu vestro gaudeo, eo quod vos incolomes invenire promerui [...].*

Ps-Gregor der Große, *Sermo* (159,6 – 8 L.): *et ideo, quia de communi corporum sanitate gaudemus, de animarum salute, quae vera salus est, quantum dominus contulit* (*dederit* Ps-Augustinus, *Sermo ad fratres in eremo* 50 [1334 Migne]) *loquamur.*	Caesarius von Arles, *Sermo* 6,1 (30 M.): *Quia ergo, quantum dignum est, de caritatis vestrae praesentia gratulamur, de salute communi, quantum dominus dederit, conloquamur;* Caesarius von Arles, *Sermo* 17,1 (79 M.): *Et quia plus de animae salute quam de corporis sanitate gaudere debemus, de aeterna vero beatitudine quantum dominus dederit conloquamur.*

Der Prediger erklärt, dass er aus zeitlichen Gründen (*necessitas temporis*) entgegen seinem Wunsch (*desiderium*) nicht öfter als einmal im Jahr die Gemeinde besuchen kann, dankt aber Gott dafür, dass er seine Schäfchen unversehrt (*incolomes*) antreffen darf und kündigt eine Predigt über das Seelenheil an. Die sprachliche und gedankliche Ähnlichkeit unseres Texts mit Caesarius ist so dicht, dass es absolut keinen Zweifel an seiner Autorschaft geben kann. Auf die Ähnlichkeit mit Caesarius haben zwar schon die Mauriner aufmerksam gemacht, indem sie die längere Predigt als aus Textbausteinen des Caesarius zusammengesetzt bezeichnen (*ex variis Caesarii Arelat. sententiis conflatus*),[26] und auch im *Catalogue Général* der *Bibliothèque nationale de France* wird die kürzere Fassung als ein Cento aus Caesarius bezeichnet.[27] Nun weist aber der Text keine einzige längere wörtliche Entsprechung mit einer bekannten Predigt des Caesarius auf, stattdessen erstrecken sich über den gesamten Text unzählige weitere Similien, die jedoch nicht dazu berechtigen, die Predigt als Cento zu bezeichnen. Die Lösung des Problems liegt auf der Hand: Kein noch so geschickter Imitator wäre imstande, aus so verschiedenen Predigten des Caesarius Textbausteine zusammenzutragen und daraus eine neue Predigt zu gestalten, wenn er nicht mit dem Autor identisch ist. Kronzeuge dafür ist die enge wörtliche Entsprechung der unscheinbaren Wortverbindung *etsi non frequenter, certe vel annos singulos* (159,3 L.) mit der thematisch völlig verschiedenen Predigt Caesarius von Arles, *Sermo* 100,4 (409 Morin): *etsi non semper, certe vel frequenter insistant.*[28] Die Predigt kann also nur von Caesarius stammen.[29] Dies ist insofern nicht verwunderlich, als auch die folgende (Ps-Augustinus, *Sermo ad fratres in eremo* 51 = Caesarius von Arles, *Sermo* 133, am Anfang gekürzt) und eine weitere Predigt, der *Sermones ad fratres in eremo* (Ps-Augustinus, *Sermo ad fratres in eremo* 56 = Caesarius von Arles, *Sermo* 7), von Caesarius stammen. In unserem Fall aber hat der Umstand, dass eine Predigt nur in einem der Fälschung verdächtigen Corpus überliefert ist, den Blick auf den wahren Autor verstellt.

---

[26] Ps-Augustinus, *Sermo ad fratres in eremo* 50 (1334 M. [*apparatus ad locum*]).
[27] Bibliothèque nationale (1952) 49: „Centon de s. Césaire d'Arles".
[28] Die *Library of Latin Texts* gibt für die Junktur *etsi non* [...] *certe vel* nur neun Belege, drei davon aus dem Predigtcorpus des Caesarius, an.
[29] Die Details, insbesondere die Diskussion über das Verhältnis der beiden Predigtfassungen, werde ich gemeinsam mit einer kritischen Edition dieses neuen Caesariussermo in einem der nächsten Bände der *Revue Bénédictine* präsentieren.

3 Ein unbekanntes Fragment einer Augustinuspredigt

Mit dem nächsten Beispiel möchte ich zeigen, dass ein bisher unbeachtetes Predigtfragment nicht einem Schüler oder Centonisten, sondern seinem wahren Autor, Augustinus von Hippo, zugewiesen werden kann. Der Beispieltext stammt aus dem *Sermo de Sancto Matthia* des Authpertus von Monte Cassino († 883). In dieser Predigt auf den Apostel Matthias wird ein nur hier bezeugtes Zitat eingefügt, das angeblich von Augustinus stammt, in der Forschung aber, soweit ich sehe, bisher nicht diskutiert wurde.[30] Der Text lautet:

> *Hoc namque verissime approbat beatus Augustinus in explanatione evangelii de villico inquiens:*
>   *Videmus apostolum domini Paulum sine ulla ambiguitate dixisse: Nescitis, quia angelos iudicabimus? Quos utique angelos nisi malos et ipsum eorum principem posuit? Ergo sedebit ipse apostolus in duodecim sedibus, de quibus dominus ait: Sedebitis super duodecim sedes, iudicantes duodecim tribus Israel? Sed ipse non erat inter duodecim apostolos. Novimus enim qui fuerunt primitus a domino electi duodecim, et quis unus inde ceciderit, et quis in loco eius fuerit subrogatus. Electi sunt duodecim, cecidit traditor Iudas, in loco eius subrogatus est beatus Mathias. Si enim singuli sedebunt in singulis sedibus, iam impletus est numerus. Ubi sedebit apostolus Paulus? an forte sibi indebitam sedem usurpavit, quando dixit: Nescitis, quia angelos iudicabimus? Duodecim ergo sedes universae sunt sedes, in quibus et apostoli et ceteri sancti sedebunt cum domino ad iudicandum.*
>   *His ita breviter definitis ad laudem beati Mathiae apostoli devotissime revertamur […].*
>
> Das beweist nämlich ganz richtig der selige Augustinus in seiner Erklärung des Evangeliums über den Verwalter, indem er sagt:
>   „Wir sehen, dass Paulus, der Apostel des Herrn, ohne jeden Zweifel gesagt hat: Wisst ihr nicht, dass wir über Engel richten werden? Welche Engel meinte er denn, wenn nicht die bösen Engel und ihren Anführer selbst? Wird also auch der Apostel selbst auf den zwölf Thronen sitzen, über die der Herr sagt: Ihr werdet auf zwölf Thronen sitzen und über die zwölf Stämme Israels richten? Aber er selbst gehörte nicht zu den zwölf Aposteln. Wir wissen nämlich, welche zwölf zuerst vom Herrn erwählt wurden, welcher eine von ihnen gefallen ist und wer an seiner Stelle nachgewählt wurde. Erwählt wurden zwölf, gefallen ist der Verräter Judas, an seiner Stelle wurde der selige Mathias nachgewählt. Wenn nämlich jeweils einer auf einem Thron sitzt, ist die Zahl schon erfüllt. Wo wird der Apostel Paulus sitzen? Oder hat er sich einen ihm nicht zustehenden Thron angemaßt, als er sagte: Wisst ihr nicht, dass wir über Engel richten werden? Die zwölf Throne sind also alle Throne zusammen, auf denen sowohl die Apostel als auch alle übrigen Heiligen mit dem Herrn sitzen werden, um zu richten."
>   Nachdem wir das auf diese Weise kurz geklärt haben, wollen wir voll Ehrfurcht zur Lobrede auf den seligen Apostel Mathias zurückkehren […].

---

[30] Einen umfangreicheren Nachweis der Echtheit dieses Fragments mit detaillierten Stellennachweisen biete ich gemeinsam mit Brian M. Jensen in Jensen/Weidmann (2017). Der zitierte Text findet sich auf S. 266–267.

Wie kann man die Echtheit bzw. Unechtheit dieser Zeilen nachweisen? Zunächst sind externe Kriterien zu prüfen: Wie zuverlässig ist das Testimonium? Authpertus zitiert in seiner hagiographischen Predigt mehrere Quellen: einen Brief des Hieronymus, Arators Bibelepos zur *Apostelgeschichte* und eben diese unter Augustins Namen überlieferte Stelle. Die anderen Zitate sind korrekt ausgewiesen und ohne größere Modifikationen wiedergegeben. Von dieser Warte her gibt es keine Bedenken, dass dieses Fragment tatsächlich von Augustinus stammt. Dass im 9. Jahrhundert in Monte Cassino Texte kursierten, von denen wir heute keine Kenntnis haben, ist prinzipiell nicht unwahrscheinlich. Als Fundort gibt Authpertus eine *Explanatio evangelii de vilico* an, also eine Erklärung der Evangelienperikope zum untreuen Verwalter (Lk 16,1–13), von der wir sonst keine Kenntnis haben.

Für die Echtheit des Fragments spricht vor allem der Argumentationsduktus: Der Prediger ahnt, dass seine Zuhörer einen Widerspruch zwischen zwei Bibeltexten erkennen können. Auf der einen Seite sagt Paulus im *Korintherbrief* (1 Kor 6,3), dass er über Engel richten wird, auf der anderen Seite Jesus im *Matthäusevangelium* (Mt 19,28), dass die Apostel auf zwölf Thronen sitzen werden. Wo wird also dann Paulus sitzen, da doch nicht er, sondern Mathias als Zwölfter an die Stelle des gefallenen Judas gewählt wurde? Die Lösung des Problems liegt, so der Prediger, darin, dass die Zahl zwölf nicht als konkrete Zahl zu verstehen ist, sondern für die Gesamtheit aller Throne steht.

Genau dieses Problem wird viermal in sicher echten Augustinusschriften aufgeworfen und auf gleiche Weise gelöst, dreimal in den *Enarrationes in Psalmos* (49,8–10; 86,4; 90,1,9), einmal in *De civitate dei* (20,5). Allen Predigttexten gemeinsam ist die für Augustinus so typische dialogische Form zur Klärung eines scheinbaren Widerspruchs zweier Bibeltexte. Augustinus nimmt – bildlich gesprochen – einen zweifelnden Zuhörer an der Hand und führt ihn behutsam zur richtigen Deutung. Nun könnte man natürlich argumentieren, dass ein Schüler oder Nachahmer Augustins diesen Text aus den vier leicht zugänglichen Paralleltexten erstellt hat. Dem widerspricht aber, dass entgegen der Praxis späterer Kompilatoren aus keinem der möglichen Quelltexte ein längerer Abschnitt wörtlich übernommen wird. Die längsten wörtlichen Entsprechungen finden sich vielmehr in Texten, die thematisch mit dem Predigtfragment überhaupt nichts zu tun haben; so handelt es sich z. B. bei den Worten *sine ulla ambiguitate dixisse* im ersten Satz um eine Junktur, die sich so nur bei Augustinus, aber in keinem der vier Paralleltexte findet.[31] Auffällig ist auch das Wort *subrogatus*, das Augustinus an zwei anderen Stellen, in denen er nur flüchtig die Wahl des Mathias erwähnt, verwendet.[32] Wollte man den Text einem Schüler oder Nach-

---

[31] Sprachlich am nächsten steht Augustinus, *Contra Iulianum (Opus imperfectum)* 6,26 (387,74 Zelzer): *Scimus enim hoc deum sine ulla ambiguitate dixisse.*
[32] Augustinus, *In Iohannis evangelium tractatus* 27,10 (275,44–45 Willems): *Non enim quia periit inde unus, ideo illius numeri honor demtus est, nam in locum pereuntis alius subrogatus est*; Augustinus, *Epistula ad catholicos de secta Donatistarum* 11,29 (265,18–20 Petschenig): *Deinde narratur Petro faciente sermonem, quemadmodum Mathias in locum Iudae traditoris domini subrogatus sit.*

ahmer Augustins zuschreiben, so müsste dieser, ausgestattet mit modernen Datenbanken und Konkordanzen, aus verschiedenen Quellen einen neuen Text geschaffen haben und dabei so vorgegangen sein, dass er seine Quellen frei umformt und dafür kleinste augustinische Textbausteine verwendet. Unser Predigtfragment ist den vier Paralleltexten genauso ähnlich wie jeder einzelne Paralleltext den anderen vier Texten. Und diese Äquidistanz spricht dafür, dass sie vom selben Autor stammen. Es gibt also nicht den geringsten Zweifel an der Echtheit dieses bisher noch nie beachteten Textabschnitts und die Annahme, ein Nachahmer oder Centonist könnte dafür verantwortlich sein, verbietet sich von selbst.

4 Corpusbildung

Gewöhnlich fehlen externe Zeugnisse, die über die Produktion der Predigten eines Autors informieren und der modernen Forschung eine wichtige Stütze für die Echtheitskritik bieten; die in ihren Biographien überlieferten Werkverzeichnisse zu Maximus von Turin und Augustinus bilden hier eine erfreuliche Ausnahme.[33] Da aber solche Zeugnisse für Predigten gewöhnlich nicht zur Verfügung stehen, werden und wurden oft Predigten aufgrund gewisser Charakteristika als zusammengehörig erkannt und einem bestimmten Autor zugeschrieben. Als federführend bei der Zusammenstellung von Corpora ist wieder der Name Morin zu nennen. Er ist es, der zum Beispiel nur aufgrund interner philologischer Kriterien 31 Predigten aus dem Corpus von Pseudo-Chrysostomus-Predigten als zusammen gehörig erkannte – was später durch Handschriften bestätigt wurde – und sie zunächst einem süditalienischen Bischof des 6. Jahrhunderts, später einem Augustinus-Schüler des 5. Jahrhunderts zuschrieb;[34] ebenso ist die Konstitution des Corpus der Predigten des Quodvultdeus, die sich auf die allen Predigten gemeinsame Augustinusrezeption und die antiarianische Grundhaltung stützt, Morins Verdienst.

Dass einige Entscheidungen Morins (aber bei weitem nur wenige) sowohl in Hinblick auf Person als auch auf Zeit und Ort heute einer kritischen Überprüfung nicht standhalten, ist nicht verwunderlich. Fatal ist aber, dass einige derart konstituierte Corpora ungeprüft Aufnahme in Standardwerke finden und sich in modernen Referenzwerken so manche Fehlzuschreibung hartnäckig hält. Ich beginne mit einem Beispiel von falschem Lokalpatriotismus: Morin, ein Benediktiner im belgischen Kloster Maredsous, hatte die pseudo-augustinischen *Sermones ad fratres in eremo* sowie die Pseudo-Augustinuspredigten des Codex Florenz, Bibl. Laur. Edili 10, 14. Jh.[35] einem belgischen Autor des 12. Jahrhunderts zugeschrieben, weil er in der Nennung eines *compatriota Sigebertus* niemand anderen als Sigebert von Gembloux zu erken-

---

[33] Possidius von Calama, *Indiculus*; Gennadius, *De viris illustribus* 41.
[34] Morin (1894); vgl. Morin (1895) 390–391; Morin (1913) 37–38 – *Sermo* 5 dieser Sammlung stimmt in einigen Motiven mit Augustinus, *Sermo* 335N überein; s. Jensen/Weidmann (2017) 19–27.
[35] Diese Predigten sind in der Appendix des 2. Teils von Caillau (1842) ediert.

nen glaubte.³⁶ Die von Brepols in Belgien betreute Datenbank *Library of Latin Texts* hat diese Predigten unter dem irreführenden Namen Augustinus Belgicus aufgenommen. Tatsächlich aber benutzt diese Sammlung, wie ich schon eingangs erwähnt habe, eine Quelle aus dem 14. Jahrhundert und ist somit um mindestens zwei Jahrhunderte später zu datieren und gehört mit einiger Wahrscheinlichkeit in die Kreise der Augustinereremiten Frankreichs.³⁷ Ein anderes Beispiel für eine falsche Autorenzuschreibung findet sich bei drei unter dem Namen Augustins überlieferten Epiphaniepredigten. Das in ihnen singulär begegnende Motiv, wonach der Stern von Bethlehem den Magiern bereits zwei Jahre vor Christi Geburt erschienen sei, veranlasste zuerst die Mauriner, die zwei ihnen bekannten Predigten Augustinus abzusprechen, und danach Morin, alle drei Predigten ohne Angabe von Gründen dem Optatus von Mileve zuzuschreiben. Deshalb erhielten sie zu Unrecht jeweils eine eigene Nummer in der *Clavis* unter dem Namen des Optatus (CPL 247–249).³⁸ Tatsächlich aber sind diese drei Predigten in ihrer Diktion und sonstigem Argumentationsgang so augustinisch, dass es für mich keinen Zweifel gibt, wer ihr wirklicher Verfasser ist: Augustinus von Hippo.³⁹

Im Folgenden möchte ich aus der Masse der pseudo-augustinischen Predigten eine Gruppe von drei Predigten zu einem kleinen Textcorpus zusammenfassen, die aufgrund klar definierbarer Kriterien mit einiger Wahrscheinlichkeit vom selben namentlich nicht bekannten Autor stammen (Ps-Augustinus, *Sermo Caillau-Saint-Yves* 2, *App.* 17 [99–100 Caillau/Saint-Yves]); Anonymus, *Collectio Armamentarii* 9 [= Ps-Augustinus, *Sermo Mai* 37 (77–79 Mai)]; Ps-Augustinus, *Sermo Caillau-Saint-Yves* 1, *App.* 8 [97–98 Caillau/Saint-Yves]; im folgenden *Sermo* 1–3). Die Zusammengehörigkeit wird durch folgende Charakteristika wahrscheinlich: Sie behandeln jeweils ein „kosmisches" Ereignis aus dem Neuen Testament, an dem die Natur Anteil nimmt: die Geburt Christi mit dem Erscheinen des Sterns von Bethlehem, den *Descensus ad inferos Christi*, der von Naturereignissen wie Sonnenfinsternis und Erdbeben begleitet wird, und zuletzt das Pfingstwunder mit dem Feuersturm. Alle drei Texte beginnen mit anaphorischem *post* und fügen sich so zu einer Kette von Predigten zusammen. Die Texte sind stark rhetorisiert und weisen zahlreiche Anreden auf (z. B.: *Sermo* 1,4: *o crudelis gladiator*; *Sermo* 2,1: *o crudele proditoris convivium*; *Sermo* 3,4: *o inseparabilis Trinitas, o vera indivisibilis et indivisa maiestas*). Vor allem aber sind sie reich an poetischem Vokabular (wie z. B.: *almificus, flamen, flammifluus, iubar, mellifluus, Oceanus, sanctificus*). Man findet darüber hinaus in allen drei Predigten Hexameterklauseln, poetische Wendungen sowie Zitate bzw. Anspielungen auf Dichtung. So übernimmt beispielsweise *Sermo* 2,3 zur Ausgestaltung des *Decensus ad inferos* einige Anleihen aus der vergilischen Römerschau: *noctemque profundam* ≈ Vergil, *Aeneis* 6,462; *quae fuit rogo tanta cupiditas pomi* ≈ Vergil, *Aeneis* 6,721: *quae lucis miseris tam*

---

36 Morin (1893).
37 Weidmann (im Erscheinen).
38 Morin (1923) 236.
39 Weidmann (2015) 59–100.

dira cupido?; *vicit me pietas* ≈ Vergil, *Aeneis* 6, 687–688: *venisti tandem, tuaque expectata parenti / vicit iter durum pietas?* In *Sermo* 3 finden sich einige bisher noch nie beobachtete Übereinstimmungen mit dem Bibelepos des Arator sowie ein unerkanntes Zitat aus Iuvencus: *Sermo* 3,4: *vitrei fluminis undas aetheream simulabat in nube columbam et ablutum* ≈ Iuvencus, *Evangeliuorum libri quattuor* 1,354–362 (21,354–362 Huemer):

> *Haec memorans vitreas penetrabat fluminis undas. / Surgenti manifesta dei praesentia claret. / Scinditur auricolor caeli septemplicis aethra / Corporeamque gerens speciem discendit ab alto / Spiritus aeriam (vl. aetheriam) simulans ex nube columbam / Et sancto flatu corpus perfudit Iesu. / Tunc vox missa Dei longum per inane cucurrit / Ablutumque undis Christum flatuque perunctum / Adloquitur [...].*

	Ps-Augustinus, *Sermo Caillau-Saint-Yves* 2, App. 17	Anonymus, *Collectio Armamentarii* 9	Ps-Augustinus, *Sermo Caillau-Saint-Yves* 1, App. 8
	Sermo 1	Sermo 2	Sermo 3
Thema	Epiphanie	Descensus ad inferos	Pentecoste
Incipit	**Post**[40] miraculum virginei partus, quo uterus divino numine plenus, salvo pudoris signo exinanitum Deum hominemque profudit [...] **post** exonustam igitur sacrae religionis aulam [...]	**Post** custodias saevas et vincula dura, **post** inlusiones et verbera, **post** aceti et fellis pocula mixta, **post** supplicia crucis et vulnera, postremo **post** ipsam mortem et inferos [...]	**Post** miracula tanta signorum, **post** confracta vincula inferorum, **post** contritum mundum suis cum artibus inimicum, **post** inclytum atque regale Ascensionis trophaeum [...]
Hexameterklauseln und andere dichterische Junkturen	numine plenus caligine noctem aeris orbem ictibus astra alta silentia motibus ibat lucentes campos stelliger axis fomite vasto undique caelum [vgl. Vergil, *Aeneis* 5,9] umbone trahebat minora recedunt perque superna succurrere mundo aethera nubibus torquet necare repertum	servata resurgit dente premebat [vgl. Ovid, *Metamorphoses* 11,124] sub pectore vulnus conscia mens roseum iubar cur Iudaea ferox [vgl. Arator Subdiaconus, *Historia apostolica* 2,659 (355 Orbán): *quid Iudaea ferox*] radiare per orbem ruit [...] nox Iudaea fremit [vgl. Avitus von Vienne, *Carmina*	vertice sedem diversas fecit procedere linguas [vgl. Arator Subdiaconus, *Historia apostolica* 1,628 (271 O.): *varias fecit procedere linguas*] mirabile signum Spiritus sanctus Patri et Filio coaeternus aetherea procedens ab aula igniferis se flatibus [vgl. Arator Subdiaconus, *Historia apostolica* 1,119 (232 O.): *spiritus aetheria descendens sanctus ab aula*]

---

40 Hervorhebungen im Text C.W. – Möglicherweise ist diesen Predigten auch *Sermo* 12A des Eusebius Gallicanus zur Seite zu stellen.

Fortsetzung

	Ps-Augustinus, *Sermo Caillau-Saint-Yves* 2, App. 17	Anonymus, *Collectio Armamentarii* 9	Ps-Augustinus, *Sermo Caillau-Saint-Yves* 1, App. 8
	Sermo 1	*Sermo* 2	*Sermo* 3
	putasne timore ubere partus super astra levaret	4,496 (249 Peiper): hinc Iudaea fremit] umbrosa vorago aerea claustra o mea quondam vitamque beatam huc usque venirem noctemque profundam	corpore lingua nivali candore fulgore coruscas venerabile Christi corpus caeli ardua petiit

Besonders interessant ist, dass im 13. Jahrhundert Gregor de Monte Sacro in seinem umfangreichen Gedicht *De hominum deificatione* (5,1430–1438 und 5,1496–1550 [830,1430–1438; 831,1496–833,1550 Pabst]) *Sermo* 2 als Vorlage für seine Versifikation des Kreuzestodes Christi und des *Descensus Christi* heranzieht. Es hat also den Anschein, dass der mittelalterliche Dichter den poetischen Charakter der Osterpredigt erkannte und sie deswegen als Vorbild für seine Versifizierung heranzog.[41]

5 Echtheitskritik in den *Sermones Selecti*

In meiner Edition *Augustinus, Sermones selecti* (CSEL 101),[42] habe ich den Versuch unternommen, zehn anonym oder unter dem Namen Augustins überlieferte Predigten, die man bisher für pseudepigraphisch gehalten hat, dem Bischof von Hippo zurückzugeben. Meine Untersuchung stützt sich auf fünf Echtheitskriterien: Sprache und Stil, Wortlaut der Bibelzitate, theologisches Gedankengut und Argumentationsgang, historisches Umfeld, handschriftliche Überlieferung. In seiner Rezension dazu mahnt François Dolbeau: „il ne suffit pas de relever les arguments favorables (*pars construens*), il faut aussi évaluer le poids des indices qui vont dans le sens opposé (*pars destruens*)",[43] und listet danach zu jeder Predigt Beispiele auf, die ihn an der Echtheit zweifeln lassen. Seine Kritikpunkte sind im Wesentlichen die Kürze der Sermones, Bibelzitate, deren Wortlaut von dem bei Augustinus üblichen abweicht, Worte und Junkturen, die in Augustins Œuvre, insbesondere in seinen Predigten, nicht bezeugt oder sehr selten sind. Es sei mir gestattet, hier kurz auf einige Punkte einzugehen. Denn auch wenn es nicht meine Absicht ist, Dolbeaus Einwände leichtfertig beiseite

---

41 Ich danke Bernhard Pabst für die Diskussion dieser Stelle und zahlreiche Hinweise.
42 Weidmann (2015).
43 Dolbeau (2016) 448.

zu schieben, scheinen mir doch einige hyperkritisch zu sein und einer kritischen Überprüfung nicht standzuhalten.

Erstens besteht bei allen patristischen Predigten, die nicht in alten autorspezifischen Sammlungen, sondern in Homiliarien überliefert sind, prinzipiell der Verdacht, dass sie für den Bedarf entsprechend gekürzt und adaptiert wurden. In den meisten Fällen lassen sich Spuren einer solchen Bearbeitung nicht nachweisen und oft wurde erst durch die Entdeckung einer längeren Fassung die Arbeit eines kürzenden Bearbeiters sichtbar.[44] Dazu kommt, dass Predigten zu hohen Festen des Kirchenjahrs in der Regel kürzer sind als exegetische Predigten, die eine Perikope der Heiligen Schrift erklären. Die Zahl der Wörter allein scheint mir daher kaum ein belastbares Kriterium für die definitive Entscheidung der Frage zu sein, ob die Predigt vollständig und echt ist oder nicht.[45]

Einige ungewöhnliche Wörter und Ausdrücke könnten auf Abschreibfehler eines Kopisten zurückzuführen sein. Dies könnte z. B. auf das bei Augustinus unübliche Wort *genesis* (Augustinus, *Sermo* 204B,4 [70,13 Weidmann]: *et duas nostras geneses*) im Sinn von *generatio* zutreffen,[46] das möglicherweise durch einen Kürzungsfehler aus *generationes* entstellt ist; diese wohl richtige Lesart bezeugt der älteste Codex J (Vatikan, Biblioteca Apostolica Vaticana, lat. 3828, 10. Jh., fol. 144r2–145r2).[47] Ebenso ist die kritisierte Phrase *proprie figuravit* (Augustinus, *Sermo* 204C,1 [83,14–15 Weidmann]: *Ecce alius paries ex praeputii desperatione concurrens nos proprie figuravit et diem nobis festum familiari laetitia geminavit*) wohl durch eine Verderbnis der Überlieferung entstanden und dürfte aus *praefiguravit* entstellt sein (so auch die wohl auf Konjektur zurückgehende Lesart der Handschrift Bo [Paris, Bibliothèque nationale de France, lat. 792, 12. Jh.]). Mit der Korrektur wäre zum einen ein Parallelismus zu *praesignatus est* im vorigen Satz (Augustinus, *Sermo* 204C,1 [83,11 W.]: *Ecce praesignatus est unus paries*) hergestellt, der nun mit *ecce alius paries [...] nos praefiguravit* eine logische Fortsetzung findet; zum anderen wird durch diese Konjektur eine in einer Epiphaniepredigt von Augustinus bezeugte Junktur restituiert (Augustinus, *Sermo* 202,2 [1034 Migne]: *Mortalem quippe carnem, in qua nos praefiguraret, gerebat*). Diese zwei Beispiele sind eventuell einer Ungenauigkeit des Editors anzulasten, die Echtheitsfrage tangieren sie aber nicht. Überlieferungsfehler können auch für die eine oder andere syntaktisch holprige Periode wie in Augustinus, *Sermo* 204B,2 (68,7–69,15 W.) („période embarrassée")[48] verantwortlich sein. Jedenfalls scheint mir eine einzige

---

44 Zum Problem der Korrelation von Länge und Qualität der die Predigt überliefernden Sammlung s. Dolbeau (2017) 5–27.
45 Dolbeau (2016) 448 spricht von einer Zahl von weniger als 900 Wörtern, die den Verdacht einer Kürzung erregt.
46 „L'accusatif *geneses* [...] surprend beaucoup." (Dolbeau [2016] 449).
47 Im Corpus des Augustinus findet sich das Wort *genesis* in Augustinus, *Contra Faustum* 2,5 (259,1–3 Zycha): *Ecce qui se fingunt indignari, quod filio dei fiat iniuria, quia eum natum stella demonstrasse dicatur, tamquam genesis eius sub fatali constellatione sit constituta*.
48 Dolbeau (2016) 449.

syntaktische Entgleisung kein taugliches Argument gegen die Echtheit einer Predigt zu sein.⁴⁹

Auch bei Bibelstellen variiert Augustinus immer wieder den Wortlaut. Insofern ist der andere Wortlaut der letzten Vater-Unser-Bitte (Augustinus, *Sermo* 59A,8 [43,1 Weidmann]) tolerierbar (Mt 6,13): *Ne nos passus fueris induci in temptationem*. Dieser Bibeltext ist zwar nicht bei Augustinus belegt, wohl aber als afrikanisch bezeugt.⁵⁰ Ebenso akzeptabel scheint mir der von den zwei bisher bekannten Belegen von Jes 63,9 (LXX) geringfügig abweichende Wortlaut in Augustinus, *Sermo* 363B,2 (213,6 – 7 Weidmann).

Besonderes Gewicht legt Dolbeau in seiner Kritik auf ungewöhnliche Wörter und Junkturen. Beispielsweise verwendet der Prediger in *Sermo* 319B (176,2 Weidmann) auf Stephanus am Beginn das Wort *primicerius* für den Protomartyr, um so eine besonders enge Bindung des *miles Christi* an seinen König herauszustreichen. In der Tat, das Wort fehlt bei Augustinus. Doch sind gerade die Eröffnungsworte einer augustinischen Predigt reich an drastischen Bildern, die mitunter mit aus der Alltags- oder einer Fachsprache entlehnten sonst nie oder selten verwendeten Begriffen entworfen werden. Durch die Wahl eines bewusst gewählten drastischen, metaphorischen Begriffs wird die Erwartungshaltung der Zuhörer in eine bestimmte Richtung gelenkt. Ich denke z. B. an den Beginn von Augustinus, *Sermo* 307 zur Feier der Enthauptung des Johannes, wo Augustinus das auf einer Schale „servierte" Haupt des Johannes als *feralis missus crudelitatis* bezeichnet (1406 Migne): *Cum sanctum evangelium legeretur, crudele spectaculum ante oculos nostros constitutum est, caput sancti Ioannis in disco, feralis missus crudelitatis, propter odium veritatis*. Der Begriff *missus* im Sinn von „Gang beim Essen", „Menü" galt bis vor kurzem als augustinisches Hapax wie *primicerius* und könnte ebenso als Argument gegen die bisher nie bestrittene Echtheit der Predigt verwendet werden; die Neuzuschreibung von Augustinus, *Sermo* 61B bietet eine neue Parallele und sichert das Wort als augustinisch (Augustinus, *Sermo* 61B,4 [57,14 Weidmann]). Auch andere weniger effektvolle Begriffe, die sich im Predigtcorpus sonst nie oder nur sehr selten finden, kommen am Beginn von Predigten vor; hierher gehören etwa *revelator* (Augustinus, *Sermo* 187 [1001 Migne]; ein zweiter Beleg in Augustinus, *Sermo* 68 *auct*. [= *Sermo Mai* 126; vgl. Coppieters 't Wallant/De Coninck/ Demeulenaere 447,289]), *gratulatorius* (Augustinus, *Sermo* 193 [1013 Migne]), *replicatio* (Augustinus, *Sermo* 280 [1231 Migne]) sowie das Adverb *pugnaciter* (Augustinus, *Sermo* 50 [625,7 Lambot]); unter diesen seltenen Wörtern stört das von Dolbeau beanstandete Adverb *consulte* am Beginn von *Sermo* 363B (212,1 W.) nicht. Das ungewöhnliche *venerator* am Ende von *Sermo* 319B (185,12 W.) verdankt sich dem Reim mit *lapidator*. Auch an sechs anderen Stellen (drei davon in gepredigten *Enarrationes*) verbindet Augustinus das Wort mit anderen teilweise ebenfalls ungewöhnlichen *nomina agentis*

---

49 Auf eine einzige, syntaktisch nicht glatte Passage stützt Mohrmann (1932) 59 ihr Urteil über die Unechtheit von (Ps-)Augustinus, *Sermones praeter Guelferbytanos* ed. Morin 9.
50 Weidmann (2015) 35 – 36.

auf -or (*adorator, adulator, cultor, intellector, obtemperator, profanator, rector*), z. B.: Augustinus, *Enarratio in Psalmum* 134,1 (23,19 – 21 Gori): *praedicatores verbi sui, rectores ecclesiae suae, veneratores nominis sui, obtemperatores mandati sui.* Auch das kritisierte Wort *vulgus* (Augustinus, *Sermo* 298A,1 [159,4 – 5 Weidmann]: *vulgi* [...] *opinio*) kommt sehr wohl in Augustins Predigten vor, z. B.: Augustinus, *Enarratio in Psalmum* 128,9 (242,2 Gori): *et ut sermonem loquamur vulgi*; Augustinus, *Enarratio in Psalmum* 147,11 (209,7 Gori): *favores vulgi aucupantur.*[51]

Ebenso steht der Ausruf *O impudens anima! O inverecunda et exfrontata conscientia!* (Augustinus, *Sermo* 59A,7 [43,13 – 14 W.]) mit Augustins Diktion in Einklang. Zum einen findet sich ein vergleichbarer Ausruf in Augustinus, *Sermo* 52,19 (75,368 – 369 Verbraken/Coppieters 'T Wallant/De Coninck/Demeulenaere): *O carnalis cogitatio, et conscientia pertinax atque infidelis*. Zum anderen ist das Hapaxlegomenon *exfrontatus*, für das es natürlich in der gesamten vorneuzeitlichen Latinität keinen Beleg gibt, in ähnlicher Weise gebildet wie das von Dolbeau entdeckte Hapax *effaecatus* (Augustinus, *Sermo Dolbeau* 16,16 [130,259 Dolbeau]).[52] Neu gefundene Predigten haben in der Vergangenheit immer wieder zur Erweiterung des bekannten lateinischen Wortschatzes geführt.

Der einzige Kritikpunkt zur Pfingstpredigt Augustinus, *Sermo* 272C ist die Wendung *ruina divisionis* (133,10 – 11 Weidmann) am Ende der Predigt. Es wird hier das Bild der aus lebendigen Steinen zusammengesetzten Kirche entworfen; in den Kontext fügt sich die Wendung *ruina*, hier spezifiziert durch das antidonatisch motivierte Attribut *divisionis*, hervorragend ein. Augustinus verwendet mehrmals *divisionis* als Genetivattribut zu jeweils verschiedenen Wörtern (*rixa divisionis, gladius divisionis, periculum divisionis, sarcina divisionis* u. a.), ohne dass in diesen Texten die Singularität dieser Wortverbindungen Anlass zu Zweifel an der Echtheit geben kann. Besonders eng ist die Verbindung der genannten Stelle mit Augustinus, *Enarratio in Psalmum* 18,2,10 (42,6 – 7 Weidmann): *non ad rixas divisionis, sed ad congregationem unitatis*, wo Augustinus zur Erklärung von Ps 18,10 in einem kurzen Exkurs, der im Kontext mit Pfingsten steht, dieselben gegen den donatistischen Partikularismus gerichteten Argumente vorbringt wie in Augustinus, *Sermo* 272C. Man vergleiche etwa:

Augustinus, *Sermo* 272C,3 (130,6 – 8 W.): *Et quoniam caritas ecclesiam dei congregatura fuerat toto orbe terrarum, quod tunc etiam unus homo poterat spiritum sanctum accipiens linguis omnibus loqui, nunc sancto spiritu congregata ipsa unitas ecclesiae linguis omnibus loquitur* ≈ Augustinus, *Enarratio in Psalmum* 18,2,10 (42,8 – 43,12 W.): *Ideo linguis omnium loqui fecit, in quos primo venit, quia linguas omnium gentium in unitatem se congregaturum esse nuntiavit. Quod tunc faciebat unus homo accepto spiritu sancto, ut unus homo linguis omnium loqueretur, hoc modo ipsa unitas facit: linguis omnibus loquitur.*

---

51 Zum Abschnitt Augustinus, *Sermo* 298A,1 hatte ich selbst schon (Weidmann [2015] 153 – 154) Zweifel an der Authentizität angemeldet.
52 Vgl. Dolbeau (1996) 120: „il faudra introduire [...] le participe *eff(a)ecatus* dans les dictionnaires de latin antique". Weitere Beispiele für seltene Wörter ibid., 753.

Die mehrmalige Verwendung von *unde probamus/probatur* in Augustinus, *Sermo* 363B kann schwerlich als Indiz für ein „Pastiche" gelten (so Dolbeau [2016] 451). Denn in Augustinus, *In Iohannis evangelium tractatus* 6,7 findet sich die Frage innerhalb weniger Zeilen dreimal, was keinerlei Auswirkung auf die Echtheitsfrage dieser Predigt hat, sondern Zeichen dafür ist, dass sich der Prediger bemüht zu beweisen, was nicht allen seinen Zuhörern bekannt ist.

In der fiktiven Diskussion einer mit einem jüdischen Oblocutor ausgetragenen Streitfrage wird Christus als Brot angesprochen und als Schiedsrichter angerufen (Augustinus, *Sermo* 59A,6 [42,12 W.]): *panem interpello*. Zwar begegnet *interpello* fünfmal in Augustins Predigten in einem vergleichbaren „gerichtlichen" Kontext, aber nie verbunden mit *panem*. Das tut aber dem augustinischen Charakter der Junktur *panem interpellare* keinen Abbruch. Genauso ungewöhnlich ist beispielsweise die Junktur *panem audire*, die sich in Augustinus, *Sermo Dolbeau* 27,4 (312,48 Dolbeau) findet: *Audistis ipsum panem loquentem, modo ex evangelio*, und doch sind beide Stellen einander ähnlich. In beiden Predigten wird nämlich die Gemeinde auf das Brot, Christus, verwiesen, das als autoritativer Gesprächspartner im Dialog zwischen dem Prediger und seinen Zuhörern angerufen wird. Wenig später liest man *te crucifixit deum* (Augustinus, *Sermo* 59A,6 [42,13 W.]): Augustinus erhebt selten gegen die Juden den Vorwurf des Gottesmordes, meist mildert er ihn mit dem Hinweis auf deren Unwissenheit ab (z. B.: Augustinus, *Enarratio in Psalmum* 56,4 [231,14 Müller]: *Illi ergo non cognoscentes deum, crucifixerunt hominem*). Ein derart heftiger Angriff ist in der Tat ungewöhnlich, er dürfte aber wohl der anti-jüdischen Stoßrichtung des Abschnitts und dem Reim *reum* [...] *deum* geschuldet sein.

6 Fazit

Es scheint mir problematisch, die Argumentation gegen die Echtheit einer ganzen Predigt auf einige wenige Wörter zu stützen. Wie sehr die Betrachtung eines isolierten Problems zu einem falschen Urteil führen kann, zeigt die Bemerkung der Mauriner über den Satz *mater esse potuit, mulier esse non potuit* (Augustinus, *Sermo* 363A,2 [201,14 Weidmann]).[53] Nach Meinung der Mauriner steht diese Aussage im Widerspruch zu Augustins Theologie und verbietet daher eine Zuschreibung der Predigt an den Bischof von Hippo. Tatsächlich aber äußert Augustinus exakt denselben Satz in den unzweifelhaft echten *In Iohannis evangelium tractatus*,[54] und die Beweisfunktion der Stelle wird in das Gegenteil verkehrt. Was als Argument gegen die Echtheit galt, wird zu einem Beleg dafür.

Was die Verwendung ungewöhnlicher Vokabeln und Wortverbindungen betrifft, ist es bei einem rhetorisch so versierten Autor wie Augustinus nichts Ungewöhnliches,

---

53 In Anm. b zu Ps-Augustinus, *Sermo* 245 (2196 Migne).
54 Augustinus, *In Iohannis evangelium tractatus* 10,2 (101,13 W.); vgl. Weidmann (2015) 191.

dass jede Predigt im Vergleich zum übrigen Predigtcorpus sowohl in Hinblick auf Lexik als auch Phraseologie einige Besonderheiten aufweist, die man isoliert betrachtet für Indizien der Unechtheit halten könnte. Derartige Kritik, die ich für überzogen halte, ist zum Beispiel dafür verantwortlich, dass die Editorin Almut Mutzenbecher es nicht gewagt hat, einige Predigten dem Maximus von Turin zuzuschreiben, weil einige wenige Ausdrücke im Corpus der echten Predigten fehlen. Wird das Corpus durch Neufunde oder Neuzuschreibungen größer und liegt umfangreicheres Vergleichsmaterial vor, haben manche vermeintlich singuläre Ausdrucksweisen eine deutliche Parallele und den gegen die Echtheit vorgebrachten Argumenten wird der Boden entzogen.[55]

Bibliographie

Quellen

Alanus von Farfa, *Homiliarium, praefatio* = Réginald Grégoire (Hg.), *Homéliaires liturgiques médiévaux. Analyse de manuscrits* (Biblioteca degli „Studi medievali" 12), Spoleto 1980, 132–134.

Anonymus, *Collectio Armamentarii* 9 = Ps-Augustinus, *Sermo Mai* 37 = Angelo Mai (Hg.), *Novae Patrum Bibliothecae tomus primus continens Sancti Augustini novos ex codicibus Vaticanis sermones*, Rom 1852, 77–79.

Arator Subdiaconus, *Historia apostolica* = Arpád Peter Orbán (Hg.), *Aratoris Subdiaconi Historia apostolica* 1 (CChr.SL 130), Turnhout 2006.

Augustinus, *Contra Faustum* = Joseph Zycha (Hg.), *Sancti Aureli Augustini De utilitate credendi. De duabus animabus contra Fortunatum. Contra Adimantum. Contra epistulam Fundamenti. Contra Faustum* (CSEL 25,1), Wien 1891, 251–797.

Augustinus, *Contra Iulianum (Opus imperfectum)* = Michaela Zelzer (Hg.), *Contra Iulianum (Opus imperfectum)* 2: *Libri IV–VI* (CSEL 85,2), Wien 2004.

Augustinus, *Enarratio in Psalmum* 18 = Clemens Weidmann (Hg.), *Sancti Augustini Opera. Enarrationes in Psalmos 1–50* 1B: *Enarrationes in Psalmos 18–32 (Sermones)* (CSEL 93,1B), Wien 2011, 33–48.

Augustinus, *Enarratio in Psalmum* 56 = Hildegund Müller (Hg.), *Augustinus, Enarrationes in Psalmos 51-60* (CSEL 94,1), Wien 2004, 224–257.

Augustinus, *Enarratio in Psalmum* 128 = Franco Gori (Hg.), *Augustinus, Enarrationes in Psalmos 119–133* (CSEL 95,3), Wien 2001, 231–248.

Augustinus, *Enarratio in Psalmum* 134 = Franco Gori (Hg.), *Augustinus, Enarrationes in Psalmos 134–140* (CSEL 95,4), Wien 2002, 23–60.

Augustinus, *Enarratio in Psalmum* 147 = Franco Gori (Hg.), *Augustinus, Enarrationes in Psalmos 141–150* (CSEL 95,5), Wien 2005, 192–245.

Augustinus, *Epistula ad catholicos de secta Donatistarum* = Michael Petschenig (Hg.), *Sancti Aureli Augustini Scripta contra Donatistas* 2: *Contra litteras Petiliani libri tres. Epistula ad catholicos de secta Donatistarum. Contra Cresconium libri quattuor* (CSEL 52), Wien 1909, 231–322.

Augustinus, *In Iohannis evangelium tractatus* = Radbodus Willems (Hg.), *Sancti Aurelii Augustini In Iohannis evangelium tractatus CXXIV* (CChr.SL 36), Turnhout 1954.

---

55 Weidmann (2014a) 112–115.

Augustinus, *Rectractationes* = Almut Mutzenbecher (Hg.), *Sancti Aurelii Augustini Retractationum Libri II* (CChr.SL 57), Turnhout 1984.
Augustinus, *Sermo* 50 = Cyrill Lambot (Hg.), *Sancti Aurelii Augustinis Sermones de Vetere Testamento* (CChr.SL 41), Turnhout 1961, 625–633.
Augustinus, *Sermo* 52 = Pierre-Patrick Verbarken, Luc De Coninck, Bertrand Coppieters 'T Wallant und Roland Demeulenaere (Hgg.), *Sancti Aurelii Augustini Sermones in Matthaeum* 1 (CChr.SL 41Aa), Turnhout 2008, 58–81.
Augustinus, *Sermo* 59A; 61B; 204B; 204C; 272C; 298A; 319B; 363A; 363B = Clemens Weidmann (Hg.), *Augustinus, Sermones selecti* (CSEL 101), Berlin 2015, 39–44; 53–58; 67–73; 82–88; 128–133; 159–162; 176–185; 199–202; 212–216.
Augustinus, *Sermo* 68 *auct.* = *Sermo Mai* 126 = Bertrand Coppieters 'T Wallant, Luc De Coninck und Roland Demeulenaere (Hgg.), *Sancti Aurelii Augustini Sermones in Matthaeum* 1 (CChr.SL 41Aa), Turnhout 2008, 437–453.
Augustinus, *Sermo* 178 = Shari Boodts (Hg.), *Sancti Aurelii Augustini Sermones in Epistolas Apostolicas* 2 (CChr.SL 41Bb), Turnhout 2016, 594–611.
Augustinus, *Sermo* 187; 193; 202; 280; 307 = Jacques P. Migne (Hg.), *Sancti Aurelii Augustini Hipponensis episcopi opera omnia* 5,1 (PL 38), Paris 1863, 1001–1003; 1013–1015; 1033–1035; 1280–1284; 1406–1407.
Augustinus, *Sermo Dolbeau* 16; *Sermo Dolbeau* 27 = François Dolbeau (Hg.), *Augustin d'Hippone, Vingt-six sermons au peuple d'Afrique* (Collection des Études Augustiniennes. Série Antiquité 147), Paris 1996, 121–132; 311–314.
Ps-Augustinus, *Sermo* 245 = Jacques P. Migne (Hg.), *Sancti Aurelii Augustini Hipponensis episcopi opera omnia* 5,2 (PL 39), Paris 1863, 2196–2198.
Ps-Augustinus, *Sermo Mai* 194 = Angelo Mai (Hg.), *Novae Patrum Bibliothecae tomus primus continens Sancti Augustini novos ex codicibus Vaticanis sermones*, Rom 1852, 451–454.
Ps-Augustinus, *Sermo ad fratres in eremo* 50 = Jacques P. Migne (Hg.), *Sancti Aurelii Augustini Hipponensis episcopi opera omnia* 6 (PL 40), Paris 1863, 1334–1336.
Ps-Augustinus, *Sermo Caillau-Saint-Yves* 1, *App.* 8 = Armand Benjamin Caillau und B. Saint-Yves (Hgg.), *Sancti Aurelii Augustini Hipponensis episcopi operum supplementum* 1: *Continens Sermones ineditos extractos ex Archivio Montis-Cassini et ex Bibliotheca Laurentiana-Medicea Florentiae,* Paris 1836, 97–98.
Ps-Augustinus, *Sermo Caillau-Saint Yves* 2, *App.* 17 = Armand Benjamin Caillau und B. Saint-Yves (Hgg.), *Sancti Aurelii Augustini Hipponensis episcopi operum supplementum* 2–3: *Continens Sermones ineditos extractos ex Archivio Montis-Cassini et ex Bibliotheca Laurentiana-Medicea Florentiae,* Paris 1836–1839, 99–100.
Authpertus von Monte Cassino, *Sermo de Sancto Matthia* = Jacques P. Migne (Hg.), *Anastasii Abbatis, sanctae Romanae ecclesiae presbyteri et bibliothecarii, opera omnia* [...] 3 (PL 129), Paris 1853, 1023–1034.
Avitus von Vienne, *Carmina* = Rudolf Peiper (Hg.), *Alcimi Ecdicii Aviti Viennensis episcopi Poematum libri VI*, in: ders. (Hg.), *Alcimi Ecdicii Aviti Viennensis episcopi opera quae supersunt* (MGH.AA 6,2), Berlin 1883, 201–294.
Caesarius von Arles, *Sermo* 5; 6; 14; 16; 17; 19; 29; 31; 45; 100; 140 = Germain Morin (Hg.), *Sancti Caesarii Arelatensis Sermones* 1 (CChr.SL 103), Turnhout 1953, 25–29; 30–36; 69–72; 76–78; 79–81; 87–91; 126–129; 134–138; 200–205; 407–413; 576–579.
Caesarius von Arles, *Sermo* 151; 224 = Germain Morin (Hg.), *Sancti Caesarii Arelatensis Sermones* 2 (CChr.SL 104), Turnhout 1953, 617–621; 885–887.
Encyclica de emendatione librorum et officiorum ecclesiasticorum = Georg Heinrich Pertz (Hg.), *Capitularia regum Francorum* (MGH.L 1), Hannover 1835, 44–45.
Gregor de Monte Sacro, *De hominum deificatione* = Bernhard Pabst (Hg.), „Gregorii abbatis Montis Sacri Peri ton anthropon theopiisis", in: ders., *Gregor von Montesacro und die geistige Kultur*

Süditaliens unter Friedrich II. Mit text- und quellenkritischer Erstedition der Vers-Enzyklopädie Peri ton anthropon theopiisis (De hominum deificatione) (Montesacro-Forschungen 2), Stuttgart 2002, 615–930.

Ps-Gregor der Große, *Sermo* = Jean Leclercq (Hg.), „Sermo sancti Gregorii papae", in: ders., „Bref discours pastoral attribuable à Paulin d'Aquilée", in: *Revue Bénédictine* 59 (1949), (157–160) 159–160.

Iuvencus, *Evangeliorum libri quattuor* = Johannes Huemer (Hg.), *Gai Vetti Aquilini Iuvenci Evangeliorum libri quattuor* (CSEL 24), Wien 1891.

Paulus Diaconus, *Homiliarium* = Réginald Grégoire, *Homéliaires liturgiques médiévaux. Analyse de manuscrits* (Biblioteca degli „Studi medievali" 12), Spoleto 1980, 427–486.

Sekundärliteratur

Amerbach (1494–1495): Johann Amerbach, *Plura ac diversa divi Aurelii Augustini sermonum opera 1–7*, Basel.

Bibliothèque nationale (1952): Bibliothèque nationale (Hg.), *Catalogue général des manuscrits Latins 3: Nos 2963 à 3013 A*, Paris.

Braun (1976): René Braun, „Introduction", in: ders. (Hg.), *Opera Quodvultdeo Carthaginiensi episcopo tributa* (CChr.SL 60), Turnhout, V–CVI.

Caillau (1842): Armand-Benjamin Caillau (Hg.), *Sancti Augustini Hipponensis episcopi opera omnia multis sermonibus ineditis aucta et locupletata. Editio nova* (Patres quinti ecclesiae saeculi), Paris.

Caillau/Saint-Yves (1836–1839): Armand-Benjamin Caillau und B. Saint-Yves (Hgg.), *Sancti Aurelii Augustini Hipponensis episcopi operum supplementum 1–3: Continens Sermones ineditos extractos ex Archivio Montis-Cassini et ex Bibliotheca Laurentiana-Medicea Florentiae*, Paris.

Dolbeau (1996): François Dolbeau (Hg.), *Augustin d'Hippone. Vingt-six sermons au peuple d'Afrique* (Collection des Études Augustiniennes. Série Antiquité 147), Paris.

Dolbeau (1999–2000): François Dolbeau, „Critique d'attribution, critique d'authenticité. Réflexions préliminaires", in: *Filologia mediolatina* 6–7, 33–62.

Dolbeau (2016): François Dolbeau, „Rezension zu Clemens Weidmann (Hg.), *Augustinus, Sermones selecti* (CSEL 101), Berlin 2015", in: *REAugP* 62, 448–451.

Dolbeau (2017): François Dolbeau, „Longueur et transmission des sermons d'Augustin au peuple. Un examen des sermons pour l'Épiphanie et De sanctis", in: *Revue Bénédictine* 127, 5–27.

Drobner (2000): Hubertus R. Drobner, *Augustinus von Hippo. Sermones ad populum. Überlieferung und Bestand, Bibliographie, Indices* (VCS 49), Frankfurt a. M.

Frede (1984): Hermann Josef Frede, *Kirchenschriftsteller. Verzeichnis und Sigel. Repertorium scriptorum ecclesiasticorum latinorum saeculo nono antiquiorum, siglis adpositis quae in editione Bibliorum Sacrorum iuxta veterem latinam versionem adhibentur A: Aktualisierungsheft 1984 [zur 3. Aufl.]* (Vetus Latina 1,1A), Freiburg i. Br.

Janßen (2003): Martina Janßen, *Unter falschem Namen. Eine kritische Forschungsbilanz frühchristlicher Pseudepigraphie* (Arbeiten zur Religion und Geschichte des Urchristentums 14), Frankfurt a. M.

Jensen/Weidmann (2017): Brian M. Jensen und Clemens Weidmann, „New Texts by Augustine Discovered in the Sanctorale of the *Lectionarium Placentinum*", in: *REAugP* 63, 239–276.

Leclercq (1949): Jean Leclercq, „Bref discours pastoral attribuable à Paulin d'Aquilée", in: *Revue Bénédictine* 59, 157–160.

Mayer (2009): Wendy Mayer, „Approaching Late Antiquity," in: Philip Rousseau (Hg.), *A Companion to Late Antiquity* (Blackwell Companions to the Ancient World), Chichester, 1–13.

Mohrmann (1932): Christine Mohrmann, *Die altchristliche Sondersprache in den Sermones des Heiligen Augustinus*, Nijmegen.
Monachi ordinis S. Benedicti e congregatione S. Mauri (1683): Monachi ordinis S. Benedicti e congregationes S. Mauri (Hgg.), *Sancti Aurelii Augustini Hipponensis episcopi operum* 5, Paris.
Morin (1893): Germain Morin, „Un écrivain Belge ignoré du XIIe siècle. Geoffroi de Bath, ou Geoffroi Babion?", in: *Revue Bénédictine* 10, 28–36.
Morin (1894): Germain Morin, „Étude sur une série de discours d'un évêque [de Naples?] du VIe siècle", in: *Revue Bénédictine* 11, 386–402.
Morin (1895): Germain Morin, „Un essai d'autocritique", in: *Revue Bénédictine* 12, 385–396.
Morin (1913): Germain Morin, *Études, Textes, Découvertes. Contribution à la littérature et a l'histoire des douze prémiers siècles* (Anecdota Maredsolana, Seconde Série 1), Maredsous.
Morin (1914): Germain Morin, „Pour une future édition des opuscules de S. Quodvultdeus évêque du Carthage au Ve siècle", in: *Revue Bénédictine* 31, 156–162.
Morin (1923): Germain Morin, „Deux sermons africains du Ve/VIe siècle avec un texte inédit du symbole", in: *Revue Bénédictine* 35, 233–245.
Morin (1930): Germain Morin, *Sancti Augustini sermones post Maurinos reperti. Probatae dumtaxat auctoritatis nunc primum disquisiti in unum collecti et codicum fide instaurati* (Miscellanea Agostiniana. Testi e Studi 1), Rom.
Morin (1953): Germain Morin, „Praefatio", in: ders. (Hg.), *Sancti Caesarii Arelatensis Sermones* 1 (CChr.SL 103), Turnhout, IX–CXXII.
Mutzenbecher (1962): Almut Mutzenbecher, „Einleitung", in: dies. (Hg.), *Maximi Episcopi Taurinensis collectio sermonum antiqua nonnullis sermonibus extravagantibus adiectis* (CChr.SL 23), Turnhout, XV–LXXV.
Schiller/Weber/Weidmann (2008): Isabella Schiller, Dorothea Weber und Clemens Weidmann, „Sechs neue Augustinuspredigten. Teil 1 mit Edition dreier Sermones", in: *Wiener Studien* 121, 227–284.
Verbraken (1961): Pierre-Patrick Verbraken, „Les deux sermons du prêtre Eraclius d'Hippone", in: *Revue Bénédictine* 71, 3–21.
Vlimmerius (1564): Johannes Vlimmerius, *Aurelii Augustini Hipponensis episcopi sermonum pars una*, Leuven.
Weidmann (2014a): Clemens Weidmann, „Vier unerkannte Predigten des Maximus von Turin", in: *Sacris Erudiri* 53, 99–130.
Weidmann (2014b): Clemens Weidmann, „Zwei Weihnachtspredigten des Eucherius von Lyon", in: Victoria Zimmerl-Panagl, Lukas J. Dorfbauer und Clemens Weidmann (Hgg.), *Edition und Erforschung lateinischer patristischer Texte. 150 Jahre CSEL*, Berlin, 111–138.
Weidmann (2015): Clemens Weidmann (Hg.), *Augustinus, Sermones selecti* (CSEL 101), Berlin.
Weidmann (2017): Clemens Weidmann, „Zur Grauzone zwischen authentischen und inauthentischen Predigten des Augustinus", in: Gert Partoens, Anthony Dupont und Shari Boodts (Hgg.), *Praedicatio patrum. Studies on Preaching in Late Antique North Africa* (Instrumenta Patristica Mediaevalia 75), Turnhout, 135–167.
Weidmann (im Erscheinen): Clemens Weidmann, „Creating a New Augustine from the Manipulus Florum. Remarks on Some Sermons of the Augustinus Belgicus".

Mark Vessey
Sidonius Apollinaris Writes Himself Out: Aut(hol)ograph and Architext in Late Roman Codex Society

For John Matthews

It was Ernest Stein who dubbed Sidonius Apollinaris "the last Latin poet and prose-writer of antiquity". Stein also pointed up the historical value of the account given by Sidonius of "the fall of the [Roman] empire in the West" and, as he saw it, the merely accessory role of Christianity in his work as a publishing writer.[1] Recent scholarship on Sidonius has created a favourable context in which to reassess these reputedly *terminal-Roman* and *incidental-Christian* facets of his œuvre.[2] This essay looks again at Sidonius' letter collection, with an eye to the textual and bibliographic whole(s) therein finally composed. It begins, after other recent studies, at the place where Sidonius first appears to be about to make an end of his last work, the *Epistularum libri*.[3] It finds its focus in Book 9 of that work, specifically in the articulation between the book's two parts, the former of which is preoccupied with the modalities of Christian discursive performance and production, whereas the latter replaces both writer and reader within an horizon of expectations projected from Rome as centre at once of empire and of "literary" value.[4] In an effort to explain certain

---

Note: Quotations from the works of Sidonius Apollinaris follow the edition of Loyen (1960–1970). Translations are my own, borrowing freely from Anderson (1936–1965).

1 Stein (1959) 370–371 (546–547 in the original German edition of 1928): "Sidoine Apollinaire [...] est [...] pour nous le dernier poète et prosateur latin de l'Antiquité. Car d'une part, ses œuvres, contemporaines de la chute de l'Empire d'Occident, reflètent cet événement avec une vivacité saisissante; d'autre part, s'il est chrétien et a même fini évêque, Sidoine, à la différence de ceux qui viendront après lui, appartient encore à l'Antiquité par sa culture, sa manière de vivre et sa conception du monde; aussi le christianisme joue-t-il dans son œuvre un rôle au fond accessoire [...] [I]l est aussi, par ses œuvres en prose, le dernier représentant notable de l'art épistolier de l'Antiquité et, parmi les Latins, probablement le plus sympathique depuis Pline le Jeune." Sidonius was already the last man standing in Dill (1899). The traditional picture was nuanced by Stevens (1933) and has since been reframed in Anglophone scholarship by, among others, Rousseau (1976), Drinkwater/Elton (1992), Mathisen (1993), Harries (1994 and 1996), and Heather (2005). Sidonius is still a limit-figure of choice for latergoing narratives of classical Latin literature: see now van Waarden (2010–2016) and, for a dissenting sense of irony, Kitchen (2010).
2 Van Waarden/Kelly (2013), the first fruits of a major international collaboration, offers a view of the field. See, too, Poignault/Stoehr-Monjou (2014).
3 See now esp. Mratschek (2017), a fine-grained account of Sidonius' construction of his literary *persona* in the *Epistularum libri*; Egelhaaf-Gaiser (2010). For the œuvre as a whole, Loyen (1943) and Gualandri (1979) remain fundamental.
4 Quotation marks around "literary" here and below are a reminder that the historical relationships of the modern discourse of "literature" to earlier totalizing discursive formations, including those de-

features of Sidonius' self-presentation in the later and especially the last of the *Epistularum libri*, above all his fondness for aut(hol)ographic idioms and poses, we speculate about the emergence in the later Roman period of new forms of literate mentality and sociality facilitated by the use of books in codex form. Without venturing on the issue of how reliance on the codex in the transmission of written knowledge influenced the development of European Christianity after the end of the Roman Empire in the West, we suggest that this writer's final dispositions for his œuvre were an attempt to draw a line between longstanding Roman habits of conferring over texts and an emergent, mainstream practice of what may be thought of (using a term of Gérard Genette's) as the Christian *architext*.

1 Sidonius Writes Out His Letters (*Epistularum libri* 7–9)

Sidonius first appears to make an end of his *Epistularum libri* with Book 7, the redaction of which André Loyen dated around the year 477.[5] The last letter of that book, addressed to Constantius, who had received the dedicatory first letter of Book 1, evokes the author's process in compiling his letters:

> *A te principium, tibi desinet. Nam petitum misimus opus raptim relectis exemplaribus, quae ob hoc in manus pauca venerunt, quia mihi nil de libelli huiusce conscriptione meditanti hactenus incustodita nequeunt inveniri.*[6]

> What began with you, will end with you [cf. Vergil, *Eclogae* 8,11]. I send you the work that you requested, after cursorily reading over the copies, few of which came to hand, since I had no thought of composing a book of this kind and so pieces that I had not previously made a point of keeping are not to be found.

In *Epistulae* 1,1 to Constantius, Sidonius had named Pliny as a model for his collected correspondence. Recent research has confirmed the artfulness of this emulative project.[7] Granting that, we are more likely to notice how distinctly un-Plinian Sidonius

---

noted by Latin *litterae* in both classical and Christian applications, are an open field for research. Perspectives from and on late antiquity in Stenger (2015).
5 There can be no secure, single dating of any individual item within the Sidonian epistolary corpus: Kelly (forthcoming). Dating the redaction of component books or sets of books is not an exact science either: Harries (1994) 2–10 sets a base-line for conjecture. See also Mathisen (2013). What chiefly matters for this essay is the *apparent* relative chronology of the (later) books of the *Epistularum libri*.
6 Sidonius Apollinaris, *Epistulae* 7,18,1 (79 Loyen).
7 Sidonius Apollinaris, *Epistulae* 1,1,1 (2 L.): *Gai Plinii disciplinam maturitatemque vestigiis praesumptuosis insecuturus*. See now Mratschek (2008), Gibson (2013a), part of a special issue on "Pliny the Younger in Late Antiquity", and Gibson (2013b). Also pertinent, for the Plinian manner, are Marchesi (2008), Gibson/Morello (2012), esp. ch. 8 ("The grand design: How to read the collection"), and Bodel

can also be. The fussy reflexiveness of the epilogue-like *Epistulae* 7,18 is a case in point, flagrantly contrasting as it does with the art-concealing art of Pliny's performance as his own epistolographic redactor.⁸ And there is more, much more, from Sidonius in this vein.

The close of Book 7 turns out to be the first of two false endings on the way to a nine-book collection matching Pliny's.⁹ Book 8 (dated by Loyen [1970] XXIV to 479) opens with a letter identifying its addressee, Petronius, as instigator of a further search through the author's "Arvernian letter-cases" (*scrinia Arverna*) for a handful of letters "to crown a completed work with a sort of fringe for its margin" (8,1,1 [82 L.]: *opus [...] explicitum quodam quasi marginis sui limbo coronatura*). Translators wrestle with that last phrase.¹⁰ While Sidonius' sense of the easily metonymizable marginal spaces of a book can be paralleled in classical writers, no-one before him seems to have driven the idiom as hard as he does when extending the series of his *Epistularum libri*.¹¹ A second epilogue at the end of Book 8 rededicates the enlarged collection to Constantius, not a moment too soon as it turns out, since, the author informs his friend, the newly transcribed text of the letters has now run up against the margins set by the spindles of the book-roll(s) containing it (8,16,1 [127 L.]: *iam venitur ad margines umbilicorum*).¹² Given that these collected *Epistulae*

(2015); with Gibson (2015) on the close of Pliny's *Epistularum libri* and Gibson (2012) on ancient letter collections in general.

8 Marchesi (2015b) 226: "Pliny's collection of letters offers itself as a text that, while obsessing on the circumstances and mechanics governing the production, circulation and consumption of other texts, shies away from the *Urszene*, the primal scene of its own making as a book." Sidonius is less squeamish. See also Gibson (2013a) 352 (note 43).

9 Gibson (2013a) 349–355 ("Books 7–9: False Closure in Sidonius and Pliny") and (2013b) 211–219.

10 Was *coronatura* meant to suggest *coronis*, the curved line used by scribes to mark the ends of books or sections of text in rolls and codexes? For examples of elaborate, fringe-like *coronides* running vertically down the left- and right-hand margins of late antique papyrus codexes of Homer, see Schironi (2010) nos. 42–43. In the sole surviving fragment of a codex of Pliny's *Epistulae* from the time of Sidonius (New York, Pierpoint Morgan Library M.462, written in Italy towards the end of the fifth century: Reynolds [1983] 317) the end of Book 2 is marked by leafy tendrils running horizontally across the page: Lowe/Rand (1922) Plate I; contextualized by Gibson (2014) 40–46.

11 See *Thesaurus Linguae Latinae*, s.v. *margo* 2; *Oxford Latin Dictionary*, s.v. *margo* 3b. Both Claudian, *De raptu Proserpinae* 1,269 and Boethius, *De consolatione philosophiae* 1,1,4 have *margo* meaning the edge of a piece of fabric, a usage that may have recommended *limbus* to Sidonius as a synonym for a book's edge. None of the five instances of *margo* in Pliny's *Epistulae*, however, refers to the edge of a book-roll.

12 The obvious precedent is Martial, *Epigrammata* 4,89,2 (318,2 Barié/Schindler): *iam pervenimus usque ad umbilicos*. Cf. Horace, *Epodae* 14,8. For the repertoire: Birt (1907) 228–235 (indispensable); Thompson (1912) 44–51; Kenyon (1951) 25–34. Sidonius' ordinary vocabulary of book and/or literary œuvre is analyzed by van Waarden (2016) 32–40, who notes (33 [note 84]) the "remarkable [...] density" of terms such as *liber, libellus, opus* and *volumen* in Book 9 of the correspondence. More pointedly, Egelhaaf-Gaiser (2010) 260: "In den 'Spätbriefen' finden sich immer wieder sprechende Bilder, die die Materialität von Texten visualisieren." For her, this is an index of the precarity of traditional Roman "letters" in Gaul after 475.

would have gone abroad quired in codexes, the spindles in question can only ever have been figurative, a conscious archaism of the kind favoured by Sidonius, albeit in this case no more than a slight stirring of the otherwise dormant metaphor of *volumina* as routinely used of spine-hinged books in late antiquity.[13] Perhaps the easiest way to account for Sidonius' "marginal" rhetoric at this point is by assuming that Books 1–7 had already circulated widely as a single-volume codex.[14] Be that as it may, the marginal tic reappears in the first letter of Book 9 (dated by Loyen [1970] XXIV to 482), whose addressee, Firminus, is credited with pointing out that the Plinian model dictated nine books in total. If any copy of an unpublished item now came to hand, writes the in-demand, hands-on author-editor, he would "promptly add it to the margins of the eighth book" (9,1,4 [131 L.]: *libri marginibus octavi celeriter addemus*).

Those margins were duly filled as well. The proportions of Sidonius' ostensibly improvised Book 9 match those of its predecessors.[15] There too, contrary to Pliny's more discreet closing style, he book-ends with a purpose-made, self-declared epilogue. This third leave-taking, addressed to Firminus, is more elaborate than the first and second, consisting of an 84-line poem (21 Sapphic strophes) bracketed by passages of prose. The opening prose passage pays tribute again to Constantius, held up as a model of eloquence for his "public discourses" (9,16,1 [178 L.]: *tractatibus publicis*).[16] Next Sidonius recalls how, as soon as his duties as bishop of Clermont permitted, he had begun compiling matter for a ninth book. The terms that he uses for the process bizarrely suggest that he was his own secretary. Any stray composition that he found lying around, he says, he would "speedily" write out, "working furiously and urgently as a copyist" (9,16,2 [178 L.]: *raptim coactimque*

---

[13] Each of Pliny the Younger's books of letters "would originally have occupied a single papyrus roll of moderate length, and this was no doubt the form in which they circulated in his day, even if parchment codices were already then in use": Bodel (2015) 23. Given the prevalence of codex-use by the fifth century, Sidonius presumably read Pliny's *Epistularum libri* in a single codex containing Books 1–9, there being no positive evidence (despite what we might like to infer, as e.g. Gibson [2013a] 355 [note 48]) that he knew Book 10.

[14] See *Epistulae* 1,1,1 (to Constantius) (2 L.): *Diu praecipis, domine maior [...] ut, si quae mihi litterae paulo politiores varia occasione fluxerint, prout eas causa, persona, tempus elicuit, omnes retractatis exemplaribus enucleatisque uno volumine includam* (emphasis added).

[15] Sidonius appears to envisaged the successive books of his *Epistulae* as matching units, fit to circulate initially by themselves in separate, multi-quire codexes, before being gathered into a collection that would run to seven, eight and finally nine *libri* containable within the covers of a single, more ample codex.

[16] What were these *publici tractatus*? By the mid-470s Constantius was a presbyter of the church at Lyon. Beyond his association with Sidonius, his modern literary fame depends on his authorship, ca. 480, of the *Vita sancti Germani*. It is clear from that work and Sidonius' characterizations of him that he had received a traditional rhetorical education, and so may have been known for orations delivered in *non*-ecclesiastical settings. At *Epistulae* 7,18,4 his reading is presented as exclusively "sacred", but the terms of 9,16,1 suggest a culture of literary emulation more in keeping with the general tenor of *Epistulae* 9,12–16. See Loyen (1970) XXXI–XXXIII; Kaufmann (1995) 294.

translator festinus exscripsi.[17] We are free to infer that the poem transcribed into this letter was one of the stray items in question, although it is as likely that Sidonius composed the verses expressly for their present setting as it is *un*likely that he dispensed with the services of a trained copyist in the production of his book, whatever preliminary work he may personally have done in marking revisions on loose copies of old letters (probably on papyrus) and putting them in order.[18]

The poem in *Epistulae* 9,16 charts the course of Sidonius' career as a performer in poetry and prose, with its twin Roman-imperial high-points marked by the erection of a bronze statue of him in the Forum of Trajan (the reward for a poem recited in 456 in praise of his father-in-law, the Gallic emperor Avitus) and his appointment as prefect of the city of Rome by the emperor Anthemius in 468.[19] Since then, he states, he had channeled his artistic energies into letter-writing, for fear that worldly renown as a poet might compromise his probity as a member of the Christian clergy (9,16,3 [181,55–56 L.]: *clerici ne quid maculet rigorem / fama poetae*). Were he now to resume writing poetry, he says, it would be to sing the praises of Christian martyrs, beginning with Saint Saturninus of Toulouse. Strictly interpreted, the verses in which he makes that claim ought to be the last that Sidonius wrote before undertaking the hagiographical poem that, to the best of our knowledge, he never composed.[20] His *ultima verba* as a poet would then have been transcribed (by his own hand in the first instance, if we read him literally in these serial epilogues) in the outermost "margin" of his finished epistolary œuvre, separated from the book-ending *Vale* to Firminus by a single sentence of prose appended to save the decorum of a collection of prose letters (with, from Book 3 onwards, occasional inserted verse) that is then held, in its last breath, to a standard prescribed by Horace for poetry (and pottery).[21]

---

17 *Transferre* (whence, here, *translator*) is the word commonly used by Sidonius and others for the act of copying out a book: numerous examples in Santelia (2003–2005). See also van Waarden (2016) 9 (note 15).

18 The work of the trained copyist (here called *antiquarius*) is described, in the same almost surreal style as the author's own act of transcription, in the second half of the long sentence at *Epistulae* 9,16, 2 (178 L.): *Licet antiquarium moraretur insiccabilis gelu pagina et calamo durior gutta, quam iudicasses imprimentibus digitis non fluere sed frangi*. In Sidonius' milieu the copying of books was typically done by a scribe retained or commissioned for the purpose by the prospective owner or donor, who might also be the author. As shown by Santelia (2000), when Sidonius mentions *bybliopolae* (*Epistulae* 2,8,2; 2,9,4; 5,15,1 [62; 64; 198 L.]; 9,7,1 [143 L.]) he means such household retainers or other hired hands with the skills needed for producing finished books, not commercial booksellers of the sort attested in the earlier imperial period (e.g., by Pliny, *Epistulae* 9,11,2, for Lyon); so already Marrou (1949). Pace Gibson (2013a) 353, we know of no booksellers in Lyon or other cities of Gaul in the mid- to late fifth century.

19 On this poem and the letter as a whole in relation to Sidonius' lifelong project as a Latin writer, see Egelhaaf-Gaiser (2010) and Mratschek (2017) 319–323.

20 On the sense, styling and finality of Sidonius' *recusatio* at lines 77–84, Egelhaaf-Gaiser (2010) 283–289.

21 *Epistulae* 9,16,4 (182 L.): *Redeamus in fine ad oratorium stilum materiam praesentem proposito semel ordine terminaturi, ne, si epilogis musicis opus prosarium clauserimus, secundum regulas Flacci,*

The last item in Sidonius' *Carmina*, a collection probably issued in 469 and marking the end of his civil or secular career, had been a propempticon or *envoi* for the volume (*Carmen* 24). The last letter of the *Epistularum libri* can be read as a *renvoi* for the same body of work, in the dual sense of a text that redirects attention to Sidonius' poetic œuvre and at the same time purportedly sets it aside. The not-so-paradoxical doubleness of the gesture accords with every other indication we have of this author's intents with regard to his "literary" posterity. Sidonius the bishop drew a line between, on the one hand, the poetry that he had collected by 469 and, on the other, a prose epistolographic œuvre (with verse insertions) made up of texts reworked and collected, if not in every case originally composed, after that date. While in later years he implicitly deprecated his own collected poetry, he never condemned, still less attempted to expunge it. In the end, the *Epistularum libri* metaphorically incorporates the *Carmina* with the same notionally autograph stroke of the pen that puts them lightly under erasure. Writing himself out to the last, if only in his reader's mind's eye, Sidonius wrote nothing off that he had previously reissued as part of larger, composite textual wholes.[22] And yet, as we shall see, there was both more and less of this author in his last book than testamentary self-validation.

2 The Aut(hol)ographic Ego: Sidonius' Last Book and Late Roman Codex Society

2.1 *"nulli incognitus et legendus orbi"*

Book 9 of Sidonius' *Epistularum libri* is a work of two ideologically incommensurable halves. The last five items (*Epistulae* 9,12–16) are all addressed to laymen and in every case have a direct or implicit bearing on the propriety of a cleric's composing poetry, an issue that would come into particularly sharp focus in the culminating let-

---

ubi amphora coepit institui, urceus potius exisse videatur [cf. Horace, *Ars poetica*, lines 21–22]. Vale. (emphasis added). According to Mratschek (2017) 321, "Sidonius […] has conceived his epistolary collection in conformity with the instructions of the classical handbook of poetic composition", while for Pelttari (2016) 331 this "final reference to Horace again draws attention to the author's combination of styles, tones, and genres" and for Egelhaaf-Gaiser (2010) 290 "[die] Strategie, die – ohnehin flexiblen! – Gattungsgrenzen des literarischen Briefs immer weiter zu dehnen, hat nun offenbar im letzen Brief ihre definitive Grenze erreicht." On any reading, the *regulae Flacci* were now called upon to endorse a claim to final artistic unity that was more ambitious, in its embrace of different formal genres, than any that Horace can be supposed to have upheld. The locution *opus prosarium*, which Sidonius may have coined, appears again in a prominent position, contrasted with his poetic output, at the end of Book 3 (*Epistulae* 3,14,1).

22 Mascoli (2004a) provides an alternative analysis of the economy of the Sidonian œuvre, starting from what was ultimately excluded from it. See also van Waarden (2010) 8–10.

ter of the collection. Only the first and shortest of the preceding letters in this final sequence does *not* also contain transcribed verses composed by Sidonius himself, and in constituting that exception lays down the Lesbian rule of the subseries as a whole.

Epistulae 9,12 answers a request from Oresius for new poems by Sidonius. He declines, explaining that the composition of poetry ill befits a cleric and that he himself had given it up "at the outset of [his] religious profession" (9,12,1 [160 L.]: *ab exordio religiosae professionis*), an event dated some twelve years earlier (9,12,2 [161 L.]: *in silentio decurri tres olympiadas*). Rather than disappoint his correspondent, however, Sidonius undertakes to send him such letters as he may now be able to find, written before he became a bishop (9,12,3 [161 L.]: *ante praesentis officii necessitatem*) and containing verse.

Epistulae 9,13 offers a variation on the same theme. Tonantius has asked for some Asclepiads to recite at a banquet. Sidonius obliges him with a 28-line impromptu effusion in that metre, explaining why he cannot any longer produce verse to order (!), entreats his youthful correspondent to occupy his time at table instead with edifying tales (9,13,3 [163 L.]: *religiosis [...] narrationibus*), and throws in for good measure a longer poem in Anacreontic dimeters that he had written twenty years earlier for a celebration at the court of the emperor Majorian.

Epistulae 9,14 encourages the young Burgundio's literary ambitions, predicts an admiring audience for him one day at Rome, and feeds his curiosity about palindromic verses by supplying a set that Sidonius had previously composed, along with two reversible one-liners not composed by him, the first of which reinforces the Rome-ward train of thought (9,14,4 [171 L.]: *Roma tibi subito motibus ibit amor*).

Epistulae 9,15 to Gelasius makes up a trio with the letter to Tonantius (9,13) and the final one to Firminus (9,16) by coyly granting a request for a gift of iambics, delivered in the form of an extended *recusatio* commending other poets from Sidonius' circle as better qualified than him for such performances.

As an ensemble, the terminal run of five letters teasingly corroborates the claim made by their author in the framing items (*Epistulae* 9,12 and 16) to have hung up his lyre at the moment of his religious ordination and, apart from one or two minor lapses, not taken it down since.

The figure finally cut by Sidonius in the early 480s was appreciably reshaped with respect to that of the politician-poet honoured as early as 456 when, in his words, "Trajan, son of Nerva, saw an everlasting statue, with my titles on it, set up between the authors of the double [Greek and Latin] library" in the forum named for that emperor at Rome.[23] True to another Horatian principle, the perennity of Sidonius' literary œuvre would far outstrip that of its bronze counterpart. It would not be an image of him at Rome but circulating copies of his writings (the *Epistula-*

---

[23] *Epistulae* 9,16,3 (180,25–28 L.): *Cum meis poni statuam perennem / Nerva Traianus titulis videret, / inter auctores utriusque fixam bybliothecae*. Another reference to this bronze statue in *Carmen* 8,7–8. Chenault (2012) 111–112 argues that "the honour surely owed as much to Sidonius' nobility as to his poetry", before conceding that, for this period, "it would be idle to draw too firm a line in classifying and individual as a 'political' as opposed to a 'literary' figure." On nostalgia for the cultural heritage of the Trajanic era in Sidonius' milieu, Mratschek (2008). Full discussion of this Roman scene in Sidonius' verse autobiography in Egelhaaf-Gaiser (2010) 279–283.

rum libri, rather than the *Carmina*) that guaranteed his immediate posthumous renown as an author.[24] The Roman idea of a "literary" career had been inextricably associated with the city of Rome for as long as there had been anything like a Roman "literature" in Latin.[25] That symbolic connection survived the political reorganization of the later empire.[26] It is still the axis on which Book 1 of Sidonius' letters turns.[27] In his last letters, as in one of the reversible verses quoted in *Epistulae* 9,14, Rome again comes suddenly into view, if only for the length of a valediction. Within a few years of their compilation, other verses would be incised on Sidonius' tomb, in the city of Clermont where he had been bishop for a decade and a half. Fragments of that epitaph have been unearthed, which confirm the accuracy of a medieval transcription of its text into the margin of a copy of his works.[28] Besides commemorating Sidonius' services to the people of Clermont, the inscription prophesied his lasting fame as an author. He had, it declares, "written" things that were "to be esteemed in all ages to come", and was "known" and "to be read" by everyone, everywhere (*nulli incognitus et legendus orbi*).[29] We might say that the future imagined in these lines was broadly faithful to Sidonius' own vision of his "literary" posterity, now adapted to a world that had ceased to have Rome for its symbolic centre and in which traditional distinctions of discursive genre no longer mattered.

It is worth asking, with Stein's and other historians' terminal placings of our author in mind: How far did Sidonius himself already go, despite the emphatically Roman accents of the terminal letters of Book 9, in envisaging such a post-Rome, post-genre "literary" world? The evidence to be reviewed below suggests that he gave it a long, hard, critical look.

---

[24] Mascoli (2004b) notes the silence of Gallo-Roman writers of the next generation concerning the *Carmina*.
[25] Farrell (2002); Feeney (2016); Woolf (2003) 221: "Written for an imperial people, Latin literature had become temporarily tangled around a single place, and subsequent generations had, if only metaphorically, to live there."
[26] Gualandri (1989a and 1989b). The classic modern narrative of the *de*centering of Roman "literary life" from Rome in the later empire, long in need of updating, is Auerbach (1965) 235–258, in which Sidonius fills a place of terminal (dis)honour. For tentative revisions, see Vessey (1994); Vessey (2010) esp. 286–289.
[27] Küppers (2005).
[28] Prévot (1993); Prévot (1997) 116–126; Montzamir (2003); Mascoli (2004b) 166–172.
[29] Epitaph for Sidonius Apollinaris, Lines 10–11.17 (VI Lütjohann): *Haec inter tamen et philosophando, / scripsit perpetuis habenda seclis. / [...] / nulli incognitus et legendus orbi*. As observed by Mascoli (2004b), "Il referimento alla filosofia va inteso non in senso stretto (Sidonio non si è mai professato filosofo) ma nel senso più ampio di amore per la sapienza e per gli studi umanistici". On the (supra-) generic sense of *philosophia* in Sidonius' own usage, see further at note 84 below.

2.2 Constructions of Episcopoliterarity

For the earlier and greater part of Book 9 of the *Epistularum libri* (9,1–11) we see and hear nothing of Sidonius the poet. Nor, after the reference to Pliny in the book-opening letter to Firminus (*Epistulae* 9,1,1), do we encounter anything to remind us of the amenities of the city of Rome, the administrative infrastructure of Rome's empire, or the traditional pursuits of Roman men of letters. The writer's company in these ten letters (*Epistulae* 9,2–11) is demographically distinct from the poetizing coterie of the collection's closing sequence. Every addressee (one of them, Faustus of Riez, being the recipient of two letters) is identified in the salutation as a bishop (*papa*).[30] Plausible dates of original composition range from the early 470s, within a few years of Sidonius' episcopal consecration, to the present time of publication (early 480s). A spirit of literary *recusatio* pervades several of these letters as it will the subsequent poetizing batch, but with a difference: there is in this episcopal sequence less of the playful bad faith that classicizing poets exhibit when declining, in verse, to write poetry. Instead, discernible amid the usual distractions and platitudes of later Roman "epistoliterarity",[31] there are signs of a recognition by the writer of horizons of authorship beyond those within which the totality of his *Epistularum libri* (and *Carmina*) would by the end of this book have been composed and left to aftertimes.

Inserted before the final, *sphragis*-like or "sign-off" subseries of *Epistulae* 9,12–16, with its adroitly Horatian closing bid for the unity of an artistic œuvre distributed between (multigeneric) poetry and prose, Sidonius' final decade of ecclesiastical letters delineates a field of Latin "literary" activity in which he himself would stake no claim. At the same time, it makes a spectacle of material and mechanical processes of book production that, while never far from view in his *Epistularum libri*, are nowhere so dramatically realized as in this last book.

> *Epistulae* 9,2 to bishop Euphronius announces the emergent property of the subseries: a kind or kinds of writing that others may execute, but not Sidonius. (There is an obvious structural parallel with the author's refusal in 9,12 to write any new poems.) Euphronius has requested that Sidonius compose a work that, the latter confesses, "for a person of [his] contemptible abilities, would be as hard to complete as rash [for him] to begin" (9,2,1 [132 L.]: *opus, quod ab extremitate mea tam difficile conpletur quam inprudenter incipitur*). The genre of the commissioned work is not specified but the examples of Jerome, Augustine and Origen are passed in cautionary review, each marked off by an epithet denoting a characteristic excellence or specialization (9,2,2 [132 L.]: *Hieronymus interpres, dialecticus Augustinus, allegoricus Origenes*). Apparently either Euphronius' commission or Sidonius' interpretation of it was broad enough to em-

---

30 There is a parallel sequence of letters to bishops in the first of the three "terminal" books of Sidonius' *Epistulae* (7,1–11), where it is followed by a further series of letters (12–17) to Christian ascetics, one of which contains an inserted poem in elegiacs in praise of the cosmopolitan holy man Abraham. For a commentary on Book 7 under a title that catches the tragic spirit of much contemporary scholarship on Sidonius, see van Waarden (2010–2016).
31 The coinage is John Henderson's, originally used in respect of Cicero's *Epistulae* and since generalized by students of ancient and later ancient letters: Henderson (2007).

brace an array of genres, disciplines and/or styles. We could imagine a multifaceted *opus prosarium* comparable to *Epistularum libri*, but of distinctly Christian inspiration. "New cleric and old sinner" that he was, "light in knowledge (*scientia*) but heavy of conscience (*conscientia*)" (9,2,3 [133 L.]), what could Sidonius do but excuse himself?

Epistulae 9,3, the first of two letters to bishop Faustus (of Riez), poses again the challenge for Sidonius of performing in a literary genre or genres suitable to a Christian cleric. (We will consider this important text in more detail below, alongside 9,9, the other letter to Faustus.) After that, the tension is relaxed for the space of a few letters.

Epistulae 9,4 to bishop Graecus is the merest courtesy. In passing, the writer reworks the play on *scientia-conscientia* (a familiar one with him), to his correspondent's advantage.

Epistulae 9,5 and 9,6, as likewise 9,8 and 9,10, are other small tokens of pastoral collegiality, providing background ecclesiastical ambience and acting as buffers between the longer, more highly charged letters that fall beside and among them (9,3.7.9.11). This is episcopoliterary *varietas*. Had Pliny been a bishop, he might have aimed for similar effects.

Epistulae 9,7 and 11 form a book-centred (and, with 9,9 between them, book-centring) doublet:

Epistulae 9,7 to bishop Remigius (of Reims) sets up 9,11 to Lupus. It is also, by virtue of its addressee, a counterpart to 9,14 to the young Burgundio in the later, poetic subseries. Remigius would at the time have been one of the youngest bishops in Gaul; he lived long enough to baptize Clovis. Before presenting the venerable Lupus of Troyes as a hard-to-impress patron, critic and potential reviser of his epistolary work in 9,11, Sidonius here styles Remigius the representative of a coming generation of clerical literary producers. He first recounts how, through an unnamed intermediary whose methods are shrouded in mystery, he had obtained a copy of Remigius' *declamationes*. He then lists in minute but abstract detail the rhetorical qualities that he so admired in his young colleague's work. There is no sign that the orations in question were religious in character.[32] Indeed, Sidonius comes close to accusing their author of excessive pride in his own eloquence, before granting that Remigius' conscience might in fact be as well ordered as his prose, and begging not to be deprived of the future fruits of his literary talent, which by implication *will* be works of religious instruction. Sidonius is one, he assures his correspondent, who knows how to praise what is well written, even when he is unable to compose praiseworthy works of his own (9,7,4 [144 L.]: *qui bene scripta laudamus, etsi laudanda non scribimus*). The conclusion reverts to the cloak-and-pen manner of the opening. If Remigius holds out on him, threatens Sidonius, he may have to mount a special operation to seize his writings (5). To such imaginative lengths will this writer go to lay his hands on texts of a kind that he will not himself produce!

Epistulae 9,11 to bishop Lupus (of Troyes) will bridge the ecclesiastical sequence to the poetic colloquies of 9,12–16. Addressed to the longest serving bishop in Gaul, it concerns a "presentation" copy of a single book of Sidonius' *Epistulae* that the author had sent to Lupus, apparently for onward transmission to a third party to whom it had been promised – but who, because Lupus has held on to it, was still waiting to receive the gift. If Lupus would now have an additional copy made, perhaps incorporating his own critical revisions to the text, and send that on to the third party, then, jokes Sidonius, the latter would be sure to prize the parchment codex as an author's holograph (9,11,6 [157 L.]: *autholographas membranas*), so perfect would its finish be.

---

[32] See above (note 16) for a similar uncertainty about the *publici tractatus* attributed to Constantius, presbyter of Lyon, and below (note 90) for the *missae, contestationes* or *contestatiunculae* of Sidonius himself.

The bookish letters to Lupus and Remigius, like those to Faustus to which we shall return below, are in one sense commonplace enough. Tales of books passing from hand to hand, often under cover of epistolary texts such as these that we now find ourselves reading many centuries later, are standard fare in ancient epistolary collections. The sort of people who exchanged highly artificial letters were likely also to share an interest in books by third parties, living or dead, and, as authors themselves, could be expected to take an interest in each others' "literary" productions, whether finished or still in draft. Pliny's *Epistulae* canonized such expectations for Latin epistoliterarity. Later Latin writers followed in their fashion. Sidonius would have found plenty of examples of both the matter-of-fact and the melodramatic "book transmission narrative" in the collected correspondence of his more notable predecessors, such as Ausonius, Paulinus of Nola, Symmachus and Jerome.[33] Colourful instances of the same mini-genre(s) can likewise be found amid the disparate epistolary remains of his fellow mid- to late fifth century Gallo-Roman *literati*, the majority of them already clerics at the time of writing.[34]

Epistoliterarity, episcopoliterarity. *Plus ça change...*

Yet alteration, we know, there was. The material conditions of book transmission in the Roman empire changed significantly between the late first and late fifth centuries CE. Most obviously, whereas the books cherished by Pliny, Tacitus and Suetonius were produced (on the Greek model) as papyrus rolls, their equivalents in Sidonius' library would have been spine-hinged *codices* (essentially a Roman invention), most of them made of parchment.[35] So gradual was this change of preference in the form of text-container over the three centuries or so that it took to occur, there is barely a sign in our ancient sources that anyone noticed it in progress. It is possible, even so, that the late antique ascendancy of the codex as standard medium not only for legal documents, accounting, record-keeping, reference and information-handling of all sorts but also for the transmission of the "higher" kinds of literate discourse (poetry, epistolography, oratory, grammar and rhetoric, history, philosophy, science) was in fact registered at the time, at least in some of those discourses, by figures of thought and language that still catch the eye but whose potential interest has not yet been fully appreciated.

---

33 Caltabiano (1996) 75–131 provides an array of Greek and Latin specimens from later antiquity.
34 A sampler, mainly Sidonian, in Santelia (2003–2005); also Mathisen (2003) 1, 11–41; 2, 18–40.
35 The bibliography on this transition is substantial. See esp. Roberts (1954); Roberts/Skeat (1984); Van Haelst (1989); Harris (1991). Important recent contributions to the discussion by Grafton/Williams (2006), Meyer (2007) and Harnett (2017). No new light is shed by Schipke (2013). Cavallo (1975) is still the best introduction to late antique book culture.

2.3 New Ways of Writing in Books

Scholars have long been attracted by the hypothesis that the "codex revolution" could have had a significant, even transformative, impact on the cognitive and cultural experience of readers in the later ancient world.[36] Less often considered is the difference that the diffusion of the codex as text-container could have made to the sense that members of the Roman hyperliterate elite, specifically those who thought of themselves as authors, had of themselves as writers. Two distinctive features of the codex form were likely to have counted in this respect: (1) its handiness and (2) its capacity.[37] Whereas the ordinarily two-handed process of unfurling a book-roll left the reader with no hand free for a pen, the peruser of a codex could, if he or she chose, comfortably write over, between the lines, or in the margins of its text(s).[38] Hence, (1) a codex-written text was always physically an "open" text, lending itself to emendation and/or annotation, to a degree that the roll-written text typically was and did not.[39] Moreover, whereas a "literary" work long enough to be copied

---

[36] Already Roberts (1954) 203: "The adoption of the codex may be seen as one small symptom of a profound psychological change, one easier to sense than to describe, that begins to be evident in the third century A.D. and that marks the transition from the ancient to the medieval world."

[37] Harris (1991) 78–79.

[38] Cavallo (1999) 83, 88: "The codex, which could be held in one hand, left the other one free, freeing the reading process as well [...] Freeing one hand from the task of holding the book enabled the reader to use it to write, hence to make annotations in the margins of the pages of the codex. *The practice of writing in a book as one read arose with the codex* [...] The codex provided readers with other spaces to write on: entirely or partially blank pages, endpapers and the inside surfaces of bindings could be used for notations of all sorts" (emphasis added). Cf. Johnson (2009) 267: "Without implying direct cause and effect, we can see that medieval characteristics such as the rise of scriptoria, renewed encyclopedism, and *the habit of extensive marginal annotation* can be located within the series of changes we associate with the transition to codex form" (emphasis added). For the rarity of ancient visual representations of figures writing in book-rolls (as distinct from wax tablets, used for drafting and school exercises), see Birt (1907) 197–209, Marrou (1938) 148–153. However idealizing, images in late antique and early medieval mosaics and book-art of evangelists writing directly in bound codices reflect a new practical reality. Even so, it appears to have remained standard practice for members of the civil and clerical elites to *dictate* their compositions, including even marginalia: Dekkers (1952); Arns (1953) 37–51; Cameron (2011) 489–492.

[39] McNamee (2007) 29–30: "Whether annotations came from an antigraph or from dictation, the act of making notes – indeed, of writing anything in a papyrus roll – required a dexterity not called for in classrooms and libraries today [...] It remains an open question [with respect to roll-based book-use] whether people past their schooling – other than scholars – were in the habit of adding notes as they read." See also Johnson (2010) 185–192. Some of the best "literary" evidence for the habit of annotation in codexes in late antiquity is provided by Jerome and Augustine. Jerome consistently uses the idiom *ex latere addere/adnotare* for his marginal comments in biblical books, either made in his own hand or (more likely) a copyist's: Arns (1953) 71–72. Augustine refers twice in his *Retractationes* 2,13 and 32 (100,4; 116,5 Mutzenbecher) to notes that he had dictated and that had subsequently been copied out by others *de frontibus codicis*, i.e. from the margins of a copy of the biblical text in question. *Frontes* was the usual term for the edges of a papyrus roll: Birt (1907) 236; Thompson (1912) 47. For Augustine's annotations on the Book of Job (*Retractationes* 2,13), see now Trenkler (2017).

into two or more rolls might be composed in a modular fashion answering to its division between roughly equal lengths of parchment ("books" in the sense of *tomoi* or "sections")[40] but would not exhibit any more demonstrable external unity *as a whole* than was imparted to it by the book-box or book-case in which the rolls were stored, a work that extended over several quires of a codex, or that was compiled serially quire by quire or codex by codex (as a letter-collection might be in late antiquity), could still be divided into "books" of roughly equal length and yet appear complete as a unitary bound artifact. Hence, (2) the codex format held out prospects of compositional closure and totalization that the roll format by nature did not.[41] To transpose these material and technical affordances into terms applicable to Sidonius' situation as he wrapped up his *Epistularum libri* in the early 480s: the multi-quire codex was more invitingly encompassing than any single-object Latin poetry book in the time of Horace or letter book in the time of Pliny could have been, and hence more likely to trigger fantasies of final aut(hol)ographic perfection.

We have seen how, in a marked departure from Pliny, Sidonius makes an exhibition of the physical, material processes by which his letters were compiled into *Epistularum libri*. We have seen him working the "margins" of his serially terminal books, as if filling them by acts of his own writing hand, in one case anachronistically imagining the space available for his text as marked off by the spindle of an old-fashioned book-roll.[42] (Needless to say, no copyist with a freshly prepared papyrus roll, let alone any ordinary reader of a roll-written text, would ever literally have written to a limit so irresistible. Writing hard up against a physical book-end is essen-

---

40 Thompson (1912), 45: "Although the authors themselves may not originally have divided their writings into separate portions to suit the ordinary length of a conveniently-sized roll, yet the practice of the scribe would eventually react on the author."

41 From the point of view of the *reader*, Cavallo (1999) 86–87, quoting and expanding on Petrucci (1995): "The codex brought together in one container [...] a series of organic textual units (one or more works by the same author; a miscellany of homogeneous writings), or disparate units (different works, which might even make up what has been called a 'library without a library'). This means that the codex brought about a profound change in both the notion of a book and the notion of total reading. The notion of a book, which was no longer immediately connected to a work, came to coincide with an object that might contain writings of a quality and a quantity that were no longer controlled by definite conventions; the notion of a total reading [which in a roll-based book culture would have embraced, at most, the several rolls of a single, compositionally unified work] came to imply a reading that, in order to be total, had to be extended to cover the content of an entire codex, even if that book, as was usually the case, contained more than one work." For the *author*, Irigoin (1989) 8: "Avec le triomphe du codex, les auteurs ne semblent pas avoir immédiatement tiré parti des possibilités que leur offrait la forme nouvelle prise par le livre, mais ils le feront assez vite. *Je ne crois pas que le passage d'un mode de composition à l'autre, qui représente un véritable saut et non une lente évolution, ait jamais été étudié pour lui-même*" (emphasis added). See now Grafton/Williams (2006); Vessey (2012a) 30.

42 As noted by van Waarden (2016) 33 (note 83), the word *codex* (in fact, *codices*) appears only once in the whole of Sidonius' œuvre, apparently as the last available synonym in a sentence that also includes *libri* and *volumina* (*Epistulae* 2,9,4 [64 L.], describing the library of Tonantius Ferreolus).

tially a hazard or luxury of codex book culture.⁴³) It would be easier to dismiss such quirks as merely another confirmation of Sidonius' notorious *préciosité*, did they not fall on the curve of a more general grapho- and bibliotropism in the self-stylings of Latin authors from the late fourth century onward.⁴⁴ Trend-spotting should of course always be checked by local analysis. In the case of coterie productions such as Sidonius' *Carmina* and *Epistulae*, we might be tempted to correlate the prevalence of autographic imagery with the absence in his time and region of any commercial book trade.⁴⁵ The question would remain: Why, even under those conditions, would a writer of Sidonius' rank and social pretensions deliberately elide the difference between gentleman author and hired book-producer?⁴⁶ In answering that question we may also begin to account for the distinctly un-Plinian flavour of much of the book-play in Sidonius' *Epistularum libri*.

The adjective *autholographus* in the letter to Lupus of Troyes (9,11,6 [157 L.]: *autholographas membranas*), if that conjectural reading is right,⁴⁷ is a hapax. It is followed a few lines later by the unusual *zothecula*, used elsewhere (as by Pliny, *Epistulae* 5,6,38, describing the furniture of his Tuscan villa) to denote a small chest or cabinet, but now by Sidonius (as also at *Epistulae* 8,16,3) as an exotic alternative to the customary Latin words for "book-case" or "letter-case", *armarium* and *scrinium*. The train of thought at this point skirts gentle reproach of Lupus, even as it remedies the offence that the latter had urbanely affected to take on discovering that the book of Sidonius' *Epistulae* that he had recently received was in fact intended for onward transmission by him to a third party.⁴⁸ In the time that he has had the book in

---

43 New constraints placed on scribes by the technique of book-making in quires for codexes: Turner (1977) 73–74.
44 Vessey (2002 and 2014); Squire (2017) on Publilius Optatianus Porfyrius. For fuller discussion of the special case of Cassiodorus, see Troncarelli (1998), Vessey (2004) and Ferrari (2011).
45 So Santelia (2003–2005) 29, for whom Sidonius and his kind were "'Condannati' – per così dire – a vivere in un mondo in cui commercio librario, tabernae librariae e 'venditori di libri' sono ormai sola un ricordo". But note the caution of Cameron (2011) 437: "[T]here is little evidence that even in the first and second centuries serious [...] readers were able to obtain more than a fraction of their needs by walking into a bookshop". See further Starr (1987) 219–223.
46 While Pliny was ready to depict himself with his writing-tablets, even when out hunting (*Epistulae* 9,36,6), he meticulously observed the distinction of roles between authors of books, such as he was, and personnel employed in their material production. See, e.g., *Epistularum liber* 9,36,2 (550 Kasten): *Cogito, si quid in manibus, cogito ad verbum scribenti emendantique similis, nunc pauciora, nunc plura, ut vel difficile vel facile componi tenerive potuerunt. Notarium voco et [...] quae formaveram, dicto; abit rursusque revocatur rursusque dimittitur.*
47 The manuscripts variously have *autolographas, autulographas, autolografas* (sc. *membranas*). The present reading is the emendation of Gufstaffson (1882) 114: "Potuit sane Sidonius et *holographas* et *autographas* et *idiographas* scribere, sed cum in A et H sit *aut olographas*, haud scio an novum verbum *autholographas* Sidonius posuerit."
48 *Epistulae* 9,11,6 (157 L.): *Illud his iunge, quod, si quid ibi* [sc. in the copy of a book of Sidonius' letters that Lupus has received from him] *vel casualiter placet, tu per consilium meum lectitas, ille* [sc. the person to whom Sidonius had promised this presentation copy] *quandoque per beneficium*

his book-case, one might allege (suggests Sidonius), Lupus could have committed it to memory. Meanwhile, the other party awaits the promised work, which he could yet have the good fortune to receive in a copy improved by Lupus' critical revisions![49] This scenario, set forth hypothetically by a surrogate author taking Sidonius' place (9,11,5 [156 L.]: *Dixisset alius*), appears to be a fanciful version of Sidonius' own usual practice in the publication of his *Epistularum libri*.[50] A complete copy of the part-work in question, in a parchment codex (*membranas*) produced under the author's direction, would be entrusted to an associate. The latter would critically peruse it (elsewhere *recensere*; cf. here 9,11,2 [155 L.]: *rigor censurae tuae in litteris*; also here 9,11,6 [157 L.]: *percurrere, tractare*) and make corrections, where necessary, either by marking and annotating the original in his own hand or, if he was having the book read aloud by a secretary, by dictation. The reviewer would then return the marked-up and annotated manuscript to the author, so that the latter could take account of the proposed emendations ahead of the production of one or more final, "presentation" or "publication" copies. The enabling conceit of Sidonius' apology to Lupus in *Epistulae* 9,11 is the suggestion that his fellow churchman might, contrary to the normal logic of authorial publication, arrange directly for the copying-out (*transferre*) of a presentation copy improved by his own critical revisions. There is no reason to think that Sidonius ever intended the elderly Lupus to act as his reviser in this case, although he may have flattered himself that his fellow bishop would want to

---

tuum, qui munusculi mei incassum pressus invidia necdum ad facultatem legendi, ut suspicor, venit, cum iamdiu ipse perveneris ad copiam transferendi. **Aio, tamquam non sit autholographas membranas arbitraturus, si tamen, quod ante percurreras, vel exemplar acceperit;** *neque enim in his, quae tractaveris, ulla culpabitur aut distinctionum raritas aut frequentia barbarismorum. Nempe ad extremum palam videtur etiam tibi transmissa proprietas, cui usus absque temporis praescriptione transmissus est quique supradicto tamdiu potes uti libello, ut eum non amplius zothecula tua quam memoria concludat* (emphasis added). For the sense of the passage in bold, see next note.

49 Leaning on William H. Semple in Anderson (1965) 555, I understand the crucial passage between *Aio* and *acceperit* (see previous note) as follows: "I say this [sc. that you, Lupus, have had plenty of time to get this work copied out again and sent on to the other party] as if [contrary to fact] he [the ultimate recipient] would not regard any copy that he received [from you], and that you had previously gone over critically, as if it were an original authorial parchment [since it would be so immaculate]."

50 As noted ad loc. by Loyen (1960–1970), Sidonius had sent what is now Book 8 for correction (*correctionis labor*) to Petronius, who was thereby assigned notional responsibility for the quality of the final text, while the honour of its publication (*honor editionis*) redounded to Constantius, to whom it would be dedicated. Constantius had been reviser for the "original" collection (Books 1–7 as it became), as we learn from the dedicatory letter (*Epistulae* 1,1,3 [3 L.]): *Sed scilicet tibi [Constantio] parui tuaeque examinationi has non recensendas (hoc enim parum est) sed defaecandas, ut aiunt, limandasque commisi, sciens te immodicum esse fautorem non studiorum modo verum etiam studiosorum*. Whether or not seriously meant in every case, the procedure whereby an author submitted his manuscript for final, pre-publication revision by a friend was perfectly "classical": Janson (1964) 107; 141–143; Starr (1987) 213; Johnson (2010) 45–62. For the publishing habits of Sidonius and other later Latin authors, see Bardy (1949), with the refinements of Marrou (1949); Santelia (2003–2005) and esp. Santelia (2003) 247–249.

have a copy made for his own use before passing the work on as requested. The politely joshing fiction of a *recensio Lupiana* compounds the fantasy of an aut(hol)ographic edition of one or more books of Sidonius' *Epistulae* that we have seen at other moments in the publication history of this collection. It is perhaps best construed as a micro-drama made possible by the literally and/or imaginatively "hands-on" quality of textual interactions among elite collaborators in a society, now, of spine-hinged books.

2.4 Paratextualities of the Codex

Sidonius' generation of Latin readers-and-writers was by no means the first to manifest signs of what might be called "codicographic ego".[51] Pen-on-page correction and annotation of "literary" and other texts had of course been a part of Greek and Roman bibliographic culture for centuries before that, variously performed by professional and amateur scribes, professional scholars, teachers and their students, authors and their friends. Patchily represented by our written sources, largely invisible in the monumental record, the forms of such activity have ordinarily had to be inferred by modern researchers from chance finds of papyri. From the late fourth century CE onward, however, the "literary" archive offers a substantial new body of evidence: statements inserted in codex-form manuscripts of classical and Christian Latin works, and preserved in the later tradition, to the effect that "I (Name) checked this text against its exemplar (or another copy)", sometimes with the added information that the task of collation and correction had been carried out with the assistance of a second (named) party, and perhaps with a mention too of the time or place in which the work had been done.[52] Since there was nothing fundamentally novel about the text-checking process reported in these *subscriptiones*, we need to explain their sudden proliferation. Also to be accounted for is the high rank of many of the individuals named. What we are seeing in such cases, according to Alan Cameron, is "gentlemen playing the role of correctors without being professional scholars."[53] So, to rephrase a question already posed above, why did these *later* Roman gentlemen "sign off" by name on the correctness of texts that passed through their hands, when the younger Pliny and his peers apparently never felt impelled to do so?

---

51 The phrase is calqued on "bibliographic ego", applied to a sixteenth-century virtuoso of the printed codex of an author's (his own) collected works, Ben Jonson, by Loewenstein (1985).
52 Texts of *subscriptiones* in manuscripts of classical and post-classical, non-Christian Latin authors edited by Jahn (1851) and, more accessibly, Zetzel (1981) 211–227. Cameron (2011) 420–497 is now the muster-point for all students of these texts and their (still uncollected) equivalents in manuscripts of Christian works; the line taken below follows that sketched in my review of that work, Vessey (2012b). On habits of textual collation in late antiquity, see also Petitmengin/Flusin (1984) 249–251.
53 Cameron (2011) 473.

The habit of checking a text and then attesting its correctness by a written statement in one's own hand originated in Roman legal procedure. *Subscriptio* in that sense was a routine device of documentary authentication long before it was transferred to the "literary" domain. Roman legal documents traditionally took the form of wooden tablets (*tabulae*), multiples of which were known as *codices*.⁵⁴ An individual vouching for the accuracy of the covering text of a testament, contract or other legal instrument drawn up in Latin might subscribe it with a phrase such as *legi, contuli* or *recognovi*.⁵⁵ The same or similar terms appear in the subscriptions of imperial rescripts, and in the formulas appended by the parties to legal proceedings for which official transcripts or *acta* were produced – including, in the later empire, acts of church councils.⁵⁶ The attestations ([re]*legi*, [de]*scripsi*, *recensui*, *emendavi*, *contuli*, *correxi*, *distinxi*, *adnotavi*, etc.) appended in copies of Sallust, Livy and other classical and post-classical Latin authors made at Rome and elsewhere from the turn of the fourth into the fifth century onward were an extension of this documentary idiom.⁵⁷ As Cameron points out, "[b]y the end of the fourth century almost everyone concerned with writing, copying and checking books would have had dealings with the law, bureaucracy, and church."⁵⁸ The subscribers of these manuscripts used a style of legitimation associated with the codex as a legal-documentary form to affirm the authenticity of "literary" texts transmitted in codexes.⁵⁹ In doing so, we may suppose, they meant to assert their own agency and personal title within a Roman sociopolitical order ultimately underwritten by the emperor himself as supreme human judge and lawgiver.⁶⁰

That high-society "recensions" of classical Latin authors could be mistaken by scholars in our own time for engines of a pagan rearguard against Christianity is the less surprising, given how self-consciously these late antique subscribers repurposed the luxury commodities of elite Roman "literary" culture, converting them by a few strokes of the pen into quasi-legal instruments. Such moves are intelligible as a

---

54 Meyer (2004) 22: "*Tabulae* were smallish rectangles, often of wood, itself usually (but not always) hollowed out and coated with wax into which letters were incised with a stylus. They could be hung on walls, or two, three, or more of these could be folded together or stacked to form diptychs, triptychs, or polyptychs, and these multiples could be called a *codex* or *codices*. The material (or medium) could eventually shift from being wood and wax, or bronze, to parchment or papyrus, but even so these documents would continue to be called *tabulae*, and when necessary folded, bound with string, and sealed. Sets of wooden tablets were also commonly called *tabellae, codicilli, pugillares*, and, at times, *libelli* ("little books")." For the shifting sense of *codex* over time, van Haelst (1989) 14–17, and for the evidence of the jurists, Roberts/Skeat (1983) 30–34.
55 Meyer (2004) 207–214.
56 Mourgues (1995); Meyer (2004) 209; 247–248.
57 Cameron (2011) 460–461.
58 Cameron (2011) 465.
59 Could the practice have originated with the first transcriptions of such texts from roll to codex, as if for assurance of successful re-mediation?
60 From an abundant literature, see esp. Matthews (2000); Kelly (2004); Millar (2006).

reaction by members of a patrician class – Christians and "pagans" alike – to the general instrumentalization of classical *paideia* in the service of the empire from the time of Diocletian forward.[61] In a world in which anyone with a decent grammatical and rhetorical education could henceforth expect to be upwardly socially mobile, the few with surplus resources to expend on the careful copying of curricular (and, *a fortiori*, non-curricular) texts would have had a clear interest in proclaiming their superior "critical" acumen, if only to each other. There would also have been mounting competition for prestige from *novi homines* making civil-service careers for themselves on the basis of a strictly vocational, literally "hands-on" training in the *ars notaria*.[62]

While in no sense professional scholars, the gentlemen who "collated" and subscribed late antique codexes did, then, have something to play for. The aim of their game was not so much text-checking as name-checking, and the key names to be checked were their own. Paradox or not, the best illustration of the thinking behind the Roman codex *subscriptiones* may be the panel of the diptych of the *vicarius urbis Romae* Rufius Probianus in which that dignitary is shown pointing with a pen to his own name inscribed in monumental capitals, in the vocative case, on a papyrus roll (!). Flanking shorthand-writers, with styluses and tablets in hand, record the proceedings over which he presides as the emperor's judicial surrogate.[63] Not unlike that of Sidonius' *Epistulae* 9,11 to bishop Lupus, the partly fanciful scene on this ivory panel bespeaks a larger Roman drama of men with pens and books. Where Henri-Irénée Marrou once glumly diagnosed the terminal decline of classical *paideia* into a "culture dominated by scribes", we may now need to recognize a distinctively (late) Roman-imperial mentality and sociality of the codex.[64]

In short, if Sidonius' ambiguously "hands-on" authorial book-making in his *Epistularum libri* looks and sounds rather un-Plinian, the difference is perhaps most economically explained as a reflex of the long-term shift to the codex in the

---

[61] Cameron (2004) 344: "A new sort of elite began to emerge [...]. *Paideia* ceased to be the natural hallmark of a hereditary elite, and became instead a passport to a job in the imperial service, a qualification that could be acquired by hard work." Prosopography in Nellen (1981).

[62] Teitler (1985). For longer perspectives on the Roman state, "documentary mentality" and bureaucracy, Woolf (2000) and (2009) 62–63; also Matthews (1998) 265, conjecturing that "[p]erhaps [...] the conduct of government itself [in the late empire] enlarged the franchise of literacy, stimulating the national economy of words by the sheer scale of its public expenditure".

[63] Reproduction and commentary in Matthews (2000) 14–15, who dates Probianus' vicariate "in the very late fourth or in the first decade of the fifth century" and marks the presence behind his throne of "the ceremonial inkstand representing his judicial authority." Nees (2002) 169 makes the important point that "the diptych is the exception that proves the rule [in iconography] that ancient authors are not physically engaged in writing, for the Roman official is really not writing but instead using the 'secretary mode' to represent words addressed to him by his once and future audience, PROBIANE FLOREAS ('Probianus, may you flourish')." We may take it for a sign of the times that Probianus should be presented in the "secretary mode".

[64] Marrou (1956) 312–313 ("The Teaching of Shorthand").

working media and media ideologies of Rome's empire, an historical development partly concealed by the surface continuity of "literary" genres (such as that of the Roman letter-book) over centuries. How far book-ways already characteristic of Christian religious communities before the imperial sanctioning of Christianity could have contributed to that development remains a subject of scholarly debate. Evidence abounds, in any case, for the instinctive and deliberate adaptation of the media of Roman empire to specifically Christian ideological and institutional ends in the Constantinian and Theodosian eras, as indeed also in earlier times.[65] The "literary" evidence embraces *inter alia* all texts from the fourth and fifth centuries traditionally claimed by the theological discipline of patristics and printed in collections like Migne's, including the works of Sidonius Apollinaris. As a glance at any of those corpora suggests, accessory texts such as *tituli* or indexes, prefaces, dedicatory letters, prologues and epilogues – *paratexts* of every kind – played a crucial role in setting readerly and writerly assumptions, adumbrating ideology, forging and reinforcing networks of influence.[66] It seems likely in fact that the mainstreaming of the codex in Roman literacy was accompanied and assisted by a growing collective apprehension of the special resources for cognitive improvisation afforded by the kinds of paratextuality performable with and in quired books.

A case in point. Some decades before Sidonius dusted off his letter (*Epistulae* 9,11) reminding Lupus to forward those *autholographas membranas* to a third party, two guidebooks of biblical exegesis composed by Eucherius, bishop of Lyon, Lupus' sometime *confrère* in the southern Gallic monastic community of Lérins, attracted epistolary *accusés de réception* from three other clerics, each of whom had been given an opportunity by Eucherius to have the texts in question copied for their own use. We have their letters to him, because they were paratextually incorporated into the manuscript tradition of his works.[67] One of them, from a priest Rusticus, went so far as to paragon Eucherius with Vergil, predicting his everlasting fame and projecting an imaginary library of sacred texts as a supersessionary analogue to the kind of well-equipped library of "worldly writings" (*mundiales scripturae*) that he now recalled, perhaps somewhat disingenuously, as a memory from his youth.[68]

Such moments of free-ranging bibliocritical reflection, with or without punctual reference to books newly copied out, are frequent in our actual library from this region and time. Gallo-Roman monastic and ecclesiastical milieux of the early and mid-fifth century were prolific in initiatives, at all scales and across genres, for the elaboration and articulation of systems of written media in the service of what were then still more or less experimental (Christian) styles of thought and living. The supplement to Jerome's catalogue *De scriptoribus ecclesiasticis* produced by

---

[65] Cameron (1991); Brown (1992); Grafton/Williams (2006).
[66] For approaches to Roman paratexts in non-Christian settings, Jansen (2014).
[67] Cf. Eucherius of Lyon, *Epistulae* (ed. Wotke): letters from Salvian, Hilary, Rusticus. Text and translation of the letter from Rusticus in Mathisen (2003) 1, 22–25; 2, 24–26.
[68] Text below, note 81; Vessey (2001); Santelia (2003).

Gennadius of Marseille is merely one of the more salient of these bibliocritical interventions. Although there is no sign that their paths ever crossed, Sidonius was Gennadius' contemporary. By the 460s, if no earlier, he was moving in the company of monk-bishops of Lérins such as Faustus, bishop of Riez, to whom he addressed a poem of thanks for favours received (*Carmen* 16).[69] His circle of friends included the priest Claudianus Mamertus, brother of the bishop of Vienne and author of a work *De statu animae* dedicated to Sidonius as prefect emeritus of the city of Rome, refuting opinions of the corporeal nature of the soul promulgated by none other than Faustus.

With associations like those, and the reputation as a poet that he enjoyed before turning bishop himself, Sidonius could be counted upon to offer rich material for latterday study of the evolving forms and ideals of Latin (Christian) literate activity in late antiquity, were he ever to express himself on the subject. And so he does, notably in connection with the two major "literary" figures of his acquaintance just mentioned. His *Epistulae* 4,3 is addressed to Claudianus Mamertus in person, fulsomely praising the *De statu animae* and a hymn of his, while *Epistulae* 4,11 to Petreius eulogizes Claudianus after his death in verse and prose, commemorating his mastery of intellectual-professional disciplines, roles and genres, and of a *triplex bybliotheca* of Roman, Greek and Christian writings (*Epistulae* 4,11,6 [137,4–5 L.]). Faustus, for his part, is the recipient of *Carmen* 16, the only piece of programmatically Christian poetry in the whole of Sidonius' œuvre. The bishop of Riez is, as we have seen, also the addressee of two of the most substantial letters in all the *Epistularum libri*, both of them falling in the first half of Book 9. To that pair of letters (*Epistulae* 9,3 and 9), especially the latter, in which Sidonius' aut(hol)ographic ego rides off in new directions, we now turn.

3 From Author to Architext (*Epistulae* 9,3 and 9 to Faustus)

3.1 Waiting for Faustus

De Sidonio Faustus optime meritus erat, an editor of Faustus of Riez for the *Monumenta Germaniae Historica* once wrote, probably in gratitude.[70] Without the figure of him that Sidonius traced, Faustus would have virtually no historical personality for us now. Yet this was a man who in his own time earned one of the longest notices in Gennadius' *De scriptoribus ecclesiasticis*, matched only by those devoted to such

---

69 Detailed discussion and commentary in Santelia (2012). See also Amherdt (2014). For Sidonius' relation to the Lerinian monastic tradition, with up-to-date bibliography, van Waarden (2016) 2–22. Mathisen (1981) 104–108 provides the essential prosopographical framework.
70 Krusch (1887) LVII.

other ascetic masters as Cassian of Marseille, Rufinus of Aquileia and Evagrius of Pontus.[71] In addition to the reasons for esteeming Faustus that he could have shared with Gennadius or any other contemporary, Sidonius may have had him to thank for his baptism; that at least is the construction usually put on an autobiographical passage in *Carmen* 16 (123,83–84 L.). By the time Sidonius went back to the archives to scrape up – as he would have us believe – the few last items to bring his *Epistularum libri* to the full Plinian measure, the two men's acquaintance would in any case have been of long date. A former abbot of Lérins, leading bishop, the most eminent Gallic theologian of his day, author of substantial treatises *De spiritu sancto* and *De gratia dei* and of widely circulated (and already collected?) letters of spiritual direction, Faustus could have been expected, and might himself have expected, to appear before Book 9 in the roll-call of Sidonius' published correspondence. Books 6 and 7 alone offered an unbroken sequence of 23 bishops as addressees. (Not a single one of those, however, was hailed as any kind of *author*.)

Even if Sidonius had once felt some awkwardness in being the dedicatee of a *De statu animae* directed against Faustus, the death of Claudianus Mamertus (475) would have left him time to insert a choice of letters to the bishop of Riez in a seven-book edition of his *Epistulae*. A more plausible reason for his delay in name-checking Faustus was that the latter had been one of the negotiators for the emperor Julius Nepos in the making of the treaty with Euric by which, in 475, the Auvergne – in the defence of whose capital, Clermont, its bishop had been so staunch – was ceded to the Visigoths.[72] It would be understandable if Sidonius felt a certain coolness towards his old benefactor in the aftermath of that betrayal, and did not rush to pay him compliments in the volumes of letters that he issued upon his return from exile in Aquitaine, probably in 477. In the event, by withholding any epistolary tribute to Faustus until the last book, he also reserved the opportunity for a high-stakes encounter (not to say showdown) with the one other major "literary" figure from his own place and time, besides himself and Claudianus Mamertus. Placed and timed as they are in the *Epistularum libri*, the letters to Faustus now invite two, complementary literary-historical readings. They propose an alternative to the model of the Roman *vir litteratus* as Christian philosopher, priest, teacher and publishing writer that Sidonius had set forth in his prosimetric eulogy of Claudianus in *Epistulae* 4,11. And they are a foil to the monument of Sidonius himself as retired Roman poet, free-wheeling epistolator and recusing Christian author.

The first sentence of *Epistulae* 9,3 after the salutation establishes the character of Faustus as a "literary" performer. He has commended himself to Sidonius as much by the eloquence of his writing (9,3,1 [134 L.]: *quod diserte scribitis*) as by the spontaneity of the affection that he has shown towards him. Correspondence between the two men has evidently been routine. Why then is this the only specimen of it so far?

---

[71] Gennadius, *De scriptoribus ecclesiasticis* 11 (Evagrius); 17 (Rufinus); 62 (Cassian); 86 (Faustus).
[72] Harries (1994) 237; Wood (see in this volume pp. 301–315).

As if in reply to that question, reasons are immediately given for their not exchanging any more letters at present. The first two have to do with the political tensions of the moment and uneasy state of Sidonius' conscience. The third and most compelling reason is Sidonius' high regard for the elegance and ornaments of Faustus' style, as exemplified by the letter to which he was now replying.[73] This, we are told, was characterized by the same fluency that Sidonius had witnessed many times before in the bishop's orations, whether premeditated or extemporized, and that was so conspicuously on display in a speech that he had delivered for the dedication of a church at Lyon, when he steered "as it were a middle course between the rules of spiritual and forensic usage" (9,3,5 [136 L.]: *te inter spiritales regulas vel forenses medioximum quiddam contionantem*), whatever that is supposed to mean.[74] In the face of such eloquence, claims Sidonius, he is struck dumb. Emulation is excluded from the start. Only as a charitable critic is the ascetical Faustus now called upon to pronounce – severely, without holding back, *non [...] censendi continentissimus* (9,3,7 [137 L.]) – on Sidonius' artless productions. If he would send the present letter back corrected, its writer would be thrilled. Such a critic's crossings-out would be cause for rejoicing, the lines left untouched having met with his approval. Clearly, there were exceptions to the rule of restricting epistolary traffic in dangerous times.

Should such passages be taken any more – or less – seriously than the rest of the *Epistularum libri*? If *Epistulae* 9,3 were all that we heard of Faustus from Sidonius after *Carmen* 16, its contents could be swallowed with the usual grain of salt. There is more to come, however, and sublimer yet.

3.2 Postscript: Sidonius Rides Out

Epistulae 9,9 is a *tour de force*.[75] In Book 9, only the terminal letter to Firminus comes close to it for dramatic impact. At first glance, and as the letter falls open on the page of the Budé edition, it runs to just a few lines. Faustus had expressed regret at a lapse of correspondence. Sidonius disclaims responsibility. His previous missive to the bishop of Riez had very opportunely (*aptissime*) failed to reach him at Apt(!), sparing its author the critical censure (*recensere* again) that it would have merited. Feints and finesses of Gallo-Roman episcopoliterarity. Although it drags Sallust's *Catiline* along with it, the ensuing excuse for brevity is no less predictable: Sidonius has nothing to write about. *Vnde aue dicto mox vale dicimus* (2 [147 L.]).

False ending at the mid-point of Sidonius' (final) book-ending book.

---

[73] *Epistulae* 9,3,5 (136 L.): *Tertia est causa vel maxuma, exinde scribere tibi cur supersederim, quod immane suspicio dictandi istud in vobis <u>tropologicum genus ac figuratum</u> limatisque plurifariam verbis eminentissimum, quod vestra quam sumpsimus epistula ostendit* (emphasis added).
[74] Sidonius took the phrase *medioximum quiddam* from the *De statu animae* of Claudianus Mamertus! Courcelle (1974) 193 (note 40).
[75] Pricoco (1965) laid the foundation for all subsequent readings of this letter.

Epistulae 9,9,3–16 is an immense postscript or *subscriptio*. Sidonius was on the point of folding up his letter. Then "Faustus" fell into his hands: *Venisti, magister, in manus meas* (3 [148 L.]). An emissary from the bishop of Riez, travelling to Britain, had been held up for several weeks in Clermont by strife in the surrounding region. After the visitor had gone on his way, Sidonius learned that he had writings by Faustus concealed in his bags. Not to be denied, he set off in hot pursuit and rode the man down before he was more than a few days' journey away. The book-chase ends in a scene of dictation that is at the same time a stunning instance of the Sidonian *genus tropologicum ac figuratum:*

> *Epistulae* 9,9,8 (149–150 L.): *Quid multa? Capti hospitis genua complector, iumenta sisto, frena ligo, sarcinas soluo, quaesitum volumen invenio, produco, lectito, excerpo, maxima ex magnis capita defrustans. Tribuit et quoddam dictare celeranti scribarum sequacitas saltuosa compendium, qui comprehendebant signis quod litteris non tenebant.*

> To cut a long story short, I embraced the knees of my captured guest, stopped the horses, tied up their bridles, undid his baggage, and, finding the book that I wanted, got it out, read and re-read it, excerpted it, picking out the greatest of its great chapters. I also benefited from the nimble alacrity of the scribes who, following my hasty dictation, secured by signs what they could not get hold of in letters.

It is (almost) pure fantasy. Not a single detail of the narrative need be literally true or even verisimilar for these lines to achieve their expressive effects. Is it any wonder that Erich Auerbach threw up his hands at such attempts by Sidonius to "capture the truth and even the concrete reality of things in a mesh of rhetorical figures"?[76] To ventriloquize Auerbach: How remote in its syntax and cognitive-affective impact is Sidonius' tale of a roadside book-heist from anything we find in Pliny's letters! Yet though we may not believe a word of it, we are bound to admit that Sidonius in this postscript to Faustus has found *something* to write about. If the ultimate subject of most of Pliny's anecdotes turns out to be Pliny himself, writer of renown in a Rome-centred world, what might Sidonius' subject be here on the road to post-Roman Britain?

Addressing himself to the author of the freshly transcribed text, the highwayman proceeds to critical judgment on his booty (*manubiis meis*):

> *Epistulae* 9,9,10–11 (150 L.): *Legimus opus operosissimum, multiplex, acre, sublime, digestum titulis exemplisque congestum, bipertitum sub dialogi schemate, sub causarum themate quadripartitum. Scripseras autem plurima ardenter, plura pompose; simpliciter ista nec rustice; argute illa nec callide; gravia mature, profunda sollicite, dubia constanter, argumentosa disputatorie, quaedam severe, quaepiam blande, cuncta moraliter lecte, potenter eloquentissime. Itaque per tanta te genera narrandi toto latissimae dictationis campo secutus nil in facundia ceterorum, nil in ingeniis facile perspexi iuxta politum.*

---

76 Auerbach (1965) 258.

It would be folly to try to translate such a passage into any natural language. It is also probably futile to look for the work that it describes in any library outside the imagination of a Jorge Luis Borges or C. Sollius Apollinaris Sidonius. Before taking up this superlatively supposititious *opus Faustianum*, let us take a step back for the sake of getting it into perspective.

A statue of Sidonius Apollinaris stood at the focal point of Roman "literary" fame, in the Forum of Trajan, framed by the *duplex bybliotheca* of Greek and Latin authors. As far as this author was concerned, none of his past honours as poet or statesman needed to be repudiated. As bishop of Clermont, however, he had come to take a different view of the world and his place in it from the one proclaimed in his imperial panegyrics. By the beginning of the 480s, he was writing and revising self-consciously at the actual as well as figurative limits of his lifetime's œuvre as a verbal artist. For the first part of Book 9, as we have noted, he did so without any reference to obvious markers of Roman polity. At the risk of breaching in advance the literary decorum asserted at the end of *Epistulae* 9,16, the internal postscript of *Epistulae* 9,9,3–16 shows him at the farthest imaginative point of his writerly career and at full stretch. Like the manuscribal author who appears at other places in Book 9, the dramatic character postscripted or subscribed as "Sidonius" to *Epistulae* 9,9 is bold enough to follow the course of a text as far as it will take him in the space that his medium allows. Faustus of Riez had despatched a copy of a work of his to Britain, a former Roman province where the writ of emperors had ceased to run. Sidonius had been obliged to "follow after" the bishop's emissary (9,9,7 [149 L.]: *insecutus*) for part of his journey north from Clermont. Having intercepted him, and thanks to the ancillary "following-power" of a flying copy-squad (9,9,8 [149–150 L.]: *scribarum sequacitas*), he had been able to take possession of a work that might otherwise forever have eluded him. And so, "having followed [the author] through all genres of discourse across the whole of a most expansive field of composition" (9,9,11 [150 L.]: *per tanta te genera narrandi toto latissimae dictationis campo secutus*), he was at last in a position to declare that nothing could improve upon the work in question, unless Faustus himself were to come and recite it *viva voce*, an eventuality that the "prologue" to this narrative has already ruled out.

In the end, the epistolator's tropologically transcribing hand is too recognizable in the writing-out and writing-up of this *opus operosissimum multiplex* (etc.) for us to regard its latterday attribution to the saintly bishop of Riez as anything better than philologically wishful thinking. Despite the repeated efforts of scholars to pin down the mystery work described by Sidonius, no solution has held up.[77] To read

---

[77] State of the question in Pricoco (1965) 133–140, who in his turn proposed identifying the *opus operosissimum* with the *De spiritu sancto* of Faustus. The arguments by Neri (2011) in favour of the putatively Faustian *De ratione fidei* run up against the problem that classical uses of *operosus* in relation to texts always imply exceptional labour and diligence on the part of their author, a burden not likely to be felt by the author of a catechetical summary that fills barely seven pages in a small-format modern edition (Faustus of Riez, *De ratione fidei*, ed. Engelbrecht). It will not do to translate *opero-*

the book-chase of *Epistulae* 9,9,6–11 as fabulation does not, however, mean denying the passage all historical interest. Construed with what follows at 12–15, and in the context of Sidonius' paratextually self-censoring, emulative, recusatory writing-out of his own multigeneric *opus (prosarium)* in the later books of the *Epistularum libri*, the pseudo-Faustian masterpiece may yet appear to modern readers as the plenary signifier that its original transcriber made it out to be.

3.3 Following Faustus (Up To a Point)

The later paragraphs of the letter seek to encapsulate the ideal content for which the earlier description of an *opus operosissimum* sought to specify the form or forms. Persisting with the imagery of conquest and possession used in the previous scene, Sidonius first works up the figure of the beautiful captive woman in Deut 21:11–13 as an allegory of the Lady Philosophy, who, after being shaved, stripped and bathed, is taken by Faustus as his spiritual bride and life-companion.[78] Sidonius forces the biblical figure further than previous exegetes had, almost to breaking-point. He then runs through a sophomoric list of Greek philosophers and philosophical schools, in order to establish that Faustus' personal style of philosophizing was nothing like any of theirs and at the same time manifestly superior, since it destroyed their arguments and, on behalf of the "church of Christ" (*ecclesiae Christi*), affirmed "the inexpressible wisdom of God the Father together with the everlastingness of the Holy Spirit" (9,9,14 [151 L.]: *ineffabilem dei patris asserere cum sancti spiritus aeternitate*). Anyone who stood against the orthodox Trinitarian "doctrine and sense of Christianity" (9,9,15 [152 L.]: *Christiano dogmati ac sensui*) would now be outwitted by Faustus. The postscripted letter ends by declaring the bishop of Riez the only man of his time empowered to perform such feats, and recycles ideas from the finale of *Epistulae* 9,3 to predict the fame in aftertimes that his life and teachings would secure for him.[79]

As Salvatore Pricoco showed half a century ago, Sidonius' limning of Faustus as Christian "philosopher" in *Epistulae* 9,9 was designed to make a diptych of sorts with his earlier portrayal of Claudianus Mamertus in *Epistulae* 4,11, the accolades heaped

---

sissumum as "molto impegnativo", as Neri does. Santelia (2012) 43 notes "la difficoltà di dirimere con certezza la questione". We could always conjecture that the summary *De ratione fidei* is the outcome of Sidonius' roadside excerpting of a longer work, otherwise lost. But does such literal-minded detective work get us anywhere with this author?

78 Pricoco (1965) 123–133.
79 *Epistulae* 9,9,16 (152–154 L.): *Quocirco merito te beatissimum boni omnes idque supra omnes tua tempestate concelabrabunt, cuius ita dictis vita factisque dupliciter inclaruit, ut, quando quidem tuos annos iam dextra numeraverit, saeculo praedicatus tuo, desiderandus alieno, utraque laudabilis actione, decedas te relicturus externis, tua proximis.* Cf. *Epistulae* 9,3,6 (136 L.): *Sunt de cetero tuae partes, domine papa, <u>doctrinae salutaris singularisque victuris operibus incumbere satis</u>* (emphasis added).

somewhat indiscriminately upon the unidentified *opus operosissimum* balancing those bestowed no less freely on Claudianus' anti-Faustian *De statu animae* in *Epistulae* 4,3,2–4.[80] Reusing the rare word applied by the bibliophile priest Rusticus to author-images displayed in Roman libraries,[81] we could say that Sidonius was creating a pair of contrasting but broadly compatible verbal autotypes or models of the Christian intellectual as one whose performance would challenge comparison with the "classics" of ancient Graeco-Roman culture, embodied in *Epistulae* 9,9 by the Greek philosophers passed there in review: Speusippus with his head down, Aratus with his head back, Zeno with furrowed brow, and so on. For this portrait-gallery Sidonius must have relied on the written or visual record of a decorative program like the one recalled by Rusticus, unless he was copying directly from works of art in a house familiar to him.[82] The array of "classics" lined up to be matched or excelled by Claudianus in *Epistulae* 4,3 is considerably more diverse than the canon rolled out for Faustus. Empaneled there are not only Greek philosophers but also cliques of Greek and Latin performers in a variety of other disciplines. Finally, in pride of place, at the close of the section praising the *De statu animae*, ahead of that praising Claudianus' hymn, comes a select crew of Greek and Latin Christian writers, with, as local representative, the same Eucherius of Lyon hailed earlier by Rusticus as autotypical Christian author. We are reminded again that Sidonius and Gennadius, continuator of the Hieronymian *De scriptoribus ecclesiasticis*, were contemporaries.[83] Gennadius, as appears from his terminal notice on himself, was a prodigious aggregator of textual resources in support of orthodoxy and orthopraxy. "Claudianus" and "Faustus" are likewise primarily devices of omni- or supradisciplinary totalization for Sidonius (as too, we may suspect, was "philosophy").[84] His *genus tropologicum ac figuratum scribendi* coopts the lives, persons and works identified by those proper names, in the interest of a higher-order construct of Latin Christian learning or "let-

---

[80] Pricoco (1965) 121–123.
[81] In his letter to Eucherius of Lyon, cited above, note 67. The pertinent passage runs: *Sed dum haec tacitus mecum revolvo, occurrit mihi quod in bibliothecis studiosi saecularium litterarum puer quondam, ut se aetatis illius curiositas habet, praetereundo legissem. Nam cum supra memoratae aedis ordinator ac dominus inter expressas lapillis au ceris discoloribus formatasque effigies vel oratorum vel etiam poetarum specialia singulorum autotypis epigrammata subdidisset* [...] (199,2–7 Wotke) (emphasis added). Discussion in Vessey (2001) 278–282.
[82] Hebert (1988).
[83] Eucherius was himself the author of a miniature catalogue of Christian men of letters in his *De contemptu mundi* (cf. PL 50, 718–719 [Eucherius of Lyon, *De contemptu mundi*]). In the remote background of all such late antique Latin attempts to order the resources of intellectual, liberal or broadly "literary" culture, whether prosopographically by exemplary persons or taxonomically by disciplines, lie the figure and work – or at least the memory – of Varro, named by Sidonius in *Epistulae* 4,3,1. For the influence of Varro's *Libri disciplinarum* in the milieu of Sidonius and Claudianus, Shanzer (2005). More generally, Vessey (2014).
[84] Pace Courcelle (1974) 182–195, who is nonetheless clear that Sidonius' philosophical styling of Faustus was mere flattery, encouraged by the fondness of the monks of Lérins for presenting their ascetical Christianity as a superior species of philosophy.

ters". While Sidonius credits many of his correspondents with "literary" prowess and prospects, he writes only two of them up at length as authors. And by the early 480s and the compilation of Book 9, only the auspiciously named figure of Faustus was still actively in play.

What did that figure portend but "living works of singular and saving doctrine" (*doctrinae salutaris singularisque victur[a] oper[a]*), such as the bishop of Riez was supremely well equipped to produce and Sidonius himself in Book 9 of the *Epistularum libri* steadily disclaimed attempting?[85] How better to capture the immeasurable promise of such works in their multifarious totality than with a phrase such as *opus operosissimum*, complemented by the barrage of epithets that follows in Sidonius' unsolicited review of a book destined for readers in faraway Britain? The theorist who devised the nowadays indispensable notion of the paratext, Gérard Genette, also furnishes us with a generic name for the otherwise nearly ineffable object described there in such blinding detail by Sidonius. It is the *architext*, a materially non-existent, transcendent ("literary") text that gathers up in itself all the possibilities for and conceivable interrelationships between texts of every kind, whether assignable to genres recognized by classical, classicizing or other genre-systems, or not. As an instance of the genre of ungeneric texts Genette cites Dante's *Commedia*.[86] Combining that hint with hints dropped by Sidonius himself, and taking advantage of long hindsight, we might now read the book-trailing *subscriptio* to *Epistulae* 9,16 as a pre-authorizing, pre-authenticating paratext for the architext capable of generating in time all (our) post-Roman, Christian, western "literature(s)".[87] In doing so, however, we would also need to reckon with the manifest evidence of Sidonius' desire to place his own "literary" œuvre and posterity, if that were possible, *outside* such an all-embracing future dispensation.

Even without benefit of latterday theoretical models, we should in any case be struck by the (a)symmetry of the scene made by Sidonius with a book of Faustus in *Epistulae* 9,9 and the scene made soon afterwards in *Epistulae* 9,11 with a book of Sidonius by Lupus of Troyes, in Sidonius' telling (as discussed above). According to the surrogate author whom Sidonius has speak on his behalf, Lupus had been assigned personal property in a volume of Sidonius' letters: *palam videtur [...] tibi transmissa proprietas, cui usus absque temporis fixi praescriptione transmissus est* (9,9,6 [157 L.]). The legalistic language at this point is of a piece with the accompanying conceit of an eventual onward transmission by Lupus of *autholographas membranas* ambiguously attributable to him or Sidonius. In the codex society within which, we

---

85 Above, note 79. There is an echo here of Sidonius' earlier tribute to Claudianus' *unica singularisque doctrina et in diversarum rerum assertione monstrabilis* at *Epistulae* 4,3,5 (117 L.; emphasis added). For Sidonius' disclaimers, see esp. *Epistulae* 9,2 and 7, summarized above.
86 Genette (1979) 87–88.
87 Dante was a central reference for the Romantic-era theorizing of "literature" as that term was subsequently to be understood. For both Auerbach (1946) and Curtius (1948) the *Commedia* was the keystone of western literature. See Darras (2002).

have argued, such Roman gentlemen clergy moved, the act of supervising the copying (and with it, possible correction) of a text was associated with forms of paratexting that were liable to blur the lines between authorship and other modes of property in a work. From Constantius (*Epistulae* 1,1 and 7,18) to Firminus (*Epistulae* 9,1 and 16), the texts of Sidonius' *Epistularum libri* are placed under the quasi-proprietary supervision of trusted accomplices. Without ever compromising its total unity, Sidonius consistently presents his late-career *opus prosarium* as a work of many, more or less authorial hands.

Now let us consider once more, against that background, the copying of the pseudo-Faustian *opus operosissimum*, as stylized by Sidonius. The first point to underline is that Faustus did not entrust his book to Sidonius for critical review, nor give him any charge with respect to it. Nothing, we are invited to think, could have been further from his thoughts! Nearly a fifth of the postscript to *Epistulae* 9,9 (3–5) is taken up with Sidonius' guesses as to why he had *not* been allowed to set eyes on the work in question. The violence with which he and his posse of stenographers duly lay hands on the new publication (9,9,5 [148 L.]: *his quos edidissetis libellis*) is, we might say, dramatically proportionate to the shock of the original authorial denial of access, their roadside copying session a grotesque parody of the ideal process of textual recension and transmission among members of the Roman elite. No longer the leisured gentleman critic with pen ceremoniously poised or secretary at hand to strike out an infelicitous phrase here, add a punctuation mark there or insert a marginal note, the intrepid outrider (and writer-out) in *Epistulae* 9,9 scrambles to get down as much as possible of the purloined volume, dictating to several assistants at once, omitting whole sections of the exemplar. As repeated forms of the verb *sequi* implicitly assimilate his activity as book-chaser (7) and book-peruser (11) to the auditory-manual *sequacitas* of his amanuenses in converting spoken words into symbols (8), the always *précieux* persona of the Sidonian autholographic text-producer teeters on the edge of farce. Sidonius will follow the auspicious ("Faustian") future-text of Christian *doctrina* so far, but no further.

How in fact would any such *opus operosissimum* normally be transmitted? Or to put the same question in terms less prejudiced by the special case that we have been considering: How, from this time forward, would the transmission processes for Christian (and non-Christian) works differ from those previously in use in late Roman codex society? The issue is relevant not only to the complex history of texts attributed or attributable to Faustus of Riez but also more generally to the textual legacy of fifth-century Gallo-Roman monastic-clerical culture.[88] Codex society of an essentially *late* Roman-imperial kind was there to stay. Styles of codex literacy and sociality would continue to evolve.[89]

---

[88] Vessey (2013) seeks to place the homiletic œuvre of Faustus and his Gallic associates in a broader narrative of developing practices of Christian textual (re)production.
[89] Petrucci (1995) is fundamental for the western scene from the fifth century forward.

4 Epilogue: Writing Out Sidonius

Modern enthusiasts for Sidonius like to quote Jill Harries' observation that "our view of his entire literary course might be different, had his book of *Missae* survived".[90] As part of the larger enterprise of going "in search of Sidonius the bishop" that was launched four decades ago by Philip Rousseau, recent attempts to recover or, failing that, imaginatively reconstruct elements of this author's pastoral and liturgical "literary" output are still timely.[91] Literary historians nonetheless have a continuing responsibility to mark the limits provisionally set for an author's reception by his (or her) strategies of self-presentation and publication, if only so as to be able to make sense of the wider reception histories within which all such individual writerly *Nachleben* are necessarily implicated from the start. In the case of Sidonius, the stakes for a correct assessment are raised by awareness of his privileged position in our customary chronologies of the passage from Roman to post-Roman, western (Christian) European culture. If on this point, despite the boom in Sidonian studies since the 1990s, Stein's now nearly century-old summary judgments need little updating, that may be because few if any Latin writers of late antiquity were more effective in executing their own testamentary provisions than the one who signed off with a line from Horace at the end of the last of his Pliny-parallelling *Epistularum libri*.

The part of Stein's thumbnail account of Sidonius that is now most likely to provoke resistance is his view that Christianity played, at bottom, a merely accessory role in his œuvre as a writer.[92] Advocates for Sidonius the bishop and those who claim him for an avant-garde of Latin Christian poets will appeal to the many places in his letters where pastoral and theological concerns are to the fore, to the evidence (such as it is) for his biblical erudition and knowledge of other Christian writers, and to his poem of thanks to Faustus of Riez (*Carmen* 16). Only when pushed too hard do such arguments lose their force. There is no point in doubting Sidonius' "seriousness" as a Christian in his later years.[93] The more pertinent question for literary historians has to do with the influence of distinctively Christian textual practices on his sense and positioning of himself as a writer, the precise issue on which Stein pronounced. The conclusion of the present essay must be that considerations of specifically Christian "literary" œuvre and system certainly did weigh on Sidonius as he neared the limits set for him by his Plinian epistolary model and strove to give definitive shape to his career and output as a Latin poet and prosateur – and that

---

[90] Harries (1994) 220.
[91] Rousseau (1976). See now esp. van Waarden (2010) 564–565 and van Waarden (2011).
[92] Above, note 1.
[93] Sidonius Apollinaris, *Epistulae* 8,4,3 (90 L.): *Sed, quod fatendum est, talibus studiis anterior aetas iuste vacabat seu, quod est verius, occupabatur; <u>modo tempus est seria legi, seria scribi</u> deque perpetua vita potius quam memoria cogitari nimiumque meminisse nostra post mortem non opuscula sed opera pensanda* (emphasis added).

he determined at that point deliberately to exempt himself, so far as he could, from the workings of any system for the future (re)production of a corpus of *scriptores ecclesiastici*. While we may suppose that he would have accepted with good grace his appearance in an early supplement to Gennadius' catalogue and in due course in the *Patrologia Latina*, we can also conjecture that he would take satisfaction in seeing that, besides the collected *Carmina* and *Epistulae* to which he applied the *ultima manus*, the latest edition of the *Clavis Patrum Latinorum* sets down nothing under his name besides certain glosses on the *Epistulae*, the earliest of which their nineteenth-century editor thought might have been composed not long after the writer's own time.

A *Sitz im Leben* for such early glossing of Sidonius is suggested by a text conveniently to hand. Dedicating the last book of his *Epistulae* to Firminus, Sidonius had cast doubt on the enthusiasm of his own son, Apollinaris, for undertakings of the sort (*Epistulae* 9,1,5). (Imagine having Sidonius for a father!) It seems that in the course of time the younger Apollinaris came, like other wayward children, to appreciate the spiritual legacy of his parent. A letter from Ruricius, bishop of Limoges – upon whom Sidonius had formerly relied to procure calligraphic services (*Epistulae* 5,15,1) – notifies Apollinaris that a copy of Sidonius' writings that he, Ruricius, had commissioned from his *librarius* or *bybliopola*, at Apollinaris' request, was now ready. Glancing over the work, Ruricius confesses in his letter, he had experienced some difficulty on account of the author's language.[94] He therefore looked forward to putting into execution a scheme proposed by Apollinaris, whereby the two men would be fellow interpreters of the work of their shared "lord and father".[95] There is no need

---

94 Ruricius, *Epistulae* 2,26 (365,9 – 366,13 Demeulenaere): *Sollium enim nostrum domnum patremque communem, quem transcribendum sublimitati vestrae dedisse me dixeram, legendum recepi. Cuius lectio, sicut mihi antiquum restaurat affectum, ita prae obscuritate dictorum non accendit ingenium.*

95 Ruricius, *Epistulae* 2,26, (366,19 – 21 D.): *Hunc ergo* [sc. *Sidonium nostrum*], *si Dominus piae definitioni vestrae tribuet ut fautor effectum, vobis prasentibus percensere festino et effici discipulus de magistro.* I read *vestrae* here with the sole manuscript (against *nostrae*, a conjecture of Engelbrecht adopted by Demeulenaere) but follow the vulgate of earlier editions (as reported by Engelbrecht: Ruricius, *Epistulae* 2,26 [411,7 E.]) in reading *tribuet ut fautor effectum* for the manuscript's *tribuetur fautor effectum*. Engelbrecht and Demeulenaere attempt to straighten out the passage by inserting a comma after *fautor*, at the cost of what I take to be its underlying sense, namely that Apollinaris has proposed that he and Ruricius read the work together. The translation in Mathisen (1999) 184 – 185 labours here and at other points, and is followed by Mascoli (2004) 177 and Santelia (2003 – 2005) 23 – 25. To construe the letter as a whole it is essential to see that the first sentence quoted in note 94 above does not state that Ruricius has received back from Apollinaris a work of Sidonius that he, Ruricius, had sent to Apollinaris to be copied (a scenario that, as the other commentators recognize, would be hard to explain) but that Ruricius has put the work out for copying at Apollinaris' request. *Sublimitati vestrae* is a dative of advantage with *transcribendum*, the indirect object of *dedisse* (namely a copyist engaged by Ruricius) being tacitly understood. Whatever may have prompted Apollinaris to have his father's work re-copied, that he could have asked Ruricius to act as intermediary with a book-maker and at the same time proposed that the two of them go over (*recensere*) the text of

to suppose that the manuscript in question was of some now lost work of Sidonius. The natural inference is that it was either the *Carmina* or, more likely, the *Epistulae*, and that Ruricius and Apollinaris meant to sit down together at the next opportunity and puzzle over the most recondite passages of this masterpiece from the recent past. As Ruricius put it to Apollinaris, "What could be more fitting than that you should be the expositor of your father's eloquence, who can more easily recite all that he wrote from the page of your heart than from the parchment of a codex?"[96] These are still the old Roman idioms and poses of cultural transmission in a codex society. One purpose of Ruricius' letter, and of the collection in which it was transmitted, may have been to keep them current in a new age of the Christian architext.

Bibliography

Primary Sources

Augustinus, *Retractationes* = Almut Mutzenbecher (ed.), *Sancti Aurelii Augustini Retractationum libri II* (CChr.SL 57), Turnhout 1984.
Epitaph for Sidonius Apollinaris = Christian Lütjohann (ed.), *Gai Sollii Apollinaris Sidonii epistulae et carmina* (MGH.AA 8), VI.
Eucherius of Lyon, *Epistulae* = Karl Wotke (ed.), *Sancti Eucherii Lugdunensis Formulae spiritalis intellegentiae. Instructionum libri duo. Passio Agaunensium martyrum. Epistula de laude heremi. Accedunt epistulae ab Salviano et Hilario et Rustico ad Eucherium datae* (CSEL 31), Wien 1894, 197–199.
Eucherius of Lyon, *De contemptu mundi* = Jacques Paul Migne (ed.), *Epistola paraenetica ad Valerianum cognatum de contemptu mundi et saecularis philosophiae* (PL 50), Paris 1865, 711–726.
Faustus of Riez, *De ratione fidei* = Augustus Engelbrecht (ed.), *Fausti Reiensis praeter sermones Pseudo-Eusebianos opera. Accedunt Ruricii epistulae* (CSEL 21), Wien 1891, 453–459.
Martial, *Epigrammata 4* = Paul Barié and Winfried Schindler (eds.), *Martial. Epigramme. Lateinisch-deutsch* (Sammlung Tusculum), 3. vollständig überarb. Aufl., Berlin 2013, 252–319.
Plinius, *Epistularum liber 9* = Helmut Kasten (ed.), *Gaius Plinius Caecilius Secundus. Briefe. Epistularum libri decem. Lateinisch – deutsch* (Sammlung Tusculum), 8. Aufl., Düsseldorf 2014, 494–557.
Ruricius, *Epistulae 2,26* =
 Roland Demeulenaere (ed.), *Ruricii Lemouicensis epistularum libri duo. Accedunt: I. Epistulae ad Ruricium scriptae. II. Epistulae Fausti ad Ruricium* (CChr.SL 64), Turnhout 1985, 365–366. August Engelbrecht (ed.), *Fausti Reiensis praeter sermones Pseudo-Eusebianos opera. Accedunt Ruricii epistulae* (CSEL 21), Wien 1891, 410–411.
Sidonius Apollinaris, *Carmina* =
 André Loyen (ed.), *Sidoine Apollinaire 1: Poèmes* (CUFr), Paris 1960.

Sidonius together is easily credited, and consistent with the codex-based sociality of this late to post-Roman milieu.
96 Ruricius, *Epistulae* 2,26 (366,25–28 D.): *Quid enim iustius, quam ut ipse sis paterni interpres eloquii, qui universa, quae ille conscripsit, non tam de codicis membrana, quam de cordis potes pagina proferre?*

William B. Anderson (trans.), *Sidonius. Poems and Letters* 1 (The Loeb Classical Library), London 1963.
Sidonius Apollinaris, *Epistulae* 1–5 = André Loyen (ed.), *Sidoine Apollinaire* 2: *Lettres (Livres I–V)* (CUFr), Paris 1970.
Sidonius Apollinaris, *Epistulae* 6–9 =
André Loyen (ed.), *Sidoine Apollinaire* 3: *Lettres (Livres VI–IX)* (CUFr), Paris 1970.
William B. Anderson (trans.), *Sidonius. Poems and Letters* 1–2 (The Loeb Classical Library), London 1963–1965.

Secondary Literature

Amherdt (2014): David Amherdt, "Le *Carmen* 16 de Sidoine Apollinaire. L'Esprit Saint et les Muses, la Bible et Juvénal, Lérins et les Syrtes brûlantes", in: Rémy Poignault and Annick Stoehr-Monjou (eds.), *Présence de Sidoine Apollinaire* (Caesarodunum 44/45 bis), Clermont-Ferrand, 421–432.
Arns (1953): Evaristo Arns, *La technique du livre d'après saint Jérome*, Paris.
Auerbach (1946): Erich Auerbach, *Mimesis. Dargestellte Wirklichkeit in der abendländischen Literatur*, Bern.
Auerbach (1965): Erich Auerbach, *Literary Language and Its Public in Late Latin Antiquity and in the Middle Ages* (Bollingen Series 74), Princeton.
Bardy (1949): Gustave Bardy, "Copies et éditions au Ve siècle", in: *Revue des sciences religieuses* 23, 38–52.
Birt (1907): Theodor Birt, *Die Buchrolle in der Kunst. Archäologisch-antiquarische Untersuchungen zum antiken Buchwesen*, Leipzig.
Bodel (2015): John Bodel, "The Publication of Pliny's Letters", in: Ilaria Marchesi (ed.), *Pliny the Book-Maker. Betting on Posterity in the Epistles*, Oxford, 13–105.
Brown (1992): Peter Brown, *Power and Persuasion in Late Antiquity. Towards a Christian Empire* (The Curti Lectures 1988), Madison.
Caltabiano (1996): Matilde Caltabiano, *Litterarum lumen: Ambienti culturali e libri tra il IV e il V secolo* (Studia Ephemeridis Augustinianum 55), Rome.
Cameron (2004): Alan Cameron, "Poetry and Literary Culture in Late Antiquity", in: Simon Swain and Mark Edwards (eds.), *Approaching Late Antiquity. The Transformation from Early to Late Empire*, Oxford, 327–354.
Cameron (2011): Alan Cameron, *The Last Pagans of Rome*, Oxford.
Cameron (1991): Averil Cameron, *Christianity and the Rhetoric of Empire. The Development of Christian Discourse* (Sather Classical Lectures 55), Berkeley.
Cavallo (1975): Guglielmo Cavallo, "Libri e pubblico alla fine del mondo antico", in: idem (ed.), *Libri, editori e pubblico nel mondo antico. Guida storica e critica* (Universale Laterza 315), Rome, 81–132; 149–162.
Cavallo (1999): Guglielmo Cavallo, "Between *Volumen* and Codex. Reading in the Roman World", in: Guglielmo Cavallo and Roger Chartier (eds.), *A History of Reading in the West* (Studies in Print Culture and the History of the Book), Amherst, 64–89.
Cavallo/Fedeli/Giardina (1989): Guglielmo Cavallo, Paolo Fedeli and Andrea Giardina (eds.), *Lo spazio letterario di Roma antica* 2: *La circolazione del testo*, Rome.
Chenault (2012): Robert Chenault, "Statues of Senators in the Forum of Trajan and the Roman Forum in Late Antiquity", in: *The Journal of Roman Studies* 102, 103–132.
Cheney/De Armas (2002): Patrick Cheney and Frederick Alfred de Armas (eds.), *European Literary Careers. The Author from Antiquity to the Renaissance*, Toronto.

Courcelle (1974): Pierre Courcelle, *Connais-toi toi-même de Socrate à saint Bernard* 1: *Histoire du précepte delphique* (Collection des Études augustiniennes. Série Antiquité 58), Paris.

Curtius (1948): Ernst Robert Curtius, *Europäische Literatur und lateinisches Mittelalter*, Bern.

Darras (2002): Jacques Darras, *Nous sommes tous des romantiques allemands: De Dante a Whitman en passant par Iéna*, s.l.

Dekkers (1952): Eligius Dekkers, "Les autographes des Pères latins", in: *Colligere fragmenta: Festschrift Alban Dold zum 70. Geburtstag*, Beuron, 127–39.

Dill (1899): Samuel Dill, *Roman Society in the Last Century of the Western Empire*, 2. ed., London.

Drinkwater/Elton (1992): John Drinkwater and Hugh Elton (eds.), *Fifth-Century Gaul. A Crisis of Identity?*, Cambridge.

Egelhaaf-Gaiser (2010): Ulrike Egelhaaf-Gaiser, "Bleibende Klänge. Das hymnische Briefsiegel des Bischofs Sidonius (epist. 9,16)", in: *Millennium* 7, 257–292.

Farrell (2002): Joseph Farrell, "Greek Lives and Roman Careers in the Classical *Vita* Tradition", in: Patrick Cheney and Frederick Alfred de Armas (eds.), *European Literary Careers. The Author from Antiquity to the Renaissance*, Toronto, 24–46.

Feeney (2016): Denis Feeney, *Beyond Greek. The Beginnings of Latin Literature*, Cambridge, MA.

Ferrari (2011): Michele C. Ferrari, "*Manu hominibus praedicare*. Cassiodors Vivarium im Zeitalter des *Übergangs*", in: Elke Blumenthal and Wolfgang Schmitz (eds.), *Bibliotheken im Altertum* (Wolfenbütteler Schriften zur Geschichte des Buchwesens 45), Wiesbaden, 223–249.

Gascou (1989): Jean Gascou, "Les codices documentaires égyptiens", in: Alain Blanchard (ed.), *Les Débuts du codex. Actes de la journée d'étude organisée à Paris les 3 et 4 juillet 1985 par l'Institut de Papyrologie de la Sorbonne et l'Institut de Recherche et d'Histoire des Textes* (Bibliologia 9), Turnhout, 71–101.

Genette (1979): Gérard Genette, *Introduction à l'architexte* (Collection Poétique), Paris.

Gibson (2012): Roy K. Gibson, "On the Nature of Ancient Letter Collections", in: *The Journal of Roman Studies* 102, 56–78.

Gibson (2013a): Roy K. Gibson, "Pliny and the Letters of Sidonius. From Constantius and Clarus to Firminus and Fuscus", in: *Arethusa* 46, 333–355.

Gibson (2013b): Roy K. Gibson, "Reading the Letters of Sidonius by the Book", in: Johannes Alexander van Waarden and Gavin Kelly (eds.), *New Approaches to Sidonius Apollinaris* (Late Antique History and Religion 7), Leuven, 195–219.

Gibson (2014): Roy K. Gibson, "Starting with the Index in Pliny", in: Laura Jansen (ed.), *Roman Paratexts. Frames, Texts, Readers*, Cambridge, 33–55.

Gibson (2015): Roy K. Gibson, "Not Dark Yet ... Reading to the End of Pliny's Nine-Book Collection", in: Ilaria Marchesi (ed.), *Pliny the Book-Maker. Betting on Posterity in the Epistles*, Oxford, 185–221.

Gibson/Morello (2012): Roy K. Gibson and Ruth Morello, *Reading the Letters of Pliny the Younger. An Introduction*, Cambridge.

Grafton/Williams (2006): Anthony Grafton and Megan Hale Williams, *Christianity and the Transformation of the Book. Origen, Eusebius, and the Library of Caesarea*, Cambridge, MA.

Gualandri (1979): Isabella Gualandri, *Furtiva lectio. Studi su Sidonio Apollinare* (Testi e documenti per lo studio dell'antichita 62), Milan.

Gualandri (1989a): Isabella Gualandri, "Per una geografia della letteratura latina", in: Guglielmo Cavallo, Paolo Fedeli and Andrea Giardina (eds.), *Lo spazio letterario di Roma antica* 2: *La circolazione del testo,* Rome, 469–508.

Gualandri (1989b): Isabella Gualandri, "Per una geografia della letteratura latina", in: Guglielmo Cavallo, Paolo Fedeli and Andrea Giardina (eds.), *Lo spazio letterario di Roma antica* 2: *La circolazione del testo*, Rome, 508–529.

Gustafsson (1882): Fridolf Vladimir Gustafsson, *De Apollinari Sidonio emendando*, Helsingfors.

Harnett (2017): Benjamin Harnett, "The Diffusion of the Codex", in: *Classical Antiquity* 36, 183–235.
Harries (1994): Jill D. Harries, *Sidonius Apollinaris and the Fall of Rome. AD 407–485*, Oxford.
Harries (1996): Jill D. Harries, "Sidonius Apollinaris and the Frontiers of *Romanitas*", in: Ralph W. Mathisen and Hagith S. Sivan (eds.), *Shifting Frontiers in Late Antiquity*, Aldershot, 31–44.
Harris (1991): William V. Harris, "Why Did the Codex Supplant the Book-Roll?", in: John Monfasani and Ronald G. Musto (eds.), *Renaissance Society and Culture. Essays in Honor of Eugene F. Rice, Jr.*, New York, 71–85.
Heather (2005): Peter Heather, *The Fall of the Roman Empire*, London.
Hebert (1988): Bernhard Hebert, "Philosophenbildnisse bei Sidonius Apollinaris", in: *Klio* 70, 519–538.
Henderson (2007): John Henderson, " '... when who should walk into the room but ...'. Epistoliterarity in Cicero, *Ad Qfr*. 3.1", in: Ruth Morello and Andrew D. Morrison (eds.), *Ancient Letters. Classical and Late Antique Epistolography*, Oxford, 37–85.
Holtz (1989): Louis Holtz, "Les mots latins désignant le livre au temps d'Augustin", in: Alain Blanchard (ed.), *Les Débuts du codex. Actes de la journée d'étude organisée à Paris les 3 et 4 juillet 1985 par l'Institut de Papyrologie de la Sorbonne et l'Institut de Recherche et d'Histoire des Textes* (Bibliologia 9), Turnhout, 105–113.
Irigoin (1989): Jean Irigoin, "Préface", in: Alain Blanchard (ed.), *Les débuts du codex. Actes de la journée d'étude organisée à Paris les 3 et 4 juillet 1985 par l'Institut de Papyrologie de la Sorbonne et l'Institut de Recherche et d'Histoire des Textes* (Bibliologia 9), Turnhout, 7–9.
Jahn (1851): Otto Jahn, "Über die Subscriptionen in den Handschriften römischer Classiker", in: *Königlich-Sächsische Gesellschaft der Wissenschaften. Philologisch-Historische Klasse. Berichte über die Verhandlung* 3, 327–372.
Jansen (2014): Laura Jansen, *The Roman Paratext. Frame, Texts, Readers*, Cambridge.
Johnson (2009): William A. Johnson, "The Ancient Book", in: Roger S. Bagnall (ed.), *The Oxford Handbook of Papyrology*, Oxford, 256–281.
Johnson (2010): William A. Johnson, *Readers and Reading Culture in the High Roman Empire. A Study of Elite Communities* (Classical Culture and Society), Oxford.
Kaufmann (1995): Frank-Michael Kaufmann, *Studien zu Sidonius Apollinaris* (Europäische Hochschulschriften Reihe 3. Geschichte und ihre Hilfswissenschaften 681), Frankfurt a.M.
Kelly (2004): Christopher Kelly, *Ruling the Later Roman Empire* (Revealing Antiquity 15), Cambridge Massachusetts.
Kelly (forthcoming): Gavin Kelly, "Dating Sidonius' Poems and Letters".
Kenyon (1951): Frederic George Kenyon, *Books and Readers in Ancient Greece and Rome* (Folcroft Library Editions), 2. ed., Oxford.
Kitchen (2010): Thomas E. Kitchen, "Sidonius Apollinaris", in: Richard Corradini et al. (eds.), *Ego Trouble. Authors and Their Identities in the Early Middle Ages.* (Denkschriften. Österreichische Akademie der Wissenschaften. Philosophisch-historische Klasse 385, Forschungen zur Geschichte des Mittelalters 15), Vienna, 53–66.
Krusch (1887): Bruno Krusch, "Praefatio in Faustum", in: Christian Lütjohann (ed.), *Gai Solii Apollinaris Sidonii Epistulae et carmina* [supplement: *Fausti aliorumque epistulae ad Ruricium aliosque Ruricii epistulae*] (MGH.AA 8), Berlin, LIV–LXI.
Küppers (2005): Jochem Küppers, "Autobiographisches in den Briefen des Apollinaris Sidonius", in: Michael Reichel (ed.), *Antike Autobiographien. Werke-Epochen-Gattungen* (Europäische Geschichtsdarstellungen 5), Cologne, 251–277.
Loewenstein (1985): Joseph Loewenstein, "The Script in the Marketplace", in: *Representations* 12, 101–114.
Lowe/Rand (1922): Elias Avery Lowe and Edward Kennard Rand, *A Sixth-Century Fragment of the Letters of Pliny the Younger. A Study of Six Leaves of an Uncial Manuscript Preserved in the*

Pierpont Morgan Library, New York (Carnegie Institution of Washington. Publication 304), Washington, D.C.

Loyen (1943): André Loyen, *Sidoine Apollinaire et l'esprit précieux en Gaule aux derniers jours de l'Empire* (Collection d'études latines. A. Série scientifique 20), Paris.

Marchesi (2008): Ilaria Marchesi, *The Art of Pliny's Letters*, Cambridge.

Marchesi (2015a): Ilaria Marchesi (ed.), *Pliny the Book-Maker. Betting on Posterity in the Epistles*, Oxford.

Marchesi (2015b): Ilaria Marchesi, "Uncluttered Spaces, Unlittered Texts. Pliny's Villas as Editorial Places", in: Ilaria Marchesi (ed.), *Pliny the Book-Maker. Betting on Posterity in the Epistles*, Oxford, 223–252.

Marrou (1938): Henri-Irénée Marrou, *Mousikos aner. Étude sur les scènes de la vie intellectuelle figurant sur les monuments funéraires romains* (Bibliothèque de l'Institut Francais de Naples. Séries 1. Etudes d'histoire et de critique 4), Grenoble.

Marrou (1949): Henri-Irénée Marrou, "La technique de l'édition à l'époque patristique", in: *VigChr* 3, 208–224.

Mascoli (2004a): Patrizia Mascoli, "Sulle opere perdute di Sidonio Apollinare", in: *Annali della Facoltà di lettere e filosofia dell'Università di Bari* 47, 187–198.

Mascoli (2004b): Patrizia Mascoli, "Per una riconstruzione del *Fortleben* di Sidonio Apollinare", in: *Invigilata Lucernis* 26, 165–183.

Mathisen (1981): Ralph W. Mathisen, "Epistolography, Literary Circles and Family Ties in Late Roman Gaul", in: *Transactions of the American Philological Association* 111, 95–109.

Mathisen (1993): Ralph W. Mathisen, *Roman Aristocrats in Barbarian Gaul. Strategies for Survival in an Age of Transition*, Austin, TX.

Mathisen (1999): Ralph W. Mathisen, *Ruricius of Limoges and Friends. A Collection of Letters from Visigothic Gaul. Letters of Ruricius of Limoges, Caesarius of Arles, Euphrasius of Clermont, Faustus of Riez, Graecus of Marseille, Paulinus of Bordeaux, Sedatus of Nîmes, Sidonius Apollinaris, Taurentius and Victorinus of Fréjus* (Translated Texts for Historians 30), Liverpool.

Mathisen (2003): Ralph W. Mathisen, *People, Personal Expression, and Social Relations in Late Antiquity* 1–2, Ann Arbor.

Mathisen (2013): Ralph W. Mathisen, "Dating the Letters of Sidonius", in: Johannes Alexander van Waarden and Gavin Kelly (eds.), *New Approaches to Sidonius Apollinaris* (Late Antique History and Religion 7), Leuven, 221–248.

Matthews (1998): John Frederick Matthews, "Eternity in Perishable Materials: Law-making and Literate Communication in the Roman Empire", in: Thomas W. Hillard et al. (eds.), *Ancient History in a Modern University* 2: *Early Christianity, Late Antiquity and Beyond*, Grand Rapids, 252–265.

Matthews (2000): John Frederick Matthews, *Laying Down the Law. A Study of the Theodosian Code*, New Haven.

McNamee (2007): Kathleen McNamee, *Annotations in Greek and Latin Texts from Egypt* (American Studies in Papyrology 45), New Haven.

Meyer (2004): Elizabeth A. Meyer, *Legitimacy and Law in the Roman World. Tabulae in Roman Belief and Practice*, Cambridge.

Meyer (2007): Elizabeth A. Meyer, "Roman Tabulae, Egyptian Christians, and the Adoption of the Codex", in: *Chiron* 37, 295–347.

Millar (2006): Fergus Millar, *A Greek Roman Empire. Power and Belief under Theodosius II 408–450* (Sather Classical Lectures 64), Berkeley.

Montzamir (2003): Patrice Montzamir, "Nouvel essai de reconstitution matérielle de l'épitaphe de Sidoine Apollinaire (*RICG*, VIII, 21)", in: *Antiquité Tardive* 11, 321–327.

Mourgues (1995): Jean-Louis Mourgues, "Les formules 'rescripsi' 'recognovi' et les étapes de la rédaction des souscriptions impériales sous le haut-empire romain", in: *Melanges d'archéologie et d'histoire de l'École française de Rome* 107, 255–300.

Mratschek (2008): Sigrid Mratschek, "Identitätsstiftung aus der Vergangenheit. Zum Diskurs über die trajanische Bildungskultur im Kreis des Sidonius Apollinaris", in: Therese Fuhrer (ed.), *Die christlich-philosophischen Diskurse der Spätantike. Texte, Personen, Institutionen. Akten der Tagung vom 22.–25. Februar 2006 am Zentrum der Antike und Moderne der Albert-Ludwigs-Universität Freiburg* (Philosophie der Antike 28), Stuttgart, 363–380.

Mratschek (2017): Sigrid Mratschek, "The Letter Collection of Sidonius Apollinaris", in: Cristiana Sogno, Bradley K. Storin and Edward Jay Watts (eds.), *Late Antique Letter Collections. A Critical Introduction and Reference Guide,* Oakland California, 309–336.

Nees (2002): Lawrence Nees, *Early Medieval Art* (Oxford History of Art), Oxford.

Nellen (1981): Dieter Nellen, *Viri litterati. Gebildetes Beamtentum und spätrömisches Reich im Westen zwischen 284 und 395 nach Christus* (Bochumer historische Studien. Alte Geschichte 2), 2. ed., Bochum.

Neri (2011): Marino Neri, "Sidonio Apollinare (*epist.* 9,9,10) e la possibile attribuzione del *De ratione fidei* a Fausto di Riez", in: *Bollettino di Studi Latini* 41, 531–542.

Oxford Latin Dictionary = Peter G.W. Glare (ed.), *Oxford Latin Dictionary* 2, 2. ed., Oxford 2012.

Pelltari (2016): Aaron Pelltari, "Sidonius Apollinaris and Horace, *Ars poetica* 14–23", in: *Philologus* 160, 322–336.

Petitmengin/Flusin (1984): Pierre Petitmengin and Bernard Flusin, "Le livre antique et la dictée. Nouvelles recherches", in: Enzo Lucchesi and Henri Dominique Saffrey (eds.), *Mémorial André-Jean Festugière. Antiquité païenne et chrétienne. Vingt-cinq études* (Cahiers d'orientalisme 10), Geneva, 247–262.

Petrucci (1995): Armando Petrucci, "From Unitary Book to the Miscellany" in: idem (ed.), *Writers and Readers in Medieval Italy. Studies in the History of Written Culture*, New Haven, 1–18.

Poignault/Stoehr-Monjou (2014): Rémy Poignault and Annick Stoehr-Monjou (eds.), *Présence de Sidoine Apollinaire* (Caesarodunum 44/45 bis), Clermont-Ferrand.

Prévot (1993): Françoise Prévot, "Deux fragments de l'épitaphe de Sidoine Apollinaire découverts à Clermont-Ferrand", in: *Antiquité Tardive* 1, 223–229.

Prévot (1997): Françoise Prévot (ed.), *Recueil des inscriptions chrétiennes de la Gaule. Antérieures à la renaissance carolingienne* 8: *Aquitaine première*, Paris.

Pricoco (1965): Salvatore Pricoco, "Sidonio tra Claudiano Mamerto e Fausto di Riez", in: *Nuovo Didaskaleion* 15, 115–140.

Reynolds (1983): Leighton D. Reynolds (ed.), *Texts and Transmission. A Survey of the Latin Classics*, Oxford.

Roberts (1954): Colin H. Roberts, "The Codex", in: *Proceedings of the British Academy* 40, 169–204.

Roberts/Skeat (1983): Colin H. Roberts and Theodore Cressy Skeat, *The Birth of the Codex,* London.

Rousseau (1976): Philip Rousseau, "In Search of Sidonius the Bishop", in: *Historia* 25, 356–377.

Santelia (2000): Stefania Santelia, "Sidonio Apollinare ed i *bybliopolae*", *Invigilata Lucernis* 22, 217–239.

Santelia (2003): Stefania Santelia, "Le epistole di Salviano di Marsiglia, Ilario di Arles e Rustico (di Bordeaux?) ad Eucherio di Lione", in: *Invigilata Lucernis* 25, 235–249.

Santelia (2003–2005): Stefania Santelia, "Storie di libri nella Gallia del V secolo. Testimonianze a confronto", in: *Romano Barbarica* 18, 1–29.

Santelia (2012): Stefania Santelia, *Sidonio Apollinare. Carme 16. Eucharisticon ad Faustum episcopum. Introduzione, traduzione e commento* (Biblioteca della tradizione classica 4), Bari.

Schipke (2013): Renate Schipke, *Das Buch in der Spätantike. Herstellung, Form, Ausstattung und Verbreitung in der westlichen Reichshälfte des Imperium Romanum*, Wiesbaden.

Schironi (2010): Francesca Schironi, *To Mega Biblion. Book-Ends, End-Titles, and Coronides in Papyri with Hexametric Poetry* (American Studies in Papyrology 48), Durham, NC.

Shanzer (2005): Danuta Shanzer, "Augustine's Disciplines. *Silent diutius Musae Varronis?*", in: Karla Pollmann and Mark Vessey (eds.), *Augustine and the Disciplines. From Cassiciacum to Confessions*, Oxford, 69–112.

Squire (2017): Michael Squire, "POP Art. The Optical Poetics of Publilius Optatianus Porfyrius", in: Jaś Elsner and Jesús Hernández Lobato (eds.), *The Poetics of Late Latin Literature* (Oxford Studies in Late Antiquity), Oxford, 25–99.

Starr (1987): Raymond J. Starr, "The Circulation of Literary Texts in the Roman World", in: *The Classical Quarterly* 37, 213–23.

Stein (1959): Ernest Stein, *Histoire du Bas-Empire* 1: *De l'État Romain à l'État Byzantin (284–476)*, ed. and trans. Jean-Remy Palanque, Paris.

Stenger (2015): Jan R. Stenger (ed.), *Spätantike Konzeptionen von Literatur* (Bibliothek der klassischen Altertumswissenschaften, NF 2, 149), Heidelberg.

Stevens (1933): Courtenay Edward Stevens, *Sidonius Apollinaris and His Age*, Oxford.

Teitler (1985): Hans Carel Teitler, *Notarii and Exceptores. An Inquiry into Role and Significance of Shorthand Writers in the Imperial and Ecclesiastical Bureaucracy of the Roman Empire (From the Early Principate to C. 450 A.D.)* (Dutch Monographs on Ancient History and Archaeology 1), Amsterdam.

Thesaurus Linguae Latina (TLL) Online. https://www.degruyter.com.uaccess.univie.ac.at/data basecontent?dbid=tll&dbsource=%2Fdb%2Ftll (seen 25 July 2018).

Thompson (1912): Edward Maunde Thompson, *An Introduction to Greek and Latin Palaeography*, Oxford.

Trenkler (2017): Almut Trenkler, *Die beiden Rezensionen von Augustins "Adnotationes in Iob" im Licht von Hieronymus' erster Ijob-Übersetzung. Genetische Analysen aufgrund der ältesten Codex-Fragmente Inguimbertinus 13 und Ashburnhamianus 95* (Forschungen zur Kirchen- und Dogmengeschichte 111), Göttingen.

Troncarelli (1998): Fabio Troncarelli, *Vivarium. I libri, il destino* (Instrumenta patristica 33), Turnhout.

Turner (1977): Eric G. Turner, *The Typology of the Early Codex* (Haney Foundation series 18), Philadelphia.

Van Haelst (1989): Joseph van Haelst, "Les origines du codex", in: Alain Blanchard (ed.), *Les débuts du codex. Actes de la journée d'étude organisée à Paris les 3 et 4 juillet 1985 par l'Institut de Papyrologie de la Sorbonne et l'Institut de Recherche et d'Histoire des Textes* (Bibliologia 9), Turnhout, 12–35.

Van Waarden (2010): Johannes Alexander van Waarden, *Writing to Survive. A Commentary on Sidionius Apollinaris, Letters Book 7* 1: *The Episcopal Letters 1–11* (Late Antique History and Religion 2), Leuven.

Van Waarden (2011): Joop van Waarden, "Sidonio Apollinare, poeta e vescovo", in: *Vetera Christianorum* 48, 99–113.

Van Waarden (2016): Johannes Alexander van Waarden, *Writing to Survive. A Commentary on Sidonius Apollinaris, Letters Book 7* 2: *The Ascetic Letters 12–18* (Late Antique History and Religion 14), Leuven.

Van Waarden/Kelly (2013): Johannes Alexander van Waarden and Gavin Kelly (eds.), *New Approaches to Sidonius Apollinaris* (Late Antique History and Religion 7), Leuven.

Vessey (1994): Mark Vessey, "Peregrinus against the Heretics. Classicism, Provinciality, and the Place of the Alien Writer in Late Roman Gaul", in: *Studia Ephemeridis "Augustinianum"* 46, 529–565.

Vessey (2001): Mark Vessey, "The *Epistula Rustici ad Eucherium*. From the Library of Imperial Classics to the Library of the Fathers", in: Ralph W. Mathisen and Danuta Shanzer (eds.), *Society and Culture in Late Antique Gaul. Revisiting the Sources*, Aldershot, 278–297.

Vessey (2002): Mark Vessey, "From *Cursus* to *Ductus*. Figures of Writing in Western Late Antiquity (Augustine, Jerome, Cassiodorus, Bede)", in: Patrick Cheney and Frederick Alfred de Armas (eds.), *European Literary Careers. The Author from Antiquity to the Renaissance*, Toronto, 47–103.

Vessey (2003): Mark Vessey, "Sacred Letters of the Law. The Emperor's Hand in Late Roman (Literary) History", in: *Antiquité Tardive* 11, 345–358.

Vessey (2004): Mark Vessey, "Introduction", in: James W. Halporn and Mark Vessey (eds.), *Cassiodorus. Institutions of Divine and Secular Learning and On the Soul* (Translated Texts for Historians 42), Liverpool, 1–101.

Vessey (2010): Mark Vessey, "Reinventing History: Jerome's *Chronicle* and the Writing of the Post-Roman West", in: Scott McGill, Cristiana Sogno and Edward Watts (eds.), *From the Tetrarchs to the Theodosians: Late Roman History and Culture 284–450 CE* (Yale Classical Studies 34), Cambridge, 265–89.

Vessey (2012a): Mark Vessey, "The History of the Book. Augustine's *City of God* and Post-Roman Cultural Memory", in: James Wetzel (ed.), *Augustine's City of God. A Critical Guide* (Cambridge Critical Guides), Cambridge, 14–32.

Vessey (2012b): Mark Vessey, "The End of the Pagan Classics?", in: *The Journal of Roman Archaeology* 25, 939–947.

Vessey (2013): Mark Vessey, "Orators, Authors, and Compilers. The Earliest Latin Collections of Sermons on Scripture", in: Maximilian Diesenberger, Yitzhak Hen and Marianne Pollheimer (eds.), *Sermon doctorum. Compilers, Preachers, and their Audiences in the Early Medieval West* (Sermo. Studies on Patristic, Medieval, and Reformation Sermons and Preaching 9), Turnhout, 25–43

Vessey (2014): Mark Vessey, "Fashions for Varro in Late Antiquity and Christian Ways with Books", in: Carol Harrison, Caroline Humfress and Isabella Sandwell (eds.), *Being Christian in Late Antiquity. A Festschrift for Gillian Clark*, Oxford, 253–277.

Woolf (2000): Greg Woolf, "Literacy", in: Alan K. Bowman, Peter Garnsey and Dominic Rathbone (eds.), *The Cambridge Ancient History* 11: *The High Empire. A.D. 70–192*, 2. ed., Cambridge, 875–897.

Woolf (2003): Greg Woolf, "The City of Letters", in: Catharine Edwards and Greg Woolf (eds.), *Rome the Cosmopolis*, Cambridge, 203–221.

Woolf (2009): Greg Woolf, "Literacy or Literacies in Rome?", in: William Allen Johnson and Holt N. Parker (eds.), *Ancient Literacies. The Culture of Reading in Greece and Rome*, New York, 46–68.

Zetzel (1981): James E.G. Zetzel, *Latin Textual Criticism in Antiquity* (Monographs in Classical Studies), New York.

IV. Bekennen und verdammen

Yitzhak Hen
Dialog und Debatte in Spätantike und frühmittelalterlichem Christentum

1 Christentum ohne Debatte?

2008 verkündeten Simon Goldhill und eine Gruppe von Altertumswissenschaftlern öffentlich die brutale Ermordung des klassischen Dialogs durch das Christentum.[1] Ihnen zufolge hatte das frühe Christentum kaum Verwendung für Dialog und Debatte. Oder, wie Goldhill es formulierte: „Trotz der strategischen Bedeutung von Bekehrung und theologischer Diskussion in christlichen Gemeinschaften gibt es nur sehr wenige Beispiele des Dialogs als normativer christlicher Schriftform".[2] Stattdessen hätten Katechismen und andere (vor allem exegetische und theologische) Textformen die Literaturszene der Spätantike und des frühen Mittelalters dominiert, während der Dialog als exklusives „boutique literary form", wie Richard Lim es nannte, nur unter besonderen Umständen von einer kleinen Gruppe der intellektuellen Elite eingesetzt wurde.[3] Die Tatsache, dass das Christentum in der Spätantike „mit dem Bekenntnis zur Gewissheit und der Unterdrückung der Differenz" sich immer mehr „in Richtung Hierarchie bewegte", habe das Ende des klassischen Dialogs eingeläutet.[4]

Problematisch an dieser Position ist nicht so sehr das restriktive Verständnis von Dialog als eines sokratischen, offenen und schriftlichen Diskurses, der sich von angeblich demokratischen Gefühlen nährt, sondern vielmehr die Implikation, dass mit dem vorzeitigen Tod des klassischen Dialogs die gesamte „Kultur der Debatte", in der sich das frühe Christentum entwickelte, allmählich ausstarb. Wie Tacitus, der glaubte, dass die Auflösung der römischen *libertas* während des frühen Prinzipats den Verfall der Rhetorik bewirkte,[5] argumentieren Goldhill und seine Kollegen, dass eine schwindende Diskussionskultur, die durch den Anspruch des Christentums (genauer gesagt, des orthodoxen Christentums) auf exklusive Interpretationshoheit diktiert wurde, das Ende des klassischen Dialogs herbeiführte. Diese Annahme wurde in den letzten Jahren von einer ganzen Reihe renommierter Forscher, darunter Averil Ca-

---

Ich danke meiner lieben Freundin und Kollegin Christina Pössel für die deutsche Übersetzung dieses Aufsatzes.

[1] Goldhill (2008a): *The End of Dialogue in Antiquity*.
[2] Goldhill (2008b) 5: „The dialogue is very rarely evidenced as a form of normative Christian writing, despite the strategic place of conversion and theological discussion in Christian communities."
[3] Lim (2008) 171.
[4] Goldhill (2008b) 7: „Christianity [was] moving towards hierarchy, with a commitment to certainty and the repression of difference."
[5] Tacitus, *Dialogus de oratoribus*. Vgl. auch Wierszubski (1968); Barnes (1986).

meron, Peter Van Nuffelen, Uta Heil und unlängst auch Mayke de Jong und Irene van Renswoude, überzeugend widerlegt.[6] Sie lenkten unsere Aufmerksamkeit auf eine Vielzahl von Dialogen, die sowohl im byzantinischen Osten als auch im lateinischen Westen von Konstantin bis zum Beginn der Karolingerzeit entstanden, und die beweisen, dass die Christen sehr wohl weiterhin Debatten geführt und Dialoge geschrieben haben. Die Notwendigkeit einer umfassenderen Definition von Dialog und Debatte wurde von den meisten, wenn auch nicht allen, Kritikern der Goldhill-Hypothese anerkannt, nicht zuletzt weil das spätantike und frühmittelalterliche Christentum von einer Gesellschaft geprägt war, die sowohl schriftliche als auch mündliche Debatten hoch schätzte und für ihre Zwecke einsetzte.[7]

Noch problematischer aber als die übermäßig enge Definition von Dialog und das damit verbundene vereinfachte Paradigma von Niedergang und Fall ist meines Erachtens Goldhills Behauptung, dass die kompromisslose Position und der exklusive Anspruch auf eine Interpretationshoheit des Christentums die „gute alte" klassische Kultur der Debatte zerstört hätten. Solch eine Argumentation ist das Ergebnis einer ungenügend reflektierten Anwendung von modernen Begrifflichkeiten und Konzepten auf die Spätantike und das frühe Mittelalter. Im Folgenden möchte ich mich deshalb auf diese These konzentrieren und argumentieren, dass moderne Terminologie uns den Blick auf viele der Voraussetzungen für wirksame Dialoge und Debatten im spätantiken und frühmittelalterlichen Christentum verstellt hat.

2 Anachronistische Kategorien

Das Studium des frühen Christentums erfordert, dass wir uns auf eine andere Denkart einlassen; wir müssen uns vorübergehend von den uns vertrauten kulturellen Annahmen lösen und die gewohnten intellektuellen Kategorien radikal in Frage stellen. Die spätantike Gesellschaft unterschied sich grundlegend von unserer eigenen, und die Konzepte, die wir zur Beschreibung zeitgenössischer religiöser und kultureller Phänomene anwenden, sind entsprechend schlecht an die Analyse dessen angepasst, was die Christen in der Spätantike und im frühen Mittelalter als Sphäre des Göttlichen betrachteten. Paula Fredriksen wirft in einem großartigen und provokativen Aufsatz mit dem frechen Titel „Mandatory Retirement: Ideas in the Study of Christian Origins Whose Time has Come to Go", vier viel benutzte Begriffe, die routinemäßig in der Forschung über das frühe Christentum auftauchen – Bekehrung, Nationalismus, *religio licita* und Monotheismus –, in die methodologische Mülltonne.[8] In der Erforschung des antiken Christentums dienten diese Begriffe nicht nur zur schnellen und bequemen Einordnung von Phänomenen, sondern auch als interpretative Konzepte –

---
[6] Vgl. Cameron Av. (2013 und 2014); Cameron Av./Gaul (2017); Van Nuffelen (2014); Heil (2016); De Jong/Renswoude (2017).
[7] Vgl. beispielweise Cameron Av. (1991).
[8] Vgl. Fredriksen (2006).

aber ihr Anachronismus verzerrt die Beschreibungen des kulturellen Kontextes des Christentums und seiner Ursprünge, und sie verdecken letztlich, was sie eigentlich erhellen sollten. Hier ist nicht der Ort, um Fredriksens sehr anregende Ideen und äußerst überzeugende Argumente im Detail wiederzugeben. Ich möchte nur kurz ihre Gedanken zum Begriff des „Monotheismus" erwähnen, da ich ihn für besonders wichtig halte, wenn wir Dialoge und Debatten im spätantiken und frühmittelalterlichen Christentum untersuchen wollen.

Der Monotheismus erfreut sich in den letzten Jahren eines großen wissenschaftlichen Interesses. Eine umfangreiche Literatur erklärt die plötzliche und frühe Entwicklung einer komplexen christologischen Theologie, indem sie dem späten Judentum des Zweiten Tempels und damit dem frühen Christentum einen strengen und exklusiven Monotheismus zuschreibt.[9] Aber was meinen wir eigentlich, wenn wir von „Monotheismus" sprechen? Im modernen Kontext bezeichnet der Begriff den Glauben an einen einzelnen Gott, der der einzige Gott ist. Doch wie Erik Hornung und Jan Assmann gezeigt haben – um nur einige der prominentesten Gelehrten auf diesem Gebiet zu nennen – war der antike „Monotheismus" etwas ganz anderes.[10] Er bezog sich auf die Architektur des Kosmos, nicht auf seine Bevölkerung. Der antike „Monotheismus" sah einen Gott als privilegiert, aber nicht allein: Andere, niederere Götter existierten, waren dem höheren Gott aber in gewissem Sinne untergeordnet. Philosophisch gebildete Menschen mögen die Beziehungen zwischen den verschiedenen Ebenen der Göttlichkeit als eine ontologische Abhängigkeit der niedrigeren Götter vom höheren Gott definiert haben; weniger philosophische Monotheisten begnügten sich damit, einfach zu behaupten, ihr eigener Gott sei der größte, der mächtigste oder der beste Gott. Dass es diese Götter gab, war eine Frage der Erfahrung, nicht eine Frage des „Glaubens".[11]

Fredriksen liefert für dieses Verständnis von „Monotheismus" eine lange Liste von Belegen aus jüdischen und frühchristlicher Quellen. Um nur ein Beispiel zu nennen: Paulus sagt in seinen Worten an die Gemeinde in Korinth: „Auch wenn es im Himmel oder auf Erden sogenannte Götter gibt – wie es in der Tat viele Götter und viele Herren gibt –, so gibt es doch für uns einen Gott, den Vater, aus dem alle Dinge sind und wir für ihn, und es gibt einen Herrn, Jesus Christus, durch den alle Dinge sind und wir durch ihn." (1 Kor 8,5–6) Intellektuelle des zweiten Jahrhunderts, die sich der christlichen Bewegung anschlossen, wie Valentinus, Marcion oder Justin, und zahlreiche spätere christliche Schriftsteller brachten die gleiche Vorstellung zum Ausdruck, nämlich dass es einerseits einen einzigen hohen Gott gebe, den sie als einzigartig in Jesus offenbart sahen, aber dass andererseits der Kosmos auch viele andere göttliche Wesen enthalte, welche sie auch als *theoi* bezeichneten.[12] Insofern waren antike Monotheisten eigentlich Henotheisten. Im antiken Monotheismus hatte eine

---

9 Vgl. beispielsweise Gnuse (1997).
10 Vgl. Hornung (1973); Assmann (1991; 1996 und 1997).
11 Vgl. Fredriksen (2006) 240–243; Fredriksen (2008) 16–40.
12 Vgl. Fredriksen (2006) 240–243; Fredriksen (2010).

Vielzahl von Gottheiten Platz – solange ein Gott an der Spitze der theo-ontologischen Pyramide stand, konnte die Basis so breit wie nötig sein. Die Anhänger des Basilides im frühen zweiten Jahrhunderts vermuteten 365 göttliche Wesenheiten;[13] andere christliche Denker waren mit weniger zufrieden; und selbst die Theologen der Generation von Chalcedon, die den christlichen Monotheismus mit ihrem Glaubensbekenntnis bis zum Paradoxon verkomplizierten, hatten keine Probleme damit, mehrere kleinere Gottheiten mitzudenken.[14] Schließlich wurde zu ihrer Zeit der Kaiser selbst noch immer als Gottheit verehrt.[15]

Ein weiterer Punkt, der hier erwähnt werden sollte, ist die Tatsache, dass in der antiken und spätantiken Welt die richtige Haltung gegenüber dem eigenen Gott *pietas* war: die Einhaltung traditioneller Formen von Respektsbezeugung.[16] In anderen Worten, was wir als religiöse Bräuche bezeichnen, waren für die Menschen der Antike und Spätantike, einschließlich der Juden und Christen, die „Bräuche der Vorfahren" (*mos maiorum, paradosis patrikôn*). Man musste nicht an diese Bräuche „glauben"; man „respektierte", d. h. man praktizierte sie. Man konnte natürlich auch den Göttern anderer Respekt erweisen; und unter vielen Umständen – aus politischen Gründen, im Zuge von diplomatischen Verhandlungen, militärischen Angelegenheiten, Visionen von anderen als den eigenen Göttern – war solch ein Respekt eine einfache Sache der Höflichkeit und des gesunden Menschenverstandes. Denn jeder Gott war zweifellos mächtiger als jeder Mensch, und den Göttern anderer Respekt zu zeigen widersprach unter normalen Umständen nicht der Verehrung des eigenen Gottes.

Genau das versuchte Symmachus in seinem Appell an Kaiser Valentinian II. für die Restaurierung des Victoriaaltars im Senat, wo er ursprünglich von Augustus errichtet worden war, auszudrücken:

> Was würde der Herrlichkeit unserer Zeit mehr nützen, als dass wir die Institutionen unserer Vorfahren, die Gesetze und das Schicksal unseres Vaterlandes verteidigt haben? Der Ruhm ist dann größer, wenn du begreifst, dass dir nichts erlaubt ist, was gegen die Bräuche unserer Vorfahren verstößt. Wir erstreben also wieder den gleichen Respekt für die Götterkulte, der der Republik schon so lange zugutekam. Wer ist mit den Barbaren so zufrieden, dass er keinen Altar des Sieges begehrt? Eure Ewigkeit verdankt viel dem Sieg und wird ihm noch mehr verdanken. Diejenigen, die nicht davon profitierten, sollen sich von dieser Kraftquelle abwenden. Verlassen Sie nicht die Gönnerschaft, die so freundlich viele Triumphe ermöglichte. [...] Wenn ein religiöser Kult nun durch sein Alter an Autorität gewinnt, dann muss der Glaube so vieler Jahrhunderte bewahrt werden, und wir müssen unseren Vorfahren folgen, die mit solcher Seligkeit ihren eigenen folgten.[17]

---

13 Vgl. Löhr (1996).
14 Vgl. Bowersock (1997).
15 Vgl. Gradel (2002) 261–371.
16 Vgl. Fredriksen (2006) 235–238.
17 Symmachus, *Relatio* 3,2–3.8 (281,3–12 und 282,3–5 Seeck): *Cui enim magis commodat, quod instituta maiorum, quod patriae iura et fata defendimus, quam temporum gloriae? Quae tunc maior est, cum vobis contra morem parentum intellegitis nil licere. Repetimus igitur religionum statum, qui reipublicae diu profuit [...] quis ita familiaris est barbaris, ut aram Victoriae non requirat! [...] multa Victoriae*

Die Antwort des Ambrosius auf Symmachus' Appell ist überaus sarkastisch und zeugt von seiner Verachtung für die heidnischen Kulte. Aber er leugnet nie die Existenz heidnischer Gottheiten im religiösen Kosmos seiner Zeit, sondern versucht nur zu beweisen, dass der christliche Gott an der Spitze der Pyramide steht und damit am meisten die *pietas* des römischen Volkes verdient. „Auf nur eine Weise, sagt [Symmachus], kann man ein so großes Geheimnis nicht ergründen", schrieb Ambrosius in seinem Brief, aber „[w]as du nicht weißt, das wissen wir durch die Stimme Gottes. Und was ihr nach Lust und Laune sucht, das haben wir aus der Weisheit und Wahrheit Gottes herausgefunden".[18] Und etwas später schreibt er: „[Symmachus] sagt, lasst den Vestalischen Jungfrauen ihre Privilegien. [...] Aber wie viele Jungfrauen sind von den versprochenen Belohnungen angezogen worden? Gerade mal sieben Vestalinnen gibt es", während wir, die Christen, überall auf der Welt Scharen von Nonnen und frommen Frauen haben.[19] Man könnte die Botschaft des Ambrosius so zusammenfassen: Alles, was eure Götter tun können, kann unser Gott besser.

Der Schriftwechsel zwischen Ambrosius und Symmachus über den Victoriaaltar ist vielleicht die berühmteste heidnisch-christliche Debatte des späten vierten Jahrhunderts, aber sie ist tief in der kulturellen und religiösen Atmosphäre ihrer Zeit verankert. Es war eine Welt voller Götter, und Ambrosius hat dies nicht geleugnet. Er hat sich nur für die Überlegenheit des christlichen Gottes eingesetzt.

Der moderne Monotheismus – der Glaube, dass es nur einen einzigen Gott gibt – vereinfachte die Kosmologie und reduzierte radikal die Anzahl der göttlichen Wesen, die früher notwendig waren, um zu erklären, wie die Welt funktionierte.[20] Der modernen monotheistischen Vorstellung nach ist Gott der einsame Höhepunkt in einem vergleichsweise unterbevölkerten metaphysischen Himmel. Die antike Welt war dagegen voller Götter, und die Menschen, die in ihr lebten – einschließlich der Christen, auch der Kirchenväter –, wussten dies. Sie trafen auf diese niederen Götter, spürten ihre Wirkung und entwickelten Techniken und Ritualprotokolle, um mit dieser Tatsache fertig zu werden. Diese Welt voller Götter war die Welt, in die das Christentum hineingeboren wurde, in der es sich entwickelte und in deren Rahmen jedes einzelne christliche Phänomen, einschließlich der christologischen Debatten, untersucht werden muss.

---

debet aeternitas vestra et adhuc plura debebit: Aversentur hanc potestatem, quibus nihil profuit; vos amicum triumphis patrocinium nolite deserere. [...] iam si longa aetas auctoritatem religionibus faciat, servanda est tot saeculis fides et sequendi sunt nobis parentes, qui secuti sunt feliciter suos. Zu diesem Text vgl. Wytzes (1977) 98–132; 265–302; Hen (2018). Zu Symmachus vgl. auch Salzman (2011) XIII–LXVIII; Cameron Al. (2011) 353–398.

18 Ambrosius, *Epistula* 73,8 (38,78–81 Zelzer): *Uno, inquit, itinere non potest perveniri ad tam grande secretum. Quod vos ignoratis id nos dei voce cognovimus, et quod vos suspicionibus quaeritis nos ex ipsa sapientia dei et veritate compertum habemus.*

19 Ambrosius, *Epistula* 73,11 (40,115–118 Z.): *Habeant, inquit, vestales virgines immunitatem suam.* [...] *Quantas tamen illis virgines praemia promissa fecerunt? Vix septem Vestales capiuntur puellae.* Vgl. auch Wytzes (1977) 215–261 und 293–318; McLynn (1994); Moorhead (1999) 122–128.

20 Vgl. Köchler (1982); Kirsch (2004).

3 Debatte um „Arianismus"

Die Tatsache, dass die spätantike Welt eine Welt voller Götter war,[21] die ständig um die Vorherrschaft kämpften, bedeutete, dass Debatten ein essenzieller Teil der Art und Weise waren, wie die Menschen ihr kosmologisches Verständnis ausarbeiteten. Zudem führte es dazu, dass das Christentums auch offen für interne theologische Debatten war, da sich verschiedene Ideen zu Wesen und Status des christlichen Gottes entwickelten.[22] Es ging in diesen internen christlichen Debatten aber nicht um das Etablieren einer einzig gültigen Interpretation und die Unterdrückung abweichender Ideen – obwohl die trinitarischen und christologischen Debatten später in anachronistischer Weise genau so ausgelegt wurden. Das Beispiel des sogenannten Arianischen Streites kann veranschaulichen, wie diese christliche Diskussionskultur funktionierte.

Der „Arianismus" war die erste große christliche Lehre, die die volle Göttlichkeit Christi anzweifelte und den Gottessohn als das Gott dem Vater untergeordnete nächstgöttliche Wesen sah.[23] Entwickelt in den ersten Jahren des vierten Jahrhunderts von Arius, einem Priester aus Alexandria, fand Arius gewisse Unterstützung in den an das Mittelmeer angrenzenden Regionen, wurde aber schließlich 325 vom ökumenischen Konzil von Nizäa als Häretiker verurteilt.[24] Dort definierte die anti-arianische Partei unter Führung von Alexander von Alexandrien, dem sich später sein Nachfolger Athanasius anschließen sollte, den katholischen Glauben darin, dass Vater und Sohn gleich ewig und gleichartig sind, und benutzten den griechischen Begriff *homoousios*, um die Konsubstantialität von Gottvater und Gottessohn auszudrücken. Dieser „katholische" Sieg über die Arianer hielt jedoch nicht lange an. Konstantin der Große war anfangs Verfechter der nizänischen Lösung der trinitarischen Debatte und setzte dann mehr auf die Integration der in Nizäa ausgeschlossenen Häretiker. Und sein Sohn und Nachfolger als Kaiser des Ostens, Konstantius II., favorisierte schließlich eine mittlere Lösung – das Homöische, nicht das Nizänische – als neuen Minimalkonsens.[25]

Als Ulfilas, der sogenannte Apostel der Goten, seine Mission zur Bekehrung der Goten begann, war dieser homöische Minimalkonsens, später ebenfalls als „arianisch" verschrieen, in Konstantinopel zur vorherrschenden christlichen Lehre geworden.[26] Aber weniger als ein halbes Jahrhundert später hatte sich das religiöse Blatt im oströmischen Reich wieder gewendet. Das ökumenische Konzil von Konstantinopel, das 381 von Kaiser Theodosius I. einberufen wurde, verurteilte den alten Aria-

---

21 Vgl. Hopkins (1999).
22 Vgl. z. B. Cameron Av. (2013 und 2014); Van Nuffelen (2014); Heil (2016).
23 Die Literatur zum trinitarischen Streit ist zu umfangreich, um hier vollständig genannt zu werden. Unter den jüngsten Studien befinden sich u. a. Simonetti (1975); Hanson (1988); Galvão-Sobrinho (2013); vgl. auch die gesammelten Aufsätze in Berndt/Steinacher (2014).
24 Zum Konzil von Nizäa siehe Hanson (1988) 152–178; Ayres (2004).
25 Vgl. Humphries (1997).
26 Vgl. Schäferdiek (1996); Schäferdiek (2014); Sivan (1995 und 1996).

nismus, das neue Homöische und andere Formen nicht-nizänischen Glaubens erneut, aber in einer Hinsicht war es zu spät: Infolge der missionarischen Tätigkeit des Ulfilas in *Moesia secunda* waren die Goten zum „Arianismus" übergetreten, und ihre Rolle bei der Bekehrung anderer Barbarenvölker machte diesen homöischen „Arianismus" zum religiös-kulturellen Hauptmerkmal der herrschenden Eliten in einer Reihe von post-römischen Nachfolgestaaten.[27]

Das Nizänische, Homöische und Arianische wurde somit aus einer Debatte geboren, ihre Lehren wurde durch Debatten geformt und kontinuierlich umgestaltet, und ihr Fortbestehen wurde durch anhaltende lebhafte Debatten sowohl im byzantinischen Osten als auch im spätantiken Westen garantiert.[28] Das gleiche, so mein Argument, traf auf alle frühchristlichen theologischen Interpretationen zu, die von den Vertretern einer selbsternannten „Orthodoxie" als häretisch eingestuft wurden. Einige dieser Debatten führten zu gewalttätigen Auseinandersetzungen,[29] andere vergingen im Stillen, aber diese Diskussions-, ja sogar Streitkultur war der Kern der dogmatischen Entwicklung des frühen Christentums, auch wenn einige Parteien sehr aggressiv versuchten, diese zu meiden. Wir bezeichnen diese theologischen Diskussionen nicht zuletzt deshalb immer noch als „die trinitarischen Streitigkeiten", weil Debatten und Dialoge das Kernstück des Entwicklungsprozesses christlicher Lehre(n) war. Es waren Athanasius' Angriffe auf Arius und seine Anhänger, die das Nizänische Glaubensbekenntnis hervorbrachten.[30] Die hitzige Debatte zwischen den Anhängern des Nizänischen Bekenntnisses und denen der im Jahr 357 beim dritten Konzil von Sirmium beschlossenen Formel resultierte in der sogenannten „Formel von Rimini",[31] über die sich Hieronymus später beschwerte: „Die Welt erwachte mit einem Stöhnen und entdeckte, dass sie arianisch war".[32] Weitere Beispiele für das Zusammenspiel verschiedener theologischer Positionen und dafür, wie sie sich gegenseitig prägten (egal welches Etikett sie von der Gegenseite erhielten), sind reichlich vorhanden.

4 Debatten-Literatur

Der dialogische Charakter des sogenannten trinitarischen Streits im vierten und des christologischen Streits im fünften und sechsten Jahrhundert zeigt sich anhand des riesigen Korpus von Texten, die die verschiedenen Seiten erzeugten, darunter historiographische Schriften, theologische Traktate, Konzilsbeschlüsse[33] und auch fiktive

---

27 Rubin (1981); Heather (1986).
28 Zum westlichen „Arianismus" siehe Meslin (1967); Berndt/Steinacher (2014); Hen (im Erscheinen).
29 Vgl. Sizgorich (2009).
30 Zum Nizänischen Glaubensbekenntnis siehe Alberigo (2006) 1–19. Vgl. auch Ayres (2004) 85–104.
31 Zum Konzil von Rimini siehe Weckwerth (2013) 291–295. Vgl. auch Hanson (1988) 357–380.
32 Hieronymus, *Altercatio* 19 (158,10–11 Canellis): *Ingemuit totus orbis, et Arianum se esse miratus est.*
33 Vgl. z. B. Graumann (2009); Weckwerth (2010).

Dialoge, wie z. B. Hieronymus' *Altercatio Luciferiani et Orthodoxi*,[34] oder Texte aus dem nordafrikanischen Vandalenreich (u. a. von Fulgentius von Ruspe, Vigilius von Thapse, Cerealis von Castellum Ripense).[35] Zu dieser Liste könnte man Dutzende, wenn nicht sogar Hunderte von biblischen Kommentaren hinzufügen,[36] die zu den wichtigsten Waffen der christlich-theologischen Streitkultur zählten.

Der Kern der Sache und das Objekt des Streits während der trinitarischen Debatten waren die Bibel und ihre Auslegung.[37] Die moderne Sicht von Arius als Logiker und Dialektiker kann leicht dazu führen, dass wir übersehen, von welcher grundlegenden Bedeutung die Berufung auf die Heilige Schrift für Arius und seine Anhänger war.[38] Die philosophische Sprache von Arius, Athanasius und allen anderen Teilnehmern dieses Streits diente als Vehikel und Werkzeug in dieser Auseinandersetzung um die Auslegung des Gotteswortes. Daher produzierten sowohl Arianer als auch die Homöer und ihre Gegner in der Spätantike zahlreiche theologische Traktate und Bibelkommentare, in denen sie ihre theologische Haltung mit großem Eifer und Elan darlegten.[39] Leider ist kein einziger „arianischer" Traktat oder biblischer Kommentar aus dieser Zeit vollständig überliefert, obwohl wir wissen, dass viele von ihnen im Umlauf waren. Alles, was von dieser beeindruckenden Welle der arianischen und homöischen Kreativität übrig geblieben ist, ist eine Fülle von Bruchstücken (meistens in Form von Palimpsesten), viele tendenziöse, oft absichtlich verdrehte Zitate in den Werken der orthodoxen Polemiker und eine Handvoll von größeren Fragmenten von vier monumentalen exegetischen Abhandlungen: des *Opus imperfectum in Matthaeum*,[40] des nordafrikanischen Kommentars zum Buch Hiob,[41] eines Kommentars zum Lukasevangelium,[42] und der sogenannten *Skeireins*,[43] eines gotischen Kommentars zum Johannesevangelium.

Die sehr eingeschränkte Überlieferung der Traktate und exegetischen Arbeiten der „Arianer" könnte den falschen Eindruck erwecken, dass es sich bei diesen theologischen Disputen nicht um eine Debatte handelte und die biblische Exegese nicht wirklich Teil dieses Dialogs war. Wie so oft bei historischen Häresien und unorthodoxen Interpretationen stammt unser Wissen über die arianische und homöische Theologie und Bibelauslegung fast ausschließlich von orthodoxen Autoren wie Athanasius, den kappadokischen Kirchenvätern, Hilarius von Poitiers, Ambrosius

---

[34] Vgl. Canellis (1997).
[35] Vgl. Hen (2007) 87–92; Whelan (2017 und 2018).
[36] Zu den arianischen Bibelkommentaren siehe Meslin (1967) 135–226; Hanson (1988) 824–849; Hen (im Erscheinen).
[37] Vgl. Pollard (1959).
[38] Die beste Studie zu Arius und seinem Denken ist immer noch Williams (2001); vgl. auch Löhr (2005 und 2006); Lyman (2008).
[39] Vgl. Schäferdiek (1982).
[40] *Opus imperfectum in Matthaeum* in PG 56.
[41] *Anonymi in Iob:* Edition von Steinhauser/Müller/Weber.
[42] *Kommentar zum Lukasevangelium:* Edition von Gryson.
[43] *Gotischer Kommentar zum Johannesevangelium* (*Skeireins*): Edition von Bennett.

von Mailand und einigen weniger bekannten antiarianischen Autoren.⁴⁴ Alle diese christlichen Gelehrten schrieben heftig und gehässig gegen einen Glauben, den sie für ketzerisch hielten, und können daher kaum als Beispiele für das Schreiben über den „Arianismus" *sine ira et studio* herhalten. Ich möchte jedoch darauf hinweisen, dass auch biblische Kommentare als ein wesentliches Element in den laufenden trinitarischen und christologischen Debatten der Spätantike und des frühen Mittelalters betrachtet werden sollten. Sowohl orthodoxe als auch häretische Autoren beschäftigten sich in diesen Werken nicht nur mit philologischen, exegetischen und hermeneutischen Problemen, die sich beim Lesen des biblischen Textes ergaben, sondern sie reagierten auch auf die Ansichten und Interpretationen anderer. Durch ihre Bibelkommentare wollten sie die Autorität ihrer kanonischen Texte, theologischen Interpretationen und ihrer dialektischen Position gegenüber denen ihrer Gegner etablieren.

Liturgische Texte wie das *Missale von Bobbio*⁴⁵ können ebenso dieser dialogischen Gleichung zugerechnet werden wie auch die handschriftliche Überlieferung, die oft übersehen wird. So kann beispielsweise die Produktion des Pariser Codex, Bibliothèque Nationale, lat. 8907, in dem die Texte des Konzils von Aquileia mit arianischen Glossen versehen wurden, oder der Codex Verona, Biblioteca capitulare, LI (49) mit seiner wohlüberlegten Textauswahl, darunter eine Ansammlung von drei polemischen Traktaten (*Contra paganos*, *Contra Iudaeos* und *Contra hereticos* – wobei die gemeinten Häretiker hier die nizänischen „Orthodoxen" sind), nur vor dem Hintergrund einer anhaltenden und immer noch offenen Debatte zwischen „Arianern" und Katholiken verstanden werden. ⁴⁶

5 Schlussbemerkung

Zusammenfassend lässt sich sagen, dass die Christen der Spätantike und des frühen Mittelalters tatsächlich Dialoge geführt haben, ganz gleich, was die moderne Forschung uns glauben machen will. Darüber hinaus waren Dialog und Debatte nicht nur ein Erbe des kulturellen Milieus, in dem das Christentum entstand und voranschritt, sondern auch eine entscheidende Voraussetzung für die Herausbildung des christlichen Denkens und für die Gestaltung der theologischen Lehre des Christentums. Ein solches Phänomen war ziemlich ungewöhnlich. Ich kenne keine andere mediterrane Religion, deren Kosmologie und Theologie sich durch einen ähnlichen Prozess des Debattierens und Dialogs entwickelt haben, und wo die Abgrenzung der Orthodoxie anhaltend zur Diskussion stand. Die komplexe Wahrnehmung der Christen von ihrer eigenen monotheistischen Religion führte zu Debatten, die der Entwicklung ihres

---
44 Vgl. z. B. Williams (1995); Gwynn (2007); Parvis (2006); Brennecke (2014).
45 Zum *Missale von Bobbio* siehe die gesammelten Aufsätze in Hen/Meens (2004).
46 Eine detaillierte Analyse zu diesen Handschriften und Texten befindet sich in meinem demnächst erscheinenden Buch, Hen (im Erscheinen).

eigenen Verständnisses des christlichen Kosmos und seiner Bewohner, aber auch der Etablierung ihrer eigenen Überzeugungen und Doktrinen dienten. Die Behauptung, dass das dogmatische Christentum zum Ende des Dialogs geführt habe, widerspricht somit der Beweislage und beruht letzten Endes auf der anachronistischen Projektion moderner Kategorien auf die kulturelle und religiöse Welt der Spätantike und des frühen Mittelalters.

Bibliographie

Quellen

Ambrosius, *Epistula* 73 = Michaela Zelzer (Hg.), *Sancti Ambrosi opera* 10: *Epistularum liber decimus. Epistulae extra collectionem. Gesta concili Aquiliensis* (CSEL 82,3), Wien 1982, 34–53.

Anonymi in Iob = Kenneth B. Steinhauser, Hildegund Müller und Dorothea Weber (Hgg.), *Anonymi in Iob commentarius* (CSEL 96), Wien 2006.

Gotischer Kommentar zum Johannesevangelium (Skeireins) = William Holmes Bennett (Hg.), *The Gothic Commentary on the Gospel of John. Skeireins aiwaggeljons Dairh iohannen* (Modern Language Association of America. Monograph Series 21), New York 1960.

Hieronymus, *Altercatio* = Aline Canellis (Hg.), *Jérôme, Débat entre un Luciférien et un Orthodoxe (Altercatio Luciferiani et orthodoxi)* (SC 473), Paris 2003.

Kommentar zum Lukasevangelium = Roger Gryson (Hg.), *Scripta Arriana Latina* 1 (CChr.SL 87), Turnhout 1982, 197–225.

Opus imperfectum in Matthaeum = Jacques Paul Migne (Hg.), *S.P.N. Joannis Chrysostomi, archiepiscopi Constantinopolitani, opera omnia quae exstant vel que ejus nomine circumferuntur* (PG 56), Paris 1862, 611–946

Symmachus, *Relationes* = Otto Seeck (Hg.), *Q. Aurelii Symmachi quae supersunt* (MGH.AA 6,1), Berlin 1883, 279–317.

Sekundärliteratur

Alberigo (2006): Giuseppe Alberigo (Hg.), *The Oecumenical Councils from Nicaea I to Nicaea II (325–787)* (COGD 1), Turnhout.

Assmann (1991): Jan Assmann, *Ägypten. Theologie und Frömmigkeit einer frühen Hochkultur*, 2. Aufl., Stuttgart.

Assmann (1996): Jan Assmann, *Ägypten. Eine Sinngeschichte*, München.

Assmann (1997): Jan Assmann, *Moses the Egyptian. The Memory of Egypt in Western Monotheism*, Cambridge, MA.

Ayres (2004): Lewis Ayres, *Nicaea and Its Legacy. An Approach to Fourth-Century Trinitarian Theology*, Oxford.

Barnes (1986): Timothy D. Barnes, „The significance of Tacitus' *Dialogus de Oratoribus*", in: *Harvard Studies in Classical Philology* 90, 225–244.

Berndt/Steinacher (2014): Guido M. Berndt und Roland Steinacher (Hgg.), *Arianism. Roman Heresy and Barbarian Creed*, Farnham.

Bowersock (1997): Glen Bowersock, „Polytheism and Monotheism in Arabia and the Three Palestine", in: *Dumbarton Oaks Papers* 51, 1–10.

Brennecke (2014): Hanns Christof Brennecke, „Introduction. Framing the Historical and Theological Problems", in: Guido M. Berndt und Roland Steinacher (Hgg.), *Arianism. Roman Heresy and Barbarian Creed*, Farnham, 1–20.

Cameron Al. (2011): Alan Cameron, *The Last Pagans of Rome*, Oxford.

Cameron Av. (1991): Averil Cameron, *Christianity and the Rhetoric of Empire. The Development of Christian Discourse* (Sather Classical Lectures 55), Berkeley.

Cameron Av. (2013): Averil Cameron, „Can Christians Do Dialogue?", in: *Studia Patristica* 63, 103–120.

Cameron Av. (2014): Averil Cameron, *Dialoguing in Late Antiquity* (Hellenic Studies 65), Washington, D.C.

Cameron Av./Gaul (2017): Averil Cameron und Niels Gaul, *Dialogues and Debates from Late Antiquity to Late Byzantium*, London.

Canellis (1997): Aline Canellis, „La composition du *Dialogue contre les Luciferiens* et du *Dialogue contre les Pélagiens* de saint Jérôme. A la recherche d'un canon de l'*altercatio*", in: *REAug* 43, 247–288.

De Jong/Renswoude (2017): Mayke de Jong und Irene van Renswoude (Hgg.), *Carolingian Culture of Dialogue, Debate and Disputation* (Early Medieval Europe 25,1), London.

Fredriksen (2006): Paula Fredriksen, „Mandatory Retirement. Ideas in the Study of Christian Origins Whose Time Has Come to Go", in: *Studies in Religion/Sciences Religieuses* 35, 231–246.

Fredriksen (2008): Paula Fredriksen, *Augustine and the Jews. A Christian Defense of Jews and Judaism*, New York.

Fredriksen (2010): Paula Fredriksen, „Judaizing the Nations. The Ritual Demands of Paul's Gospel", in: *New Testament Studies* 56, 232–252.

Galvão-Sobrinho (2013): Carlos R. Galvão-Sobrinho, *Doctrine and Power. Theological Controversy and Christian Leadership in the Later Roman Empire* (Transformation of the Classical Heritage 51), Berkeley.

Gnuse (1997): Robert Karl Gnuse, *No Other Gods. Emergent Monotheism in Israel* (Journal for the Study of the Old Testament. Supplement Series 241), Sheffield.

Goldhill (2008a): Simon Goldhill (Hg.), *The End of Dialogue in Antiquity*, Cambridge.

Goldhill (2008b): Simon Goldhill, „Introduction. Why Don't Christians Do Dialogue?", in: ders. (Hg.), *The End of Dialogue in Antiquity*, Cambridge, 1–11.

Gradel (2002): Ittai Gradel, *Emperor Worship and Roman Religion* (Oxford Classical Monographs), Oxford.

Graumann (2009): „,Reading' the First Council of Ephesus (431)", in: Richard Price und Mary Whitby (Hgg.), *Chalcedon in Context. Church Councils 400–700*, Liverpool, 27–44.

Gwynn (2007): David Morton Gwynn, *The Eusebians. The Polemic of Athanasius of Alexandria and the Construction of the ‚Arian Controversy'* (Oxford Theological Monographs), Oxford.

Hanson (1988): Richard P.C. Hanson, *The Search for the Christian Doctrine of God. The Arian Controversy 318–381*, Edinburgh.

Heather (1986): Peter Heather, „The Crossing of the Danube and the Gothic Conversion", in: *Greek, Roman and Byzantine Studies* 27, 289–318.

Heil (2016): Uta Heil, „Können Christen einen Dialog führen? Zur Streitkultur des spätantiken Christentums. Antrittsvorlesung am 17. März 2016", in: *Amt und Gemeinde* 66, 101–112.

Hen (2007): Yitzhak Hen, *Roman Barbarians. The Royal Court and Culture in the Early Medieval West* (Medieval Culture and Society), Basingstoke.

Hen (2018): Yitzhak Hen, „Compelling and Intense. The Christian Transformation of Romanness", in: Walter Pohl, Clemens Gartner, Cinzia Griffoni und Marianne Pollheimer-Mohaupt (Hgg.), *The Transformation of Romanness. Early Medieval Regions and Identities*, Berlin, 59–67.

Hen (im Erscheinen): Yitzhak Hen, *Western Arianism. Politics and Religious Culture in the Early Medieval West*, Cambridge.

Hen/Meens (2004): Yitzhak Hen und Rob Meens (Hgg.), *The Bobbio Missal. Liturgy and Religious Culture in Merovingian Gaul* (Cambridge Studies in Palaeography and Codicology 11), Cambridge.

Hopkins (1999): Keith Hopkins, *A World Full of Gods. Pagans, Jews and Christians in the Roman Empire*, London.

Hornung (1973): Erik Hornung, *Der Eine und die Vielen. Ägyptische Gottesvorstellungen*, 2. Aufl., Darmstadt.

Humphries (1997): Mark Humphries, „In Nomine Patris. Constantine the Great and Constantius II in Christological Polemic", in: *Zeitschrift für Alte Geschichte* 46, 448–464.

Kirsch (2004): Jonathan Kirsch, *God Against the Gods. The History of the War Between Monotheism and Polytheism*, New York.

Köchler (1982): Hans Köchler (Hg.), *The Concept of Monotheism in Islam and Christianity. Papers of the International Symposon on the Concept of Monotheism in Islam and Christianity. Organized in Rome, Italy by the International Progress Organization (17–19 November 1981)*, Wien.

Lim (2008): Richard Lim, „Christians. Dialogues and the Patterns of Sociability in Late Antiquity", in: Simon Goldhill (Hg.), *The End of Dialogue in Antiquity*, Cambridge, 151–172.

Löhr (1996): Winrich Löhr, *Basilides und seine Schule. Eine Studie zur Theologie- und Kirchengeschichte des zweiten Jahrhunderts* (WUNT 83), Tübingen.

Löhr (2005): Winrich Löhr, „Arius reconsidered 1", in: *ZAC* 9, 524–560.

Löhr (2006): Winrich Löhr, „Arius reconsidered 2", in: *ZAC* 10, 121–157.

Lyman (2008): Rebecca J. Lyman, „Arius and Arians", in: David G. Hunter und Susan Ashbrook Harvey (Hgg.), *The Oxford Handbook of Early Christian Studies*, Oxford, 237–257.

McLynn (1994): Neil B. McLynn, *Ambrose of Milan. Church and Court in a Christian Capital* (The Transformation of the Classical Heritage 22), Berkeley.

Meslin (1967): Michel Meslin, *Les Ariens d'Occident (335–430)* (Patristica Sorbonensia 8), Paris.

Moorhead (1999): John Moorhead, *Ambrose. Church and Society in the Late Roman World* (The Medieval World), London.

Parvis (2006): Sarah Parvis, *Marcellus of Ancyra and the Lost Years of the Arian Controversy 325–345* (Oxford Early Christian Studies), Oxford.

Pollard (1959): Thomas Evan Pollard, „The Exegesis of Scripture and the Arian Controversy", in: *Bulletin of the John Rylands Library* 41, 414–429.

Price/Whitby (2009): Richard Price und Mary Whitby (Hgg.), *Chalcedon in Context. Church Councils 400–700* (Translated Texts for Historians. Contexts 1), Liverpool.

Rubin (1981): Zeev Rubin, „The Conversion of the Visigoths to Christianity", in: *Museum Helveticum* 38, 34–54

Salzman (2011): Michele R. Salzman, *The Letters of Symmachus. Book 1* (Writings from the Greco-Roman World 30), Atlanta.

Schäferdiek (1982): Knut Schäferdiek, „Theodor von Herakleia (328/34–351/55). Ein wenig beachteter Kirchenpolitiker und Exeget des 4. Jhs.", in: Gerhard Wirth (Hg.), *Romanitas – Christianitas. Untersuchungen zur Geschichte und Literatur der römischen Kaiserzeit. Johannes Straub zum 70. Geburtstag*, Berlin, 393–410.

Schäferdiek (1996): Knut Schäferdiek, „Wulfila. Vom Bischof von Gotien zum Gotenbischof", in: ders., *Schwellenzeit. Beiträge zur Geschichte des Christentums in Spätantike und Frühmittelalter*, hg. von Winrich Löhr und Hanns Christof Brennecke (AKG 64), Berlin, 1–40.

Schäferdiek (2014): „Ulfila und der sogennante gotische Arianismus", in Guido M. Berndt und Roland Steinacher (Hgg.), *Arianism. Roman Heresy and Barbarian Creed*, Farnham, 21–44.

Simonetti (1975): Manlio Simonetti, *La crisi ariana dell IV secolo* (Studia Ephemeridis Augustinianum 11), Rom.

Sivan (1995): Hagith Sivan, „The Making of an Arian Goth. Ulfila Reconsidered", in: *Revue Bénédictine* 105, 280–292.

Sivan (1996): Hagith Sivan, „Ulfila's Own Conversion", in: *Harvard Theological Review* 89, 373–386.

Sizgorich (2009): Thomas Sizgorich, *Violence and Belief in Late Antiquity. Militant Devotion in Christianity and Islam* (Divinations. Rereading Late Ancient Religion), Philadelphia.

Van Nuffelen (2014): Peter van Nuffelen, „The End of Open Competition? Religious Disputations in Late Antiquity", in: Peter Van Nuffelen und David Engels (Hgg.), *Religion and Competition in Antiquity* (Latomus. Revue d'Études Latines 343), Brüssel, 149–172.

Weckwerth (2010): Andreas Weckwerth, *Ablauf, Organisation und Selbstverständnis westlicher antiker Synoden im Spiegel ihrer Akten* (JAC.E Kleine Reihe 5), Münster.

Weckwerth (2013): Andreas Weckwerth (Hg.), *Clavis conciliorum occidentalium septem prioribus saeculis celebratorum* (CChr.Claves Subsidia 3), Turnhout.

Whelan (2017): Robin Whelan, „Surrogate Fathers. Imaginary Dialogue and Patristic Culture in Late Antiquity", in: *Early Medieval Europe* 25, 19–37.

Whelan (2018): Robin Whelan, *Being Christian in Vandal Africa: The Politics of Orthodoxy in the Post-Imperial West*, Berkeley.

Wierszubski (1968): Chaim Wierszubski, *Libertas as a Political Idea at Rome During the Late Republic and Early Principate* (Cambridge Classical Studies), Cambridge.

Williams (2001): Rowan Williams, *Arius. Heresy and Tradition*, London.

Wytzes (1977): Jelle Wytzes, *Der letzte Kampf des Heidentums in Rom* (Études préliminaires aux religions orientales dans l'Empire romain 56), Leiden.

Irene van Renswoude
Crass Insults: *Ad hominem* Attacks and Rhetorical Conventions*

Blasphemer! Liar! Charlatan! Moron! Ignorant fool! In the mid-830s, Florus, deacon of Lyon († c. 860), wrote several invectives in which he harshly criticized his opponent and ran him down with a variety of abusive epithets.[1] The target of his verbal attacks was none other than Bishop Amalarius († c. 850), who was at the time acting as interim bishop of Lyon.[2] Although Amalarius was closely connected to the court and enjoyed a high standing in the intellectual community as an expert on the liturgy, the deacon did not hesitate to use foul language against his superior and aimed to undermine his position by damaging his reputation. In 835, at the council of Thionville, Amalarius had been instated as acting bishop of Lyon. He replaced Florus' beloved bishop Agobard, who was sent into exile for his role in the rebellion against Emperor Louis the Pious. It was in fact the Emperor who assigned Amalarius to take Agobard's place. Florus protested against the election, arguing that Amalarius' appointment was against the sacred canons and church custom.[3] It was not the place of the emperor, he maintained, to select the next bishop, especially since the current bishop was not dead yet. Florus not only took issue with the procedure of the election, but also with the suitability of the candidate. In a letter to the bishops of Thionville, he complained that Amalarius' behaviour in Lyon was outrageous. The Bishop instructed the cathedral scribes to copy his book on the liturgy and ordered the clergy to learn its teaching by heart, even though the book, to Florus' mind, was clearly heretical.[4] The book at issue was the *Liber officialis*, an exposition of the lit-

---

* I am grateful to Mariken Teeuwen and Irene O' Daly for their valuable suggestions and corrections. The research for this article was part of the project "The Art of Reasoning", funded by the Netherlands Organisation of Scientific Research (NWO).
1 Florus of Lyon, *Invectio canonica in Amalarium officiographum* (22,403; 25,499 – 500 Zechiel-Eckes): *stultissima perversitas*; *improvide praesumptor*; *Liber de divina psalmodia* (35,1 – 2 Zechiel-Eckes): *stultus* […] *calumniator*; *Contra Amalarium* (41,3 Zechiel-Eckes): *praesumptor*; *Epistola ad rectores ecclesiae* (60,326 Zechiel-Eckes): *fabricator* […] *mendacii*; *Sermo synodalis* (66,29; 69,141 Zechiel-Eckes): *profanae novitatis praesumptor*; *ineptus fabulator*. For an extensive list of abusive epithets, see De Lubac (1948) 297.
2 It is unclear what exactly Amalarius' status was in Lyon between 835 and 838. Zechiel-Eckes (1999) 27 refers to Amalarius as a "Verwalter" (administrator) of the archiepiscopal see in Lyon in Agobard's absence. Florus calls Amalarius either *praelatus* or *chorepiscopus*, see Florus of Lyon, *Epistola ad synodum Teodonis* (3,9 Zechiel-Eckes); *Epistola ad rectores ecclesiae* (50,34 Z. – E.).
3 Florus of Lyon, *Liber de electionibus episcoporum* (835), ed. in Zechiel-Eckes (1996) 129 – 133. On this treatise, see also Patzold (2008) 208 – 210.
4 Zechiel-Eckes (1999) 41, note 132; Jones (2002) 19.

urgy, which Amalarius wrote in the 820s and dedicated to Louis the Pious.⁵ Had the venerable fathers of the council of Thionville, Florus wondered, even examined this highly suspicious book before they agreed to appoint Amalarius to the diocese of Lyon? According to Florus, Amalarius would have them believe that all the bishops present at Thionville had signed his book with their own hands, to demonstrate their endorsement of Amalarius' teaching, but Florus found it hard to believe that this was true.⁶ Personally, Florus said, he would rather amputate the three fingers with which he wrote than ever put his signature on such errors.⁷ He called on the bishops to organize a proper council to publicly read this "filthy object", submit it to a truthful examination and judge its content for themselves.⁸

When his arguments did not produce the desired effect and his plea to convoke a council was ignored, Florus launched a campaign to attack the allegorical interpretation of the Eucharist that Amalarius expounded in his *Liber officialis* and in other writings. Between 835 and 838, Florus wrote no less than seven polemical tracts and letters in which he challenged the Bishop's orthodoxy and questioned his mental sanity.⁹ Other members of the clergy of Lyon soon joined Florus' campaign, while the former bishop, Agobard, added fuel to the fire from his place of exile.¹⁰ According

---

5 In 835, shortly before his move to Lyon, Amalarius completed the third and final redaction of the text and drafted a final statement of his liturgical theories, called the *Embolis*. Jones (2002) 19. On the *Embolis*, see Knibbs (2014) XI.
6 Florus of Lyon, *Epistola ad synodum Teodonis* (3,14–16 Z.–E.): [...] *ut omnes manu propria suis ineptissimis libris subscribere et sic unanimiter sentire atque observare velletis.*
7 Florus of Lyon, *Epistola ad synodum Teodonis* (3,18–20 Z.–E.): [...] *tres prius digitos, quibus scribimus, radicitus amputari vellem, quam errores huiuscemodi manus propriae subscriptione firmarem.*
8 Florus of Lyon, *Epistola ad synodum Teodonis* (4,34–38 Z.–E.): *Sed ne quis me falsa putet asserere, veniat liber illius in medium et feditatem sui publice legentibus atque audientibus denudabit, ex quo et ista, quae sincerissimo examini vestro diiudicanda offero, verissime ab illo prolata probabitis, cum illic multa insaniora legeritis.*
9 *Epistola ad synodum Teodonis* (835), *Invectio canonica*, *De divina psalmodia*, *Contra Amalarium*, *Epistola ad rectores ecclesiae*, *Sermo synodalis* (838) and *Relatio synodalis* (838). I refer to the texts by the titles they were given in Klaus Zechiel-Eckes' edition in CChr.CM 260; see the overview of the titles in Zechiel-Eckes (2014) XLVII. The texts cannot be dated with precision, apart from the first and last two texts. The other texts were written between 835 and 838.
10 Agobard of Lyon, *De antiphonario (ad cantores ecclesiae Lugdunensis)* 6 (*absurditate et falsitate turpatur* [340,6 Van Acker]); 7 (*apertissime blasphemiae est* [342,26 V.A.]; *quanta vanitate proferre ausus est* [342,27 V.A.]); 9 (*ridiculosa et fantastica* [343,11–12 V.A.]); Agobard of Lyon, *Contra libros quatuor Amalarii* 2 (*inutilia, et* [...] *noxia* [355,2 Van Acker]); 4 (*nimia praesumptio* [357,8 V.A.]); 5 (*confusa et inutilia* [358,31 V.A.]); 9 (*insane mentis* [360,2 V.A.]; *mendacissime* [360,10 V.A.]; *stultissimis et blasphemis sermonibus* [361,16–17 V.A.]; *ridiculosius* [362,70 V.A.]); 18 (*verbis* [...] *vagis et furibundis* [365,1 V.A.]; *verba* [...] *noxia et veritate contraria* [366,5–6 V.A.]). Van Acker dates these two texts to the period of Agobard's exile, between the council of Thionville in 835 and the council of Quierzy in 838, see Van Acker (1981) XLVI–XLVII. Agobard is somewhat milder in his judgment than Florus is. Although he considers Amalarius' exposition of the liturgy, like Florus, muddled, confused, ridiculous, blasphemous, insane, stupid and utterly deceitful, he gives Amalarius the benefit of doubt:

to Agobard, Amalarius' views on the liturgy were confused and utterly disturbing; not even the heretics Pelagius and Celestius would have dared to preach such a heresy.[11]

Another striking example of the fierce rhetoric employed against Amalarius can be found in the margins of an annotated copy of Amalarius' *Liber officialis* that at the time of the conflict belonged to the cathedral library of Lyon (Paris, Bibliothèque nationale de France, nouv. acq. lat. 329, 9th c., Cluny).[12] Here, an anonymous annotator added exclamations of contempt that closely resemble Florus' lexicon of abuse to which he joined some idiosyncratic insults of his own.[13] The annotator targeted Amalarius' orthodoxy and denigrated his views on the liturgy as raving madness, stupid arrogance and diabolical insanity.[14] He ridiculed Amalarius' incorrect quotations from the church fathers and took issue with his interpretations. "You treat Ambrose poorly, accusing him and asserting that he said what he did not say"[15] or "Tell me, I ask you, in what region, in what church, was Christ a doorkeeper? Truly you depart from the meaning of the Gospel and Augustine as much as darkness differs from light".[16] He also added sarcastic comments that derided Amalarius' intellect. Next to a passage where Amalarius explained that the tonsure signified the shearing

---

perhaps he meant well, but phrased it badly (Agobard of Lyon, *Contra libros quatuor Amalarii* 7 [360,25–26 V.A.]: *si bene sentit, bonum bene non loquitur*).

11 Agobard, *Contra libros quatuor Amalarii* 12 (363,1–3 Van Acker): *Contra haec verba Amalarii confusa et turbulentos sensus respondendum est, quod nec Pelagius nec Caelestius ausi sunt tam irreverenter suam heresim praedicare*.

12 On the origin and provenance of the manuscript, see Zechiel-Eckes (1999) 72–76, and now also Pezé (2013).

13 The marginal annotations were first discovered and edited by André Wilmart (1924), who ascribed them to Florus. Klaus Zechiel-Eckes, however, questioned the attribution and demonstrated that some of the terms of abuse the annotator used did not occur in Florus' repertoire (Zechiel-Eckes [1999] 72–76). On the close resemblance between the language of the annotations, Florus' polemical treatises and Agobard's *Contra libros quator Amalarii*, see Van Acker (1981) XXXIII–XXXVI. I would argue that the correspondences between these texts can be explained by the fact that Florus, Agobard and the anonymous annotator were part of the same community of discourse, had access to a common corpus of authoritative texts from which they quoted, and shared a lexicon of abuse.

14 *Vagus et rabidus* ("rambling and mad"); *insanum mendacium* ("an insane lie"); *omni despectione dignum* ("worthy of all contempt"); *rabida locutio* ("a mad statement"); *mira vanitas* ("remarkable emptiness"); *sic loqui cogit mentis insaniae* ("thus does the insanity of his mind drive him to speak"). This is just a selection from the many derogatory annotations, which have now all been edited and translated by Knibbs (= Amalarius of Metz, *Liber officialis, glossae*).

15 Amalarius of Metz, *Liber officialis* 2,13, glossa (534 Knibbs): *Male agis adversum Ambrosium, accusans eum et affirmans eum dixisse quod non dixit*.

16 Amalarius of Metz, *Liber officialis* 2,6, glossa (529 K.): *Dic, rogo, in qua regione, in qua ecclesia, fuit Christus ostiarius? Vere tantum distas a sensu Evangelii vel Augustini, quantum differunt tenebrae a luce*. Arthur Westwell informed me that the idea of Christ as a doorkeeper can already be found in earlier expositions on the liturgy, and was not as outrageous as the annotator would have us believe.

away of idle thoughts, the annotator put the snide remark that if that were true, Amalarius should shave off his entire brain.[17]

The exclamations of contempt and abhorrence that occupy the margins of Paris, Bibliothèque nationale de France, nouv. acq. lat. 329 have been regarded as the spontaneous, emotional response of a reader who read Amalarius' *Liber officialis* for the first time, and got carried away by his anger and frustration.[18] It is, however, a matter of doubt to what extent these annotations were ad hoc reactions. Some of them attest to a well thought-out strategy to cast a slur on Amalarius' character. The annotator claimed, for example, that Amalarius allowed Jews "with their unclean spirits" to enter the sanctuary and approach the altar of the Lord.[19] He said he witnessed this himself one day when he was sitting in the presbytery, and saw such a large crowd of Jews standing around Amalarius that "their backs were nearly driven against the altar".[20] This was a serious allegation to make, all the more because anti-Jewish sentiments were strong in Lyon and the relationship between the Jewish and Christian communities was strained. The exiled bishop Agobard had brought this (in his view) highly problematic situation to the attention of the court time and again.[21] The anonymous annotator picked up on Agobard's anti-Jewish polemic and used it to undermine Amalarius' position.

The question presents itself whether such fierce verbal attacks on one's ecclesiastical superior, or on any fellow Christian for that matter, were deemed acceptable. Were character assassination and foul language part and parcel of the early medieval culture of debate, or were Florus and other members of the community of Lyon crossing a line when they verbally abused their bishop? When Florus protested against the imperial appointment of Amalarius, he maintained that this was not how it was done in the early days of the church.[22] Yet did Florus then assume that mudslinging was in agreement with the customs of the early church? This chapter explores rhetorical

---

17 Amalarius of Metz, *Liber officialis* 2,5, glossa (527 K.): *Si capilli superflui superfluas cogitationes significant, et ideo tonderi aut radi debent, multum tibi necesse erat ut non solum caput corporis sed etiam mentem raderes, unde tanta superflua prodeunt.*

18 Wilmart (1924) 319; 320. Wilmart observes that the notes in Paris, Bibliothèque nationale de France, nouv. acq. lat. 329 are written in a steady, controlled hand that does not match the "sentiments vibrants" of their content. This observation leads him to conclude the notes must have been copied from an exemplar.

19 *Inmundis animis Iudaeos*, see full quotation below (note 20).

20 Amalarius of Metz, *Liber officialis* 2,7, glossa (529 K.): [...] *tu quare ingredi permittis inmundis animis Iudaeos ad sacrarium, id est ad altare Domini, it ut te sedente* [see alternative reconstruction below] *in presbyterio turba Iudaeorum tanta tibi adstet, ut altare dorsis suis frequenter paene impellant.* Warren Pezé convincingly argued that it was the annotator who witnessed the scene from the presbytery, and not Amalarius himself (reading *me praesente* instead of *te sedente*, conform the reconstruction of Wilmart's edition of the notes [323 Wilmart]), see Pezé (2013) 10; 11.

21 Much has been written about Agobard's polemical treatises against the Jewish community in Lyon and the prominent position of Jews at the court of Louis the Pious, see the literature cited in Pezé (2013).

22 See note 3.

continuities between the polemical treatises and dialogues of late antiquity and those of the early middle ages, and asks the question under which circumstances members of Christian communities were at liberty to offend one another. The polemical campaign of Florus of Lyon against Amalarius of Metz will serve as a vantage point to explore continuities and changes between late antique and early medieval polemics, and to address the question of what models or sources Florus drew inspiration from for the strategies of rhetorical attack and abusive epithets of his invectives. An interesting circumstance is that Florus' invectives against Amalarius have been preserved in what we could call a late antique frame of interpretation in the manuscripts in which they were transmitted, as I will explain below.

1 A Curious Attribution

When we look at the composition of the codices in which Florus' invectives were transmitted, it is notable that these polemical texts were often combined with late antique dialogues, anti-heretical tracts and letters and sermons of the church fathers. In Paris, Bibliothèque nationale de France, lat. 13371 (10th c., Cluny), for example, four of Florus' polemical treatises against Amalarius[23] were transmitted together with Ps-Augustine's dialogue with the Arian Pascentius[24], Marius Victorinus' treatise against Arius[25] and with excerpts from the works of Gregory Nazianzen.[26] Florus' polemical treatise *De divina psalmodia* was combined with letters from Jerome,[27] while his invective *Contra Amalarium* went with excerpts from a sermon of Augustine and, again, a letter of Jerome.[28] Perhaps the most striking example of a late antique setting can be found in manuscript St. Gall, Stiftsbibliothek 681 (10th c.), where Florus' second tract against Amalarius is curiously enough attributed to Pope Martin I, also known as St. Martin the Confessor († 655).[29] In this manuscript, Florus' invective re-

---

[23] Paris, Bibliothèque nationale de France, lat. 13371 (10th c., Cluny): fol. 22r–33v, Florus of Lyon, *Epistola ad rectores ecclesiae* (838); fol. 33v–42r, *Relatio synodalis* (838); fol. 42r–57r, *Sermo synodalis* (838); fol. 57r–59v, *Epistola ad synodum Teodonis* (835). On the Cluny provenance of the manuscript see Zechiel-Eckes (2014) XXX. See further Delisle (1868) 99.
[24] Paris, Bibliothèque nationale de France, lat. 13371, fol. 1–16, Ps-Augustin, *Collatio Augustini cum Pascentio Ariano*.
[25] Paris, Bibliothèque nationale de France, lat. 13371, fol. 16v–21r, Marius Victorinus, *De homoousio recipiendo*.
[26] Paris, Bibliothèque nationale de France, lat. 13371, fol. 60r–68r, *Pauca capitula ex dictis beati Gregorii Nazanzeni episcopi excerpta*. Ms. Lyon, Bibliothèque municipale, 599 probably served as exemplar for this collection of excerpts from works of Gregory Nazianzen.
[27] Fulda, Hessische Landesbibliothek, Aa20 (second third of the 9th c., East Francia).
[28] Metz, Bibliothèque – Mediathèque, 1212 (12th c., France?).
[29] St. Gall, Stiftsbibliothek, Cod. Sang. 681 (second half [?] of the 10th c., Middle Rhine/Main-Franconia/Hesse), fol. 4–54; Florus of Lyon, *Contra Amalarium*. Zechiel-Eckes (2014) XXXII dates the manuscript to the second half of the tenth century, Gustav Scherrer (1875) 222 to the second or third quarter of the eleventh century.

ceived the following heading: *Invectio canonica Martini Papae in Amalarium officiographum*.[30] A tenth-century scribe added a preface on a page that was inserted into the codex, stating that Pope Martin wrote this pamphlet against "a certain false teacher Amalarius" (*adversum quendum Amalarium falsum doctorem*) after the Lateran council of 649, which condemned the adherents of the Monothelite doctrine as heretics.[31] According to the scribe, Pope Martin wrote his invective shortly after the council, just before he was arrested on the order of Emperor Constantine (i.e. Constans II) and exiled to Cherson, where he died a martyr. The scribe introduced Florus' invective with the following historical introduction:

> Perhaps someone would like to know in what time Pope Martin lived. We find in the chronicle of the priest Bede that he lived in the days of Constantine the son of Constantine, who was deceived by Paul who promulgated a Typos against the Catholic faith [...]. Thereupon pope Martin convened a synod in Rome of one hundred and five bishops, and under anathema condemned the aforementioned[32] Cyrus, Sergius, Pyrrhus and Paul as heretics, and wrote this pamphlet against a certain false teacher AMALARIUS. Following this, the exarch THEODORE was sent by the emperor. He carried off pope MARTIN from the Constantinian basilica and sent him to Constantinople. Afterwards he was exiled to Cherson where he died, shining in that place in many signs of miracles right up to today. The above-mentioned synod was held in the month of October, in the ninth year of the emperor Constantine, in the eighth indiction. Constantine, after many and unheard-of raids had been made on the provinces, was killed in his bath on the twelfth indiction.
> LAWFUL INVECTIVE OF POPE MARTIN AGAINST THE OFFICE-WRITER AMALARIUS[33]

---

30 St. Gall, Stiftsbibliothek, Cod. Sang. 681, fol. 6. It is not known where exactly the manuscript was produced (see note 28), but in the twelfth century it was in the possession of the church of St. John the Baptist in Johannisberg. On the provenance of the manuscript, see Zechiel-Eckes (2014) XXXII.
31 See below and note 33.
32 "Aforementioned" (*praefatos*) refers to the preceding chapter in Bede's *Chronicon* from which the scribe took the information for his historical introduction, see note below.
33 St. Gall, Stiftsbibliothek, Cod. Sang. 681, fol. 6 = Florus of Lyon, *Invectio canonica in Amalarium officiographum, initio textus praeterit hic praefatio* (9 Z. – E., apparatus criticus): *Forte quaerit aliquis, quo tempore Martinus papa floruerit. Invenitur autem in cronicis Bedae presbiteri floruisse* temporibus Constantini filii Constantini, qui deceptus est a Paulo, qui exposuit typum adversus catholicam fidem [...]. Unde Martinus papa congregata Romae synodo CV episcoporum, dampnavit sub anathemate prefatos Cyrum, Sergium, Pirrum et Paulum hereticos, *componens et istum libellum adversus quendam AMALARIUM falsum doctorem.* Et post haec missus ab imperatore THEODORUS exarchus tulit MARTINUM papam de aecclesia Constantiniana preduxitque Constantinopolim. Qui post haec relegatus Cersonam ibidem vitam finivit multis in eodem loco virtutum signis usque hodie refulgens. Facta est autem synodus praefata anno nono imperii Constantini mense octobrio indictione octava. Constantinus autem post plurimas et inauditas depraedationes provintiis factas occisus in balneo periit indictione XII^ma. *INVECTIO CANONICA MARTINI PAPAE IN AMALARIUM OFFICIOGRAPHUM.* The non-italicized parts are taken from the chronicle of Bede (compare Bede, *Chronicon* 547–555 [a. 4622] [313–314 Mommsen; trans. based on 333–334 McClure/Collins]), the italicized parts are added by the scribe.

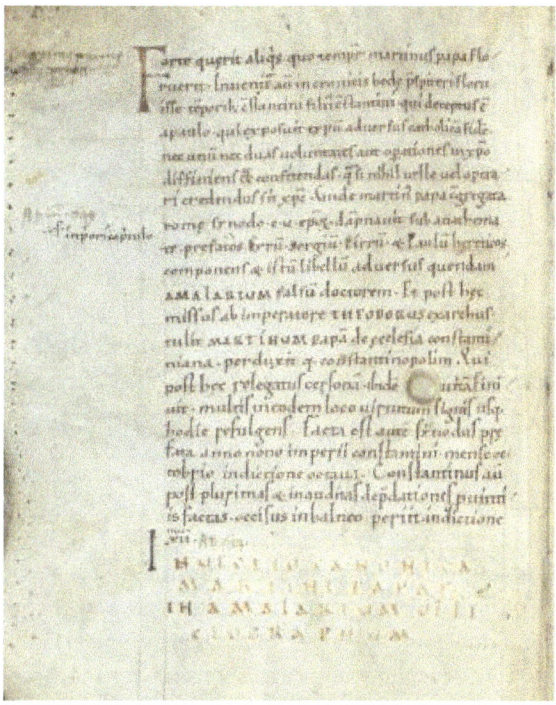

Fig. 1: Ms. St. Gall, Stiftsbibliothek, Cod. Sang. 681, fol. 6: *Invectio canonica Martini papae in Amalarium officiographum.*

This mistaken attribution indicates that Florus' invective was interpreted as belonging to a patristic past, in which stout defenders of the orthodox faith argued against heretics at ecumenical councils and were willing to suffer exile for defending the truth. The curious transmission of Florus' invective against Amalarius shows, furthermore, that the details of their controversy were already forgotten a century after the conflict shook the diocese of Lyon.[34] Yet, the text itself was apparently still considered valuable to copy and preserve, perhaps as an example of offensive rhetoric and "lawful invective" (*invectio canonica*), as the text was called in this manuscript. The scribe who added the preface seems to have had no trouble conceiving that the harsh, abusive language that Florus had employed against Amalarius came from the pen of venerable Pope St. Martin the Confessor.

---

34 Zechiel-Eckes offers the plausible suggestion that the scribe misinterpreted Florus' reference to the Lateran council at the end of his invective, where Florus said that the preceding excerpts derived from its canons (Florus of Lyon, *Invectio canonica* [31,676; cf. 32,710 Z.-E.: *quae superius scripta sunt*]). The scribe must have assumed that the entire invective related to the events of that particular council (Zechiel-Eckes [1999] 36, note 101).

2 Rhetoric of Abuse

Florus was not the only ninth-century author to adopt an abusive style when arguing against a view he did not agree with. His contemporaries Prudentius of Troyes, Hincmar of Reims and Gottschalk of Orbais did not hesitate to hurl insults at their opponents while refuting their propositions. Gottschalk, for example, called bishop Hincmar an "inflated bladder",[35] Hincmar put Gottschalk down as a "pseudo-monk" and a "wild beast",[36] Florus said John the Scot argued against the truth like a "cunning viper",[37] while Prudentius accused John of "impudence" and said he produced nothing but "filth".[38] John the Scot, the target of their insults, was no pushover either. He is said to have composed this biting epitaph for his former patron, then opponent Hincmar:

> Here lies Hincmar, a vicious and avaricious thief
> The only noble thing he did was to die.[39]

We even find terms of abuse and snide remarks in conciliar acts. In the *Acts of the Council of Valence* of 855 at which John the Scot's treatise on predestination was condemned, the author's theses were put down as "old wives' tales" (*aniles fabellas*) and "Irish porridge" (*Scottorum pultes*).[40] The person who was responsible for the wording of this particular section of the acts, which ridiculed John's theses without addressing their content, was none other than Florus of Lyon.[41]

The harsh language these ninth-century scholars used against each other in an attempt to get the upper hand in a debate appears to stand in sharp contrast to the high moral standards which were held up to Christian disputants in late antiquity. In

---

[35] Gottschalk of Orbais, *De trina deitate* (96,28 Lambot): *inflata vesica*. He also called him *misella potentiola* ("wretched man with little power" [96,28 L.]), *cutis tumida turgida* ("puffed-up, swollen skin" [96,28 L.]) and *elata pellis morticana* ("arrogant decaying pelt" [96,29 L.]).
[36] Hincmar of Reims, *Epistola 2 ad Nicolaum papam* (43B Migne): *habitu monachus, mente ferinus*. In the same letter he referred to Gottschalk as a "pestilential person" (*pestiferi hominis* [43 A M.]). Hincmar of Reims, prologue to *De una et non trina deitate* 13 (475B Migne): *pseudomonachus*.
[37] Florus of Lyon, *Liber adversus cuiusdam vanissimi hominis qui cognominatur Joannes ineptias et errores* 9 (126B): *viperae subtilitate* [...] *iste impugnator veritatis*.
[38] Prudentius of Troyes, *De praedestinatione contra Joannem Scotum cognomento Erigenam*: *impudentia* (1011D Migne); *feculentias* (1013A M.).
[39] Vaticano, Biblioteca Apostolica Vaticana, Reg. lat. 240 (second half of the 9th c., Lyon?), fol. 121v: *Hoc epitaphium composuit iohannes scottus licet sapiens hereticus tamen. Hic iacet igcmarus cleptes et semper avarus / Hoc solum fecit nobile quod periit*. John is called here "a wise man, but a heretic", https://digi.vatlib.it/view/MSS_Reg.lat.240 (see the last two lines on fol. 121v).
[40] *Acts of the Council of Valence 855* 6 (356,20–21 Hartmann): *aniles* [...] *fabellas Scottorumque pultes*. The verdict is repeated and confirmed in the *Acts of the Council of Langres* (859), which are included in the *Acts of the council of Savonnieres* (859).
[41] On the correspondence between the language of the acts of Valence and Florus' writings, see Zechiel-Eckes (1999) 17.

the course of the third and fourth centuries, norms and rules were developed to ensure that members of Christian communities argued in a proper manner, and searched for the truth without biting each other's head off. It would seem that Florus, Prudentius, John, Hincmar and their contemporaries forgot the moral standards their predecessors had developed to avoid precisely the kind of over-heated debate in which they now found themselves enmeshed. In the next paragraph we will see whether this actually was the case.

3 Debate Etiquette

In late antiquity, in particular during the fourth century, Christological controversies created deep divisions in Christian communities. Adherents of competing schools of Christian thought were pitted against each other in heated debates over complicated theological issues such as the threefold nature of God and the precise relationship between Christ's human and divine natures. The competitive culture of argumentation and disputation of the educated elite, which Christians inherited, was seen to pose a threat to the unity and harmony of the church. In response, attempts were made to formulate ethical norms and rules of behaviour to keep discussions within civilized bounds. Bishop Gregory Nazianzen († 390) advocated a thorough training in Christian *paideia* in order to teach students social responsibility before they were allowed to engage in a debate.[42] The Pseudo-Clementine *Recognitiones* (4th c.) recorded agreeable disputations amongst Christians, offering examples of orderly, friendly discussions which could serve as models for Christian disputants. In the *Recognitiones* we encounter Christians who discussed matters of the faith quietly and patiently, who propounded their arguments in good order, with brotherly love, and did so without interrupting each other.[43] In Eusebius' *Ecclesiastical history* (c. 313/ 326) we find a story that may also have been intended to serve as a counter-example to contemporary agonistic debates which tore communities apart. Eusebius recounted how Dionysius of Alexandria († 264) participated in a friendly disputation with Christians of Arsinoe. Although Dionysius, according to Eusebius, who cited from Dionysius' letter, strongly disagreed with their views, he admired the soundness, sincerity, logic and intelligence of his brethren, and the way they discussed with restraint the difficulties and points of agreement.[44] In this ideal world of orderly dialogue, the participants raised questions, proposed arguments to treat the problem from different sides and eventually reached a conclusion that could be subscribed to by all.

---

42 Lim (1995) 164, referring to Gregory Nazianzen, *Oratio* 27.
43 Weijers (2013) 42; Voss (1970) 60–78.
44 Eusebius of Caesarea, *Historia ecclesiastica* 7,24,6–9. This passage is discussed and translated in Weijers (2013) 41; 42.

The contrast between these orderly disputing Christians and the heated theological debates of the ninth century is striking. It would be tempting to conclude, as mentioned earlier, that debate manners had drastically deteriorated from the polite disputations of the fourth down to the verbal onslaughts of the ninth. But of course there was no such shift in debate etiquette. We only need to think of the quarrelling bishops of the early ecumenical councils, of Jerome's polemic against Vigilantius or of Lucifer of Cagliari's diatribe against Emperor Constantius II to recognize that the manners of ninth-century disputants were no worse than those of their fourth-century colleagues.[45] The bishops of the council of Chalcedon (451), for example, are reported to have engaged in a veritable shouting match, hurling accusations at each other. The situation got so out of hand that the secular notables, who were guarding the proceedings, had to step in and reprimand the participants, reminding them that such histrionic shouting and name-calling was inappropriate behaviour for bishops.[46]

How should this divergence between brotherly, orderly disputation and heated, abusive debates be explained? Did different styles of argumentation exist side by side, or should the discrepancy rather be explained by an incompatibility between norms and reality, between the lofty ideals of Socratic dialogue and the rough and tumble of dialectical debate? After all, the premises of a dialogue differ significantly from those of a dialectical disputation or an invective. We could therefore explain the differences by pointing to genre: the type of language and choice of words which were appropriate to the invective were inappropriate to the dialogue. Yet that explanation does not answer but rather sidesteps the question. For how did one decide which genre was appropriate for the occasion? Was one at liberty to write an invective against one's brother or sister in Christ, or were members of a community encouraged to solve their differences of opinion through a respectful dialogue? To further explore the question of if and under what circumstances abusive language was deemed acceptable, it is worthwhile to have a look at what ancient handbooks on the language arts, in particular on dialectic and rhetoric, have to say on the topic. Seeing that these handbooks were intensively studied throughout the middle ages, it is reasonable to assume that the advice these manuals offered to disputants and public speakers was relevant to the formation of medieval ideals and practices of debate. Did ancient dialecticians and rhetoricians allot a prominent role to emotions, and in particular to outbursts of anger, in attempts to combat or convince an opponent? In the following we will see what prescriptions or prohibitions handbooks on dialectic and rhetoric had to offer on the topic of strong language, and whether early medieval disputants who studied these ancient texts took their advice on board in their own polemical writings.

---

[45] Opelt (1972); Humphries (1998); Flower (2013); Raaijmakers (2017).
[46] Lim (1995) 225.

4 *Ad hominem* Attacks in Rhetorical and Dialectical Theory

When looking at the history of insults from a cultural perspective, certain trends may be detected. In the abusive repertoire of fourth- and fifth-century polemicists, comparisons with reptiles, excrements and jibes at sexual depravity stand out, while ninth-century polemicists had a preference for infectious diseases, ethnic insults, and accusations of mental insanity.[47] In dialectical theory, such insults, directed at the person of the disputant instead of his arguments, belong to the *argumentum ad hominem*, usually abbreviated as *ad hominem*. The *argumentum ad hominem* is commonly regarded as a logical fallacy: a failure to address or counter the arguments of a disputant and instead target his or her personality, habits, appearance or personal circumstances. There are several versions of *ad hominem* arguments: the circumstantial *ad hominem* (the disputant's views are motivated by self-interest and should therefore be disregarded), the *tu quoque* argument (arguing that the disputant's advice need not be taken seriously, because he does not act on it himself) and the abusive *ad hominem*, which brings a negative quality of the disputant to bear on the views he or she advances, saying that this person's view cannot be accepted because of an unfavourable character trait.[48] In all these versions of the *ad hominem*, but in particular in the abusive *ad hominem*, the *ethos* of the disputant provides a ground for disqualifying his or her arguments, rather than the content of the claim that person is making. Yet the idea that this strategy is a logical fallacy, to be precise: a fallacy of relevance, is a fairly modern judgment. We rather find it in seventeenth-century discussions of logic than in ancient authors.[49] Aristotle does not list the *ad hominem* (πρὸς τὸν ἄνθρωπον) in his catalogue of logical fallacies in the *Sophistical Refutations*, which was translated into Latin by Boethius, but he considers the strategy less pertinent to the case from a logical point of view.[50]

In classical rhetorical theory, the strategy to target the person instead of the argument is acknowledged as a valid approach. Quintilian and Priscian even offer a list of suggestions: when insulting someone, one should target his lineage and denigrate his family, his ethnicity, his education and his habits.[51] These were topics, or

---

47 Opelt (1965 and 1980); Humphries (2002).
48 Hansen (2015).
49 For example in John Locke's *Essay Concerning Human Understanding*. Boethius speaks of the *solutio ad hominem* and Aquinas of *demonstratio ad hominem*, see Nuchelmans (1993) 43.
50 Boethius translated Aristotle's πρὸς τὸν ἄνθρωπον as *solutio ad hominem*, see Nuchelmans (1993) 43. Boethius's Latin translation of Aristotle's *Sophistical Refutations, De sophisticis elenchis*, was available in the early middle ages, but it was not yet widely read at the time. The first commentaries to *De sophisticis elenchis* date to the twelfth century. Albert the Great regarded the *solutio ad hominem* as a pseudo-solution (*apparens solutio*), see Nuchelmans (1993) 43.
51 *Argumenta a persona* (arguments drawn from the person), see Quintilian, *Institutio oratoria* 5,10,23–29 (258,13–259,20 Winterbottom); *loci a persona*, Chirius Fortunatianus, *Ars Retorica* 2,1

"places", where it hurt most. Just as panegyrists used the *loci a persona* to heap praise on someone, they could also be employed to the opposite end in invectives to produce the most effective insults to destroy a reputation. This is what makes a study of insults so interesting. Like other *topoi* insults reveal what mattered most to a society or specific community in terms of status, social reputation and shared moral values. While in antiquity accusations of moral misbehaviour and sexual depravity were highly effective means to disqualify a disputant's point of view, in the early middle ages accusations of heresy, mental instability and original thinking (novelty) often scored the best effect and stopped discussion short. Demonstrative proof of such accusations was rarely needed; plausible suggestions were usually sufficient to smear a disputant's reputation and disqualify his arguments.

5 The Force of Words

As a general rule, dialectical textbooks have little to say on what language is appropriate or inappropriate during a debate. They describe the categories of the language of argumentation, the relationship between words, thoughts and things, the techniques of division, definition and distribution, but do not engage with the ethics of dialectical confrontations. The textbooks that were known and consulted in the early medieval Latin West, such as the *Categoriae decem*, ascribed to Augustine, Porphyry's *Isagoge* and Apuleius' *Periermeneias* do not address social aspects of dialectical engagement. Only Augustine's *De dialectica* contains a brief paragraph that discusses appropriate, or rather: inappropriate language in a chapter dedicated to "the force of words".[52] This treatise has been transmitted in a late ninth-, or tenth-century codex of dialectical texts (Paris, Bibliothèque nationale de France, lat. 12949, Auxerre) that is heavily annotated. The hands that wrote the annotations date to the tenth century, but many of the annotations belong to an older tradition. Some go back to Heiric of Auxerre, while other annotations contain material that can be traced to John the Scot.[53] In his chapter on the force of words, Augustine warned against using vulgar words that offend "the chastity of our ears". One should use seemly words that "hide the shamefulness of the thing" and not sordid and vulgar terms,

---

(103,3–15 Halm); Julius Victor, *Ars Rhetorica* 4,2 (386,31–388,30 Halm); 6,1 (395,21–397,12 H.); and see Priscian, *Praeexercitamina* 7 (556,20–557,18 Halm), where the *loci a persona* are applied to the epideictic genre.

[52] Augustinus, *De dialectica* 7: *De vi verbi*. The chapter title is modern, but accords with the first sentence in which Augustine indicates the topic of the chapter: *Nunc vim verborum [...] breviter consideremus* (100 Pinborg). Augustine's authorship of this treatise on dialectic has long been in doubt but is now commonly accepted.

[53] Paris, Bibliothèque nationale de France, lat. 12949, fol. 12, upper margin: *Heiricus magister Remigii fecit has glossas*. See John Marenbon (1981) 120–123 on the "Eriugenian glosses" and "Eriugena-inspired material" present in Paris, Bibliothèque nationale de France, lat. 12949.

"for then the base character of both would affect both sense and mind".[54] In Paris, Bibliothèque nationale de France, lat. 12949, this part of the text received much attention from an annotator. On fol. 16v we find a *nota* sign in the right margin, highlighting the importance of the paragraph, and on the left a dense cluster of marginal annotations which offer further reflections on the impropriety of vulgar language. The annotator even helpfully offered a few suggestions in the margin of vulgar words to avoid.[55] The annotations in Paris, Bibliothèque nationale de France, lat. 12949 attest to a revived interest in dialectic starting in the late eighth century. Around 800, *dialectica* was studied with much interest thanks to the efforts of court scholars such as Theodulf and Alcuin, who showed the usefulness of the art in theological controversies and in the fight against heresy.[56] This increased interest in dialectic is manifest in John the Scot's treatise *On predestination against Gottschalk*, written around 850. We also know from the annotations to Paris, Bibliothèque nationale de France, lat. 12949, some of which grew from a collection of glosses initiated by John, that he intensively studied dialectical treatises.[57] In his *On predestination against Gottschalk* we can see him putting his theoretical knowledge into practice. The treatise can be read as an instruction manual in the art of dialectical disputation, in which the refutation of Gottschalk's teaching served as the main case study to demonstrate the art. Yet John's line of reasoning is occasionally interrupted by denigrating remarks directed at his opponent. In the first chapter where John explains the four parts of the art of disputation he writes for example:

> No man instructed in the art of disputation has any doubt that it is indeed by means of these four parts, as by some very useful and honourable fourfold method of human reasoning, that the very art of disputation, which is truth, is arrived at. The rules of that art are indispensably prescribed for us when we are compelled to reply to a certain Gottschalk, a lover of putrid filth.[58]

After this insult to Gottschalk, that has no argumentative value whatsoever, John continues to explain in a patient manner the fourfold method of the art of disputation. Sometimes he interrupts the cool logic of his argumentation to denigrate Gottschalk's teaching as "a foolish and merciless lunacy" or to hurl an insult at Gott-

---

54 Augustinus, *De dialectica* 7 (102 P.): *De vi verbi: Offenderetur autem, si obscena pars corporis sordido ac vulgari nomine appellaretur, cum res eadem sit cuius utrumque vocabulum est, nisi quod in illo turpitudo rei quae significata est decore verbi significantis operitur.*
55 Paris, Bibliothèque nationale de France, lat. 12949, fol. 16v, margin: *penula, cauda, caudicula*.
56 Renswoude (2017).
57 See note 48.
58 Johannes Scotus Eriugena, *De divina praedestinatione* 1,2 (6,31–35 Madec; trans. on the basis of 8 Brennan): *His enim, tanquam utili quodam honestoque humanae ratiocinationis quadrivio, ad ipsam disputandi disciplinam, quae est veritas, omnis in ea eruditus perveniri non dubitat. Cuius disciplinae regulis necessario uti iubemur, dum adversus quendam saprophilum, nomine Gotescalcum* [...].

schalk in person, saying: "You deserve to burn in oil and pitch".[59] To a modern reader, these sudden outbursts look odd and out of place within the detached logic of John's writing, as if he was unable to control himself. Yet John simply may have conformed to the conventions of his day and age. Dialectical modes of argumentation may strike us as being incompatible with the ardent language of insult and abuse, but John the Scot's *Treatise on Divine Predestination* shows that in the ninth century the two modes could exist side by side.

6 Advice to the Outspoken

As already mentioned, the strategy to target the person instead of the argument was acknowledged as a valid approach in rhetorical theory. Although classical and late antique handbooks on rhetoric devote much more attention to techniques of praise than to techniques to insult (which are basically the same techniques, but inverted), rhetoricians are, generally speaking, less critical of the *argumentum ad hominem* than dialecticians. This is not surprising given the fact that dialectic focusses on ratio, logic and precise language, whereas rhetoric makes strategic use of emotions. Emotions, and in particular the emotion of "indignation", was considered a valid tool of assessment to distinguish true from false arguments.[60] To establish whether statements were true, the audience should carefully consider the character (ethos) of the person who issued them. The speaker's character and reputation lent credibility to his words; his ethos functioned as a guarantee for the reliability of his statements. Thus, for a disputant who aimed to undermine the credibility of his opponent, it was an effective strategy to attack his character and, by doing so, rouse the indignation of the audience, who would take their indignation as proof or demonstration that the words of that speaker must be as false as well. This was not considered a logical fallacy, but the proper way to go about establishing the truth and making an informed decision.

Textbooks on rhetoric do not explicitly deal with ways to solve differences of opinion, except in court cases, but they do offer ethical guidelines on how to deliver criticism. The rhetorical handbook *Ad Herennium* (1st c. BC), for example, advises to mitigate outspokenness, here called *licentia,* with a few kind words of appreciation or respect to show the person under attack that you, the critic, only have his best inter-

---

[59] Johannes Scotus Eriugena, *De divina praedestinatione* 1,4 (9,105 M.): *stultissima crudelissimaque insania*; 3,7 (26,237–238 M.): *Merito quippe in oleo atque pice ardere debuisti.*
[60] Cicero, *De inventione* 1,53; Chirius Fortunatianus, *Ars Rhetorica* 2,31 (*Indignatio* [...] *nam his non tantum probamus, verum etiam augemus* [120,8–9 H.]); Marius Victorinus (Q. Fabius Laurentius Victorinus), *Explanatio in rhetoricam M. Tullii Ciceronis* 18 (274,39–275,27 Halm); Martianus Capella, *De arte rhetorica* 53 (491,18–28 Halm); rhetorical figures to rouse indignation in the audience: *amplificatio* (*Rhetorica ad Herennium* 2,47 [81 Achard]) and *exaggeratio* (Sulpicius Victor, *Institutiones oratoriae* 23,12 [324,29–325,2 Halm]).

ests at heart. Regardless of whether that is actually the case, it is important, says the author, to emphasize that one is not out to hurt anyone's feelings. It will be easier for the other party to accept harsh criticism, when it is believed to spring from good intentions or from sadness over past mistakes. The author strongly advises the speaker to stress the fact that he would rather not to have spoken out at all, but cannot help it: he is compelled to do so.[61]

This strategy, to tone down offence, can be found in several discussions of *licentia* but it also has its own name in rhetorical theory: *diortosis*, or in Latin *correctio*. It can best be translated as "rectification", in the sense of "putting things right with the audience" after a shocking utterance.[62] This is how the third-century rhetorician Aquila Romanus described the rhetorical figure of *correctio* when offered in advance:

> *Prodiortosis*, that is preceding *correctio*. This figure offers a safeguard in advance, when we are about to say something that is necessary to say, but that is disagreeable to the audience or seems offensive to us. We find this example often in Cicero: "Even though I realize that what I am about to say is offensive, it needs to be said."[63]

Likewise the author of the anonymous treatise *Schemata dianoeas* (of unknown date, but transmitted in an eighth-century manuscript) discussed several strategies of *correctio* to give satisfaction for what he calls "arrogant and injurious language" (*arrogans aut iniuriosum*).[64] Among the possibilities of offering *correctio* after giving offence are the good old apologetic and stock phrases such as "no insult intended". Heinrich Lausberg in his *Handbook of Literary Rhetoric* explained the occurrence of shocking statements, which can be mitigated by *correctio*, as "made in a state of emotion".[65] It should be noted, however, that the so-called "emotive figures" in rhetorical theory aim to appeal to the emotions of the audience, not to those of the speaker. An orator may act as if he is overwhelmed by emotions to sway the opinion of the audience, but in the meantime he should stay firmly in possession of him-

---

[61] *Rhetorica ad Herennium* 4,49 (192–193 A.): *Eiusmodi licentia, si nimium videbitur acrimoniae habere, multis mitigationibus lenietur; nam continuo aliquid huiusmodi licebit inferre: "Hic ego virtutem vestram quaero, sapientiam desidero, veterem consuetudinem requiro", ut quod erit commotum licentia, id mitigetur laude, ut altera res ab iracundia et molestia removeat, altera res ab errato deterreat.*
[62] διόρθωσις, making things right, repair, rebuild, from verb διορθόω. Also used for emending a text, issuing an improved version of the text.
[63] Aquila Romanus, *De figuris sententiarum et elocutionis* 1 (23,8–11 Halm): Προδιόρθωσις, *praecedens correctio. Haec figura, ubi aliquid necessarium dictu, set insuave audientibus aut odiosum nobis dicturi sumus, praemunit. Exemplum apud Cicero frequens: Quamquam sentio quanta hoc cum offensione dicturus sim, dicendum est.*
[64] *Schemata Dianoeas quae ad rhetores pertinent* 2–4 (here 71,9 Halm). *Correctio* is further discussed in Quintilian, *Institutio oratoria* 9,2,18 (492,11–14 W.); 9,3,89 (532,12–22 W.); *Carmen de figuris vel schematibus* (69,151–153 Halm).
[65] Lausberg (1998) 349.

self.⁶⁶ Cicero maintained that an orator did not need to feel anger to be able to arouse it in others. Feigned anger led to the same result, and was much easier to control.⁶⁷ The rhetorical figure, *licentia,* outspokenness, also called *libertas dicendi* or known by its Greek name *parrhesia,* was listed among the emotive figures. Just like other emotive figures it involved *simulatio.*⁶⁸ As Quintilian put it: "The Figures adapted to intensifying emotions consist chiefly in pretence. We pretend that we are angry, happy, frightened, surprised, grieved, indignant or the like."⁶⁹ A critic needed to calculate the effect of his words on the audience and estimate how far he could go. One needed a clear mind to make this kind of careful judgment and not be overwhelmed by passion or indignation; one merely had to act the part.

7 "I Am No Rebel"

Let us return to the case of Florus versus Amalarius. To what extent can we detect any influence of dialectical and rhetorical theory on Florus' polemical writings against Amalarius? Like John the Scot, Florus studied classical and late antique treatises and commentaries on dialectic. The library of Lyon owned a manuscript, known as the Leidrad codex (now Vatican, Biblioteca Apostolica Vaticana, Pagès 1, 8th c., Lyon), that contained several dialectical treatises. In the margins of this codex, which is the oldest surviving collection of dialectical texts, we find marginal notes in Florus' hand. Yet although Florus must have acquired knowledge of dialectic, going by the evidence of the annotations, he did not use logical techniques in his polemics against Amalarius. Later, in a disagreement with John the Scot, he showed himself to be well versed in the language of Aristotelian categories and dialectical techniques of argumentation, but we see no evidence of that here. Given the fact that his annotations to the Leidrad codex cannot be dated, he may have become better acquainted with dialectic later in his career, but it is more plausible that dialectic simply did not serve his purposes during his conflict with Amalarius. He did, however, employ the rhetorical figures *licentia* and *correctio.* In his first polemical text against Amalarius, Florus explained to the bishops of Thionville who had agreed to Amalarius' appointment, that he *had* to speak out against injustice to protect the community of Lyon. None of the bishops who were present when Agobard was deposed and Amalarius instated had dared to speak their mind, he argued. Florus

---

66 Cicero, *Tusculanae disputationes* 4,25 (388,14–15 Pohlenz): *Oratorem vero irasci minime decet, simulare non dedecet.*
67 Graver (2002) 168; see also Seneca, *On Anger* 2,17.
68 Rutilius Lupus, *Schemata lexeos* 2,18 (20,20–21,7 Halm); *Rhetorica ad Herennium* 4,48–49 (191–194 A.); Quintilian, *Institutio oratoria* 9,2,26–29 (493,26–494,22 W.).
69 Quintilian, *Institutio oratoria* 9,2,26 (493,26–494,1 W.; trans. 47–49 Russell): *Quae vero sunt augendis adfectibus accomodatae figurae constant maxime simulatione. Namque et irasci nos et gaudere et timere et admirari et dolere et indignari et optare quaeque sunt similia his fingimus.*

offered *correctio* for his strong-worded language, but he offered it to his addressees, the bishops, not to Amalarius, the target of his verbal assaults:

> It is not as if I am a rebel against sacred ordination or devout imperial appointment [of Amalarius]. [...] The almighty God is my witness that I am not heaping up these [accusations] because I am driven by anger (*iracundia*), although I have been hurt, [...] but I am urged on by hatred of error (*erroris odio*) and love of truth (*amore veritatis*), and I suffer greatly over the wound that has been inflicted to my mother, the church.[70]

Florus was not angry, he was hurt. Employing the rhetorical figure of *correctio*, he reframed an emotion that his audience could interpret as a vice (*iracundia*) as a virtue (*erroris odium et amor veritatis*).[71] Florus presents us here with a textbook example of *licentia* or *libertas dicendi:* criticism that is justified by hurt or sadness, love for truth and concern over the wellbeing of others, just as we find it described by Quintilian, the Rhetor *ad Herennium*, Rutilius Lupus, Isidore of Seville and others. Florus may well have studied these rhetorical textbooks himself, or have drawn inspiration from authors who employed this figure. In a florilegium of excerpts from church fathers, which Florus composed, we find a quotation of Gregory Nazianzen advocating *libertas dicendi* to speak out for justice and truth.[72] The florilegium also contains excerpts from Hilary of Poitiers' invective against Emperor Constantius II, in which Hilary justified his criticism of the emperor with an appeal to *libertas*.[73] The library of Lyon, moreover, possessed Augustine's *Contra Faustum* (annotated by Florus),[74] polemical writings of Jerome and a codex, known as the Codex Agobardinus, which contained the works of Tertullian, another outspoken authority from the early church.[75] In other words, there were plenty of models around, both in the library of Lyon and in Florus' personal collection of manuscripts, from which to pick effec-

---

[70] Florus of Lyon, *Epistola ad synodum Teodonis* (appeal to the bishops of Thionville, 835) (4,51–5,58 Z.-E.): *Testis est mihi omnipotens deus, quia haec non impulsu iracundiae tanquam laesus exaggero [...], nec divinae ordinationi seu imperiali piae provisioni [...], velut rebellis existens [...], sed erroris odio et amore veritatis, aecclesiae quoque matris meae vulneribus condolens [...]*.
[71] On early medieval perceptions of the dangers of *iracundia*, see Rosenwein (2016) 67–87; compare to the example of *correctio* given in the *Carmen de figuris vel schematibus* (69,153 H.): *Non amor est, verum ardor vel furor iste*. Reframing a virtue as a vice (or a vice as a virtue) is also called παραδιαστολή, see Quintilian, *Institutio oratoria* 9,3,65 (526,22–527,2 W.).
[72] Florus of Lyon, *Collectio ex dictis XII patrum, Gregorius Nazianzenus* 8 (51,42–43 Fransen/Coppetiers 't Wallant/Demeulenare); Fransen (2000). See Vaticanus Reg. lat. 141 (early 9th c.), fol. 127v: *Suscipitisne libertatem verbi, libenter accipitis, quod lex Christi sacerdoctali vos nostrae subicit potestati, atque istis tribunalibus subdit?*
[73] Florus of Lyon, *Collectio ex dictis XII patrum, Hilarius Pictaviensis* 8 (76 Fransen/Coppetiers 't Wallant/Demeulenare); 66 (130 F./C.'tW./D.); 76 (139 F./C.'tW./D.); 90 (148 F./C.'tW./D.); 109 (168–169 F./C.'tW./D.): *Ex libro in Constantium*.
[74] Ms. Lyon, Bibliothèque municipale, 610, late 8th or early 9th c. Excerpts from Augustine's *Contra Faustum* can be found in the polemical dossier *De profanis et inaniloquiis* with which Florus closes his *Invectio canonica*. See Zechiel-Eckes (1999) 199, note 29. On Florus' notes, see Charlier (1945).
[75] Codex Agobardinus, Paris, Bibliothèque nationale de France, lat. 1622 (9th c., Lyon).

tive strategies to run down an opponent.⁷⁶ Yet Florus need not necessarily have turned to rhetorical or dialectical theory, or to patristic models, to find inspiration for his invectives. He may well have learned the tricks of the trade directly from the master of outspoken criticism, Bishop Agobard.

8 Conclusion

Apart from a few instances of textbook rhetoric such as the one just cited, Florus' polemical treatises against Amalarius do not stand out for their sophisticated dialectical or rhetorical strategies. His strategy was much more straightforward, simple and highly effective. Florus employed what we would nowadays call populist or demagogic rhetoric.⁷⁷ Although his rhetoric was not directed at the people at large, it was aimed at a specific segment of the public sphere. As is often the case with invectives, Florus' invective was not written *for* his opponent to change his opinion, his goal was to persuade a larger audience to support his case *against* his opponent. His target audience were the bishops of the councils of Thionville and Quierzy. To get their support, he needed to rouse their indignation and undermine Amalarius' ethos, i.e. his character, reputation and credibility. Florus appealed to the shared values of his audience: orthodoxy, stability, and unity, and put Amalarius down as the enemy of these values. He played on his audience's deep-seated fears, associating his opponent with what he knew they dreaded most: heresy, instability, and division. He twisted his opponent's words and misquoted from Amalarius' work to target precisely these fears, creating a caricature of both his character and his thinking.⁷⁸

This brings us back to the question posed at the beginning of the chapter. Was the *ad hominem* attack considered an admissible strategy among Christian disputants to win an argument, or was Florus crossing a line when he lambasted Amalarius? I would say that it was not deemed acceptable to abuse a fellow Christian, let alone one's (acting) bishop. Yet if that bishop was a heretic, it changed everything. In late antiquity and the early middle ages different debate models, norms and conventions existed side by side.⁷⁹ Whether one adopted the tone of a friendly altercation or that appropriate to a polemical attack depended on the type of opponent. If that person was a fellow Christian with whom one engaged in a dialogue in search of the truth, good manners were required. Yet if the opponent was a heretic who threatened to undermine the stability of one's own community or that of the

---

76 On Florus' manuscripts, see Charlier (1945), and now also Chambert-Protat (2018).
77 See also the analysis of Florus' rhetoric in Zechiel-Eckes (1999) 218–243: "Florus von Lyon als politischer Publizist".
78 On the misquotations and distortions, see Zechiel-Eckes (1999) 226–229.
79 Graumann (2015); Renswoude (2017).

Christian commonwealth, every weapon was allowed.[80] Heresy was a game changer that overruled all other rules.

In the short run, Florus' polemical strategies were successful. In 838, the council of Quierzy deposed Amalarius and condemned his *Liber officialis*.[81] Emperor Louis called Agobard back from exile and reinstated him to the see of Lyon. Yet in the long run, Amalarius' reputation did not suffer from Florus' slander campaign. His *Liber officialis* survives in more than sixty manuscripts.[82] It was studied and excerpted by many readers, who did not know that the author of this work was labelled a liar, an arrogant fraud and a raving madman. Florus lived to witness the growing popularity of the books he had worked so hard to condemn. In a letter written shortly after Amalarius' death, he complained that readers far and wide were consulting Amalarius' heretical books. In his opinion, the books should have been burned when they had the chance, as he had fervently argued in his final plea to the bishops of Quierzy, to prevent Amalarius' teaching from spreading throughout Francia and beyond.[83]

Florus' invectives fared less well. As we have seen, his main invective against Amalarius survived in just one copy that was not attributed to Florus, but to the seventh-century Pope St. Martin the Confessor. Interestingly, the scribe who added the historical introduction to the text, did not associate the heretic denounced in this scathing invective with the, by this time, well-known and respected liturgist Amalarius. He assumed that this *assertor falsitatis*, against whom the author of this invective railed, was a false teacher of the patristic past; a past that was populated with bold defenders of the orthodox truth, such as Hilary, Tertullian, Gregory and Jerome, who had all employed strong language in the service of a greater good, namely to

---

[80] This distinction between the etiquette of an amicable dialogue with a fellow Christian and that of a heated disputation with a heretic was, however, not clear-cut. The sixth-century literary dialogue between Augustine and the Arian Pascentius (*Collatio Augustini cum Pascentio*) shows that one could imagine an altercation between a church father and a heretic that was fully civilized. The *Collatio Augustini cum Pascentio Ariano* was the very text with which Florus' invective against Amalarius was combined in Paris, Bibliothèque nationale de France, lat. 13371, fol. 1–16 (see note 23). We also know examples from the late eighth and early ninth centuries of disputations with alleged heretics where the participants treated each other respectfully, without any name-calling, see Renswoude (2017).

[81] On Florus' role at the council of Quierzy in 838 see now Pezé (forthcoming).

[82] Jones (2002) 1–15, see also the introduction to Hanssens' edition of Amalarius' *Liber Officialis* in the *Opera liturgica omnia* (Hanssen [1948b] 11–12) and the introduction in Hanssen (1948a) 120–131.

[83] Florus of Lyon, *Liber de tribus epistolis* 40 (1054C Migne; here attributed to Remigius of Lyon): *Amalarium [...] qui et verbis, et libris suis mendaciis, et erroribus, et phantasticis atque haereticis disputationibus plenis omnes pene apud Franciam ecclesias, et nonnullas etiam aliarum regionum, quantum in se fuit infecit, atque corrupit: ut non tam ipse de fide interrogari, quam omnia scripta eius saltem post mortem ipsius debuerint igne consumi, ne simpliciores quique, qui eos multum diligere, et legendo frequentare dicuntur, eorum lectione et inaniter occuparentur, et perniciose fallerentur et deciperentur.* See Florus' (indirect) plea to burn the books in his *Sermo synodalis* (77,386–388; 79,432 Z. – E.), with reference to the decree of Pope Leo I to burn all *falsi codices*.

purify the church from the poison of heresy. As the reception of Florus' invectives demonstrates, the fierce rhetoric of patristic polemics and late antique debates continued provide inspiration to early medieval disputants, to such an extent that later readers could interpret Florus' texts as products of a late antique past.

Bibliography

Primary Sources

Acts of the Council of Valence 855 = Wilfried Hartmann (ed.), *Die Konzilien der karolingischen Teilreiche 843–859* (MGH.Conc 3), Hannover 1884, 351–365.

Agobard of Lyon, *Contra libros quatuor Amalarii* = Lieven Van Acker (ed.), *Agobardi Lugdunensis opera omnia* (CChr.CM 52), Turnhout 1981, 355–367.

Agobard of Lyon, *De antiphonario (ad cantores ecclesiae Lugdunensis)* = Lieven Van Acker (ed.), *Agobardi Lugdunensis opera omnia* (CChr.CM 52), Turnhout 1981, 337–351.

Amalarius of Metz, *Liber officialis, glossae* =
  Eric Knibbs (ed. and trans.), *Amalar of Metz, On the Liturgy* 1–2 (Dumbarton Oaks Medieval Library 35–36), Cambridge, MA 2014, 495–537; 635–648.
  André Wilmart (ed.), "Un lecteur ennemi d'Amalaire", in: *Revue Bénédictine* 36 (1924), (317–329) 320–325.

Aquila Romanus, *De figuris sententiarum et elocutionis* = Karl Halm (ed.), *Rhetores latini minores. Ex codicibus maximam partem primum adhibitis*, Leipzig 1863, 22–37.

Augustinus, *De dialectica* = Jan Pinborg (ed.) and B. Darrell Jackson (trans.), *Augustine, De dialectica* (Synthese Historical Library 16), Dordrecht 1975.

Bede, *Chronicon* =
  Theodor Mommsen (ed.), *Chronica minora saec.* 3 (MGH.AA 13), Berlin 1898, 247–333.
  Judith McClure and Roger Collins (trans.), *Bede, The Ecclesiastical History of the English People. The Greater Chronicle. Bede's Letter to Egbert* (Oxford World's Classics), Oxford 1994 (repr. Oxford 1999), 305–340.

Carmen de figuris vel schematibus = Karl Halm (ed.), *Rhetores latini minores. Ex codicibus maximam partem primum adhibitis*, Leipzig 1863, 63–70.

Chirius Fortunatianus, *Ars rhetorica* = Karl Halm (ed.), *Rhetores latini minores. Ex codicibus maximam partem primum adhibitis*, Leipzig 1863, 81–134.

Cicero, *Tusculanae disputationes* = Max Polenz (ed.), *M. Tulli Ciceronis scripta quae manserunt omnia* 44: *Tusculanae disputationes* (BSGRT), Berlin 1918 (repr. Berlin 2008).

Florus of Lyon, *Collectio ex dictis XII patrum, Gregorius Nazianzenus* = Paul-Irénée Fransen, Bertrand Coppieters 't Wallant and Roland Demeulenaere (eds.), *Flori Lugdunensis collectio ex dictis XII patrum* 3 (CChr.CM 193B), Turnhout 2007, 45–77.

Florus of Lyon, *Collectio ex dictis XII patrum, Hilarius Pictaviensis* = Paul-Irénée Fransen, Bertrand Coppieters 't Wallant and Roland Demeulenaere (eds.), *Flori Lugdunensis collectio ex dictis XII patrum* 1 (CChr.CM 193), Turnhout 2002, 71–185.

Florus of Lyon, *Contra Amalarium* = Klaus Zechiel-Eckes (ed.), *Florus Lugdunensis, Opera polemica* (CChr.CM 260), Turnhout 2014, 41–45.

Florus of Lyon, *Epistola ad rectores ecclesiae* = Klaus Zechiel-Eckes (ed.), *Florus Lugdunensis, Opera polemica* (CChr.CM 260), Turnhout 2014, 49–61.

Florus of Lyon, *Epistola ad synodum Teodonis* = Klaus Zechiel-Eckes (ed.), *Florus Lugdunensis, Opera polemica* (CChr.CM 260), Turnhout 2014, 3–5.

Florus of Lyon, *Invectio canonica in Amalarium officiographum* = Klaus Zechiel-Eckes (ed.), *Florus Lugdunensis, Opera polemica* (CChr.CM 260), Turnhout 2014, 9–32.

Florus of Lyon, *Liber adversus cuiusdam vanissimi hominis qui cognominatur Joannes ineptias et errores* = Jacques P. Migne (ed.), *Nicolai I pontificis Romani Epistolae et decretae [...], Flori diaconi Lugdunensis [...] opera omnia* (PL 119), Paris 1852, 101–250.

Florus of Lyon, *Liber de divina psalmodia* = Klaus Zechiel-Eckes (ed.), *Florus Lugdunensis, Opera polemica* (CChr.CM 260), Turnhout 2014, 35–38.

Florus of Lyon, *Sermo synodalis* = Klaus Zechiel-Eckes (ed.), *Florus Lugdunensis, Opera polemica* (CChr.CM 260), Turnhout 2014, 65–79.

Florus of Lyon (Ps-Remigius), *Liber de tribus epistolis* = Jacques P. Migne (ed.), *Ratramni Corbeiensis monachi [...], Sancti Remigii [...] opera omnia* (PL 121), Paris 1852, 985–1084.

Gottschalk of Orbais, *De trina deitate* = Cyrille Lambot (ed.), *Œuvres théologiques et grammaticales de Godescalc d'Orbais* (Spicilegium Sacrum Lovaniense 20), Louvain 1945, 81–99.

Hincmar of Reims, *Epistola 2 ad Nicolaum papam* = Jacques P. Migne (ed.), *Hincmari Rhemensis archiepiscopi opera omnia 2* (PL 126), Paris 1852, 25–46.

Hincmar of Reims, *De una et non trina deitate* = Jacques P. Migne (ed.), *Hincmari Rhemensis archiepiscopi opera omnia 1* (PL 125), Paris 1852, 473–618.

Johannes Scotus Eriugena, *De divina praedestinatione* =
Goulven Madec (ed.), *Iohannis Scotti De divina praedestinatione liber* (CChr.CM 50), Turnhout 1978.
Mary Brennan (trans.), *John Scottus Eriugena, Treatise on Divine Predestination* (Notre Dame Texts in Medieval Culture 5), Notre Dame 1998.

Julius Victor, *Ars rhetorica* = Karl Halm (ed.), *Rhetores latini minores. Ex codicibus maximam partem primum adhibitis*, Leipzig 1863, 373–448.

Marius Victorinus (Q. Fabius Laurentius Victorinus), *Explanatio in rhetoricam M. Tullii Ciceronis* = Karl Halm (ed.), *Rhetores latini minores. Ex codicibus maximam partem primum adhibitis*, Leipzig 1863, 155–304.

Martianus Capella, *De arte rhetorica* = Karl Halm (ed.), *Rhetores latini minores. Ex codicibus maximam partem primum adhibitis*, Leipzig 1863, 453–492.

Ms. St. Gall, Stiftsbibliothek, Cod. Sang. 681. https://www.e-codices.unifr.ch/en/csg/0681/6/0 (seen 9 July 2018).

Ms. Vatican, Biblioteca Apostolica Vaticana, Reg. lat. 240. https://digi.vatlib.it/view/MSS_Reg.lat.240 (seen 29 May 2018).

Priscian, *Praeexercitamina* = Karl Halm (ed.), *Rhetores latini minores. Ex codicibus maximam partem primum adhibitis*, Leipzig 1863, 551–560.

Prudentius of Troyes, *De praedestinatione contra Joannem Scotum cognomento Erigenam* = Jacques P. Migne (ed.), *Leonis IV [...], Prudentii [...] opera omnia* (PL 115), Paris 1852, 1009–1366.

Quintilian, *Institutio oratoria* =
Michael Winterbottom (ed.), *M. Fabi Quintiliani Institutionis oratoriae libri duodecim 1–2* (SCBO), Oxford 1970.
Donald A. Russell (ed. and trans.), *Quintilian, The Orator's Education. Books 9–10* (The Loeb Classical Library 127), Cambridge, MA 2001.

Rhetorica ad Herennium = Guy Achard (ed. and trans.), *De ratione dicendi ad C. Herennium. Rhétorique à Herennius* (CUFr), Paris 1989.

Rutilius Lupus, *Schemata lexeos* = Karl Halm (ed.), *Rhetores latini minores. Ex codicibus maximam partem primum adhibitis*, Leipzig 1863, 3–21.

Schemata dianoeas quae ad rhetores pertinent = Karl Halm (ed.), *Rhetores latini minores. Ex codicibus maximam partem primum adhibitis*, Leipzig 1863, 71–77.

Sulpicius Victor, *Institutiones oratoriae* = Karl Halm (ed.), *Rhetores latini minores. Ex codicibus maximam partem primum adhibitis*, Leipzig 1863, 313–352.

Secondary Literature

Bobrycki (2014): Shane Bobrycki, "A Hypothetical Slave in Constantinople. Amalarius's *Liber Officialis* and the Mediterranean Slave Trade", in: *Haskins Society Journal* 26, 47–67.

Cameron (2014): Averil Cameron, *Dialoguing in Late Antiquity* (Hellenic Studies Series 65), Washington, D.C.

Casey (2012): John Patrick Casey, "Boethius's Works on Logic in the Middle Ages", in: Noel Harold Kaylor and Philip Edward Phillips (eds.), *A Companion to Boethius in the Middle Ages* (Brill's Companions to the Christian Tradition 30), Leiden, 193–219.

Chambert-Protat (2018): Pierre Chambert-Protat, "Liste de Charlier". https://florus.hypotheses.org/liste-de-charlier (seen 29 May 2018).

Charlier (1945): Céléstin Charlier, "Les manuscrits personnels de Florus de Lyon et son activité littéraire", in: *Mélanges E. Podechard. Études de sciences religieuses offertes pour son éméritat au doyen honoraire de la Faculté de Théologie de Lyon*, Lyon, 72–84; repr. in: *Revue Bénédictine* 119 (2009) 252–269.

Dartmann/Pietsch/Steckel (2015): Christoph Dartmann, Andreas Nikolaus Pietsch and Sita Steckel, "Ecclesia disputans. Die Konfliktpraxis vormoderner Synoden zwischen Religion und Politik", in: idem (eds.), *Ecclesia disputans. Die Konfliktpraxis vormoderner Synoden zwischen Religion und Politik* (Historische Zeitschrift. Beihefte 67), Berlin, 9–34.

Delisle (1868): Leopold Delisle, *Inventaire des manuscrits de Saint-Germain-des-Prés conservés à la Bibliothèque Impériale sous les numéros 11504–14231 du fonds latin*, Paris.

Flower (2013): Richard Flower, *Emperors and Bishops in Late Roman Invective*, Cambridge.

Fransen (2000): Paul-Irénée Fransen, "Florilège pastoral tiré de Grégoire de Nazianze par Florus de Lyon", in: *Revue Bénédictine* 110, 86–94.

Ganz (1995): David Ganz, "Theology and the Organization of Thought", in: Rosamond McKitterick et al. (eds.), *The New Cambridge Medieval History* 2: *c. 700–c. 900*, Cambridge, 758–785.

Graumann (2015): Thomas Graumann, "Altchristliche Synoden zwischen theologischer Disputation und rechtlichem Disput", in: Christoph Dartmann, Andreas Nikolaus Pietsch and Sita Steckel (eds.), *Ecclesia disputans. Die Konfliktpraxis vormoderner Synoden zwischen Religion und Politik* (Historische Zeitschrift. Beihefte 67), Berlin, 35–60.

Graver (2002): Margaret Graver, *Cicero on the Emotions. Tusculan Disputations 3 and 4*, Chicago.

Hansen (2015): Hans Hansen, "Fallacies", in: Edward N. Zalta (ed.), *The Stanford Encyclopedia of Philosophy*. https://plato.stanford.edu/entries/fallacies/ (seen 9 July 2018).

Hanssens (1948a): Jean Michel Hannsens, "Introductio", in: idem (ed.), *Amalarii episcopi Opera liturgica omnia* 1: *Introduction – Opera minora* (Studi e testi 138), Vatican, 39–224.

Hanssens (1948b): Jean Michel Hannsens, "Introductio", in: idem (ed.), *Amalarii episcopi Opera liturgica omnia* 2: *Liber officialis* (Studi et testi 139), Vatican, 7–12.

Humphries (1998): Mark Humphries, "Savage Humour. Christian Anti-Panegyric in Hilary of Poitiers' *Against Constantius*", in: Mary Whitby (ed.), *The Propaganda of Power. The Role of Panegyric in Late Antiquity* (Mnemosyne. Supplementum 183), Leiden, 201–223.

Humphries (2002): Mark Humphries, "The Lexicon of Abuse. Drunkenness and Political Illegitimacy in the Late Roman World", in: Guy Halsall (ed.), *Humour, History and Politics in Late Antiquity and the Early Middle Ages*, Cambridge, 75–88.

Jones (2002): Christopher A. Jones, *A Lost Work by Amalarius of Metz. Interpolations in Salisbury, Cathedral Library, MS. 154* (Henry Bradshaw Society. Subsidia 2), Woodbridge.

Knibbs (2014): Eric Knibbs, "Introduction", "Notes to the Translation", in: idem (ed. and trans.), *Amalar of Metz, On the Liturgy* 1–2 (Dumbarton Oaks Medieval Library 35–36), Cambridge, MA, VII–XXXVI; 487–537; 627–662.

Lim (1995): Richard Lim, *Public Disputation, Power and Social Order in Late Antiquity* (The Transformation of the Classical Heritage 23), Berkeley.

Lausberg (1998): Heinrich Lausberg, *Handbook of Literary Rhetoric. A Foundation for Literary Study,* Leiden.

Lubac (1949): Henri de Lubac, *Corpus Mysticum. L'eucharistie et l'église au moyen âge. Étude historique* (Théologie 3), 2nd rev. ed., Paris.

Marenbon (1981): John Marenbon, *From the Circle of Alcuin to the School of Auxerre. Logic, Theology and Philosophy in the Early Middle Ages* (Cambridge Studies in Medieval Life and Thought. Third Series 15) Cambridge.

Marenbon (1990): John Marenbon, "John Scottus and Carolingian Theology. From the *De Praedestinatione*, its Background and its Critics, to the *Periphyseon*", in: Margaret T. Gibson and Janet Loughland Nelson (eds.), *Charles the Bald. Court and Kingdom* (Collected Studies Series), 2nd rev. ed., Aldershot, 303–325.

Marenbon (1997): John Marenbon, "Alcuin, the Council of Frankfort and the Beginnings of Medieval Philosophy", in: Rainer Berndt (ed.), *Das Frankfurter Konzil von 794. Kristallisationspunkt karolingischer Kultur. Akten zweier Symposien (vom 23. bis 27. Februar und vom 13. bis 15. Oktober 1994) anläßlich der 1200-Jahrfeier der Stadt Frankfurt am Main* 2: *Kultur und Theologie,* Mainz, 603–615.

Noble (2009): Thomas F.X. Noble, "Kings, Clergy and Dogma. The Settlement of Doctrinal Disputes in the Carolingian World", in: Stephen David Baxter et al. (eds.), *Early Medieval Studies in Memory of Patrick Wormald* (Studies in Medieval Britain and Ireland), Aldershot, 237–252.

Novikoff (2013): Alex J. Novikoff, *The Medieval Culture of Disputation. Pedagogy, Practice and Performance* (The Middle Ages Series), Philadelphia.

Nuchelmans (1993): Gabriël Nuchelmans, "On the Fourfold Root of the Argumentum ad hominem", in: Erik C.W. Krabbe, Renée José Dalitz and Pier A. Smit (eds.), *Empirical Logic and Public Debate. Essays in Honour of Else M. Barth* (Poznan Studies in the Philosophy of the Sciences and the Humanities 35), Amsterdam, 37–47.

Opelt (1965): Ilona Opelt, *Die lateinischen Schimpfwörter und verwandte sprachliche Erscheinungen. Eine Typologie* (Bibliothek der klassischen Altertumswissenschaft, 2. Reihe, NF 8), Heidelberg.

Opelt (1972): Ilona Opelt, "Formen der Polemik bei Lucifer von Calaris", in: *Vigiliae Christianae* 26, 200–226.

Opelt (1980): Ilona Opelt, *Die Polemik in der christlichen lateinischen Literatur von Tertullian bis Augustin* (Bibliothek der klassischen Altertumswissenschaft, 2. Reihe, NF 63), Heidelberg.

Patzold (2008): Steffen Patzold, *Episcopus. Wissen über Bischöfe im Frankenreich des späten 8. bis frühen 10. Jahrhunderts* (Mittelalter-Forschungen 25), Ostfildern.

Pezé (2013): Warren Pezé, "Amalaire et la communauté Juive de Lyon. À propos de l'antijudaïsme lyonnais à l'époque carolingienne", in: *Francia* 40, 1–25.

Pezé (forthcoming): Warren Pezé, "Florus, Agobard et le concile de Quierzy de 838", in: Marie-Céline Isaïa, François Bougard and Alexis Charansonnet (eds.), *Actes du colloque international de Lyon (sept. 2016).*

Raaijmakers (2017): Janneke Raaijmakers, "I, Claudius. Self-Styling in early medieval debate", in: *Early Medieval Europe* 25, 70–84.

Renswoude (2017): Irene van Renswoude, "The Art of Disputation. Dialogue, Dialectic and Debate around 800", in: *Early Medieval Europe* 25, 38–53.

Rosenwein (2016): Barbara Rosenwein, *Generations of Feeling. A History of Emotions, 600–1700,* Cambridge.

Scherrer (1875): Gustav Scherrer, *Verzeichniss der Handschriften der Stiftsbibliothek von St. Gallen*, Halle.

Van Acker (1981): Lieven Van Acker, "Introduction", in: idem (ed.), *Agobardi Lugdunensis opera omnia* (CChr.CM 52), Turnhout, V–LXVII.

Voss (1970): Bernd Reiner Voss, *Der Dialog in der frühchristlichen Literatur* (Studia et testimonia antiqua 9), München.

Weijers (2013): Olga Weijers, *In Search of the Truth. A History of Disputation Techniques from Antiquity to Early Modern Times* (Studies on the Faculty of Arts. History and Influence 1), Turnhout.

Wilmart (1924): André Wilmart, "Un lecteur ennemi d'Amalaire", in: *Revue Bénédictine* 36, 317–329.

Zechiel-Eckes (1996): Klaus Zechiel-Eckes, "Florus von Lyon, Amalarius von Metz und der Traktat über die Bischofswahl. Mit einer kritischen Edition des sog. 'Liber de electionibus episcoporum'", in: *Revue Bénédictine* 106, 109–133.

Zechiel-Eckes (1999): Klaus Zechiel-Eckes, *Florus von Lyon als Kirchenpolitiker und Publizist. Studien zur Persönlichkeit eines karolingischen "Intellektuellen" am Beispiel der Auseinandersetzung mit Amalarius (835–838) und des Prädestinationsstreits (851–855)* (Quellen und Forschungen zum Recht im Mittelalter 8), Stuttgart.

Zechiel-Eckes (2014): Klaus Zechiel-Eckes, "Prolegomena", in: idem (ed.), *Florus Lugdunensis', Opera polemica* (CChr.CM 260), Turnhout, IX–LI.

Roland Steinacher
Vom Ketzerkönig zum *christianissimus rex*. Politische Dimensionen der homöischen Christologie: Afrika im 5. und 6. Jahrhundert mit einem Ausblick nach Spanien

Das vandalische Afrika gilt als Musterbeispiel des „Kirchenkampfs" zwischen homöischen Barbaren und katholischen Römern. Kronzeugen sind Victor von Vita, Fulgentius von Ruspe und Quodvultdeus von Karthago. Etwa 50 Jahre nach dem Ende der Vandalenkönige in Afrika 533 kam es dagegen in Spanien zum Ausgleich zwischen Katholiken und Homöern: Die westgotischen Könige beendeten mit dem 3. Konzil von Toledo im Mai 589 die konfessionellen Auseinandersetzungen auf der spanischen Halbinsel. Dem Gotenkönig wurde von katholischen Schriftstellern rasch politisches und religiöses Charisma zugeschrieben, das dem eines Kaisers kaum nachstand. Johannes von Biclaro beispielsweise verglich Reccared (586–601) mit Konstantin dem Großen. Das westgotische Beispiel zeigt, wie eng die Verbindung von homöischem Klerus und gotischer Elite war und wie viel Konfliktpotential in diesen Strukturen lag. Königliche Herrschaft hatte offenbar im 6. Jahrhundert nur durch die Unterstützung einer funktionierenden katholischen Kirche eine Zukunft. Im 5. Jahrhundert dagegen versuchten mehrere vandalische Herrscher eine homöische Kirchenstruktur zu etablieren. Wie weit war nun das vandalische Afrika tatsächlich von einer „spanischen Lösung" entfernt? Was sind die politischen Implikationen der Christologie und der Klerikerkreise, die diese trugen? Wie und warum konnten sich verschiedene Kirchen in den poströmischen *Regna* formieren?

1 Geiserich (429–477) und die katholische Kirche

Der in Rom im Umfeld des Papstes schreibende Prosper von Aquitanien berichtet schon für die Jahre nach 435 von ersten vandalischen Maßnahmen gegen die katholische Kirche. 429 waren die Vandalen nach Afrika gekommen und im genannten Jahr 435 wurde ein Frieden mit Kaiser Valentinian III. (425–455) unterzeichnet.[1] Im Jahre

---

Dieser Text konnte im Rahmen meiner Anstellung in der DFG Kolleg-Forschergruppe „Migration und Mobilität in Spätantike und Frühmittelalter" an der Universität Tübingen geschrieben werden. Mischa Meier, Steffen Patzold und Sebastian Schmidt-Hofner danke ich für ihre Gastfreundschaft und viele Anregungen, Fabian Völzing (Tübingen) für die Durchsicht des Apparats und Korrekturarbeiten.

1 Prosper von Aquitanien, *Chronicon Additamenta Africana* 1321 a. 435 (486 Mommsen): [*Pax facta cum Wandalis data eis ad habitandum*] *per Trigetium in loco* [*Africae portione*] *Hippone III idus Febr*; Prosper

437 wurden in jenem Teil Afrikas, der von den Vandalen kontrolliert war, mehrere Bischöfe abgesetzt und aus ihren Städten verjagt. Die Prominentesten unter ihnen waren Possidius von Calama, der Biograph des Augustinus, Novatus von Sitifis und Severianus, wahrscheinlich Bischof von Mila. Prosper fand scharfe Worte für das Vorgehen des Königs: Geiserich wolle nun in Afrika den katholischen Glauben durch die arianische Ketzerei ersetzen.[2]

Der Monarch erwartete, dass die Mitglieder seines Hofes der „arianisch"-homöischen Kirche angehörten. Diese homöischen Geistlichen kamen häufig aus einem militärischen Milieu, sie waren Teil der neuen Militärelite. Ein Teil der Klientel, die der König bei der ständigen Verteilung materieller Güter, von Einfluss und Macht zu bedenken hatte, war der homöische Klerus. Das macht die Vorgehensweise Geiserichs besser verständlich. Die Hasdingen gerieten wie die wenigen Kaiser, die sich des „Arianismus" angenommen hatten, in die Rolle von Patronen homöischer Geistlicher. Man konnte sich dabei auf kaiserliche Beschlüsse aus dem 4. Jahrhundert stützen. Kaiser Constantius II. (337–361) hatte während seiner Regierungszeit kirchliche Kreise unterstützt, die das Konzil von Nicäa ablehnten. Eine einheitliche, sogenannte homöische Glaubensformel war sein Ziel. Dies ließ sich langfristig nicht im Reich durchsetzen, doch waren die Beschlüsse der durch den Kaiser einberufenen Konzilien eine Möglichkeit der Legitimation für homöische Theologen.[3] Die Beschlüsse der Reichskonzilien von Rimini und Seleukia aus dem Jahr 359 sollten mehr als ein Jahrhundert später in den afrikanischen Provinzen Programm werden.

Die Forderung nach einem Bekenntnis im Sinne des Vandalenkönigs wurde mit teils drastischen Maßnahmen durchgesetzt, wie das Schicksal von fünf aus Spanien stammenden Römern im Hofstaat Geiserichs zeigt: Arcadius, Probus, Paschasius, Eutycianus und Paulillus, die sich, obwohl der König das als Loyalitätsbeweis forderte, nicht zum Homöischen bekennen wollten, wurden enteignet, verbannt und schließlich, nach dem Versuch zurückzukehren, mit Ausnahme des Paulillus hingerichtet.[4] Pseudo-Gennadius und ein Trostbrief des Bischofs Honoratus, der in Cirta (Constantia) residierte, berichten von diesen Vorgängen um 480.[5]

Victor von Vita zählt als eine der Behinderungen der afrikanischen Katholiken auf, Geiserich habe verboten, den Pharao, Nebukadnezar, Holofernes, Herodes oder

---

von Aquitanien, *Chronicon Epitome Carthaginiensis* 1321 (497 Mommsen); vgl. Steinacher (2016) 103–107.

2 Prosper von Aquitanien, *Chronicon* 1327 a. 437 (475 M.): *In Africa Gisiricus rex Wandalorum, intra habitationis suae limites volens catholicam fidem Arriana impietate subvertere, quosdam nostrorum episcopos, quorum Posidius et Novatus ac Severianus clariores erant, eatenus persecutus est, ut eos privatos iure basilicarum suarum etiam civitatibus pelleret, cum ipsorum constantia nullis superbissimi regis terroribus cederet.* Vgl. Schwarcz (2004) 53; Courtois (1955) 170 und Anm. 2.

3 Barceló (2004) 168–177; Diefenbach (2012); Leppin (1999).

4 Prosper von Aquitanien, *Chronicon* 1329 a. 437 (475 M.).

5 Gennadius, *De viris illustribus* 96 (95,5–12 Richardson): Brief des Honoratus an Arcadius. Vgl. Overbeck (1973) 56; Schwarcz (2008) 228.

ähnliche biblische Persönlichkeiten irgendwie zu erwähnen.[6] Die katholische Reaktion habe sich einer entsprechenden Stelle aus dem Buch *Exodus* bedient, nach der die Israeliten vom Pharao und den Ägyptern bedrängt werden: „Aber je mehr sie das Volk bedrückten, desto stärker mehrte es sich und breitete sich aus." Im Bibeltext folgt dann die von Victor nicht genannte, aber wohl mitgedachte Sequenz: „Und es kam sie ein Grauen an vor Israel."[7] Der Vandalenkönig habe also verboten, ihn mit den großen biblischen Verfolgern des Volkes Gottes zu vergleichen, und nahm so gezielt Metaphern des katholischen Diskurses aus dem Spiel. Victor reagierte indirekt und geschickt, indem er die Katholiken mit den bedrängten Israeliten gleichsetzte. In der parteiischen Erzählung des Bischofs verfolgt eine barbarische und ketzerische Militärelite das Volk Gottes mit seinen gerechten Ansprüchen, gerade wie der biblische Gewaltherrscher par excellence, der Pharao, die Israeliten. Nun ist dies auf der einen Seite eine Maßnahme gegen mögliche antikönigliche Propaganda, auf der anderen gleichsam eine Rangerhöhung im christlich gewordenen Mittelmeerraum. Als barbarischer *rex* in der Nähe zur Macht und zum Prestige eines biblischen Herodes oder eines Pharaos zu stehen, macht einen König groß, wenn auch in negativer Umkehrung der gegnerischen Feder.[8]

Die Hasdingenkönige nahmen insgesamt keine andere Rolle ein, als der Kaiser Constantius II. es hinsichtlich der homöischen Theologie getan hatte. Wie der große Theodosius suchten sie, konfessionelle Prinzipien als Teil der staatlichen Organisation durchzusetzen, nur agierten sie auf Provinzebene. Die Umgebung des Königs hatte ihre Loyalität durch ihre Konfession zu signalisieren. Ein Bekenntnis zur neuen Militärelite beziehungsweise zu König Geiserich war die Voraussetzung. Nach den Enteignungen kaiserlichen Besitzes und jenes bedeutender Familien, die enge Kontakte mit Italien hatten, positionierte sich das hasdingische Regime noch deutlicher gegen die katholische Kirche. Niemand war mehr imstande, die Hasdingen mit ihrem Großgrundbesitz in Afrika in Frage stellen.[9]

---

[6] Victor von Vita, *Historia persecutionis provinciae Africanae* 1,22–23 (6,17–7,4 Halm). Vgl. Steinacher (2016) 114–116 und Anm. 391; Vössing (2011) 162, Anm. 54–55; Courcelle (1964) 37 und Anm. 1; Courtois (1955) 286. Quodvultdeus, *Liber promissionum et praedictorum Dei* 32 (40–41 Braun), 36 und 37 (43–45 B. spielt auf die Unterdrückung Israels durch den Pharao an). In Quodvultdeus, *De cataclysmo* 3,4 (411,10–13 Braun) wird Ähnliches mit Nebukadnezar (Nabuchodonosor) versucht. Sidonius Apollinaris, *Epistula* 7,6 (11,5–14 Luetjohann) kennt ähnliche Metaphern gegen Eurich in Spanien. Der Gote hat das Foedus mit Rom gebrochen und seine Herrschaft mit roher Gewalt erweitert. Er vergleicht Eurich mit dem Reichen der Bibel, der sich in Luxus kleidet, während Lazarus als Metapher für die katholische Kirche darbt. Dann wird Eurich mit dem Pharao gleichgesetzt, der mit dem Diadem bekrönt ist, der Israelite dagegen muss arbeiten und trägt nur einen Korb.
[7] Victor von Vita, *Historia persecutionis* 1,23 (7,3–4 H.): *Quanto eos affligebant, tanto magis multiplicabantur et invalescebant nimis.* Vgl. Ex 1,12: *Quantoque opprimebant eos tanto magis multiplicabantur et crescebant.* Vor dieser Passage wird das Gottesvolk mit einem Bienenschwarm verglichen, der durch die honigsüßen Bausteine des Glaubens für seine Emsigkeit belohnt wird. Vgl. dazu Vössing (2011) 162, Anm. 60.
[8] Steinacher (2008) 251.
[9] Steinacher (2016) 114 und 151–170 zum Besitz der Könige.

Der Bischof von Karthago hatte vor 439 eine außergewöhnlich starke Stellung, vergleichbar mit den Patriarchaten des Ostens in Konstantinopel, Alexandria, Antiochia und Jerusalem. Im Osten konnte sich kein Episkopat vor die anderen stellen wie dann das stadtrömische im Westen. Die kaiserliche Gesetzgebung hatte nämlich um 445 mehrmals die Interessen des römischen Pontifikats bedacht oder sich in Zweifelsfällen für dessen Standpunkt entschieden. Papst Leo erhielt 445 die höchste kirchliche Gerichtsbarkeit im ganzen römischen Reich konzediert. Den Vollzug garantierten die Kaiser des Ostens und des Westens. Dadurch wurden aber gleichzeitig andere bis dahin einflussreiche Bischöfe des Westens, wie eben der von Karthago, geschwächt. Die afrikanischen Synoden zwischen 418 und 425 wiesen jedoch noch jede päpstliche Kompetenz für den afrikanischen Bereich ab, und auch Appellationen an Rom wurden für Laien und Geistliche explizit untersagt.[10]

Die afrikanischen Provinzen wurden zu einem wohlhabenden und gut funktionierenden Staatswesen. Die vandalischen Herrscher agierten in den Provinzen dabei wie Vizekaiser, und es gelang ihnen, Teil der spätrömischen Reichselite zu werden. Früher als Goten, Franken oder Burgunder in Italien, Spanien und Gallien konnten die Vandalen eine politische Alternative zur römischen Zentralherrschaft anbieten. Der Preis dafür war jedoch eine nie überwundene Konkurrenz der beiden kirchlichen Parteien.

2 Hunerich (477 – 484): Die vandalische Elite, der homöische Klerus und die Nicäner

442 und 480/481 kam es zu heftigen Machtkämpfen innerhalb der vandalischen Elite. Der homöische Klerus in Afrika war dabei Partei. Schon Geiserich hatte nahe Verwandte beseitigen lassen und sorgte dafür, dass das hasdingische Herrscherhaus mit einem erheblichen Besitz versehen blieb. Solcher Zugriff auf Grundbesitz ermöglichte erst den Machterhalt. Angesichts der Verteilungskonflikte zwischen den vandalischen Großen und auch innerhalb der königlichen Familie war Geiserichs Testament ein Versuch, die Handlungsfähigkeit der karthagischen Könige zu sichern.[11] Geiserichs Sohn Hunerich konnte 477 den Thron besteigen, die Machtkämpfe flammten jedoch erneut auf. Hunerichs Maßnahmen gegen die katholische Kirche sind nun auch vor diesem Hintergrund zu verstehen.

---

10 *Novella Valentiniani* 17,1 – 4 (08.07.445) (101 – 103 Mommsen/Krüger/Meyer). Vgl. Duval (1995) 805; Demandt (2007) 540 – 541; Stein (1928) 413; 488 – 489. Der dort (S. 413) besprochene Synodalbeschluss der Afrikaner, es sei unzulässig, da nicht durch die Verfügungen des *Nicänum* gedeckt, *ad regiones transmarinas* Appellationen an den Papst zu senden, verwendet dieselbe Formulierung wie Victor von Vita, *Historia persecutionis* 3,19 (44,24 H.), als die katholischen Bischöfe Hunerich versprechen sollen, keine Korrespondenz mit überseeischen Gebieten zu unterhalten ([…] *nullus vestrum ad regiones transmarinas epistulas diriget* […]). Möglicherweise ging es also auch 484 um den Kontakt mit Rom.
11 Steinacher (2016) 146 – 150; 166 – 169 (zum königlichen Besitz).

Hunerich war zum Zeitpunkt der Thronbesteigung der älteste lebende männliche Hasdinge und entsprach somit den von Geiserich verfügten Nachfolgeregeln. Selbst Victor von Vita, der keine Gelegenheit ausließ, die Vandalen zu verdammen, bewertete die ersten Maßnahmen des neuen Königs positiv. Hunerich ließ nämlich die in Afrika noch zahlreichen Manichäer als Ketzer verfolgen und versuchte – ganz wie ein römischer Herrscher –, die mit der Orthodoxie konkurrierende Richtungen oder gar Gegenkirchen auszuschalten.[12] Sogar manche Maßnahmen und Verordnungen Geiserichs gegen die katholische Kirche wurden am Beginn von Hunerichs Herrschaft rückgängig gemacht. Konstantinopel spielte dabei eine maßgebliche Rolle, und der kaiserliche Gesandte Alexander führte die Verhandlungen. Er unterrichtete auch die kirchlichen Autoritäten in Karthago von den Verbesserungen. „Doch gab er [Hunerich] [...] seine Einwilligung, dass die Kirche von Karthago sich einen selbstgewählten Bischof einsetzen dürfe; 24 Jahre lang war sie dieser Zierde beraubt gewesen." Dieses Zugeständnis war laut Victor mit einer Forderung an den Kaiser in Konstantinopel verknüpft. Die Wahl eines neuen Metropoliten werde nämlich unter „der Maßgabe, dass die Bischöfe unserer Religion in Konstantinopel und in den übrigen Provinzen des Ostens auf Anordnung des Kaisers ihrerseits die unbeschränkte Freiheit erhalten, in ihren Kirchen in beliebiger Sprache dem Volk zu predigen und den vorschriftsmäßigen christlichen Kult zu vollziehen", erlaubt.[13] Dafür ließ man von Seiten der Vandalen in den afrikanischen Kirchen Messfeier und Predigt uneingeschränkt zu.[14]

König Hunerichs Maßnahmen gegen die katholische Kirche und ihre Bischöfe zeugen von einer besonderen Verpflichtung der Hasdingenkönige gegenüber der homöischen Kirche und dem militärischen Milieu, und das nicht nur in den afrikanischen Provinzen. Offenbar versuchte Karthago, die barbarischen Militärs und ihre homöischen Priester überregional – und eben auch im Osten – zu unterstützen. Waren die Vandalen nun aber fanatische „Arianer"? Was waren die Gründe für die Rolle dieser Variante des Christentums bei den barbarischen Militärs? Und warum waren die Homöer in Afrika so einflussreich, dass sie ihren König schließlich, quasi gegen seinen

---

12 Victor von Vita, *Historia persecutionis* 2,1 (13,16–23 H.; Übers. 65 Vössing). Zur Stelle vgl. Lancel (2002) 295, Anm. 116; Vössing (2011) 167, Anm. 115–116. Zum Manichäismus generell und in Afrika vgl. Rudolph (1999) mit den Literaturangaben; Lieu (1992); Decret (1995); Decret (1978) 1, 2; Schmidt (1942) 100–101; Giesecke (1939) 177 versuchte Parallelen zwischen der homöischen Christologie und dem Manichäismus zu konstruieren, was schon Schmidt (ibid.) kritisiert hatte. Vgl. zu solchen Ansätzen Brennecke (2002).
13 Victor von Vita, *Historia persecutionis* 2,1 (13,28–14,2 H.; Übers. 65 V.): *Dedit autem licentiam [...] ut Cartheginiensis ecclesia sibi quem vellet episcopum ordinasset, quae iam per viginti quattuor annos tali ornamento fuerat destituta [...]*; 2,3–4 (14,10–12 H.; Übers. 67 V.) *Sub eo nostrae religionis episcopi, qui apud Constantinopolim sunt et per alias provincias Orientis, ex eius praecepto liberum arbitrium habeant in ecclesiis suis, quibus voluerint linguis populo tractare et legem Christianam colere.*
14 Vgl. Steinacher (2016) 248–250; Jones/Martindale/Morris (1980) 56–57 (s.v. „Alexander 12"); Courtois (1954) 58 mit Argumenten für eine Datierung auf 480 oder 481; Vössing (2011) 168, Anm. 20 zur Kanzlei des Königs; vgl. dazu auch Heuberger (1929) 83–90; Diesner (1965) 958.

Willen, doch zu einem harschen Vorgehen gegen die katholische Kirche bringen konnten?

Zu berücksichtigen ist, dass Hunerich noch über eine zweite Legitimationsmöglichkeit verfügte, um seine Herrschaft zu sichern. Neben seiner hasdingischen Herkunft und der Anerkennung als Erstem der Vandalen war es durch Geiserichs Politik und dessen Erfolge möglich geworden, dass sein Sprössling Hunerich der Schwiegersohn eines Kaisers werden konnte. Hunerichs Ehefrau Eudocia, die Tochter Valentinians III., gab dem Hasdingenprinzen und vor allem dessen Kindern eine römische und sogar eine kaiserliche Legitimation. Die Eheverbindung zum theodosianischen Haus ist bedeutsam für die nur auf den ersten Blick widersprüchlichen Versuche Hunerichs, die afrikanischen Provinzen in den 80er Jahren des 5. Jahrhunderts neu zu organisieren. Im Zusammenhang mit den innervandalischen Machtkämpfen versuchte der neue König, die mächtige katholische Kirche in Afrika zur Anerkennung seiner Herrschaft zu bewegen. Hunerich verlangte kurz nach seiner Thronbesteigung – und auf diesen Punkt legte Victor besonderen Wert – von den katholischen Bischöfen die Zustimmung zu einer Änderung von Geiserichs Thronfolgeordnung zugunsten seines Sohnes Hilderich. Dieser Hasdingenprinz war der Enkel Valentinians III., ein Signal an die Bevölkerung der Provinzen – vielleicht auch an den ganzen ehemaligen römischen Westen. Solche Experimente und Träume waren zum Scheitern verurteilt. Letztlich setzte sich schon während Hunerichs Herrschaft und endgültig nach seinem Tod eine vandalische Gruppe durch, die auf das Prestige des theodosianischen Hauses und einen Ausgleich mit der katholischen Kirche weniger oder gar keinen Wert legte. Erst Hilderich änderte 40 Jahre später wieder den Kurs und erkannte die katholische Kirche uneingeschränkt an. Darauf kam es zu einem Putsch gegen diesen König, der letztlich zum Ende des Vandalenreichs führen sollte. Was Hunerich hatte abwenden können, das sollte seinem Sohn widerfahren.[15]

Gegen die Versuche Hunerichs, die Basis seiner Herrschaft zu erweitern – was natürlich mit politischen und finanziellen Zugeständnissen verbunden gewesen wäre –, leisteten also andere Zweige der Königsfamilie, vandalische Große und zumindest Teile der homöischen Kirche Widerstand. Die Großen wollten keine Konkurrenz durch alteingesessene römische Familien oder einfach ein größeres Stück vom Kuchen in Form von Landgütern. Warum nicht noch weitere Enteignungen als 435 und 442 vornehmen, mag sich mancher Vandale gefragt haben. Die homöischen Geistlichen stellten überdies den Anspruch, die einzig wahre Kirche zu sein. Nicht zuletzt schielten die homöischen Bischöfe auf den – auch nach den Enteignungen unter Geiserich – noch immer großen Besitz der katholischen Konkurrenz. Für die vandalischen Gegner Hunerichs war viel zu gewinnen. Doch wusste der König sich zunächst zu erwehren. Innerhalb der königlichen Familie wurden Hunerichs Bruder Theode-

---

15 Steinacher (2016) 244–245; Steinacher (2017) 369–374 entwickelt ausführlich die folgende Argumentation zur gegenseitigen Bedingung der innervandalischen Machtkämpfe und der Maßnahmen gegen die katholische Kirche.

rich/Theuderich und dessen Söhne wie auch die Söhne des bereits verstorbenen zweiten Bruders Gento ausgeschaltet. Des Weiteren ließ der König homöische Geistliche exekutieren, die am Hofe seines Bruders eine Rolle gespielt hatten. Die Hinrichtung einiger hochrangiger homöischer Geistlicher zeugt von einer breiten *fronde* gegen Hunerich.[16]

Die Gewalt hatte jedoch nur beschränkten Erfolg. Auch wenn Hunerich in einem ersten Schritt für seine Partei die Herrschaft sichern konnte, musste er letztendlich Zugeständnisse an andere Teile der vandalischen und homöischen Eliten machen. In den letzten Jahren seiner Herrschaft brach Hunerich schließlich mit dem Kaiser in Konstantinopel und versuchte, die homöische als einzige afrikanische Kirche zu etablieren.

Am Himmelfahrtstag 483 erließ der Vandalenkönig eine Verfügung, die öffentlich verlesen und durch Kuriere in den Provinzen verbreitet wurde.[17] Wegen des ständigen Verstoßes gegen das Verbot katholischer Gottesdienste in den Vandalenlosen sollte der homöische und katholische Episkopat zu einem Streitgespräch in Karthago zusammenkommen. Eine tatsächliche Aussöhnung war dabei kaum das Ziel. Die deutlichen Worte des Edikts weisen in eine andere Richtung.

> Hunerich, König der Vandalen und Alanen, an sämtliche homousianischen Bischöfe (*Rex Hunirix Wandalorum et Alanorum universis episcopis omousianis*). Es steht fest, dass nicht nur einmal, sondern schon öfter das Verbot ergangen ist, dass eure Priester innerhalb des Landbesitzes der Vandalen (*in sortibus Wandalorum*) irgendwelche gottesdienstlichen Versammlungen abhalten, damit nicht die christlichen Seelen durch ihre Verführung zugrunde gerichtet werden. Nun hat sich aber gezeigt, dass sehr viele diese Bestimmung missachteten und entgegen diesem Verbot innerhalb des Landbesitzes der Vandalen Messen gehalten haben, wobei sie behaupteten, sie würden an der vollständigen Lehre des christlichen Glaubens festhalten. Und weil wir nicht wollen, dass es in den uns von Gott verliehenen Provinzen ein Hindernis gibt, das vom rechten Weg abbringt, so nehmt zur Kenntnis, was wir nach Gottes Ratschluss und im Einklang mit unseren heiligen Bischöfen angeordnet haben: Am folgenden 1. Februar sollt ihr, ohne euch mit dem Argument der Furcht zu entschuldigen, alle nach Karthago kommen, um mit unseren ehrwürdigen Bischöfen in ein Streitgespräch über die Glaubenslehre einzutreten und den Glauben der Homousianer, den ihr verteidigt, ausschließlich aus den heiligen Schriften zu erweisen, so dass man danach erkennen kann, ob ihr den vollständigen Glauben habt. Den Wortlaut dieses Ediktes haben wir allen deinen Mitbischöfen in ganz Africa zustellen lassen. Gegeben am 17. Mai im siebten Regierungsjahr [483] Hunerichs.[18]

---

16 Steinacher (2016) 241–246.
17 Victor von Vita, *Historia persecutionis* 2,38–39 (21,25–22,13 H.). Vgl. Vössing (2011) 173, Anm. 176; 188, Anm. 308; Lancel (2002) 304–305, Anm. 192; Schmidt (1942) 102 mit Anm. 5; Courtois (1954) 53–54; Jones/Martindale/Morris (1980) 1186–1187 (s.v. „Uranius 4").
18 Victor von Vita, *Historia persecutionis* 2,39 (22,1–13 H.; Übers. 87 V.): *Rex Hunirix Wandalorum et Alanorum universis episcopis homousianis.* „*Non semel, sed saepius constat esse prohibitum, ut in sortibus Wandalorum sacerdotes vestri conventus minime celebrarent, ne sua seductione animas subverterent Christianas. Quam rem spernentes plurimi nunc reperti sunt contra interdictum missas in sortibus Wandalorum egisse, asserentes se integram regulam Christianae fidei tenere. Et quia in provinciis a deo nobis concessis scandalum esse nolumus, ideoque dei providentia cum consensu sanctorum episcoporum*

Die Zwangssynode fand zum vorgegebenen Datum statt. Die katholischen Bischöfe waren laut Victor in der Hauptstadt vielen Angriffen und Schikanen ausgesetzt.[19] Gerade wie die Donatisten Jahrzehnte zuvor wurden nun die Vertreter der nicänischen Theologie behandelt. Die Geistlichen wussten, was ihnen bevorstand, sie waren in der schwächeren Position in Opposition zur politischen Macht und hätten gleichzeitig selbst nicht davor zurückgescheut, ihre „arianischen" Gegner ganz ähnlich zu bekämpfen.[20]

Offenbar hatte die königliche Kanzlei eine Verfügung vorbereitet, die bereits in den afrikanischen Städten promulgiert wurde, als sich die katholischen Bischöfe noch in Karthago befanden. Nach nur wenigen Tagen des Disputs befahl Hunerich die Schließung aller katholischen Kirchen. Der gesamte noch vorhandene kirchliche Besitz wurde eingezogen und den homöischen Bischöfen übergeben.[21] Wegen der Hetze und Bösartigkeit der Ketzer, die den rechten Glauben hartnäckig verweigern und auch noch die Bevölkerung auf den falschen Weg führen wollen, sei dem König gar nichts anderes übriggeblieben, als jene Gesetze, die von verschiedenen Kaisern gegen Häretiker erlassen worden waren, zur Anwendung zu bringen. Gegliedert sind die Bestimmungen in zwei Teile: Der erste betrifft die Kirche, der zweite die Bevölkerung. Eine große Zahl an Strafandrohungen für bestimmte Personengruppen folgt. Katholischen Priestern wird jegliche liturgische Handlung wie Taufe, Weihe und das Spenden anderer Sakramente verboten. Ebenso ist der dauerhafte Aufenthalt dieser Personen in den Städten zu unterbinden. Zuwiderhandelnde sollen ohne Appellationsmöglichkeit mit Geldstrafen und im Wiederholungsfall mit Verbannung und Vermögenskonfiskation bestraft werden. Diese Verfügungen entsprechen im Detail den von der Reichsregierung 412 gegen donatistische Priester erlassenen Bestimmungen. Die häretischen Geistlichen sollten gemäß diesen in verschiedene Verbannungsorte zerstreut, Gebäude und Pfründe ihrer Kirchen der homöischen übereignet werden.[22]

---

nostrorum hoc nos statuisse cognoscite, ut ad diem Kalendarum Februariarum proxime futurarum, amissa omni excusatione formidinis, omnes Carthaginem veniatis, ut de ratione fidei cum nostris venerabilibus episcopis possitis inire conflictum, et de fide homousianorum, quam defenditis, de divinis scripturis proprie adprobetis, quo possit agnosci, si integram fidem teneatis. Huius autem edicti tenorem universis coepiscopis tuis per universam Africam constitutis direximus". Data sub die tertio decimo Kalendas Iunias anno septimo Hunirici. Vgl. zur Datierung Vössing (2011) 175, Anm. 185; Lancel (2002) 304–305, Anm. 192; anders Classen (1956) 4, Anm. 10 und Heuberger (1929) 103; zu Diplomatik und historischer Einschätzung: Wolfram (1967) 79–80; Courtois (1955) 237, Anm. 7; 243; 296, Anm. 1; Courtois (1954) 11–15.

19 Victor von Vita, *Historia persecutionis* 2,46 (23,27–32 H.); vgl. Modéran (1998) 277–278.
20 Wickham (2009) 76–77.
21 Victor von Vita, *Historia persecutionis* 3,3–14 (40,14–43,23 H.) wird von der Forschung ohne Einwände als Urkundenabschrift anerkannt. Vgl. Howe (2007) 34 und Anm. 28–29; Lancel (2002) 22–24; Schwarcz (1994) 116; Courtois (1954) 27–29.
22 Victor von Vita, *Historia persecutionis* 3,8 (41,15–23 H.). Die Strafandrohungen korrespondieren oft im Detail mit jenen, die *Codex Theodosianus* 16,5,52,5 (30.01.412) gegen die Donatisten in Nordafrika vorsieht. Vgl. Steinacher (2016) 254–256 und die Anm. 425–426; Overbeck (1973) 75–78; Lancel (2002) 315, Anm. 374; Vössing (2011) 182, Anm. 248–249.

Hunerichs Edikt beruft sich explizit auf die Reichssynoden von Rimini und Seleukia von 359. Eine dort offiziell verurteilte Lehre werde von den Katholiken, den Homoousianern, in Afrika vertreten. Tausende Bischöfe des ganzen Erdkreises aber haben in Rimini und Seleukia die rechte Lehre eindeutig festgelegt. In dieser Einleitung wird der überregionale und universale Machtanspruch der Hasdingenkönige wie des homöischen Klerus deutlich.[23]

Trotz all dieser Maßnahmen konnte Hunerich die katholische Kirche nicht entscheidend schwächen. Unsere Überlieferung gibt uns keinen Einblick in die Details der weiteren Entwicklung. Hunerichs Regierungszeit war wohl zu kurz, um die vorgesehenen Verfügungen in aller Konsequenz durchzusetzen. Auch bleibt es fraglich, ob ein Verbot und eine völlige Zerschlagung der katholischen Kirche tatsächlich das Ziel der königlichen Politik gewesen war. Hunerichs Bestimmungen sind auch zur Festigung seiner Stellung gegenüber den eigenen Leuten zu verstehen und vielleicht symbolischer, als die Forschung das bisher gesehen hat.[24]

Nirgends sonst in der spätantiken Mittelmeerwelt hatten homöische Geistliche derartige Macht, und das genügte vorerst. Eine Vernichtung des Gegners war nicht zweckdienlich und auch gar nicht im Interesse der romfreundlicheren Vandalen bzw. des mit dem Kaiserhaus verwandten Teils der Königsfamilie. Jedenfalls zeigen die bei Victor von Vita überlieferten Edikte, dass ein Hasdingenkönig den Anspruch hatte, in seinen Provinzen wie ein Kaiser zu herrschen. Sie zeigen weiter die Kompetenz und Qualität der königlichen Kanzlei in Karthago, die die Ketzergesetze verschiedener Kaiser für die Situation in den afrikanischen Provinzen adaptieren konnte. Sein Nachfolger Gunthamund hat jedoch den Katholiken wieder mehr Spielraum zu geben. Er entstammte einer anderen Linie des hasdingischen Hauses, die offenbar weniger Probleme mit den Kreisen der Macht im vandalischen Afrika hatte. Insofern sind Hunerichs Bestimmungen auch zur Festigung seiner Stellung gegenüber den eigenen Leuten zu verstehen. Sein Sohn Hilderich sollte ein halbes Jahrhundert später an einer Wiederaufnahme von Hunerichs ursprünglicher Politik scheitern.

---

23 Victor von Vita, *Historia persecutionis* 3,4–5 (40,21–41,5 H.) zur Festlegung der homöischen Lehre: *Aut certe quod a mille et quot excurrunt pontificibus de toto orbe in Ariminensi concilio vel apud Seleuciam* (41,3–5 H.). Die Konzilsakten von Ariminium und Seleukia nun vorliegend in: Athanasius Werke 3,1,4 (445–503 Brennecke/Heil/von Stockhausen/Wintjes). Schon unter Geiserich wird dieses Verbot erwähnt in Victor von Vita, *Historia persecutionis* 1,22.29.39 und in 2,39 (6,17–27; 8,4–9; 10,10–16; 22,1–13 H.) erneut unter Hunerich. Zum Rückgriff auf die theologischen Debatten von Rimini/Seleukia im vandalischen Afrika vgl. Heil (2011) 271.
24 Steinacher (2017) 373–374.

3 Kirchliches Appeasement unter König Gunthamund (484–496)

Gunthamund änderte die Kirchenpolitik seines Vorgängers zwar nicht grundlegend, er entschärfte sie jedoch. Weiterhin war es das Ziel der vandalischen Führung, die katholische Kirche zu schwächen und den homöischen Klerus zu stärken. Gunthamunds Stellung gegenüber der vandalischen Elite war jedoch stabiler als jene seines Vorgängers, und so konnte er es sich leisten, eine Politik ohne die harten Maßnahmen seines Vorgängers zu führen.[25] Konflikte innerhalb der Führungsschicht sind aus seiner Regierungszeit nicht überliefert und es gab auch Mäßigung; in Einzelfällen kam der König den Katholiken entgegen. So konnte Bischof Eugenius im Jahr 487 nach Karthago zurückkehren, und die Kirche des Märtyrers Agileus wurde der katholischen Kirche zurückgegeben.[26]

Diese Kirche findet mehrmals Erwähnung in unserer Überlieferung. Offenbar hatte der homöische Bischof seit Geiserichs Regierungszeit das Heiligtum verwaltet, wie insgesamt nach der Eroberung Karthagos die meisten Kirchen der Hauptstadt übernommen wurden. Die Agileusbasilika wurde nach Gunthamunds Zugeständnis das Zentrum katholischen kirchlichen Lebens in Karthago und sollte dies bis zur justinianischen Neuordnung der afrikanischen Verhältnisse bleiben. Vom Märtyrer Agileus ist wenig bekannt. Während einer der Verfolgungen in Karthago vor dem Edikt von Mailand dürfte er das Martyrium erlitten haben.[27] Das Grab des Agileus lag am Stadtrand Karthagos am Meer. Einige der Agileusreliquien waren später, im Jahr 601, von Erzbischof Dominicus von Karthago an Papst Gregor den Großen gesandt worden, was für die damalige Bekanntheit des Kultes spricht.[28] Als altes Märtyrerheiligtum hatte die Basilika mit ihrem Friedhof jedenfalls eine hohe Anziehungskraft. Während der Regierungszeit Thrasamunds beispielsweise kehrten Fulgentius und einige katholische Würdenträger aus der Verbannung zurück. Als sie wie in einem Triumph nach Karthago einzogen, drängte das Volk zuerst zur Agileusbasilika.[29] Auch die große

---

25 Modéran (1998) 280.
26 *Laterculus Regum Wandalorum et Alanorum* (458 Mommsen). Codex Paris, Bibliothèque nationale de France, Fonds, lat. 4860, fol. 49v (165 Steinacher): *Post eum regnavit Guntamundus, Gentunis eiusdem Hunerici fratris filius, annos XI menses VIIII diebus XI. Qui tertio anno regni sui cymeterium sancti martyris Agilei apud Carthaginem catholicis dare precepit, Eugenio Carthaginensis episcopo ab eodem iam de exilio revocato.* Dem Codex Madrid, Biblioteca de la Universidad complutense 134 fehlt der Bericht über diese Maßnahmen. Vgl. Castritius (2006) 200; Schmidt (1942) 108–109.
27 Die Namensformen Ageleus, Agilegius und auch Galeus sind belegt. Sein Fest fiel im karthagischen Kalender wie im hieronymianischen Martyrologium auf den 25. Jänner. Im römischen Martyrologium ist sein Tag der 15. Oktober. Vgl. Steinacher (2016) 276 und die Anm. 430; Delehaye/Quentin (1931) 60 und 62; Lietzmann (1903) 8; Audollent (1912) 958; Steinacher (2004) 178 und Anm. 84.
28 Gregor der Große, *Registrum epistularum* 12,1 (967–968 Norberg); vgl. Courtois (1955) 300 und Anm. 8.
29 Ferrandus Diaconus, *Vita Fulgentii Ruspensis* 26 (123–124 Lapeyre).

Synode unter Hilderich vom 5. Februar 525, an der 60 Bischöfe teilnahmen, fand in der Sakristei dieser Kirche statt.³⁰ Archäologisch konnte man die Agileusbasilika noch nicht genau lokalisieren. In der Vandalenzeit renovierte man einige sakrale Gebäudekomplexe in Karthago. Manche Bauten wurden sogar gänzlich neu errichtet. Dazu gehören die Kirche und der Friedhof von Bir El Knissa, der sich wie das Agileusheiligtum außerhalb der theodosianischen Stadtmauer südwestlich des Stadtgebiets befand. Die Byzantiner erweiterten später die Kirche und die dazu gehörigen Gebäude. Ein ähnlicher Komplex beim heutigen Bir Ftouah lag nordwestlich der Stadt in einiger Entfernung vom Hafen. Auch die Bauten dort wurden vor der byzantinischen Eroberung erneuert und umgebaut. Es war also kein Wunder, dass die Katholiken die Rückgabe des Heiligtums als ein besonderes Symbol des Ausgleichs zwischen dem Hasdingenkönig und ihrer Kirche sahen.³¹

Am 10. August 494, im zehnten Regierungsjahr Gunthamunds, berichtet der *Laterculus* von der Rückkehr aller verbannten katholischen Geistlichen. Bei dieser Quelle handelt es sich um eine Liste der Vandalenkönige, die um erzählerische Elemente erweitert wurde. Der Text entstand als lokale afrikanische Ergänzung der Chronik des in Rom in der Umgebung des päpstlichen Stuhls schreibenden Prosper.³² Trotz aller dieser Maßnahmen bezeichnete Papst Gelasius I. den Vandalenkönig noch 496 als Verfolger.³³

Das von Kaiser Zenon 482 bestätigte *Henotikon* dürfte ebenfalls zum Kurswechsel des Regimes Gunthamunds gegenüber den Katholiken beigetragen haben. *Henotikon* darf man mit „Einigung" übersetzen: Ziel dieses kaiserlichen Edikts war es, die Monophysiten im Osten des Reichs mit den Anhängern des Konzils von Chalcedon 451 zu versöhnen. Das *Henotikon* stützte sich aber doch so deutlich auf die kyrillische Terminologie der Monophysiten, dass es nun zu einem Schisma zwischen lateinischer und griechischer Christenheit führte. Ein Gegensatz zwischen der an Chalcedon orientierten lateinischen und der griechischen Kirche erhöhte gewiss den Bewegungsspielraum des hasdingischen Königs erheblich, verlor doch der Ostkaiser dadurch seine Schutzherrschaft über die afrikanisch-katholische Kirche. Diese blieb auch weiterhin nach Rom orientiert.

Die Restitution kirchlichen Besitzes und die Aufhebung der Verbannung katholischer Kleriker deuteten viele Forscher auch als Versuch Gunthamunds, innere Konflikte zu beenden, hatte dieser König doch außenpolitische Probleme im westli-

---

30 *Concilium Carthaginense* a. 525 (255,1–2 Munier).
31 Steinacher (2016) 276–277 und 430, Anm. 157 mit weiterem Material und Überlegungen zum Heiligtum des Agileus.
32 *Laterculus Regum Wandalorum et Alanorum* (458 M.). Vgl. Steinacher (2016) 277 und 430, Anm. 158; Codex Paris, Bibliothèque nationale de France, Fonds, lat. 4860, fol. 49v (165–166 St.): *X autem anno regni sui ecclesias catholicorum aperuit et omnes Dei sacerdotes petente Eugenio Carthaginense episcopo de exilio revocavit. Quae ecclesiae fuerunt clause annos X mensibus VI diebus V.*
33 Gelasius I., *Epistula ad episcopos Dardaniae* 63 (*Collectio Avellana* 95 [391,14–21 Günther]). Vgl. Steinacher (2016) 277; Castritius (2006) 200; Diesner (1965) 962.

chen Mittelmeerraum: Zwar verband Karthago mit Konstantinopel ein friedliches Auskommen und seit Hunerich blieben die Beziehungen zu Ostrom stabil, doch hatte sich in Italien inzwischen das ostgotische Regime Theoderichs des Großen etabliert. Die alte gotische Konkurrenz war mit den Ressourcen Italiens und ihrem schlagkräftigen Militärpotential für die Vandalen nun wesentlich bedrohlicher und unberechenbarer geworden als Ostrom. Während der zunächst noch unsicheren Lage in Italien hatten nun Burgunder wie Vandalen versucht, ihre Einflusssphäre zu erweitern.

4 Der letzte Arianer: König Thrasamund (496–523)

Auch Thrasamund wollte die afrikanischen Katholiken bekehren. Der König versuchte, die katholischen Afrikaner durch Geldzahlungen und Posten zur Wiedertaufe zu bewegen. Sogar Kriminelle und Verurteilte begnadigte der König, wenn sie bereit waren zu konvertieren. Gleichzeitig war es kein Karrierevorteil, offen seinen Katholizismus zu bekennen.

> Zwar nötigte auch er [Thrasamund] die Christen zur Aufgabe ihres angestammten Glaubens, unterwarf sie aber nicht wie seine Vorgänger körperlichen Mißhandlungen, sondern lockte sie durch Ehrenstellen und Ämter und reiche Geldgeschenke; von all denen aber, die sich ihm versagten, nahm er keine Kenntnis. Wenn er bei jemand feststellen konnte, daß er sich zufällig oder wissentlich großer Vergehen schuldig gemacht hatte, so versprach er bei Glaubenswechsel als Lohn Straffreiheit.[34]

Aufbauend auf Hunerichs Maßnahmen suchte Thrasamund, die homöische Kirche zu einer attraktiven Option für die Bürger Afrikas zu machen. Dies betraf nicht nur den Bereich der Seelsorge, auch das intellektuelle Niveau der homöischen Theologie sollte gehoben werden. Gegen die Spitzen des Klerus der nicänischen Kirche ging der König zwar einigermaßen hart vor, er verbannte sie eben nach Sardinien. Gleichzeitig war die Regierung an einem guten Verhältnis zu den katholischen Laien interessiert. Im Gegensatz zur Zeit Hunerichs machte das Regime den Katholiken mehr Angebote, als sie zu strafen. Letztlich zielte man wohl auf eine Spaltung von Bischöfen und Kirchenvolk.[35] Thrasamund versuchte, die katholischen Gemeinden führerlos zu machen, und so ordnete ein Edikt vom Anfang seiner Regierung an, freiwerdende Bischofsstühle nicht mehr zu besetzen. Die antikatholische Politik konzentrierte sich also auf den Episkopat. Von einem Vorgehen gegen die Klöster ist nichts bekannt. Monastische

---

34 Prokopios von Kaisareia, *Bella* 3,8,9–10 (62 Veh; Übers. 63 Veh): τοὺς μέντοι Χριστιανοὺς ἐβιάζετο μεταβαλέσθαι τὴν πάτριον δόξαν, οὐκ αἰκιζόμενος τὰ σώματα ὥσπερ οἱ πρότεροι, ἀλλὰ τιμαῖς τε καὶ ἀρχαῖς μετιὼν καὶ χρήμασι μεγάλοις δωρούμενος, καὶ τοὺς ἀπειθοῦντας, ὁποῖοί ποτε εἶεν, ἥκιστά γε εἰδέναι ποιούμενος. εἰ δέ τινας λάβοι μεγάλοις ἁμαρτήμασιν ἐνόχους ἢ τύχῃ ἢ γνώμῃ γεγενημένους, τούτοις δὴ μεταβαλλομένοις τὴν δόξαν μισθὸν προυτίθει μὴ δοῦναι τὴν δίκην ὧν ἥμαρτον.
35 Merrills/Miles (2010) 196–198; Schmidt (1942) 111–113.

Gemeinschaften konnten offenbar ohne Behinderungen bestehen und ihr religiöses Leben aufrechterhalten.[36]

Glaubt man der Lebensbeschreibung des Fulgentius und einem von diesem Bischof selbst verfassten Text, der eine Debatte mit dem König beschreibt, hatten die vandalischen Maßnahmen durchaus den gewünschten Erfolg.[37] Fulgentius von Ruspe war Bischof der gleichnamigen Stadt und der wohl einflussreichste Kirchenmann der Generation nach Augustinus in Afrika. Zunächst war er als städtischer Beamter (Prokurator) von Telepte tätig. Unter dem Einfluss der Schriften des Augustinus entschloss er sich zu einem Leben als Mönch.

Afrikanische Bischöfe sandte man allerdings bereits wegen geringer Vergehen ins Exil. Auf einer Insel nahe Sizilien lebte der hoch verehrte Bischof Rufinianus aus der Byzacena. Fulgentius besuchte diesen vor den Verfolgungen der Vandalen geflohenen Kirchenmann 499, und 503 schrieb Ennodius im Auftrag des Papstes Symmachus an verbannte afrikanische Bischöfe. 505 starb im Süden Galliens Eugenius, der Metropolit von Karthago, dessen Exil mit der Thronbesteigung Thrasamunds begonnen hatte. 508 wählten die Bischöfe der Byzacena nun Fulgentius zum Bischof von Ruspe. Die Mitglieder dieser Synode wurden geschlossen nach Sardinien verbannt, denn sie hatten dem Verbot der Wahl kirchlicher Amtsträger zuwider gehandelt. Auf Sardinien befanden sich unter Gunthamund 120 verbannte höherrangige Kleriker aus den afrikanischen Provinzen.[38] Auch Fulgentius verbannte die Regierung in Karthago nach Sardinien. Dort gründete er ein Kloster in Calaris (Cagliari) und stand in dauernder Korrespondenz mit seinen Glaubensbrüdern in den afrikanischen Provinzen.

Im Jahr 515 ließ König Thrasamund Fulgentius zu einem Streitgespräch über Christologie nach Karthago bringen. Der König gedachte offenbar sich auf einen einzigen katholischen Vordenker zu konzentrieren. Homöische Theologen hatten Thesen vorbereitet, die der König angeblich selbst vortrug. Aus der Entgegnung des Fulgentius sind zehn solcher Diskussionspunkte bekannt. Sie behandeln die Trinität und den Ursprung Christi aus Gottvater, kreisen also um die Themen der Eigenständigkeit des Sohnes und seines Verhältnisses zum Vater. Dabei wird der Begriff „wesenseins", *homoousios*, verworfen, denn er sei heidnischer Herkunft. Damit war gemeint, dass die Begriffe *substantia* und οὐσία aus der griechischen Philosophie stammten, und diese Begriffe für die Definition einer heiligen Trinität, der Wesens-

---

36 Vgl. Steinacher (2016) 282; Castritius (2006) 201; Modéran (1998) 281.
37 Ferrandus Diaconus, *Vita Fulgentii Ruspensis* 20 (99 L.); Fulgentius von Ruspe, *Ad Thrasamundum* 1,2 (98,69–99,107 Fraipont). Vgl. Schmidt (1942) 111 und Anm. 5; Ferrandus Diaconus, *Vita Fulgentii Ruspensis* 20 (101 L.): *Alios iam rebaptizatos errorem suum plangere docebat et reconciliabat, alios autem, ne suas animas pro terrenis commodis perderent, admonebat.* Dazu: Steinacher (2016) 281–282 und 431–432 mit Anm. 179.
38 Verbannte auf Sardinien: Victor von Tunnuna, *Chronica* a. 497,4 (193,4–6 Mommsen); diese Information übernehmen Isidor von Sevilla, Beda Venerabilis und Gregor von Tours. Vgl. Steinacher (2016) 432, Anm. 185 mit genauen Angaben und vergleichenden Überlegungen zur Textgeschichte. Vgl. weiter Diesner (1965) 966–967; Diesner (1966) 92; Courtois (1955) 301–303.

gleichheit der drei göttlichen Personen, grundlegend waren. Ein solches Argument ging direkt gegen die Position der Väter von Nicäa.[39] Die zweite – ebenfalls überlieferte – Schrift des Fulgentius trägt den Titel „An Thrasamund den König der Vandalen" (*Ad Thrasamundum regem vandalorum liber unus*). Offenbar kam man zu keiner Einigung, der katholische Bischof hatte aber die Möglichkeit, die Debatten zu verschriftlichen und als stete Anklage des homöischen Irrglaubens zu formulieren. Die Auseinandersetzungen mit Fulgentius führte der arianische Bischof Pinta im Auftrag des Königs weiter. Die Entgegnung des katholischen Bischofs „Gegen Pinta" (*Adversus Pintam*) ist allerdings nicht überliefert.[40]

5 Hilderich (523–530) und der Versuch eines afrikanischen Ausgleichs

Thrasamund soll auf dem Totenbett seinen Cousin Hilderich verpflichtet haben, die hasdingische Religionspolitik der vergangenen Jahrzehnte fortzusetzen. Der sterbende Monarch habe darauf gedrängt, der katholischen Kirche weder ihre Privilegien zurückzugeben noch ihre Kirchen zu öffnen.

Hilderich tat das schiere Gegenteil. Unterschiedliche vandalische Interessen prallten nun aufeinander. Noch bevor der König formell die Herrschaft angetreten hatte, hob er das Exil des katholischen Episkopats auf. Für vakante Bistümer ordnete die Regierung sofortige Wahlen an. Den Katholiken gestattete man nun ganz offiziell wieder den Gottesdienst und den Vollzug der heiligen Handlungen. Auch der karthagische Bischofsstuhl konnte erneut besetzt werden. Bischof Bonifatius empfing in der Kirche des Agileus die Weihe zum Metropoliten Afrikas. 523 wurden Provinzialkonzilien abgehalten und 525 unter dem Vorsitz des Bonifatius ein gesamtafrikanisches Konzil in Karthago. Überschwänglich begrüßte die katholische Historiographie diese Entwicklungen.[41]

---

39 Fulgentius von Ruspe, *Dicta regis Trasamundi et contra ea responsionum liber unus*. Vgl. Heil (2011) 251–268; Steinacher (2016) 282; 432, Anm. 181 mit weiterer Literatur. Zu einer Analyse dieses Textes mit einer Neueinschätzung vgl. den Beitrag von Heil/Scheerer in diesem Band.
40 Fulgentius von Ruspe, *Ad Thrasamundum* 1,2,2 (99,81–107 F.): Thrasamund wird als *rex barbarus* angesprochen. Auch anlässlich eines Disputs mit einem „arianischen" Presbyter namens Abragila verfasste Fulgentius eine theologische Abhandlung. Vgl. Steinacher (2016) 282; 432, Anm. 182.
41 Victor von Tunnuna, *Chronica* a. 523,2 (197 M.): *Hilderix, qui ex Valentiniani imperatoris filia a Giserico captivata et Ugnerico iuncta natus est, regnavit annis VII mens. III. Hic ergo sacramento a decessore suo Trasamundo obstrictus, ne catholicis in regno suo aut ecclesias aperiret aut privilegia restitueret, priusquam regnaret, ne sacramenti terminos praeteriret, praecepit et sacerdotes catholicos ab exilio redire et ecclesias aperire, et Bonifatium in dogmatibus divinis satis strenuum ad postulationem totius urbis Carthaginensis ecclesiae episcopum consecravit.* Von diesem Text hängen Isidor von Sevilla und eine Ergänzung der Prosperchronik ab. Genaue Angaben und Textvergleich bei Steinacher (2016) 433, Anm. 210; vgl. weiter Castritius (2007) 133–134; Castritius (2006) 202; Claude (1974) 343; Diesner (1965); Diesner (1966) 94–97. Paulus Diaconus meint, Hilderich sei Katholik gewesen wie seine Mutter:

Schnell begannen konservative vandalische Kreise und wohl auch der homöische Klerus damit, Gegenaktionen zu planen. Mit Thrasamunds Witwe Amalafrida stand ein gotisches Kontingent in Afrika. Denkbar, dass Teile der homöischen Geistlichen und andere unzufriedene Vandalen mit diesen eine Verschwörung gegen den neuen König begannen. Die gotischen Krieger um die Königswitwe Amalafrida wurden jedenfalls nach dem Regierungsantritt Hilderichs rasch ausgeschaltet. Theoderichs Schwester selbst dürfte frühestens 525 umgekommen sein. Cassiodor verfasste ein Protestschreiben, in dem die Goten unverblümt Krieg androhten. Die Vergeltung fand jedoch nach Theoderichs des Großen Tod nicht mehr statt, obwohl man in Italien bereits begonnen hatte, eine Flotte zu bauen.[42]

Wenn die Gotengeschichte des Jordanes in einem Zusammenhang zum ostgotischen Hof in Ravenna steht, erklärt sich somit auch die stete Polemik und Aggressivität gegen die Vandalen. Die Fronten der kommenden Kriege begannen sich bereits abzuzeichnen. Das vandalische Afrika hätte bei einem Erfolg von Hilderichs Politik Bündnispartner des Kaisers in Konstantinopel gegen die Goten in Italien werden können, oder es wäre neutral geblieben.[43]

Es kam jedoch anders. Die innervandalische Opposition nutzte ein militärisches Fiasko, für das man Hilderich und seine Umgebung verantwortlich machte, als Vorwand zum Putsch. Aufständische maurisch-berberische Verbände fügten einem vandalischen Heer im heutigen Südtunesien eine vernichtende Niederlage zu. Hoamer, ein Neffe des Königs, hatte das Kommando geführt. In Karthago ergriff eine Fraktion die Initiative, die ein klares Bekenntnis zu einer vandalischen Identität und der homöischen Richtung des Christentums betonte. Ein Mitglied der Königsfamilie namens Gelimer wurde deren Anführer. Dieser Gelimer war ein Enkel von Hilderichs Bruder Gento und somit Geiserichs Urenkel. Die Fronten von 480/81 waren schnell wieder aufgebrochen, ein klarer Hinweis dafür, dass die Machtkämpfe innerhalb der Dynastie und der vandalischen Führungselite entscheidend für das Schicksal Afrikas waren.[44]

Hilderich hatte eventuell einige Jahre in Konstantinopel gelebt. Zumindest bezeichnet ihn Prokop als persönlichen Freund Justinians. Die beiden müssten ihre Beziehung jedenfalls vor der Thronbesteigung des Kaisers begonnen haben. Das war Grund genug für die gegnerische Fraktion, den neuen König und seine katholikenfreundliche Richtung abzulehnen. Prokop berichtet wiederum über Gelimer, der

---

Paulus Diaconus, *Historia Romana* 16,7 (129,6–7 Droysen): *Qui* [Hilderich] *non patrem haereticum, sed matris catholicae monita sequens rectae fidei cultor enituit.* Zum Text vgl. Steinacher (2016) 433, Anm. 211 mit weiteren Quellen; Schmidt (1942) 117.
42 Prokopios von Kaisareia, *Bella* 3,8,11 (62 V.); Wolfram (2009) 308; Wolfram (1998) 245.
43 Steinacher (2016) 290.
44 Flavius Cresconius Corippus, *Iohannidos seu de bellis Libycis* 3,198–261 (32 Partsch) mit einem ausführlichen Bericht. Prokopios von Kaisareia, *Bella* 3,9,1–3: Vgl. Steinacher (2016) 240 (Stammtafel der hasdingischen Königsfamilie); 293; 434, Anm. 215; Schmidt (1942) 120–123; Courtois (1955) 269–277; 402; Reichert/Claude (1998) 660–661.

kriegstüchtige, aber gewalttätige und hinterlistige Mann, „der sich auf Umsturz und Aneignung fremden Besitzes verstand"[45], habe die angesehensten Vandalen von der Unfähigkeit Hilderichs überzeugen können. Nicht nur habe dieser den Krieg gegen die Mauren des Antalas verloren, auch plane Hilderich das Vandalenreich an den Kaiser in Konstantinopel zu verraten. Das Ziel des regierenden Königs sei zu verhindern, dass an „ihn [Gelimer] als den Sproß der anderen Linie die königliche Würde falle".[46] Die lateinische Überlieferung behaftete Gelimer mit dem Tyrannenbegriff. Corippus widmete um 550 dem Heermeister Johannes Troglita sein großes, an Vergil orientiertes Epos *Iohannis*. Es schildert in acht Büchern vor allem die Kämpfe der Römer gegen die Mauren. Zum Ende der Herrschaft Hilderichs weiß er zu berichten, das von Antalas geschlagene Vandalenheer habe den altersschwachen Hilderich gestürzt und den „wilden Tyrannen" (*tyrannus* [...] *perfidus*) erhoben.[47]

Als die Nachricht von Gelimers Thronbesteigung Konstantinopel erreichte, sandte Kaiser Justinian umgehend eine Gesandtschaft nach Karthago. Die Botschafter überbrachten dem neuen König ein scharf formuliertes Protestschreiben. Nicht nur sei Gelimers Vorgehen moralisch verwerflich, auch habe er Geiserichs Thronfolgeordnung gebrochen. Dies könne der Kaiser niemals akzeptieren. Justinian betont die Freundschaft, die *philia*, die ihn mit dem gestürzten Hilderich verbinde. Weiters ließ Justinian – durchaus konziliant – wissen, Gelimer werde in Anbetracht des Alters Hilderichs ja ohnehin bald auf den Thron kommen und solle sich bis dahin zurückhalten.[48]

Denkbar ist, dass Hilderich und seine Leute einen Hilferuf nach Konstantinopel gesandt hatten. Gelimer hielt die Proteste aus dem Osten jedenfalls für bloßes Säbelrasseln. Die kaiserlichen Gesandten schickte er ohne besondere Aufmerksamkeit wieder weg und befahl, Hilderich und dessen Neffen Hoageis in noch strengere Kerkerhaft zu überführen. Den zweiten Neffen des gestürzten Königs, Hoamer, den „Achilles der Vandalen", ließ er sogar blenden. Daraufhin sandte Justinian eine zweite Gesandtschaft, die ein Ultimatum überbrachte. Entweder lasse Gelimer umgehend die festgesetzten Hasdingen nach Konstantinopel bringen oder ein Krieg sei unausweichlich. „Wenn Du Dich weigerst, werden wir dies nicht ruhig hinnehmen; denn uns verbindet ihr Vertrauen auf unsere Freundschaft zum Handeln. Der mit Geiserich

---

45 Prokopios von Kaisareia, *Bella* 3,9,7 (70 V.; Übers. 71 V.): πράγμασί τε νεωτέροις καὶ χρήμασιν ἐπιτίθεσθαι ἀλλοτρίοις ἐξεπιστάμενος.
46 Prokopios von Kaisareia, *Bella* 3,9,8 (70 V.; Übers. 71 V.): ὡς μὴ ἐς αὐτὸν ἐκ τῆς ἄλλης οἰκίας ὄντα ἡ βασιλεία ἥκοι. Steinacher (2016) 292–293; 434, Anm. 217; Castritius (2006) 203; Diesner (1965) 969; Diesner (1966) 57; Courtois (1955) 397–398; Schmidt (1942) 121–122.
47 Corippus berichtet vom Vandalenkrieg 533 und erwähnt den Tyrannen Gelimer mehrmals: Flavius Cresconius Corippus, *Iohannidos seu de bellis Libycis* 1,380–381 (11 P.). Ein detaillierter Quellenvergleich bezüglich des Tyrannenbegriffs für Gelimer bei Steinacher (2016) 434, Anm. 220; vgl. Courtois (1955) 269; Diesner (1966) 98; Schmidt (1942) 121–122 und Anm. 4; Riedlberger (2010) 36–38; Gärtner (2008) 67–72; Wolfram (2005) 143, Anm. 15.
48 Steinacher (2016) 292–294; Castritius (2006) 203; Courtois (1955) 391–409; Schmidt (1942) 122–123.

geschlossene Vertrag wird uns daran nicht hindern; wir wollen seinen legitimen Nachfolger nicht bekriegen, sondern nach Möglichkeit rächen."⁴⁹

Die Antwort Gelimers war nicht gerade deeskalierend:

> Basileus Gelimer an Basileus Justinian. Ich habe die Herrschaft weder mit Gewalt an mich gerissen noch ist meinen Verwandten etwas Unrechtes widerfahren. Denn das Vandalenvolk war es, das Hilderich stürzte, als er gegen Geiserichs Haus einen Umsturz plante. Mich aber hat mein Alter zum Königtum berufen, indem es mir nach Gesetz dieses Vorrecht gab. Jeder Herrscher aber soll sich – und das ist die Ordnung – um sein eigenes Reich und nicht um fremde Sorgen kümmern! Daher steht auch Dir als Basileus nicht an, Dich anderweitig zu betätigen. Solltest Du aber die Verträge brechen und uns angreifen, so werden wir Dir mit aller Macht entgegentreten und uns dabei auf die von Zenon beschworenen Eide berufen, aus dessen Händen Du das Kaisertum übernommen hast.⁵⁰

Beide Parteien legitimierten ihr Handeln durch Geiserichs Hausgesetz. Dass im Hintergrund kirchenpolitische Erwägungen ebenfalls auf beiden Seiten eine große Rolle spielten, darf vorausgesetzt werden.

Im Thronrat des Ostens gab es gegen ein afrikanisches Unternehmen erhebliche Vorbehalte. Erstens wurden die enormen Kosten diskutiert. Zweitens erinnerten die Ratgeber des Kaisers an die früheren glücklosen Unternehmungen gegen die Vandalen. Am Hof befürchteten viele Minister, einen ähnlichen Ausgang eines Feldzugs wie unter Kaiser Leo, als die Flotte des Basiliskos verlorenging. Diese Niederlage war offenbar in Konstantinopel noch in lebendiger Erinnerung. Die Truppen und Offiziere murrten, waren sie doch gerade von der persischen Front zurückgekehrt. Der Prätorianerpräfekt Johannes hielt im Folgenden eine lange und bewegte Rede, mit der er Justinian von seinen Kriegsplänen abbringen wollte. Zunächst dominierten die Kriegsgegner die Diskussionen.⁵¹

Als der Kaiser schon zu wanken begann, trat im Palast ein Bischof aus dem Orient dazwischen. Der Herr selbst habe dem Kirchenmann geoffenbart, der Kaiser müsse die nordafrikanischen Christen von der arianischen Tyrannei befreien. Sein Lohn sei dann eine ruhmreiche Herrschaft über die Provinzen. Aus dieser bei Prokop überlieferten

---

49 Prokopios von Kaisareia, *Bella* 3,9,14–19 (72 V.): ὡς οὐκ ἐπιτρέψομέν γε, ἢν μὴ ταῦτα ποιῇς. ἐνάγει γὰρ ἡμᾶς ἡ ἐλπίς, ἣν εἰς τὴν ἡμετέραν φιλίαν ἔσχον. αἵ τε σπονδαὶ ἡμῖν αἱ πρὸς Γιζέριχον ἐκποδὼν στήσονται. τῷ γὰρ ἐκδεξαμένῳ τὴν ἐκείνου βασιλείαν ἐρχόμεθα οὐ πολεμήσοντες, ἀλλὰ τὰ δυνατὰ τιμωρήσοντες. Steinacher (2016) 295; 434, Anm. 223 zu Hoamer; Courtois (1955) 268–270; 398; Schmidt (1942) 123.
50 Prokopios von Kaisareia, *Bella* 3,9,20–23 (72–74 V.; Übers. in Anlehnung an 73–75 V.): Βασιλεὺς Γελίμερ Ἰουστινιανῷ βασιλεῖ. οὔτε βίᾳ τὴν ἀρχὴν ἔλαβον οὔτε τί μοι ἀνόσιον ἐς ξυγγενεῖς τοὺς ἐμοὺς εἴργασται. Ἰλδέριχον γὰρ νεώτερα πράσσοντα ἐς οἶκον τὸν Γιζέριχου καθεῖλε τὸ τῶν Βανδίλων ἔθνος· ἐμὲ δὲ ὁ χρόνος ἐς τὴν βασιλείαν ἐκάλεσε, κατά γε τὸν νόμον τὰ πρεσβεῖα διδούς. τὴν δὲ ὑπάρχουσαν ἡγεμονίαν αὐτόν τινα διοικεῖσθαι καλὸν καὶ μὴ ἀλλοτρίας οἰκειοῦσθαι φροντίδας. ὥστε καὶ σοὶ βασιλείαν ἔχοντι τὸ περιέργῳ εἶναι οὐ δίκαιον· λύοντι δέ σοι τὰς σπονδὰς καὶ ἐφ' ἡμᾶς ἰόντι ἀπαντήσομεν ὅσῃ δύναμις, μαρτυρόμενοι τοὺς ὅρκους τοὺς Ζήνωνι ὀμωμοσμένους, οὗ τὴν βασιλείαν παραλαβὼν ἔχεις. Vgl. Merrills (2010) 135–159; Schmidt (1942) 123.
51 Meier (2003) 175–176; vgl. auch Evans (1996) 126–127; Schmidt (1942) 124.

Episode lässt sich nun leicht eine Unterstützung des Episkopats für die Kriegspläne ableiten.[52]

Bei der späteren Kriegserklärung an die Goten schrieb Justinian dem Frankenkönig und verwies auf den gemeinsamen Glauben, der die beiden Monarchen verbinde. Die Religionspolitik der Amaler bot im Gegensatz zu jener der Vandalen unter Gelimer wenig Angriffsfläche. Im Gegenteil, die Goten versuchten unter Berufung auf die diesbezügliche Güte ihrer Herrschaft bei Verhandlungen mit italienischen Entscheidungsträgern gegen Belisar zu punkten.[53] Belisar konnte gegenüber den Goten nur die in seiner Argumentation nun unrechtmäßige Übernahme Italiens ins Spiel bringen. Im Fall der Vandalen konnte Prokop aber eben auch die Durchsetzung des rechten Glaubens einfließen lassen.[54] Außerdem betonte Prokop Rachemotive und deutete an, dass auch der Kaiser unrechtmäßig handelt. Die Ressourcen Afrikas spielten aber die wichtigste Rolle. Justinian hatte großen Geldbedarf für seine ehrgeizigen Ziele und Interesse an den reichen Provinzen, die einst die Westhälfte des Imperiums mit ihren Überschüssen versorgen konnten. Zuletzt war ein Krieg geeignet, um von der verbreiteten Unzufriedenheit mit seinem Regierungsstil und seiner Steuerpolitik abzulenken.[55]

In Konstantinopel fanden sich aus Afrika geflohene einflussreiche Männer ein, die gegen Gelimer Stimmung machten. Prokop erwähnt namentlich Apollinarius, der Hilderich nahe gestanden hatte. Nach dem Sturz des alten Königs hatten sich dieser und andere Afrikaner unter den Schutz Justinians gestellt. Sie waren bereit, auf Seiten der Byzantiner gegen die Vandalen zu kämpfen.[56]

Hilderich hatte also eine neue kirchliche Ordnung vorbereitet, war aber an der Opposition im eigenen Haus und einflussreicher Vandalen gescheitert. Diese Großen dürften der homöischen Kirche eng verbunden gewesen sein. Nun hatte sich wiederum eine Lobby aus afrikanischen Patriziern, katholischen Kirchenmännern und Kaufleuten gebildet, die in Konstantinopel gegen den Putsch Gelimers Stimmung machte. In der Hauptstadt des Ostens war ein Krieg für manche vielversprechend. Handfeste Handelsinteressen einflussreicher Kaufherren spielten eine Rolle, hochrangige Kleriker verfolgten ihre Ziele. Jeder für sich hatte ein Interesse an offenen Häfen, besseren Bedingungen für Geschäfte oder der Zerschlagung eines kirchlichen

---

52 Prokopios von Kaisareia, *Bella* 3,10,20–21 (80 V.); Victor von Tunnuna, *Chronica* a. 534,1 (198,16–22 M.) nennt den afrikanischen Märtyrer Laetus, der ihm im Traum erschienen sei. Vgl. Steinacher (2016) 435, Anm. 230; Meier (2003) 176 und Anm. 362; Schmidt (1942) 124.
53 Spielvogel (2005) 212–213.
54 Spielvogel (2005) 213; Meier (2003) 115–135; 172–176; zur Religion als eine Grundlage der Herrschaftsideologie bei Justinian Mazal (2001) 86–94.
55 Spielvogel (2005) 212; Rubin (1957) 409; Merrills/Miles (2010) 229.
56 Steinacher (2016) 295; 435, Anm. 232; Merrills/Miles (2010) 230; Stein (1949) 312; Schmidt (1942) 124; Overbeck (1973) 72.

Konkurrenten. Oft genug war ja aus Karthago versucht worden, „arianischen" Kreisen im Osten zu helfen.[57]

6 Vergleich mit Spanien[58]

Wie hätte sich Afrika entwickeln können, wäre Hilderich an der Macht geblieben und hätte er seine kirchenpolitischen Ansätze entwickeln können? 50 Jahre nach dem Ende der Vandalen in Afrika kam es in Spanien zum Ausgleich zwischen Katholiken und Homöern. Die westgotischen Könige beendeten mit dem 3. Konzil von Toledo im Mai 589 die konfessionellen Auseinandersetzungen auf der spanischen Halbinsel. Nach Verhandlungen und Vorgesprächen kamen die fünf Metropoliten wie an die 50 katholische und immerhin noch acht homöissche Bischöfe Spaniens und der gallischen Gebiete unter gotischer Herrschaft, weiters viele homöische Geistliche niedrigeren Ranges und gotische Aristokraten, *seniores Gothorum*, im Jahr 589 in Toledo zusammen. Die homöischen Bischöfe konnten ihre Ämter behalten, obwohl es Bistümer gab, die damit doppelt besetzt waren, was gegen geltendes römisches Kirchenrecht verstieß. Gemeinsam unterzeichneten gotische weltliche und geistliche Würdenträger das Glaubensbekenntnis von Nicäa und anerkannten die katholische Trinitätslehre. Der König ließ ein von ihm und seiner Gemahlin unterzeichnetes Dokument, *tomus regius*, verlesen. Reccared (regierte 586–601) verkündete darin seine Überzeugung, er sei verpflichtet, seinen Völkern den orthodoxen Glauben zu bringen. Dieser sei die Einheit der Substanz der Dreiheit der göttlichen Personen, der Heilige Geist fließe aus dem Vater und dem Sohn. Goten und Sueben seien nun in Eintracht vereint durch diesen rechten Glauben. Dem Gotenkönig wurde politisches und religiöses Charisma zugeschrieben, das dem eines Kaisers kaum nachstand. Die Schlussformel des *tomus* preist den wahrhaft katholischen und orthodoxen König, der nun wie der apostelgleiche Basileus erscheinen kann.[59] Der König Reccared wird auch in der Chronik des Johannes von Biclaro als allerchristlichster König, *christianissimus rex*, dargestellt. In Konstantinopel regiere ein *christianissimus imperator*, in Toledo ein „rechtgläubiger König", ein *orthodoxus rex*.[60] Johannes von Biclaro verglich Reccared dann auch mit Konstantin dem Großen und Marcian. Die Synoden von Nicäa 325 und Chalcedon 451 waren für ihn die großen Vorbilder für das Handeln des Gotenkönigs. Denn in Nicäa sei erstmals die Irrlehre des Arius zurückgewiesen und korrigiert, in Toledo aber nun endgültig besiegt worden. Umso härter waren Bestimmungen, die das Leben der Spanier jüdischen Glaubens einschränkten. Ebenso richteten sich die Bestimmungen des Konzils gegen Heiden und nun eben auch gegen „Arianer". Justinian

---
[57] Steinacher (2016) 297; 434–435, Anm. 227; Merrills/Miles (2010) 150; 230; Courtois (1955) 208; 267–269; Stein (1949) 251–253.
[58] Nach Steinacher (2016) 290–292.
[59] *Concilium Toletanum III, Regis professio fidei* (63,153–64,169 Martínez Díez/Rodríguez).
[60] Johannes von Biclaro, *Chronica* a. 590,1–3 (219,1–220,13 Mommsen).

sollte nach 533 für die afrikanischen Provinzen und später für Italien ähnliche Bestimmungen erlassen. Einige gotische Große und homöische Bischöfe sahen offenbar durch diese Entwicklungen ihre lokale Macht bedroht und erhoben sich nach Reccareds persönlicher Konversion, die wohl die Wende einleitete, gegen den König. Wir wissen von mehreren erfolglosen Aufständen in den Jahren 587–590. Diese waren aber regional begrenzt, und nach 590 scheint sich die königlich-katholische Autorität ohne weiteres durchgesetzt zu haben.[61]

Das westgotische Beispiel zeigt, wie eng die Verbindung von Homöischem und gotischer Elite war und wie viel Konfliktpotential in diesen Strukturen lag. Gleichzeitig scheint nach den justinianischen Kriegen die Aufrechterhaltung einer homöischen gotischen Kirche mehr gekostet als eingebracht zu haben. Für eine dauerhafte Stabilisierung der Verhältnisse in Spanien war der Schritt der königlichen Konversion unvermeidbar, die gotischen *Seniores* trugen ihn in ihrer Mehrheit mit. Das brachte eine nachhaltige Stärkung der königlichen Herrschaft durch die Unterstützung einer funktionierenden katholischen Kirche, ein Faktor, der den vandalischen Königen bis zuletzt gefehlt hatte. Ein detaillierter Vergleich der Entwicklungen im westgotischen Spanien mit dem vandalischen Afrika wäre ein Desiderat.

Bibliographie

Quellen

Codex Paris, Bibliothèque nationale de France, Fonds, lat. 4860, fol. 49v = Roland Steinacher (Hg.), „The Reichenau Version from Par. Lat. 4860, Fol. 49v", in: ders., „The So-called *Laterculus Regum Vandalorum et Alanorum*. A Sixth-Century African Addition to Prosper Tiro's Chronicle?", in: Andrew H. Merrils (Hg.), *Vandals, Romans and Berbers. New Perspectives on Late Antique North Africa*, Aldershot 2004, (163–180) 165–166.

Concilium Carthaginense a. 525 = Charles Munier (Hg.), *Concilia Africae a. 345–a. 525* (CChr.SL 149), Turnhout 1974, 255–282.

Concilium Toletanum III = Gonzalo Martínez Díez und Felix Rodríguez (Hgg.), *La colección canónica hispana* 5: *Concilios hispanos* 2 (Monumenta Hispaniae Sacra, Serie Canónica 5), Madrid 1992, 49–159.

Ferrandus Diaconus, *Vita Fulgentii Ruspensis* = Gabriel G. Lapeyre (Hg.), *Ferrand, Diacre de Carthage, Vie de Saint Fulgence de Ruspe. Texte établi et traduit avec une introduction sur la vie et les oeuvres de Ferrand et une carte de l'Afrique vandal*, Paris 1929, 4–143.

Flavius Cresconius Corippus, *Iohannidos seu de bellis Libycis* = Joseph Partsch (Hg.), *Corippi Affricani grammatici libri qui supersunt* (MGH.AA 3,2), Berlin 1879, 1–109.

Fulgentius von Ruspe, *Ad Thrasamundum* = Johannes Fraipont (Hg.), *Sancti Fulgentii episcopi Ruspensis opera* (CChr.SL 91), Turnhout 1968, 97–185.

---

[61] *Concilium Toletanum III, Regis professio fidei* (63,158–64,159 M.D./R.): […] *eae gentes, quarum in Dei nomine regia potestate praecellimus* […]; vgl. Koch (2012) 331–353; Hillgarth (2009) 21–56; Fontaine (2001) 853–857; Claude (1971) 77–82; Claude (1970) 155; Kampers (2008) 182–187; Collins (1983) 117; Wolfram (1998) 378–379.

Fulgentius von Ruspe, *Dicta Regis Trasamundi et contra ea Responsionum liber unus* = Johannes Fraipont (Hg.), *Sancti Fulgentii episcopi Ruspensis opera* (CChr.SL 91), Turnhout 1968, 67–94.

Gelasius I., *Epistula ad episcopos Dardaniae* 63 (Collectio Avellana 95) = Otto Günther (Hg.), *Epistulae imperatorum pontificum aliorum inde ab a. CCCLXVII usque ad a. DLIII datae. Avellana quae dicitur collection* 1: *Prolegomena. Epistulae I–CIV* (CSEL 35,1), Wien 1895, 369–398.

Gennadius, *De viris illustribus* = Ernest Cushing Richardson (Hg.), *Hieronymus, Liber de viris inlustribus. Gennadius, Liber de viris inlustribus* (TU 14,1), 57–97.

Gregor der Große, *Registrum epistularum* 12,1 = Dag Norberg (Hg.), *S. Gregorii Magni Registrum epistularum libri VIII–XIV, appendix* (CChr.SL 140A), Turnhout 1982, 967–968.

Johannes von Biclaro, *Chronica* = Theodor Mommsen (Hg.), *Chronica minora saec. IV. V. VI. VII 2* (MGH.AA 11), Berlin 1904, 211–220.

Konzilsakten von Ariminium und Seleukia = Hanns Christof Brennecke, Uta Heil, Annette von Stockhausen und Angelika Wintjes (Hgg.), *Dokumente zur Geschichte des arianischen Streites* 4: *Bis zur Synode von Alexandrien* (Athanasius Werke 3,1), Berlin 2014, 437–481.

Laterculus Regum Wandalorum et Alanorum = Theodor Mommsen (Hg.), *Chonica minora saec. IV. V. VI. VII. 3* (MGH.AA 13), Berlin 1898, 458–460.

Novellae Valentiniani = Theodor Mommsen, Paul Krüger und Paul M. Meyer (Hgg.), *Theodosiani libri XVI cum constitutionibus Sirmondianis et leges novellae ad Theodosianum pertinentes* 2: *Leges novellae ad Theodosianum pertinentes*, Berlin 1905, 1–178.

Paulus Diaconus, *Historia Romana* = Hans Droysen (Hg.), *Pauli Historia Romana* (MGH.SRG 49), Berlin 1879.

Prokopios von Kaisareia, *Bella* 3 = Otto Veh (Hg. und Übers.), *Prokop Werke 4: Vandalenkriege, griechisch-deutsch* (Sammlung Tusculum), München 1971.

Prosper von Aquitanien, *Chronicon* = Theodor Mommsen (Hg.), *Chronica minora saec. IV. V. VI. VII 1* (MGH.AA 9), Berlin 1892, 385–485.

Prosper von Aquitanien, *Chronicon Additamenta Africana* = Theodor Mommsen (Hg.), *Chronica minora saec. IV. V. VI. VII 1* (MGH.AA 9), Berlin 1892, 486–487.

Prosper von Aquitanien, *Chronicon Epitome Carthaginiensis* = Theodor Mommsen (Hg.), *Chronica minora saec. IV. V. VI. VII 1* (MGH.AA 9), Berlin 1892, 493–497.

Quodvultdeus, *De cataclysmo* = René Braun (Hg.), *Opera Quodvultdeo Chartheginiensi episcopo tributa* (CChr.SL 60), Turnhout 1976, 409–420.

Quodvultdeus, *Liber promissionum et praedictorum Dei* = René Braun (Hg.), *Opera Quodvultdeo Chartheginiensi episcopo tributa* (CChr.SL 60), Turnhout 1976, 1–189.

Sidonius Apollinaris, *Epistula* 7 = Christian Luetjohann (Hg.), *Gai Sollii Apollinaris Sidonii Epistulae et Carmina* (MGH.AA 8), Berlin 1887, 10–13.

Victor von Tunnuna, *Chronica* = Theodor Mommsen (Hg.), *Chronica minora saec. IV. V. VI. VII 2* (MGH.AA 11), Berlin 1904, 184–206.

Victor von Vita, *Historia persecutionis provinciae Africanae* =
Karl Halm (Hg.), *Victoris Vitensis Historia persecutionis Africanae provinciae sub Geiserico et Hunirico regibus Wandalorum* (MGH.AA 3,1), Berlin 1879.
Konrad Vössing (Hg. und Übers.), *Victor von Vita, Kirchenkampf und Verfolgung unter den Vandalen in Africa. Lateinisch und deutsch* (Texte zur Forschung 96), Darmstadt 2011.

Sekundärliteratur

Audollent (1912): Auguste Audollent, „Agileus"; in: *Dictionnaire d'histoire et de géographie ecclésiastique* 1, 958.

Barceló (2004): Pedro A. Barceló, *Constantius II. und seine Zeit. Die Anfänge des Staatskirchentums*, Stuttgart.
Brennecke (2002): Hanns Christof Brennecke, „Der sogenannte germanische Arianismus als ‚arteigenes' Christentum. Die völkische Deutung der Christianisierung der Germanen im Nationalsozialismus", in: Thomas Kaufmann und Harry Oelke (Hgg.), *Evangelische Kirchenhistoriker im „Dritten Reich"* (Veröffentlichungen der Wissenschaftlichen Gesellschaft für Theologie 21), Gütersloh, 310–329.
Castritius (2006): Helmut Castritius, „Wandalen § 1. Historisch", in: *Reallexikon der Germanischen Altertumskunde* 33, 2. Aufl., 168–209.
Castritius (2007): Helmut Castritius, *Die Vandalen. Etappen einer Spurensuche*, Stuttgart.
Classen (1956): Peter Classen, „Kaiserreskript und Königsurkunde. Diplomatische Studien zum Problem der Kontinuität zwischen Altertum und Mittelalter 2", in: *Archiv für Diplomatik* 2, 1–115.
Claude (1970): Dietrich Claude, *Geschichte der Westgoten*, Stuttgart.
Claude (1971): Dietrich Claude, *Adel, Kirche und Königtum im Westgotenreich* (Konstanzer Arbeitskreis für Mittelalterliche Geschichte. Vorträge und Forschungen, Sonderband 8), Sigmaringen.
Claude (1974): Dietrich Claude, „Probleme der vandalischen Herrschaftsnachfolge", in: *Deutsches Archiv für Erforschung des Mittelalters* 30, 329–355.
Collins (1983): Roger Collins, *Early Medieval Spain. Unity in Diversity, 400–1000* (New Studies in Medieval History), London.
Courcelle (1964): Pierre Courcelle, *Histoire littéraire des grandes invasions germaniques*, 3. Aufl., Paris.
Courtois (1954): Christian Courtois, *Victor de Vita et son oeuvre. Étude critique*, Algier.
Courtois (1955): Christian Courtois, *Les Vandales et l'Afrique*, Paris.
Decret (1978): François Decret, *L'Afrique manichéenne Ive–Ve siècles. Étude historique et doctrinale* 1–2, Paris.
Decret (1995): François Decret, *Essais sur l'église manichéenne en Afrique du Nord et à Rome au temps de Saint Augustin. Recueil d'études* (Studia ephemeridis Augustinianum 47), Rom.
Delehaye/Quentin (1931): Hippolyte Delehaye und Henri Quentin, *Commentarius perpetuus in Martyrologium Hieronymianum* (Acta Sanctorum Novembris 2,2), Brüssel.
Demandt (2007): Alexander Demandt, *Die Spätantike. Römische Geschichte von Diocletian bis Justinian 284–565 n. Chr.* (Handbuch der Altertumswissenschaft, Abt. 3,6), 2. Aufl., München.
Diefenbach (2012): Steffen Diefenbach, „Constantius II. und die ‚Reichskirche' – ein Beitrag zum Verhältnis von kaiserlicher Kirchenpolitik und politischer Integration im 4. Jh.", in: *Millennium* 9, 59–121.
Diesner (1965): Hans-Joachim Diesner, „Vandalen", in: *PRE* Suppl. 10, 957–992.
Diesner (1966): Hans-Joachim Diesner, *Das Vandalenreich. Aufstieg und Untergang*, Stuttgart.
Duval (1995): Yvette Duval, „Aurelius et Augustin", in: Charles Pietri und Jean-Marie Mayeur (Hgg.), *Histoire du christianisme des origines à nos jours* 2: *Naissance d'une chrétienté (250–430)*, Paris, 799–812.
Evans (1996): James A.S. Evans, *The Age of Justinian. The Circumstances of Imperial Power*, London.
Fontaine (2001): Jaques Fontaine, „Das westgotische Spanien. Von der religiösen Einigung zur Gründung einer Nationalkirche (569–636)", in: Luce Pietri (Hg.), *Die Geschichte des Christentums. Religion, Politik, Kultur. Altertum* 3: *Der lateinische Westen und der byzantinische Osten 431–642*, Freiburg i. Br., 851–864.
Gärtner (2008): Thomas Gärtner, *Untersuchungen zur Gestaltung und zum historischen Stoff der „Johannis" Coripps* (Untersuchungen zur antiken Literatur und Geschichte 90), Berlin.
Giesecke (1939): Heinz-Eberhard Giesecke, *Die Ostgermanen und der Arianismus*, Leipzig.
Heil (2011): Uta Heil, *Avitus von Vienne und die homöische Kirche der Burgunder* (PTS 66), Berlin.
Heuberger (1929): Richard Heuberger, „Vandalische Reichskanzlei und Königsurkunden. Mit Ausblicken auf die Gesamtentwicklung der frühgermanischen Herrscherurkunde", in: Otto Bauer

(Hg.), *Festschrift Oswald Redlich zum 70. Geburtstag* (Mitteilungen des Instituts für Österreichische Geschichtsforschung, Ergänzungsbände 11), Innsbruck, 76–113.

Hillgarth (2009): Jocelyn N. Hillgarth, *The Visigoths in History and Legend* (Studies and Texts. Pontifical Institute of Mediaeval Studies 166), Toronto.

Howe (2007): Tankred Howe, *Vandalen, Barbaren und Arianer bei Victor von Vita* (Studien zur Alten Geschichte 7), Frankfurt a. M.

Jones/Martindale/Morris (1980): Arnold H. M. Jones, John R. Martindale und John Morris (Hgg.), *PLRE* 2: *A.D. 395–527*, Cambridge.

Kampers (2008): Gerd Kampers, *Geschichte der Westgoten*, Paderborn.

Koch (2012): Manuel Koch, *Ethnische Identität im Entstehungsprozess des spanischen Westgotenreiches* (Ergänzungsbände zum Reallexikon der germanischen Altertumskunde 75), Berlin.

Lancel (2002): Serge Lancel (Hg. und Übers.), *Victor de Vita, Histoire de la persécution vandale en Afrique suivie de La passion des sept martyrs, Registre des provinces et des cités d'Afrique* (CUFr, Série latine 368), Paris.

Leppin (1999): Hartmut Leppin, „Constantius II. und das Heidentum", in: *Athenaeum* 87, 457–480.

Lietzmann (1903): Hans Lietzmann, *Die drei ältesten Martyrologien* (Kleine Texte für theologische Vorlesungen und Übungen 2), Bonn.

Lieu (1992): Samuel N.C. Lieu, *Manichaeism in the Later Roman Empire and Medieval China* (WUNT 63), 2. Aufl., Tübingen.

Mazal (2001): Otto Mazal, *Justinian I. und seine Zeit. Geschichte und Kultur des Byzantinischen Reiches im 6. Jahrhundert*, Köln.

Meier (2003): Mischa Meier, *Das andere Zeitalter Justinians. Kontingenzerfahrung und Kontingenzbewältigung im 6. Jahrhundert n. Chr.* (Hypomnemata. Untersuchungen zur Antike und ihrem Nachleben 147), Göttingen.

Merrills (2010): Andrew H. Merrills, „The Secret of My Succession. Dynasty and Crisis in Vandal North Africa", in: *Early Medieval Europe* 18,2, 135–159.

Merrills/Miles (2010): Andrew H. Merrills und Richard Miles, *The Vandals* (The Peoples of Europe), Chichester.

Modéran (1998): Yves Modéran, „L'Afrique et la persécution vandale", in: Luce Pietri et al. (Hgg.), *Histoire du Christianisme des origines à nos jours* 3: *Les Églises d'Orient et d'Occident*, Paris, 247–278.

Overbeck (1973): Mechthild Overbeck, *Untersuchungen zum afrikanischen Senatsadel in der Spätantike* (Frankfurter althistorische Studien 7), Kallmünz.

Reichert/Claude (1998): Hermann Reichert und Dietrich Claude, „Gelimer", in: *Reallexikon der Germanischen Altertumskunde* 10, 2. Aufl., 660–662.

Riedlberger (2010): Peter Riedlberger, *Philologischer, historischer und liturgischer Kommentar zum 8. Buch der Johannis des Goripp nebst kritischer Edition und Übersetzung*, Groningen.

Rubin (1957): Berthold Rubin, „Prokopios", in: *PRE* 23,1, 273–599.

Rudolph (1999): Kurt Rudolph, „Mani, Manichäer", in: *Der Neue Pauly* 7, 811–813.

Schmidt (1942): Ludwig Schmidt, *Geschichte der Wandalen*, 2. Aufl., München.

Schwarcz (1994): Andreas Schwarcz, „Bedeutung und Textüberlieferung der Historia persecutionis Africanae provinciae des Victor von Vita", in: Anton Scharer und Georg Scheibelreiter (Hgg.), *Historiographie im frühen Mittelalter* (Veröffentlichungen des Instituts für Österreichische Geschichtsforschung 32), Wien, 115–140.

Schwarcz (2004): Andreas Schwarcz, „The Settlement of the Vandals in North Africa", in: Andrew H. Merrills (Hg.), *Vandals, Romans and Berbers. New Perspectives on Late Antique North Africa*, Aldershot, 49–57.

Schwarcz (2008): Andreas Schwarcz, „Religion und ethnische Identität im Vandalenreich. Überlegungen zur Religionspolitik der vandalischen Könige", in: Guido M. Berndt und Roland Steinacher (Hgg.), *Das Reich der Vandalen und seine (Vor-)Geschichten* (Österreichische Akademie der Wissenschaften, Denkschriften der phil.-hist. Klasse 366; Forschungen zur Geschichte des Mittelalters 13), Wien, 227–232.

Spielvogel (2005): Jörg Spielvogel, „Arianische Vandalen, katholische Römer. Die reichspolitische und kulturelle Dimension des christlichen Glaubenskonflikts im spätantiken Nordafrika", in: *Klio* 87, 201–222.

Stein (1928): Ernst Stein, *Geschichte des spätrömischen Reiches von 284 bis 476 n. Chr.* 1: *Vom römischen zum byzantinischen Staate*, Wien.

Stein (1949): Ernst Stein, *Histoire du Bas-Empire* 2: *De la disparition de l'empire d'occident à la mort de Justinien 476–565*, Paris.

Steinacher (2004): Roland Steinacher, „The So-called *Laterculus Regum Vandalorum et Alanorum*. A Sixth-Century African Addition to Prosper Tiro's Chronicle?", in: Andrew H. Merrils (Hg.), *Vandals, Romans and Berbers. New Perspectives on Late Antique North Africa*, Aldershot, 163–180.

Steinacher (2008): Roland Steinacher, „Gruppen und Identitäten. Gedanken zur Bezeichnung ‚vandalisch'", in: Guido M. Berndt und Roland Steinacher (Hgg.), *Das Reich der Vandalen und seine (Vor-)Geschichten* (Österreichische Akademie der Wissenschaften, Denkschriften der phil.-hist. Klasse 366; Forschungen zur Geschichte des Mittelalters 13), Wien, 243–260.

Steinacher (2016): Roland Steinacher, *Die Vandalen. Aufstieg und Fall eines Barbarenreichs*, Stuttgart.

Steinacher (2017): Roland Steinacher, „Vandalisches oder römisches Recht? Betrachtungen zu Recht und Konsens im vandalischen Nordafrika am Beispiel der Verfolgungsgeschichte Victors von Vita", in: Verena Epp und Christoph H.F. Meyer (Hgg.), *Recht und Konsens im frühen Mittelalter* (Konstanzer Arbeitskreis für Mittelalterliche Geschichte. Vorträge und Forschungen 82), Ostfildern, 363–387.

Vössing (2011): Konrad Vössing (Hg. und Übers.), *Victor von Vita, Kirchenkampf und Verfolgung unter den Vandalen in Africa. Lateinisch und deutsch* (Texte zur Forschung 96), Darmstadt.

Wickham (2009): Chris Wickham, *The Inheritance of Rome. A History of Europe from 400 to 1000* (The Penguin History of Europe 2), London.

Wolfram (1967): Herwig Wolfram, *Intitulatio* 1: *Lateinische Königs- und Fürstentitel bis zum Ende des 8. Jahrhunderts* (Mitteilungen des Instituts für Österreichische Geschichtsforschung Ergänzungsband 21), Graz.

Wolfram (1998): Herwig Wolfram, *Das Reich und die Germanen. Zwischen Antike und Mittelalter* (Siedler deutsche Geschichte 1), 2. Aufl. (Sonderausgabe), Berlin.

Wolfram (2005): Herwig Wolfram, *Gotische Studien. Volk und Herrschaft im frühen Mittelalter*, München.

Wolfram (2009): Herwig Wolfram, *Die Goten. Von den Anfängen bis zur Mitte des sechsten Jahrhunderts. Entwurf einer historischen Ethnographie* (Reihe „Frühe Völker"), 5. Aufl., München.

Uta Heil und Christoph Scheerer

Wiederentdeckung eines homöischen Dokuments: Thrasamunds Einwände gegen den katholischen Glauben als Zeugnis homöischer Theologie Nordafrikas

König Thrasamund war nach Geiserich derjenige vandalische König mit der längsten Regierungszeit in Nordafrika (496–523). Seine Religionspolitik im Konfliktfeld zwischen – vereinfacht dargestellt – dem homöischen Glauben der vandalischen Invasoren und dem katholischen Glauben der alteingesessenen Bevölkerung war nicht gerade liberal, aber auch nicht so rigoros, wie sie phasenweise unter seinen Vorgängern gehandhabt wurde. Er erscheint als ein überzeugter Verfechter des homöischen Glaubens, dem es bei dessen Verteidigung auch um die Sache ging, und ihm wurde mehrfach ein großes Interesse an Wissen und Weisheit bescheinigt, gerade auch in religiösen Fragen.[1] So wird auch derjenige Text mit seinem Namen in Verbindung gebracht, der im Fokus dieses Aufsatzes steht. In der Ausgabe der CChr.SL 91 (Fraipont) ist er dem Inhaltsverzeichnis der ältesten Handschrift Vatikan, Bibloteca Apostolica Vaticana, Reg. lat. 267 folgend betitelt als *Dicta regis Trasamundi*. Seine Überlieferung ist allerdings nicht unproblematisch, insofern er sich nur bei Fulgentius von Ruspe in seinen Antworten auf diesen Text erhalten hat. Er hat daher in der Rezeption und in der Sekundärliteratur als eigenständiger Text bislang keine Beachtung gefunden, sondern wurde allenfalls im Zusammenhang mit den Antworten des Fulgentius und in dessen Unterteilung wahrgenommen.[2]

---

[1] Sehr dezidiert etwa zu Beginn der an ihn gerichteten drei Bücher des Fulgentius von Ruspe zur Christologie, freilich im offenkundig plerophoren Tonfall einer *captatio benevolentiae* (*Ad Thrasamundum* 1,2,2 [99,90–97 Fraipont]): *Hoc* [i. e. die Unermesslichkeit des Schöpfers, die nicht auch den Geschöpfen zukommt] *benigna mansuetudo tua procul dubio perspicit, hoc ingenii studiique tui sagacitas recognoscit; quam uere mirandam quisquis nouit considerare pronuntiat, non quod insolitum sit hominem scripturarum studiis insistere, sed quod rarum hactenus habeatur barbari regis animum numerosi regnis curis iugiter occupatum tam feruenti cognoscendae sapientiae delectatione flammari.*
[2] Lapeyre (1929) bleibt ganz auf der Linie der *Vita* von Fulgentius, wenn er beschreibt: „Il [Fulgentius] avait en effet réduit à dix objections le long exposé de Thrasamond et avait fait suivre chaque objection d'une résponse claire et précise." (165), und später: „Après les [objections] avoir étudiées longuement et en avoir conféré avec de savants catholiques, saint Fulgence réduisit ces objections à dix articles et y répondit brièvement […]. Quant aux objections de Thrasamond, il est bien probable que nous n'en avons pas le texte exact. Saint Fulgence dut en faire seulement un résumé" (207–208). Demnach gehe sogar im Grunde der Wortlaut der zehn Artikel auf Fulgentius zurück. Das ist allerdings schon von daher kaum plausibel, als es nur schwer vorstellbar ist, dass Fulgentius in seiner Zusammenfassung auffällige Stichworte aufgreift, ohne dann in seiner Antwort im Wortlaut darauf einzugehen, was zum Beispiel im Falle von *deintra* (dazu s. u. S. 228–230) besonders deutlich hervorsticht. Ebenso ist die Behauptung kaum nachzuvollziehen, das Latein Thrasamunds sei „trop semblable à celui de saint

Neben der Bezeichnung *dicta* findet sich in der *Vita* auch die Bezeichnung *obiectionum capitula*, nach denen Fulgentius seine Antworten eingeteilt habe.³ Ob er jemals separat als zusammenhängender Text überliefert wurde, ist fraglich. Die ältesten Handschriften überliefern ihn zwar als einen den Antworten des Fulgentius

---

Fulgence" (208). Enßlin (1936) 558: „Doch die Sätze des T., teilweise erhalten in des Fulgentius *Contra Arianos liber unus* [...], konnte Fulgentius widerlegen [...].". Diesner (1966) erwähnt die *Dicta* als „Streitschrift" (24) und schildert später (37): „Fulgentius teilte die Äußerungen der (von Thrasamund beauftragten) Gegner in zehn Abschnitte, denen jeweils – wie auch in Augustins Kampfschriften – eine ausführliche Entgegnung beigefügt wurde." Langlois (1972) 643: „Im ersten Werk [i.e. *Contra Arianos* C.S.] weist er die in 10 Artikeln formulierten arianischen Einwendungen des Thrasamund gegen die Göttlichkeit des Wortes zurück, indem er die katholische Lehre [...] darlegt." Mapwar (1988) bleibt wie Lapeyre und in direktem Bezug auf diesen eng an den Aussagen der *Vita*, mit denselben fragwürdigen Schlüssen: „Pour dissimuler sa haine implacable contre les Catholiques, Thrasamond formule un certain nombre de questions insidieuses et absurdes (ineptae quaestiones) et invite les catholiques à lui présenter un théologien capable d'y répondre [...]." (238), und später (240): „Quelque temps après, le roi lui soumet ses objections ariennes contre la conception catholique du mystère de la Trinité. Le texte du roi ne nous est malheureusement pas parvenue. [...] Mais comme il était dense et prolixe, il l'a résumé en quelques dix articles qu'il reproduit tout au long de ses commentaires." Markschies (1998) 700: „zehn Fragen des Königs Thrasamund beantwortete F. mit seinem *Contra Arianos liber*"; Schneider (2002) 274: „In der Zeit der ersten Rückkehr aus dem Exil beantwortete F. in der Schrift *Dicta regis Trasamundi et contra ea responsiones* [...] zehn Fragen des Thrasamund."; Bachelet (2010) 8: „Le *Contra Arianos liber unus* a été écrit en 515 à Carthage en résponse aux questions de Thrasamond"; Bianco (2010) 17: „Nel 515 il re sottopone a Fulgenzio una serie di quesiti sulla dottrina trinitaria e su quella cristologica, presentati in un lungo promemoria di tesi ariane, *Dicta* (o *Obiectiones*) *regis Trasamundi*". Am ausführlichsten, abgesehen von den *Vita*-Paraphrasen Lapeyres und Mapwars, ist Steinacher (2016) 282: „Weil der Hasdingenkönig theologische Thesen schriftlich vorbereiten ließ, die er angeblich persönlich vortrug, sind aus der Entgegnung des Fulgentius zehn Streitpunkte bekannt. Sie handeln von den bekannten homöischen Positionen zu Trinität und Subordination des Sohnes unter den Vater. Ausdrücklich wird der Begriff ‚weseneins' wegen seiner heidnischen = philosophischen Herkunft verworfen." Vgl. auch seinen Beitrag in diesem Band.

3 Anonymus, *Vita Fulgentii* 21,46 (204,4 – 205,10 Isola). Dieser Terminus *obiectiones* ließe sich so grundsätzlich auch auf Fulgentius' Antworten selbst beziehen. Allerdings werden in der handschriftlichen Überlieferung durchweg die Abschnitte des homöischen Textes als *obiectiones* benannt, weswegen der Bezug auf den homöischen Text eindeutig ist. Der Begriff *dicta* begegnet hingegen in der älteren handschriftlichen Überlieferung bis zum 10. Jahrhundert lediglich als *Dicta regis Trasamundi et contra ea responsionum liber I* in den Inhaltsverzeichnissen der Handschriften Vatikan, Biblioteca Apostolica Vaticana, Reg. lat. 267 und Paris, Bibliothèque nationale de France, lat. 12234, in letzterer zwar auch als Überschrift im Text, aber als *Dicta regis Trasamundi et contra ea responsonum* [!], so dass auf der Hand liegt, dass dies schlichtweg vom Inhaltsverzeichnis als Titel abgeschrieben wurde, ohne den Genitiv anzupassen. Möglicherweise findet sich die Bezeichnung *dicta* im Prolog der Bücher *Ad Monimum* (2,71 Fraipont) aus Fulgentius' Feder selbst, allerdings kann hier nicht eindeutig gesagt werden, ob sich der Begriff tatsächlich auf den hier vorliegenden Text oder einen anderen Text bezieht. Es ist gut möglich, dass die Bezeichnung *Dicta regis Trasamundi* erst aufgrund dieser Stelle fälschlicherweise diesem Text beigelegt wurde. Aufgrund dieser Unsicherheiten wird der Text im Weiteren dem immerhin in der *Vita* und allen Handschriften einhellig bezeugten Begriff der *obiectio* zufolge als *Obiectiones* bezeichnet.

vorgeschalteten, zusammenhängenden Text,⁴ da aber diese einzelnen *capitula* dann jeweils nochmals separat jeder Antwort des Fulgentius vorangehen, ist gut denkbar, dass der ganze Text lediglich hieraus sekundär zusammengefügt und als solcher den Antworten vorangestellt wurde. Folglich wäre er nur in der Fassung überliefert, in der Fulgentius ihn bearbeitet hat.⁵ Damit verbindet sich die Frage, ob er auf diese Weise überhaupt vollständig überliefert ist oder ob Fulgentius nicht nur möglicherweise paraphrasierend einige Punkte oder die prägnantesten Formulierungen eines längeren Textes herausgegriffen hat, um sie wiederzugeben und direkt darauf zu antworten. Diesen Pfad legt zumindest die *Vita*, wenn sie schildert: [*Fulgentius*] *longissimae narrationis ineptias* [...] *responsiones subiecit breues.*⁶ Dies steht in eklatantem Widerspruch zum Längenverhältnis der Antworten des Fulgentius zu den vorangestellten einzelnen *Obiectiones*, so dass zumindest möglich scheint, dass der von Thrasamund vorgelegte Text ursprünglich wesentlich länger gewesen ist. Auch Fragen der Gattungszuschreibung sind zu klären. Bisweilen wird der Text mit den Antworten des Fulgentius unter der Beschreibung „Dialog" oder ähnlich geführt. Abgesehen vom Wechsel zwischen *obiectio* und *responsio* finden sich bei genauerer Analyse jedoch keine weiteren Gattungsmerkmale, die in diese Richtung weisen.⁷

---

4 Dabei ist in der ältesten Handschrift Vatikan, Biblioteca Apostolica Vaticana, Reg. lat. 267, fol. 99r – 100v (6./7. Jh.) die in Fulgentius' Antworten entsprechende Unterteilung durch Absätze oder Kapitalbuchstaben kenntlich gemacht, ebenso in der Handschrift Valenciennes, Bibliothèque Municipale 170, fol. 51v – 53r (9. Jh.), die wie die Handschrift Troyes, Bibliothèque Municipale 804, fol. 106v – 107v (9./10. Jh.) zusätzlich eine Zählung der Abschnitte mit römischen Ziffern bietet; eine Zählung mit römischen Ziffern ohne deutliche Absätze weist die Handschrift Paris, Bibliothèque nationale de France, lat. 17416 (vor 837) auf; in der Handschrift Paris, Bibliothèque nationale de France, lat. 12234, fol. 44r – 45v (9. Jh.) finden sich jedoch keine Hinweise auf die Untergliederung, ebensowenig in der Handschrift Oxford, Bodleian Library, Laud. Misc. 92 (ca. 825 – 855), wo die Zählung aus Fulgentius' Antworten von späterer Hand *supra lineam* nachgetragen ist und das nicht einmal fehlerfrei. Die Edition von Pasquier Quesnel und Luc-Urbain Mangeant, 51 und die PL 65 (205 Migne) verzichten ganz darauf, die *Obiectiones* separat den Antworten vorzuschalten; siehe auch die Angabe bei Fraipont im *apparatus criticus* (67 F.), der den Handschriften entsprechend den Text als Ganzen auf den Seiten 67 – 70 vorschaltet, ohne Zählung, aber mit durch Leerzeilen markierten Absätzen.
5 Die immer wieder zu findenden kleineren Varianten zwischen dem zusammenhängenden Text und dem der einzelnen, den *Responsiones* vorangestellten Abschnitte könnten dafür sprechen, hier tatsächlich den Text in einer von Fulgentius noch unbearbeiteten Fassung vorliegen zu haben, der so als Ganzer dem Text des Fulgentius beigefügt wurde. Fulgentius hätte dann bei der ausschnittsweisen Bearbeitung diese Varianten in den Text eingetragen. Sicher ist dies indes nicht, da diese Fehler oder Varianten auch genauso einem späteren Schreiber hätten unterlaufen können. Sie sind allesamt nicht sinnändernd und als Fehler oder Varianten leicht zu erklären.
6 Anonymus, *Vita Fulgentii* 21,46 (205,7 – 8 I.).
7 So spricht etwa Isidor von Sevilla in *De uiris illustribus* 14 (142,16 Codoñer Merino) von einem *liber altercationis*. Dabei ist allerdings nicht völlig klar, worauf sich dies bezieht, nur auf die *Obiectiones* und Fulgentius' Antworten oder – trotz des Singulars *liber* – auch auf die drei Bücher an Thrasamund, und ob Isidor die Bücher überhaupt aus eigener Anschauung kennt. Die Bezeichnung als *altercatio* jedenfalls trifft den Sachverhalt nur sehr bedingt.

Neben der Klärung solcher Fragen nach der literarischen Einheitlichkeit und Vollständigkeit oder der Gattungszuordnung ist es Ziel des vorliegenden Aufsatzes, den Text als Ganzen in seinem Zusammenhang wahrzunehmen und zu würdigen und als Dokument homöischer Theologie der Vandalen in Nordafrika zu Beginn des 6. Jahrhunderts (wieder-)zuentdecken. Dazu sollen in einem ersten Teil durch eine eingehende Analyse seine argumentative Struktur, die literarischen Kontexte und das theologische Profil nachgezeichnet werden, um in einem zweiten Teil die genannten Fragen beantworten zu können sowie hieraus weitergehende Überlegungen zu den historischen Hintergründen und Kontexten ableiten zu können.

1 Analyse des zusammenhängenden Textes

Zunächst sei hierfür der Text selbst[8] mitsamt einer deutschen Übersetzung geboten, in neuer Gliederung und in Klammern durchnummeriert nach Sätzen. Die bei Fulgentius überlieferte und teils abweichende Unterteilung ist durch römische Zahlen in eckigen Klammern markiert.

[i.] (1) *Dictum est* **Patrem de seipso, hoc est de id, quod ipse est,** [...][9] **ineffabiliter Filium genuisse.** (2) *Adauctum est,* **quod non extrinsecus,** [...] **sed ex Deo natum esse.**[10]

[i.] (1) Es wurde gesagt, **dass der Vater von sich selbst, das heißt, von dem, was er selbst ist** [...], auf unaussprechliche Weise den Sohn gezeugt hat. (2) Es wurde vermehrt, **dass er nicht [aus etwas] außerhalb [Gottes Liegendem],** [...] **sondern aus Gott geboren wurde.**

[ii.] (3) *Quid ad hoc dicitur?* (4) *Si* **ex Deo natus est,** *est deintra Deum, sed si non est deintra, nec ex ipso est.* (5) *Si modo uocabula diuersa ponuntur*[11], *quid prode est, si ipsa ueritas non profiteatur?*

[ii.] (3) Was ist dazu zu sagen? (4) Wenn er **aus Gott geboren** wurde, dann ist er von Gottes Innerem heraus, aber wenn er nicht vom Inneren heraus ist, ist er auch nicht aus ihm selbst. (5) Wenn nur verschiedene Wörter gesetzt werden, was nützt das, wenn die Wahrheit selbst nicht gelehrt wird?

---

8 Der lateinische Text ist aus CChr.SL 91 (67–70 F.: *Obiectiones Regis Trasamundi*) übernommen, allerdings mit veränderter Interpunktion und Formatierung, die an die Übersetzung angepasst wurden. Recte sind Bibelzitate, fettgedruckt sind Zitate aus dem *Liber Fidei Catholicae* (Victor von Vita, *Historia persecutionis Africanae prouinciae* 2,56–101), der leicht ersichtlich eine unmittelbare Vorlage für die *Obiectiones* ist. Er ist ediert in den im Editionsverzeichnis genannten Ausgaben Victor von Vitas *Historia persecutionis* von Petschenig und Lancel, nicht aber bei Vössing. Zugrunde gelegt wird der Text der Ausgabe von Petschenig (1881) 46–71, da die Ausgabe von Lancel (2002) nicht immer zuverlässig und teilweise fehlerhaft ist und auch die textkritischen Entscheidungen nicht immer überzeugen. Über den *Liber Fidei Catholicae* vgl. kurz Schindler (1977) 684; ausführlich Heil (2011) 251–255.
9 Einfügung der eckigen Klammer hier und im folgenden Satz von C.S.
10 *Liber Fidei Catholicae* 2,66 (51,18–21 Petschenig).
11 In der Parallelstelle der *Responsiones: apponuntur* (71 F., *apparatus criticus* zu Z. 7).

[iii.] (6) *Ista nusquam[12] nos legisse recolimus, quae superius proposita sunt, quia scriptum est de eo:* **Generationem autem eius quis enarrabit[13]** [Jes 53,8]?
(7) *Et quam nemo dixit scriptura, qui enarrat, aduertendi sunt hi homines, ut dicant se posse nosse, quia* **inenarrabilis est generatio eius, non autem ignorabilis.**[14]

[iv.] (8) *Generationem eius ita est recte profiteri, ut dicit ipse Dominus per scripturas: Dominus creauit me initio[15] uiarum suarum, ante saecula fundauit me* [Spr 8,22–23], *et sequitur: Et ante omnes colles genuit me* [Spr 8,25], *et iterum: Ego a Patre prodii et ueni in hunc mundum* [Joh 16,28], *et iterum: Dominus dixit ad me, Filius meus es tu, ego hodie genui te* [Ps 2,7]. (9) *Et postquam cognitus est in carne, profitetur de eo euangelista dicens:* **Et uidimus gloriam eius[16] tamquam unigeniti a Patre[17]** *plenum gratia et ueritate* [Joh 1,14]. *Et apostolus ait: Qui est primogenitus totius creaturae?* [Kol 1,15]. (10) *Ecce: „creatum", „fundatum" et „genitum" profitemur, sine aliqua ambiguitate irrationabile.*

[v.] (11) *Sed qui praesumunt irrationabiliter dicere* **de Patris substantia natum**[18] *esse Filium, doceant per scripturas, tamen quomodo non sit erroris falsa professio, qui cum dicit inenarrabilem esse generationem eius* [vgl. Jes 53,8][19], *asserat eum* **de Patris** *esse* **natum substantia**.

[vi.] (12) *Perturbationes mentium, quae sine ratione dicuntur – cum hortantur aduerti, ueritas*

[iii.] (6) Das, was oben vorgelegt wurde, erinnern wir uns nirgends gelesen zu haben, [eben] weil von ihm geschrieben ist: **Wer aber wird dessen Zeugung erklären** [Jes 53,8]?
(7) Und in dem Maße die Schrift gesagt hat, dass niemand ist, der erklärt, ist der Geist dieser Menschen darauf zu richten, dass sie sagen, sie könnten erkennen, weil dessen **Zeugung** [zwar] **unerklärlich, nicht** aber **unerkennbar ist.**

[iv.] (8) Dessen Zeugung ist so richtig zu lehren, wie der Herr selbst durch die Schriften sagt: *Der Herr hat mich geschaffen am Beginn seiner Wege, vor den Zeitaltern hat er mich gegründet* [Spr 8,22–23], und es folgt: *Und vor allen Hügeln hat er mich gezeugt* [Spr 8,25], und wiederum: *Ich bin aus dem Vater hervorgegangen und in diese Welt gekommen* [Joh 16,28], und wiederum: *Der Herr hat zu mir gesagt: Mein Sohn bist du, ich habe dich heute gezeugt* [Ps 2,7]. (9) Und nachdem er im Fleisch erkannt wurde, lehrt von ihm der Evangelist, indem er sagt: **Und wir haben seine Herrlichkeit gesehen so wie eines Einziggezeugten aus dem Vater,** *voll Gnade und Wahrheit* [Joh 1,14]. Und der Apostel sagt: *Wer ist der Erstgezeugte aller Kreatur?* [Kol 1,15]. (10) Siehe: „geschaffen", „gegründet" und „gezeugt" lehren wir ohne irgendeine Doppeldeutigkeit in unvernünftiger Weise.

[v.] (11) Die aber in unvernünftiger Weise wagen zu sagen, dass **der Sohn von der Substanz des Vaters geboren** wurde, sollen durch die Schriften nachweisen, auf welche Weise gleichwohl die falsche Lehre nicht von Irrtum sei, wo doch der, der [ja selbst] sagt, dass dessen Zeugung unerklärlich sei [vgl. Jes 53,8], behauptet, dass dieser **von der Substanz des Vaters geboren** worden sei.

[vi.] (12) Verirrungen der Meinungen, die ohne Vernunft gesagt werden – wenn sie [die Verfasser

---

12 In der Parallelstelle der *Responsiones: numquam* (73 F., *apparatus criticus* zu Z. 88).
13 *Liber Fidei Catholicae* 2,68 (52,14 P.).
14 *Liber Fidei Catholicae* 2,68 (52,17–18 P.).
15 In der Parallelstelle der *Responsiones: initium* (74,137 F.).
16 In der Parallelstelle der *Responsiones* (74,142 F.): add. *gloriam*.
17 *Liber Fidei Catholicae* 2,68 (52,24–53,1 P.).
18 *Liber Fidei Catholicae* 2,72 (54,19–20 P.); vgl. 2,69 (53,2–4 P.): *Si uere de patre natus est, unius substantiae est et uerus filius est; sed si unius substantiae non est, nec uerus deus est.*
19 S.o. Satz 6; vgl. *Liber Fidei Catholicae* 2,68 (52,14 P.).
20 *Liber Fidei Catholicae* 2,70 (53,15–18 P.).

*non uidetur ab eis comprehendi, nec profiteri, ob hoc, quod absurdum sit dicere uel credere Patrem et Filium **ingenitos**[20] esse.*[21] *(13) Qui sibi suadet ista excogitare, ipse se uult fraude decipere, quam quidem exigit illis hoc dici, qui Patrem et Filium aequales asseruerunt esse.*

des *Liber Fidei Catholicae*] auffordern, dass sie [die Verirrungen] bemerkt werden, scheint die Wahrheit von diesen [Verirrungen] weder begriffen noch gelehrt zu werden, deswegen, weil es absurd sei, zu sagen oder zu glauben, dass der Vater **und** der Sohn **ungezeugt** sind. (13) Wer sich zuredet, solches sich auszudenken, will sich selbst durch Selbsttäuschung betrügen, in dem Maße er ja doch [selbst] erwägt, dass dies [i. e. Vater **und** Sohn seien ungezeugt] von jenen gesagt wird, die behaupten, dass Vater und Sohn gleich sind.

[vii.] (14) *Interea dum **de lumine**[22] dicitur, non intellegunt, quod scriptum est, quia alius est Pater luminis, et alius est, qui lumen est appellatus, et* **lucet in tenebris, et tenebrae eum non comprehenderunt**[23] [Joh 1,5]. (15) *Idcirco debet aduerti, quid lex mandat uel instruet*[24] *mentes hominum, quia inter illum auctorem luminis et istum lumen in tenebris lucentem,* **quod illuminat omnem hominem uenientem in hunc mundum**[25] [Joh 1,9],

[vii.] (14) Indessen, insoweit **vom Licht** gesprochen wird, verstehen sie nicht, was geschrieben ist, dass ein anderer der Vater des Lichts ist und ein anderer der, der als Licht angesprochen wird und **leuchtet in der Finsternis und die Finsternis hat ihn nicht ergriffen** [Joh 1,5]. (15) Deshalb muss bemerkt werden, was das Gesetz mitteilt bzw. die Gesinnungen der Menschen unterweisen wird, weil [im Verhältnis] zwischen jenem Urheber

---

21 Dieser Satz lässt sich lexikalisch und grammatisch sehr unterschiedlich auflösen, angefangen bei der Frage, wer Subjekt von *hortantur* ist und wer oder was sich hinter *ab eis* verbirgt. In beiden Fällen kommen sowohl die Bekenner des *Liber Fidei Catholicae* in Frage – von Satz 11 her: *qui praesumunt* [...] *doceant*; davor in Satz 7: *hi homines*, jeweils mit direktem Bezug auf ein Zitat aus dem *Liber Fidei Catholicae* – als auch die *perturbationes* und zwar in jeder denkbaren Kombination. Sodann kann *profiteri* sowohl passivisch als auch medial aufgefasst werden, medial vor allem dann, wenn man *comprehendi* als feindliches Ergriffenwerden im Unterschied zum verstandesmäßigen Begriffenwerden versteht. Damit verknüpft ist die Frage, an welches Verb der AcI anzuschließen ist, an das medial aufgefasste *profiteri* oder an *credere* – im ersten Fall wäre *ob hoc* – *credere* ein Einschub, der auf den *Liber Fidei Catholicae* rekurriert. Die in der Übersetzung vorgelegten Entscheidungen begründen sich hinsichtlich des *profiteri* vom analogen passivischen Gebrauch in Satz 5 und 8 her, wo andernfalls ein Objekt zu ergänzen wäre bzw. die Formulierung schon an sich passivisch ist; medial gebraucht wird *profiteri* sonst nur in Satz 10, dort aber in der 1. Pers. Pl. Durch das passivische Verständnis von *profiteri* ist der AcI dann an *credere* anzuschließen. Hinsichtlich der Frage des Subjekts von *hortantur* gilt, dass Verirrungen, die auf sich selbst aufmerksam machen, semantisch im Sinn einer metaphorischen Redeweise zwar nicht völlig abwegig sind, es aber doch näherliegend ist, ein eigentliches Subjekt anzunehmen und dieses analog zu Satz 7 und 11 ebenfalls in den Bekennern des *Liber Fidei Catholicae* zu suchen. Damit ergibt sich nämlich zugleich ein formales Gliederungsmerkmal der *Obiectiones* bis zum Exkurs bei *amisimus* (dazu s.u. S. 240 – 244), da sich dasselbe – die Nennung der Bekenner des *Liber Fidei Catholicae* in der 3. Pers. Pl. – nochmals in Satz 14 mit *non intellegunt* wiederholt und alle vier genannten Sätze einen neuen Gedankengang im Sinne eines Einwandes gegen Aussagen oder Argumentationen des *Liber Fidei Catholicae* einleiten.

22 *Liber Fidei Catholicae* 2,70 (53,22 P.).
23 *Liber Fidei Catholicae* 2,71 (54,3 – 4 P.).
24 In der Parallelstelle der *Responsiones* (83,494 F.): *instruit*.
25 *Liber Fidei Catholicae* 2,71 (54,4 – 6 P.).
26 *Liber Fidei Catholicae* 2,71 (54,2 P.).

pro quod **uita** factus est Filius et **lux** est ostensus hominum[26] [vgl. Joh 1,3–4], illo, qui ostenditur factus non esse – Pater – , aequalis esse non posse.

des Lichts und diesem in der Finsternis leuchtendem Licht [vgl. Joh 1,5], **das jedem in diese Welt kommenden Menschen leuchtet** [Joh 1,9], der Sohn – infolge [dessen], dass er zum **Leben** gemacht und als **Lebenslicht der Menschen** gezeigt wurde [vgl. Joh 1,3–4] – jenem, der gezeigt wird, nicht gemacht worden zu sein – als Vater – , nicht gleich sein kann.

[viii.] (16) *Amisimus superfluas rationes, quae fastidium non facerent auditoribus, et ad hoc responsum est, ad quod sentiatia inquirebat expositionem. (17) Et quia inter Patrem et Filium distantia est, et quod dicitur „non est", eo quod inter illos differentia non sit, ipse Saluator dicit, qui credendus est:* Alius est qui **testimonium perhibet** de me, **Pater**[27] [Joh 5,32]. (18) *Item ipse Filius dicit de Spiritu sancto:* Et alium Paracletum mittam uobis [Ioh 14,16]. (19) *Alium dixit Patrem, et alium dixit esse Paracletum. (20) Et cum non aduertuntur diuina iura et sacramenta, efficiuntur homines paganitatis professores, qui ante aduentum Saluatoris dixerunt „homousion", quorum et haeretici facti sunt professores, cum asserunt Patrem et Filium et Spiritum sanctum unum esse Deum.*

[viii.] (16) Wir haben überflüssige Überlegungen weggelassen, um bei den Lesern nicht Widerwillen auszulösen, und [nur] darauf wurde geantwortet, wozu die Meinung eine Erklärung erforderte. (17) Und gerade, weil zwischen Vater und Sohn ein Abstand ist, und obwohl gesagt wird „es ist keiner", darum, weil zwischen jenen kein Unterschied sei, sagt der Erlöser selbst, dem geglaubt werden muss: *Ein anderer ist es, der* **Zeugnis gibt** *über mich,* **der Vater** [Joh 5,32]. (18) Ebenso sagt derselbe Sohn vom Heiligen Geist: *Und einen anderen Parakleten werde ich euch senden* [Joh 14,16]. (19) Er hat gesagt, dass ein anderer der Vater und ein anderer der Paraklet ist. (20) Und wenn die göttlichen Satzungen und Geheimnisse nicht beachtet werden, werden die Menschen zu Lehrern des Heidentums gemacht, welche schon vor der Ankunft des Heilands „wesensgleich" gesagt haben, deren Lehrer auch Häretiker geworden sind, wenn sie behaupten, dass Vater und Sohn und Heiliger Geist ein Gott seien.

[ix.] (21) *Scelus et ualde esse blasphemum aduertant homines, qui salutaria praecepta cupiunt sectari, nam falsitas professionis nunquam prodeis esse poterit, quam quaerunt iniuriando*[28] *Deum per blasphemiam colere uel uenerari.*
(22) *Si ab hominibus non toleratur iniuria, ab ipso Domino auctore qualiter poterit tolerari?*
(23) *Ostendit enim circa infideles suam obiurgationem, dicendo:* Populus hic labiis me honorat, cor autem eorum longe est a me [Jes 29,13].

[ix.] (21) Dass dies ein Frevel und sehr blasphemisch ist, können die Menschen bemerken, die die heilsamen Vorschriften zu befolgen suchen, denn die Falschheit der Lehre wird niemals zu ihrem Vorteil sein können, so lange sie suchen, dadurch, dass sie Unrecht tun, Gott mittels Blasphemie zu verehren oder hoch zu verehren. (22) Wenn seitens der Menschen Unrecht nicht geduldet wird, auf welche Weise wird es seitens der Veranlassung des Herrn selbst geduldet werden können? (23) Er zeigt nämlich sein Tadeln

---

27 *Liber Fidei Catholicae* 2,72 (54,20–21 P.).
28 Fraipont liest hier (69,57–58 F.) fälschlich *iniurando* gegen den *consensus codicum* aller überprüften Handschriften bis zum 11. Jahrhundert mit Ausnahme von Paris, Bibliothèque nationale de France, lat. 17416 *ante correctionem*. In den Antworten (88,670 F.) bietet der Text zwar *iniuriando*, das Lemma und die Angaben im *apparatus criticus* lauten aber auch mehrfach fälschlich *iniurando* bzw. *iniurandum* gegen den *consensus codicum* der Handschriften bis zum 11. Jahrhundert, wo durchweg *iniuriando* bzw. *iniurandum* zu finden ist.

[x.] (24) *De generatione autem eius quod dictum est:* **Ex utero ante luciferum genui te**²⁹ [Ps 109,3] *– quis dubitet de carnali natiuitate fuisse dictum, cum ipsa ante scriptio ostendat tibi ad intellegendum, cum dicit propheta, quod* in splendoribus sanctorum ante luciferum [Ps 109,3] *genitus sit.* (25) *Et splendor sanctorum praeconium ostenditur esse prophetarum, et eorum uaticinatio de eo fuisse adimpleta, cum*³⁰ *manifestaret ipsam esse.* (26) *Et propheta dicendo:* **Ex utero ante luciferum genui te** [Ps 109,3] *– et splendidum contigit, quod per uirginem nasci eum os propheticum antedixit* [vgl. Jes 7,14] *– quis dubitet hanc natiuitatem ita contigisse, ut scriptura memorat?* [vgl. Mt 1,18 – 2,1; Lk 1,26 – 33; 2,6 – 12]

[xi.] (27) *Non est nimium dedecus, ut fraudibus propriis decipiatur male intellegens animus, ut alioquin duo dicantur esse unus, aliquando* **tres unus**³¹ [1 Joh 5,7 – 8]. (28) *Numquid non occurrit beneficii munus, quando unus non est cum duobus designatus?*

(29) *Ludibrium est credere ex tribus partibus Deum unum constare, cum adhuc – quod peius est – dicitur de eis, quod sic credendus est unus Deus, cum non sit ipse Pater qui Filius, non ipse Filius qui Spiritus sanctus, de quibus profitentur interea differentias inter se habere, honorem uero unusquisque suum non posse habere, nisi malignum pectus eos in uno Deo inueniatur copulare.*

bezüglich der Ungläubigen, wenn er sagt: *Dieses Volk ehrt mich mit seinen Lippen, deren Herz aber ist weit weg von mir* [Jes 29,13].

[x.] (24) Was aber bezüglich dessen Zeugung gesagt wurde: **Aus dem Mutterleib vor dem Morgenstern habe ich dich gezeugt** [Ps 109,3] – wer mag zweifeln, dass es von der fleischlichen Geburt gesagt worden war, wo doch das davor Geschriebene selbst es dir zeigt, um zu verstehen, wenn der Prophet [i. e. David] sagt, dass er *im Glanz der Heiligen vor dem Morgenstern* [Ps 109,3] gezeugt sei. (25) Und es zeigt sich, dass *Glanz der Heiligen* die Bekanntmachung der Propheten ist, und dass deren Weissagung über ihn ganz erfüllt worden war, wo sie [i. e. die Weissagung] doch sichtbar gemacht hat, dass gerade jene es ist [i. e. die fleischliche Geburt]. (26) Und wenn der Prophet sagt: **Aus dem Mutterleib vor dem Morgenstern habe ich dich gezeugt** [Ps 109,3] – und das Glänzende hat sich ereignet, nämlich dass der prophetische Mund vorhergesagt hat, dass er durch eine Jungfrau geboren wird [vgl. Jes 7,14] – wer mag zweifeln, dass diese Geburt sich so ereignet hat, wie es die Schrift erinnert? [vgl. Mt 1,18 – 2,1; Lk 1,26 – 33; 2,6 – 12]

[xi.] (27) Es ist nicht eine überaus große Schande, dass durch eigene Irrtümer ein schlecht verstehender Geist getäuscht wird, so dass ohnehin gesagt wird, dass zwei einer seien, bisweilen dass **drei einer** [1 Joh 5,7 – 8] seien. (28) Steht nun nicht das Amt der Wohltat [Christi] entgegen, dieweil der eine nicht mit den zweien [dazu] bestimmt ist? (29) Hohn ist es, zu glauben, dass aus drei Teilen ein einziger Gott besteht, wenn bis jetzt – was schlimmer ist – von ihnen gesagt wird, dass der eine Gott so geglaubt werden muss, obwohl nicht Vater selbst sei, der Sohn [ist], nicht selbst Sohn sei, der Heiliger Geist [ist], von denen sie lehren, dass sie bisweilen Unterschiede untereinander haben, dass aber ein jeder seine [eigene] Ehre nicht haben kann, wenn nicht ein schwacher Verstand gefunden wird, diese in einem einzigen Gott zu vereinigen.

---

29 *Liber Fidei Catholicae* 2,72 (54,25 P.).
30 In der Parallelstelle der *Responsiones* (88,693 F.): *ut*.
31 *Liber Fidei Catholicae* 2,82 (60,22 P.).

Ein erster kurzer Blick zeigt, dass der Text entsprechend seiner offensichtlichen Vorlage des *Liber Fidei Catholicae* 2,66–74 in erster Linie das Thema des innertrinitarischen Verhältnisses von Vater und Sohn und des Verständnisses der Zeugung oder Geburt des Sohnes zum Inhalt hat.

Im Folgenden seien nun Argumentationsgang und -weise nachgezeichnet:
1–2: Der Text setzt ein mit einer Proposition in Form zweier Zitate der zu widerlegenden Kernaussagen des *Liber Fidei Catholicae* aus Abschnitt 2,66, in denen die Zeugung des Sohnes vom Vater selbst und die Geburt aus dem Vater thematisiert wird.[32] Vorangegangen im *Liber Fidei Catholicae* waren eine kurze Einleitung, ein kurz

---

32 *Liber Fidei Catholicae* 2,66 (51,18–21 P.): *Profitemur itaque patrem de se ipso, hoc est de id quod ipse est, sempiterne atque ineffabiliter filium genuisse: non extrinsecus, non ex nihilo, non ex alia genuisse materia, sed ex deo natum esse.*
Weitere exemplarische Vergleichsstellen und Kontexte zum Stichwort *de se ipso*: *Liber Fidei Catholicae* 2,70 (53,18–21 P.): *ingenitus pater de se ipso, id est de id quod ipse est [...] filium generauit*; vgl. Ps-Augustinus, *Dialogus quaestionum* 1 (332,32–333,36 Dorfbauer): *Quod est pater, hoc genuit: deus deum, lux lucem. Igitur sicut homo hominem gignit et canis canem, numquam visum est, ut homo gigneret canem. Ac per hoc non de nihilo neque de aliqua substantia, sed de se ipso genuit filium.*
Weitere exemplarische Vergleichsstellen zum Stichwort *extrinsecus*: Rufin von Aquileia, *Expositio Symboli* 4 (139,64–66 Simonetti): *Est ergo Deus Pater uerus, tanquam ueritatis Pater, non extrinsecus creans, sed* [ex add. nonnulli Mss; siehe hierzu Simonetti (1961) 129] *eo quod ipse est, Filium generans*; vgl. Anonymus/Ps-Ambrosius, *Tractatus in Symbolum Apostolorum/De Trinitate* 11 (551A Migne): *Non ergo haec generatio, qua de uirgine pro salute nostra natus est, posteriorem eum facit Patri siue tempore, siue potestate; quia non est temporalis genitor, ut Filio praeiudicetur ex tempore, quia aeternus Pater Filium genuit coaeternum: nec extrinsecus natum aut factum, ut haeretici mentiuntur, sed ex propria substantia Patris generatum uera fides habet.*
Zum Stichwort *ex Deo natum* vgl. im Nicaeno-Constantinopolitanum das *ex patre natum/natus est* (50,8; 60,3; 61,5; 62,12; 63,3; 67 [1],3; 67 [2],3 Schwartz) bzw. *natum/natus est ex patre* (54,10; 67,3; 69,4 Sch.) bzw. *genitum/genitus est ex patre* (56,5; 57,4; 58,5 Sch.) bzw. *de patre genitus* (56 [1],2; 56 [2],2 Sch.) bzw. *de patre natum* (59,5; 65,4; 68,7 Sch.).
Aufgrund des Stichwortes *ineffabiliter* ist auch auf Augustinus, *Contra Maximum* 1,7 (509,29–31 Hombert) zu verweisen: *Illa ineffabilis generatio etiam si ex utero Patris accipitur, hoc significatum est, quia de ipso, hoc est, de substantia sua Deus Deum genuit* (zu dieser Stelle siehe auch unten Anm. 90).
Ferner ist hier Vigilius von Thapsus zu nennen. Von ihm ist nur bekannt, dass er beim Streitgespräch 484 in Karthago teilgenommen hat, siehe Röwekamp (2002) 720. Ob er auch als (Mit-)Verfasser des *Liber Fidei Catholicae* in Frage kommt oder ob er es nur rezipiert und zitiert, ist kaum zu klären. Seine Texte weisen jedenfalls immer wieder eine große Nähe zum *Liber Fidei Catholicae* auf. Siehe hier bspw. im *Contra Arrianos Sabellianos Fotinianos dialogus* 2,4 (308,7–14 Hombert): *Athanasius dixit: Generans Pater ex seipso Filium, hoc genuit quod est ipse, an aliud aliquid? Arrius dixit: Hoc utique quod ipse est genuit, quia Deus Deum genuit, lux lucem genuit, perfectus perfectum genuit, omnipotens omnipotentem genuit. Athanasius dixit: Ergo non extrinsecus, neque ex nihilo, neque ex aliqua praecedente aut subsequente materia, sed ex seipso genuit; et non aliud quam id quod ipse est genuit.* Und in den *Sententia Probi* (404,4–7 Hombert): *Sed hinc Athanasius clariorem atque apertum unius substantiae indicium dabat, quod Patrem ex seipso et non extrinsecus Filium genuisse monstrabat.* In diesem Dialog werden immer wieder ganze Passagen oder Phrasen des *Liber Fidei Catholicae* Athanasius in den Mund gelegt, die sich so bei ihm nicht finden. Das zeigt aber, dass der *Liber Fidei Catholicae* von Vigilius gleichsam als athanasianisches Bekenntnis oder, etwas vorsichtiger formuliert, als Bekenntnis in athanasiani-

gefasstes, umfassendes und grundlegendes Bekenntnis und eine erste Rechtfertigung des Begriffs *homoousios* aus den Schriften des Alten und Neuen Testaments.[33] In der Formulierung *Adauctum est* wird der Zielpunkt der Kritik ersichtlich: Es ist weniger die Rede von der Zeugung vom Vater als die Rede von der Geburt aus dem Vater, die problematisch ist.

3–6: An das Stichwort *natum* knüpft dann direkt die Widerlegung an. Damit wird zugleich ein typisches argumentatives Muster der *Obiectiones* schon vom Anfang her sichtbar: der Einsatz eines Gedankenganges durch unmittelbaren Stichwortbezug zur vorhergehenden Einheit, sei er explizit wie hier oder implizit durch den mittransportierten Subtext des *Liber Fidei Catholicae*. Die Sätze 3–6 sind als Gegenproposition zu verstehen, wobei die Widerlegung der Rede von der Geburt aus dem Vater dann auf zwei Weisen geschieht: zum einen der Sache nach durch den impliziten, aber tiefgreifenden Vorwurf der sabellianischen[34] Häresie (4), zum anderen in der Frage nach der autoritativen Begründung durch einen gleichsam negativen Schriftbeweis (6). Dazwischen steht der eng mit dem Häresievorwurf verbundene implizite Vorwurf der Augenwischerei, wenn durch eine veränderte Wortwahl dennoch nicht die Wahrheit gelehrt wird (5). Die beiden Kernvorwürfe werden dann in umgekehrter Reihenfolge, aber dadurch aufeinander aufbauend in den Abschnitten 7–10 sowie 11 ausführlicher behandelt; der Abschnitt 12–13 bietet ein weiteres Exempel für die Frage der verschiedenen Worte und der damit intendierten Sache, korrespondiert also mit Satz 5. Der Topos der zu lehrenden Wahrheit kehrt als verbindendes Glied in allen drei Abschnitten wieder, und insgesamt gehen diese weiter an der Darstellung des *Liber Fidei Catholicae* entlang.

Der Vorwurf der sabellianischen Häresie (4) verbirgt sich im Stichwort *deintra [Deum]*, das als zwingende Implikation der Rede *ex Deo* behauptet wird und dessen Sinn sich nicht auf den ersten Blick erschließt. Die Verbindung von *de* und *intra* ist auffällig – sei sie nun zusammengeschrieben wie in der Ausgabe von Fraipont (67,5

---

schem Geiste aufgefasst wurde. Die Nähe zum Text des *Liber Fidei Catholicae* zeigt sich bspw. auch in den *Solutiones obiectionum Arrianorum* 3 (209,56–63 Hombert), wo Vigilius mit nur geringfügigen Varianten die Stelle *Liber Fidei Catholicae* 2,70 (53,13–21 P.) zitiert, die ebenfalls Teile der Proposition aufgreift. Die engste Parallele zur Proposition bzw. der vergleichbaren Formulierungen bei Vigilius findet sich im pseudathanasianischen Dialog *De sancta Trinitate II* 3: γενεσιουργὸς δέ ἐστιν ὁ ἔξωθέν τι εἰς γένεσιν ἄγων, πατὴρ δὲ ὁ ἐξ ἑαυτοῦ γεννῶν (98,40–41 Bizer). Siehe aber auch von Athanasius die *Oratio 1 contra Arianos* 26,4 (136,16–19 Metzler/Savvidis): εἰ γὰρ καὶ οὐκ εἶχεν ὁ γονεὺς υἱὸν πρὶν γεννήσει, ἀλλ' ἐσχηκὼς οὐκ ἔξωθεν οὐδὲ ἀλλότριον, ἀλλ' ἐξ ἑαυτοῦ καὶ ἴδιον τῆς οὐσίας καὶ ἀπαράλλακτον ἔσχεν εἰκόνα ὥστε τοῦτον ἐν ἐκείνῳ βλέπεσθαι κἀκεῖνον ἐν τούτῳ θεωρεῖσθαι.

33 Für eine kurzgefasste Übersicht des *Liber Fidei Catholicae* siehe Heil (2011) 253–255.

34 Der Sprachgebrauch dieses Adjektivs hier im Aufsatz ist unspezifisch und folgt lediglich dem ihrer Zeit entsprechenden Sprachgebrauch des *Liber Fidei Catholicae* und der *Responsiones* des Fulgentius von Ruspe, jegliches Gedankengut, das in Richtung einer Identifizierung von Vater, Sohn und Heiligem Geist geht, unter diesem Namen zu fassen. Was im Einzelnen genau darunter zu verstehen ist, ist jeweils an der konkreten Stelle zu erheben.

und 71,6 F.) oder sei sie getrennt geschrieben wie in der PL 65 (205C M.) – und in diesem Zusammenhang ein Hapaxlegomenon.³⁵ In anderen Zusammenhängen ist sie ebenfalls äußerst selten,³⁶ und auch im *Liber Fidei Catholicae* findet sich keine vergleichbare Formulierung. Sie greift das Stichwort *extrinsecus* auf und enthält als daraus abgeleiteten logischen Gegenbegriff, der durch die gegebene Negation des *extrinsecus* vorderhand dasselbe auszusagen scheint, den Vorwurf der Häresie – auch das ist eine Argumentationsstrategie, die im Text noch einmal zu finden sein wird (s. u. S. 235–236). Die Formulierung ist gezielt gewählt, denn, wenn es tatsächlich nur darum gegangen wäre, mit einem Gegenbegriff die Negation des *extrinsecus* positiv auszudrücken, wäre das direkte Pendant *intrinsecus* naheliegender gewesen. Als Vergleichsstelle hinsichtlich des enthaltenen Häresievorwurfs ist auf Eusebius von Caesarea zu verweisen, der in seiner Schrift *Contra Marcellum* dessen abzuweisende Lehre zur Relation von Vater und Logos unter anderem wiedergibt mit der Formulierung:

> τούτῳ γὰρ αὐτὸς χρῆται τῷ παραδείγματι, λόγον **εἶναι** φήσας **ἔνδον ἐν αὐτῷ τῷ θεῷ**, ποτὲ μὲν ἡσυχάζοντα, ποτὲ δὲ σημαντικῶς ἐνεργοῦντα, μόνῃ τε ἐνεργείᾳ προϊόντα τοῦ πατρός.³⁷

Auch die dortige Formulierung ἔνδον ἐν τῷ θεῷ ist auffällig und wird so nur bei Eusebius in pejorativem Sinne gegen Marcell gebraucht, mehrfach auch in der Schrift *De ecclesiastica theologia*, besonders instruktiv etwa in 3,3,63:

> ἀλλὰ τούτων Μάρκελλος οὐδένα λόγον ποιησάμενος ἀθετεῖ μὲν τὸν υἱόν, λόγον δέ φησιν **ἔνδον ὄντα ἐν τῷ θεῷ** ποτὲ μὲν ἐνεργείᾳ δραστικῇ προϊέναι, ποτὲ δὲ **ἔνδον εἶναι ἐν αὐτῷ** μὴ ἐνεργοῦντα· καὶ οὐχ ὁρᾷ ὅτι τὸ λέγειν εἶναί τι ἐντὸς καὶ ἐκτὸς τοῦ θεοῦ σύνθετόν τι ὑποτίθεται καὶ σωματικὸν πάθος, ὅπερ οὐ θέμις ἐπὶ τῆς ἀγενήτου καὶ ἀσωμάτου φύσεως παραδέχεσθαι.³⁸

Möglicherweise ist die gezielte Verwendung von *deintra* der Versuch, das griechische ἔνδον ἐν prägnant ins Lateinische zu übertragen, obwohl umgekehrt ἔνδοθεν eigentlich die direktere Entsprechung für *deintra* wäre.³⁹ Möglicherweise geht es auch

---

35 Sie findet sich später nochmals zitiert wieder bei Wilhelm von Saint-Thierry, *Disputatio adversus Petrum Abaelardum* 4 (35,287–296 Verdeyen). Leider findet sich im Similienapparat kein Verweis auf die *Obiectiones*.
36 Die *Patrologia Latina Database* liefert 16 Treffer und die *Library of Latin Texts, Series A* 19 Treffer zu *deintra* bzw. *de intra*, von denen schon allein vier auf diese Stelle und ihre Zitation bei Wilhelm von Saint-Thierry entfallen; der *Thesaurus Linguae Latina* bietet unter den Lemmata „intrā" und „deintrā" lediglich den Verweis auf die hier diskutierte Stelle, ferner mit jeweils ganz anderen Kontexten auf Aponius, *In Canticum Canticorum Expositio* und das Konzil von Matisco.
37 Eusebius von Cäsarea, *Contra Marcellum* 2,1,2 (31,32–32,1 Hansen/Klostermann).
38 Eusebius von Caesarea, *De ecclesiastica theologia* (157,3–8 Hansen/Klostermann); eine vergleichbare Formulierung ohne ἔνδον findet sich bspw. in Markell von Ankyra, fr. 103 (207,25–26 Hansen/Klostermann): πρὸ γὰρ τῆς δημιουργίας ἁπάσης ἡσυχία τις ἦν, ὡς εἰκός, ὄντος ἐν τῷ θεῷ τοῦ λόγου.
39 Für dieses Lemma finden sich allerdings keine einschlägigen Stellen in diesem Kontext.

im Licht der genannten Verweisstellen schlicht nur um *intra* als positiv gewendeter Formulierung von *non extrinsecus*, dem im Kontext der Frage des Wohers das *de* vorangestellt wird. Den Verdacht jedenfalls, sabellianische Häresien zu vertreten, der dadurch aufgeworfen wird, weist dann auch Fulgentius selbst später in seinen *Responsiones* zurück, in der Antwort auf den vierten, ebenfalls die Vorstellung der Geburt vom Vater bzw. von des Vaters *substantia* thematisierenden Abschnitt der Einwände (dazu s. u. S. 232). Dort expliziert er sie als Verleugnung von Sohn und Geist unter Aufgabe des Person-Konzepts,[40] was in Anlehnung an den *Liber Fidei Catholicae* geschieht, der seinerseits diesen Vorwurf zurückweist im Sinne einer Vermischung der Personen der Trinität durch Identifizierung.[41]

Der Vorwurf der Augenwischerei, es nütze nichts, andere Worte zu verwenden, wenn die Wahrheit trotzdem nicht damit getroffen werde (5), dient gleichsam als Scharnier zwischen dem Häresievorwurf und dem negativen Schriftbeweis bzw. dem damit implizierten Vorwurf, nicht schriftgemäß zu bekennen. Er bezieht sich einerseits auf den vorangehenden Häresievorwurf, wenn er aussagt, dass die gemeinte Sache an sich falsch ist, andererseits eröffnet er, wenn man die Formulierung *ueritas non profiteatur* positiv wendet, den Horizont dahin, dass es umgekehrt Worte geben kann, die die Wahrheit lehren. Dass diese in der heiligen Schrift zu suchen sind, zeigt sich schon im Jesajazitat und wird dann im folgenden Argumentationsgang vollends deutlich.

Fulgentius nun – um auch einen Seitenblick auf seine Antworten und den Umgang mit den *Obiectiones* zu werfen – nimmt aus dieser Gegenproposition die Formulierung *uocabula diuersa ponuntur* zum Anlass, seinerseits einzuhaken.[42] Er tut das aber auf eine Weise, die sehr deutlich macht, dass ihm nicht daran gelegen ist, irgendwie auf den argumentativen Zusammenhang Rücksicht zu nehmen. Die aufgegriffenen Stichworte dienen ihm lediglich dazu, aus ihnen heraus zunächst einmal die eigene Position grundlegend darzustellen. Er versteht sie nämlich in voller Absicht miss und deutet sie auf die Verschiedenheit der Namen *Pater* und *Filius*, was vom Text her in keiner Weise intendiert ist. Fulgentius aber dient das dazu, die katholische Position selbstständig zu entfalten. Die von ihm dabei durchaus verstandene sachliche Kritik des Textes handelt er en passant mit ab.[43] Überhaupt zeigt sich, dass Ful-

---

40 *Responsiones Fulgentii* (79,343–344 F.): *Aut Filium et Spiritum cum Sabellio denegemus, non seruantes in Trinitate personas.* Man beachte die sachliche Parallele zur Formulierung ἀθετεῖ μὲν τὸν υἱόν des obigen Zitats aus *De ecclesiastica theologia* 3,3,63.
41 *Liber Fidei Catholicae* 2,69 (53,9–12 P.).
42 Die dadurch vorgenommene Zäsursetzung ist natürlich auch nicht unsinnig, insofern die mit Satz 7 beginnenden Aussagen engstens an Satz 6 anknüpfen und zwischen Satz 5 und 6 eine Zäsur besteht, als, wie beschrieben, nach der Kritik an der Sache hier die Kritik an der autoritativen Begründung beginnt. Die argumentative Struktur von Gegenproposition und deren Entfaltung wird dadurch allerdings verschleiert.
43 Diese Art des Umgangs mit dem Ausgangstext kann als gezielte Retourkutsche verstanden werden, insofern auch die *Obiectiones* weiter unten diese Argumentationsstrategie im Blick auf den *Liber Fidei Catholicae* anwenden, dazu s. u. S. 241–242.

gentius zwar formal an den *Obiectiones* entlanggeht, dabei aber immer das Ganze des Textes im Blick hat, etwa indem er gerade hier zu Beginn, wo er die katholische Position zunächst grundlegend darlegt, sich auf Argumente bezieht, die erst ganz am Ende der *Obiectiones* formuliert werden.[44] Er benutzt also das vorgegebene Gerüst der *Obiectiones*, legt aber seine eigene Argumentationsstruktur darüber und untergliedert den Text der *Obiectiones* mehr nach den eigenen Interessen, als dass sie dessen Argumentationsstruktur entsprechen. Das wird später nochmals an den Sätzen 26–28 besonders deutlich werden (dazu s.u. S. 246–248). Die bei Fulgentius zu findende Unterteilung in – von der Proposition abgesehen – zehn Abschnitte oder Aussagen ist daher als sekundär zu beurteilen.

Der negative Schriftbeweis (6) bezieht sich ebenfalls unmittelbar auf den *Liber Fidei Catholicae*. Der Vorwurf, nicht schriftgemäß zu lehren, stellt dabei von vornherein klar, dass dies einer der Hauptkritikpunkte ist. War der *Liber Fidei Catholicae* ein Dokument, das die Schriftgemäßheit der homousianischen Lehre erweisen sollte,[45] setzt die konkrete Kritik nach dem allgemeinen Häresievorwurf und Vorwurf der Augenwischerei unmittelbar an diesem Punkt an und behauptet das Gegenteil. Der unmittelbare Kontext des Religionsgesprächs von 484, für das der *Liber Fidei Catholicae* mit genannter Intention verfasst wurde, wird hier also sehr plastisch. Der *Liber Fidei Catholicae* seinerseits nun hatte schon das dort wie hier angeführte Zitat aus Jes 53,8 als möglichen Gegeneinwand gegen genauere Bestimmungen der Zeugung des Sohnes genannt.[46] Der *Liber Fidei Catholicae* entkräftet diesen möglichen Gegeneinwand mit dem Verweis auf den Unterschied zwischen unerklärlich (*inenarrabilis*) und

---

44 *Non enim ipse est Pater qui Filius* [...] (71,21 F.) in den *Obiectiones*: *cum non sit ipse Pater qui Filius* [...] (69,79; 90,754–755 F.).

45 Das wird schon am Aufbau des *Liber Fidei Catholicae* deutlich: Wie oben (S. 227–228) schon kurz angerissen, gehen den von den *Obiectiones* traktierten Kapiteln eine kurze Darlegung der Kernsätze der nizänischen Theologie und Terminologie und ihres antihäretischen Hintergrundes voraus (Abschnitte 56 und 57), an die sich eine ausführliche Begründung dessen aus der Heiligen Schrift über die Abschnitte 58–65 anschließt. Das entspricht auch dem in Victor von Vitas *Historia persecutionis* überlieferten Edikt Hunerichs, in dessen Schilderung der Ereignisse er die Aufforderung, das *homousios* aus der Schrift zu erweisen, als ersten Verhandlungspunkt nennt (Victor von Vita, *Historia persecutionis* 3,5), vgl. dazu auch Heil (2011) 252 und 253–254. Das knüpft einerseits an die ursprüngliche Debatte im Kontext des nizänischen Konzils an, andererseits an die Hauptkritik der Homöer, wie sie etwa in den antiarianischen Schriften des Athanasius greifbar wird, wo die Frage nach der Schriftgemäßheit der nizänischen Theologie und Terminologie als zentraler Kritikpunkt der Gegner des *Nizänums* deutlich wird; vgl. dazu von Stockhausen (2002) 221–222. Es würde zu weit führen, hier die zahlreichen Vergleichsstellen zu nennen, an denen schon zuvor die Frage der Schriftgemäßheit des *homousios* debattiert wurde.

46 *Liber Fidei Catholicae* 2,68 (52,13–53,1 P.). Auch dieses Zitat spielt schon von Anfang an in der Auseinandersetzung um Arius eine Rolle, so etwa auch im Brief Alexanders von Alexandrien an Alexander von Thessaloniki (*Epistula ad Alexandrum Thess.* 20–21 [22,26–23,6 Opitz]): εἰ γὰρ ἑτέρων πολλῶν ἡ γνῶσις, καὶ τούτου ἀσυγκρίτως κολοβωτέρων, κέκρυπται τὴν ἀνθρωπίνην κατάληψιν [...], πῶς ἂν περιεργάσαιτό τις τὴν τοῦ θεοῦ λόγου ὑπόστασιν, ἐκτὸς εἰ μὴ μελαγχολικῇ διαθέσει ληφθεὶς τυγχάνοι; περὶ ἧς τὸ προφητικὸν πνεῦμά φησι „τὴν γενεὰν αὐτοῦ τίς διηγήσεται;"

unbekannt (*ignorabilis*), worauf die *Obiectiones* dann in der anschließenden Entfaltung eingehen werden. Hier genügt vorerst das Zitat im Rahmen der Gegenproposition als Schriftbeweis für die Aussage, die zitierten Bekenntnisaussagen hätten nirgends einen autoritativen Rückhalt. Das liegt nicht nur als Fehlanzeige in der eigenen Kenntnis der Sache begründet, wenn man sich nicht erinnern kann, so etwas irgendwo gelesen zu haben, sondern wird von der Schrift als zitierbarer Autorität selbst positiv bestätigt in der Rede von der Unerklärlichkeit der Zeugung, die jeden Versuch einer genaueren Bestimmung derselben von vornherein gegen die Schrift selbst stellt.

7–10: Hieran knüpft der nächste Gedankengang unmittelbar an: Er paraphrasiert das Psalmzitat – die Schrift bezeuge, dass niemand die Zeugung erklären kann – und weist die Bekenner des *Liber Fidei Catholicae* (*hi homines*) auf ihre Deutung des Psalmzitats hin: Sie behaupten, sie könnten etwas wissen, weil „unerklärlich" nicht „unerkennbar" bedeute (7).[47] Tatsächlich betont der *Liber Fidei Catholicae*, dass das Woher des Sohnes nicht unbekannt ist, so dass die Schrift bezeugt, dass der Vater von sich den Sohn gezeugt hat und der Sohn vom Vater geboren ist.[48] Dazu führt er als Schriftbeweis die Stellen Joh 3,18 und Joh 1,14 an, die beide das Stichwort des *unigenitus* enthalten.[49] Die *Obiectiones* stellen dem nun ihrerseits entgegen, wie die Zeugung aus den Schriften richtig zu lehren[50] sei, was also gemäß der Behauptung des *Liber Fidei Catholicae* tatsächlich gewusst werden könne und bekannt sei, und zwar mittels der Stellen Spr 8,22–23 und 8,25, Joh 16,28 und Ps 2,7 als Selbstzeugnisse des Sohnes (8) und Joh 1,14 und Kol 1,15 als Zeugnisse von außen (9). Daraus leiten sie als schriftgemäße Formulierungen „geschaffen", „gegründet" und „gezeugt" ab, mit denen die Zeugung gelehrt werden könne.[51] Es fällt zum einen auf, dass der Begriff des Hervorgehens aus der zitierten Stelle Joh 16,28 in dieser Aufzählung fehlt, zum anderen fällt auf, dass der Begriff des Geborenwerdens nicht erscheint, wenn auch dies nicht extra betont wird. Dennoch ist *ex silentio* genau das die Aussageabsicht dieses Abschnittes. Das wird in der folgenden Passage deutlich, die nun den ersten Punkt der Gegenproposition (4) fokussiert und so ihrerseits zum Scharnier wird zwischen diesem Abschnitt und dem dann folgenden.

---

[47] *Liber Fidei Catholicae* 2,68 (52,17–19 P.): *quoniam unde natus sit requisiui – diuina enim generatio inenarrabilis est, non ignorabilis –: nam usque adeo non est ignorabilis, id est non ignoratur unde sit.*
[48] *Liber Fidei Catholicae* 2,68 (52,18–20 P.): *Nam usque adeo non est ignorabilis, id est non ignoratur unde sit, ut et pater de se ipso genuisse et filius de patre se natum saepissime protestetur.*
[49] *Liber Fidei Catholicae* 2,68 (52,22–53,1 P.).
[50] Man beachte den unmittelbaren gegensätzlichen Stichwortbezug *ueritas non profiteatur* in Satz 5 zu *ita est recte profiteri* in Satz 8.
[51] Als einschlägige Vergleichsstellen aus der homöischen Literatur vgl. *Scolia Arriana in Concilium Aquileiense* 25 (160,30–38 Gryson): *Qui [...] unigenitum deum creauit et genuit, fecit et fundauit* oder ähnlich im *Sermo Fastidiosi Ariani* 3 (281,54–55 Fraipont): *Ecce factum, creatum atque fundatum scriptura testatur.*

11: Auch hier ist der Stichwortbezug äußerst eng. Satz 10 schloss damit, dass nur die aus der Schrift gewonnenen Bezeichnungen der Zeugung, „geschaffen", „gegründet" und „gezeugt", ohne unvernünftige Doppeldeutigkeit sind. Dem wird nun die Unvernünftigkeit der Rede von „geboren", konkret, „geboren von der Substanz des Vaters", entgegengestellt.[52] Hierfür wird ebenfalls ein Schriftbeweis verlangt, und das trifft in der Tat einen Schwachpunkt des *Liber Fidei Catholicae*, der an der in Anm. 48 zitierten Stelle (*Liber Fidei Catholicae* 2,68 [52,19–20 P.]) zwar behauptet, *natum* würde oft öffentlich bezeugt, zum Beweis aber keine Schriftstelle anführt, die *natum* wörtlich enthält, genauso, wie dieses Lexem nicht in den Schriftstellen der *Obiectiones* erscheint. Wenn zudem mit Joh 1,14 eine Stelle angeführt wird, die auch der *Liber Fidei Catholicae* als Schriftbeweis für seine Position genannt hatte, ist dies kein Zufall, sondern geschieht in argumentativer Absicht. Es zeigt erstens, dass es nicht die Bezeichnung *unigenitus* sein kann, die problematisch ist. Vielmehr wird zweitens mithilfe des Kolosserzitats diesem Begriff des *unigenitus* der Begriff des *primogenitus totius creaturae* zur Seite gestellt[53] und somit pointiert ans Ende der Zitatreihe und selbstverständlich im Sinne der homöischen Interpretation dieser Stelle. Durch das Prädikat *creatum* und die Bezeichnung *primogenitus* parallel ohne jegliche Differenzierung zu *genitum* und *unigenitus* wird deutlich, dass der Sohn immer als Geschöpf verstanden wird, gleichsam als homöischer Subordinatianismus in Reinform.[54] Das

---

52 *Liber Fidei Catholicae* 2,69 (53,2–4 P.): *Si uere de patre natus est, unius substantiae est et uerus filius est; sed si unius substantiae non est, nec uerus deus est*; 2,72 (54,19–20 P.): *filium de patris substantia natum*; (55,8–9 P.): *ambigi ultra non possit, de dei substantia natum esse, quem constat de patris utero extitisse*; vgl. 2,66 (51,21–23 P.): *Et qui de deo natus est, non aliud est quam id quod pater est, et idcirco unius substantiae est, quia ueritas natiuitatis diuersitatem non admittit generis*; vgl. 2,67 (52,6–8 P.): *Ergo si aliunde substantiam non habet, de patre habet; si de patre habet, unius substaniae cum patre est*.
53 Damit entspricht er dem bei Augustinus zitierten *Sermo Arrianorum*, der genau so einsetzt (160,1–2 Hombert): *1. Dominus noster Iesus Christus, Deus unigenitus, primogenitus totius creationis* [...].
54 Siehe hierzu bspw. *Gesta episcoporum Aquileia aduersum haereticos Arrianos* 43 (362 Gryson): [Ambrosius gegen Palladius.] *Ante horam citra actam, cum legeretur quia Arrius dixit creaturam Christum, negasti. Oblatum est tibi ut damnares perfidiam, noluisti. Vel nunc dic utrum natus ex Patre Christus sit an creatus*; und 47 (364–366 G.): [Ambrosius gegen Palladius.] *Dic, utrum Christus creatus uideatur, aut „fuit quando non fuit" Christus, an uero semper fuit unigenitus Dei Filius*. Gerade an der erstzitierten Stelle wird die Opposition „geschaffen" oder „geboren aus dem Vater" besonders deutlich. Vgl. in diesem Sinne auch die *Collectio Arriana Veronensis, Contra Iudeaos* 2,3 (95,22–15 Gryson) und die *Scolia Arriana in concilium Aquileiense* 74 (183,26–184,41 G.); die unmittelbare Zusammenstellung von *unigenitus* und *primogenitus* durch Zufügung zum Bekenntnistext des *Nicaeno-Constantinopolitanums* diskutiert auch Johannes Cassianus, *De incarnatione Domini contra Nestorium* 6,4 (332,5–12 Petschenig/Kreuz): *Credo enim dixisti in symbolo in dominum nostrum Iesum Christum filium eius unigenitum et primogenitum totius creaturae. Si unigenitus et primogenitus totius creaturae dominus Iesus Christus, ergo tua ipsa confessione indubitanter deus: neque enim alius unigenitus et primogenitus totius creaturae nisi unigenitus dei filius, sicut primogenitus creaturarum, ita et creator omnium deus*; zur allgemeinen Interpretation der Stelle Kol 1,15 siehe ferner bspw. auch Gregorius Iliberritanus, *De fide orthodoxa contra Arianos* 21 (225,170–174 Bulhart): *Sed et primogenitus ita habebitur, quomodo et Israel a deo primogenitus filius appellatus est, nec non et primogenitus totius creaturae, quasi in ordine factorum primogenitus habeatur, ut ex eo seriem quamdam creandis mundi rebus assignet*.

macht insgesamt nochmals sichtbar, dass der Hauptkritikpunkt an der katholischen Position für die *Obiectiones* im Blick auf das Verhältnis von Vater und Sohn die Rede von der göttlichen Geburt ist, und zwar eine Geburt im Unterschied zur nicht bestrittenen Zeugung, und besonders dann, wenn sie noch mit dem Substanzbegriff verbunden ist. Die Aussagen *natum de patre* oder *de patris substantia*[55] sind es, welche keinen Rückhalt in der Schrift haben und sogar gegen das Zugeständnis mit Jes 53,8 stehen, die Zeugung sei unerklärlich.[56]

12–13: Auch in diesem Abschnitt bestehen Stichwortbezüge zu den beiden vorangegangenen Abschnitten (*Sine ratione dicuntur; ueritas non uidetur* [...] *profiteri.*), die ihn mit diesen eng zusammenbinden. Das Gemeinte erschließt sich allerdings erst vor der Folie des *Liber Fidei Catholicae*, ohne den es kaum verständlich ist, und es wird sich zeigen, dass es – nachdem gerade die Rede von der göttlichen Geburt als nicht schriftgemäß erwiesen worden war – nun um den bereits in Satz 11 mit eingeführten Begriff der Substanz geht, genauer um den der Einheit der Substanz.

Konkret richtet sich dieser Einwand gegen Abschnitt 2,70 des *Liber Fidei Catholicae*, der dem potentiellen Einwand aus Abschnitt 2,68, der in 7–10 abgehandelt worden war (s. o. S. 232), nun einen weiteren zur Seite stellt. Hier ist es die Überlegung, dass, wenn einer gezeugt, der andere ungezeugt ist, keine Einheit der Substanz bestehen könne, oder umgekehrt, dass eine Einheit der Substanz von Vater und Sohn auch implizieren müsse, dass auch der Sohn ungezeugt zu denken sei.[57] Die Dar-

---

55 Vergleiche hierzu neben den oben (S. 233) angeführten Stellen aus dem *Liber Fidei Catholicae* die erste bei Schwartz (1926) angeführte lateinische Fassung des *Nicaenischen Symbols: de patre natum unigenitum, hoc est de substantia patris* (49,9 Schwartz).
56 Damit ist auch dieser Abschnitt eng mit der Gegenproposition verbunden, sogar in doppelter Weise: Über den Stichwortbezug der unerklärlichen Geburt (6), aber wiederum auch über den der falschen Lehre (5).
57 *Liber Fidei Catholicae* 2,70 (53,15–18 P.): *Cum utique, si ut ingenitus pater est, ingenitus esset et filius, tunc magis diuersa posset esse substantia, quia unusquisque a se ipso subsistens communem substantiam cum altero non haberet.* – Zum Hintergrund dieses vom *Liber Fidei Catholicae* formulierten potentiellen Einwandes bzw. der Fragestellung, wie *genitus, ingenitus* und *una substantia* zusammenzudenken sind, vgl. bspw. Ambrosius, *De incarnationis dominicae sacramento* 8,79 (264,10–11 Faller): *Quomodo possunt ingenitus et genitus esse unius naturae adque substantiae?* Ebenso 9,93 (269,31–32 F.); 9,95 (270,56–57 F.; siehe Anm. 80) und 9,97 (271,71–72 F.), vgl. zu 9,95 (270,56–57 F.) auch den Verweis auf „Eunom. Apol. 14: ἐπεὶ μηδὲ συγχωρεῖ τοῦ υἱοῦ καὶ τοῦ γεννήματος ἡ προσηγορία πρὸς τὴν ἀγέννητον" im Similienapparat; vgl. zu 8,79 (264,10–11 F.) auch den Verweis auf die *Dissertatio Maximini* 37–40, vgl. dazu in der *Scolia Arriana in concilium Aquileiense* 21 (159,2–3 G.): *scientes non posse nec in cogitatu nec in sermone rationabili inueniri ut filius ingenitus dicatur*, und den daran anschließenden sich auf Arius' *Epistula ad Alexandrum Alexandrinum* beziehenden Diskurs in Abschnitt 22 (159,3–160,40 G.); vgl. ebenso Augustinus, *De Trinitate* 5,3,4 (208,3–11 Mountain/Glorie): [...] *arriani* [...] *callidissimum machinamentum proponere uidentur cum dicunt: „Quidquid de deo dicitur uel intellegitur non secundum accidens sed secundum substantiam dicitur. Quapropter ingenitum esse patri secundum substantiam est, et genitum esse filio secundum substantiam est. Diuersum est autem ingenitum esse et genitum esse; diuersa est ergo substantia patris et filii.";* und 6,7 (211,8–12 M./G.): *Inquiunt ergo: „Pater ad filium dicitur et filius ad patrem; ingenitus autem ad se ipsum et genitus ad se ipsum*

stellung im *Liber Fidei Catholicae* ist etwas umständlich, der Begriff der *perturbationes* möglicherweise auch deshalb als polemische Spitze gewählt. Er bezieht sich aber konkret auf diesen widersinnigen Gedanken, den Sohn wie den Vater als ungezeugt anzunehmen. In diesem Punkt sind sich der Sache nach die homöische und die homousianische Seite im Grunde einig, und deswegen ist *ab eis* auf die *perturbationes* zu beziehen.[58] Allerdings fällt die Verwendung des Konjunktivs Präsens *sit* auf und macht deutlich, dass hier die Aussage des *Liber Fidei Catholicae* nur referiert wird, obwohl sie sachlich auch der homöischen Position entspricht. Das hat seinen Grund darin, dass genau daraus der Vorwurf entwickelt wird: Zwar weisen die Bekenner des *Liber Fidei Catholicae* in Abschnitt 2,70 richtigerweise auf den Widersinn einer solchen Überlegung hin,[59] auch der Sohn sei wie der Vater als ungezeugt zu denken (12), aber sie betrügen sich damit nur selbst, weil dieser Schluss kein Fehlschluss, sondern ein in Wahrheit notwendiges Implikat ihrer eigenen Lehre von der Substanzeinheit ist (13). Wichtig für diesen Gedankengang ist das wörtliche Wiederaufgreifen der Formulierung *ueritas non profiteri*. Dadurch wird ein unmittelbarer Bezug zu Satz 5 hergestellt, wo es darum ging, dass eine andere Wortwahl nichts an der Falschheit der intendierten Sache ändere. Die dahinterstehende Überlegung ist die, dass dieser – für die *Obiectiones* nur scheinbare – Fehlschluss ja irgendwoher abgeleitet sein muss, und dieses Woher wird mit dem Begriff der Gleichheit von Vater und Sohn identifiziert. Das fällt insofern auf, als das Stichwort *aequalis* im *Liber Fidei Catholicae* an dieser Stelle gar nicht vorkommt, so dass so, wie es bei *deintra* in Satz 4 schon der Fall war, nicht auf den ersten Blick klar ist, was damit bezweckt wird. Es drängt sich der Verdacht auf, dass wiederum ein Häresievorwurf damit impliziert ist. Der Vorwurf des Selbstbetrugs würde jedenfalls keinen Sinn machen, wenn der Begriff nicht zumindest auch auf die Bekenner des *Liber Fidei Catholicae* zu beziehen wäre. Worauf der *Liber Fidei Catholicae* selbst im hier betrachteten Abschnitt 2,70 und weiter auch in 2,71 wörtlich zielt, ist der Begriff der Substanzeinheit.[60] Aber auch hier ist es wie bei *deintra* so, dass sich der von den *Obiectiones* eingeführte Begriff *aequalis* aus einem Gegenbegriff ableiten lässt, der en passant schon gefallen war, und zwar eng verbunden mit dem angesprochenen Fehlschluss. Dieser Gegenbegriff ist *diuersus*: *Si ut ingenitus pater est, ingenitus esset et filius, tunc magis diuersa posset esse substantia.*[61] Er ist hier zwar nicht auf Wortebene negiert wie das *extrinsecus* in Satz 4, aber auf Satz- bzw. Aus-

---

dicitur. Et ideo si quidquid ad se ipsum dicitur secundum substantiam dicitur; diuersum est autem ingenitum esse et genitum esse; diuersa igitur substantia est."
58 Andernfalls würde sich die Aussage, dass die Wahrheit von ihnen nicht begriffen würde, auch auf die homöische Seite selbst beziehen.
59 Siehe *Liber Fidei Catholicae* 2,70 (53,13 P.): Auf das *Sed forsitan obicitur* an dieser Stelle bezieht sich die Formulierung *hortantur aduerti* der *Obiectiones*.
60 *Liber Fidei Catholicae* 2,70 (53,21 P.): *apparet una esse gignentis genitique substantia*; 2,71 (54,6–7 P.): *apparet patrem et filium unius esse substantiae*.
61 *Liber Fidei Catholicae* 2,70 (53,15–17 P.), siehe Anm. 57; vgl. auch im weiteren Verlauf *Liber Fidei Catholicae* 2,71 (54,9–10; 54,16 P.): *Denique ne aliquis inter patrem et filium diuersitatem [...] introducat*; *numquam potest esse diuersus.*

sageebene, da eine Aussage im Irrealis vorliegt. Im Unterschied zu *deintra* in Satz 4 ist es allerdings so, dass andernorts im *Liber Fidei Catholicae* der Begriff der *aequalitas* tatsächlich als Parallelbegriff zur Substanzeinheit gebraucht wird,[62] so dass es auch positiv sachlich richtig ist, wenn die *Obiectiones* ihn hier anführen. Das heißt dann aber, was der *Liber Fidei Catholicae* als einen falschen und widersinnigen Schluss aus der Lehre einer einheitlichen Substanz zurückweist, stellen die *Obiectiones* durch die Verwendung eines anderen, nicht an dieser Stelle gebrauchten, aber sonst synonym verwendeten Begriffs als zwingende Konsequenz dieser Lehre und also der Aussagen des *Liber Fidei Catholicae* selbst dar. So ist es nur folgerichtig, wenn die *Obiectiones* daraus den Vorwurf des Selbstbetrugs ableiten, und es liegt ganz auf der Linie des Vorwurfes aus Satz 5: Es nütze nichts, andere Worte zu verwenden, in diesem Fall den der Substanzeinheit, wenn dadurch die Wahrheit genauso wenig getroffen bzw. die mit dem anderen Begriff verbundene Häresie (dazu s.u. S. 248) genauso transportiert werde.

Diese Frage der Wahrheit bekommt in diesem Zusammenhang dann eine ganz andere Richtung, und zwar dadurch, dass die *Obiectiones* die nicht gelehrte Wahrheit mit dem Verb *uidetur* unter den Vorbehalt des Scheines stellen, obwohl es doch eigentlich auch und gerade der homöischen Position entsprechend widersinnig ist, zu sagen, Vater und Sohn seien gleichermaßen ungezeugt. Es muss also doch irgendwie eine Wahrheit in diesen *perturbationes* enthalten sein. Im Licht von Satz 13 liegt sie darin, dass sie den Widersinn der Lehre von der Substanzeinheit offenlegt – eben weil doch offensichtlich ist, dass sie diesen Widersinn zur Konsequenz hat, was sich aus dem Begriff *aequalis* ableiten lässt.

Um es nochmals in einem Satz zusammenzufassen: Der widersinnige Gedanke, den Sohn wie den Vater als ungezeugt zu behaupten, hat insofern etwas Wahres an sich, als er den Widersinn der homousianischen Position offenlegt, und zwar aus dem

---

[62] *Liber Fidei Catholicae* 2,60–62 (48,21–50,8 P.): *Namque ut adhuc euidentius patris et filii substantiae unitas et diuinitatis aequalitas ostendatur, ipse in euangelio dicit: ego in patre et pater in me* [Joh 14,10], *et: ego et pater unum sumus* [Joh 10,30]. [...] *Item Iohannes euangelista dicit: propterea quaerebant eum Iudaei interficere, quia non solum soluebat sabbatum, sed et patrem suum dicebat deum, aequalem se faciens deo* [Joh 5,18]. *Quod utique non ad Iudaeos est penitus referendum, quia euangelista ueraciter dixit de filio, quia aequalem se faciebat deo. Item in euangelio scriptum est:* [...] *ut omnes honorificent filium, sicut honorificant patrem* [Joh 5,23]; *aequalis enim honor nonnisi aequalibus exhibetur. Item ibi filius ad patrem dicit: omnia mea tua sunt et tua mea* [Joh 17,10]. *Item: Philippe, qui me uidit, uidit et patrem, quomodo tu dicis: ostende nobis patrem?* [Joh 14,9] *Hoc non dixisset, nisi patri per omnia fuisset aequalis.* [...] *Et adhuc, ut unitatem aequalitatis demonstraret, ait: nemo nouit filium nisi pater, neque patrem quis nouit nisi filius et cui uoluerit filius reuelare* [Mt 11,27]. [...] *Et iterum filius dicit: nemo uenit ad patrem nisi per me* [Joh 14,6], *et: nemo uenit ad me, nisi pater, qui misit me, adtraxerit eum* [Joh 6,44]; *unde claret aequalitatem patris et fili ad se inuicem credentes adducere*; 2,74 (56,8–11 P.): *Unde aequalis est patri filius* [...], *sicut splendor ab igne genitus gignenti manifestatur aequaeuus. Haec de patris et fili aequalitate uel de substantiae unitate*; 2,75 (56,13–14 P.): [*spiritus sanctus,*] *quem* [...] *credimus, coaequalem*. Aus dem homöisch-antihomöischen Diskurs vgl. bspw. Punkt 1 der *Disputatio Cerealis contra Maximinum* (263,18 und 264,47–265,83 Baise), wo u. a. auch die Stelle Hebr 1,3 angeführt wird (dazu s.u. S. 240).

Grund, dass er notwendiges Implikat dieser Position ist, auch wenn sie mit Worten operiert, die diesen Widersinn nicht auf den ersten Blick durchscheinen lassen.

Auch hier lassen sich einschlägige Vergleichsstellen aus der homöischen Literatur finden, die genau diese Verbindung vom Begriff der *aequalitas* zum Gedanken der Ungezeugtheit aller Personen der Trinität ziehen und dies zugleich in den Kontext sabellianischer Häresie stellen; so etwa in der *Scolia Arriana in concilium Aquileiense* 21 (158,16–29 G.): *Quo quidem nefas est cogitare, tres pari aequalitate sine initio, tres sempiternos, id est tres ingenitos, tres sine origine, sicuti ipsorum libellus perfidie testatur, aut iterum tres inresolutos, quod utique Sabelli continet perfidia*; vgl. in diesem Sinne ganz ähnlich Maximinus in Augustins *Conlatio cum Maximino* 13 (408,152–155 H.): *Prosequere de Filio, quod Filius sit innatus, quod sit sine origine. Si aequalis, utique talis; si talis, utique innatus; si innatus, utique nec uidit eum quisquam hominum.*[63]

14–15: Damit sind die Proposition und die Gegenproposition der *Obiectiones* vorerst entlang der Kapitel 2,66–70 des *Liber Fidei Catholicae* abgehandelt und mit ihnen einige weitere Formulierungen und Aussagen des *Liber Fidei Catholicae* bis Kapitel 2,74 als häretisch zurückgewiesen. Mit dem gliedernden Signalwort *interea* wird angezeigt, dass zum nächsten Abschnitt eine größere Zäsur besteht. Thematisch knüpft dieser Abschnitt zwar wiederum direkt an den vorhergehenden an, was insbesondere die Stichwortverbindung *aequalis* am Ende beider Abschnitte deutlich zeigt. Es geht hier wie dort um die Frage nach der Gleichheit und Einheit von Vater und Sohn. Bezüglich des *Liber Fidei Catholicae* bleiben die *Obiectiones* aber vorerst bei Kapitel 2,70 und 71 stehen, greifen quasi als einen Einzelaspekt das Stichwort *de lumine*[64] und die damit zusammenhängenden Schriftstellen auf und vertiefen die sich hieran anknüpfenden Überlegungen. Das *de* kann dabei sowohl als themenangebende Partikel verstanden werden, ist aber gleichzeitig Zitat sowohl aus dem *Liber Fidei Catholicae* als vermutlich auch aus dem nicaeno-constantinopolitanischen Bekenntnis.[65] Anders als bisher – und das macht nun auf der argumentativen Ebene diese Zäsur als Hauptzäsur der gesamten *Obiectiones* aus – geht der Text allerdings jetzt dazu über, nicht mehr nur auf den *Liber Fidei Catholicae* zu reagieren und seine

---

63 Der *Liber Fidei Catholicae* selbst umschreibt, wie oben (S. 230) schon angemerkt, die sabellianische Häresie dagegen als Identifizierung der Personen, siehe 2,69 (53,8–12 P.): *Nos [...] detestantes Sabellianam heresem, quae ita trinitatem confundit, ut eundem dicat esse patrem quem filium eundemque credat esse spiritum sanctum, non seruantes tres in unitate personas*; vgl. 2,56 (46,19–20 P.): *Non eundem asserentes patrem quem filium neque filium confitentes qui pater sit aut spiritus sanctus, neque ita spiritum sanctum accipimus ut aut pater sit aut filius.*
64 *Liber Fidei Catholicae* 2,70–71 (53,22–54,1 P.): *Quia deum de deo, lumen de lumine filium esse ueraciter profitemur. Nam lucem esse patrem Iohannes apostolus testis est dicens*; und dann *passim* bis 2,71 (54,18 P.); vgl. auch 2,74 (55,24 P.).
65 Die meisten bei Schwartz (1926) abgedruckten Fassungen, die diesen Passus aufweisen, haben allerdings *ex lumine* (49,10; 50,9; 59,6; 60,4; 61,6; 62,13; 67,4 [1] Sch.); *de lumine* haben lediglich die Fassungen 56,6 [1]; 56,6 [2]; 63,4; 67 [2],4 Sch.

Aussagen und Formulierungen zu widerlegen, sondern auch positiv die eigene Position in der eigenen Begrifflichkeit darzustellen.[66] Man kann daher trotz aller verbindenden Elemente an dieser Stelle von einer Zäsur zwischen zwei Teilen der *Obiectiones* sprechen: Teil 1 von Satz 1–13 handelt die zentralen Aussagen des *Liber Fidei Catholicae* von Abschnitt 2,66–70[67] ab und widerlegt sie in drei Schritten entlang dieser Abschnitte; Teil 2 von Satz 14–28 greift einzelne Themen und Stichworte aus den Abschnitten 2,70–72 und dem Zwischenfazit am Ende von 2,74 heraus und stellt nun von da aus verstärkt und teils exkursartig positiv die eigene homöische Position dar.

Zunächst setzt der Text mit einer polemischen Spitze gegen die Bekenner des *Liber Fidei Catholicae* und ihre Ausführungen zur Lichtmetaphorik ein: Sie verstehen nicht, was vom Licht bezeugt ist.[68] Es folgt das richtige, homöische Verständnis, und das Schlüsselwort hierzu ist *alius*[69] (14) als Begriff, der eine Unterscheidung ausdrückt, hier die zwischen dem Vater – im folgenden Satz Urheber – des Lichtes und dem, der in der Schrift verschiedentlich als Licht bezeichnet wird. Der folgende Satz (15) versucht, die zu dieser Quintessenz führende Exegese und Argumentation komprimiert in einem Satz zu formulieren, und ist entsprechend komplex und nur mühsam zu durchdringen. In der Überlieferung bot dies Anlass zu verschiedentlichen Konjekturen.[70] Der Hauptsatz mit angehängtem Relativsatz ist syntaktisch noch unproblematisch, inhaltlich aber pointiert. Das Stichwort *aduerti* ist wiederum sehr bewusst gewählt, in gezielter Gegenüberstellung vom Bemerken irgendwelcher unsinniger Schlüsse, zu dem die Bekenner des *Liber Fidei Catholicae* im vorherigen Abschnitt den *Obiectiones* zufolge aufgefordert haben (12), zum Bemerken dessen, was die Schrift sagt.[71] Was das nun genau ist, folgt nach dem *quia* in gewagter Syntax. Die ungewöhnliche Wendung *pro quod* lässt sich hierbei als verkürztes *pro eo quod* auflösen; in Fulgentius' Antworten (86,604–605 F.) gibt es eine vergleichbare Stelle, die ein solches Verständnis bestätigt. Kurz formuliert ist die Aussage dieser Konstruktion, dass zwischen dem Urheber des Lichtes, dem Vater, und dem leuchtenden Licht, dem Sohn, keine Gleichheit bestehen kann, weil der eine ungeschaffen, der andere aber geschaffen ist. Die Konstruktion beginnt mit einer mittels *inter* gebildeten Gegenüber-

---

66 Voher war dies nur ansatzweise in Satz 8–10 gegeben.
67 Mit dem angesprochenen Horizont auf Abschnitt 2,71 und den Schluss von Abschnitt 2,74.
68 Das ist die Ausdehnung des Vorwurfs der Unvernünftigkeit aus Satz 10 und 12 auf den Verstand bzw. das Verständnis der Schrift.
69 Zum Stichwort *alius* siehe die Argumentation im folgenden Abschnitt (16–18) und die hierzu angegebenen Vergleichsstellen.
70 Siehe dazu den entsprechenden *apparatus criticus* (83 F. zu den Zeilen 494–498). Fraiponts Interpunktion erweist sich hier leider als nicht sehr hilfreich. Es kann freilich auch nicht eine Verderbnis des Satzes in der Überlieferung völlig ausgeschlossen werden.
71 Die Begriffe *lex* und *instruere* stehen natürlich einerseits parallel zum *hortari* aus Satz 12, weisen aber andererseits auf ein prägnant normatives Verständnis der Schrift, was sich im Satz 20 im Begriff der *diuina iura*, dort ebenfalls zum Verb *aduerti*, nochmals bestätigt. Das fügt sich gut in das Bild einer nachdrücklich missionarischen Kirche, als welche sich die vandalische Kirche bis dato präsentiert hat.

stellung vom Urheber des Lichtes und dem leuchtenden Licht, letzteres formuliert mit der Begrifflichkeit aus dem vorher zitierten Vers Joh 1,5. Die Konstruktion schließt mit der Aussage des nicht gleich sein Könnens, dazwischen steht die Begründung dieses nicht gleich sein Könnens. Auch diese operiert mit Gegenüberstellungen und Gegensätzen. In der Sache geht es um die Verhältnisbestimmung von Vater und Sohn, zentral hierbei ist der Begriff *factus* und seine Opposition *non factus*,[72] was mittels Joh 1,3–4 biblisch begründet wird. Dahinter steht offenbar eine Exegese dieser beiden Verse, die die pronominalen Bestimmungen aus Vers 3 – der im *Liber Fidei Catholicae* nicht mit zitiert,[73] in den *Obiectiones* aber mit in die Argumentation aufgenommen wird – unmittelbar auf *Deum* aus Vers 2 bezieht, eine Zäsur nach *nihil* in Vers 3 macht und dann das in Vers 4 mit dem Licht der Menschen identifizierte Leben als *factum* oder – je nachdem worauf man *in ipso* bezieht – als *factum [...] in ipso [Deo]* versteht. Ziel ist es, gegen die behauptete Einheit und Gleichheit von Vater und Sohn die Ungleichheit des gemachten, also geschaffenen Sohnes und des dementgegen nicht gemachten Vaters zu betonen. Das ist als direkte Replik auf die im *Liber Fidei Catholicae* enge Zusammenstellung von 1 Joh 1,5 (*quia deus lux est*) und Joh 1,4 (*Item de filio ait: et uita erat lux hominum*) zur Begründung der Substanzeinheit von Vater und Sohn zu verstehen.[74] Auch dies ist eine Argumentationsstrategie, die der Text nochmals anwenden wird: Widerlegung von durch Schriftzitate begründeten Aussagen des Gegners mittels Ausweitung des Zitats auf umliegende Verse oder Halbverse, die geeignet sind, den Sinn zu verkehren. Das impliziert dann freilich auch den Vorwurf, der Gegner gehe nicht redlich mit der Schrift um oder er verstehe die Schrift schlechterdings nicht, so wie dieser Argumentationsgang auch eingeleitet worden war. Seine Brisanz erhält das Ganze dann dadurch, dass gerade Joh 1,3 einer der zentralen Verse ist, der den Verteidigern der nizänischen Position dazu dient, die Lehre der Geschöpflichkeit des Logos zu widerlegen.[75] Gesteigert wird die Brisanz dadurch, dass die *Obiectiones* durch die so biblisch begründete Geschöpflichkeit des Sohnes ein Argument, das Athanasius in *Ad Afros* 7,2–6[76] gegen die Homöer vorgebracht hatte, nun gegen die Verteidiger der Substanzeinheit selbst wenden können, was hier des-

---

72 Für die – theologisch an sich unstrittige – Aussage *pater non est factus* findet sich keine wörtliche Vergleichsstelle. Von daher ist nicht auszuschließen, dass im Hintergrund von Satz 21 des *Symbolum Quicumque*: *Pater a nullo est factus* (408 Turner) nicht nur die Stelle aus Fulgentius von Ruspes *De Trinitate ad Felicem* 2,2: *Pater a nullo est genitus* (635,79 Fraipont) steht, sondern dass möglicherweise die *Obiectiones* unfreiwillig für die Wortwahl dieses Satzes mit Pate gestanden haben; vgl. hierzu Drecoll (2007) 43.
73 Der *Liber Fidei Catholicae* zitiert im Rahmen der Ausführungen zur Lichtmetapher in Abschnitt 71 aus dem *Johannesevangelium* nur die Verse Joh 1,4–5 und 9, siehe *Liber Fidei Catholicae* 2,71 (54,2–6 P.).
74 *Liber Fidei Catholicae* 2,71 (53,23–54,6 P.).
75 Prägnant etwa bei Athanasius, *Ad Afros* 4,5: πάλιν τε οἱ πατέρες ἐδίαξαν ἐν τῇ Νικαίᾳ μὴ εἶναι κτίσμα ἢ ποίημα τὸν τοῦ θεοῦ λόγον ἀναγνόντες· „πάντα δι' αὐτοῦ ἐγένετο" (178 von Stockhausen), siehe auch den Kommentar (von Stockhausen [2002] 179–180) dazu mit weiteren Vergleichsstellen.
76 Siehe von Stockhausen (2002) 243–257.

wegen möglich ist, weil vom *Liber Fidei Catholicae* her der Begriff der *aequalitas* dem Begriff der Substanzeinheit korreliert. Hatte Athanasius an genannter Stelle aus dem seinen Gegnern in den Mund gelegten Begriff der ὁμοιότης die Widersinnigkeit ihrer Lehre von der Geschöpflichkeit des Sohnes dargelegt, weil das Geschaffene nicht dem Schöpfer gleich sein kann, weil es sich sonst selbst geschaffen hätte, so können die *Obiectiones* nun umgekehrt argumentieren, dass Gemachtes und nicht Gemachtes ja nicht gleich sein können, was impliziert, dass die Rede von der Gleichheit und ergo der Substanzeinheit unsinnig ist. Das ist gleichzeitig die Umkehrung der Argumentation der Sätze 11 und 12: Wurde dort gesagt, dass Gleichheit von Vater und Sohn zur widersinnigen Folge habe, dass ungezeugt und gezeugt als gleich zu denken wäre, wird hier gesagt, dass deswegen, weil der Sohn gemacht, der Vater aber nicht gemacht ist, sinnigerweise nicht von Gleichheit gesprochen werden kann.

Wiederum wird der oben schon genannte Subordinatianismus überdeutlich, der den Sohn als Geschöpf versteht, was jeden Gedanken von Gleichheit ausschließt und sich positiv durch den Begriff *alius* aussagen lässt.

16–20: Dieser Begriff *alius* ist dann auch der zentrale Stichwortbezug zum folgenden Abschnitt 16–20, der durch eine kleine Zäsur vom bisherigen abgesetzt ist, inhaltlich aber eng verbunden bleibt. Sprachlich wird die Zäsur markiert, indem der Text mit der Rede in der 1. Pers. Pl. einsetzt und aussagt, es werde jetzt erst einmal Überflüssiges weggelassen (16). Das bestätigt umgekehrt den Befund, dass der Text bis hierher eng am *Liber Fidei Catholicae* entlanggegangen ist. Bei genauerem Hinschauen zeigt sich aber, dass es nicht sehr viele Überlegungen sind, die ausgelassen werden, da nachher der Faden des *Liber Fidei Catholicae* schon in Abschnitt 2,72 wieder aufgegriffen wird (dazu s.u. S. 244–246) und auch der Abschnitt 2,71 weiterhin präsent bleibt. Konkret sind die Ausführungen zum Zitat Hebr 1,3 in Abschnitt 2,71 gemeint,[77] und zwar diejenigen, welche die Substanzeinheit nochmals aus dem Begriff des Glanzes heraus begründen, auf die der Text nicht näher eingeht.[78] Er setzt aber nun die im vorherigen Abschnitt begonnene neue Argumentationsstrategie fort, die eigene Position in den Fokus zu rücken mit eher punktuellem Bezug zum *Liber Fidei Catholicae*, der nurmehr als negative Folie hierfür dient, was diesen und den folgenden Abschnitt als eine Art Exkurs im Durchgang durch die Kapitel 2,66–74 des *Liber Fidei Catholicae* erscheinen

---

[77] *Liber Fidei Catholicae* 2,71 (54,9–18 P.).
[78] Das ist insofern sehr bedauerlich, als es schon sehr instruktiv gewesen wäre, zu erfahren, wie die *Obiectiones* mit dem in der lateinischen Übersetzung dieses Verses parallel verwendeten Begriff der *figura substantiae* umgehen, zumal Hebr 1,3 von Anfang an ein im Zusammenhang der nizänischen Debatten angeführter Vers war, so etwa schon im *Schreiben der Synode von Antiochien 325* (= Urkunde 18) 11 (39,7–13 Opitz), später etwa bei Athanasius, *Ad Afros* 4,3 und 5,4 (169; 191 vSt.). Möglicherweise gehen sie deshalb nicht darauf ein, weil der Begriff der *figura* im *Liber Fidei Catholicae* überhaupt nicht thematisiert wird, sondern der Vers im Grunde nur als Variante der Lichtmetaphorik verwendet wird; lediglich *coaeternus* wird als neuer Gedanke in diesem Kontext eingeführt, aber im Weiteren auch nicht näher entfaltet.

lässt. Dazu führt der Text zuerst den neuen Begriff des Abstandes (*distantia*) ein, der zwischen Vater und Sohn bestehe, mit dem er den Begriff des Unterschieds (*differentia*) verbindet. Beide stammen nicht aus dem *Liber Fidei Catholicae*, werden aber als Negationen aus der mehrfachen Behauptung in Abschnitt 2,71, es gebe weder Verschiedenheit noch Trennung, abgeleitet. Daraus wird auch der weiterhin vorhandene Bezug zum *Liber Fidei Catholicae* und speziell zu Abschnitt 2,71 ersichtlich, insofern der Konjunktiv Präsens *sit* wie oben (S. 235) das Referat dieser homousianischen Gegenposition kenntlich macht (17).[79] So sind beide Begriffe aber auch als negative Stichwortverknüpfung zum Begriff der *aequalitas* der beiden vorangehenden Abschnitte der *Obiectiones* zu sehen. Mit diesem haben sie gemeinsam, der Sache nach, aber nicht wörtlich, sondern in eigener Begrifflichkeit auf die Aussagen des *Liber Fidei Catholicae* einzugehen.[80]

Aus dem behaupteten Abstand und gegen die paraphrasierte Einheitsposition der homousianischen Seite begründen die *Obiectiones* die anschließend zitierten Aussagen Jesu aus Joh 5,32[81] und Joh 14,16[82] (18). Ihr Bezug zum *Liber Fidei Catholicae* ist dabei intrigant: Die *Obiectiones* nutzen zur Darstellung ihrer Position gleichsam eine

---

79 Vgl. *Liber Fidei Catholicae* 2,71: *unius* [...] *substantiae* (54,6–7 P.); *diuersa non potest esse substantia* (54,6–7 P.); *numquam est separatus* (54,15 P.); *numquam potest esse diuersus* (54,16 P.); *inseparabilis propter claritudinis unitatem* (54,18 P.). – Auf diese Aspekte bezieht sich also die Aussage, es sei nur darauf geantwortet worden, wozu es einer Erklärung bedurft hätte.

80 Auch an diesem Punkt zeigt sich die Kenntnis der trinitarischen Debatten. Aus der Fülle an Beispielen, in denen die Frage nach *distantia* und/oder *differentia* zwischen Vater und Sohn thematisiert wird, seien aus dem lateinischsprachigen Diskurs hier einige wenige angeführt: *Sermo Arrianorum* 27 (169,127–130 H.): *Ergo haec* [i.e. die dreifache Abstufung innerhalb der Trinität, was Rang, Herkunft und Verehrung angeht] *trium substantiarum, Patris et Filii et Spiritus sancti distinctio, et trium rerum, Dei ingeniti et Dei unigeniti et Spiritus aduocati differentia*; vgl. dagegen die pointierte Zuspitzung im *Liber Fidei Catholicae* 2,56 (46,21–47,4 P.): *Sed ingenitum patrem et de patre genitum filium et de patre procedentem spiritum sanctum unius credimus esse substantiae uel essentiae, quia ingeniti patris et geniti filii et procedentis spiritus sancti una est deitas*; und vgl. die Antwort Augustins, *Contra sermonem Arrianorum* 29,27 (239,34–240,7 Hombert): *Sed aequalitatem suam nulli dedit nisi Filio qui natus est de illo, et Spiritui sancto qui procedit de illo. Quae cum ita sint, non est ista, quam uolunt isti, differentia Trinitatis, quia indifferens in Trinitate natura, indifferens in Trinitate potentia est*; weitere Vergleichsstellen: *Scolia Arriana in concilium Aquileiense* 27 (161,27–30 G.): *ostendit differentiam esse diuinitatis patris et fili, dei ingeniti et dei unigeniti*; Ambrosius, *De incarnationis dominicae sacramentum* 9,95 (270,52–61 F.): *Sed tamen quemadmodum uultis, inaestimabilis sit huius praerogatiua sermonis, quae non auctoritate aliqua designatur, sed uestro aestimatur arbitrio. Quo igitur hoc proficit, ut ex uerbo uelitis facere inter patrem et filium distantiam naturae, distantiam potestatis?* „*Ingenitus*", inquit, „*et genitus non possunt unius esse naturae adque substantiae*", *aut quemadmodum interdum dicunt:* „*Inoperatus et factus non sunt unius naturae.*" *Neque enim discretionem faciunt ingeniti et inoperati, neque distantiam uolunt esse inter genitum uel creatum, modo ut creaturam filium dicant*.

81 Joh 5,32, Wortlaut der *Vulgata*: *Alius est qui testimonium perhibet de me et scio quia uerum est testimonium quod perhibet de me*.

82 Joh 14,16, Wortlaut der *Vulgata*: *et alium paracletum dabit* [i.e. Pater] *uobis*; vgl. Joh, 14,26: *Paracletus autem Spiritus Sanctus, quem mittet Pater in nomine meo*. Vgl. *Liber Fidei Catholicae* 2,93 (66,19 P.): *Alterum paracletum mittet uobis pater*. An dieser Stelle geht es allerdings darum, dass die Qualifizierung als *paracletus* sowohl den Heiligen Geist, als auch Christus als auch den Vater betrifft.

Steilvorlage, die der *Liber Fidei Catholicae* ihnen bietet. Abschnitt 2,72 beginnt nach der Darlegung der Substanzeinheit in den beiden vorangegangenen Abschnitten mit der Bekenntnisformulierung *profitemur, filium de patris substantia natum*,[83] und dieses *natum* soll nun noch aus der heiligen Schrift erwiesen und erläutert werden, *sicut ipse pater deus apertissimum perhibet testimonium*.[84] Das zielt auf den im Rahmen des trinitarischen Diskurses oft verwendeten Vers Ps 109,3, den der *Liber Fidei Catholicae* nun als Schriftzeugnis für diese Aussage der Geburt aus des Vaters Substanz erläutern möchte, was sich zugleich gegen eine Verwendung dieses Psalmverses durch die homöische Partei zur Untermauerung von deren Position richtet.[85] Daran sind die *Obiectiones* aber vorerst nicht interessiert, sondern gehen hierauf erst im Abschnitt 24–26 ein (dazu s.u. S. 244–246). Sie greifen dagegen die mit den Stichworten *perhibet testimonium* gegebene Assonanz an Joh 5,32 auf und haben damit eine der anderen zentralen Bibelstellen an der Hand, die geeignet sind, die homöische Position aus der Schrift zu begründen. Es ist davon auszugehen, dass den Bekennern des *Liber Fidei Catholicae* diese Assonanz wohl bewusst war, dass sie aber damit natürlich die gegenteilige Intention verfolgen, sicherlich mit derselben Nebenabsicht wie beim Psalmzitat, auch diesen im homöischen Diskurs verwendeten Vers durch die Assonanz in ihrem Sinne dienstbar zu machen: Der Vater selbst bezeugt die Geburt aus seiner Substanz in der heiligen Schrift. Die *Obiectiones* nutzen dagegen die Assonanz in einstweiliger demonstrativer Missachtung dieser Aussageintention für ihre eigene Argumentation. Genau diesen argumentativen Kniff, Stichworte aus dem Zusammenhang aufzugreifen, um sie mit einer völlig anderen als der intendierten Aussageintention für die eigene Argumentation zu verwenden, hatte Fulgentius, wie ausgeführt, wiederum gleich zu Beginn seiner Antworten auf die Stichworte *uocabula diuersa* angewandt (s.o. S. 230–231).

Die beiden Zitate aus dem Johannesevangelium nun, auf die die *Obiectiones* von den Stichworten *perhibet testimonium* her lenken, sind Belegstellen aus der Heiligen Schrift für den im vorigen Abschnitt schon eingeführten Begriff *alius*: „Ein anderer" ist der, der von Christus zeugt, also der Vater, und „ein anderer" ist der, der als Paraklet gesendet wird, also der Heilige Geist (19). Mit diesem Begriff und seiner Fundierung in der heiligen Schrift sind für die *Obiectiones* offenbar alle anderslautenden Aussagen von Gleichheit oder Substanzeinheit widerlegt, und auch das zeigt den oder die Verfasser als Autoren, die eng mit dem entsprechenden Diskurs verbunden sind.[86] War es

---

83 *Liber Fidei Catholicae* 2,72 (54,19–20 P.).
84 *Liber Fidei Catholicae* 2,72 (54,20–21 P.).
85 Als Vergleichsstelle hierfür siehe unten S. 245, Anm. 91.
86 Als besonders instruktiv ist hier ein weiteres Mal Vigilius von Thapsus' *Contra Arrianos Sabellianos Fotinianos dialogus* 2,3 (308,15–20 H.) zu nennen, wo sich zeigt, dass der Begriff *alius* im Diskurs engstens mit der in der Proposition zitierten Formel des *Liber Fidei Catholicae* 2,66 (51,18–19 P.) verbunden ist, die dann wiederum Athanasius selbst in den Mund gelegt wird: *Arrius dixit: Alius alium genuit. Athanasius dixit: Et nos confitemur quia alius alium genuit, id est Pater Filium genuit. Sed si de seipso, id est de id quod ipse est et hoc quod ipse est, genuit, quia alterius substantiae uel diuersi generis*

im Blick auf die Lehre der Geburt aus dem Vater so, dass sie neben aus ihr abgeleiteten Aporien hauptsächlich *ex negativo* aus der Schrift widerlegt wurde, ist es hier so, dass die Schrift positiv zum Zeugen gegen Gleichheit und Einheit gemacht wird. Damit sind wir hier gleichsam auf einem ersten Gipfel der Widerlegung des homousianischen Glaubens angelangt, was die sich hieran schließende Polemik sehr deutlich zeigt:

Sie setzt mit dem nun schon mehrfach explizit gemachten Vorwurf ein, die göttlichen Gesetze und Geheimnisse würden missachtet, die Gegenposition sei also nicht schriftgemäß (20). Dadurch wird deutlich, dass wohl verstanden wurde, dass die Bekenner des *Liber Fidei Catholicae* Bibelverse für ihre Argumentation verwenden, die auch die homöische Seite für ihre Argumentation benutzt. Aber die *Obiectiones* erachten diese Verwendung für nicht redlich oder falsch. Ähnlich wie schon im Falle von Joh 1,4 (dazu s.o. S. 239), wo in den *Obiectiones* das Zitat um das Ende von Vers 3 erweitert wird, um es durch das Stichwort *factus* in homöischer Aussageintention umzuwenden, wird hier die Assonanz auf den ganzen Vers erweitert, um das für die homöische Position wichtige Stichwort *alius* biblisch bezeugt zu erweisen, das vom *Liber Fidei Catholicae* gleichsam verschwiegen wird. Ein solcher Umgang mit der Schrift führe für die *Obiectiones* zwangsläufig zu Heidentum und Häresie. Der Text hätte kaum tiefer in die Kiste polemischer Vorwürfe greifen können, einzig der Teufel wird aus dem Spiel gelassen. Inhaltlich fasst er die Verkehrung der Schrift mit dem Begriff *homousios*, den der *Liber Fidei Catholicae* selbst am Anfang als Fachterminus für die Substanzeinheit von Vater und Sohn einführt.[87] Gegen die dortige Erklärung, er sei als Gegenbegriff gegen die neue, falsche Lehre eingeführt worden, womit natürlich die von Arius ausgehende homöische Lehre gemeint ist, bezeichnen die *Obiectiones* diesen Begriff als heidnisch und sogar vorchristlich. Eine größere Distanz zur Schrift in christlichem Verständnis und zur christlichen Lehre überhaupt lässt sich kaum formulieren, und es ist belanglos, ob hier tatsächlich von einer vorchristlichen Be-

---

Filius esse non poterit, ac sic unius atque eiusdem cum Patre substantiae erit.
Als weitere Vergleichsstellen der homöischen Literatur zum Begriff *alius* und seiner Verwendung gegen den nizänischen Glauben siehe bspw. Sermo Arrianorum 31 (170,152–171,155 H.; dort weitere Vergleichsstellen im Similien-Apparat): *Alium esse a Filio et natura et ordine, gradu et adfectu, dignitate et potestate, uirtute et operatione, sicuti et Filius natura et ordine, gradu et adfectu, diuina dignitate et potestate, unigenitus Deus alius est ab ingenito*; es ist nicht überraschend, dass sich unmittelbar anschließend dort auch eine ganz ähnliche Anspielung auf Joh 5,32 findet: Sermo Arrianorum 32 (171,156–158 H.): *Impossibile ergo est unum eundemque esse Patrem et Filium, generantem et nascentem, cui testimonium perhibetur et eum qui testimonium perhibet*; siehe auch Maximinus in Augustins Conlatio cum Maximino 13 (405,90–93 Hombert): *Iam ut superius reddidimus rationem, alterum esse Patrem, et non ipsum Filium, ipse nos instruit Saluator dicendo: Si ergo testimonium dico de me, testimonium meum non est uerum; alius est qui testificatur de me*; Conlatio cum Maximino 15,22 (457,645–646 H.): [*Filius, quod erit in patre*] *Ita tamen ut Filius, ut alius a Patre*.
[87] *Liber Fidei Catholicae* 2,56 (46,12–14 P.): *Primum igitur de unitate substantiae patris et filii, quod Graeci omousion dicunt, exponendum nobis esse cognoscimus*; 2,57 (47,8–11 P.): *ad [...] impietatis professionem, quae contra fidem emerserat, refellendam et penitus abolendam omousion sermo Graecus positus est, quod interpretatur unius substantiae uel essentiae*; 2,57 (47,14–15 P.): *Sed si ex nihilo non est, ex patre sine dubio est et recte omousion, id est unius cum patre substantiae, filius est*.

griffsgeschichte ausgegangen wird oder nicht; die Aussageabsicht ist so oder so deutlich. Daran knüpft der Text unmittelbar auch die Häresie der Lehre an, Vater, Sohn und Heiliger Geist seien ein Gott.[88] Es ist also ein Rundumschlag, der nicht nur den traktierten Ausschnitt, sondern die ganze Lehre des *Liber Fidei Catholicae* einschließlich der Pneumatologie betrifft, zu dem der Text hier von den Stichworten *perhibet testimonium* ausgehend ausholt. Daran wird ersichtlich, dass durchaus der ganze Text des *Liber Fidei Catholicae* im Blick ist, auch wenn in diesen *Obiectiones* hauptsächlich nur ein Ausschnitt abgehandelt wird.

21–23: Dieser fundamentalen inhaltlichen Kritik folgt ein ebenso fundamentaler pragmatischer Einwand, der freilich die inhaltliche Kritik mit impliziert und noch mit weiteren, im Kontext religiöser Praxis stehenden Formulierungen entfaltet: Frevel und Blasphemie können niemals dienlich sein, wenn man versuchen möchte, die heilsamen Gebote zu befolgen, denn mit einer falschen Lehre könne Gott nicht verehrt werden, es werde ihm im Gegenteil Unrecht damit getan (21); und wie die Menschen Unrecht nicht dulden, werde Gott dies noch weniger tun (22). Das Stichwort *iniuria* ist hierbei ein verbindendes Stichwort zu den nicht beachteten *diuina iura* des vorangehenden Abschnitts. Zugleich ist ein soteriologischer Aspekt der richtigen Verehrung impliziert, der in den Formulierungen *salutaria praecepta*, *prodeis* und *tolerari ab Domino* durchscheint. Dem folgt ein Zitat aus Jes 29,13, das der Text auf die homousianische Seite als Ungläubige anwendet: Das Volk ehrt Gott mit den Lippen, aber ihr Herz ist weit entfernt von ihm. Das wirkt auf den ersten Blick nicht ganz passend, da es in dem Zitat um die Diskrepanz zwischen religiösem Sein und Schein und nicht um eine falsche Gottesverehrung aufgrund falscher Lehre geht. Aber genau betrachtet trifft es dennoch sehr exakt die Vorwürfe, die der Text seinen Gegnern schon von der Gegenproposition (s. o. S. 228–232) her macht: Nach außen hin geben sie sich den Anschein der Rechtgläubigkeit, verwenden Bibelverse und alternative Formulierungen für ihre dogmatischen Aussagen, aber sie verdrehen bzw. verkürzen die Bibelverse nach ihrem Interesse und hinter ihren Formulierungen steckt genau dieselbe Häresie, die sie selbst ablehnen, wenn sie mit anderen Worten ausgedrückt wird (23).

24–26: Nach diesem von zwei radikal umgedeuteten Stichworten aus dem *Liber Fidei Catholicae* ausgehenden Exkurs, der die eigene homöische Position prägnant auf den Punkt gebracht, die katholische Position als heidnisch und häretisch gebrandmarkt und auf die pragmatischen Konsequenzen verwiesen hat, kommen die *Obiectiones* wieder zurück auf die Argumentation des *Liber Fidei Catholicae* und dadurch nochmals zurück auf das Thema der Zeugung, das im ersten Argumentationsgang schon verhandelt worden war (3–13). Hier liegt der Fokus nun im Unterschied zum ersten Teil auf der Darstellung und Begründung der eigenen homöischen Position. Dazu wird

---

88 Vgl. *Liber Fidei Catholicae* 2,56 (46,14–15 P.): *Patrem ergo et filium et spiritum sanctum* [...] *in unitate deitatis pofitemur*; 2,76 (56,22–23 P.): *sed unum deum in praedictis personis ac nominibus confitemur*.

das Zitat aus Ps 109,3 *ex utero ante luciferum genui te* aufgegriffen, das der *Liber Fidei Catholicae* verwendet, um die Aussage, der Sohn sei aus des Vaters Substanz geboren, als schriftgemäß zu erweisen. Die *Obiectiones* drehen dies nun genau um und verwenden diesen gleichsam nizänisch vereinnahmten Vers[89] als Argument für die homöische Position. Das Ringen um die Deutungshoheit über die Schrift, wie es schon anhand der Verse Jes 53,8; Joh 1,3–4 oder Joh 5,32 beobachtet werden konnte, wird an dieser Stelle nochmals sehr deutlich und kommt hier zum zweiten antinizänischen Höhepunkt.

Schon der *Liber Fidei Catholicae* hatte von vornherein und gegen jede andere Lesart vorbeugend so auf das Zitat hingeführt, dass es mithilfe der Begrifflichkeit irdischer Geburt zur göttlichen Zeugung führen möchte, vom Sichtbaren zum Unsichtbaren, um die Unwissenheit der menschlichen Gebrechlichkeit zu unterweisen; im weiteren Verlauf betont er, dieses körperliche Beispiel sei gewählt, weil der Geist anders nicht die Wahrheit der göttlichen Geburt erfassen könne. Prägnant wird es auf den Punkt gebracht im Oxymoron des Mutterleibs des Vaters, der die Geburt aus der göttlichen Substanz erweist.[90] Dem halten die *Obiectiones* die homöische Lesart dieses Psalmverses entgegen,[91] die ihn allein auf die fleischliche Geburt beziehen, und wiederum ist es so, dass der Text hier zur Begründung seiner Position den vom *Liber Fidei Catholicae* ausgesparten Mikrokontext dieses Verses hinzuzieht, um von hier aus dann den Vers in seinem Sinne interpretieren zu können.[92] Der Schlüssel zum richtigen Verständnis der vom *Liber Fidei Catholicae* zitierten Phrase steckt für die *Obiectiones*

---

89 So etwa bei Athanasius, *De decretis Nicaenae synodi* 13,5 (11,32–12,3 Opitz); 21,4 (18,11–20 O.); 35,12 (33,7–8 O.) oder auch in der Auslegung Augustins zu Psalm 109, *Enarratio in Psalmum* 109,16 (1616,6–8 Dekkers/Fraipont): *Quid est: Ex utero? Ex secreto, ex occulto; de meipso, de substantia mea; hoc est, Ex utero; quia, Generationem eius quis enarrabit?*

90 *Liber Fidei Catholicae* 2,72 (54,21–24 P.): *Qui ut de sua ineffabilis naturae substantia proprium filium genuisse monstraret, ad instruendam fragilitatis nostrae imperitiam, ut nos ex uisibilibus ad inuisibilia erigeret, terrenae natiuitatis uocabulum ad diuinae generationis traxit exemplum dicens: ex utero ante luciferum genui te.* Ibid. (55,5–9 P.): *Sed quia nos aliter ueritatem diuinae generationis auditu mentis percipere non possemus, nisi humani uteri prouocaremur uocabulo, ut ambigi ultra non possit, de dei substantia natum esse, quem constat de patris utero extitisse.* Das Oxymoron des *patris uterus* begegnet auch andernorts, etwa Ambrosius, *De incarnationis dominicae sacramento* 2,13 (229,43–230,45 F.): *Caueamus, ne a sinu patris et quodam utero paternae [...] substantiam unigeniti fili separemus.* Direkt zu Ps 109,3 siehe Augustinus, *Contra Maximinum* 1,7 (508,24–509,32 H.): *Cur autem in eo loco posueris psalmi alterius testimonium [...] omnino non uideo. Non enim Filii persona est dicentis ex utero tuo, aut de uentre tuo, Deus meus es tu. Illa ineffabilis generatio etiam si ex utero Patris accipitur, hoc significatum est, quia de ipso, hoc est, de substantia sua Deus Deum genuit, sicut ex utero matris quando natus est, homo hominem genuit.* Vgl. in diesem Sinne auch 2,17,1 (608–609 H.), wo auch sonst deutliche Bezüge zu Abschnitt 2,72 des *Liber Fidei Catholicae* zu finden sind. Siehe ferner hierzu die Ausführungen in *Enarratio in Psalmum* 109,16 (1615–1616 D./F.), wo Augustinus ebenfalls den Vers Jes 53,8 zitiert.

91 Dazu siehe bspw. Maximinus in Augustins *Conlatio cum Maximino* 15,18 (450,519–522 H.): *Quid, si audieris Patrem dicentem: Tecum principium in die uirtutis tuae, in splendoribus sanctorum; ex utero ante luciferum genui te? Ex uentre matris, quod nec iudaei diffidunt, natum profiteris secundum carnem.*

92 Ps 109,3 in der Fassung der *Vulgata* nach der *Septuaginta* lautet: *Tecum principium in die uirtutis tuae, in splendoribus sanctorum ex utero ante luciferum genui te.*

im vorangehenden Halbvers (24). Den dort erwähnten „Glanz der Heiligen" beziehen sie in durchaus origineller Exegese auf prophetische Weissagungen, die schon erfüllt sind, um diese fleischliche Geburt zu offenbaren (25).[93] Die *Obiectiones* konkretisieren diese Weissagungen mit einer Anspielung über das Stichwort der Jungfrauengeburt auf Jes 7,14, so dass sie schlussfolgern können, dass die in Ps 109,3 implizierte Geburt allein die sein könne, die in der Schrift bezeugt ist, womit sie auf die Geburtsgeschichten am Anfang des *Matthäus-* und *Lukasevangeliums* zielen, also auf die menschlich-fleischliche Geburt Christi und ihre Implikationen (26).[94] Das ist zugleich als Widerlegung der Aussage von der Geburt aus dem Vater zu verstehen, so dass sich hier wiederum ein Bezug zur Proposition und Gegenproposition ergibt und der Eindruck einer Inklusio entsteht.

27–28: Der nun anschließende Satz scheint daher eine große Zäsur hin zum Schlusspunkt zu markieren, auch, da der Text den Kontext der Zeugung und Geburt zu verlassen und zu einer allgemeinen Kritik an der katholischen Trinitätslehre überzugehen scheint. Das ist insofern nicht ganz falsch, als diese dann in Satz 29 tatsächlich noch folgt. Von daher kommt den Sätzen 27–28 eine Art Scharnierfunktion zu. Sie sind aber inhaltlich dennoch sehr eng mit dem Thema der Zeugung und Geburt verbunden, so dass hier lediglich eine kleine Zwischenzäsur zu vermerken ist. Der Satz 28 ist nämlich ohne den Bezug auf die vorangegangene Exegese nicht richtig verständlich, und es findet hier im Grunde eine ganz ähnliche Denkbewegung statt wie im Exkurs vom Abschnitt 16–20 zu Abschnitt 21–23: Wurden dort nach der dogmatischen Entfaltung und einer anschließenden Polemik gegen die katholische Position die Konsequenzen aus dieser häretischen Lehre für die religiöse Praxis aufgezeigt, werden hier nach einer Polemik die Konsequenzen für die Soteriologie angesprochen und die Argumentation kommt erst damit zu ihrem eigentlichen Ziel, wie gleich zu zeigen sein wird. Soteriologische Implikationen waren dabei wie oben kurz ausgeführt (S. 244) auch schon im Abschnitt 21–23 angeklungen.

Eingeleitet wird die Argumentation hier nun mit einer polemischen Äußerung, die auf die Konklusio der katholischen Gegenposition am Ende von Abschnitt 2,74 des *Liber Fidei Catholicae* zielt (27). Dort werden die gesamten Ausführungen ab Abschnitt 66 zum Verhältnis von Vater und Sohn zusammengefasst in der Aussage: *Haec*

---

[93] Für eine derartige Deutung ließ sich keine weitere Vergleichsstelle im sonstigen trinitarischen Diskurs finden.

[94] Auch für den Bezug der Zeugung *ex utero* aus Ps 109,3 zur Jungfrauengeburt im Sinne der *Obiectiones* lässt sich kein positiver Beleg finden, lediglich negativ bei Augustinus, *Enarratio in Psalmum* 92,6 (1296,49–1297,52 Dekkers/Fraipont): *Quomodo ergo cum dixisset: Ex utero, ueluti praecauens fidei nostrae, ne inde putaremus coepisse Christum ex quo ex utero uirginis natus est, subiecit statim: Ante luciferum genui te.* Zwar bietet Augustinus später in der *Enarratio* zu Psalm 109 selbst auch die Deutung auf die Jungfrauengeburt, aber nur dann, wenn man David statt Gott Vater als Subjekt der Aussage annimmt, siehe *Enarratio in Psalmum* 109,16 (1616,22–41 D./F.), vgl. so Augustin folgend auch Prosper von Aquitanien, *Expositio Psalmorum* zu Ps 109,3 (61,80–98 Callens).

de patris et fili aequalitate uel de substantiae unitate [...] *dixisse sufficiat.*⁹⁵ Vorangegangen war in Abschnitt 2,73 und 74 der Ausschluss von möglichen Missverständnissen aus den Aussagen des Abschnitts 2,72; mit Abschnitt 2,72 selbst und den vorangehenden Abschnitten hängt diese Konklusio über den Begriff der Substanzeinheit zusammen, insofern diese von Abschnitt 2,66 her immer Implikat der Geburt aus dem Vater ist,⁹⁶ was in Abschnitt 2,72 dann schließlich mittels des Psalmzitats 109,3 als schriftgemäß bzw. vom Vater selbst bezeugt erwiesen worden war. Die *Obiectiones* zeigen also in ihrem Rückverweis, dass sie dem *Liber Fidei Catholicae* bis zum summarischen Abschluss dessen das Verhältnis von Vater und Sohn betreffenden Ausführungen ab Abschnitt 2,66 gefolgt sind. Durch die Nebenbemerkung *aliquando tres unus* eröffnen sie zugleich den Horizont auf die daran anschließende zweite Hälfte des *Liber Fidei Catholicae*, die noch den Heiligen Geist und sein Verhältnis zu Vater und Sohn thematisiert.⁹⁷ Diese die Einheit der Personen aussagende Position des *Liber Fidei Catholicae* tadeln sie in herablassender Weise einmal mehr als Selbsttäuschung und Mangel an Verstand ab. Das ist in einer Linie zu sehen mit der Polemik im Abschnitt 12–13. Beide Abschnitte decken sich einerseits inhaltlich bis in die Wortwahl, stehen aber auch strukturell parallel, da in beiden Fällen damit ein Argumentationsgang der beiden Teile der *Obiectiones* abgeschlossen wird, dort der auf die Proposition und Gegenproposition bezogene und den *Liber Fidei Catholicae* entlanggehende, hier der am Ende der Darlegungen zur eigenen homöischen Position stehende und inkludierend auf das Thema Zeugung/Geburt bezogene. Das zeigt sich nun insbesondere im anschließenden Satz 28, dessen Sinn sich erst durch den vorangehenden Kontext der fleischlichen Geburt und die Anspielung auf Jes 7,14 und damit auch der Geburtsgeschichten des *Matthäus-* und *Lukasevangeliums* erschließt. Er ist die Begründung für die Behauptung der Unsinnigkeit der Rede von der Einheit der zwei

---

95 *Liber Fidei Catholicae* 2,74 (56,10–12 P.). Generell wird die Einheit von Vater und Sohn im *Liber Fidei Catholicae* fast immer nur als Einheit der Substanz ausgesagt, so *Liber Fidei Catholicae* 2,57 (47,15 P.): *unius cum patre substantiae, filius est*; 2,60 (48,21–22 P.): *patris et filii substantiae unitas*; 2,69 (53,2–3 P.): *Si uere de patre natus est, unius substantiae est et uerus filius est*; (53,8–9 P.): *nos enim unius substantiae cum patre filium profitemur*; 2,70 (53,21 P.): *apparet una esse gignentis genitique substantia*; 2,71 (54,6–7 P.): *apparet patrem et filium unius esse substantiae*; weitere Formulierungen der Einheit von Vater und Sohn: 2,60 (49,5–6 P.): *paternae unitatis* [...] *adsertio*; 2,71 (54,18 P.): *inseparabilis propter claritudinis unitatem*.
96 *Liber Fidei Catholicae* 2,66 (51,21–23 P.): *Et qui de deo natus est, non aliud est quam id quod pater est, et idcirco unius substantiae est, quia ueritas natiuitatis diuersitatem non admittit generis*.
97 Auch die Behauptung der Einheit von Vater, Sohn und heiligem Geist wird im *Liber Fidei Catholicae* mehrfach als Einheit der Substanz ausgesagt: 2,77 (57,13–14 P.): *patrem et filium et spiritum sanctum unius docebimus esse substantiae*; 2,79 (58,22–59,1 P.): *apertius in hac trinitate unitatem substantiae fateamur*; hier finden sich aber auch andere Formulierungen der Einheit: 2,78 (58,6 P.): *sacramentum unitatis*; 2,80 (59,20–21 P.): *trinitatis unitatem*; 2,82 (60,18–19 P.): *unius diuinitatis esse cum patre et filio spiritum sanctum doceamus*; dazu das Zitat 1 Joh 5,7, das die wörtliche Vorlage für die Polemik der *Obiectiones* bietet, 2,82 (60,20–22 P.): *tres sunt qui testimonium perhibent in caelo, pater, uerbum et spiritus sanctus, et hi tres unum sunt*; 2,83 (61,1–3 P.): *sanctus spiritus cum patre et filio una diuinitas* [*demonstretur*]. Siehe auch die Anm. 99 angeführten Stellen.

oder drei Personen in Satz 27 und macht sich fest am *munus beneficii*, also an der Funktion des Erlösers, die eben nur einem, dem Sohn, zukomme, nicht auch den anderen beiden (Personen). Dass dies hier gemeint ist, erschließt sich nämlich eben erst aus der vorangegangenen Exegese und ihrer impliziten Verweise durch das Stichwort der Jungfrauengeburt über Jes 7,14 auf Mt 1,21,[98] wo – *ut scriptura memorat* – im unmittelbaren Zusammenhang seiner irdischen Geburt das Erlösungswerk Christi steht. Und genau dieses steht für die *Obiectiones* dem Gedanken einer Einheit der zwei oder drei Personen entgegen. Denn wenn auch der Vater hierzu designiert wäre, wäre die zwingende Konsequenz aus der nizänischen Exegese von Ps 109,3 ein Patripassianismus. Es findet sich also hier der dritte implizite Vorwurf sabellianischer Häresie aus dem Gedanken einer Geburt aus dem Vater, hier präzisiert als implizierter Patripassianismus. Und damit erst wird der argumentative Kreis im Sinne einer Inklusio geschlossen, der bei der Gegenproposition damit begonnen hatte, aus der Formulierung *ex Deo natus* mit dem Stichwort *deintra* den Vorwurf sabellianischer Häresie abzuleiten. Von hier aus ging der Text der Argumentation des *Liber Fidei Catholicae* von Abschnitt 2,66 entlang bis zu deren Konklusio in Abschnitt 2,74, um diesen ersten Vorwurf im Licht der eigenen homöischen Position zuzuspitzen auf den Vorwurf eines implizierten Patripassianismus.

29: Was folgt, ist ein allgemeiner polemischer Rundumschlag, der das Bekenntnis des ganzen *Liber Fidei Catholicae* als unsinnig, widersprüchlich und inkonsistent zu verurteilen sucht. Deswegen mäandert dieser Satz auch immer hin und her zwischen Einerseits und Andererseits, bis er in einer letzten polemischen Spitze ausklingt.

Der Satz beginnt programmatisch mit dem Schlagwort *ludibrium* und zielt damit auf einen Glauben, der dafür hält, dass ein Gott aus drei Teilen bestehen könne. Das wird dahingehend gesteigert, dass noch schlimmer sei, dies als zwingenden Glaubensinhalt auszusagen[99] und gleichzeitig zu verneinen, dass diese drei Teile miteinander identisch seien. Das wird mittels des Begriffs des *ipse esse* formuliert.[100]

---

98 Mt 1,21, Wortlaut der *Vulgata: Pariet autem filium et vocabis nomen eius Iesum ipse enim saluum faciet populum suum a peccatis eorum.*
99 *Liber Fidei Catholicae* 2,76 (56,21–23 P.): *Idcirco deos nec aestimari patimur nec uocari, sed unum deum in praedictis personis ac nominibus confitemur*; ibid. (57,3–5 P.): *Una est ergo trinitatis deitas et in huius uocabuli appellatione significatio est unius substantiae, non unius personae*; vgl. 2,79 (59,10–11 P.): *Et necesse est ut creationis totius auctor deus unus sit*; programmatisch zu Beginn des *Liber Fidei Catholicae* 2,56 (46,21–47,4 P.): *Sed ingenitum patrem et de patre genitum filium et de patre procedentem spiritum sanctum unius credimus esse substantiae uel essentiae, quia ingeniti patris et geniti filii et procedentis spiritus sancti una est deitas*; vgl. den Beginn des *Nicaeno-Constantinopolitanums: Credimus/Credo in unum deum* (in allen bei Schwartz [1926], 49–69 überlieferten Fassungen).
100 Das entspricht wiederum einer Umschreibung monarchianischer Positionen, die der *Liber Fidei Catholicae* selbst zurückweist, allerdings nicht über das Lexem *ipse*, sondern über *idem*; vgl. *Liber Fidei Catholicae* 2,56 (46,19–21 P.): *Non eundem asserentes patrem quem filium neque filium confitentes qui pater sit aut spiritus sanctus, neque ita spiritum sanctum accipimus ut aut pater sit aut filius*; 2,69 (53,8–12 P.): *Nos […] detestantes Sabellianam heresem, quae ita trinitatem confundit, ut eundem dicat*

Dementsprechend würden zwar einerseits Unterschiede zwischen diesen drei Teilen beziehungsweise Personen gelehrt, andererseits seien sie dann aber hinsichtlich der Ehre und ihrer Verehrung doch unterschiedslos. Dieser Vorwurf erhält seine Fallhöhe dadurch, dass der *Liber Fidei Catholicae* tatsächlich davon spricht, dass die zu verehrende Trinität unterschieden ist nach Personen und Namen, andererseits aber mehr als einmal auf der Einheitlichkeit in der Verehrung der drei Personen insistiert – gegen die homöische Abstufung in der Verehrung, die besonders in den doxologischen Formeln ihren prägnant sprachlichen und liturgischen Niederschlag gefunden hat.[101]

---

esse patrem quem filium eundemque credat esse spiritum sanctum, non seruantes tres in unitate personas. Zur Umschreibung mit *ipse* vergleiche aber etwa Ambrosius, *De fide* 2,10,86 (88,16–17 Faller): *non ut ipse sit pater et filius.*

[101] Für die Unterscheidung der Personen siehe *Liber Fidei Catholicae* 2,75 (56,15–16 P.): *Licet enim haec ueneranda trinitas personis ac nominibus distincta sit*; programmatisch zu Beginn des *Liber Fidei Catholicae* 2,56 (46,16–18 P.): *Patrem in sua proprietatis persona subsistere et filium nihilominus in propria extare persona atque spiritum sanctum personae suae proprietatem retinere fideli confessione fateamur*; und (47,4 P.): *una est deitas, tres uero personarum proprietates.*

Für die Einheit in der Ehre und Verehrung siehe *Liber Fidei Catholicae* 2,80 (59,20–24 P.): *Quam trinitatis unitatem supernae angelorum uirtutes hymno uenerantur, et ter numero „sanctus sanctus sanctus dominus deus sabaoth"* [Jes 6,3] *indesinenti canentes ore in unius fastigium dominationis gloriam eius exaltant*; 2,94 (67,12–13 P.): *trinitatem unius gloriae, operationis ac potentiae manifestant*; 2,96 (68,3–4 P.): *frustra prohibeor eum* [spiritum sanctum] *cum patre et filio uenerari, quem exigor cum patre et filio confiteri*; ibid. (68,6–7 P.): *ingratus sum nimis et impius, si ei cum patre et filio non refero gloriam*; ibid. (68,12–14 P.): *Adorabo ergo patrem, adorabo et filium, adorabo et spiritum sanctum una eademque ueneratione*; 2,98 (69,15–19 P.): *Adoratur autem spiritus sanctus non quasi separatim more gentilium, sicut nec filius separatim adoratur, quia in dextera patris est: sed cum adoramus patrem, credimus nos et filium et spiritum sanctum adorare*; 2,99 (70,7–8 P.): *Quare autem fideles non honorificent integre trinitatem, ad quam se pertinere confidunt*; 2,100 (70,17 P.): *sit una deuotio pietatis*; ibid. (71,1–2 P.): *una est religio, una glorificatio trinitatis*; vgl. dazu die entprechenden Passagen des *Nicaeno-Constantinopolitanums*: *cum patre et filio adorandum et conglorificandum* (50,17–51,18 [*coadorandum*]; 57,14–15; 58,14; 60,12; 61,14–15; 62,21–22 [*glorificandum*]; 63,13 [*coadorandum*]; 67,13 [*glorificandum*] Sch.) bzw. *qui cum patre et filio simul adoratur et glorificatur* (55,13–14; 66,12 Sch.) bzw. *cum patre et filio adorandum* (68,15 Sch.); siehe auch Fulgentius von Ruspe, *Ad Monimum* 2,2,2–3 (34,35–52 F.): *Non est igitur mirum, si illi, quos malitia sua (sicut scriptum est) excaecatos ueritas ipsa (quae lux est uera) deseruit, quorumque squalentem peruersi cordis obtutum tetri erroris obscuritas circumsepsit, inseparabilem Trinitatem, quam substantiali diuersitate disparem praedicare non dubitant, consequenter honorificentiae quoque impari officio impie dissipare contendant.* […] *quomodo in animas suas impie non faciunt, qui Dei unigenitum Filium, Deum scilicet uerum, nec glorificari cum Patre consentiunt, nec uno eodemque sacrificio pariter honorari permittunt?*; und *Ad Monium* 2,5,4–5 (38,222–39,237 F.): *Si qui uero catholici fideles, huius sacramenti nunc usque uidebantur ignari, deinceps scire debent omne cuiuslibet honorificentiae et sacrificii salutaris obsequium, et Patri et Filio et sancto Spiritui, hoc est sanctae Trinitati, ab Ecclesia catholica pariter exhiberi.* […] *Quia dum ad solius Patris personam honoris sermo dirigitur, bene credentis fide tota Trinitas honoratur; et cum ad Patrem litantis destinatur intentio, sacrificii munus omni Trinitati, uno eodemque offertur litantis officio. Nos itaque dum Trinitati, quae unus et uerus Deus est, unum sacrificium offerimus, uanis haereticorum non moueamur obiectis.*

Dagegen siehe bspw. den *Sermo Arrianorum* 28–29 (169,136–137 H.): *Ergo in Spiritu Sancto adoratur Filius. Per Filium glorificatur Pater*; sowie dessen Doxologie am Ende (34 [175,230–233]; dort weitere Vergleichsstellen im Similien-Apparat): *Cui* [Deo] *gloria et honor, laus et gratiarum actio, per unigenitum*

Hieran wird konkret sichtbar, wie sich von der Lehre ausgehend Unterschiede in der religiösen Praxis ergeben, wie es die *Obiectiones* im Exkurs zur homöischen Position und der Darlegung von Konsequenzen für die Gottesverehrung aus der falschen Lehre schon deutlich gemacht hatten (16–20 und 21–23): Falsche Lehre führe also tatsächlich zu falschem Kultus. Der letzte Nebensatz formuliert abschließend nur nochmal neu, was sich als wiederkehrendes Motiv durch die ganzen *Obiectiones* gezogen hatte: Einen dreifältigen Gott zu glauben ist schwachsinnig.

Die ausführliche Darlegung des Argumentationsgangs der *Obiectiones* sei der besseren Nachvollziehbarkeit hier nun noch grafisch dargestellt, mitsamt den wichtigsten Stichwortbezügen innerhalb des Textes und mit Verweis auf die Vorlage des *Liber Fidei Catholicae* 2,66–74 und darüber hinaus (Abb. 1).

2 Schlussfolgerungen und weiterführende Überlegungen

2.1 Die *Obiectiones* als einheitliches, eventuell unvollständiges Dokument

Die genaue Analyse des zusammenhängenden Textes führt deutlich vor Augen, dass hier ein literarisch einheitliches Dokument vorliegt mit klarem und durchgehendem Bezug auf einen vorgängigen Text. Es ist ein zusammenhängendes, argumentativ durchdachtes und fundiert auf den trinitätstheologischen Diskurs bezogenes Zeugnis der homöischen Position zu Fragen der Trinität.

Insbesondere zeigt sich, dass der Text in sehr engen Zusammenhang mit dem *Liber Fidei Catholicae* steht und sich unmittelbar auf diesen bezieht. Im Zentrum stehen hierbei die Abschnitte 2,66–74, die die Zeugung des Sohnes aus dem Vater abhandeln, und an diesen Kapiteln geht die Argumentation entlang, gerade auch, was die argumentative Verwendung von Bibelstellen angeht. So ergibt sich schon aus der Geschlossenheit des Werkes bzw. seines Ausschnittes, auf das sich die *Obiectiones* beziehen, ein Argument für die Geschlossenheit dieses Dokumentes selbst.

Durch die Analyse des Textes konnte zudem deutlich gemacht werden, wie eng auch textimmanent aufeinander bezogen die einzelnen Abschnitte und Sätze dieser *Obiectiones* sind – sei es durch Verkettung mittels Stichwortbezügen, sei es durch wiederkehrende und parallel nebeneinander gestellte argumentative Muster, sei es

---

eius Filium Deum et Saluatorem nostrum, in Spiritus sancto, nunc et per omnia saecula saeculorum. Amen; oder in der *Scolia Arriana in concilium Aquileiense* 32 (163,19–26 G.): *Ergo hi sunt cristiani qui in spiritu et ueritate Cristum adorant et glorificant et per Cristum cum dilectione deo patri gratias agunt*; vgl. ferner dieselbe Abstufungsformel in der *Disputatio Cerealis contra Maximinum* 18 (263,40–41 und 280,416–417 B.).

Abschnitt	Argumentative Funktion	Untergliederung	Wichtigste verbindende Stichwörter	Bezug zum *Liber Fidei Catholicae 2*
Teil 1 (1–13): Widerlegung von Kernaussagen des *Liber Fidei Catholicae* entlang der Kapitel 66–70				
1–2	Proposition			66 (51,18–21 P.)
3–6	Gegenproposition	a) *ex Deo natus = deintra* (4)	• *natus* • *ueritas non profitetur* • *generatio inenarrabilis*	66–68
		b) *uocabula diuersa non prosunt* (5)		
		c) *generatio inenarrabilis* (6)		
7–13	Durchführung der Widerlegungen a) – c)	c) Schriftbelege zur *generatio* (7–10)	• *generatio inenarrabilis* • *irrationabilis*	68
		a) Widerspruch der Geburtsbehauptung zur Unerklärlichkeit (11)	• *irrationabilis* • *natus* • *generatio inenarrabilis*	69 [72 (54,19–20 P.)]
		b) Selbsttäuschung in der Begrifflichkeit (12–13)	• *ueritas non profitetur* • *aequalis*	70 [71;74]
Teil 2 (14–28): Verstärkt Darstellung der homöischen Position anhand einzelner Themen				
14–15	Anknüpfungspunkt: Die Lichtmetapher *de lumine*	Homöische Exegese von Joh 1,3–4: *filius = factus; alius pater et alius filius* (14–15)	• *de lumine* • *alius* • *aequalis*	70–71 [74]
16–23	Exkurs: Die homöische Position (16–23)			72 (54,20–21 P.)
	16–20	*distantia inter patrem et filium; alius pater – alius spiritus sanctus; homousios* ist heidnisch und häretisch	• *alius*	71 (54,6–18 P.)
	21–23	Konsequenzen der falschen Lehre für Kultus und Salus		
24–28	Inklusio: Thematischer Rückgriff auf Teil 1	*generatio* vor dem Hintergrund von Ps 109,3 = *carnalis natiuitas* (24–26)	• *generatio* • *natus*	72
		Die soteriologischen Konsequenzen der Selbsttäuschung (27–28)	• impliziter Sabellianismus-Vorwurf	[82 (60,22 P.)]
29	Schluss: Konklusio; Residua	Umfassende Polemik: Widersprüchlichkeiten der nizänischen Position und falscher Kult		

Abb. 1: Tabellarische Darstellung des Argumentationsgangs und der Stichwortbezüge.

durch die Geschlossenheit des ganzen Argumentationsganges, sei es durch gliedernde Signalwörter. Von daher ist nur schwer vorstellbar, dass hier, wie es von der *Vita* (s. o. S. 221) suggeriert wird, etwa nur die Kernsätze von dann lang entfalteten Ausführungen vorliegen – dazu sind die Sätze zu wenig thesenhaft und zu eng argumentativ miteinander verwoben –, oder dass hier Exzerpte und verkürzende Paraphrasen eines ursprünglich längeren Textes vorliegen – auch hierfür ist der Text in seinem Duktus zu stringent, was sich gerade da gut zeigt, wo Fulgentius durch seine Antworten den Duktus unterbricht und so das Verständnis der einzelnen Sätze erschwert wie im Falle des Zusammenhangs von Satz 26 und 27–28. Den engen Zusammenhang zum *Liber Fidei Catholicae* macht ferner auch die Bezeichnung als *Obiectiones* sehr deutlich.

Man kann dies freilich sehr unspezifisch als allgemeine Vorwürfe gegen den katholischen Glauben auffassen. Aufgrund des sehr engen und allein durch die Proposition offensichtlichen Bezugs auf den *Liber Fidei Catholicae* liegt es aber näher, diese Bezeichnung als Ausdruck des Bewusstseins zu verstehen, dass dieser Text sich explizit auf den *Liber Fidei Catholicae* bezieht, wenn er ihn auch nicht als solchen benennt. Zieht man mit in Betracht, dass die Argumentation eine starke Verwurzelung in den älteren trinitarischen Debatten zeigt und ein hohes theologisches wie sprachliches Reflexionsvermögen aufweist – insbesondere am Stichwort *deintra* wurde dies ersichtlich (s.o. S. 228–230) – und berücksichtigt man die formelhafte Einleitung der Proposition mit *dictum est* und der Gegenproposition mit *Quid ad hoc dicitur?*, legt sich der Verdacht nahe, hier eine Art theologisches Gegen-Gutachten zu dem *Liber Fidei Catholicae* vorliegen zu haben. Wie man auch immer die Sache bezeichnen mag, es liegt jedenfalls auf der Hand, dass hier kein Dialog oder dergleichen zwischen Thrasamund und Fulgentius vorliegt, sondern dass schlicht ein vorgängiges Dokument von Fulgentius abschnittsweise und dabei seiner eigenen Argumentationsstrategie folgend widerlegt wird.

Im Blick auf die Frage nach der Vollständigkeit ist freilich denkbar, dass Fulgentius nur auf einen thematisch fokussierten Ausschnitt einer ursprünglich längeren Widerlegung des ganzen *Liber Fidei Catholicae* antwortet, dass also vielleicht nur ein Ausschnitt aus einem längeren Gutachten vorliegt, das möglicherweise davor schon zu den vorangehenden Kapiteln des *Liber Fidei Catholicae* Stellung bezogen hatte und danach möglicherweise die mehr pneumatologische zweite Hälfte des *Liber Fidei Catholicae* ausführlich erwidert. Wenn am Schluss der Inhalt des ganzen *Liber Fidei Catholicae* polemisch attackiert wird, kann dies zwar als Argument für die Abgeschlossenheit der *Obiectiones* genommen werden. Andererseits kann dennoch nicht ausgeschlossen werden, dass hier nur der Zwischenschluss eines längeren Werkes vorliegt, da die Verweise auf die dritte Person der Trinität hier und im vorangehenden Abschnitt durchaus zur auch sonst – wie gezeigt werden konnte – zu beobachtenden Gepflogenheit passen, an Scharnierstellen durch Stichwortverknüpfungen auf das Folgende vorzuverweisen. Betrachtet man nämlich den die *Obiectiones* abschließenden Halbsatz, fällt auf, dass dies zwar eine spitze polemische Formulierung ist, die grundsätzlich einen guten Schlusspunkt hinter die ganze Argumentation zu setzen vermag, andererseits aber ist das als Schluss für eine ganze – wenn auch kurze – Abhandlung, die sich gegen eine als häretisch angesehene Position richtet, eigentümlich harmlos. Da wäre als großes Finale eine schärfere Polemik zu erwarten gewesen, wie sie etwa in Satz 20 aufscheint, verbunden mit einem bündelnden Rückverweis auf das zentrale Thema, das Verhältnis von Vater und Sohn und die Frage der Geburt aus dem Vater. Von daher hat die Frage, ob hier nur ein Ausschnitt einer längeren Schrift vorliegt, ihre Berechtigung, oder vielleicht auch nur, ob hier nicht ursprünglich ein anderer Schluss gestanden hat, den Fulgentius aber nicht mehr in seine Antworten mit aufgenommen hat, vielleicht weil er inhaltlich keine neuen Aspekte bringt, und der deswegen auch nicht mit überliefert wurde.[102]

Genauso ließe sich analog für den Anfang mutmaßen, ob hier nicht ursprünglich eine (andere) Überschrift und/oder ein formal einleitender Satz gestanden hat, den Fulgentius von Ruspe in seinen Antworten weggelassen hat, weil er direkt mit der Proposition in den Diskurs einsteigt. Solange keine Handschriften gefunden werden, die einen längeren Text überliefern, können diese Fragen nicht geklärt werden, sondern müssen allein als Problemanzeige stehen bleiben. Aber plausibel ist, dass Fulgentius tatsächlich – abgesehen von vielleicht einem etwas längeren Schluss oder einem anderen Anfang – nur dieser Text vorgelegen hat, da sonst davon auszugehen wäre, dass er zum Rest auch Stellung bezogen hätte.[103]

2.2 Herkunft der *Obiectiones*

Ebenfalls nicht einfach zu beantworten ist vor dem Hintergrund dieser Überlegungen die Frage der Entstehungsumstände dieses Textes. Wenn es stimmt, dass hier ein theologisches Gutachten zum *Liber Fidei Catholicae* oder wenigstens ein Teil davon vorliegt, sind zwei Szenarien denkbar: Das Gutachten wurde schon im Zusammenhang des Religionsgespräches von 484 angefertigt und Thrasamund hat es nun etwa 30 Jahre später wieder hervorgeholt, um auf seiner Grundlage bzw. eines Ausschnittes daraus die Disputation mit Fulgentius von Ruspe, in welcher Form auch immer, zu führen; oder aber Thrasamund hat es erst im Vorfeld dieser Disputation auf Grundlage des *Liber Fidei Catholicae* angefertigt oder anfertigen lassen. Für das erste Szenario würde sprechen, dass in Satz sieben von *hi homines* die Rede ist, womit die Verfasser des *Liber Fidei Catholicae* gemeint sind. Das wirkt in einem Text, der für eine konkrete Diskurssituation verfasst wurde, die einen einzelnen Kontrahenten zum Diskurspartner hat, eher merkwürdig, macht aber Sinn in einem Gutachten, das auf den Text eines Kollektivs reagiert und sich dabei nicht an einen späteren Vertreter der Auffassung dieses Textes richtet, sondern an die eigene, also homöische Partei.

---

102 Das gilt zumindest dann, wenn man voraussetzt, dass die *Obiectiones* tatsächlich nur über Fulgentius' Antworten überliefert wurden (dazu s.o. S. 220–221).
103 Es kann ebenso nicht ausgeschlossen werden, dass ein einleitendes Kapitel oder Vergleichbares für die *Obiectiones* und ihre Antworten auf mechanische Weise in der Überlieferung verloren gegangen ist, da wie die *Obiectiones* selbst ebenso auch die Antworten des Fulgentius ohne irgendeine Form der Einführung unmittelbar mit der Proposition der *Obiectiones* einsetzen. Für ein schriftlich geführtes Gespräch zwischen zwei konkret benannten Personen wären entsprechende Formalia wie Anrede, Selbsterklärung, Höflichkeitstopoi und Ähnliches durchaus zu erwarten gewesen, so wie es in den drei Büchern *Ad Thrasamundum* der Fall ist. Gegen den mechanischen Verlust eines einleitenden Kapitels spricht allerdings, dass auch die Antworten des Fulgentius rein thematisch enden, ohne jegliche formelhafte Schlusswendungen oder eine Anrede an den Gesprächspartner. Man müsste dann also auch hier von einem gleichzeitigen Verlust in der Überlieferung ausgehen, was diese Überlegung wenig plausibel macht.

2.3 Konsequenzen für eine „Disputation" zwischen Thrasamund und Fulgentius

Sollte diese Überlegung richtig sein, ließe sich der Gedankenfaden noch dahingehend weiterspinnen, dass die in der *Vita* entworfene Szenerie, Thrasamund habe den Text Fulgentius zur Beantwortung vorgelegt,[104] vielleicht pure Fiktion ist. Kurz gefasst ist der in der *Vita* beschriebene Hintergrund der, dass König Thrasamund, der auch an dieser Stelle als theologisch interessiert charakterisiert wird, die Wahrheit des homöischen Glaubens demonstrieren möchte und auf der Suche nach einem adäquaten Gegner seitens der katholischen, das heißt homousianischen Christen auf Bischof Fulgentius aufmerksam gemacht wird. Diesen ruft er aus dem Exil der katholischen Bischöfe in Sardinien zurück nach Karthago und legt ihm dann einen Text zur Beantwortung vor.[105] Die Charakterisierung dieses Textes ist allerdings erwartbar nur abwertend: *Dicta proinde quaedam ueneno plena perfidiae legenda ei celeriter dirigit, responsionem sibi flagitans reddi.*[106] Dieses Ereignis bzw. der Aufenthalt in Karthago wird in der Sekundärliteratur auf den Zeitraum zwischen 510–520 datiert.[107] Als weiterer Kontext ist die grundsätzliche Situation der katholischen Christen in Nordafrika unter der Herrschaft der Vandalen zu sehen, die eine dezidiert missionarische Form des homöischen Glaubens praktizieren. Das führte unter Thrasamunds Vorgängern zu verschiedenen Repressionen der katholischen Christen, wie sie etwa in Victor von Vitas *Historia persecutionum africanae provinciae*,[108] die auch den *Liber Fidei Catholicae* enthält, ausführlich und dort auch als sehr gewalttätig geschildert werden. Als wichtiges Datum zu nennen ist das oben (S. 253) schon kurz genannte Religionsgespräch von 484, mit dem König Hunerich erfolglos eine Klärung der dogmatischen Differenzen zu erreichen suchte, freilich mit der klaren Vorgabe, die ho-

---

104 Anonymus, *Vita Fulgentii* 21,46 (204,4–205,6 I.).
105 Die Frage nach der Verfasserschaft des Textes wird weiter unten, S. 255–256, diskutiert.
106 Anonymus, *Vita Fulgentii* 21,46 (204,4–205,6 I.). Conrad Leyser, der in seinem Aufsatz zur *Vita* des Fulgentius deren stark überbetonten monastischen Fokus herausarbeitet, erwähnt zwar ganz allgemein die Debatte mit Thrasamund, aber nicht die an dieser Stelle genannten *Obiectiones* und *Responsiones*; er verweist lediglich auf die drei Bücher *Ad Thrasamundum*, siehe Leyser (2007) 179.
107 Fraipont (1968) V: „vers 510 ou 515"; ebenso Hainthaler (2005) 204: „510–515"; Hainthaler (1995) 220: „um 510/515"; Steinacher (2016) 282: „515"; Vössing (2014) 125: „irgendwann zwischen 515 und 520"; Bachelet (2010) 8: „en 515"; Bianco (2010) 17: „nel 515"; Howe (2007) 24: „um das Jahr 515"; Leyser (2007) 179: „517–518"; Schneider (2002) 274: „um 515"; Mapwar (1988) 238: „entre 510–515"; Diesner (1966) 36: „515–517"; Enßlin (1936) 558: „um 515"; Kozelka (1934) 10: „515"; Nisters (1930) 8: „vor 519"; Lapeyre (1929) 327: „vers 510". Uta Heil (2016) 184–185 hat allerdings deutlich herausgestellt, dass diese Datierungen nicht mehr als ungefähre Vermutungen sind, sowohl bezüglich des Zeitpunkts als auch der Dauer. Lediglich als *terminus ante quem* lässt sich das Jahr 520 ausmachen. Dort auch der Verweis auf Modéran (1993) 156, der ebenfalls keine genauere Datierung des Aufenthalts in Karthago vornimmt.
108 Zu den gängigsten Editionen siehe das Editionsverzeichnis. Umfassend als Sekundärliteratur hierzu siehe die Dissertation von Howe (2007).

mousianische Seite habe ihre Position allein aus der Schrift zu erweisen.[109] Von daher ließe sich der in diesem Text und in Fulgentius' Antworten hierauf dokumentierte Disput grundsätzlich schon als Versuch der Wiederaufnahme dieses 484 erfolglos beendeten Diskussionsfadens in kleinem Rahmen verstehen, was sich ja im Blick auf den Hauptbezugspunkt für die Ausführungen des Textes, den für das Gespräch 484 verfassten *Liber Fidei Catholicae*, bestätigt.

Aber wie gerade in Anm. 103 schon bemerkt, fehlt den Antworten des Fulgentius jegliche Anrede oder Wendung an Thrasamund sowohl am Anfang als auch am Schluss, was für einen Text, der eine Antwort auf eine von Thrasamund schriftlich vorgelegte Anfrage darstellen soll, doch äußerst ungewöhnlich erscheint. Möglicherweise wurden daher die *Obiectiones* Fulgentius gar nicht von Thrasamund zur Beantwortung vorgelegt, sondern möglicherweise hat Fulgentius, auf welche Weise auch immer, diesen Text in die Hände bekommen und daraufhin ein antiarianisches Pamphlet verfasst, in unautorisierter Weise. Dazu würde auch passen, dass weder die *Obiectiones* noch Fulgentius' Antworten hierauf in irgendeiner Weise in der ausführlichen Einleitung zu den drei Büchern an Thrasamund Erwähnung finden.

Merkwürdig scheint zudem in diesem Licht und auch in grundsätzlicher Weise die beschriebene Schilderung der *Vita*, Thrasamund habe Fulgentius allein für eine theologische Debatte aus dem Exil nach Karthago zurückgerufen. Das wirkt nüchtern betrachtet eher wie eine hagiographisierende Übertreibung, wie sie in der *Vita* auch sonst zu beobachten ist, beispielsweise in der eklatant verzerrenden Beschreibung der Längenverhältnisse von *obiectio* und *responsio* (s. o. S. 221). Plausibler anzunehmen ist daher, dass Fulgentius als faktisch führender Kopf der exilierten Bischöfe aus anderen Gründen zurückgerufen wurde, etwa zu Verhandlungen über eine mögliche dauerhafte Rückkehr aus dem Exil oder grundsätzlich über die Situation der Katholiken im Vandalenreich oder über den Umgang mit Kirchengut oder ähnliches. Ohne weitere Informationen muss dies spekulativ bleiben; dass aber in einem solchen Rahmen auch theologische Fragen eine Rolle gespielt haben, ist unmittelbar einleuchtend. In einem solchen Rahmen ist auch gut denkbar, dass Fulgentius ein Gutachten vorgelegt wurde oder er es in die Hände bekommen hat, das sich auf den letzten diesbezüglich stattgefunden habenden Diskurs bezieht, und dass Fulgentius hierauf eine Replik verfasst hat, sei er dazu beauftragt worden, sei es auf eigene Faust, vielleicht nur gedacht für die eigene Klientel. Das ist zumindest der Möglichkeitshorizont, der sich aus der Analyse des Textes selbst, wie er uns überliefert ist, eröffnet, wenn man nicht unkritisch der Schilderung der *Vita* Glauben schenken möchte.

So ist auch zur Verfasserfrage in diesem Zusammenhang festzuhalten, dass man zwar prinzipiell nicht ausschließen kann, dass ein theologisch interessierter vandalischer König als *rex studiosus*[110] selbst einen solchen Text verfasst hat,[111] dennoch

---

[109] Zu den historischen Hintergründen siehe etwa Steinacher (2016) 251–258 und 279–283; Castritius (2007) 122–131; Schindler (1977) 678–685.
[110] Vgl. die *Vita Fulgentii* 20,44 (203,14 l.).
[111] So bspw. auch Castritius (2007) 130.

legt sich insbesondere aufgrund des Rückgriffs auf die älteren und auch griechischsprachige Debatten nahe, von einem oder mehreren homöischen theologischen Beratern oder Hofbeamten als Verfassern auszugehen, sei es unter Thrasamund oder schon unter seinem Vorgänger Hunerich. Von daher wäre der Text wohl auch besser etwa als *Obiectiones Vandalorum* zu bezeichnen als ihn unkritisch direkt König Thrasamund zuzuschreiben.

Egal aber, wovon man in der Frage der Entstehung und der Verfasserschaft ausgeht: Der *Liber Fidei Catholicae* erscheint auch etwa 30 Jahre nach seiner Abfassung als Referenzdokument für den homousianischen Glauben, auf dessen Grundlage bzw. auf Grundlage eines auf ihn bezogenen Gutachtens die Auseinandersetzung zwischen homöischem und homousianischem Glauben geführt wird. Dies zeigt sich dann auch in den Antworten des Fulgentius von Ruspe, der diese ebenfalls in teils sehr engem und auch von den *Obiectiones* unabhängigem Bezug auf den *Liber Fidei Catholicae* verfasst.

2.4 Lateinische theologische Begriffe

Nicht zuletzt sei noch auf wenige grundsätzliche inhaltliche und terminologische Besonderheiten in dieser Auseinandersetzung hingewiesen: Auffallend ist – mehr noch im *Liber Fidei Catholicae* und in Fulgentius' Antworten als in den *Obiectiones* – eine gewisse Unschärfe bezüglich der Begrifflichkeit. Hier steht also keine Präzisierung der Begrifflichkeit im Vordergrund, sondern es geht stets um die intendierte Sache und die Auseinandersetzung mit dieser, die dabei auf verschiedene Weise ausgedrückt werden kann. Im *Liber Fidei Catholicae* zeigte sich das beispielsweise an der Stelle 2,57 (47,8–11 P.), wo unterschiedslos *una substantia uel essentia* als Äquivalent für den griechischen Fachterminus *homousios* angegeben wird; am Ende von Abschnitt 2,74 (56,10–11 P.) wird dann noch der Begriff der *aequalitas* parallel zum Begriff der einen Substanz verwendet, wie auch schon in 2,60 (48,21–22 P.) *patris et filii substantiae unitas et diuinitatis aequalitas* unmittelbar nebeneinander stehen, so dass sich hier die verschiedenen Möglichkeiten zeigen, diesen Sachverhalt im Lateinischen auszudrücken. Gegenüber dem griechischsprachigen Osten ergibt sich für den lateinischsprachigen Westen durch den Begriff der *substantia* als Synonym für *essentia* der Vorteil, auf ein gewisses Repertoire an Bibelstellen zurückgreifen zu können, die in der lateinischen Fassung diesen Substanz-Begriff als Übersetzung von ὑπόστασις enthalten, was im griechischsprachigen Diskurs nach der Differenzierung zwischen ὑπόστασις und οὐσία nicht mehr so einfach möglich ist. Dies ist prominent etwa für Hebr 1,3 der Fall, welcher Vers auch im *Liber Fidei Catholicae* und in Fulgentius' Antworten wie in den früheren Debatten noch als Beleg für die Substanzeinheit zitiert wird, was die *Obiectiones* allerdings elegant übergehen (s.o. S. 240).[112] Das kann hinsichtlich der Frage nach einem redlichen Umgang mit dem biblischen

---

[112] Vgl. *Responsiones Fulgentii* (80,373–81,394 F.); vgl. *Liber Fidei Catholicae* 2,71 (54,11–12 P.).

Zeugnis durchaus als Schwachpunkt der *Obiectiones* gewertet werden, wenn sie auf den hier als biblisch benannten Substanzbegriff nicht näher eingehen.

Den Begriff *aequalis* hingegen benutzen die *Obiectiones* ihrerseits in Satz 13 und 15 selbstständig, ohne ihn aus dem jeweiligen unmittelbaren Kontext des *Liber Fidei Catholicae* aufzugreifen (s. o. S. 235–236 und 238–240). Daran zeigt sich, dass der Begriff für die *Obiectiones* den Charakter einer geprägten Formulierung hat, die geeignet ist, auch anders ausgedrücktes homoousianisches Gedankengut zu umschreiben. Das ist dann auch einer der Ansatzpunkte für den Vorwurf der *Obiectiones*, es nütze nichts, andere Worte für dieselbe falsche Sache zu verwenden (s. o. S. 230). So ist ja in Satz 13 die Wendung *qui Patrem et Filium aequales asserunt esse* auf die homousianische Seite selbst gemünzt, wobei es in beiden Sätzen so ist, dass der *Liber Fidei Catholicae* in den behandelten Passagen selbst – neben dem negierten *diuersus* – positiv nur den Begriff der *una substantia* verwendet. Indem die *Obiectiones* aber aufgrund der Stellen des *Liber Fidei Catholicae*, die den Begriff *aequalis* synonym hierzu verwenden, ihn sachlich ganz auf der Linie des *Liber Fidei Catholicae* selbst auch an diese Passagen übertragen können, haben sie einen terminologisch-argumentativen Hebel, um daraus der homousianischen Seite den Vorwurf entweder des Widersinns oder sabellianischer Häresie zu entwickeln.

3 Fazit

Die mit König Thrasamund in Verbindung gebrachten *Obiectiones* insgesamt zeigen sich als kurzer, theologisch gut durchdachter und voraussetzungsreicher, sehr dicht gewobener und argumentativ klar struktrurierbarer, eng auf seine Vorlage und sein Thema bezogener Text, der prägnant die Kritik an der gegnerischen Position und seine eigene Position auf den Punkt bringt, wenn auch manchmal um den Preis komplexer Satzkonstruktionen. Dabei geht er davon aus, dass die Leser die allenthalben angebotenen Verweisstellen zu füllen wissen, um diesen Text verstehen zu können.

So gibt dieser kleine theologische Text aus homöischer Feder einen Einblick, wie intensiv und mit welch grundlegender Kenntnis der trinitarischen Debatten im nordafrikanischen Vandalenreich in den Jahrzehnten vor und nach der Wende zum 6. Jahrhundert wenigstens punktuell gestritten wurde. Dabei zeigt sich, dass der Diskurs sehr am Beginn der mit den Namen Arius und Athanasius verbundenden Auseinandersetzung orientiert ist, was sich etwa an der Frage der Geschöpflichkeit des Sohnes, der Frage der Legitimierung des *homousios* oder auch im Rückgriff auf Euseb zeigt. Dies gibt sich als Diskurs auf hohem Niveau zu erkennen, der neben einer allfälligen Polemik und allerlei argumentativen Seitenhieben an der Sache interessiert ist und diese in Abwehr des gleichlautenden Vorwurfs der jeweiligen Gegenseite, nicht schriftgemäß zu lehren, im Zeugnis der heiligen Schrift zu begründen sucht. Der unter dem Namen des Thrasamund überlieferte Text legt dabei ein markantes Selbstbewusstsein an den Tag, das von der festen Überzeugung geleitet ist, den wahren Glauben zu vertreten.

Bibliographie

Quellen:

Alexander von Alexandrien, *Epistula ad Alexandrum Thess.* = Hans-Georg Opitz (Hg.), *Urkunden zur Geschichte des arianischen Streites 318–328* 1: *Brief des Arius an Euseb von Nikomedien und dessen Antwort. Das Schreiben der Synode von Antiochien 325* (Athanasius Werke 3,1,1), Berlin 1934, 19–29 (Urkunde 14).

Ambrosius, *De incarnationis dominicae sacramento* = Otto Faller (Hg.), *Sancti Ambrosii Opera* 9 (CSEL 79), Wien 1964, 223–281.

Ambrosius, *De Fide* = Otto Faller (Hg.), *Sancti Ambrosii Opera* 8 (CSEL 78), Wien 1962.

Anonymus, *Scolia Arriana in Concilium Aquileiense* = Roger Gryson (Hg.), *Scripta Arriana Latina* 1: *Collectio Veronensis* [...] (CChr.SL 87), Turnhout 1982, 147–196.

Anonymus/Ps-Ambrosius, *Tractatus in Symbolum Apostolorum De Trinitate* = Jaques P. Migne (Hg.), *Sancti Ambrosii Mediolanensis episcopi opera omnia* 2,2 (PL 17), Paris 1845, 509–546.

Anonymus, *Vita Fulgentii* = Antonino Isola (Hg.), *Vita Fulgentii* (CChr.SL 91F), Turnhout 2016.

Athanasius von Alexandrien, *Epistula ad Afros* = Annette von Stockhausen (Hg. und Übers.), *Athanasius von Alexandrien, Epistula ad Afros* (PTS 56), Berlin 2002.

Athanasius von Alexandrien, *Oratio 1 contra Arianos* = Karin Metzler und Kyriakos Savvidis (Hgg.), *Die dogmatischen Schriften* 2: *Orationes 1 et 2 contra Arianos* (Athanasius Werke 1,1,2), Berlin 1998, 107–175.

Athanasius von Alexandrien, *De decretis Nicaenae synodi* = Hans-Georg Opitz (Hg.), *Die „Apologien"* 1: *De decretis Nicaenae synodi* 1,5–40,24 (Athanasius Werke 2,1), Berlin 1935.

Ps-Athanasius, *De Sancta Trinitate dialogus II* = Christoph Bizer (Hg.), *Studien zu pseudathanasianischen Dialogen der Orthodoxos und Aëtios*, Bonn 1970, 80–126.

Augustinus, *Conlatio cum Maximino* = Pierre-Marie Hombert (Hg.), *Aurelii Augustini contra Arrianos opera* (CChr.SL 87A), Turnhout 2009, 381–470.

Augustinus, *Contra Maximinum* = Pierre-Marie Hombert (Hg.), *Aurelii Augustini contra Arrianos opera* (CChr.SL 87A), Turnhout 2009, 489–701.

Augustinus, *Contra Sermonem Arrianorum* = Pierre-Marie Hombert (Hg.), *Aurelii Augustini contra Arrianos opera* (CChr.SL 87A), Turnhout 2009, 181–256.

Augustinus, *De Trinitate* = William J. Mountain und François Glorie (Hgg.), *Sancti Aurelii Augustini De Trinitate Libri XV. Libri I–XII* (CChr.SL 50), Turnhout 1968.

Augustinus, *Enarratio in Psalmum 92* = Eligius Dekkers und Jean Fraipont (Hgg.), *Sancti Aurelii Augustini Enarrationes in Psalmos LI–C* (CChr.SL 39), Turnhout 1956, 1290–1299.

Augustinus, *Enarratio in Psalmum 109* = Eligius Dekkers und Johannes Fraipont (Hgg.), *Sancti Aurelii Augustini Enarrationes in Psalmos CI–CL* (CChr.SL 40), Turnhout 1956, 1601–1625.

Ps-Augustinus, *Dialogus quaestionum* = Lukas Dorfbauer (Hg.), *Ps-Augustinus, De oratione et elemosina* [...]. *Dialogus quaestionum* (CSEL 99), Wien 2011, 329–414.

Johannes Cassianus, *De incarnatione Domini contra Nestorium* = Michael Petschenig und Gottfried Kreuz (Hgg.), *Cassiani opera. De institutis Coenobiorum. De incarnatione contra Nestorium* (CSEL 17), 2. Aufl., Wien 2004, 233–391.

Codex Paris, Bibliothèque nationale de France, lat. 12234. http://gallica.bnf.fr/ark:/12148/btv1b52508162v (aufgerufen am 03.05.2018).

Codex Paris, Bibliothèque nationale de France, lat. 17416. http://gallica.bnf.fr/ark:/12148/btv1b10039099f (aufgerufen am 03.05.2018).

Codex Troyes, Bibliothèque Municipale 804. https://portail.mediatheque.grand-troyes.fr/iguana/www.main.cls?surl=search&p=*#recordId=2.2648&srchDb=2,3 (aufgerufen am 03.05.2018).

Codex Valenciennes, Bibliothèque Municipale 170. http://gallica.bnf.fr/ark:/12148/btv1b8452608f (aufgerufen am 03.05.2018).

Codex Vatikan, Biblioteca Apostolica Vaticana, Reg. lat. 267. https://digi.vatlib.it/view/MSS_Reg.lat.267 (aufgerufen am 03.05.2018).

Collectio Arriana Veronensis, Contra Iudeaos = Roger Gryson (Hg.), *Scripta Arriana Latina* 1: *Collectio Veronensis* [...] (CChr.SL 87), Turnhout 1982, 93–117.

Disputatio Cerealis contra Maximinum = Ignace Baise (Hg.), „La *Disputatio Cerealis contra Maximinum* (CPL 813, CE). Tradition manuscrite et édition critique", in: *Revue Bénédictine* 116 (2006), (233–286) 262–286.

Eusebius von Caesarea, *Contra Marcellum* = Günther Christian Hansen und Erich Klostermann (Hgg.), *Gegen Marcell. Über die kirchliche Theologie. Die Fragmente Marcells* (GCS 14 = GCS Eusebius 4), 2. Aufl., Berlin 1972, 1–58.

Eusebius von Caesarea, *De ecclesiastica theologia* = Günther Christian Hansen und Erich Klostermann (Hgg.), *Gegen Marcell. Über die kirchliche Theologie. Die Fragmente Marcells* (GCS 14 = GCS Eusebius 4), 2. Aufl., Berlin 1972, 60–182.

Fulgentius von Ruspe, *Ad Monimum* = Johannes Fraipont (Hg.), *Sancti Fulgentii episcopi Ruspensis opera* (CChr.SL 91), Turnhout 1968, 1–64.

Fulgentius von Ruspe, *Ad Thrasamundum* = Johannes Fraipont (Hg.), *Sancti Fulgentii episcopi Ruspensis opera* (CChr.SL 91), Turnhout 1968, 97–185.

Fulgentius von Ruspe, *Dicta Regis Trasamundi et contra ea responsionum liber unus* = [Pasquier Quesnel und Luc-Urbain Mangeant (Hgg.)], *Sancti Fulgentii Ruspensis Episcopi Opera, quae sunt publici iuris, omnia*, Paris 1684, 51–68.

S. *Fulgentii contra Arianos liber unus, ad decem obiectiones decem responsiones continens* = Jaques P. Migne (Hg.), *Sancti Fulgentii episcopi Ruspensis, Felicis IV et Bonifacii II summorum pontificum* [...] *opera omnia* (PL 65), Paris 1847, 205–224.

Johannes Fraipont (Hg.), *Sancti Fulgentii episcopi Ruspensis opera* (CChr.SL 91), Turnhout 1968, 67–94.

Fulgentius von Ruspe, *De Trinitate ad Felicem* = Johannes Fraipont (Hg.), *Sancti Fulgentii episcopi Ruspensis opera* (CChr.SL 91A), Turnhout 1968, 633–646.

Gesta episcoporum Aquileia aduersum haereticos Arrianos = Roger Gryson (Hg. und Übers.), *Scolies Ariennes sur le concile d'Aquilée* (SC 267), Paris 1980, 330–383.

Gregorius Iliberritanus, *De fide orthodoxa contra Arianos* = Vinzenz Bulhart (Hg.), *Gregorii Iliberritani episcopi quae supersunt* (CChr.SL 69), Turnhout 1967, 221–247.

Isidor von Sevilla, *De uiris illustribus* = Carmen Codoñer Merino (Hg.), *El „De Viris Illustribus" de Isidoro de Sevilla. Estudio y edición crítica* (Theses et Studia Philologica Salamanticensia 12), Salamanca 1964.

Markell von Ankyra, fr. 103 = Günther Christian Hansen und Erich Klostermann (Hgg.), *Eusebius Werke* 4: *Gegen Marcell. Über die kirchliche Theologie. Die Fragmente Marcells* (GCS 14 = GCS Eusebius 4), 3. Aufl., Berlin 1991, (185–215) 207,25–33.

Nicaeno-Constantinopolitanum = Eduard Schwartz, „Das Nicaenum und das Constantinopolitanum auf der Synode von Chalkedon", in: *ZNW* 25 (1926), 38–88.

Prosper von Aquitanien, *Expositio Psalmorum* = Paul Callens (Hg.), *Prosperi Aquitani Opera* 2: *Expositio psalmorum 100–150. Liber sententiarum* (CChr.SL 68A), Turnhout 1972, 3–211.

Rufin von Aquileia, *Expositio Symboli* = Manilo Simonetti (Hg.), *Tyrannii Rufini Opera* (CChr.SL 20), Turnhout 1961, 132–182.

Schreiben der Synode von Antiochien 325 = Hans-Georg Opitz (Hg.), *Urkunden zur Geschichte des arianischen Streites 318–328* 1: *Brief des Arius an Euseb von Nikomedien und dessen Antwort. Das Schreiben der Synode von Antiochien 325* (Athanasius Werke 3,1,1), Berlin 1934, 36–40 (Urkunde 18).

Sermo Arrianorum = Pierre-Marie Hombert (Hg.), *Aurelii Augustini contra Arrianos Opera* (CChr.SL 87A), Turnhout 2009, 157–175.

Sermo Fastidiosi Ariani = Johannes Fraipont (Hg.), *Sancti Fulgentii episcopi Ruspensis opera* (CChr.SL 91), Turnhout 1968, 280–283.

Symbolum Quicumque = Cuthbert Hamilton Turner (Hg.), „A Critical Text of the ‚Quicumque Vult'", in: *The Journal of Theological Studies* 11 (1910), (401–411) 407–411.

Vigilius von Thapsus, *Contra Arrianos Sabellianos Fotinianos dialogus* = Pierre-Marie Hombert (Hg.), *Vigilii Thapsensis Contra Arrianos Sabellianos Fotinianos dialogus* (CChr.SL 90B), Turnhout 2017, 245–395.

Vigilius von Thapsus, *Sententia Probi* = Pierre-Marie Hombert (Hg.), *Vigilii Thapsensis Contra Arrianos Sabellianos Fotinianos dialogus* (CChr.SL 90B), Turnhout 2017, 397–414.

Vigilius von Thapsus, *Solutiones obiectionum Arrianorum* = Pierre-Marie Hombert, „Les *Solutiones obiectionum arrianorum:* Une œuvre authentique de Vigile de Tapse. Édition intégrale, traduction et commentaire", in: *Sacris Erudiri* 49 (2010), (151–241) 203–241.

Wilhelm von Saint-Thierry, *Disputatio adversus Petrum Abaelardum* = Paul Verdeyen (Hg.), *Guillelmi a Sancto Theodorico opera omnia 5: Opuscula aduersus Petrum Abaelardum et de fide* (CChr.CM 89A), Turnhout 2007, 17–59.

Victor von Vita, *Historia persecutionis Africanae prouinciae* =
Michael Petschenig (Hg.), *Victoris episcopi Vitensis Historia persecutionis Africanae provinciae* (CSEL 7), Wien 1881.
Serge Lancel (Hg. und Übers.), *Victor de Vita, Histoire de la Persecution Vandale en Afrique*, suivie de *La passion des sept martyrs. Textes établis, traduits et commentés* (CUFr, Série latine 368), Paris 2002.
Konrad Vössing (Hg. und Übers.), *Victor von Vita, Historia persecutionis Africanae provinciae temporum Geiserici et Hunerici regum Wandalorum. Kirchenkampf und Verfolgung unter den Vandalen in Africa. Lateinisch und deutsch* (Texte zur Forschung 96), Darmstadt 2011.

Vulgata = Robert Weber und Roger Gryson (Hgg.), *Biblia Sacra Vulgata*, 5. Aufl., Stuttgart 2007.

Sekundärliteratur

Bachelet (2010): Daniel Bachelet, „Fulgence et l'arianisme vandale", in: Antonio Piras (Hg.), *Lingua et ingenium. Studi su Fulgenzio di Ruspe e il suo contesto* (Studi e ricerche di cultura religiosa.NS 7), Ortacesus, 3–16.

Bianco (2010): Maria Grazia Bianco, „Ratio e rationabilitas nel dibattito teologico Fulgenzio-Trasamundo", in: Antonio Piras (Hg.), *Lingua et ingenium. Studi su Fulgenzio di Ruspe e il suo contesto* (Studi e ricerche di cultura religiosa.NS 7), Ortacesus, 17–27.

Castritius (2007): Helmut Castritius, *Die Vandalen*, Stuttgart.

Diesner (1966): Hans-Joachim Diesner, *Fulgentius von Ruspe als Theologe und Kirchenpolitiker* (Arbeiten zur Theologie, Reihe 1, 26), Stuttgart.

Drecoll (2007): Volker H. Drecoll, „Das Symbolum Quicumque als Kompilation augustinischer Tradition", in: *ZAC* 11, 30–56.

Enßlin (1936): Wilhelm Enßlin, „Thrasamund", in: *PRE,* 2. Reihe 11, 553–559.

Fraipont (1968): Johannes Fraipont (Hg.), „Introduction", in: ders. (Hg.) *Sancti Fulgentii episcopi Ruspensis opera* (CChr.SL 91), Turnhout, V–XI.

Hainthaler (1995): Theresia Hainthaler, „Fulgentius (Claudius Gordianus F.), Bf. v. Ruspe", in: *LThK* 4, 220–221.

Hainthaler (2005): Theresia Hainthaler, „Der Heilige Geist und die Kirche bei Fulgentius von Ruspe", in: Ysabel de Andia und Peter L. Hofrichter (Hgg.), *Der Heilige Geist im Leben der Kirche. Forscher aus dem Osten und Westen Europas an den Quellen des gemeinsamen Glaubens. Pro*

Oriente-Studientagung „Der Heilige Geist bei den Griechischen und Lateinischen Kirchenvätern im Ersten Jahrtausend", Wien, Juni 2003 (Wiener patristische Tagungen 2; Pro Oriente 29), Wien, 203–216.

Heil (2011): Uta Heil, *Avitus von Vienne und die homöische Kirche der Burgunder* (PTS 66), Berlin.

Heil (2016): Uta Heil, „From Hippolyt to Fulgentius: Sardinia as Place of Exile in the First Six Centuries", in: Julia Hillner, Jörg Ulrich und Jakob Engberg (Hgg.), *Clerical Exile in Late Antiquity* (Early Christianity in the Context of Antiquity 17), Frankfurt a. M., 165–192.

Howe (2007): Tankred Howe, *Vandalen, Barbaren und Arianer bei Victor von Vita* (Studien zur alten Geschichte 7), Frankfurt a. M.

Kozelka (1934): Leo Kozelka, „Allgemeine Einleitung zu Fulgentius", in: ders. (Übers.), *Des hl. Bischofs Fulgentius von Ruspe ausgewählte Schriften. Das Leben des Hl. Fulgentius von Ferrandus von Karthago* (BKV, 2. Reihe 9), München.

Langlois (1972): Pierre Langlois, „Fulgentius, B. Der Theologe", in: *RAC* 8, 639–653.

Lapeyre (1929): Gabriel G. Lapeyre, *Saint Fulgence de Ruspe. Un évêque catholique africain sous la domination vandale*, Paris.

Leyser (2007): Conrad Leyser, „,A Wall Protecting the City'. Conflict and Authority in the *Life of Fulgentius of Ruspe*", in: Alberto Camplani (Hg.), *Foundations of Power and Conflicts of Authority in Late-Antique Monasticism. Proceedings of the International Seminar, Turin, December 2–4, 2004* (Orientalia Lovaniensia analecta 157), Leuven, 175–192.

Mapwar (1988): Bashuth Mapwar, *La polémique anti-arienne de St. Fulgence de Ruspe en Afrique du Nord (V^e–VIe siècles)*, Rom.

Markschies (1998): Christoph Markschies, „F[ulgentius] von Ruspe Bf. 507", in: *Der neue Pauly. Enzyklopädie der Antike* 4, 699–700.

Modéran (1993): Yves Modéran, „La chronologie de la Vie de saint Fulgence de Ruspe et ses incidences sur l'histoire de l'Afrique vandale", in: *Mélanges de l'Ecole française de Rome. Antiquité* 105, 135–188.

Nisters (1930): Bernhard Nisters, *Die Christologie des hl. Fulgentius von Ruspe* (Münsterische Beiträge zur Theologie 16), Münster.

Röwekamp (2002): Georg Röwekamp, „Vigilius von Thapsus", in: *Lexikon der antiken christlichen Literatur*, 3. Aufl., 720.

Schindler (1977): Alfred Schindler, „Afrika I. Das christliche Nordafrika (2.–7. Jh.) 4. Die Zeit der Vandalenherrschaft", in: *TRE* 1, 678–685.

Schneider (2002): Horst Schneider, „Fulgentius von Ruspe", in: *Lexikon der antiken christlichen Literatur*, 3. Aufl, 274–276.

Schwartz (1926): Eduard Schwartz, „Das Nicaenum und das Constantinopolitanum auf der Synode von Chalkedon", in: *ZNW* 25, 38–88.

Simonetti (1961): Manilo Simonetti „Praefatio Expos. Symboli", in: ders. (Hg.), *Tyrannii Rufini Opera* (CChr.SL 20), Turnhout, 127–131.

Steinacher (2016): Roland Steinacher, *Die Vandalen. Aufstieg und Fall eines Barbarenreichs*, Stuttgart.

von Stockhausen (2002): Annette von Stockhausen (Hg. und Übers.), *Athanasius von Alexandrien, Epistula ad Afros* (PTS 56), Berlin.

Thesaurus Linguae Latina (TLL) Online. https://www.degruyter.com/databasecontent?dbid=tll&dbsource=%2Fdb%2Ftll (aufgerufen am 30.04.2018).

Vössing (2014): Konrad Vössing, *Das Königreich der Vandalen*, Darmstadt.

Benjamin Gleede
(Neu-)Chalkedonismus bei Fulgentius von Ruspe

1 Einführung

Das vierte ökumenische Konzil, im Jahr 451 durch Kaiser Markian im hauptstadtnahen Chalkedon veranstaltet, könnte man in vielerlei Hinsicht als eine Katastrophe historischen Ausmaßes besonders für die orientalische Christenheit ansehen, welche sich im Prinzip bis heute nicht von dessen Folgen erholen konnte. An der dort hauptsächlich von den kaiserlichen Legaten erzwungenen Glaubensdefinition entzündete sich die erste bleibende Kirchenspaltung der Christentumsgeschichte, verbunden mit jahrhundertelangen, teilweise recht gewalttätigen Auseinandersetzungen zwischen Chalkedoniern, Monophysiten und Nestorianern, welche das orientalische Christentum sowie das byzantinische Reich derartig schwächten, dass sie der islamischen Eroberung des siebten Jahrhunderts nicht nur nichts entgegenzusetzen hatten, sondern diese stellenweise sogar begrüßt wurde, namentlich im mehrheitlich monophysitisch geprägten Ägypten.

Dass dies im Westen völlig anders verlief und das Konzil so schnell zum Shibboleth mindestens der nizänischen Orthodoxie wurde, so dass jeder Anschein seiner Kompromittierung, etwa durch Justinians Drei-Kapitel-Edikt, erbittertsten Widerstand hervorrief,[1] hat natürlich vielerlei Ursachen. Primär verdankt es sich wohl der Tatsache, dass der führende Theologe hinter Chalkedon, Papst Leo I., dessen berühmter *Tomus* gleichsam die theologische Konkretion zum abstrakten Formelkompromiss der Glaubensdefinition lieferte, zunächst Primas des Westens war und seine Nachfolger auf seine Theologie verpflichtete. Zudem war Leos Christologie auch noch in hohem Maße von Augustinus geprägt,[2] der trotz einiger umstrittener Punkte seiner Theologie sehr schnell zum Normaltheologen des lateinischen Christentums aufstieg. Während es im Osten eben das Festhalten einer großen Mehrheit an der kyrillianischen Formel von der μία φύσις τοῦ θεοῦ λόγου σεσαρκωμένη war, welche mit dem chalkedonischen, bei keinem namhaften griechischen Theologen vorher in dieser Form zu belegenden Formelkompromiss von den δύο φύσεις ἐν μίᾳ ὑποστάσει ἢ ἑνὶ προσώπῳ unvereinbar erschien und somit deren Akzeptanz erschwerte oder verhinderte, waren die *duae naturae in una persona* im Westen keineswegs erst durch Papst Leo eingeführt worden, sondern bereits seit Tertullian bekannt und durch die Autorität Augustins sanktioniert, illustriert und popularisiert. Die chalkedonische Christologie war also für den Westen, mindestens in Gestalt des *Tomus Leonis*, weder

---

[1] Vgl. Price (2007).
[2] Vgl. Studer (1985); Gori (2001).

völlig neu noch unerhört, doch war es genau dessen Konkretisierung der Glaubensdefinition, die für die kyrillisch geprägte Mehrheit im Osten besonders anstößig war: Dreizehn ägyptische Bischöfe erklärten auf dem Konzil, man möge sie lieber gleich an Ort und Stelle erschlagen, ehe sie bei ihrer Heimkehr für die Unterzeichnung des *Tomus* gelyncht würden.³

Besagtes Lehrschreiben Leos präsentiert eine Christologie, die die Einheit der beiden Naturen im Gottmenschen weder zu begründen noch näher zu artikulieren versucht, sondern sie vielmehr durchgehend als gegeben voraussetzt und nur beweisen will, dass sie sich dem biblischen Zeugnis entsprechend durchgehend in den zwei unvermischten *proprietates*, den Eigentümlichkeiten der vollen Gottheit und vollen Menschheit Jesu artikuliert. Dabei tut nach dem berühmten, vielzitierten Kernsatz „jede von beiden Formen [sprich: Naturen] in Gemeinschaft mit der anderen, was ihr eigentümlich ist, wobei das Wort tut, was des Wortes ist, und das Fleisch ausführt, was des Fleisches ist. Eines davon leuchtet in Wundern auf, das andere unterliegt den Ungerechtigkeiten".⁴ Dass nun in diesem wohl meistzitierten Satz des Schriftstücks die beiden Naturen als zwei agierende Subjekte präsentiert werden, welche zwar in Gemeinschaft miteinander, aber doch in relativer Selbständigkeit nebeneinander die ihnen zukommenden Handlungen ausführen, war ein folgenschwerer rhetorischer Missgriff des Papstes, den er zwar in seinem zweiten *Tomus* korrigierte,⁵ damit aber nicht mehr zu den antichalkedonischen Massen durchdringen konnte.

Das Problem mit seinem christologischen Ansatz lag schließlich auch tiefer: Der griechischsprachige christologische Diskurs verlangte nämlich genau das, was Leo mindestens in seinen beiden Lehrschreiben nicht leisten wollte, eine nähere ontologische Explikation der Art und Weise, wie zwei Naturen in einer Hypostase gemeinsam subsistieren können, also eine Begründung derjenigen *unitas personae*, welche Leo in seinen Erörterungen schlicht voraussetzte.

---

3 Vgl. ACO 2,1,2 (113,22–33 Schwartz). Zur weiteren Entwicklung vgl. Price (2009).
4 Leo I., *Tomus ad Flauianum* 3, ACO 2,2,1 (28,12–16 Schwartz): *Agit enim utraque forma cum alterius communione quod proprium est, uerbo scilicet operante quod uerbi est, et carne exequente quod carnis est. Unum horum coruscat miraculis, aliud subcumbit iniuriis. Et sicut uerbum ab aequalitate paternae gloriae non recedit, ita caro naturam nostri generis non relinquit.*
5 Leo I., *Epistula* 104, ACO 2,4 (115,30–116,17 Schwartz): *Licet ergo in uno domino Iesu Christo uero dei atque hominis filio uerbi et carnis una persona sit, quae inseparabiliter atque indiuise communes habeat actiones, intellegendae tamen sunt ipsorum operum qualitates et sincerae fidei contemplatione cernendum est ad quae prouehatur humilitas carnis et ad quae inclinetur altitudo deitatis [...]. Quamuis itaque ab illo initio quo in utero uirginis uerbum caro factum est, nihil umquam inter utramque formam diuisionis extiterit et per omnia incrementa corporis unius personae fuerint totius temporis actiones, ea ipsa tamen quae inseparabiliter facta sunt, nulla permixtione confundimus, sed quid cuius formae sit, ex operum qualitate sentimus.* Fragte der Papst im ersten *Tomus* noch, welche Natur am Kreuz hing (Leo I., *Tomus ad Flauianum* 5, ACO 2,2,1 [31,9–10 Sch.]: *videat quae natura transfixa clauis pependerit in crucis ligno*), formuliert er im direkten Anschluss an die oben zitierte Passage geschickter: *qua forma crucis ligno dominus maiestatis Christus affixus sit* (Leo I., *Epistula* 104, ACO 2,4 [116,19 Sch.]).

Wollte der Westen seine traditionelle Glaubensformel also gegen die massiven Angriffe aus der Osthälfte des Reiches verteidigen, musste theologisch nachgelegt werden, um der bis unter Kaiser Anastasius von imperialem Rückenwind getragenen antichalkedonischen Reaktion die Stirn zu bieten. Interessanterweise setzt eine nennenswerte prochalkedonische Literatur auch im Westen erst ein, als das Kaiserhaus mit dem Regierungsantritt Justins (519) wieder auf einen dezidert prochalkedonischen Kurs umschwenkte. Boethius schrieb seine äußerst wirkmächtige Verteidigung der chalkedonischen Christologie wohl nur wenige Jahre vorher,[6] die skythischen Mönche um Johannes Maxentius propagierten in diesen Jahren eine Synthese aus kyrillischem Chalkedonismus und Augustinismus,[7] und auch Fulgentius von Ruspe scheint genau in diesem Zeitraum die literarische Bühne betreten zu haben, als er vom Vandalenkönig Thrasamund aus dem sardinischen Exil zurückberufen wurde, um bei Hofe den nizänischen Glauben zu verteidigen.[8]

2 Fulgentius und das vierte Konzil

Mit dem in diesem Zusammenhang entstandenen Werk *Ad Thrasamundum* legt Fulgentius den Grundstein zu einem äußerst reichhaltigen christologischen Œuvre, sicherlich dem reichhaltigsten des Jahrhunderts in lateinischer Sprache. Neben der Verteidigung der augustinischen Gnaden- und Prädestinationslehre war die immer im Zusammenhang mit der Trinitätstheologie verhandelte Christologie das Lebensthema des Fulgentius. Fragt man also nach der Art und Weise, wie sich chalkedonisch-christliche Identität im Westen in dieser Zeit konstituiert bzw. sich durch fundamentale Angriffe der besonders monophysitischen Reaktion rekonstituiert, wird an Fulgentius kein Weg vorbeiführen. Vielmehr wird er sich sogar als Ausgangspunkt für diese Frage anbieten, da er anders als Boethius und Maxentius weder im Osten ausgebildet wurde noch direkt und vor Ort in die dortigen Debatten involviert war, sondern die Streitfragen aus einer durch und durch westlich, vom lateinischen Augustinismus geprägten Perspektive wahrzunehmen scheint. Wie sich diese Perspektive genau gestaltet und wie sie auf die im Laufe der östlichen Debatte an der chalkedonischen Theologie angebrachten Modifikationen, also die Theologumena des sogenannten Neuchalkedonismus, reagiert, soll im Folgenden etwas näher beleuchtet werden.

Dabei muss zunächst auffallen, dass sich Fulgentius niemals explizit auf das vierte Konzil bezieht und auch die vorhergehenden nicht erwähnt, mit Ausnahme einer Bezugnahme auf das Nizänum. Als wesentliche Autorität scheinen ihm viel-

---

[6] Boethius reagiert in *Contra Eutychen et Nestorium* auf eine durch eine theologische Anfrage illyrischer Bischöfe von 512/513 veranlasste lokale Synode. Die Schrift dürfte also aus den Jahren nach 513 stammen.
[7] Vgl. Nisters (1930) 9–14; McGuckin (1984) 243–246.
[8] Zur Werkchronologie des Fulgentius vgl. Heil (2016) 190–192.

mehr die durch apostolische Sukzession sanktionierten Patriarchate zu dienen,[9] allen voran natürlich der römische Stuhl, welchen er in *Epistula* 17 als *cacumen mundi* bezeichnet.[10] Sucht man also nach expliziten Bezugnahmen auf die Glaubensdefinition von Chalkedon, wird man diese zuallermeist an denjenigen Punkten finden, an denen diese Definition selbst vom *Tomus Leonis* abhängig ist. Neben der gelegentlich beschworenen chalkedonischen Doppelfront gegen Nestorianismus und Eutychianismus[11] findet sich nämlich immer wieder das emphatische *unus atque idem* oder *unus idemque* zur Betonung der Personeinheit des Mittlers,[12] sowie in immer neuen Abwandlungen das *salua proprietate utriusque naturae* aus dem berühmten Kernabschnitt des *Tomus*,[13] welcher in *Epistula* 14 auch im förmlichen Zitat angeführt wird.[14] Doppelte Konsubstantialität und Naturvollkommenheit erscheinen nur dem Inhalt,[15] nicht dem chalkedonischen Wortlaut nach, und auch die berühmten vier *alpha privativa* klingen in Wendungen wie *manente in eo inconfusibiliter atque inseparabiliter*

---

9 Fulgentius von Ruspe, *De Trinitate ad Felicem* 1,2 (633,12–21 Fraipont): *Illam itaque fidem crede sincerissimae menti tuae nos uelle notescere, per quam iustificati sunt patriarchae, prophetae, apostoli, martyres coronati, quam hactenus per totum orbem sancta tenet Ecclesia, cuius splendor credentium mentes illustrans aeternae uitae facit esse participes. Quae usque nunc per successionum seriem in cathedra Petri apostoli Romae uel Antiochiae, in cathedra Marci euangelistae in Alexandria, in cathedra Iohannis euangelistae Ephesi, in cathedra Iacobi Hierosolymae, ab episcopis ipsarum urbium praedicatur.*

10 Fulgentius von Ruspe, *Epistula* 17,21 (579,596–580,606 Fraipont): *Propterea omnis qui in nomine Patris et Filii et Spiritus sancti sacramento sanctae regenerationis abluitur, non nisi in Christi morte ac nomine baptizatur, ut euidenter appareat illi nos consepultos esse per baptismum in morte, in cuius uno cum Patris et Spiritus sancti constat nomine baptizatos. Quod duorum magnorum luminarium, Petri scilicet Paulique, uerbis, tamquam splendentibus radiis illustrata, eorumque decorata corporibus, Romana, quae mundi cacumen est, tenet et docet Ecclesia, totus que cum ea Christianus orbis, et ad iustitiam nihil haesitans credit et ad salutem non dubitat confiteri.*

11 Vgl. Fulgentius von Ruspe, *Epistula* 8,26 (271,435–453 Fraipont); 8,28 (272,472–493 F.); *De Trinitate ad Felicem* 1,3 (633,21–33 F.); 5,4 (638,231–639,245 F.); *Contra Fabianum* fr. 4 (772 Fraipont); *Sermo* 4,10 (916,180–199 Fraipont).

12 Vgl. z. B. Fulgentius von Ruspe, *Ad Thrasamundum* 1,12,2 (110,513–523 Fraipont); 2,17,2 (142,891–908 F.); *Epistula* 8,16 (266,298–267,315 F.); *Epistula* 17,4 (566,111–128 F.); 19 (577,522–578,562 F.); *Contra Fastidiosum* 20,1–3 (305,815–306,844 Fraipont); *De fide ad Petrum* 13 (719,244–252 Fraipont); *Sermo* 4,6 (914,118–128 F.).

13 Vgl. Fulgentius von Ruspe, *Ad Thrasamundum* 3,27,2 (172,1009–1010 F.); *Epistula* 8,28 (272,492–493 F.): *seruata utriusque proprietate naturae*; *Contra Fastidiosum* 8,1 (292,337–338 F.): *in una Christi persona geminae substantiae naturali proprietate seruata*; 11 (296,490 F.): *utraque natura retinente proprietatem suam*; 12 (297,503–504 F.): *manente dumtaxat utriusque proprietate substantiae*; *Contra Fabianum* fr. 33,5 (834,70–71 F.): *utriusque naturae proprietate seruata*.

14 Fulgentius von Ruspe, *Epistula* 14,18 (406,678–686 Fraipont): *Quod ut sanctorum Patrum ueridica demonstraret assertio, primum beatissimi papae Leonis apostolicae sedis gloriosi pontificis proferimus epistulam, quam scribens ad Flauianum Constantinopolitanae urbis episcopum, in eo quod ueram de incarnatione Domini expressit mirabiliter fidem, omnem destruxit haereticae prauitatis errorem. In illa namque epistula idem gloriosus antistes non minus apostolicae fidei ueritate praeditus, quam apostolicae sedis dignitate praecelsus, haec dicit:* [...].

15 Vgl. die eingehenden und umfassenden Erörterungen von Nisters (1930) 19–57.

diuina humanaque natura, una est Filii Dei Iesu Christi in utriusque naturae ueritate persona höchstens ungefähr an.[16] Besonders fehlt jede Entsprechung zu der für die griechische Seite so wichtigen Interpretation von πρόσωπον bzw. *persona* durch ὑπόστασις, also etwa *subsistentia*. Damit scheint Fulgentius allerdings nicht nur dem Papstbrief einen gewissen autoritativen Vorrang vor den Konzilsbeschlüssen einzuräumen, sondern – in scharfem Kontrast zu Boethius[17] und Johannes Maxentius[18] – sich einem Grundzug der östlichen Debatte komplett zu verweigern, nämlich der Fixierung auf die Terminologie. Obwohl Fulgentius mindestens ein wenig Griechisch konnte (nach Ausweis der sicherlich übertriebenen Darstellung der *Vita* konnte er den ganzen Homer auswendig und beherrschte die gesprochene Sprache wie ein dort Erzogener),[19] sieht er keinerlei Veranlassung, näher in die griechische Terminologie der christologischen wie trinitätstheologischen Debatte einzusteigen oder seine eigenen Grundbegriffe *natura, persona, proprietas* etc. zu definieren – ein Grundcharakteristikum seines Ansatzes, dem wir im folgenden Durchgang durch die einzelnen neuchalkedonischen Theologumena in der Sicht des Fulgentius immer wieder begegnen werden.

---

16 Fulgentius von Ruspe, *Epistula* 17,22 (580,640 – 581,642 F.), vgl. *Ad Thrasamundum* 3,17,2 (161,600 F.): *inconfusa pariter et indiuisa perfectio*; *Epistula* 14,11 (398,398 – 399 F.): *inconfusibilis atque inseparabilis plena ueritas naturarum*; *De fide ad Petrum* 59 (749,1118 – 1119 F.): *duas naturas inconfusibiliter atque inseparabiliter permanere*. Der lateinische Wortlaut der Definition lautet bei Johannes Maxentius, *Libellus fidei* 6,10 (10,117 Glorie): *inconfuse, incommutabiliter, indiuise, inseparabiliter*, in der lateinischen Übersetzung der Konzilsakten (*Collectio Vaticana*) ebenso (ACO 2,2,2 [8,29 – 30 Schwartz]).
17 Vgl. bes. Boethius, *Contra Eutychen et Nestorium* 1–3 (209,59 – 219,264 Moreschini).
18 Vgl. z. B. Johannes Maxentius, *Contra Nestorianos* 1,11–14 (67,434 – 71,592 Glorie).
19 Anonymus, *Vita Fulgentii* 1,4 (159,17 – 23 Isola): *Quem religiosa mater, moriente celeriter patre, Graecis litteris imbuendum primitus dedit; et quamdiu totum simul Homerum memoriter reddidisset, Menandri quoque multa percurreret, nihil de Latinis permisit litteris edoceri, uolens eum peregrinae linguae teneris adhuc annis percipere notionem quo facilius posset, uicturus inter Afros, locutionem Graecam seruatis aspirationibus tanquam ibi nutritus exprimere*. Diese topische Hochstilisierung wäre vor allem an den Fragmenten *Contra Fabianum* (bes. fr. 2–3 und 12–13) zu überprüfen, wo Fulgentius wiederholt aus dem griechischen Neuen Testament zitiert, meist allerdings ganze Sätze, wo ein einzelner Begriff gereicht hätte. Ob dies auf eine fundamentale Unsicherheit im Umgang mit dem Originaltext deutet oder schlicht dem Interesse entspringt, einer des Griechischen fast komplett entwöhnten lateinischen Leserschaft größere Kontexte zugänglich zu machen, kann an dieser Stelle nicht entschieden werden. Auch dass er σύμβολον in *Contra Fabianum* fr. 36,1–2 (854,1–14 F.) fälschlicherweise von συμβουλεύεσθαι herzuleiten scheint, muss wenigstens im antiken, für fast jede Art phantastischer Etymologie empfänglichen Kontext nicht für defiziente Griechischkenntnisse sprechen.

3 Neuchalkedonismus

Grundanliegen des sogenannten Neuchalkedonismus[20] ist die Vermittlung der Beschlüsse des vierten Konzils mit der Theologie Kyrills oder anders gesagt die Propagierung einer durch und durch kyrillischen Lesart der chalkedonischen Glaubensdefinition. Den besten Ansatzpunkt hierfür bietet naturgemäß Kyrills eigene Verteidigung der Unionsformel von 433,[21] welche für den ersten Teil der chalkedonischen Definition Pate stand und sich bereits auf die doppelte Konsubstantialität und Naturvollkommenheit festgelegt hatte, allerdings ganz ausdrücklich in einem abstrakten Sinne: Zwei Naturen sollten bereits hier nicht mehr zwei konkrete Subjekte, eine göttliche und menschliche Person im einen Christus bedeuten, sondern schlicht ein doppeltes Set von an einem einzigen Subjekt zu verifizierenden Eigenschaften, Gottheit und Menschheit.[22] Die eine φύσις oder ὑπόστασις meint dann nach dem Kyrill der Sukzensusbriefe letztlich nichts anderes als die zweite Person der Trinität, welche sich in der Fleischwerdung ein zweites Set natürlicher Charakteristika, eben die Menschheit, zugelegt hat, um dadurch für das verlorene Menschengeschlecht Tod und Verderben auf sich zu nehmen, wozu die Gottheit an sich gar nicht im Stande gewesen wäre.[23] Die μία ὑπόστασις Chalkedons ist also sowohl mit der kyrillischen μία φύσις als auch mit der zweiten Person der Trinität zu identifizieren, und mindestens jene zweite Identifikation ist der westlichen theologischen Tradition von Augustin über Leo bis hin zu Fulgentius auch ganz geläufig. Strittig sind lediglich deren exakte Implikationen, sowohl was das Verhältnis der drei trinitarischen Personen untereinander, also die Koordination von Trinitäts- und Inkarnationslehre, sowie was das Verhältnis der menschlichen Natur zur göttlichen Hypostase betrifft.

Ihre äußerste Zuspitzung erhielt diese Identifikation von zweiter trinitarischer Person und gottmenschlichem Erlöser in der sogenannten theopaschitischen Formel, welche eine Gruppe lateinischsprachiger Mönche aus dem Donaudelta ab 518 zuerst in Konstantinopel und dann in Rom propagierten: *Unus ex trinitate passus est carne* lautete deren Schlagwort, und evozierte gefährliche Anklänge an die monophysitische Erweiterung des Trishagion („Heiliger Gott, heiliger starker Gott, heiliger Unsterblicher, der für uns gekreuzigt wurde"), welche der antiochenische Patriarch Petrus Fullo einige Jahre zuvor in die Liturgie eingeführt, der chalkedonische Kaiser Justin bei seinem Regierungsantritt aber sofort wieder abgeschafft hatte.[24] Die Mönche hatten somit sowohl in Konstantinopel als auch bei Papst Hormisdas in Rom einen schweren Stand: Ihre Theologie war mit ihrem emphatischen Eintreten für das chalkedonische

---

20 Zu diesem Begriff vgl. den forschungsgeschichtlichen Überblick bei Hainthaler (2003) 237–243. Zu den einzelnen darunter subsumierten Theologumena vgl. den ausführlichen Kommentar von Bruckmann zu den Anathematismen des fünften Konzils (Bruckmann [2004]).
21 Kyrill von Alexandrien, *Epistula ad Iohannem Antiochenum* 4, ACO 1,1,4 (17,9–20 Schwartz).
22 Vgl. Gleede (2007) 59–71.
23 Vgl. bes. Kyrill von Alexandrien, *Epistula* 46,1–2, ACO 1,1,6 (158,8–160,13 Schwartz).
24 Vgl. Grillmeier (1989) 268–274.

Konzil und die Autorität Kyrills schwerlich als häretisch zu brandmarken, beinhaltete aber auch gewisse unbequeme Zuspitzungen, die es vor allem dem Nachfolger Leos nicht möglich machten, ihr seine ungeteilte Zustimmung zu geben.[25]

Da die Mönche ferner für sich beanspruchten, durch ihr Insistieren auf der Logosinitiative und somit einer Art göttlichen Monergismus in der Christologie allein die augustinische Gnadenlehre mit ihrer Ablehnung des pelagianischen Synergismus auch christologisch voll zur Geltung bringen zu können,[26] wandten sie sich in ihrer prekären Situation nach Nordafrika. Dort, an Heimstatt und Hort dieser Gnadenlehre, sollte ihr Anliegen Gehör finden bei Fulgentius, dem *Augustinus abbreviatus*, persönlich.

4 Anfrage der skythischen Mönche

Glücklicherweise enthält die einschlägige Anfrage der Mönche fast alle wichtigen Themen kyrillisch-chalkedonischer Theologie und konfrontiert Fulgentius somit damals bereits mit fast all denjenigen Fragen, mit denen wir ihn heute konfrontieren müssen, um seine Stellung zum Neuchalkedonismus genau zu bestimmen. Dabei argumentieren die Mönche folgendermaßen: Die Beschlüsse von Chalkedon und Ephesus, also das Bekenntnis zu den zwei Naturen in einer Person und zur wahren Gottesgebärerschaft der Heiligen Jungfrau, können nur dann glaubhaft aufrechterhalten werden, wenn man die chalkedonische Zweinaturenformel nicht gegen die kyrillische Einnaturenformel ausspielt, sondern beide im Lichte der jeweils anderen interpretiert. Maria ist nämlich nur dann wirklich und wesentlich Gottesgebärerin, wenn der von ihr geborene Sohn wirklich und wesentlich mit Gott vereint war. Die Inkarnation muss also als *unio essentialis siue naturalis* verstanden werden, als Einung von Naturen auf der Ebene der Naturen, nicht als bloße Partizipation oder akzidentielle Verbindung.[27] Somit geht es um die Vereinigung bleibend unterschiedener, jedoch in keiner Hinsicht mehr getrennter substantieller Teile zu einem Ganzen, welche am besten mit dem apollinarisch-kyrillischen Begriff der *compositio*, der Zusammensetzung zu beschreiben sei, was durch ausführliche Zitate aus den sogenannten apollinaristischen Fälschungen, fälschlich dem Athanasius zugeschriebenen Texten des Erzmonophysiten Apollinaris von Laodizea,[28] untermauert wird.[29] Nur wenn die menschliche Natur als substantieller Bestandteil der zweiten trinitarischen Hypostase aufgefasst wird, lässt sich sowohl eine Erweiterung der Trinität zur Quaternität durch eine zusätzliche Person des Inkarnierten vermeiden als auch eine echte Idiomenkommunikation und damit auch die Geltung der umstrittenen Anathematis-

---

25 Vgl. Grillmeier (1989) 333–344.
26 Vgl. Maxwell (2003) 134–162.
27 Fulgentius von Ruspe, *Epistula* 16,3–5 (552,33–553,80 Fraipont).
28 Zu diesen Texten und ihrer Rezeption vgl. Hainthaler (2015).
29 Fulgentius von Ruspe, *Epistula* 16,6–7 (553,81–555,127 F.).

men Kyrills sicherstellen, da nun ein Subjekt gleichermaßen über beide Naturen und deren Eigenschaften verfügt.[30]

Wenn also nach dem unzweideutigen Zeugnis der Schrift die zweite göttliche Person Mensch wurde, nicht aber ein Mensch zu Gott, ist ferner jegliche Präexistenz des Menschen Jesus vor der Inkarnation oder auch nur Vorformation seines Fötus vor der schöpferischen Herabkunft des Logos ausgeschlossen: Der Logos muss die Stelle des männlichen Samens in der jungfräulichen Zeugung der Menschheit einnehmen und – nach antiker Zeugungslehre – das Menstrualblut Mariens zur Entwicklung eines menschlichen Individuums überformen.[31] Zum Abschluss des christologischen Teils werden kurz die diese Lehre angeblich stützenden Autoritäten beschworen, im Wesentlichen die vier ökumenischen Konzilien, Kyrill und Leo, sowie die dieser widersprechenden monophysitischen sowie antiochenisch-nestorianischen Lehrer (Drei Kapitel) verdammt.[32] Warum darauf noch ein zweiter, die Gnaden- und Prädestinationslehre des späten Augustin affirmierender Teil folgen muss, wird eher angedeutet als expliziert: Der allein durch die göttliche Gnadenwahl und -wirkung erzeugte und erhaltene rettende Glaube soll sich auch seinem Inhalt nach auf eine vollkommene Gottestat richten, nämlich das im Fleisch vollzogene Heilswerk der zweiten Person der Trinität.[33]

5 Antwort des Fulgentius

Fulgentius' ausführliche Replik auf dieses Schreiben beginnt relativ enthusiastisch: Er lobt den Glauben der Mönche und preist die darin sich bekundende Gnadenwirkung, welche die Mönche sogar dazu motivierte, das entlegene sardinische Exil, in das er selbst von den Vandalen verbannt war, nach Glaubensgenossen zu durchstöbern. Der folgende Satz aber dürfte bereits eine entscheidende Distanznahme in sich bergen: Da das Wort Gottes nicht gebunden sei, sondern sich überall manifestiere, wolle

---

30 Fulgentius von Ruspe, *Epistula* 16,8–9 (555,128–556,156 F.).
31 Fulgentius von Ruspe, *Epistula* 16,10–11 (556,157–180 F.). Vgl. dazu u. Anm. 45.
32 Fulgentius von Ruspe, *Epistula* 16,12–13 (556,181–557,196 F.).
33 Vgl. Fulgentius von Ruspe, *Epistula* 16,18 (558,242–252 F.): *Sine hac igitur gratia potest quidem cogitare et desiderare humana, non autem potest cogitare, aut uelle, seu desiderare diuina, quorum primum est et praecipuum fundamentum, et crepido quodammodo, siue omnium bonorum origo, credere in Dominum gloriae crucifixum, quod utique non est ex naturalis arbitrii libertate, quia non hoc caro et sanguis, sed Pater caelestis reuelat cui uoluerit, ad ueram eum attrahens libertatem, non uiolenta necessitate, sed infundendo suauitatem per Spiritum sanctum, ut mox credentes dicamus, quia Dominus est Iesus, quod nemo per naturalem arbitrii libertatem potest dicere, nisi in Spiritu sancto.* Das Wesentliche am Glaubensgegenstand ist der „gekreuzigte Herr der Herrlichkeit" (1 Kor 2,4), also die allein gnadenhaft zu offenbarende göttliche Person Jesu, welche das Fleisch mit sich vereint hat (vgl. Johannes Maxentius, *Contra Nestorianos* 2,5–14 [84,296–94,650 G.]). Im parallel aufgebauten *Libellus fidei* des Johannes Maxentius fehlt selbst diese Andeutung (vgl. bes. *Libellus fidei* 17,34 [24,401–25,413 G.]). Hier werden in noch knapperer Form lediglich die wichtigsten dogmatischen Topoi abgehandelt.

er darlegen, was er selbst durch Eingabe des Geistes aus der Schrift und den Vätern über Inkarnation und Gnade gelernt habe, nicht jedoch, so wird man ergänzen müssen, zur Theorie der Mönche en détail Stellung beziehen.[34] Während er auf vergleichbare Anfragen etwa des Scarila (*Epistula* 10) oder Ferrandus (*Epistula* 11/12) nämlich sehr detailliert und gewissenhaft antwortet, indem er den jeweiligen Passus der Anfrage noch einmal im vollen Wortlaut anführt und dann Punkt für Punkt abarbeitet, meint er, das zu überprüfende christologische Bekenntnis der Mönche auf zwei Punkte reduzieren zu können, von denen angeblich alles andere abhänge: das chalkedonische Bekenntnis zu den zwei Naturen in einer *persona siue subsistentia* und das ephesinische Bekenntnis zur Gottesgebärerin Maria, welches auf der „wesentlichen oder natürlichen Einung zwischen Logos und Fleisch" basiere.[35]

Damit wird zunächst einmal die für den Osten so bedeutsame Frage der Autoritäten komplett ausgeklammert: Fulgentius interessiert sich weder für die apollinaristischen Fälschungen noch für die Bewertung der Drei Kapitel noch für den Status der kyrillischen Anathematismen oder generell der kyrillischen Terminologie als solcher. Dennoch geht er in der Sache deutlich weiter, als lediglich die beiden genannten basalen Punkte zu affirmieren, auch wenn er den größten Teil des christologischen Abschnitts seiner Antwort in der Tat auf Gottesgebärerschaft und Jungfrauengeburt verwendet.[36] Die sich in diesem Zusammenhang ergebende These, dass sich die Geburt des Gottmenschen keinerlei vorausgehenden Verdiensten Mariens, sondern allein der gnadenhaften göttlichen Initiative verdankt, gibt ihm zunächst die Gelegenheit zu einem soteriologischen Ausgriff, welcher als Vorbereitung der Replik auf den zweiten, gnadentheologischen Teil gelesen werden kann.[37] Im die Christologie abschließenden, für uns interessantesten Teil versucht er dann offenbar noch einige Sachpunkte der Mönche abzuarbeiten sowie diese nebenbei an die eigene und eigentliche theologische Grundlage zu erinnern, die sich im *Tomus Leonis* aussprechende Autorität des römischen Stuhls.[38] Was er hier nun an Sachpunkten herausgreift, dürfte ebenso interessant sein wie das, was er weglässt. Gänzlich undiskutiert

---

34 Fulgentius von Ruspe, *Epistula* 17,1 (564,31–45 F.): *Quia igitur sermo Dei non est alligatus, qui uiuus est et efficax, idcirco nos quoque ea quae de incarnatione ac dispensatione Domini nostri Iesu Christi, et de gratia (quae gratis indignis ita tribuitur, ut ipsa in nobis et exordium et profectum bonae uoluntatis operetur), canonicorum sancta auctoritate uoluminum, paternorum quoque dictorum doctrina atque institutione percipimus et tenemus, uestrae caritati rescripto indice demonstrabimus, confidentes in Domino (a quo et fides infunditur, ut corde credamus ad iustitiam, et sermo datur ut ore confiteamur ad salutem), quia nostrum pariter et sensum gubernabit et stilum, ut uestrae interrogationi talis reddatur nostra responsio, in qua et de incarnatione Domini ea dicamus quae nostrae redemptionis continet ueritas; et de gratia Dei ea loquamur quae nobis ipsa gratis infuderit superna maiestas.*
35 Fulgentius von Ruspe, *Epistula* 17,2 (564,52–53 F.): *Deum Verbum incarnatum et homine factum, atque essentialiter siue naturaliter carni unitum.*
36 Fulgentius von Ruspe, *Epistula* 17,3–13 (564,56–572,324 F.). Vgl. direkt dazu Turek (2007); zur Mariologie des Fulgentius insgesamt vgl. Cal Pardo (1969) 113–192.
37 Fulgentius von Ruspe, *Epistula* 17,14–17 (572,325–575,443 F.).
38 Fulgentius von Ruspe, *Epistula* 17,19–20 (577,522–579,577 F.).

bleiben die allesamt mit der kyrillisierenden Terminologie der Mönche verbundenen Fragen nach substantieller Einheit und Zusammensetzung.[39] Aufgegriffen wird hingegen die Behauptung, dass die Menschwerdung Gottes jegliche Präexistenz des Menschen Jesus, und sei es auch nur in fötaler Form, ausschließe,[40] sowie die Probleme der Koordination von Trinitätslehre und Christologie, also die Fragen nach der Appropriation der Inkarnation an die zweite Person,[41] sowie die Notwendigkeit, jeden Verdacht auf Quaternität auszuschließen.[42] Dabei scheint der Umgang mit den trinitarischen Problemen gerade im Vergleich zu Fulgentius' zahlreichen anderen Verhandlungen derselben Fragen erstaunlich stipulativ und unbefriedigend: Zur Appropriation wird lediglich festgehalten, dass das biblische Zeugnis den Bezug der Inkarnation auf die gesamte Trinität oder eine der beiden anderen Personen nicht zulasse, und hinsichtlich der Quaternität muss ein emphatischer Verweis die grundlegende Bedeutung von trinitarischem Taufbefehl und danach vollzogener Taufe alle Zweifel verstummen lassen. Interessanter ist die Polemik gegen die Präexistenz der Menschseite Christi, da sie in der Tat eklatante Berührungen zur neuchalkedonischen Behandlung dieser Frage, also dem notorischen „Enhypostasieproblem", aufweist.

In Übertragung des trinitarischen Hypostasenbegriffs auf die Christologie war hier auf der griechischen Seite folgende Theorie entwickelt worden: Wie die trinitarischen Hypostasen primär Ursprungsrelationen sind, sich also in Form von Ungezeugtheit, Zeugung und Ausgang primär durch ihre Entstehungsweise konstituieren, so lässt sich auch von geschaffenen Individuen sagen, dass diese sich primär durch ihren Ursprung, durch ihre in Zeugung und Geburt festgelegten singulären Eigenschaften von den anderen Individuen unterscheiden, somit also nach der Definition des Individuums in Porphyrios' Einleitung zum aristotelischen Organon „Bündel von (abgrenzenden) Eigenschaften" darstellen.[43] Hypostase ist damit in den Worten Marcel Richards nichts anderes als ein zusammengesetzter „origine continuée",[44] eine sich durch die individuelle Biographie durchziehende und diese von allen anderen unterscheidende, vielfältige Aspekte umfassende Ursprungszeichnung. Stärke und Problematik dieser Theorie liegen darin, dass sie eine Vielfalt traditioneller theologischer wie philosophischer Motive in sich vereinen und in Zusammenhang bringen kann, ohne dass jedoch bei einem konkreten Autor, der sich auf eines oder mehreres dieser Motive bezieht, sofort klar sein muss, inwiefern er damit auf die gesamte Theorie anspielt oder aber nur einen Teil davon kennt und sich zu eigen macht. Im Brief der skythischen Mönche selbst etwa wird genau genommen lediglich gesagt, dass nur dann, wenn der Mensch Jesus durch die Inkarnation allererst ins Leben

---

39 Ein analoges Ressentiment gegen die *persona composita* findet sich auch bei Cassiodor. Zur lateinischen Kyrillrezeption insgesamt vgl. Haring (1950).
40 Fulgentius von Ruspe, *Epistula* 17,18 (575,44–576,476 F.).
41 Fulgentius von Ruspe, *Epistula* 17,18bis (576,477–577,521 F.).
42 Fulgentius von Ruspe, *Epistula* 17,21–22 (579,577–581,642 F.).
43 Vgl. Gleede (2012) 98–100.
44 Richard (1945) 19. Weiteres dazu bei Gleede (2012) 56–61 und 176–181.

gerufen wurde und dieser keinen Moment zuvorkam, wirklich von einer Menschwerdung Gottes gesprochen werden kann.⁴⁵ Die übrigen Theorieelemente lassen sich lediglich aus den ausführlicheren christologischen Äußerungen des Mitautors Johannes Maxentius entnehmen,⁴⁶ scheinen auch Fulgentius allerdings nicht gänzlich unbekannt gewesen zu sein. Dieser macht sich nämlich nicht nur die nachdrückliche Abweisung jeder Präexistenz des Menschen Jesus emphatisch zu eigen, wenn er betont, dass zwischen Empfängnis und Inkarnation auch nicht der geringste zeitliche Zwischenraum liegen kann,⁴⁷ sondern verwendet auch Formulierungen, die tatsächlich an eine weitergehende neuchalkedonische Enhypostasiekonzeption denken lassen: Wiederholt macht er klar, dass der Logos keine menschliche *persona* angenommen habe, sondern lediglich eine menschliche *natura*, und dass die *persona* von Christi Menschheit diejenige des Logos ist, der das Fleisch in seine *persona* aufgenommen habe. Am deutlichsten scheint folgende Passage aus seiner Erwiderung an die Mönche:

> Das fleischgewordene Wort ist also *ein* Christus. Jedoch war jenes Wort ohne Fleisch ewiger Gott, das Fleisch Christi ohne Wort aber war nicht nur niemals Christus, sondern wurde nicht einmal auf persönliche Weise empfangen. Also blieb das Wort, welches Fleisch wurde, bevor es Fleisch wurde, ewig, das Fleisch des Wortes aber hat in Gott dem Wort selbst den persönlichen Anfang genommen. Doch weil das Fleisch gewordene Wort *ein* Christus ist, Gottes- und Menschensohn [...], daher ist es ein und derselbe, der als vom Vater gezeugter Gott keinen Anfang hat und zeitlich dem Fleisch nach einen Anfang hat.⁴⁸

---

45 Fulgentius von Ruspe, *Epistula* 16,10–11 (556,157–180 F.).
46 Vgl. Johannes Maxentius, *Breuissima adunationis ratio Verbi Dei ad propriam carnem* 2–4 (40,10–24 Glorie): *Hac de causa naturalis, non socialis adunatio siue unitio in Christo rectissime dicitur: quia non carni formatae aut animatae – quod iam hominis cuiuslibet potest demonstrare personam – semet persona <uerbi> uniuit in utero uirginis, sed ex ipsis eius uisceribus sapientia aedificauit sibi domum. Alioqui si formatae aut animatae carni semet uerbum dei inseruit in utero uirginali: non iam naturalis, sed socialis haec potius unitio siue adunatio dicenda est; nec persona uerbi ad naturam carnis, sed ad personam alicuius hominis concurrisse credenda est. Sed hoc qui dicunt, errore Nestorii traducuntur. Catholica autem fides: non personam uerbi ad personam alicuius iam formati hominis, sed ad naturam carnis conuenisse, credit et praedicat; et ideo non socialem, sed naturalem factam, docet, esse unitionem.*
47 Fulgentius von Ruspe, *Epistula* 17,7 (568,194–207 F.): *Ipsa quippe acceptio carnis fuit conceptio uirginalis; neque enim in utero sanctae illius et matris et uirginis illa spiritalis et ex Deo Patre sine initio genita uerbi Dei natura poterat absque carne temporaliter concipi, sicut nec caro sine Verbi Dei unitione potuit aliquatenus, nullius uiri coitu seminata, in intimo uuluae uirginalis innasci. Hanc ergo carnem tunc ex se natura uirginis concipientis exhibuit, cum in eam Deus concipiendus aduenit. Non est igitur aliquod interuallum temporis aestimandum inter conceptae carnis initium et concipiendae maiestatis aduentum. Vna quippe fuit in utero Mariae uirginis conceptio diuinitatis et carnis, et unus est Christus Dei Filius in utraque natura conceptus, ut maculam uitiatae propaginis inde inciperet abolere, unde in unoquoque nascentium uidebatur existere.* Ebenso etwa *De fide ad Petrum* 61 (750,1143–1147 F.). Für Parallelen und Hintergründe vgl. o. Anm. 44.
48 Fulgentius von Ruspe, *Epistula* 17,18 (576,458–470 F.): *Verbum itaque caro factum unus est Christus; sed Verbum illud sine carne Deus aeternus fuit; caro autem Christi sine Verbo non solum Christus aliquando non fuit, sed personaliter concepta nec fuit. Verbum ergo quod caro factum est, antequam caro*

Der springende Punkt ist hier die Deutung von *personaliter conceptum esse* und besonders von *personale initium sumere*, genauer gesagt, ob das *personale initium*, das das Fleisch im Logos nehmen soll, eben der τρόπος ὑπάρξεως der Neuchalkedonier, die individualitätskonstituierende Anfangsweise ist. Meines Erachtens ist dies nicht der Fall.[49] *Persona* heißt bei Fulgentius ganz unspezifisch „Individuum" ohne detailliertere technische Reflexion auf dessen Struktur oder Konstitutionsweise. Fulgentius sagt also lediglich, dass die Inkarnation eine menschliche Personbildung verhindert, indem sie ihr zuvorkommt, gibt aber keine Auskunft darüber, inwiefern genau der Logos das personbildende Element des Menschen Jesus überhaupt ersetzen kann.[50]

6 Fulgentius und Augustin

Wenn es darum geht, die Einheit in der Person des Gottmenschen näher zu konkretisieren, greift Fulgentius nicht zur Ontologie, sondern zur Psychologie, wie besonders in der kurz vor seinem Lebensende erfolgten, überraschenden Stellungnahme zum in Alexandrien wahrscheinlich gerade im Aufkeimen begriffenen Agnoetenstreit[51] deutlich wird. Im Kontrast zu den zugegebenermaßen erst später entwickelten differenzierten Positionen[52] zum biblisch ja relativ eindeutig bezeugten menschlichen Nichtwissen Christi sehen wir Fulgentius hier scheinbar auf radikal monophysitischer Linie argumentieren: Wenn der Gottmensch die Fülle der Gottheit leibhaftig besaß, in jeder Hinsicht voller Gnade und Wahrheit war, ist jeder Schatten der Unwissenheit von

---

fieret, mansit aeternum, caro autem Verbi in ipso Deo Verbo personale sumpsit initium. Sed quia Verbum caro factum unus Christus est Dei et hominis Filius, nec alter est Verbum, alter est caro, sed idem unus Verbum caro, propterea idem unus est, qui initium non habet aeternus Deus generatus ex Patre et initium habet temporaliter secundum carnem, idem Deus homo creatus ex uirgine, unus Vnigenitus Dei Filius ex aeternitate diuinitatis et ex initio carnis. Dass der Logos keine menschliche *persona*, sondern eine *natura* genommen habe, wird auch anderswo betont, etwa *Epistula* 17,10 (570,258–267 F.) oder *De fide ad Petrum* 60 (749,1126–750,1142 F.).

49 Anderer Ansicht ist Micaelli (1985) 344–350, welcher die für Fulgentius einschlägigen Augustinparallelen beibringt, diese aber zugunsten besagter Anklänge an die griechische Terminologie unterbewertet. In diesem Sinne scheint auch Hainthaler *Epistula* 17 zu interpretieren, als Korrektur der neuchalkedonischen Position der skythischen Mönche vom streng chalkedonischen Standpunkt her (Hainthaler [2003] 254–258).
50 Eine ungefähre Parallele bietet Fulgentius von Ruspe, *De fide ad Petrum* 16 (721,295–299 F.): *Quibus autem uerbis explicabitur carnis illius excellentia singularis, cuius diuina est ex ipsa sui conceptione persona, cuius origo natiuitatis insolita, qua sic Verbum caro factum est, ut una persona esset cum carne sua Vnigenitus ac sempiternus Deus, ipsa suae carnis conceptione conceptus.*
51 Vgl. Grillmeier (1989) 379–402.
52 Sowohl dem Monophysiten Theodosius von Alexandrien (*Epistula ad Theodoram* 3 [38,474–41,571 Van Roey/lat. 54,434–56,523 Van Roey]) als auch dem Chalkedonier Eulogius (bei Photius, *Bibliotheca* cod. 230, 284a18–285a20 [57,5–60,13 Henry]) zufolge kann nur von einem Unwissen Christi gesprochen werden, insofern seine menschliche Komponente θεωρίᾳ für sich betrachtet wird.

seiner menschlichen Seele fernzuhalten. In der Adäquation des Erkenntnisaktes ist seine Seele gleichsam die göttliche Weisheit selbst, unterscheidet sich von der allwissenden Gottnatur nicht durch inhaltliche Wissensdefizite, sondern durch die Perspektive auf die Allwissenheit, insofern sie ihre Wissensgegenstände nicht selbst erzeugt.[53] Über die ganz offen gegenteilig lautende biblische Konstatierung des Nichtwissens Christi hinsichtlich des jüngsten Tages (Mk 13,32par) setzt er sich dabei ebenso stillschweigend hinweg wie über die eigene frühere Inanspruchnahme von Lk 2,52 für eine echte Erkenntniszunahme in der wahrhaft menschlichen Seele Jesu.[54] Gegenüber der rein antiarianischen Frontstellung besonders der frühesten Schriften ist hier also eine doch relativ fundamentale Verschiebung des Problembewusstseins festzustellen: Es geht nicht mehr an, die Personeinheit Christi mit dem *Tomus Leonis* schlicht vorauszusetzen. Im Lichte der östlichen Debatten muss sie näher expliziert, begründet und konkretisiert werden. Dies geschieht nun allerdings charakteristischerweise nicht in Form intensiverer Einlassung auf die östliche Diskussion und die dort dominante Rezeption und Transformation der trinitarischen Hypostasenmetaphysik der Kappadozier, sondern in Form eines eigenen, westlichen Auswegs, nämlich dem Rückgriff auf Augustin.

Tatsächlich ist nämlich nicht nur Fulgentius' späteres Bild von der weisheitserfüllten Seele Jesu aus der augustinischen Anschauung von der gnadenhaften Transformation der Seele der Gläubigen extrapoliert. Vielmehr scheint Augustin als einziger die Lösung für ein systematisches Problem parat zu haben, welches für Fulgentius allem Anschein nach im Zentrum sowohl der östlichen Debatten um den Neuchalkedonismus als auch der westlichen Debatten zwischen Nizänern und Nichtnizänern steht: die Vereinbarkeit von Trinitätslehre und Christologie, genauer gesagt von unteilbarer Wesenseinheit der drei trinitarischen Personen und Appropriation des inkarnatorischen Heilswerks allein an den Sohn. Dieses Problem, welches Fulgentius in seiner Antwort an die Mönche noch einige Probleme bereitet zu haben scheint, verhandelt er im Anschluss wiederholt und in großer Ausführlichkeit sowohl gegenüber den Arianern Fastidiosus[55] und Fabianus[56] als auch anläßlich der Anfragen seiner Schüler Ferrandus[57] und Scarila[58] sowie in der Darlegung der Glaubensregel an den Jerusalempilger Petrus,[59] welche diesen auf seiner Reise nach Osten vor den dort grassierenden Häresien schützen sollte. Verlässlichen Schutz gegen die nestorianische wie eutychianische Irrlehre bietet danach allein die psychologische Trinitätslehre Augustins, welche sowohl die Untrennbarkeit der göttlichen Substanz festzuhalten als

---

[53] Vgl. Fulgentius von Ruspe, *Epistula* 14,25–34 (416,1038–428,1447 F.). Dazu: Nisters (1930) 102–107 sowie Hainthaler (2006).
[54] Vgl. Fulgentius von Ruspe, *Ad Thrasamundum* 1,8,2 (105,314–320 F.).
[55] Fulgentius von Ruspe, *Contra Fastidiosum* 9–20 (295,431–307,887 F.).
[56] Fulgentius von Ruspe, *Contra Fabianum* fr. 18,7–10 (791,88–793,157 F.).
[57] Fulgentius von Ruspe, *Epistula* 14,21–24 (410,818–416,1037 F.).
[58] Fulgentius von Ruspe, *De incarnatione* 2–23 (313,22–332,642 F.), bes. 20–23 (329,541–332,642 F.).
[59] Fulgentius von Ruspe, *De fide ad Petrum* 7–9 (716,150–718,200 F.).

auch jeden Patripassianismus abzuwehren und die Inkarnation ganz plausibel allein der zweiten Person zu appropriieren vermag: Genau wie das Aussprechen eines Gedankens ohne die ständige Mitwirkung, ja das völlige Getragensein durch Erinnerung und Willen undenkbar ist, direkt aber weder die Erinnerung noch der Wille, sondern eben der aktuelle Gedanke ausgesprochen wird, so wird auch die Inkarnation voll und ganz durch das Wirken von Vater und Geist, also die untrennbare Wirkung aller drei trinitarischen Personen ad extra, getragen, ohne dass die beiden anderen sich direkt selbst inkarnieren würden. Dies bleibt allein dem Sohne vorbehalten, dem ewigen *verbum internum* des Vaters, das sich zur Mitte der Zeit als *verbum externum* den Menschen gegenüber ausspricht.

7 Zusammenfassung

Fulgentius' Verhältnis zum griechischen Neuchalkedonismus lässt sich somit als dasjenige eines zwar interessierten und informierten, gleichzeitig aber auch selbstbewusst-distanzierten Zuschauers beschreiben: Wie treffsicher er die kyrillianischsten Elemente der Anfrage der skythischen Mönche aussondert und übergeht, weist ebenso auf informierte Teilnahme an der Debatte hin wie seine direkten Reaktionen auf die aktuellsten, sogar hauptsächlich innermonophysitisch diskutierten Spezialprobleme, wie das Nichtwissen Christi oder die Unaffizierbarkeit seines Leibes im sog. Aphthartodoketismusstreit.[60] Andererseits fühlt er sich in keiner Hinsicht genötigt, direkt in diese aktuellen Debatten einzugreifen und deren Problemstellungen en détail zu übernehmen. Seine Stellungnahme zum Aphthartodoketismus etwa zieht sich schlicht auf die Grundlagen der augustinischen Urstands- und Erbsündenlehre zurück, ohne auch nur ansatzweise auf den eigentlichen Kernpunkt des Streits, die Freiwilligkeit und Kontrollierbarkeit der Affektionen Christi, einzugehen.[61] Hier mag sicherlich auch Ignoranz, also mangelhafte Griechischkenntnisse und Unverfügbarkeit der Primärquellen, eine Rolle spielen, doch letzten Endes ist es m. E. Fulgentius' tiefes Vertrauen in die eigene theologische Tradition, welches ihm mindestens die detailliertere Einlassung auf Problemstellung und Terminologie der griechischen Debatte unnötig erscheinen lässt. Dass die griechische Debatte ihn dennoch in mancher Hinsicht terminologisch beeinflusst, insofern er etwa die theopaschitische Formel in der „politisch korrekteren" Gestalt *una ex trinitate persona passus est carne* übernimmt[62] oder Formulierungen aufgreift, in denen neuchalkedonische Theoremata anklingen, muss nicht in jedem Einzelfall als direkte Beeinflussung gewertet

---

60 Vgl. Grillmeier (1989) 82–115.
61 Vgl. Fulgentius von Ruspe, *Epistula* 18 (619–624 Fraipont).
62 Fulgentius von Ruspe, *Contra Fastidiosum* 20,2 (305,829–306,843 F.); *Epistula* 17,18bis (576,477–577,503 F.). Johannes Maxentius beschwert sich über die Gegenstandslosigkeit dieser Korrektur in *Responsio adversus epistulam Hormisdae* 1,8 (134,342–348 Glorie) und verdächtigt sie in *Contra Nestorianos* 2,21 (105,1001–106,1020 G.) des Nestorianismus.

werden, sondern könnte genauso gut Parallelentwicklungen widerspiegeln: Der menschlichen Natur keine eigene *persona* zuzusprechen, sondern diese an der zweiten trinitarischen *persona* partizipieren zu lassen, legt sich auf der Basis der gemeinsamen chalkedonischen Grundlage einfach nahe.[63] Dass er sich dabei auf keinerlei Diskussion über den Stellenwert östlicher Autoritäten wie Kyrill von Alexandrien oder Theodor von Mopsuestia einlässt, muss gerade angesichts des nicht allzu lang nach seinem Tod mit aller Bitternis von seiner Heimat aus geführten Dreikapitelstreits auffallen, spricht jedoch genau für dasjenige distanzierte Selbstbewusstsein, das seine gesamte Einstellung zur östlichen Debatte kennzeichnet und an eine spätestens seit Prosper von Aquitanien greifbare Tradition westlicher Theologie anknüpft[64]: Folgt man nur Augustin und dem römischen Stuhl, kann eben keine potentiell missverständliche oder einseitige Äußerung eines Kyrill oder eines Theodor wirklich in die Irre führen.

Bibliographie

Quellen

ACO 1,1,4 = Eduard Schwartz (Hg.), *Concilium Universale Ephesenum* 1,4: *Collectio Vaticana* 120–139 (ACO 1,1,4), Berlin 1928.
ACO 1,1,6 = Eduard Schwartz (Hg.), *Concilium Universale Ephesenum* 1,6: *Collectio Vaticana* 165–172 (ACO 1,1,6), Berlin 1928.
ACO 2,1,1 = Eduard Schwartz (Hg.), *Concilium Universale Chalcedonense* 1,1: *Epistularum collectiones. Actio prima* (ACO 2,1,1), Berlin 1933.
ACO 2,2,1 = Eduard Schwartz (Hg.), *Concilium Universale Chalcedonense* 2,1: *Collectio Novariensis de re Eutychis* (ACO 2,2,1), Berlin 1932.
ACO 2,2,2 = Eduard Schwartz (Hg.), *Concilium Universale Chalcedonsense* 2,2: *Rerum Chalcedonensium collectio Vaticana. Canones et Symbolum* (ACO 2,2,2), Berlin 1936.
ACO 2,4 = Eduard Schwartz (Hg.), *Concilium Universale Chalcedonense* 4: *Leonis Papae I. epistularum collectiones* (ACO 2,4), Berlin 1932.
Anonymus, *Vita Fulgentii* = Antonino Isola (Hg.), *Vita Fulgentii* (CChr.SL 91F), Turnhout 2016.
Boethius, *Contra Eutychen et Nestorium* = Claudio Moreschini (Hg.), *Boethius, De consolatione philosophiae. Opuscula theologica* (BSGRT 1278), München ²2005, 206–241.
Fulgentius von Ruspe, *Ad Thrasamundum* = Johannes Fraipont (Hg.), *Sancti Fulgentii episcopi Ruspensis opera* (CChr.SL 91), Turnhout 1968, 97–185.
Fulgentius von Ruspe, *Contra Fabianum* = Johannes Fraipont (Hg.), *Sancti Fulgentii episcopi Ruspensis opera* (CChr.SL 91A), Turnhout 1968, 763–866.
Fulgentius von Ruspe, *Contra Fastidiosum* = Johannes Fraipont (Hg.), *Sancti Fulgentii episcopi Ruspensis opera* (CChr.SL 91), Turnhout 1968, 283–308.

---

63 Eine ähnliche Parallelentwicklung wären die Überlegungen zu Sohnschaft und Gezeugtsein als Proprium der gottmenschlichen Hypostase Christi, wie sie sich in *De fide ad Petrum* 7–16 (716,150–721,317 F.) sowie ähnlich bei Anastasius von Antiochien und wesentlich ausdifferenzierter bei Maximus Confessor finden (vgl. Gleede [2012] 121–122; 150–155).
64 Vgl. Grossi (2010).

Fulgentius von Ruspe, *De fide ad Petrum* = Johannes Fraipont (Hg.), *Sancti Fulgentii episcopi Ruspensis opera* (CChr.SL 91A), Turnhout 1968, 711–760.
Fulgentius von Ruspe, *De incarnatione* = Johannes Fraipont (Hg.), *Sancti Fulgentii episcopi Ruspensis opera* (CChr.SL 91), Turnhout 1968, 312–356.
Fulgentius von Ruspe, *De Trinitate ad Felicem* = Johannes Fraipont (Hg.), *Sancti Fulgentii episcopi Ruspensis opera* (CChr.SL 91A), Turnhout 1968, 633–646.
Fulgentius von Ruspe, *Epistula* 8; 14; 16; 17; 18 = Johannes Fraipont (Hg.), *Sancti Fulgentii episcopi Ruspensis opera* (CChr.SL 91), Turnhout 1968, 257–273; 387–444; 551–562; 563–615; 619–624.
Fulgentius von Ruspe, *Sermo* 4 = Johannes Fraipont (Hg.), *Sancti Fulgentii episcopi Ruspensis opera* (CChr.SL 91A), Turnhout 1968, 911–917.
Johannes Maxentius, *Breuissima adunationis ratio Verbi Dei ad propriam carnem* = François Glorie (Hg.), *Maxentii aliorumque Scytharum monachorum necnon Ioannis Tomitanae urbis eopiscopi opuscula* (CChr.SL 85A), Turnhout 1978, 39–40.
Johannes Maxentius, *Contra Nestorianos* = François Glorie (Hg.), *Maxentii aliorumque Scytharum monachorum necnon Ioannis Tomitanae urbis eopiscopi opuscula* (CChr.SL 85A), Turnhout 1978, 51–110.
Johannes Maxentius, *Libellus fidei* = François Glorie (Hg.), *Maxentii aliorumque Scytharum monachorum necnon Ioannis Tomitanae urbis eopiscopi opuscula* (CChr.SL 85A), Turnhout 1978, 5–25.
Johannes Maxentius, *Responsio adversus epistulam Hormisdae* = François Glorie (Hg.), *Maxentii aliorumque Scytharum monachorum necnon Ioannis Tomitanae urbis eopiscopi opuscula* (CChr.SL 85A), Turnhout 1978, 123–153.
Photius, *Bibliotheca* = René Henry (Hg.), *Bibliothèque 5: „Codices" 230–241* (Collection Byzantine), Paris 1967.
Theodosius von Alexandrien, *Epistula ad Theodoram* = Albert Van Roey und Pauline Allen (Hgg. und Übers.), *Monophysite Texts of the Sixth Century* (Orientalia Lovaniensia Analecta 56), Leuven 1994, 23–56.

Sekundärliteratur

Bruckmann (2004): Florian Bruckmann, „ἕνωσις καθ' ὑπόστασιν. Die ersten zehn Anathematismen des fünften ökumenischen Konzils (Konstantinopel 553) als Dokument neuchalkedonischer Theologie", in: *Annuarium historiae conciliorum* 36, 1–166; 259–388.
Cal Pardo (1969): Enrique Cal Pardo, *Cristo y Maria en el misterio de la redención humana segun San Fulgencio di Ruspe*, Madrid.
Gleede (2007): Benjamin Gleede, „Vermischt, ausgetauscht und kreuzweis zugesprochen. Zur wechselvollen Geschichte der Idiome Christi in der alten Kirche", in: Oswald Bayer und ders. (Hgg.), *Creator est creatura. Luthers Christologie als Lehre von der Idiomenkommunikation* (Theologische Bibliothek Töpelmann 138), Berlin, 35–94.
Gleede (2012): Benjamin Gleede, *The Development of the Term ἐνυπόστατος from Origen to John of Damascus* (VCS 113), Leiden.
Gori (2001): Franco Gori, „Idee e formule persistenti nella storia della cristologia occidentale da Tertulliano a Leone Magno", in: *Rivista di Storia e Letteratura religiosa* 37, 413–436.
Grillmeier (1989): Alois Grillmeier, *Jesus der Christus im Glauben der Kirche* 2,2: *Die Kirche von Konstantinopel im 6. Jahrhundert* (unter Mitarbeit von Theresia Hainthaler), Freiburg i. Br.
Grossi (2010): Vittorino Grossi, „Nota sull' agostinismo di Fulgenzio die Ruspe (462–527)", in: Antonio Piras (Hg.), *Lingua et ingenium. Studi su Fulgenzio di Ruspe e il suo contesto* (Studi e ricerche di cultura religiosa.NS 7), Ortacesus, 71–103.

Hainthaler (2003): Theresia Hainthaler, „Zum Problem des so genannten Neuchalcedonismus. Ephraem von Antiochien und Fulgentius von Ruspe", in: Ysabel de Andia (Hg.), *Christus bei den Vätern. Forscher aus dem Osten und Westen Europas an der Quelle des gemeinsamen Glaubens* (Wiener patristische Tagungen 1/Pro Oriente 27), Innsbruck, 233–258.

Hainthaler (2006): Theresia Hainthaler, „Zur Christologie des Fulgentius von Ruspe in der Frage des Wissens Christi", in: *Studia Patristica* 43, 393–399.

Hainthaler (2015): Theresia Hainthaler, „Die apollinaristischen Fälschungen und die christologischen Debatten des 5. und 6. Jahrhunderts. Einige Beobachtungen", in: Silke-Petra Bergjan, Benjamin Gleede und Martin Heimgartner (Hgg.), *Apollinarius und seine Folgen* (STAC 93), Tübingen, 269–284.

Haring (1950): Nicholas M. Haring, „The Character and Range of the Influence of St. Cyril of Alexandria on Latin Theology (430–1260)", in: *Medieval Studies* 12, 1–19.

Heil (2016): Uta Heil, „Sardinia as a Place of Exile in the First Six Centuries", in: Julia Hillner, Jörg Ulrich und Jakob Engberg (Hgg.), *Clerical Exile in Late Antiquity* (Early Christianity in the Context of Antiquity 17), Frankfurt a. M., 165–192.

Maxwell (2003): David R. Maxwell, *Christology and Grace in the Sixth Century Latin West. The Theopaschite Controversy*, Ph.D., University of Notre Dame.

McGuckin (1984): John A. McGuckin, „The ‚Theopaschite confession' (Text and Historical Context). A study in the Cyrilline Re-interpretation of Chalcedon", in: *Journal of Ecclesiastical History* 35, 239–255.

Micaelli (1985): Claudio Micaelli, „Osservazioni sulla cristologia die Fulgenzio di Ruspe", in: *Augustinianum* 25, 343–360.

Nisters (1930): Bernhard Nisters, *Die Christologie des hl. Fulgentius von Ruspe* (Münsterische Beiträge zur Theologie 16), Münster.

Price (2007): Richard Price, „The Three Chapters Controversy and the Council of Chalcedon", in: Celia Chazelle und Catherine Cubitt (Hgg.), *The Crisis of the Oikoumene. The Three Chapters and the Failed Quest for Unity in the Sixth-Century Mediterranean* (Studies in the Early Middle Ages 14), Turnhout, 17–37.

Price (2009): Richard Price, „The Development of a Chalcedonian Identity in Byzantium (451–553)", in: *Church History and Religious Culture* 89, 307–325.

Richard (1945): Marcel Richard, „L'introduction du mot ‚hypostase' dans la théologie de l'incarnation", in: *Mélanges des sciences religieuses* 2, 5–32; 243–270.

Studer (1985): Basil Studer, „Una persona in Christo. Ein augustinisches Thema bei Leo dem Großen", in: *Augustinianum* 25, 453–487.

Turek (2007): Waldemar Turek, „Virgo genetrix inviolata permansit. Riferimenti mariani nella lettera 17 di Fulgenzio di Ruspe", in: *Theotokos* 15, 177–187.

Jan-Markus Kötter
Der Umgang der zeitgenössischen lateinischen Chronistik mit der reichskirchlichen Entwicklung im fünften Jahrhundert

1 Vorbemerkungen

Das Konzil von Chalcedon 451 stellte eine wichtige Stufe für die Ausbildung großräumiger theologischer Identitäten dar. Während die ohnehin prekäre Einheit des östlichen Christentums infolge des Konzils endgültig zerbrach und sich in Syrien und Ägypten miaphysitische Nationalkirchen bildeten, fanden die dogmatischen Entscheidungen von Chalcedon in Rom und Konstantinopel Anerkennung und wurden später zu einem integralen Bestandteil des abendländischen Christentums.[1] Dessen eingedenk verwundert es, dass das Konzil in seiner unmittelbaren zeitlichen Nähe im Westen des Römischen Reiches kaum rezipiert wurde. Papst Leo I. stand den Synodalergebnissen äußerst reserviert gegenüber und fand sich erst 453, auf Drängen Kaiser Marcians, zu ihrer nachträglichen Billigung bereit, wovon er die hierarchischen Regelungen der Bischofsversammlung jedoch explizit ausnahm.[2] War die Synodalrezeption schon für die unmittelbar betroffene römische Kirche keine Herzensangelegenheit, so hören wir von der Annahme der Beschlüsse in anderen Regionen des Weströmischen Reiches so gut wie nichts, was nur in Teilen an der lückenhaften Überlieferung für die fragliche Epoche und die fragliche Region liegt. Wichtiger war, dass die 451 verhandelten Fragen manchen Bischöfen wohl schlicht als spezifisch römisches Problem galten, immerhin war auf dem Chalcedon vorausgegangenen sog. „Räuberkonzil" von 449 ein dezidiert römischer Lehrprimat infrage gestellt worden, während sich die hier wie dort diskutierte eutychianische Häresie im Westen gar nicht

---

[1] Zur Chalcedon-Rezeption klassisch der Sammelband von Bacht/Grillmeier (1953), hierin für den lateinischen Westen v. a. Bardy (1953). Vgl. ferner Wyrwa (1998). Die Konflikte um die Rezeption der Synodalbeschlüsse kulminierten 484 im Akakianischen Schisma, zu diesem ausführlich: Kötter (2013).
[2] In Rom stieß insbesondere der sog. „Kanon 28" (COD [75,27–76,38 Alberigo]) auf Kritik, der die Kirche von Konstantinopel hinsichtlich ihres Ranges der Kirche von Rom anglich. Leo hatte daher zunächst der ganzen Synode die Anerkennung verweigert. Erst als Marcian ihn darauf hinwies, dass die östlichen Gegner des Konzils dies zum Anlass nehmen würden, gegen die Beschlüsse der Bischofsversammlung zu intrigieren (ACO 2,1,2 [61,7–16 Schwartz]), fand sich Leo am 21. März 453 dazu bereit, das in Chalcedon gefasste Bekenntnis – ausdrücklich aber nicht die sonstigen Bestimmungen – zu billigen: Leo I., *Epistula* 114 (70,19–71,22 Schwartz).

erst verbreitet hatte.³ Während es Teilen des westlichen Episkopats also schlicht am Interesse mangelte, erhielten andere Teile überhaupt keine Nachricht von den Vorgängen. Die Kommunikationswege in entlegenere Regionen des Weströmischen Reiches waren durch das schrittweise Zerbrechen seiner politischen Einheit mittlerweile so gestört, dass es schon eines sehr expliziten Willens bedurfte, um Nachrichten über reichskirchliche Debatten etwa ins nordwestliche Spanien oder ins nördliche Gallien gelangen zu lassen.⁴ Einen solchen Willen jedoch wies das Papsttum im Fall der Synode von 451 nicht auf, und da das Konzil anderen potentiellen Multiplikatoren im Westen nicht als zentrales Problem ihrer jeweils relativen kirchlichen Umwelt erschien, wurde eine wahrhaft ökumenische Rezeption der Versammlung erschwert.

Will man sich den hier nur grob skizzierten Bedingungen der Synodalrezeption weiter annähern, so ergibt sich das Problem, dass sich außerhalb einer breit überlieferten römischen Publizistik nur wenige dokumentarische Zeugnisse westlicher Bischöfe erhalten haben, wodurch sich eher regional-provinzial geprägte Perspektiven letztlich nur im Blick auf literarische Zeugnisse gewinnen lassen, welche aus der Mitte des fünften Jahrhunderts aber ebenfalls nicht sonderlich reichhaltig auf uns gekommen sind. Die lateinischen Hauptquellen aus dieser Zeit sind drei Fortsetzungen der Chronik des Hieronymus. Es handelt sich um die Gallische Chronik von 452, um die im Jahr 455 in einer Version letzter Hand entstandene Chronik des Prosper von Aquitanien und um die Chronik des spanischen Bischofs Hydatius, die bis ins Jahr 468 reicht.⁵ Da diese drei Chroniken in unterschiedlichen geographischen Räumen und in

---

3 Vgl. Thompson (1976) 11: „True, Chalcedon made curiously little impact on the West outside the Holy See. The issues which were vital in the East were not issues at all in the West; and if the West heard of the Council of the Easterners – for hardly any representative of the West attended it – it did so in the main with incomprehension and indifference."

4 Im Jahr 406 waren Alanen, Vandalen und Sueven in Gallien eingefallen und 409 weiter nach Spanien gezogen, die Vandalen 428 sogar nach Africa. Im Zuge der Unruhen, die der Eintritt dieser Völker ins Reich hervorrief, kam es zu einer Reihe von Usurpationen, in deren Zusammenhang 412 auch die Westgoten in die großgallische Präfektur eindrangen. Neben diesen größeren gentilen Gruppen siedelte sich auch eine Masse kleinerer Völker im Einzugsgebiet des Reiches an. Für einen Überblick über den verwickelten Ereignisgang im Weströmischen Reich in der ersten Hälfte des fünften Jahrhunderts vgl. Börm (2018) 42–104. Ohne hier näher auf die in der Forschung umstrittene Frage nach der Bewertung der sog. „Völkerwanderung" einzugehen, ist für die folgende Betrachtung festzuhalten, dass eine Einheitlichkeit des die überregionale Kommunikation befördernden politischen Rahmens des Römischen Reiches infolge der gerade skizzierten Vorgänge nicht mehr gegeben war.

5 Neben den Ausgaben in Mommsens *Chronica minora* gibt es auch neuere Editionen, die sich untereinander und gegenüber Mommsen im Einzelfall recht deutlich unterscheiden. Für einen Überblick über die Editionen vgl. das Quellenverzeichnis. Die *Gallische Chronik* und die *Chronik* des Prosper werden im Folgenden nach den Editionen der „Kleinen und fragmentarischen Historiker der Spätantike" (KFHist) zitiert; auch die Übersetzungen stammen von dort. Die KFHist-Ausgabe der Hydatius-Chronik ist mittlerweile ebenfalls erschienen, lag bei der Drucklegung dieses Aufsatzes aber noch nicht vor, weshalb ihr lateinischer Text hier noch nach Mommsen zitiert wird; die Übersetzungen stammen vom Verfasser. Die weiterhin grundlegende Studie zu den drei Chroniken stammt von Muhlberger (1990). Wichtig für die folgenden Betrachtungen ist die Frage nach dem Entstehungszeitpunkt der *Gallischen Chronik*. Die Anonymität ihres Autors macht sichere Aussagen hierzu unmöglich. Gegen

unterschiedlichen politischen Kontexten entstanden sind, erlauben sie uns nicht allein, in Prosper eine zeitgenössische römische Perspektive zum Konzil von Chalcedon zu greifen, sondern mit dem gallischen Anonymus und dem Spanier Hydatius auch westlich-provinzialen Akteuren eine Stimme zu geben.[6] Gerade diese provinzialen Stimmen schweigen aber über die Synode von Chalcedon. Beim gallischen Chronisten von 452 mag dies vielleicht daran liegen, dass ihn zur Abfassungszeit seines Berichts noch keine Kunde von der erst im Vorjahr abgehaltenen Versammlung erreicht hatte,[7] bei der erst Ende der 460er Jahre abgeschlossenen Hydatius-Chronik jedoch muss das Schweigen entweder einer bewussten Entscheidung oder einem profunden Unwissen ihres Autors zugeschrieben werden. Lediglich Prosper widmet sich dem Konzil, gibt aber einige Aspekte des Geschehens stark verzerrt wieder und datiert die Synode wider besseren Wissens sogar erst ins Jahr 453, um nicht das für ihn ungleich wichtigere Narrativ zu den Hunnen-Einfällen in Gallien 451 und Italien 452 unterbrechen zu müssen.[8]

Zur Erklärung und Bewertung dieses Ausgangsbefundes reicht es natürlich nicht aus, den Umgang der drei Chronisten mit der Synode von 451 allein aus sich heraus zu beleuchten. Es soll hier ein allgemeinerer Blick auf die Positionen der Autoren zur reichskirchlichen Entwicklung ihrer Zeit geworfen werden, oder genauer: auf ihre Informationen über und ihr Interesse an dieser Entwicklung, denn gerade hinsichtlich

---

Miller (1978), die sie insgesamt als Produkt eines karolingischen Kompilators sieht, wird ihre Entstehung im fünften Jahrhundert mittlerweile kaum noch bestritten, allein der Fokus auf den „Arianismus" barbarischer Völker lässt keinen anderen Schluss zu. Laut Wood (2010) 74 (mit weiterer Literatur) sei die Niederschrift aufgrund chronologischer Unsicherheiten aber erst gegen Ende des Jahrhunderts anzusetzen, also gut eine Generation nach dem Ende des Berichtzeitraums. Die im Folgenden vorausgesetzte Zeitgenossenschaft des Textes zu den Ereignissen um 450 wäre damit relativiert, was allerdings nichts an der Grundaussage des Beitrags ändert, da sich der zeitliche Horizont der Nichtrezeption Chalcedons in diesem Fall sogar ausdehnen würde. Muhlberger (1990) 146–52 und Kötter (2017) 4–5 halten die Chronik aber ohnehin für ein Produkt der Jahrhundertmitte. Zum einen endet der Text mit der Beschreibung der Italieninvasion der Hunnen (*Gallische Chronik* 141 a. 452 [74,18–20 Scardino/Kötter]), ohne sich zu deren Ausgang zu äußern, zum anderen ist die Chronologie des Textes gerade für die letzten sieben Jahre des Berichts sehr wohl stimmig.
6 Es kommt hinzu, dass alle drei Chronisten einem kirchlichen Milieu angehörten. Dies ist deshalb von Bedeutung, weil die Ausgangsfrage dieses Aufsatzes auf die Rezeption dezidiert theologischer Vorgänge zielt. Analysen der Texte zeigen, dass diese jeweils unter einem kirchlichen Darstellungsprimat stehen, die Chronisten waren in ihrer Geschichtssicht an dogmatischen und ekklesiologischen Positionen orientiert, vgl. beispielsweise Zecchini (2003) 342. Auch die Gattung an sich ist aus theologischen Interessen heraus entstanden. Zur Entwicklung der Chronistik vgl. Burgess/Kulikowski (2013) 63–131; Croke (1983). Für weiterführende biographische Informationen zu den drei Chronisten s. Anm. 10, 22 und 37.
7 Vgl. zum Entstehungsdatum der *Gallischen Chronik* aber o. Anm. 5.
8 Hunnische Invasionen: Prosper, *Chronik* 1364 a. 451 sowie 1367 a. 452 (128,15–130,9; 130,12–132,10 Becker/Kötter); Synode von Chalcedon: 1369 a. 453 (132,12–16 B./K.) mit vorausdeutendem Hinweis auf die Versammlung bereits in 1362 a. 450 (128,10–13 B./K.). Zur Umdatierung der Synode zugunsten des Hunnen-Narrativs: Muhlberger (1990) 123.

dieser beiden Parameter weisen sie beträchtliche Unterschiede auf, selbst wenn sie sich das gleiche Genre und einen ähnlichen Berichtzeitraum teilen.[9]

2 Prosper von Aquitanien

Prosper war durch seinen Wirkungsort Rom und sein Nahverhältnis zu Papst Leo über reichskirchliche Vorgänge zweifellos aus erster Hand informiert.[10] Gleichzeitig war er an ihnen nur sehr bedingt interessiert, nämlich nur insofern sie römisch-päpstliche Primatansprüche als gültig erwiesen oder diese in ihrer Durchsetzung beförderten. So erklärt sich Prospers eigentümliche Darstellung des Konzils von Chalcedon. Dieses Konzil wurde, wie Leos Reaktion zeigte (s. o.), in Rom nicht uneingeschränkt als Erfolg gewertet, weshalb Prosper die Vorgänge weniger so darstellt, wie sie tatsächlich abgelaufen waren, als eher so, wie Papst Leo sie gerne ablaufen gesehen hätte. Für das Jahr 450 berichtet die Chronik:

> Durch dessen [sc. Kaiser Marcians] Edikte wird die Synode von Ephesus [sc. im Jahr 449] verdammt, wobei der Gewichtigkeit des apostolischen Stuhles gefolgt wird; und es wird beschlossen, dass in Chalcedon ein bischöfliches Konzil abgehalten wird, damit sowohl die Vergebung die auf den rechten Weg Gebrachten versöhne als auch die Starrsinnigen zusammen mit der Häresie vertrieben würden.[11]

Drei Jahre später, zum Jahr 453, stellt Prosper fest:

> Die Synode von Chalcedon wurde beendet, Eutyches und Dioskor wurden verdammt. Alle aber, die sich von ihnen zurückzogen, wurden wieder in die Gemeinschaft aufgenommen. Allgemein bestätigt wurde der Glaube von der Fleischwerdung des Wortes, der gemäß der Lehre der Evangelien und der Apostel durch den heiligen Papst Leo verkündigt wurde.[12]

---

9 Keine Berücksichtigung findet dabei die von den Autoren jeweils fortgesetzte (von Prosper sogar epitomierte: Mommsen, *Chronica minora* 1 [MGH.AA 9], 385–460) Chronik des Hieronymus, die bis ins Jahr 378 führt.
10 Im Jahr 440 siedelte der gebürtige Gallier nach Rom über und trat als Kanzlist in den Dienst Papst Leos I. Biographische Überblicke: Muhlberger (1990) 48–55; Kötter (2016a) 3–7. Ausführlich daneben die klassische Biographie von Valentin (1900). Ferner, mit Fokus auf dem theologischen Werk des Chronisten: Hwang (2009).
11 Prosper, *Chronik* 1362 a. 450 (128,10–13 B./K.; Übers. 129): *Huius edictis apostolicae sedis auctoritatem secutis synodus Ephesena damnatur et apud Calchedonam celebrari concilium episcopale decernitur, ut et correctis venia mederetur et pertinaces cum haeresi depellerentur.*
12 Prosper, *Chronik* 1369 a. 453 (132,12–16 B./K.; Übers. 133): *Synodus Calchedonensis peracta Eutyche Dioscoroque damnatis. omnes autem, qui se ab eis retraxerunt, in communionem recepti confirmata universaliter fide, quae de incarnatione verbi secundum evangelicam et apostolicam doctrinam per sanctum papam Leonem praedicabatur.* Die folgenden Überlegungen zur Spiegelung römischer Primatansprüche bei Prosper sind ausführlicher dargelegt in Kötter (2016b).

Tatsächlich jedoch hatte Marcian das „Räuberkonzil" von Ephesus keineswegs schon vor Chalcedon offiziell verurteilt, Chalcedon hatte keineswegs nur die Aufgabe gehabt, eine rein disziplinarische Bereinigung der kirchlichen Situation vorzunehmen, und hinsichtlich der getroffenen Lehraussagen hätte Leo es ausdrücklich lieber gesehen, wenn die Konzilsväter kein eigenes Bekenntnis aufgesetzt, sondern lediglich seinen *Tomus ad Flavianum* gebilligt hätten, ein Vorgehen, das Prosper ja fälschlicherweise – aber sicherlich nicht zufällig – nahelegt. Über die umstrittene Aufwertung der Kirche von Konstantinopel im sog. „Kanon 28" schließlich verliert die Chronik gar kein Wort.[13]

Mit seiner verkürzenden Darstellung eines eigentlich wesentlicher verwickelteren Ereignisablaufes rückt Prosper Papst Leo ins Zentrum der Häresieabwehr von Chalcedon, allen anderen Bischöfen fällt nur noch die Aufgabe zu, den Anweisungen des römischen Bischofs Folge zu leisten. Dieses Vorgehen in der Schilderung der Synode entspricht gänzlich dem, was der Chronist auch sonst zur Kirchenpolitik zu sagen hat, in deren Rahmen er das römische Papsttum konsequent als oberste, ja mithin als Letztinstanz der Häresieabwehr darstellt. So berichtet Prosper beispielsweise, wie Leo Protokolle über Verhöre einiger in Rom entdeckter Manichäer in die Kirchen des Reiches sandte und „viele Priester der östlichen Gebiete den Einsatz des apostolischen Lenkers nachgeahmt" hätten.[14] Faktisch ordneten sich aber gerade die östlichen Bischöfe der Prärogative eines angeblichen apostolischen Lenkers aus Rom nur selten allzu bereitwillig unter, was dem Chronisten durchaus bewusst war, muss er doch unter anderem auf eine Niederlage Leos in Osterterminstreitigkeiten hinweisen, die er in einer *interpretatio romana* aber zu einem ökumenischen Erfolg des Papstes umdeutet: Leo hätte dem „starrsinnigen Beharren" des Bischofs von Alexandria lediglich „wegen des Strebens nach Einigkeit und Frieden" nachgegeben.[15]

---

13 Die Akten zum Konzil sind ediert in ACO 2,1–3. Papst Leo war nach dem plötzlichen Tod des Kaisers Theodosius II. 450 von der noch diesem gegenüber erhobenen Forderung nach einem Generalkonzil abgerückt und hatte sich auf den Standpunkt gestellt, dass mit dem *Tomus Leonis* (ACO 2,2,1 [24,15–33,3 Schwartz]) bereits alles zur dogmatischen Frage gesagt sei. Vgl. Grillmeier (1986) 137; Klinkenberg (1952) 63–85.
14 Prosper, *Chronik* 1350 a. 443 (124,2–7 B./K.; Übers. 125): *Quae cura viro sancto divinitus, ut apparuit, inspirata non solum Romanae urbi, sed etiam universo orbi plurimum profuit, si quidem confessionibus in urbe captorum, qui doctores eorum, qui episcopi quive presbyteri in quibus provinciis vel civitatibus degerent, patefactum sit, multique Orientalium partium sacerdotes industriam apostolici rectoris imitati sunt.* („Diese Sorgfalt, die dem heiligen Mann, wie es schien, von Gott eingegeben worden war, nutzte nicht allein der Stadt Rom stark, sondern auch dem ganzen Erdkreis, weil durch die Geständnisse der in Rom Ergriffenen ans Licht gebracht wurde, welche ihrer Lehrer, welche Bischöfe und welche Priester sich in welchen Provinzen oder Städten aufhielten. Und viele Priester der östlichen Gebiete ahmten den Einsatz des apostolischen Lenkers nach.").
15 Prosper, *Chronik* 1376 a. 455 (138,13–20 B./K.; Übers. 139–141): *Eodem anno pascha dominicum die VIII Kal. Mai. celebratum est pertinaci intentione Alexandrini episcopi, cui omnes Orientales consentiendum putarunt [...]. extant eiusdem papae epistolae ad clementissimum principem Marcianum datae, quibus ratio veritatis sollicite evidenterque patefacta est et quibus ecclesia catholica instrui potest, quod haec persuasio studio unitatis et pacis tolerata sit potius quam probata,* [...]. („Im selben Jahr wurde

Prosper nimmt also eine normativ-römische Perspektive ein, in der er die reichsweite Kirchenpolitik ausschließlich am Maßstab eines römischen Primatanspruches bewertet und beschreibt. Dies gilt übrigens bereits für die nur bis 433 reichende Version erster Hand der Chronik, die noch in der gallischen Heimat des Chronisten abgefasst worden ist.[16] Hier berichtet Prosper für das Jahr 418, ein Konzil von Karthago habe Papst Zosimus Beschlüsse gegen die Pelagianer überbracht, „durch deren Anerkennung [sc. die Anerkennung durch Zosimus] auf der ganzen Welt die pelagianische Häresie verdammt" worden sei. Der Autor legt also nahe, dass erst Roms Billigung die africanischen Synodalbeschlüsse reichsweit in Geltung gesetzt hätte, was kaum dem synodaltheoretischen Selbstverständnis der africanischen Bischöfe entsprochen haben dürfte.[17] Zu einer ähnlichen tendenziellen Überbetonung der päpstlichen Rolle kommt es bei der Beschreibung der Zurückweisung des Nestorius,[18] und auch der Bericht zur Synode von Ephesus 431 fokussiert auf das päpstliche Wirken, wenn er dezidiert herausstellt, dass neben der Absage an Nestorius dort auch die westliche, und somit römisch verfügte, Verdammung des Pelagianismus Nachvollzug fand.[19] Dieser Hinweis auf die antipelagianische Stoßrichtung der Synode von

---

Ostern am 24. April gefeiert, wegen des starrsinnigen Beharrens des Bischofs von Alexandria, dem alle Orientalen meinten zustimmen zu müssen [...]. Es gibt Briefe desselben Papstes [sc. Papst Leos] an den allergütigsten *princeps* Marcian, in denen die Berechnung der Wahrheit sorgfältig und einleuchtend dargelegt wurde und durch die die katholische Kirche unterwiesen werden kann, dass wegen des Strebens nach Einigkeit und Frieden diese Überzeugung [sc. der Orientalen] eher erduldet als anerkannt wurde [...].") Vgl. zu hierarchischen Rückschlägen Roms ferner Prosper, *Chronik* 1220 a. 401 (von Rom kritisierte Absetzung des Chrysostomus), 1352 a. 444 (weiterer Osterterminstreit) und 1358 a. 448 (Bericht zum „Räuberkonzil" von Ephesus) (78,7–11; 124,9–11; 126,5–128,3 B./K.).

16 Zu den drei oder vier Überarbeitungsstufen der Chronik: Muhlberger (1990) 56–60. Sicher sind vorläufige Endpunkte in den Jahren 433 und 445 sowie der endgültige Berichtschluss 455. Möglicherweise gab es eine weitere Version bis 451. Eine bis 443 berichtende Stufe ist mit Muhlberger (1986) 240–244 auszuschließen.

17 Prosper, *Chronik* 1266 a. 418 (90,10–12 B./K.; Übers. 91): *Concilio autem apud Carthaginem habito CCXIIII episcoporum ad papam Zosimum synodalia decreta perlata sunt, quibus probatis per totum mundum haeresis Pelagiana damnata est.* („Nachdem in Karthago ferner ein Konzil von 214 Bischöfen abgehalten worden war, wurden Papst Zosimus die Synodalbeschlüsse überbracht, durch deren Anerkennung auf der ganzen Welt die pelagianische Häresie verdammt wurde.") Richtig ist, dass die Rezeption durch zentrale Bischöfe faktisch zwar bedeutsam war, theologisch eine Synode aber auch ohne diese Rezeption als geistgewirkt gelten muss. Zu dieser problematischen Spannung: Sieben (1996) 64–65.

18 Prosper, *Chronik* 1297 a. 428 (100,10–102,2 B./K.; Übers. 101–103): *Nestorius Constantinopolitanus episcopus novum ecclesiis molitur errorem inducere [...]. cui impietati praecipua Cyrilli Alexandrini episcopi industria et papae Caelestini repugnat auctoritas.* („Nestorius, der Bischof von Konstantinopel, ist bestrebt, einen neuen Irrtum in die Kirchen einzuführen [...]. Dieser Gottlosigkeit leisten in erster Linie Bischof Cyrill von Alexandria mit großem Einsatz und Papst Coelestin mit seinem Ansehen Widerstand.") Wie im Fall der africanischen Synode (s. o. Anm. 17) ist letztlich die Ergänzung der *industria* Cyrills durch die päpstliche *auctoritas* des Coelestin ausschlaggebend.

19 Prosper, *Chronik* 1306 a. 431 (104,8–10 B./K.; Übers. 105): *Congregata apud Ephesum synodo ducentorum amplius sacerdotum Nestorius cum haeresi nominis sui et cum multis Pelagianis, qui cognatum*

Ephesus ist dabei noch einem weiteren Charakteristikum des frühen Prosper geschuldet, der in den Konflikten um die Prädestinationslehre des Augustinus der führende gallische Parteigänger des Bischofs von Hippo war.[20] Da seine Position in Gallien aber eine Außenseiterposition war, hatte sich Prosper schon 431 an Papst Coelestin gewandt, um sich dessen Unterstützung in seinem Konflikt zu versichern.[21] Dass der Autor also bereits vor seiner eigentlich römischen Phase, die erst mit seiner ins Jahr 440 zu datierenden Übersiedlung nach Italien begann, in der Chronik einem Führungsanspruch Roms das Wort redet, hat insofern nicht zuletzt damit zu tun, dass er diesen Führungsanspruch im Rahmen seiner eigenen antihäretischen Kämpfe frühzeitig gebilligt hatte.

Dass die Funktionsbeschreibung eines obersten Häresieabwehrers und eines „apostolischen Lenkers" zur Mitte des fünften Jahrhunderts jedoch sogar im lateinischen Westen noch nicht selbstverständlich war, zeigt uns der Blick auf die Gallische Chronik von 452.

3 Gallische Chronik von 452

Der anonyme gallische Chronist lebte wahrscheinlich im Rhônetal und war damit durchaus noch in den weiteren Kommunikationsraum des Mittelmeeres eingebunden. Darüber hinaus wirkte er unweit der gallischen Präfekturhauptstadt Arles und war – sein Bericht lässt das mehrfach erkennen – Teil eines dichten kirchlich-monastischen Netzwerkes.[22] Die Informationslage des Chronisten ist qualitativ zwar nicht mit

---

sibi iuvabant dogma, damnatur. („Durch eine in Ephesus versammelte Synode von mehr als zweihundert Priestern wird Nestorius samt der nach ihm benannten Häresie verdammt – zusammen mit vielen Pelagianern, die die Lehre unterstützten, die ihrer eigenen verwandt war.") Dass Pelagius in Ephesus verurteilt wurde, ist korrekt, auch andere Autoren weisen auf diesen Umstand hin (bspw. Cassian, *Contra Nestorium* 1,3; 5,2; 6,14 [239–241; 303–304; 341–342 Petschenig]); das deutliche Herausstellen seiner Verurteilung hier dient unter Berücksichtigung von Prosper, *Chronik* 1266 a. 418 (s. Anm. 17) aber der Präsentation des antihäretischen Wirkens des römischen Bischofs, welcher mit *Chronik* 1297 a. 428 (s. Anm. 18) ja auch an der initialen Zurückweisung des ebenfalls verdammten Nestorius beteiligt war.

20 Insbesondere das breite sonstige Werk des Chronisten war dem Kampf gegen den Pelagianismus gewidmet: Hwang (2009) 66–136. Auch in der Chronik finden sich bis 433 zahlreiche Hinweise auf diese Häresie: Prosper, *Chronik* 1252; 1261; 1265; 1266; 1301; 1304; 1306 (86,6–13; 90,1–2; 90,7–9; 90,10–12; 102,8–12; 104,3–6; 104,8–10 B./K.). In den späteren Überarbeitungsstufen (Anm. 16) kommt die Chronik nur noch einmal auf das Thema zurück: *Chronik* 1336 a. 439 (114,13–116,5 B./K.). Zum antipelagianisch-augustinischen Profil des frühen Prosper vgl. Lorenz (1962).

21 Das Rundschreiben Coelestins in der Sache ist erhalten: Coelestin, *Epistula* 21 (528–537 Migne). Die Konflikte in Gallien ließen sich dadurch freilich nicht beilegen, vgl. Kötter (2016a) 4.

22 Wirkungsort des Chronisten im Umfeld des Klosters von Lérins: Mathisen (1989) 76–85 und 96. Vgl. auch Zecchini (2003) 339–400. Für die Verortung des Autors im unteren Rhonetal spricht sich bereits Holder-Egger (1876) 112–114 aus. Biographische Skizzen zum anonymen Chronisten: Muhlberger (1990) 136–137; Kötter (2017) 3–4.

derjenigen Prospers in Rom zu vergleichen, die Chronik zeigt aber, dass der Gallier durchaus in der Lage war, zumindest noch basale Nachrichten auch aus anderen Regionen des Reiches zu erhalten.[23] Der Grund für gewisse Lücken im Bericht ist daher nicht ausschließlich einem angeblich mangelhaften Informationsstand zuzuschreiben, sondern auch einem nicht mehr sonderlich ausgeprägten Interesse des Chronisten an der Kategorie „Reich". Dies zeigt sich in seiner starken Konzentration auf Südgallien, in der sogar vereinzelt erwähnte außergallische Ereignisse stets auf einen vom Autor postulierten Niedergang der römischen Autorität dort verweisen, indem sie diesen Niedergang entweder direkt beeinflussen oder zumindest spiegeln.[24]

Das Profil des Chronisten ist dasjenige eines Provinzialrömers, der angesichts eines von ihm konstatierten Rückzugs der römischen Zentralmacht aus seiner eigenen Provinz vom Reich nicht mehr viel erwartet. Mehrfach weist die Chronik auf von Ravenna verfügte Ansiedlungen barbarischer Völker in Gallien hin, mehrfach erwähnt sie in diesem Kontext auch das „arianische" Bekenntnis der angesiedelten Völker, womit der Niedergang der römischen Ordnung eine eigentlich schon besiegt geglaubte dogmatische Bedrohung zurückgebracht hätte.[25] Diese spezifische Verbindung mili-

---

[23] Der Autor war dabei natürlich abhängig von Quellen. Bis 395 nutzte er hauptsächlich die Kirchengeschichte des Rufinus: Seeck (1899) 2460 mit Mommsen (1892) 619. Nach deren Ende wird der Informationsgehalt der Chronik zwar schlechter, es finden sich aber weiterhin Nachrichten zu Spanien, Britannien, Africa, Italien und auch zum Oströmischen Reich. Zu den Quellen der Chronik insg.: Holder-Egger (1876) 102–105; Muhlberger (1990) 152–160.

[24] Kötter (2017) 13–14 am Beispiel Africas: Der Chronist erwähnt vornehmlich Ereignisse, die in Zusammenhang mit dem Verlust Africas an die Vandalen zu bringen sind (*Gallische Chronik* 98; 108; 129 [64,14–18; 66,11–13; 72,1–4 S./K.]). Da dieser Verlust das Reich insgesamt erheblich schwächte, stellte er ein Problem auch für Südgallien dar, wo ein Rückzug der römischen Macht in der Sicht des Chronisten ohnehin bereits eingesetzt hatte. Nach der Eroberung Karthagos durch die Vandalen rückt Africa dann aber nicht mehr in den Blick, sogar die Verfolgung der dortigen katholischen Kirche durch den homöischen König Geiserich übergeht die Chronik, obwohl sie doch ihrem häresiologischen Fokus entsprechen würde. Sie hatte aber keine Auswirkungen auf Gallien. Ähnlich geht der Autor mit anderen Regionen um, vgl. Muhlberger (1990) 179 zum bedingten Interesse der Chronik an Britannien: „He simply invoked the name of Britain to supplement his picture of a defeated empire in the process of disintegration."

[25] *Gallische Chronik* 22 a. 383 (48,19–22 S./K.; Übers. 49): *Arriani, qui totum paene Orientem atque Occidentem conmaculaverant, edicto religiosi principis ecclesiis spoliantur, quae catholicis deputatae sunt.* („Die Arianer, die beinahe den gesamten Osten und auch den Westen besudelt hatten, wurden durch ein Edikt des gottesfürchtigen Prinzeps [sc. Theodosius I.] der Kirchen beraubt, die den Katholiken zugewiesen wurden.") Unter den Nachfolgern des Theodosius fand die Sekte zusammen mit eindringenden barbarischen Völkern jedoch wieder Eingang ins Reich, für den Chronisten beginnend mit *Gallische Chronik* 51 a. 406 (56,4–7 S./K.; Übers. 57): *Ex hoc Arriani, qui Romano procul fuerant orbe fugati, barbararum nationum, ad quas se contulere, praesidio erigi coepere.* („Infolgedessen [sc. infolge der Italieninvasion des Radagaisus] hat es seinen Ausgang genommen, dass die Arianer, die weiträumig aus der römischen Welt vertrieben worden waren, unter dem Schutz der barbarischen Volksstämme, zu denen sie sich begeben hatten, aufgerichtet wurden.") In der Verbindung von Häretikern mit barbarischen Völkern liegt schließlich auch die dogmatische Gefahr der mehrfach erwähnten, von Ravenna verfügten, Ansiedlungen barbarischer Völker auf gallischem Reichsgebiet: *Gallische Chronik* 73; 124; 127; 128; 138 (60,13–14; 70,10–12; 70,15–22; 70,21–22; 74,8–13 S./K.).

tärischer und dogmatischer Bedrohungen gipfelt gegen Ende der Chronik in einer resignierenden Feststellung:

> In dieser Zeit ist der äußerst beklagenswerte Zustand des Staatswesens sichtbar geworden, da nicht einmal eine einzige Provinz frei von einem barbarischen Bewohner ist und die unsägliche Häresie der Arianer, die sich mit den barbarischen Volksstämmen vereinigt hat, sich den Namen des katholischen Glaubens anmaßt, nachdem sie sich über den gesamten Erdkreis ergossen hat.[26]

Während sich die Chronik in ihrer regionalen Perspektive also den Arianismus als häretisches Hauptproblem auserkoren hatte, spielte dieser in zeitgenössischen reichskirchlichen Kontexten so gut wie keine Rolle mehr. Er war 325 in Nizäa verurteilt und in seiner homöischen Spielart in den 380er Jahren dann endgültig zur devianten Lehrmeinung herabgewürdigt worden. Nur einige barbarische Völker hingen dem homöischen Bekenntnis noch an, was den romanischen Klerus im Reich in seiner Mehrheit aber nicht weiter interessierte und für ihn, wenn überhaupt, ein regionales oder lokales Problem darstellte.[27]

Im gleichen Maße aber, in dem sich die reichskirchliche Diskussion nicht mehr dem – in der Perspektive des Chronisten – gallischen Problem des Arianismus widmete, interessierte sich der Chronist seinerseits nicht mehr recht für genuin reichskirchliche Themen. In der Nachfolge des Hieronymus kommt er zwar seiner Chronistenpflicht nach und benennt noch die maßgeblichen Häresien im Reich; von deren Wirksamkeit oder gar von ihrer Bekämpfung hören wir jedoch nichts. Wenn die Chronik etwa die eutychianische Häresie vorstellt, um die es ja in Chalcedon ging, so zeigt sie sich dabei stärker an den dynastischen Implikationen kaiserlicher Kirchenpolitik interessiert als am Gehalt der Irrlehre an sich:

> Von einem Archimandriten ist eine frevelhafte Häresie hervorgerufen worden. Theodosius, der ihr Gunst gewährte, ist gestorben, nachdem er 27 Jahre an der Macht verbracht hatte. An seine Stelle wurde Marcian gesetzt.[28]

Die letztliche Zurückweisung der Häresie in Chalcedon findet ebenso wenig Erwähnung wie ihre kurzzeitige Durchsetzung auf dem „Räuberkonzil". Während aber im Fall dieser Synoden von 449 und 451 unklar ist, ob der Chronist noch vor Abfassung

---

26 *Gallische Chronik* 138 a. 451 (74,8–13 S./K.; Übers. 75): *Hac tempestate valde miserabilis rei publicae status apparuit, cum ne una quidem sit absque barbaro cultore provincia et infanda Arrianorum haeresis, quae se nationibus barbaris miscuit, catholicae nomen fidei toto orbe infusa praesumat.*
27 Einen umfassenden und forschungsaktuellen Überblick über die facettenreiche Entwicklung des Arianismus gibt der Sammelband von Berndt/Steinacher (2014).
28 *Gallische Chronik* 135 a. 450 (72,19–74,2 S./K.; Übers. 73–75): *Haeresis nefaria a quodam archimandrite commota, cui favorem praebens Theodosius obiit VII super XX annis in imperio exactis. cui Marcianus substituitur.* Die weiteren genannten Häresien – oder besser: Häresiarchen, denn auf diese wird sich zumeist beschränkt – bleiben ebenfalls ohne inhaltliche Würdigung: *Gallische Chronik* 21 (Apollinaris); 44 (Pelagius); 58 (Nestorius); 81 (Praedestinaten) (48,17–18; 54,15–16; 58,5–7; 62,4–6 S./K.).

seines Textes Kenntnis von ihnen erhalten hatte, zeigt seine Unterschlagung des wesentlich früheren dritten ökumenischen Konzils von Ephesus 431 klar, dass ihm die Verhandlungen des Reichsepiskopats in der Tat als distantes Phänomen erschienen. Der Autor sah daher keine Veranlassung, sie zu erwähnen.[29] In Gallien gab es weder Nestorianer noch Eutychianer, und allenfalls der römische Bischof mochte ein Interesse an diesen in erster Linie den Osten betreffenden Häresien haben.

Einem solchen römischen Interesse aber, das maßgeblich auf die Durchsetzung römischer Ansprüche gegenüber den großen kirchlichen Rivalen Roms im Reichsosten zielte, stand der gallische Chronist einigermaßen gleichgültig gegenüber. Mehr noch: Es finden sich Hinweise darauf, dass der Autor die Ansprüche Roms sogar kritisch bewertete, zumindest dort, wo diese sich auch auf Gallien bezogen und wiederholt zur Einmischung in südgallische Konflikte führten, in denen sich Rom meist gegen die vom Chronisten favorisierte Partei engagierte. Während die Chronik beispielsweise Proculus von Marseille lobt, waren dessen Rivalen Remigius von Aix und Patroclus von Arles den Suprametropolitanansprüchen Marseilles entgegengetreten und hatten dabei Unterstützung durch Papst Zosimus erfahren. Hilarius von Arles findet zwar die lobende Erwähnung des Chronisten, wurde aber 445 in der Chelidonius-Affäre von Papst Leo seiner überregionalen Jurisdiktionsrechte entkleidet.[30] Eine auffallend fehlerhafte Papstliste spricht ebenfalls nicht unbedingt für ein allzu ausgeprägtes Interesse am „apostolischen Lenker" in Rom.[31] Bei den jeweils mit

---

[29] Das Verschweigen der Synode von Ephesus lässt sich nicht mit der semipelagianischen Ausrichtung des Chronisten und etwaigen Sympathien gegenüber dem in Ephesus verdammten Pelagius (s. Anm. 19) erklären. Dem Anonymus gilt Pelagius mit *Gallische Chronik* 44 a. 411 (54,15–16 S./K.; Übers. 55) eindeutig als Häretiker: *Pelagius vesanus doctrina execrabili ecclesias conmaculare conatur.* („Der wahnsinnige Pelagius hat versucht, die Kirche mit seiner verabscheuungswürdigen Lehre zu besudeln.") Zum Semipelagianismus des Chronisten vgl. die distanzierte Haltung gegenüber Augustinus von Hippo in *Gallische Chronik* 81 (62,4–6 S./K.) sowie die Kommentare zu den hier aufgeführten Stellen bei Kötter (2017) 109 und 135.

[30] *Gallische Chronik* 60 a. 408 (58,9–12 S./K.; Übers. 59): *Proculus Massiliensis episcopus clarus habetur. quo annuente magna de suspecto adulterio Remedi episcopi quaestio agitatur.* („Proculus, der Bischof von Marseille, war berühmt. Mit seiner Zustimmung wurde eine große Untersuchung bezüglich der vermuteten Unzucht des Bischofs Remigius eingeleitet.") Remigius und Patroclus hingegen trifft Kritik, Remigius wird in der gerade zitierten Passage *adulterium* (*Gallische Chronik* 60 s.o.), Patroclus Simonie (*Gallische Chronik* 74 a. 411 [60,14–16 S./K.]) vorgeworfen. Lob des Hilarius von Arles in *Gallische Chronik* 134 a. 449 (72,16–18 S./K.; Übers. 73): *Eucherius Lugdunensis episcopus et Hilarius Arelatensis egregiam vitam morte consummant.* („Eucherius, der Bischof von Lyon, und Hilarius, derjenige von Arles, haben im Tode ihr ruhmreiches Leben vollendet.") Zum weiteren Kontext der Rangkonflikte in Südgallien v.a. Mathisen (1989) 27–172. Ferner: Natal/Wood (2016) 47–54. Ausführlich zur Chelidonius-Affäre: Mathisen (1979); Heinzelmann (1992); Stickler (2002) 213–220.

[31] *Gallische Chronik* 24 a. 385 (Damasus und Siricius); 39 a. 398 (Innocentius); 54 a. 407 (Coelestin); 83 a. 421 (Sixtus); 122 a. 440 (Leo) (50,4–5; 54,3–4; 56,18–19; 62,8–9; 70,7–8 S./K.); es fehlen die Päpste Anastasius, Zosimus und Bonifatius. Darüber hinaus weist die Liste erhebliche chronologische Fehler auf. Zur Deutung vgl. Muhlberger (1990) 139–140. Sollten die chronologischen Fehler auf die Entstehung der Chronik erst gegen Ende des Jahrhunderts zurückzuführen sein (vgl. Anm. 5), würde das den Befund nicht grundlegend ändern, zeitlich nur weiter nach hinten verschieben.

Rom verbündeten gallischen Bischöfen mochte sich dies zwar etwas anders verhalten, aber auch ihre Anteilnahme war letztlich eine relative.

4 Akten von Chalcedon in Gallien

Im Jahr 449 bat Ravennius von Arles in Rom darum, ihm die jurisdiktionellen Vorrechte zu bestätigen, die seinem Vorgänger Hilarius im Zuge der Chelidonius-Affäre suspendiert worden waren. Papst Leo nutzte diesen eher zufälligen Anlass der Kontaktaufnahme, um den gallischen Bischöfen im folgenden Jahr ein Konvolut antieutychianischer Schriften zukommen zu lassen, welches unter anderem seinen *Tomus ad Flavianum* enthielt. Die Bischöfe um Ravennius ließen dieses Konvolut, im Auftrage Leos, bis nach Spanien zirkulieren, wovon uns Hydatius unterrichtet.[32] Das eigentliche Interesse der gallischen Seite ergab sich dabei aber weniger aus der sie unmittelbar ja gar nicht betreffenden dogmatischen Frage nach den Naturen Christi als vielmehr aus dem Wunsch nach päpstlicher Unterstützung in den fast schon traditionellen gallischen Hierarchiekonflikten.[33] Immerhin aber konnte selbst ein solch bedingtes Interesse die Rezeption reichskirchlicher Entwicklungen im Westen befördern. Leo sandte daher 452 noch die Ergebnisse der Synode von Chalcedon nach Gallien, beschränkte sich hierbei aber ausschließlich auf die Synodalsentenz gegen Dioskor von Alexandria, was auffälligerweise exakt der Darstellung der Synode bei Prosper entspricht. Dem Papst lag offenbar gar nicht daran, die westlichen Kirchen umfassend über jedes Detail der dogmatischen Verhandlungen im Osten zu informieren. Abermals wurde es auch wieder den Galliern überlassen, die ohnehin nur selektiven Informationen nach Spanien gelangen zu lassen, wo sie diesmal, zumin-

---

32 Leo erwähnt in seinem Brief vom 5. Mai 450 (*Epistula* 67 [886–887 M.]) die Übersendung des *Tomus Leonis* und der *epistula 2 ad Nestorium* des Cyrill von Alexandria an Nestorius: *ut solicitudine vigilantiae tuae epistola nostra, quam ad Orientem pro fidei defensione direximus vel sanctae memoriae Cyrilli, quae nostris sensibus tota concordat, universis fratribus innotescat.* Aus Hydatius, *Chronik* 145 a. 450 (25,22–24 Mommsen; Übers. Kötter) ergibt sich, dass diesen Schreiben auch die Korrespondenz zwischen Leo und Flavian von Konstantinopel beigelegt war. Den Spanier erreichte das Konvolut vermittels seiner Amtsbrüder in Gallien: *De Gallis epistolae deferuntur Flaviani episcopi ad Leonem episcopum missae cum scriptis Cyrilli episcopi Alexandrini ad Nestorium Constantinopolitanum de Eutychete Hebionita haeretico et Leonis episcopi ad eundem responsa.* („Aus Gallien wurden Briefe überbracht, die Bischof Flavian in der Sache des ebionitischen Häretikers Eutyches an Bischof Leo geschickt hatte, mitsamt den an Nestorius von Konstantinopel gerichteten Schriften des Bischofs Cyrill von Alexandria und den Antworten des Bischofs Leo an Flavian.").
33 Zu diesen Konflikten s.o. Anm. 30. Da Leos Brief eine gute Wahlanzeige für Ravennius abgab, kam er dem Auftrag, das Schreiben allen seinen Mitbischöfen zur Kenntnis zu bringen (vgl. Anm. 32), nur allzu gern nach. Nachdem das erledigt war, verwandte der Gallier in der Folge aber offensichtlich nicht mehr die gleiche Energie auf die Weiterleitung weiterer päpstlicher Schreiben, wie sich 452 zeigen sollte (s.u.).

dest bei Hydatius, aber nicht ankamen (s. u.).³⁴ Eine direkte Wendung nach Spanien hielt Leo nicht für nötig, obwohl er noch 447 selbst in Kontakt mit westspanischen Bischöfen gestanden hatte.³⁵ Ob die Gallier seine Schreiben deshalb nicht weiterleiteten, weil mit Thorismund seit 451 ein feindlich gesinnter König über die Goten in Aquitanien herrschte und die Passage nach Spanien erschwerte,³⁶ oder weil sie das Thema nach der erfolgten Parteinahme Leos für Ravennius schlichtweg nicht mehr für relevant genug hielten – die dogmatische Frage war laut Leo ja durch den 450 sehr wohl weitergeleiteten *Tomus Leonis* ohnehin geklärt –, muss offen bleiben.

5 Chronik des Hydatius

Am Ende der unterbrochenen Nachrichtenkette jedenfalls stand Hydatius, der Zeit seines Lebens nichts von Chalcedon hören sollte, obwohl er sehr an reichsweiten, kirchlichen wie profanen, Vorgängen interessiert war.³⁷ Eingedenk einer Pilgerreise in den Orient, die ihn als Heranwachsenden bis zu Hieronymus geführt hatte, überrascht es nicht, dass er es sich später zur Aufgabe machte, dessen Weltchronik fortzusetzen.³⁸

---

34 Die entsprechende *Epistula* 103 Papst Leos (155–156 Schwartz) datiert aus dem Februar 452. Ein nur wenige Wochen zuvor abgegangener Brief vom 27. Januar 452 (Leo I., *Epistula* 102 [53,3–55,4 Sch.]) enthielt die explizite Aufforderung, die Schreiben nach Spanien weiterzuleiten: *quae volumus per curam dilectionis vestrae etiam ad fratres nostros Hispaniae episcopos pervenire*. Die hier vertretene Auffassung, dass die inhaltlichen Ergebnisse der Synode im Westen auch in der Folge kein großes Interesse hervorriefen – es gibt jedenfalls keine entsprechenden Spuren hierüber –, teilt Wyrwa (1998) 151–152.
35 Hydatius, *Chronik* 135 a. 447 (24,36–38 M.): *Romanae ecclesiae XLII. praesidet episcopus Leo: huius scripta per episcopi Thoribi diaconem Pervincum contra Priscillianistas ad Hispanienses episcopos deferuntur*. („Der römischen Kirche stand als 42. Bischof Leo vor. Dessen Schriften gegen die Priscillianer wurden durch den Diakon des Bischofs Thoribius, Pervincus, zu den spanischen Bischöfen gebracht.") Es handelt sich um Leos *Epistula* 15 (677–692 M.), die als Antwort auf eine Anfrage der spanischen Bischöfe auf die Halbinsel gesendet worden war. Leo hatte also auch in diesem Fall nicht von sich aus den Kontakt gesucht.
36 Zur Haltung Thorismunds gegenüber dem Reich aufschlussreich der Bericht bei Prosper, *Chronik* 1371 a. 453 (134,3–5 B./K.; Übers. 135): *Cum rex ea moliretur, quae et Romanae paci et Gothicae adversarentur quieti, a germanis suis [...] occisus est*. („Und als der König [sc. Thorismund] Dinge plante, die sowohl dem Frieden mit den Römern als auch der gotischen Ruhe zuwiderliefen, wurde er von seinen Brüdern getötet [...].").
37 Zur Biographie des Chronisten, der höchstwahrscheinlich Bischof von Aquae Flaviae war: Muhlberger (1990) 195–200; Tranoy (1974) 9–17; Burgess (1993) 3–10. Zur Diskussion um den Bischofssitz vgl. Börm (2014) 197–198.
38 Diese Reise erwähnt Hydatius, *Chronik*, *Praefatio* 3 (13,28–29 M.): *Quem quodam tempore propriae peregrinationis in supradictis regionibus adhuc infantulus vidisse me certus sum*. („Ich bin mir sicher, dass ich ihn [sc. Hieronymus] einmal während meiner Pilgerfahrt in die oben genannten Gegenden, als ich noch ein kleines Kind war, gesehen habe.") Im Umfeld dieser autobiographischen Notiz stellt sich der Chronist explizit in die Tradition des Eusebius und des Hieronymus. Zur Orientreise vgl. ferner Hydatius, *Chronik* 40 a. 407 (17,16–17 M.): *Hunc vero sanctum cum sanctis Eulogio, Theofilo et Hiero-*

Allerdings lebte Hydatius, wie er in der *Praefatio* zu seiner Chronik betont, „am Ende der Welt",[39] nämlich in der nordwestspanischen Provinz Gallaecia, die seit 411 von den Sueven besetzt war, wodurch das manifeste imperiale Interesse des Chronisten auf eine nur unzulängliche Informationslage traf. So verfolgte Hydatius zwar aufmerksam die Sukzession der Bischöfe auf den großen Sitzen im Reichsosten und führte auch eine römische Bischofsliste;[40] in diesem Zusammenhang zeigt sich aber bereits, wie groß die Lücke zwischen ökumenischem Anspruch und regionaler Wirklichkeit war: Die römische Liste ist durchzogen von Fehlern, nimmt beispielsweise neben Bonifatius dessen Gegenbischof Eulalius auf, erkennt in diesem aber den Nachfolger eines Theophilus, der wiederum faktisch Bischof von Alexandria war. Vom Amtsantritt Papst Leos weiß Hydatius erst für das Jahr 447 zu berichten, obwohl er unwissentlich schon zwei Jahre zuvor mit ihm zu tun hatte und Leo sogar schon seit 440 amtierte.[41] Bezüglich des Reichsostens muss der Chronist schließlich immer wieder einräumen, dass er gar keine Informationen mehr beschaffen konnte. Formulierungen wie diese begegnen mehrfach:

> Wer allerdings nach den oben erwähnten Arianern und vor Johannes die Bischöfe in Jerusalem gewesen waren, hat Hydatius, der dies hier schreibt, nicht in Erfahrung bringen können.[42]

---

nymo vidit et infatulus et pupillus. („Den heiligen Johannes freilich hat er [sc. Hydatius] neben den heiligen Eulogius, Theophilus und Hieronymus als kleines und unmündiges Kind selbst gesehen.").
39 Hydatius, *Chronik*, Praefatio 1 (13,13–14 M.): *extremus plagae*.
40 Römische Bischöfe: Hydatius, *Chronik* 13 a. 385 (Damasus); 15 a. 386 (Siricius); 35 a. 402 (Innocentius); 52 a. 412 (Bonifatius); 65 a. 418 (Theophilos und Eulalius); 87 a. 426 (Coelestin); 105 a. 434 (Xystus); 133 a. 445, 135 a. 447 sowie 145 a. 450 (Leo); 221 a. 463 (Hilarus); 248 a. 468 (Simplicius) (15,15–16; 15,21; 16,27; 18,16; 19,19; 21,7; 22,25; 24,29.36; 25,22–24; 33,17; 35,17–18 Mommsen). Zu den Fehlern in dieser Liste s. u. Anm. 41. Östliche Spitzenbischöfe: Theophilus (*Chronik* 5; 38; 40; 61 [14,32; 17,11–12.16–17; 19,10 M.]) und Cyrill von Alexandria (109; 145 [23,4; 25,23 M.]), Johannes von Jerusalem (38; 40; 58; 106 [17,11–12.15–16; 18,30; 22,31–33 M.]), Johannes Chrysostomus (37 [16,29–30 M.]), Nestorius (109; 127; 145 [23,4–5; 24,12–13; 25,23 M.]) und Flavian von Konstantinopel (127; 145 [24,12–13; 25,22–23 M.]).
41 Bei Theophilus handelt es sich um eine Verwechslung mit dem Bischof von Alexandria, möglicherweise durch einen späteren Bearbeiter. Courtois (1951) möchte gar jegliche Fehler der Chronik solchen Bearbeitern zuweisen, weshalb er davon ausgeht, dass die insgesamt – auch chronologisch – recht fehlerhafte Bischofsliste ursprünglich überhaupt kein Teil der Hydatius-Chronik war. Dagegen Burgess (1993) 27–31. Die fehlerhafte Aufnahme des Gegenpapstes Eulalius durch Hydatius jedenfalls ließe sich durchaus erklären, vgl. Lütkenhaus (1998) 195–197. Hydatius sind eigene Fehler also durchaus zuzutrauen; kaum zuzutrauen ist ihm hingegen, dass er gar keinen Versuch unternommen haben sollte, eine Papstliste zu führen, gerade eingedenk des Anschlusses seines Werkes an Hieronymus. Dass Hydatius, *Chronik* 133 a. 445 (24,29–30 M.) z. B. Leo nicht nennt (*Per episcopum Romae tunc praesidentem gesta de Manichaeis per provincias diriguntur.* [„Durch denjenigen Bischof, der zu dieser Zeit in Rom amtierte, wurden Berichte über die Manichäer durch die Provinzen gesandt."]), ist nur so zu erklären, dass der Chronist nicht wusste, dass er es bereits hier mit ihm zu tun hatte.
42 Hydatius, *Chronik* 40 a. 407 (17,15–16 M.): *Post supra scriptos sane Arrianos qui Hierosolymis ante Iohannem episcopi fuerint, Hydatius qui haec scribit scire non potuit.* Vgl. ähnlich *Chronik* 61 und 106 (19,10; 22,26–34 M.). Die Aussage der *Praefatio* zum Wirkungsort des Chronisten (er schreibe „am Ende der Welt") ist damit wohl mehr als eine bloße Captatio Benevolentiae. Nun mag man einwenden, dass

Die von Hydatius unternommenen Mühen, noch Nachrichten gerade aus entfernten Regionen des Reiches zu erhalten, zeigen sich dabei nicht allein im wiederholten Eingeständnis seiner defizitären Informationslage, sondern auch in der häufigen Nennung seiner Quellen.[43] Diese Quellen sind zu kirchlichen Vorgängen übrigens auffallend selten römische. Nachrichten direkt aus Rom erreichten den Chronisten nur zweimal, nämlich zum einen Berichte Papst Leos über Maßnahmen gegen die Manichäer, zum anderen ein von spanischen Bischöfen selbst angefordertes Gutachten desselben Papstes über den Priscillianismus.[44] Hinzu kommt das bereits erwähnte, allerdings über Gallien vermittelte, Konvolut zu den Häresien des Nestorius und des Eutyches.[45] Die Informationen des Hydatius blieben also sporadisch.

Dies betrifft hinsichtlich der reichskirchlichen Entwicklung nicht allein die gänzlich ausbleibenden Nachrichten über Chalcedon, sondern auch das ökumenische Konzil von Ephesus 431. Von diesem nahm Hydatius erst 435, mit erheblicher Verzögerung, Notiz, als ein arabischer Presbyter in Spanien weilte, der hinsichtlich seiner Informationen dabei vor ganz ähnlichen Herausforderungen stand wie der Spanier: Der Kontext der Ausführungen ist so fehlerhaft, dass vieles darauf hindeutet, dass sich die Bischöfe in abgelegenen Provinzen des Ostens ebenfalls nicht allesamt auf dem detaillierten Stand der Debatte befanden:

> Dass Juvenal als Bischof in Jerusalem amtierte, haben wir durch die Berichte des Germanus, eines Presbyters aus dem Gebiet Arabiens, der von dort nach Gallaecia kam, und anderer Griechen in

---

Hydatius etwaige Wissenslücken lediglich freimütiger zugibt als andere Autoren; allerdings offenbaren sich seine Lücken auch dort, wo ihm diese selbst gar nicht bewusst ist. In *Chronik* 37 a. 404 (16,29–30 M.) berichtet er beispielsweise von der Absetzung des Chrysostomus, bringt diese aber in Zusammenhang mit einem angeblich arianischen Bekenntnis der Eudoxia; in *Chronik* 215 a. 462 (32,28–31 M.) verlegt er ein Erdbeben von Antiochia am Orontes ins isaurische Antiochia.

43 Vgl. beispielsweise Hydatius, *Chronik* 53 (nicht spezifizierte Gewährsmänner); 73 (Brief des Bischofs von Biterrae); 106 (arabischer Presbyter und weitere Griechen); 145 (Briefkonvolut Leos); 151 (Brief des Bischofs von Augustodunum); 177 (Kaufleute aus dem Oströmischen Reich); 242–244 (suevische Gesandte bei den Westgoten) (18,17–18; 20,4–5; 22,26–8; 25,22–5; 26,23–26; 29,32–33; 34,26–32 M.). Zum einen erklärt sich diese häufige Erwähnung der Quellen mit *praefatio* 5–6 (14,7–16 M.) konzeptionell; zum anderen spiegelt sie die relative Quellenarmut des Chronisten und die Zufälligkeit seiner Informationen. Dieser Umstand lässt vermuten, dass Hydatius sein Material nicht in gleichem Maße Auswahlprozessen unterwarf wie Prosper und der gallische Chronist. Es ist bei ihm daher auch schwieriger, anhand der Berichtereignisse auf ein konzises Darstellungsprogramm zu schließen.

44 Rundschreiben gegen die Manichäer: Hydatius, *Chronik* 133 a. 445 (s. Anm. 41). Es muss ein Teil der von Prosper, *Chronik* 1350 a. 443 (s. Anm. 14) erwähnten Berichte über Leos Verfolgung und Befragung römischer Manichäer gewesen sein. Gutachten über den Priscillianismus: Hydatius, *Chronik* 135 a. 447 (s. Anm. 35).

45 Hydatius, *Chronik* 145 (s. Anm. 32). Der in *Chronik* 109 a. 436 (23,4–7 M.) bereits zuvor erwähnte Brief Cyrills an Nestorius war Teil dieses leonischen Briefkonvoluts zum eutychianischen Streit, das 450 über Gallien nach Spanien gelangte. Er hat Hydatius kaum unabhängig davon erreicht: Eine Übersendung im Umfeld der Synode von Ephesus 431 wäre sinnvollerweise in weitergehende Informationen über diese Bischofsversammlung eingebettet gewesen, welche Hydatius aber offensichtlich nicht hatte.

Erfahrung gebracht. Sie fügten hinzu, dass dieser zusammen mit anderen Bischöfen aus der Provinz Palästina und dem Osten nach Konstantinopel geladen wurde, um an einem Bischofskonzil teilzunehmen, das in Anwesenheit des Kaisers Theodosius versammelt wurde, um die Häresie der Ebioniten zu zerstören, die Attikos [sic!], der Bischof eben jener Stadt, mit der verdorbenen Spitzfindigkeit dieser allerdümmsten Sekte wiederzuerwecken versuchte [...].[46]

Da Hydatius offensichtlich keine sonstigen Nachrichten über die Synode hatte, konnte er die fehlerhafte Zuschreibung der Häresie an Attikos – richtig wäre Nestorius – nicht korrigieren, was dazu führte, dass er nur drei Einträge später einen Brief aus dem Umfeld der Debatte, in dessen Rahmen er Nestorius sogar namentlich erwähnt, nicht mit dem kurz zuvor beschriebenen Konzil in Verbindung bringt.[47] Eine ähnlich mangelnde Einsicht zeigt sich, als die Chronik später Eutyches vorwirft, genauso wie Attikos/Nestorius eine ebionitische Irrlehre zu vertreten.[48] Trotz seines Interesses an entsprechenden Themen fehlte Hydatius also das Kontextwissen, um das theologische Geschehen im Reich noch in all seinen Verwicklungen verstehen zu können.

6 Zusammenfassung

Die lateinische Chronistik des fünften Jahrhunderts stützt den sich aus der dokumentarischen Überlieferung ergebenden Befund einer zeitgenössisch mangelnden Rezeption der Synode von Chalcedon im Westen des Römischen Reiches. Dieser Befund lässt sich nicht allein auf Überlieferungszufälle zurückführen, denn auch in den drei betrachteten Chroniken begegnet das Konzil entweder gar nicht oder aber in sehr verkürzter Form. Das zentrale Hemmnis für eine breite Chalcedon-Rezeption wird dabei im Bericht des römisch orientierten Chronisten Prosper deutlich: Rom hatte Vorbehalte gegenüber reichssynodalen Verfahren, da solche notwendigerweise einen von Rom beanspruchten, und von Prosper gespiegelten, päpstlichen Primat infrage

---

46 Hydatius, *Chronik* 106 a. 435 (22,26 – 31 M.): *Hierosolymis Iuvenalem episcopum praesidere Germani presbyteri Arabicae regionis exinde ad Callaeciam venientis et aliorum Graecorum relatione comperimus, adicientibus Constantinopolim eum cum aliis et Palaestinae provinciae et Orientis episcopis evocatum sub praesentia Theodosii Augusti contracto episcoporum interfuisse concilio ad destruendam Hebionitarum haeresem, quam Atticus eiusdem urbis episcopus pravo stultissimae sectae resuscitabat ingenio.*
47 Hydatius, *Chronik* 109 a. 436 (23,4 – 6 M.): *Uno eodemque tempore Alexandriae Cyrillum episcopum praesidere et Constantinopoli Nestorium haereticum Hebionaeum Cyrilli ipsius ad eundem epistola et haeresem destruentis et regulam fidei exponentis ostendit.* („Zu ein und derselben Zeit amtierten Cyrill als Bischof von Alexandria und der ebionitische Häretiker Nestorius als Bischof von Konstantinopel. Dies legt ein Brief des Cyrill an jenen dar, in dem er die Häresie zerstörte und die Glaubensregel auslegte.") Zur Verwirrung des Chronisten mag beigetragen haben, dass der erwähnte Brief erst 450, im Rahmen des eutychianischen Streites, in die Gallaecia gelangt war (s. o. Anm. 45).
48 Vgl. Hydatius, *Chronik* 145 a. 450 (s. Anm. 32). Cardelle de Hartmann (1994) 60 erkennt im Vorwurf des Ebionitismus ein Synonym für „jegliche Irrlehre in Bezug auf die Natur Christi".

stellen mussten.⁴⁹ Als sich die Synode von Chalcedon weigerte, den bloßen Exekutor des päpstlichen Willens zu spielen, hielt sich die Euphorie ihr gegenüber in Rom dementsprechend in engen Grenzen, was sich in der verkürzten und tendenziösen Darstellung der Bischofsversammlung im Bericht Prospers deutlich zeigt. Aufgrund ihrer initialen Distanz zu Chalcedon verzichtete die römische Kurie darauf, die Ergebnisse der Versammlung breit zu streuen. Papst Leo ließ den gallischen Bischöfen 452 daher mitnichten die gesammelten Synodalakten zukommen, sondern lediglich die Protokolle über die für ihn erfreuliche Verdammung Dioskors von Alexandria.

Da die maßgeblichen Rivalen eines römischen Primatanspruches ohnehin im Osten des Reiches saßen, richtete sich Roms Blick zur Mitte des Jahrhunderts auch in erster Linie dorthin. Zwar gelangten grundlegende Informationen über den christologischen Streit trotzdem zumindest noch bis nach Gallien, dort galten sie angesichts eigener regionaler Probleme aber nicht als prioritär. Darüber hinaus konnte der Fokus Roms auf die Reichskirchenpolitik dazu führen, dass der gallische Episkopat die Vorgänge rund um die reichskirchliche Synodalpolitik in erster Linie als römisches Problem verstand. Solche römischen Probleme wurden aber meist nur dann für einzelne gallische Bischöfe relevant, wenn diese sich für Unterstützung in internen Konflikten an Rom annäherten.⁵⁰ Dieses partielle gallische Desinteresse trug dann dazu bei, dass entlegenere Regionen des Weströmischen Reiches von den Debatten mitunter gar nichts mehr erfuhren. In der spanischen Gallaecia jedenfalls erreichten Bischof Hydatius nur noch sporadisch Informationen, wobei auch erschwerte Bedingungen der Kommunikation eine Rolle spielten, war Gallaecia doch von den Sueven besetzt und Spanien von Kriegen und Aufständen geschüttelt.

Einer westlichen Chalcedon-Rezeption standen also dreierlei ungünstige Rahmenbedingungen entgegen: Zum ersten hatte die Kirche von Rom weder an der Synode selbst noch an den westlichen Kirchen ein gesteigertes Interesse. Diese westlichen Kirchen wiederum, zum zweiten, teilten in der zunehmenden Auflösung der römischen Ordnung im Westreich ihrerseits nicht mehr die unbedingte reichskirchliche Orientierung Roms. Zum dritten behinderten Konflikte verschiedener gentiler Völker untereinander und mit der Reichsregierung die Kommunikation zwischen den einzelnen kirchlichen Regionen. In diesen Rahmenbedingungen konnte es 451 schwerlich einen geteilten westlich-lateinischen Rezeptionsrahmen theologischer Entwicklung geben. Die Herausbildung eines solchen Rahmens erforderte Veränderungen hinsichtlich der drei genannten Aspekte. Und tatsächlich begann Rom in den 470er Jahren, das Bekenntnis von Chalcedon zum Schibboleth römischer Orthodoxie aufzubauen, womit dem Konzil in den Augen der Päpste schließlich doch eine positive

---

49 Zur grundlegenden Spannung von Papsttum und Synode, in der die Synode im römischen Denken zum bloßen „Akzidens der päpstlichen Verkündigung" zu werden drohte: Sieben (1979) 103–147 (Zitat 141). Vgl. auch Klinkenberg (1952) 60–62, 82–84.
50 Die daraus resultierende Parteinahme römischer Bischöfe ließ aber wiederum die Bereitschaft der jeweiligen gallischen Gegenpartei sinken, sich römische Probleme zu eigen zu machen. Das römische Eingreifen in gallische Konflikte war hinsichtlich dessen also ein Nullsummenspiel.

Rolle zukam.[51] Relativ zeitgleich, und damit zusammenhängend, setzte mit dem Akakianischen Schisma eine sukzessive Lösung Roms aus reichskirchlichen Zusammenhängen ein, welche sich durch das Auseinanderbrechen der östlichen Christenheit und die sich daraus ergebende Fragmentierung eines primatialen Resonanzbodens für das Papsttum im Osten beschleunigte und die römischen Bischöfe verstärkt in den Westen blicken ließ. Auch das Erlöschen des weströmischen Kaisertums dürfte zu diesem Prozess beigetragen haben, und die allmähliche Konsolidierung und Katholisierung der germanischen Reiche im Laufe des sechsten Jahrhunderts führte dann zu einer wieder wachsenden politischen Stabilität. Insgesamt glichen sich Interessen und Perspektiven der Provinzbischöfe dadurch verstärkt wieder denjenigen der römischen Kirche an und umgekehrt. Die politischen und kirchlichen Rahmenbedingungen machten also mit Verzögerung doch noch den Weg für eine flächendeckende Rezeption der Synode von Chalcedon im Westen des ehemaligen Römischen Reiches frei.

Bibliographie

Quellen

ACO 2,1,2 = Eduard Schwartz (Hg.), *Concilium Universale Chalcedonense* 1,2: *Actio secunda. Epistularum collectio B. Actiones III – VII* (ACO 2,1,2), Berlin 1933.

ACO 2,2,1 = Eduard Schwartz (Hg.), *Concilium Universale Chalcedonense* 2,1: *Collectio Novariensis de re Eutychis* (ACO 2,2,1), Berlin 1932.

Cassian, *Contra Nestorium* = Michael Petschenig (Hg.), *Ioannis Cassiana, De institutis coenobiorum et De octo principalium vitiorum remediis libri XII. De incarnatione Domini contra Nestorium libri VII.* (CSEL 17), Wien 1888, 235–391.

COD = Giuseppe Alberigo u. a. (Hgg.), *Conciliorum Oecumenicorum Decreta*, Basel 1962.

Coelestin, *Epistulae* = Jacques P. Migne (Hg.), *S. Coelestini I papae epistolae et decreta* (PL 50), Paris 1846, 417–558.

Gallische Chronik =
  Theodor Mommsen (Hg.), *Chronica minora* 1 (MGH.AA 9), Berlin 1892, 615–666.
  Richard W. Burgess, „The Gallic Chronicle of 452. A New Critical Edition with a Brief Introduction", in: Ralph W. Mathisen und Danuta Shanzer (Hgg.), *Society and Culture in Late Antique Gaul. Revisiting the Sources*, Aldershot 2001, 52–84.
  Jan-Markus Kötter und Carlo Scardino (Hgg.), *Gallische Chroniken G 7: Gallische Chronik von 452* (Kleine und fragmentarische Historiker der Spätantike. G 7 und 8), Paderborn 2017, 1–176.

Hydatius, *Chronik* =
  Theodor Mommsen (Hg.), *Chronica Minora* 2 (MGH.AA 11), Berlin 1894, 1–36.
  Alain Tranoy (Hg.), *Hydace. Chronique* 1: *Introduction, texte critique, traduction* (SC 218), Paris 1974.
  Richard W. Burgess (Hg.), *The Chronicle of Hydatius and the Consularia Constantinopolitana. Two Contemporary Accounts of the Final Years of the Roman Empire* (Oxford Classical Monograph), Oxford 1993, 1–172.

---

51 Für weiterführende Literatur zur Rezeptionsgeschichte des Konzils vgl. noch einmal o. Anm. 1.

Jan-Markus Kötter und Carlo Scardino (Hgg.), *Chronik des Hydatius* (Kleine und fragmentarische Historiker der Spätantike. G 9 und 10), Paderborn 2019, 1–384.

Leo I., *Epistula* 15; 67 = Jacques P. Migne (Hg.), *Sancti Leonis Magni Romani pontificis opera omnia* 1 (PL 54), Paris 1846, 677–692; 886–887.

Leo I., *Epistula* 102; 103; 114 = Eduard Schwartz (Hg.), *Concilium Universale Chalcedonense* 4: *Leonis Papae I epistularum collectiones* (ACO 2,4), Berlin 1932, 53–55; 155–156; 70,19–71,22.

Prosper, *Chronik* =

Theodor Mommsen (Hg.), *Chronica Minora* 1 (MGH.AA 9), Berlin 1892, 341–499.

Maria Becker und Jan-Markus Kötter (Hgg.), *Prosper Tiro, Chronik / Laterculus regum Vandalorum et Alanorum* G 5: *Prosper Tiro, Chronik* (Kleine und fragmentarische Historiker der Spätantike. G 5 und 6), Paderborn 2016, 1–331.

Sekundärliteratur

Bacht/Grillmeier (1953): Heinrich Bacht und Alois Grillmeier (Hgg.), *Das Konzil von Chalkedon. Geschichte und Gegenwart* 2: *Entscheidung um Chalkedon*, Würzburg.

Bardy (1953): Gustave Bardy, „La répercussion des controverses christologiques en Occident entre le concile de Chalcédoine et la mort de l'empereur Anastase (451–518)", in: Heinrich Bacht und Alois Grillmeier (Hgg.), *Das Konzil von Chalkedon. Geschichte und Gegenwart* 2: *Entscheidung um Chalkedon*, Würzburg, 771–789.

Berndt/Steinacher (2014): Guido M. Berndt und Roland Steinacher (Hgg.), *Arianism. Roman Heresy and Barbarian Creed*, Farnham.

Börm (2014): Henning Börm, „Hydatius von Aquae Flaviae und die Einheit des Römischen Reiches im fünften Jahrhundert", in: Bruno Bleckmann und Timo Stickler (Hgg.), *Griechische Profanhistoriker des fünften nachchristlichen Jahrhunderts* (Historia Einzelschriften 228), Stuttgart, 195–214.

Börm (2018): Henning Börm, *Westrom. Von Honorius bis Justinian* (Kohlhammer-Urban-Taschenbücher 735), 2. Aufl., Stuttgart.

Burgess (1993): Richard W. Burgess, *The* Chronicle of Hydatius *and the* Consularia Constantinopolitana. *Two Contemporary Accounts of the Final Years of the Roman Empire* (Oxford Classical Monographs), Oxford.

Burgess/Kulikowski (2013): Richard W. Burgess und Michael Kulikowski, *Mosaics of Time. The Latin Chronicle Traditions from the First Century BC to the Sixth Century AD* 1: *A Historical Introduction to the Chronicle Genre from its Origins to the High Middle Ages* (Studies in the Early Middle Ages 33), Turnhout.

Cardelle de Hartmann (1994): Carmen Cardelle de Hartmann, *Philologische Studien zur Chronik des Hydatius von Chaves* (Palingenesia 47), Stuttgart.

Courtois (1951): Christian Courtois, „Auteurs et scribes. Remarques sur la chronologie d'Hydace", in: *Byzantion* 21, 23–54.

Croke (1983): Brian Croke, „The Origins of the Christian World Chronicle", in: ders. und Alanna M. Emmett (Hgg.), *History and Historians in Late Antiquity*, Sydney, 116–131.

Grillmeier (1986): Alois Grillmeier, *Jesus der Christus im Glauben der Kirche* 2,1: *Das Konzil von Chalcedon (451). Rezeption und Widerspruch (451–518)*, Freiburg i. Br.

Heinzelmann (1992): Martin Heinzelmann, „The ‚Affair' of Hilary of Arles (445) and Gallo-Roman Identity in the Fifth Century", in: John Drinkwater und Hugh Elton (Hgg.), *Fifth-Century Gaul. A Crisis of Identity?*, Cambridge, 238–251.

Holder-Egger (1876): Oswald Holder-Egger, „Untersuchungen über einige annalistische Quellen zur Geschichte des fünften und sechsten Jahrhunderts. Teil 2: Das Chronicon imperiale oder

Pithoeanum", in: *Neues Archiv der Gesellschaft für ältere deutsche Geschichtskunde* 1, 91–120.

Hwang (2009): Alexander Y. Hwang, *Intrepid Lover of Perfect Grace. The Life and Thought of Prosper of Aquitaine*, Washington, D.C.

Klinkenberg (1952): Hans M. Klinkenberg, „Papsttum und Reichskirche bei Leo d. Gr.", in: *Zeitschrift der Savigny-Stiftung für Rechtsgeschichte: Kanonistische Abteilung* 38, 37–112.

Kötter (2013): Jan-Markus Kötter, *Zwischen Kaisern und Aposteln. Das Akakianische Schisma (484–519) als kirchlicher Ordnungskonflikt in der Spätantike* (Roma Æterna 2), Stuttgart.

Kötter (2016a): Jan-Markus Kötter, „Einleitung und Kommentar zur Chronik des Prosper", in: ders. und Maria Becker (Hgg.), *Prosper Tiro, Chronik / Laterculus regum Vandalorum et Alanorum* (Kleine und fragmentarische Historiker der Spätantike. Modul G, 5–6), Paderborn, 1–331.

Kötter (2016b): Jan-Markus Kötter, Prosper von Aquitanien und Papst Leo der Große. Der Primat des Papstes im Spiegel einer zeitgenössischen Chronik, in: *RQ* 111, 252–271.

Kötter (2017): Jan-Markus Kötter, „Einleitung und Kommentar zur Gallischen Chronik von 452", in: ders. und Carlo Scardino (Hgg.), *Gallische Chroniken* (Kleine und fragmentarische Historiker der Spätantike. Modul G, 7–8), Paderborn, 1–176.

Lorenz (1962): Rudolf Lorenz, „Der Augustinismus Prospers von Aquitanien", in: *ZKG* 73, 217–252.

Lütkenhaus (1998): Werner Lütkenhaus, *Constantius III. Studien zu seiner Tätigkeit und Stellung im Westreich 411–421* (Habelts Dissertationsdrucke. Reihe Alte Geschichte 44), Bonn.

Mathisen (1979): Ralph W. Mathisen, „Hilarius, Germanus, and Lupus: The Aristocratic Background of the Chelidonius Affair", in: *Phoenix* 33, 160–169.

Mathisen (1989): Ralph W. Mathisen, *Ecclesiastical Factionalism and Religious Controversy in Fifth-Century Gaul*, Washington, D.C.

Miller (1978): Molly Miller, „The Last British Entry in the ‚Gallic Chronicles'", in: *Britannia* 9, 315–318.

Muhlberger (1986): Steven Muhlberger, „Prosper's *Epitoma Chronicon*: Was there an Edition of 443?", in: *Classical Philology* 81, 240–244.

Muhlberger (1990): Steven Muhlberger, *The Fifth-Century Chroniclers. Prosper, Hydatius, and the Gallic Chronicler of 452* (ARCA 27), Leeds.

Natal/Wood (2016): David Natal und Jamie Wood, „Playing with Fire. Conflicting Bishops in Late Roman Spain and Gaul", in: Kate Cooper und Conrad Leyser (Hgg.), *Making Early Medieval Societies. Conflict and Belonging in the Latin West, 300–1200*, Cambridge, 33–57.

Seeck (1899): Otto Seeck, „Chronica Gallica", in: *Paulys Realencyclopädie der classischen Altertumswissenschaft* 3,2, 2460.

Sieben (1979): Hermann J. Sieben, *Die Konzilsidee der Alten Kirche* (Konziliengeschichte. Reihe B: Untersuchungen), Paderborn.

Sieben (1996): Hermann J. Sieben, *Vom Apostelkonzil zum Ersten Vatikanum. Studien zur Geschichte der Konzilsidee* (Konziliengeschichte. Reihe B: Untersuchungen), Paderborn.

Stickler (2002): Timo Stickler, *Aëtius. Gestaltungsspielräume eines Heermeisters im ausgehenden Weströmischen Reich* (Vestigia 54), München.

Thompson (1976): Edward A. Thompson, „The End of Roman Spain 1", in: *Nottingham Medieval Studies* 20, 3–28.

Tranoy (1974): Alain Tranoy, *Hydace. Chronique 1: Introduction, texte critique, traduction* (SC 218), Paris.

Valentin (1900): Louis Valentin, *Saint Prosper d'Aquitaine. Étude sur la littérature latine ecclésiastique au cinquième siècle en Gaule*, Toulouse.

Wood (2010): Ian N. Wood, „Chains of Chronicles. The Example of London, British Library ms. add. 16974", in: Richard Corradini, Max Diesenberger und Meta Niederkorn-Bruck (Hgg.), *Zwischen Niederschrift und Wiederschrift. Hagiographie und Historiographie im Spannungsfeld von Kompendienüberlieferung und Editionstechnik* (Forschungen zur Geschichte des Mittelalters 18; ÖAW Phil.-Hist. Kleine Denkschriften 405), Wien, 67–78.

Wyrwa (1998): Dietmar Wyrwa, „Drei Etappen der Rezeptionsgeschichte des Konzils von Chalkedon im Westen", in: Johannes van Oort und Johannes Roldanus (Hgg.), *Chalkedon: Geschichte und Aktualität. Studien zur Rezeption der christologischen Formel von Chalkedon* (Studien der Patristischen Arbeitsgemeinschaft 4), Löwen, 147–189.

Zecchini (2003): Giuseppe Zecchini, „Latin Historiography: Jerome, Orosius and the Western Chronicles", in: Gabriele Marasco (Hg.), *Greek and Roman Historiography in Late Antiquity. Fourth to Sixth Century A.D.*, Leiden, 317–345.

Ian Wood
Discussions with Kings: The Dialogues of Avitus of Vienne

According to his later Carolingian *Vita*, Avitus of Vienne *scribit enim dialogum haeresim illam oppugnans* ("wrote a dialogue against that heresy") – defined as *haeresim Arrianam, quae tunc non solum Africam, sed et Galliam Italiamque ex parte occupaverat* ("Arianism which at that time had not only occupied Africa, but also, in part, Gaul and Italy") – countering it *fidelissimo et doctissimo immortalique ingenio ad Gundebadum Burgundionum regem, filium Gundovei* ("with extremely faithful and wise and immortal skill before king Gundobad, king of the Burgundians, son of Gundioc").[1] Agobard, in his *Liber adversus legem Gundobadi*, states: *qui cum eodem Gundobado frequenter de fide altercans, et dialogos in praesenti conficiens et epistulis absenti respondens* ("he [Avitus] often debated matters of faith with the same Gundobad, holding dialogues in his presence, and replying to him by letter in his absence").[2] Here, one might note, the dialogues are actually face-to-face conversations, while the written debate is by letter. But in his *Liber de imaginibus Sanctorum* Agobard talks of a dialogue *ubi cum Gundobado rege loquitur* ("in which he [the bishop of Vienne] speaks to king Gundobad").[3] Avitus, then, was remembered as writing at least one *Dialogus*, addressed to Gundobad. Unfortunately that Dialogue does not survive, and one can even question whether there ever was an Avitan work that was couched in the standard dialogue form.[4] In one of the Agobard citations the word *dialogus* clearly refers to a debate and not to a written text.[5] As for the *Vita Aviti*, it is a notoriously problematical work, although Angela Kinney has recently defended the *Vita Apollinaris*, on which it is based, from the mauling delivered by Bruno Krusch.[6] On its own, however, the testimony of the *Vita Aviti* is not reliable.

It is possible that Avitus did write a work in dialogue-format. The genre was most certainly in use at the time, as one can see most clearly in the writings of Vigilius of Thapsus.[7]

In what follows, however, I am not concerned with the existence of an Avitan *dialogus*: I am concerned with his debates with Gundobad, and that will take us into the origins of heresy among the Gibichungs. I use the word Gibichung, and not Burgundian, very deliberately, just as I avoid the phrase Burgundian *kingdom* – Gundobad and Sigismund occasionally used the term *rex*: they do not seem to have

---

1 *Vita Aviti* 1 (177,13–16 Peiper).
2 Avitus of Vienne, fr. 3A (2,23–25 Peiper); cf. Shanzer/Wood (2002) 189–193.
3 Avitus of Vienne, fr. 2 (2,8–9 P.); cf. Shanzer/Wood (2002) 188–189.
4 Shanzer/Wood (2002) 187–193.
5 Avitus of Vienne, fr. 3A (2,24 P.); cf. trans. Shanzer/Wood (2002) 189–193.
6 Kinney (2014).
7 Vigilius of Thapsus, *Contra Arianos dialogus*.

used the term *regnum:* they saw themselves as military governors of a Roman province, acting on behalf of the emperor, and did so down to the 520s.[8] Having considered the origins of Gibichung heresy, I will return ultimately to the construction of Gundobad as an interlocutor.

1 Avitus debating with Gundobad

Agobard may be no more accurate than the author of the *Vita Aviti*, but we can certainly accept his statement that Avitus held face-to-face discussions with Gundobad, and also sent him letters about doctrinal matters. Our best evidence for the face-to-face discussions comes in a letter to Gundobad's son Sigismund, where the bishop reports belatedly on a discussion between himself and the king.[9] In addition *Epistula* 30, which is described by Florus of Lyon as a *Liber de Christi divinitate*, and by the eleventh-century Lyon manuscript of Avitus' works as the *de divinitate filii dei*, refers to a council which has just taken place, apparently in Gundobad's presence, at the end of which the king had posed a particular question to bishop Cartenius, who passed it on to Avitus himself, which prompted the composition of the letter.[10] Other letters from Avitus were written in direct response to questions from the king: thus *Epistula* 1 reponds to a query about Mark 7,11–12 (and in the course of it misidentifies a verse from *Wisdom*, as coming from *Genesis*),[11] and *Epistula* 7 deals with a royal query about deathbed penance (*De subitanea paenitentia*), where the bishop, wrongly, perhaps deliberately so, ascribes a letter of Faustus of Riez to Faustus the Manichee.[12] In the case of *letters* 21 and 22 we have Gundobad's original question, relating to a passage in the Prophet *Micah*, which the bishop then misidentifies as coming from *Isaiah*.[13]

These letters, which illustrate a regular exchange of views between Avitus and Gundobad, in which the latter is directly addressed, and especially those where both sides of the correspondence survive, might well be seen as constituting a dialogue, and they may suggest that the references to dialogues in the *Vita Aviti* and Agobard are actually references to theological letters in which the bishop was responding to a question posed by the king: the rhetoric of the two forms, after all,

---

[8] Wood (2014a).
[9] Avitus of Vienne, *Epistula* 23 (55,10 – 56,12 Peiper); cf. trans. Shanzer/Wood (2002) 227–230; Malaspina/Reydellet (2016) 51–54; Heil (2011) 72–74.
[10] Avitus of Vienne, *Epistula* 30 (60,1– 62,5 P.); cf. trans. Shanzer/Wood (2002) 204–207; Malaspina/Reydellet (2016) 65–70; Heil (2011) 236–244.
[11] Avitus of Vienne, fr. 30 (= *Epistula* 1) (12,16–15,7 P.); cf. trans. Shanzer/Wood (2002) 182–186; Heil (2011) 123–129; 177–178.
[12] Avitus of Vienne, *Epistula* 7 (35,6–39,20 P.); cf. trans. Shanzer/Wood (2002) 193–201; Malaspina/Reydellet (2016) 17–26.
[13] Avitus of Vienne, *Epistulae* 21–22 (54,3–55,9 P.); cf. trans. Shanzer/Wood (2002) 201–203; Malaspina/Reydellet (2016) 48–51.

is the same. It is worth remembering here the fluidity of the terminology used to describe individual works of Avitus: sometimes the word *epistola* is used, and sometimes the word *liber* – such inconsistencies may go some way to explaining the varying estimates of the number of books of letters written by the bishop.[14]

The letters that we have been looking at allow us to take seriously Gregory of Tours' account of debates between Gundobad and Avitus, in which, according to the historian, the bishop effectively convinced the king of the error of his theological position, but was unwilling to convert publically, for fear of alienating his followers.[15] As Gregory tells it, this story is clearly intended to offset Clovis' acceptance of Catholicism,[16] and arguably to offset Gregory's own successes in dealing with the heresy of the Visigoth Agilan and the near-heresy of the Frankish king Chilperic.[17] That Gundobad very nearly did convert to Catholicism may be confirmed by Avitus' own words in *Epistula* 1,[18] as well as by a sermon preached before the king.[19] That Gregory may be using Avitus' own words is suggested by the emphasis placed on the term *populus*, which in Gundobad's legislation has particular force – *populus noster* is one of his preferred terms (alongside *barbari*) for Burgundiones.[20]

Avitus was not the only person consulted by Gundobad. We have already noted the latter's approach to Cartenius.[21] We also hear of a debate held before the king, at which Avitus himself was not present, but where his friend, the layman Heraclius, distinguished himself.[22] In addition to debates held in Gundobad's presence, it would appear that Sigismund established an annual forum for debate between Homoians and Catholics.[23] Avitus also makes an obscure reference to some interchange of ideas between Stephanus of Lyon and the heretics.[24]

The Rhône valley in the days of Gundobad and Sigismund would, therefore, seem to have been a hotbed of theological debate, in which the king and his son played a leading role, both in facilitating discussion, and also in prompting it. This, however, did not come out of the blue. There had been a good deal of epistolary

---

[14] Shanzer/Wood (2002) 39–41.
[15] Gregory of Tours, *Decem Libri Historiarum* 2,34 (81,14–84,4 Krusch/Levison).
[16] Gregory of Tours, *Decem Libri Historiarum* 2,29–31 (74,4–78,4 K./L.).
[17] Gregory of Tours, *Decem Libri Historiarum* 5,43–44 (249,11–254,7 K./L.); cf. Shanzer/Wood (2002) 192.
[18] Cf. trans. Shanzer/Wood (2002) 182–186; 192.
[19] Avitus of Vienne, *Homilia* 24 (141,11–145,31 Peiper); Perrat/Audin (1957) – though they probably combine two separate sermons.
[20] Wood (2011 and 2016).
[21] Avitus of Vienne, *Epistula* 30 (60,1–62,5 P.); cf. trans. Shanzer/Wood (2002) 204–207; Malaspina/Reydellet (2016) 65–70.
[22] Avitus of Vienne, *Epistulae* 53 und 54 (81,29–83,31 P.); cf. trans. Shanzer/Wood (2002) 315–320; Malaspina/Reydellet (2016) 121–126.
[23] Avitus of Vienne, *Epistula* 31 (62,6–24 P.); cf. trans. Shanzer/Wood (2002) 230–232; Malaspina/Reydellet (2016) 70–72; Heil (2011) 80–85.
[24] Avitus of Vienne, *Epistula* 28 (58,11–59,8 P.); cf. trans. Shanzer/Wood (2002) 302–305; Malaspina/Reydellet (2016) 60–62.

debate in previous generations, not least over the *De spiritu sancto* of Faustus of Riez, and the response of the Vienne priest Claudianus Mamertus in the *De statu animae*.[25] There had also been public debate, as noted by Sidonius Apollinaris in his reference to that between Modaharius and Basil of Aix.[26] But even if the theological discussions of Avitus' day can be placed within a broader context, what is remarkable is the personal role ascribed to Gundobad, who was apparently cautiously evaluating different positions himself.

2 Reputation of Gundobad

The question that follows is whether this image is only a construct, created by Avitus, or whether Gundobad genuinely was a judicious figure. For evidence of his reputation as a wise and thoughtful ruler one can turn to the *Vita Epifanii* of Ennodius, where Epiphanius addresses him as *probatissime princeps*,[27] while Ennodius himself calls him *venerandus rex*,[28] and goes so far as to say that he was *rex probatissimus, ut erat fando locuples et ex eloquentiae dives opibus et facundus adsertor* ("a most commendable king, since he was skilled in speaking, rich in eloquence, and an eloquent advocate"),[29] and he gives Gundobad a reasonably long and eloquent speech.[30] Against this we have to balance the image of the spineless ruler portrayed by Gregory of Tours, whose account of the discussion between Gundobad and Avitus we have already noted. And to Gregory's representation of the Gibichung we can add the disparaging letters of Theodoric to Gundobad, concocted by Cassiodorus in the *Variae* – which show a complete disregard for the Burgundian's career in Italy.[31]

It is of course possible that the presentation of Gundobad in the *Vita Epifanii* is deliberate flattery in a particular political context. Here there is the problem of the dating of Ennodius' works: the standard view is that they all date to Ennodius' diaconate (c. 495–513)[32] – while the *Vita Epifanii* must also follow the saint's death (c. 496/9). If the *terminus ante quem* is correct, the hagiographical work was written before the death of Gundobad, despite the use of the past tense to describe him. Given the changing relations between Theodoric and Gundobad, one should presumably be looking for a moment when the two rulers were on good terms – in which case Ennodius may have been indulging in flattery.

---

25 Fortin (1959).
26 Sidonius Apollinaris, *Epistula* 7,6,2 (43 Loyen); Heil (2014) 279.
27 Ennodius, *Vita Epifani* 154 (103,24 Vogel).
28 Ennodius, *Vita Epifani* 171 (105,33 V.).
29 Ennodius, *Vita Epifani* 164–165 (105,3–4 V.).
30 Ennodius, *Vita Epifani* 165–167 (105,4–17 V.).
31 Wood (2014b).
32 Arnold (2008) 12 (note 12).

Even so, there is material in Avitus' letters to support the picture of a learned monarch, trying not just to conciliate his own military followers, but also to establish the truth. Perhaps the most surprising, and indeed the most complicated presentation of Gundobad in this way is to be found at the start of the *Contra Eutychianam haeresim*, where the king appears to have been approached by the emperor Anastasius for his views on the doctrinal issues underlying the Acacian Schism, or the Trishagion Crisis, prompting Gundobad to ask Avitus to prepare a tract on the subject. Here the key sentences in the preamble to the resulting *Contra Eutychianam haeresim* are as follows:

> *Vnicum simul et multiplex donum saeculo nostro nutu divinitatis indultum est, ut inter regias ordinationes gloriosissimi principatus vestri principaliter de tuendo catholicae partis veritate curetis. De cuius studii pietate processit, quod dimissa nuper clementis praecepti auctoritate iussistis, ut contra Eutychiani dogmatis redivivum furorem velut ab extincto resurgentis incendii fomite pullulantem de sacro scripturarum caelestium fonte exemplorum flumina derivem [...] cum devincti vobis imperatoris patriam personamque non, ut regibus ceteris moris est, tantummodo ad commodum mundanae pacis amatis: sed dum carum vobis praeveniri timetis errore [...] Cumque se ad tenendam veritatem vobis reddiderit docilem, ad expugnanda propriae regionis contagia praedicationis vestrae factum se gaudeat adiutorem.* /

> A gift both unique and manifold has been granted to us by the dispensation of the Divinity – namely that, among the many matters of royal business in your glorious princedom, you take special care to preserve the orthodoxy of the Catholics. It is because of this pious concern of yours that, in a recent and clement authorisation-[letter], you have ordered me to divert waves of examples from the sacred fount of heavenly scripture [to quench] the renewed madness of Eutychianism that is pullulating as if from the dead tinder of a rising conflagration. [...] For you love the country and the person of the emperor (Anastasius I), who is bound to you, not exclusively for the convenience of political peace, as other kings usually are, but, because you fear that someone dear to you is being deceived by error [...]. Since he has made himself your student in order to maintain the truth, he should rejoice that he has become one who helps your preaching in order to fight the [heretical] diseases of his own land.[33]

This would seem to suggest that the emperor had consulted the Burgundian ruler over a question of doctrine. The implications of this are extraordinary for an understanding of relations between Anastasius and Gundobad,[34] yet in typically Avitan fashion the argument would seem in the closing paragraph of the second *Liber contra Eutychianam haeresim* to be twisted to call upon the Homoians of the Rhône valley to learn from the preceding florilegium.[35]

---

[33] Avitus of Vienne, *Contra Eutychianam Haeresim* 1,1 (15,9–16,4 P.); trans. Shanzer/Wood (2002) 93–95.
[34] Wood (2014a).
[35] Avitus of Vienne, *Contra Eutychianam Haeresim* 2,19 (29,15–22 P.); cf. trans. Shanzer/Wood (2002) 122–123.

3 Catholicism and "Arianism" among the Gibichungs

If we are to understand Gundobad's reputation for wisdom, we should look at his formation. We know little about his father, Gundioc: he is usually claimed to have been arian following Gregory of Tours,[36] but this is questionable – certainly the deployment of the description of Burgundian religion directly after the account of Clovis' conversion and baptism is part of a deliberate attempt to elevate the Frankish king.[37] As *magister militum* Gundioc was involved in the conflict between the metropolitans of Arles and Vienne over the appointment of a bishop of Die[38] – here his involvement was regarded as exemplary by the pope. Although this does not prove he was orthodox, the references to his actions and the responses to them would be more easily squared with someone who was known or thought to be Catholic.

We know a bit more about Gundobad's uncle, Chilperic, who gets a good press from Sidonius, who states that the ruler enjoyed the feasts of bishop Patiens of Lyon, while his wife appreciated the clergyman's fasts.[39] Again Chilperic is usually thought to have been arian, but the natural reading of Sidonius' letter is that the Gibichung was not a heretic. And the same can be said of the representation of his encounter with abbot Lupicinus of the Jura monasteries in the *Vita Patrum Iurensium*. There the Gibichung ruler (he was actually *magister militum* and *patricius*) is envisaged as a judge dressed in animal skins, but he is also described as *virum singularis ingenii et praecipuae bonitatis* ("a man of singular intelligence and notable goodness").[40] This is a particularly interesting portrayal of Chilperic, because historians have sometimes assumed that he and Gundobad must have been at loggerheads after 474 – an assumption that scarcely fits with the fact that the *Vita Patrum Iurensium* was probably written in Gundobad's reign, and that its composition was somehow associated with Sigismund's foundation of the monastery of Agaune. It would not have been politic to have singled Chilperic out for praise, if he had been opposed, and perhaps even killed, by his nephew Gundobad.

To these passages one can add the fact that when Sidonius complained at the transfer of the *civitas* of Clermont from what had been the jurisdiction of Chilperic as *magister militum* to that of Euric, he claimed that the city was being given to

---

[36] Gregory of Tours, *Decem Libri Historiarum* 2,32 (78,5–80,13 K./L.).
[37] Wood (1985).
[38] *Epistulae Arelatensis genuinae* 19 (28,6–29,4 Gundlach).
[39] Sidonius Apollinaris, *Epistula* 6,12,3 (26–27 L.).
[40] *Vita Patrum Jurensium* 93 (2,10) (338,8 Martine); see also Gregory of Tours, *Liber Vitae Patrum* 1,5 (216,29–217,19 Krusch).

the Arians. Clearly he did not categorise the governance of the Gibichungs as that of heretics.⁴¹

At this point it is worth noting that there may have been one or two Chilperics – Gregory is the only person who implies that there were two –, one the brother of Gundioc and the other the brother of Gundobad and the father of Chrotechildis and Chrona:⁴² it is possible that the two Chilperics are in fact one person – one reason for thinking this is the fact that the *magister militum* would seem, from Sidonius and the *Vita Patrum Iurensium*, to have been Catholic, and one or both of the parents of Chrotechildis and Chrona must surely have been Catholic. Given that when we first meet the two girls they were under the care of Gundobad, their parents must have already died. It is therefore possible that they were relatively late offspring of Chilperic, the brother of Gundioc, which would remove any chronological difficulties in the reconstruction of the family. If, however, we accept that there was only one Chilperic, we must surely reject the fate ascribed to the father of Chrotechildis by Gregory of Tours. According to the historian, Gundobad killed his brother and threw his body down a well. Certainly we know from Avitus that Gundobad did have problems with his brothers (and not just Godegisel, who fought against him in 500):⁴³ but the letter that refers to those problems does not indicate the king's responsibility for their deaths, which he rather laments.⁴⁴ It is not impossible that Gregory invented the murder of Chilperic to justify the killing of Sigismund by Chlodomer, the son of Chrotechildis, which the bishop of Tours sets up as part of a vendetta, to exonerate the Frankish queen.⁴⁵ Sigismund's body, one should note, was thrown down a well.

In other words, the contemporary sources for Gundioc and Chilperic seem to imply that they were both Catholic – and since the account of the Burgundians by Gregory of Tours unquestionably has the rhetorical purpose of downgrading them, we should beware of reading the evidence in the light of his later testimony. Other possible indications that the Burgundians were heretics when they first converted will scarcely bear any weight. Salvian, of course, in the *De Gubernatione Dei* suggests that all barbarians are heretics – but at the time of writing (c. 440) the Burgundians were a negligible force, and could easily have been overlooked. As for the penultimate entry in the *Chronicle of 452*, the statement that the Arians were everywhere, it makes no sense in the 450s, before the major expansion of both the Goths and the Burgundians, but would make a lot of sense in the period between 470 and 508, which may provide the most likely context for the composition of the text.⁴⁶

---

41 Sidonius Apollinaris, *Epistula* 7,6 (43–46 L.).
42 Gregory of Tours, *Decem Libri Historiarum* 2,28 (73,6–74,3 K./L.).
43 Gregory of Tours, *Decem Libri Historiarum* 2,32–33 (78,5–81,13 K./L.); Marius of Avenches, *Chronicon* a. 500 (68 Favrod).
44 Avitus of Vienne, *Epistula* 5 (32,15–33,13 P.); cf. trans. Shanzer/Wood (2002) 208–212; Malaspina/Reydellet (2016) 10–12.
45 Wood (1985).
46 *Chronicle of 452* (ed. Burgess). Wood (1984) 18; idem (2010) 74.

And when Avitus himself states that Sigismund *adhuc de regibus solus est, quem in bonum transisse non pudeat* ("is still the only one of the kings who has not been ashamed to come over to the good side"),[47] we should not think that he has in mind a comparison with all rulers of the past century and a half, but rather with his contemporaries, including Gundobad himself and Clovis. With this in mind let us look at Burgundian religion.

Uta Heil has provided a very useful examination of known Burgundian Catholics in the royal family – and, as she notes, there is also at least one known Burgundian Catholic outside the royal family: Hymnemodus, the first abbot of Agaune.[48] We should, however, ask the opposite question: which named Burgundians are known to have been Arians? Only Gundobad and Sigismund, before his conversion. We also know that Gundobad had Arian clergy,[49] and following Gregory of Tours we can believe that there were members of his military following who were Arian.[50] We can conjecture that this was an influential group: Gregory says Gundobad was frightened of alienating them, and this can be backed up from Avitus' writings – above all the bishop was concerned that they might make a come-back in the future, after Sigismund's death.[51] To these men we can probably add Godegisel, since he died in an Arian church, where he had taken refuge.[52] Put another way, all known women of Burgundian origin were Catholic – though Gundioc's non-Burgundian queen is likely to have been Arian, as we shall see: the only Burgundian males known to have been Homoian were active after 474.

We should remember that Orosius[53] and Socrates Scholasticus[54] both describe the Burgundians as having been converted to Catholicism. Certainly, the chronologies they offer are contradictory: for Orosius the conversion must simply come before the composition of his *Histories*, which is usually placed in 416–417, while for Socrates the conversion took place in the context of a war against the Huns, apparently in the 430s. Whichever one follows, the Burgundians would seem to have been converted in the Rhineland, in other words in a milieu where Gothic or Homoian influence is less likely than Roman. A conversion to Catholicism fits well with what we have already seen of the reputations of Gundioc and Chilperic.

---

[47] Avitus of Vienne, *Epistula* 8 (40,9–10 P.); trans. Shanzer/Wood (2002) 223; Malaspina/Reydellet (2016) 26–28.
[48] Heil (2011) 48–57; for Hymnemodus: *Vita Abbatum Acaunensium* 1; 4 (330,9–31; 332,9–20 Krusch).
[49] Avitus of Vienne, *Epistulae* 23; 28; 31; 46 (55,10–56,12; 58,11–59,8; 62,6–24; 75,1–76,14 P.); cf. trans. Shanzer/Wood (2002) 227–230; 303–305; 230–232; 362–373; Malaspina/Reydellet (2016) 51–54; 60–62; 70–72; 102–106. Mathisen (2014) 166–167.
[50] Gregory of Tours, *Decem Libri Historiarum* 2,34 (81,14–84,4 K./L.).
[51] Avitus of Vienne, *Epistula* 7 (35,6–39,20 P.); cf. trans. Shanzer/Wood (2002) 295–302; Malaspina/Reydellet (2016) 17–26; Heil (2011) 92–111.
[52] Gregory of Tours, *Decem Libri Historiarum* 2,33 (80,14–81,13 K./L.).
[53] Orosius, *Historia adversus paganos* 7,32,13; 41,8 (3,87; 122 Arnaud-Lindet).
[54] Socrates, *Historia ecclesiastica* 7,30 (378,20–379,4 Hansen).

This, however, leaves us with the problem of the clear Homoian affiliation of Gundobad, Sigismund, and probably of Godegisel. Heil explains the changing depictions of Burgundian religion by saying that in the early fifth century there was no clear awareness among the Burgundians of the distinction between Catholic and Homoian, and that they only defined themselves as Homoian in the second half of the fifth century.[55] Although there is much in this that I would agree with, it fails to explain the consistent Catholicism of Burgundian royal women – I would suggest a more specific explanation.

Burgundian Arianism would seem to be associated specifically with Gundobad, his son, and one or perhaps two of his brothers. How should we explain this? Simply: Gundobad's mother, according to Malalas,[56] was the sister of the unquestionably Homoian Ricimer (though the exact relationship is differently described in other sources),[57] and we may guess that she shared her brother's doctrinal position, and even that her presence in the Gibichung family must have had an influence on the religious affiliation of her children.

There was certainly Homoian debate in the Rhône valley before 474. The fourth-century disputes continued into the first years of the fifth century,[58] but Arianism would seem to have become more of a live issue in the years after 450. This is implied by the *De spiritu sancto* of Faustus of Riez, which was challenged by Claudianus Mamertus in his *De statu animae*.[59] Since Claudianus died in c. 474, we have a firm *terminus ante quem* for Faustus' work. The *De spiritu sancto* is usually discussed primarily in terms of its argument about the corporeality of the soul, because of the critique provided by Claudianus in the *De statu animae*, but of course to write about the Holy Spirit was automatically to address a central aspect of the conflict between Homoians and Catholics, and the first chapter refers directly to Arians and Macedonians.[60]

It is worth noting that although Faustus tends to be understood in a Visigothic context, before 475 he was to be found in territory controlled by Gundioc and then by Chilperic (as *magistri militum per Gallias* and as *patricii*), and not by Euric. Certainly towards the very end of his life Faustus was in exile in Aquitaine, where he received some support from Ruricius of Limoges among others.[61] Unlike Sidonius, during his initial period of exile, which involved house-arrest,[62] he seems to have been at liberty to move freely in Visigothic Aquitaine. It is generally assumed that he was exiled by Euric, but he never names his persecutor in his letters, nor does

---

[55] Heil (2011) 56.
[56] Malalas, *Chronographia* 14,33 (290,55–57 Thurn).
[57] E.g. John of Antioch, fr. 209, 1 and 2 (= *Excerpta de insidiis* 93) (372, Nr. 64, and 372–374, Nr. 65 Blockley).
[58] Heil (2014) 276.
[59] Fortin (1959).
[60] Faustus, *De spiritu sancto* 1,1 (102,19–20 Engelbrecht); also 2,4 (138,17–18 E.).
[61] Heil (2014) 282; Mathisen (1999) 30.
[62] Harries (1994) 238–240.

Gennadius in the entry on Faustus in the *De viris illustribus*. In the last decades of the fifth and the first decade of the sixth century, however, we do not know whether Riez was in Gibichung or Visigothic hands. The borderline between the two powers is uncertain: Gundobad unquestionably had control of the territory as far south as Orange, Carpentras, and even Sisteron and Bevons, a mere fifty kilometres from Riez,[63] though Pentadius of the neighbouring see of Digne attended the Council of Agde in 506.[64] Unfortunately no bishop of Riez signed the canons of either Agde or the Burgundian Council of Epaon. Riez is thus as likely to have been in Burgundian hands as Visigothic in the 470s and 480s. Perhaps the city was disputed.

Clearly, because it was written before Claudianus Mamertus' death, the *De sancto spiritu* was composed while Faustus was in territory controlled by the Gibichungs. It surely indicates that there was a Homoian presence in the Rhône valley – though, as we have noted, there is no reason to think that Gundioc or Chilperic were Homoian, although the former's wife and sons were, as presumably were the Alans of Valence. Nor do we need to conclude that Faustus' exile was related to his theology. He may well have fallen foul of the Gibichung rulers for political reasons: he was an emissary of Julius Nepos, whose arrival was bitterly resented by Chilperic,[65] which prompted considerable alarm among Sidonius' family, even though the elevation of Ecdicius, Sidonius' brother-in-law as Nepos' *magister militum* was a source of pride.[66] As emissary of the emperor Faustus was one of four bishops who negotiated the transfer of Clermont, which had been under Burgundian control, to Euric.[67] He may, therefore, have been driven out of his see by the Gibichungs for political reasons. Regardless of the author and cause of Faustus' exile, we should understand his anti-Arian works,[68] and notably the surviving *De spiritu sancto*, at least in part, against the backdrop of debate in the Rhône valley which was not just based on the question of the corporeality of the soul.

If we wish to find a context for the apparently growing concern over "Arianism" in the third quarter of the fifth century, we might look to the family alliance between Gundioc and Ricimer. We may guess that Gundioc's marriage should be dated to the 450s: we should probably see it as a political alliance from the time of the Battle of Catalaunian Plains against Attila in 451, since Gundobad was already at the heart of politics by 472. Gundioc's family relations with Ricimer, I think, also has an important bearing on Sidonius' panegyric for Anthemius, which is largely about Ricimer's later marriage to the emperor's daughter – the presence of Sidonius, who had come directly from Gundioc's Lyon, surely suggests Gibichung acceptance of the new mar-

---

[63] Dynamius, *Vita Marii* 1,2 (27 Migne). See also the signatories to the *Council of Epaon* (517) (122–125 Gaudemet/Basdevant).
[64] *Council of Agde a. 506* (213,32; 214,22; 215,22; 216,16; 217,24; 217,12; 218,22 Munier).
[65] Sidonius Apollinaris, *Epistula* 5,6; 5,7; 7,6,10; 7,7 (182; 183–185; 46; 47–49 L.). Heil (2014) 282.
[66] Sidonius Apollinaris, *Epistula* 5,16 (199–200 L.).
[67] Sidonius Apollinaris, *Epistula* 7,6,10; 7,7 (46; 47–49 L.).
[68] Faustus of Riez, *De spiritu sancto* (ed. Engelbrecht).

riage. Perhaps Sidonius was very close to the Gibichungs, despite the silences of his letters.[69]

While we may suspect that Gundioc's wife introduced Homoian clergy and doctrine into the Gibichung household, we should also remember that Gundobad was mentored by Ricimer, probably since the mid 460s, and he survived to become Ricimer's successor, before leaving Italy for Gaul in 474.[70] Given that the only evidence for Burgundian Arianism comes from the period of Gundobad's rule, and the very start of that of Sigismund, I would suggest that Gundobad's return to Gaul radically strengthened the position of the Homoians. No doubt he came back with an entourage of Ricimer's followers, who would have constituted a very significant element in the Gibichung polity, though they would not have been ethnic Burgundians (whatever that may mean). In addition, it is possible that all the Gibichungs made use of the body of Alans, who had been settled in the city of Valence around the year 440, and who may well have been Arian. This picture of a mixed body of followers ties in with Gundobad's legislation, which talks of *populi nostri* and *barbari* as often as *Burgundiones*.[71] We should, in other words, talk of Gundobadine and not of Burgundian Homoians.

4 Ramifications

This has important ramifications: although there were Homoians among the Burgundians, Arianism was not the specific doctrine of the *gens*. In this respect the situation was different from that to be found among the Goths. The Homoians among Gundobad's followers, many of whom would not have been Burgundians, had no attachment to a foundational document like Ulfilas' Bible – despite the fact that Ricimer himself was of Visigothic descent, being the son of the Suevic king Rechila, and (on his mother's side) the grandson of Wallia.[72] Instead the Arians under Gundobad were a faction, perhaps united by some past attachment to Ricimer: indeed one might wonder whether their religious affiliation was an aspect of their military culture. They were defending the churches and oratories they (and their leader) had built, and doing so through a meticulous reading of the Latin Bible that they shared with their opponents. Although Avitus was unable to identify two of their quotations (he confuses *Micah* and *Isaiah*,[73] and *Wisdom* for *Genesis*),[74] that was his failing: and he never otherwise challenges the wording of the texts under scrutiny.

---

[69] Wood (forthcoming).
[70] For Ricimer, MacGeorge (2003) 178–268; for Gundobad's career in Italy: 268–275.
[71] Wood (2011 and 2016).
[72] Sidonius Apollinaris, *Carmen* 2,360–365 (17–18 L.); Gillett (1995).
[73] Avitus of Vienne, *Epistula* 22 (54,14–55,9 P.); cf. trans. Shanzer/Wood (2002) 202–203; Malaspina/Reydellet (2016) 49–51.
[74] Avitus of Vienne, fr. 30 (= *Epistula* 1) (12,16–15,7 P.); cf. Shanzer/Wood (2002) 184 (note 2).

As for Gundobad himself, if he is to be seen first and foremost as the successor to Ricimer: Does that mean that he was no more than a warleader? That he was much more, can be seen in the correspondence between him and Avitus. Of course, there is a danger of circularity in claiming that Gundobad was an intelligent participant in the correspondence simply because the bishop of Vienne says as much, but there are specific statements in Avitus' writings which surely provide evidence of the intellectual impact of the Gibichung's stay in Italy, and which back up the image of the wise ruler presented by Ennodius.

Avitus makes it clear that Gundobad understands some Greek: he knows that the king can understand the Trishagion,[75] as well as the Greek term *cenos*.[76] Avitus, in fact, makes an interesting distinction between the word *cenos*, which is a word that he is sure the Gundobad knows, and the Hebrew terms *corban* and *racha*, for which he provides full interpretations. This does not necessarily mean that the Gibichung could speak Greek or read it, but he was certainly aware of and understood certain words and phrases in the language. One might guess that his knowledge of Greek derives from his period at the imperial court in Italy (Anthemius, after all had been sent from the East).

That he had learnt much during his years in Italy may also be implied by the inclusion within the *Lex Romana Burgundionum* (or, more properly the *Forma et expositio legum*) of citations of Novels of Valentinian III, Majorian, Marcian, Leo and Severus.[77] And law brings us to one of the fragments of Avitus, preserved by Agobard. In his *Liber adversus legem Gundobadi* the later bishop of Lyon talks of the discussion (*inter utrum sermo*) held between Gundobad and Avitus on the subject of trial by battle. This presumably is the record of a debate prompted by the Gibichung's edict issued in 502, *De his qui obiecta sibi negaverint et praebendum obtulerint iusiurandum* ("concerning those who will have denied the charges made against them, and will have offered to taken an oath"),[78] substituting judicial duel for oath-taking, because Gundobad's men (*homines nostros*) had been happily committing perjury. Avitus' critique turns into a much broader discussion of the role of God in conflict.[79] Assuming that Agobard has provided the correct context for the Avitus fragment, we see the bishop and the ruler deep in discussion over divine justice.

In all the exchanges between Gundobad and Avitus the king emerges as a worthy interlocutor,[80] so even if Avitus did not himself categorise any of his works as *dialogi*, we can see dialogue or debate taking place at the Gibichung court, at a remarkable level of sophistication. There may have been a lost *dialogus*, of which fragments sur-

---

[75] Avitus of Vienne, *Contra Eutychianam haeresim* 2,2 (22,21–22 P.); cf. trans Shanzer/Wood (2002) 109–110.
[76] Avitus of Vienne, fr. 30 (= *Epistula* 1) (13,13 P.); cf. Shanzer/Wood (2002) 183, with note 7.
[77] Wood (2016).
[78] *Liber Constitutionum* 45 (75,6–76,8 de Salis).
[79] Avitus of Vienne, fr. 3A; fr. 3B (2,19–3,9 P.); cf. trans. Shanzer/Wood (2002) 189–193.
[80] Heil (2011) 250; 273.

vive in Agobard, Florus and Gregory of Tours, but, even if there was not, there was certainly dialogue of a remarkably civilised kind, which no doubt reflects the complexity of Gibichung religious affiliation.

Bibliography

Primary Sources

Avitus of Vienne, fr. 2; fr. 3A; fr. 3B; fr. 30 (= *Epistula* 1) = Rudolf Peiper (ed.), *Alcimi Ecdicii Aviti Viennensis episcopi Opera quae supersunt* (MGH.AA 6,2), Berlin 1883, 2; 2–3; 3; 12–15.

Avitus of Vienne, *Epistularum ad diversos libri tres* = Rudolf Peiper (ed.), *Alcimi Ecdicii Aviti Viennensis episcopi Opera quae supersunt* (MGH.AA 6,2), Berlin 1883, 35–103.

Avitus of Vienne, *Contra Eutychianam haeresim* = Rudolf Peiper (ed.), *Alcimi Ecdicii Aviti Viennensis episcopi Opera quae supersunt* (MGH.AA 6,2), Berlin 1883, 15–29.

Avitus of Vienne, *Homilia 24* = Rudolf Peiper (ed.), *Alcimi Ecdicii Aviti Viennensis episcopi Opera quae supersunt* (MGH.AA 6,2), Berlin 1883, 141–145.

Chronicle of 452 = Richard Burgess (ed.), "The Gallic Chronicle of 452. A New Critical Edition with a Brief Introduction", in: Ralph W. Mathisen and Danuta Shanzer (eds.), *Society and Culture in Late Antique Gaul. Revisiting the Sources*, Aldershot 2001, 52–84.

Council of Agde = Charles Munier (ed.), *Concilia Galliae A. 314–A. 506* (CChr.SL 148), Turnhout 1963, 189–228.

Council of Epaon = Jean Gaudemet and Brigitte Basdevant (eds.), *Les canons des conciles mérovingiens (Vie–VIIe siècles)* 1 (SC 353), Paris 1989, 96–125.

Dynamius, *Vita Sancti Marii* = Jacques Paul Migne (ed.), *Scriptorum ecclesiasticorum qui in VII saeculi prima parte floruerunt. Opera omnia* (PL 80), Paris 1863, 25–32.

Ennodius, *Vita Epifani* = Friedrich Vogel (ed.), *Magni Felicis Ennodi opera* (MGH.AA 7), Berlin 1885, 84–109.

Epistulae Arelatenses genuinae = Wilhelm Gundlach (ed.), *Epistolae Merowingici et Karolini Aevi* 1 (MGH.Ep 3), Berlin 1892, 1–83.

Faustus of Riez, *De spiritu sancto* = August Engelbrecht (ed.), *Fausti Reiensis. Praetor sermones Pseudo-Eusebianos. Opera* (CSEL 21), Vienna 1891, 101–157.

Gregory of Tours, *Decem Libri Historiarum* = Bruno Krusch and Wilhelm Levison (eds.), *Gregorii episcopi Turonensis libri historiarum X* (MGH.SRM 1,1), Hannover 1951.

Gregory of Tours, *Liber Vitae Patrum* = Bruno Krusch (ed.), *Gregorii episcopi Turonensis miracula et opera minora* (MGH.SRM 1,2), Hannover 1885, 211–294.

John of Antioch, fr. 209,1.2 = Robert C. Blockley (ed.), *The Fragmentary Classicising Historians of the Later Roman Empire. Eunapius, Olympiodorus, Priscus and Malchus* 2 (ARCA Classical and Medieval Texts, Papers and Monographs 10), Liverpool 1983, 372–374.

Liber Constitutionum = Ludwig R. de Salis (ed.), *Leges Burgundionum* (MGH.LNG 2,1), Hannover 1892, 29–116.

Malalas, *Chronographia* = Johannes von Thurn (ed.), *Ioannis Malalae Chronographia* (Corpus Fontium Historiae Byzantinae. Series Berolinensis 35), Berlin 2000.

Marius of Avenches, *Chronicon* = Justin Favrod (ed.), *La Chronique de Marius d'Avenches (455–581). Texte, traduction et commentaire* (Cahiers lausannois d'histoire médiévale 4), Lausanne 1991.

Orosius, *Historia adversus Paganos* = Marie-Pierre Arnaud-Lindet (ed.), *Orose, Histoires (Contre les Païens)* 1–3 (CUFr 297), Paris 2003.

Sidonius Apollinaris, *Carmen* 2 = André Loyen (ed.), *Sidoine Apollinaire 1: Poèmes* (CUFr 161), Paris 1961, 4–24.
Sidonius Apollinaris, *Epistula* 5,6 = André Loyen (ed.), *Sidoine Apollinaire 2: Lettres (Livres I – V)* (CUFr 199), Paris 1970, 182.
Sidonius Apollinaris, *Epistula* 6,12; 7,6 = André Loyen (ed.), *Sidoine Apollinaire 3: Lettres (Livres VI – IX)* (CUFr 198), Paris 1970, 26–29; 43–46.
Socrates Scholasticus, *Historia Ecclesiastica* = Günter Christian Hansen (ed.), *Socrates Kirchengeschichte* (GCS.NF 1), Berlin 1995.
Vigilius of Thapsus, *Contra Arianos dialogus* = Jaques P. Migne (ed.), *Eugyppii, Africani abbatis, opera omnia [...] accedunt Symmachi papae, Vigilii Tapsensis [...] scripta omnia quae supersunt* (PL 62), Paris 1865, 179–238.
Vita Abbatum Acaunensium absque epitaphiis = Bruno Krusch (ed.), *Passiones vitaeque sanctorum aevi Merovingici cum supplemento et appendice* (MGH.SRM 7), Hanover 1920, 322–336.
Vita Aviti =Rudolf Peiper (ed.), *Alcimi Ecdicii Aviti Viennensis episcopi opera quae supersunt. Appendix* (MGH.AA 6,2), Berlin 1883, 177–181.
Vita Patrum Iurensium = François Martine (ed.), *Vie des Pères du Jura* (SC 142), Paris 1968.

Secondary Literature

Arnold (2008): Jonathan J. Arnold, *Theoderic, the Goths, and the Restoration of the Roman Empire*, Diss., Cambridge.
Fortin (1959): Ernest L. Fortin, *Christianisme et culture philosophique au cinquième siècle. La querelle de l'âme humaine en Occident*, Paris.
Gillett (1995): Andrew Gillett, "The Birth of Ricimer", in: *Historia. Zeitschrift für Alte Geschichte* 44, 380–384.
Harries (1994): Jill Harries, *Sidonius and the Fall of Rome, AD 407–485*, Oxford.
Heil (2011): Uta Heil, *Avitus von Vienne und die homöische Kirche der Burgunder* (PTS 66), Berlin.
Heil (2014): Uta Heil, "The Homoians in Gaul", in: Guido M. Berndt and Roland Steinacher (eds.), *Arianism. Roman Heresy and Barbarian Creed*, Farnham, 271–296.
Kinney (2014): Angela Kinney, "An Appeal Against Editorial Condemnation. A Reevaluation of the *Vita Apollinaris Valentinensis*", in: Victoria Zimmerl-Panagl, Lukas J. Dorfbauer, and Clemens Weidmann (eds.), *Edition und Erforschung Lateinischer Patristischer Texte: 150 Jahre CSEL*, Berlin, 157–177.
MacGeorge (2003): Penny MacGeorge, *Late Roman Warlords* (Oxford Classical Monographs), Oxford.
Malaspina/Reydellet (2016): Elena Malaspina and Marc Reydellet (eds.), *Avit de Vienne. Lettres* (CUFr 411), Paris.
Mathisen (1999): Ralph W. Mathisen (trans.), *Ruricius of Limoges and Friends. A Collection of Letters from Visigothic Gaul* (Translated Texts for Historians 30), Liverpool.
Mathisen (2014): Ralph W. Mathisen, "Barbarian 'Arian' Clergy, Church Organisation and Church Practices", in: Guido M. Berndt and Roland Steinacher (eds.), *Arianism. Roman Heresy and Barbarian Creed*, Farnham, 145–191.
Shanzer/Wood (2002): Danuta Shanzer and Ian Wood (trans.), *Avitus of Vienne. Letters and Selected Prose* (Translated Texts for Historians 38), Liverpool.
Wood (1984): Ian Wood, "The End of Roman Britain. Continental Evidence and Parallels", in: Michael Lapidge and David N. Dumville (eds.), *Gildas. New Approaches* (Studies in Celtic History 5), Woodbridge, 1–25.

Wood (1985): Ian Wood, "Gregory of Tours and Clovis", in: *Revue Belge de Philologie et d'Histoire* 63, 249–272.
Wood (2010): Ian Wood, "Chains of Chronicles. The Example of London, British Library ms. Add. 16974", in: Richard Corradini, Max Diesenberger, and Meta Niederkorn-Bruck (eds.), *Zwischen Niederschrift und Wiederschrift. Hagiographie und Historiographie im Spannungsfeld von Kompendienüberlieferung und Editionstechnik* (Forschungen zur Geschichte des Mittelalters 18), Vienna, 67–77.
Wood (2011): Ian Wood, "The Term 'barbarus' in Fifth-, Sixth-, and Seventh-Century Gaul", in: *Zeitschrift für Literaturwissenschaft und Linguistik* 41, 39–50.
Wood (2014a): Ian Wood, "The Burgundians and Byzantium", in: Andreas Fischer and Ian Wood (eds.), *Western Perspectives on the Mediterranean. Cultural Transfer in Late Antiquity and Early Middle Ages, 400–800 AD*, London, 1–15.
Wood (2014b): Ian Wood, "The Political Structure of the Burgundian Kingdom", in: Mischa Meier and Steffen Patzold (eds.), *Chlodwigs Welt. Organisation von Herrschaft um 500* (Roma Aeterna 3), Stuttgart, 383–396.
Wood (2016): Ian Wood, "The Legislation of *magistri militum*. The Laws of Gundobad and Sigismund", in: *La forge du droit. Naissance des identités juridiques en Europe (IVe–XIIIe siècles)* (Clio@Themis, 10, march 2016, http://www.cliothemis.com [accessed 17 May 2018]).
Wood (forthcoming): Ian Wood, "Sidonius and the Burgundians".

Hanns Christof Brennecke

Das *Athanasianum* – ein Text aus dem Westgotenreich? Überlegungen zur Herkunft des *Symbolum quicumque*

1 Einleitung

Die Bedeutung des in der Überlieferung Athanasius von Alexandrien zugeschriebenen *Symbolum quicumque*[1] für die lateinische Christenheit durch das Mittelalter hindurch bis in die Frühe Neuzeit vor allem in den Auseinandersetzungen mit der byzantinischen Kirche ist bekanntlich kaum zu überschätzen.[2] Galt dieser Text doch als Beweis, dass auch der alexandrinische Bischof Athanasius, die Säule der Rechtgläubigkeit schlechthin, der für den wahren Glauben vielfach das Exil erlitten hatte, den Ausgang des heiligen Geistes aus dem Vater und dem Sohn gelehrt hatte, dass also die Byzantiner gegen ihre eigenen Väter und gegen die ohne Zweifel rechtgläubige Überlieferung die Hinzufügung des *filioque* in das Bekenntnis von Konstantinopel bekämpften.[3]

So wichtig dieser Text bis in die Frühe Neuzeit auch gewesen ist, so herrscht auf der anderen Seite bis heute große Unklarheit über seine Herkunft und Datierung. Volker Henning Drecoll[4] und Christian Müller[5] haben in den letzten Jahren in Weiterführung und teilweise Präzisierung und Korrektur älterer Arbeiten[6] die theologischen Quellen dieses Textes sehr viel deutlicher machen können. Hinsichtlich seiner möglichen Herkunft haben sie allerdings nur vorsichtig Möglichkeiten angedeutet.[7]

2 Die Überlieferung

Die handschriftliche Überlieferung reicht bis in den Anfang des achten, vielleicht sogar bis Ende des siebenten Jahrhunderts zurück,[8] sie ist sehr breit und ziemlich

---

1 CPL 167. Die beste Edition bietet: Turner, weithin übernommen von Kelly (1964) 17–21; vgl. auch Ritter (2014a) 51–60; Kinzig (2017) 1–9.
2 Vgl. Collins (1979) 328–333; Kannengiesser (1999) 771; Drecoll (2004) 1940; Brennecke (2013) 583–585; Ritter (2014a) 51–56; Ritter (2014b) 23–29; Kinzig (2017).
3 Dazu Brennecke (2010) 140–141; Brennecke (2016) 3–15.
4 Drecoll (2007) 30–56.
5 Müller (2012) 19–40.
6 Vgl. Kelly (1964).
7 Müller (2012) 38–31; vgl. zur älteren Forschung vor allem Morin (1911) 162–190; 337–361.
8 Burn (1896) 2–3; Turner (1910) 401–401; Kelly (1964) 16–17; Drecoll (2007) 31–37.

einhellig, wie Drecoll gezeigt hat.[9] Die schon früh einsetzende Kommentierung[10] macht den Stellenwert dieses Textes seit karolingischer Zeit deutlich. In der handschriftlichen Überlieferung heißt der Text von Anfang an meist *fides Athanasii*, gelegentlich einfach *fides catholica*, allerdings ist der Text nie einem anderen Autor als Athanasius zugeschrieben worden.[11]

Das einzige, was wirklich klar ist: Athanasius von Alexandrien kann nicht der Verfasser sein, wie Gerhard Jan Voss schon im 17. Jahrhundert nachgewiesen hat,[12] auch wenn es danach gelegentlich noch Versuche gab, diese *fides Athanasii* irgendwie in der Biographie des Athanasius zu verorten.[13] Es handelt sich bei dieser *fides Athanasii* um einen lateinisch verfassten Text, der somit zur Gruppe der lateinischen Pseudathanasiana gehört,[14] und der auch im Westen verfasst wurde. Die *fides Athanasii* ist somit ein Zeugnis spätantiker oder frühmittelalterlicher abendländischer lateinischer Theologie.

3 Die theologischen Traditionen des *Symbolum quicumque*

Der Inhalt des heilsnotwendigen katholischen Glaubens ist der eine Gott in drei Personen ohne Vermischung der Personen in einer Substanz:

> Dies aber ist der katholische Glaube: Wir verehren den einen Gott in der Dreifaltigkeit und die Dreifaltigkeit in der Einheit, ohne Vermischung der Personen und ohne Trennung der Wesenheit.[15]

Das wird dann dezidiert im antiarianischen Sinn ausgelegt. Alle drei Personen der Trinität sind ungeschaffen, gleichewig und göttlich. Der Vater ist weder geschaffen noch gezeugt, der Sohn aus dem Vater gezeugt und der Geist aus dem Vater und dem Sohn hervorgegangen.[16] Der trinitarische Teil schließt betont antiarianisch: „Und in

---

9 Drecoll (2007) 36–37.
10 Die beste Zusammenstellung bei Burn (1896) XLV–LXXI; 7–45.
11 Drecoll (2007) 36; Müller (2012) 23–24.
12 Voss (1642); zur Forschungsgeschichte vgl. Kelly (1964) 1–10 und Collins (1979) 329–331.
13 Papebroch (1680) X § 111. Papebroch postuliert Lateinkenntnisse des Athanasius und datiert und lokalisiert das Bekenntnis *Quicumque* in das Trierer Exil des Athanasius; vgl. Brennecke (2016) 11–13, dort auch zur angeblichen Approbation des Bekenntnisses durch Papst Julius.
14 Müller (2010) 24–32.
15 *Athanasianum* 3–4: *Fides autem catholica haec est: ut unum deum in trinitate, et trinitatem in unitate veneremur, neque confundentes personas, neque substantiam separantes* (zu den Angaben von Stellen aus dem *Athanasianum* vgl. den Anhang).
16 *Athanasianum* 8–12; 21–23.

dieser Dreifaltigkeit ist nichts früher oder später, nichts größer oder kleiner, sondern alle drei Personen sind einander gleichewig und gleichrangig."[17]

Der christologische zweite Teil[18] setzt die Beschlüsse der Konzilien von Ephesus und Chalkedon voraus. Er formuliert eine Zweinaturenlehre ganz im Sinne der Beschlüsse des Konzils von Chalkedon und endet im Anschluss an das *Apostolicum* mit einem eschatologischen Ausblick auf das Gericht.[19]

Drecoll hat in Weiterführung und Korrektur vor allem der Untersuchungen von John Norman Davidson Kelly absolut überzeugend das *Athanasianum* theologisch als Ergebnis der Rezeption augustinischer Trinitätslehre und Christologie erweisen können, wobei nicht nur Augustinus selbst, sondern bereits seine Rezeption bei Vincentius von Lerinum, Fulgentius von Ruspe und (Ps-?) Caesarius von Arles als Vorlagen gedient haben.[20] Ob darüber hinaus auch griechische Texte als Vorlage gedient haben, wird diskutiert.[21] Müller hat, die Beobachtungen von Drecoll ergänzend, zeigen können, dass auch die in der Überlieferung schon sehr früh Athanasius zugeschriebenen zwölf Bücher *De trinitate* als Vorlage gedient haben.[22] Die Ergebnisse der Untersuchungen von Drecoll und Müller sollen hier nicht noch einmal im Einzelnen referiert werden, aus ihnen wird aber ganz deutlich, dass jede Suche nach einem individuellen Autor dieses Textes und damit auch jede Zuschreibung an eine uns bekannte Person methodisch verfehlt ist.[23] Es handelt sich um eine Kompilation verschiedener direkter und indirekter Rezeptionsvorgänge der Trinitätslehre und Christologie des Augustinus, des lateinischen (Ps) Athanasius sowie der ersten vier ökumenischen Konzilien.[24]

---

17 *Athanasianum* 25–26: *In hac trinitate nihil prius aut posterius, nihil maius aut minus, sed totae tres personae coaeternae sibi sunt et coaequales.*
18 *Athanasianum* 29–41.
19 *Athanasianum* 39–41; Drecoll (2007) 44.
20 Drecoll (2007) 39–45.
21 Kohlbacher (2004) 105–164, hatte nach griechischen eventuellen Quellen für das *Athanasianum* gesucht und in diesem Zusammenhang auf zwei Stellen aus den Reden Gregors von Nazianz und das Schreiben der Synode von Konstantinopel an die abendländischen Bischöfe (Theodoret, *Historia ecclesiastica* 5,9,11) aufmerksam gemacht; vgl. auch Drecoll (2007) 39–40. Die angeblichen Parallelen aus Gregor von Nazianz sind nicht unbedingt zwingend. Nicht ganz klar ist, von welchen Reden Gregors bereits lateinische Übersetzungen vorlagen. Der Brief der Konstantinopler Synode von 382 an die Abendländer, überliefert bei Theodoret, *Historia ecclesiastica* 5,9, war in lateinischer Übersetzung bei Cassiodor-Epiphanius, *Historia tripartita* 9,14 am Ende des sechsten Jahrhunderts vorhanden. Aus diesem Grund halte ich die Annahme auch griechischer Vorbilder des *Athanasianum* für wenig wahrscheinlich.
22 Müller (2012) 25–31; 35–40.
23 Drecoll (2007) 41. Das darf heute als *opinio communis* angesehen werden.
24 Drecoll (2007) 41–45; Müller (2012) 25–32.

4 Das *Symbolum quicumque* als antiarianisches Kompendium

Wie ist dieser Text theologisch zu verorten? Das ist vermutlich am einfachsten zu beantworten und meines Wissens auch nicht umstritten: Es handelt sich um eine relativ ausführliche Formulierung der lateinischen neunizänischen Trinitätslehre in der Tradition der Augustinus-Rezeption in Verbindung mit der Zweinaturenchristologie von Chalkedon.

Wichtig ist die antiarianische (= antihomöische) Stoßrichtung. Die Betonung des Ausganges des Heiligen Geistes aus dem Vater und dem Sohn ist übrigens schon bei Augustinus dezidiert gegen den Arianismus (Homöismus) der Vertreter der Beschlüsse der Synode von Rimini (359) gerichtet.[25]

Auch die Christologie von Chalkedon in Verbindung mit der Augustinus-Rezeption scheint hier ebenfalls in erster Linie antiarianisch motiviert zu sein. Die Homöer hatten die christologische Diskussion und Entwicklung bis Chalkedon bekanntlich nicht mitgemacht.

Nach Augustinus leugnen die Arianer überdies die menschliche Seele Christi und verleugnen damit seine volle Menschheit: „Weniger sind sie [scil. die Arianer] dafür bekannt, dass sie die Auffassung vertreten, Christus habe nur Fleisch ohne eine [menschliche] Seele angenommen".[26] Die homöischen Texte des vierten und fünften Jahrhunderts selbst lassen mit Ausnahme der in die zweite Hälfte des vierten Jahrhunderts zu datierenden Langform der Briefe des Ignatius von Antiochien[27] und zwei in der *Doctrina patrum* überlieferten und Eudoxius von Konstantinopel und Lucius von Alexandrien zugeschriebenen überaus problematischen und in ihrer Zuschreibung an Eudoxius von Konstantinopel und Lucius von Alexandria fragwürdigen Fragmenten diesen Schluss eigentlich nicht zu.[28] Durch Epiphanius im Osten und Augustinus im Westen, der diese Kenntnis allerdings bei Epiphanius gefunden hat, wie er selbst bezeugt,[29] ist das dennoch ein verbreiteter antiarianischer Topos geworden. Daher sind auch besonders *Athanasianum* 32–33 m. E. strikt antiarianisch zu interpretieren: „Vollkommener Gott, vollkommener Mensch, bestehend aus einer

---

[25] Vgl. Augustinus, *Contra Maximinum* 2,14,1 (568,1–570,42 Hombert).
[26] Augustinus, *De haeresibus* 49 (321,6–7 Vander Plaetse/Beukers): *In eo autem quod Christum sine anima solam carnem suscepisse arbitrantur, minus noti sunt.* Vgl. auch Augustinus, *Contra sermonem Arrianorum* 5,5 (191,11–12 Hombert): *Haec dicentes, hoc volunt intellegi, quod „humanam carnem" sine humana anima Christus adsumpserit.* In dem von Augustinus widerlegten *Sermo Arrianorum* findet sich aber diese Vorstellung gar nicht; vgl. dazu Brennecke (2008) 175–187; Brennecke (2007) 208–212; Brennecke (2015) 75–78.
[27] Brennecke (2015) 86–87.
[28] Diekamp (1907) 64–65. Dazu Brennecke (2015) 88–91.
[29] Augustinus, *De haeresibus* 49 (321,6–7 Vander Plaetse/Beukers); vgl. dazu Epiphanius, *Ancoratus* 33 (42,10–43,3 Holl/Bergermann/Collatz) und *Panarion* 69,19,7 (169,4–5 Holl/Dummer).

vernünftigen Seele und menschlichem Fleisch, dem Vater gleich der Gottheit nach, geringer als der Vater der Menschheit nach."³⁰

Da im Westen die Theologie des Apollinarius keine Rolle gespielt hatte und es hier auch keine Miaphysiten gab, gegen die bekanntlich in Chalkedon der Glaube formuliert worden war, konnte das 4. ökumenische Konzil hier durchaus in erster Linie antiarianisch verstanden werden.³¹

5 Zur literarischen Gattung

Der Text heißt in der Überlieferung immer *fides*, es handelt sich aber, wie Drecoll überzeugend gezeigt hat, eher um eine Art Handbuch oder Katechismus zur Unterweisung von vor allem Klerikern.³² Es handelt sich nicht um ein Bekenntnis im engeren Sinn, sondern eher um eine Definition dessen, was inhaltlich zur Erlangung des Heils geglaubt werden muss, und was man eben auch wissen muss.

Canon 1 einer leider nur ungenau zwischen 663 und 675 zu datierenden fränkischen Synode von Autun³³ schreibt vor, dass alle Kleriker das apostolische Glaubensbekenntnis *et fidem sancti Athanasii praesulis* fehlerfrei rezitieren können müssen.³⁴ In zwei Isidor von Sevilla zugeschriebenen Briefen wird eine *fides Athanasii* erwähnt, ohne dass näher erläutert wird, was für ein Text darunter zu verstehen ist.³⁵ Da beide Briefe aller Wahrscheinlichkeit nach unecht und wesentlich später zu datieren sind, sind sie hier nicht heranzuziehen.³⁶ Müller hat gezeigt, dass auch die pseudathanasianischen *Libri de trinitate* als *fides Athanasii* bezeichnet werden können,³⁷ aber die Synode von Autun verweist auf einen Text, der auswendig zu lernen ist und eben auch auswendig erlernbar ist, was in dieser Form für die pseudathanasianischen *Libri de trinitate* wohl kaum anzunehmen ist. Es spricht viel dafür, dass damit der dann in der Überlieferung fast immer *fides Athanasii* genannte Text gemeint sein muss.

---

30 Athanasianum 32–33: *Perfectus Deus, perfectus homo, ex anima rationabili et humana carne subsistens; aequalis patri secundum divinitatem, minor patre secundum humanitatem.*
31 So auch Ritter (2014a und 2014b).
32 Drecoll (2007) 45–49; vgl. in diesem Zusammenhang vor allem Drecolls interessante und absolut überzeugende Analyse und Interpretation des *Codex theologicus et philosophicus* 201 der Württembergischen Landesbibliothek Stuttgart.
33 Weckwerth (2013) Nr. 160.
34 *Concilium Leudegarii episcopi Augustodunensis* 1 (319,1–4 de Clerq): *Si quis presbyter aut diaconus aut clericus symbolum, quod sancto inspirante Spiritu apostoli tradiderunt et fidem sancti Athanasii praesulis inreprehensibiliter non recensuerit, ab episcopo condempnetur.* Zu der nicht genau zu datierenden Synode von Autun vgl. auch Mordek (1975) 63–66; 82–85; Mordek/Reynolds (1992) 71–92; Pontal (1986) 197–198; Drecoll (2007) 37–38.
35 (Ps-?) Isidorus, *Epistulae* 6,4; 8,3 (903; 908 Migne); vgl. Morin (1911) 176–177.
36 Burn (1896) LXXX; Drecoll (2007) 37–38.
37 CPL 105; Müller (2012) 22–23 mit Anm. 22.

Angesichts der benutzten Quellen, von denen Caesarius von Arles oder gar Ps-Caesarius die jüngste ist,[38] aus dem aber wesentliche Formulierungen stammen,[39] sowie der – wenn auch nicht ganz sicheren – Bezeugung durch die Synode von Autun ergibt sich damit eine Abfassungszeit von der Mitte des sechsten bis Mitte des siebenten Jahrhunderts. Nicht wirklich zu klären ist, ob schon von Anfang an dieser Text Athanasius zugeschrieben oder diese Zuschreibung erst sekundär in einem längeren Prozess der Rezeption erfolgt ist. Angesichts der sehr bewussten Athanasiusrezeption hält Müller es durchaus für möglich, dass die Zuschreibung an Athanasius von Anfang zumindest nicht auszuschließen ist.[40]

6 Versuch einer historischen Verortung

Als besonders schwierig erscheint es nun aber, diesen Text historisch zu verorten. Da es um eine Definition des christlichen Glaubens zur Abwehr ausschließlich arianischer (d. h. homöischer) Irrlehren und um die Unterweisung christlicher Kleriker nur hinsichtlich der katholischen Trinitätslehre und Christologie im antiarianischen Sinn geht, scheidet das merowingische Frankenreich des sechsten und siebenten Jahrhunderts als Entstehungsort aus, da es dieses Problem bekanntlich dort nicht gab.[41] Interessanterweise spielen die Beschlüsse der gallischen Synoden des fünften und sechsten Jahrhunderts zur Ekklesiologie und Gnadenlehre im *Athanasianum* keine Rolle.[42] Die Konversion der Burgunder zum Katholizismus schon zu Beginn des sechsten Jahrhunderts als Anlass scheidet schon aus chronologischen Gründen ebenso aus.[43] Es gibt auch keinerlei Hinweise auf Italien als Entstehungsort.

Obwohl das *Athanasianum* in seiner Augustinus-Rezeption auch afrikanische theologische Überlieferung aufgenommen hat, scheidet Nordafrika ebenfalls schon aus chronologischen Gründen aus. Außerdem gab es im ehemals vandalischen Nordafrika unter byzantinischer Herrschaft keinen irgendwie erkennbaren Prozess einer bewusst in Angriff genommenen Integration vandalischer, bisher homöischer Kleriker in den katholischen nordafrikanischen Klerus.[44] Aus diesen Gründen hat man immer in erster Linie an das spanische Westgotenreich als Entstehungsort gedacht,[45] in dem in dem fraglichen Zeitraum nicht nur ein Konfessionswechsel vom homöischen

---

38 Drecoll (2007) 41.
39 Drecoll (2007) 42–45.
40 Müller (2012) 24.
41 Zur von Anfang an katholischen Christianisierung der Franken vgl. Schäferdiek (1978) 534–542; Heil (2014) 67–90.
42 Vgl. Weckwerth (2013) 116–182 („Concilia Gallica").
43 Zur Konversion der Burgunder vom Homöismus zur Katholischen Kirche der ökumenischen Konzilien vgl. Heil (2011).
44 Der *Brief Agapets an Reparatus von Karthago* aus dem Jahr 535 (J³ 1755) bezeugt eher das Gegenteil.
45 So schon Morin (1911), zuletzt Müller (2012) und sehr vorsichtig Ritter (2014).

Arianismus zum Katholizismus der vier ökumenischen Konzile stattgefunden hat, sondern überhaupt eine intensive Rezeption der westlichen theologischen Tradition auf hohem Niveau auch sonst durchaus bezeugt ist.[46] Dass es allerdings dafür keinen wirklichen Beweis gibt, sondern man über mehr oder weniger überzeugende Hypothesen nicht hinauskommen kann, ist mir dabei durchaus bewusst.

Das westgotische Reich war unter König Rekkared (586–601),[47] dem Sohn des Königs Leovigild,[48] der entschieden am überlieferten homöischen Bekenntnis festgehalten hatte,[49] demonstrativ und öffentlich vom Homöismus der Beschlüsse des Konzils von Rimini von 359, dem bisherigen Bekenntnis dieser Kirche,[50] zum Katholizismus der vier ökumenischen Symbole (nicht zu einem römischen Katholizismus, wie man oft lesen kann) übergetreten.[51] Unter Leovigild war das westgotische Reich nach der militärischen Liquidierung des Vandalenreiches und des italischen Ostgotenreiches durch Byzanz die letzte Bastion des homöischen Arianismus auf dem Boden des ehemals weströmischen Reiches gewesen.

Der neue König Rekkared war schon unmittelbar nach seiner Thronbesteigung zum Katholizismus der vier ökumenischen Konzilien konvertiert; die Konversion des Reiches und natürlich vor allem der Eliten ist die für das frühe Mittelalter selbstverständliche und notwendige Folge des Konfessionswechsels des Königs. Über die Hintergründe dieses Konfessionswechsels kann man nur spekulieren, ich halte das aber für die Frage der Herkunft des *Symbolum Athanasii* nicht für sinnvoll.[52] Die 3. Synode von Toledo im Jahre 589 markiert diesen offensichtlich vom König ganz persönlich ausgehenden Konfessionswechsel des ganzen Reiches.[53] Aus dem Westgotenreich ist nun ab 589 bis zur arabischen Eroberung im Jahre 711 eine überaus reiche Synodalüberlieferung in der *Hispana* überliefert mit immerhin siebzehn breit dokumentierten Reichssynoden in Toledo und außerdem einer Anzahl regionaler Synoden.[54]

Bis 589 hatte der Katholizismus der romanischen Bevölkerung im Westgotenreich nach unserer Kenntnis ziemlich friedlich neben der homöischen Kirche der Westgoten

---

46 Schäferdiek (1967); Orlandis Rovira (1981) 95–346; Ramos-Lissón (1981); Fontaine (1983); Fontaine (2005a) 213–221; Fontaine (2005b) 398–417; Fontaine (2005c) 785–793.
47 Martindale (1992) 1079–1080 (s.v. „Reccaredus I"); Alonso-Núñez (1995) 500; Scheibelreiter (2003) 200–203.
48 Martindale (1992) 782–785 (s.v. „Leovigildus"); Prelog (1991) 1903; Wolfram (2001) 269–273.
49 Schäferdiek (1967) 157–192.
50 Zur Synode von Rimini vgl. Brennecke et al. (2014) 445–482.
51 Schäferdiek (1967) 192–233; Orlandis Rovira (1981) 95–103.
52 Vgl. Schäferdiek (1967) 192–205.
53 Weckwerth (2013) 200–202. Die Akten der Synode: *Concilium Toletanum III* (49–159 Martínez Díez/Rodríguez); vgl. Schäferdiek (1967) 205–234; Orlandis Rovira (1981) 103–117.
54 Die Edition der spanischen Konzilsakten von Martínez Díez/Rodríguez ist noch nicht vollständig. Für die späten westgotischen Synoden ist noch immer die vorkritische Edition von José Vives heranzuziehen: Vives/Marín Martínez/Martínez Díez; vgl. auch Orlandis Rovira (1981) 95–362.

gelebt,⁵⁵ vergleichbar dem Verhältnis zwischen romanischen Katholiken und homöischer Herrschaft bis zum Beginn des sechsten Jahrhunderts bei den Burgundern und vor allem im Ostgotenreich in Italien bis zu seiner militärischen Liquidierung. Man kann hier durchaus von einer Situation eines Bikonfessionalismus sprechen. Nach unserer Kenntnis gab es – abgesehen von den letzten Jahren Leovigilds⁵⁶ – keine großen Konflikte und daher auch keine breitere theologische Auseinandersetzung mit dem Homöismus der Westgoten.

Theologisch war dieser Katholizismus der Romanen geprägt vor allem durch die Rezeption des Augustinus und der vier ökumenischen Konzile. Dazu kam die typisch lateinische Rezeption des Athanasius.⁵⁷ Schon seit dem fünften Jahrhundert vertrat der spanische Katholizismus in der Rezeption des Augustinus den doppelten Ausgang des Heiligen Geistes aus dem Vater und dem Sohn (*filioque*).⁵⁸ Ähnlich muss es sich im suebischen Reich, das bis 585 selbständig war, verhalten haben.⁵⁹

Das theologische Hauptproblem scheint nach den allerdings sehr lückenhaften Zeugnissen der synodalen Überlieferung noch des sechsten Jahrhunderts nicht eine theologische Auseinandersetzung mit dem homöischen Arianismus der germanischen Einwanderer, sondern sowohl im suebischen als auch im westgotischen Katholizismus der romanischen Mehrheitsbevölkerung die Auseinandersetzung mit dem Priszillianismus gewesen zu sein,⁶⁰ im Suebenreich noch bis in die zweite Hälfte des sechsten Jahrhunderts.

Der durch die Synode von Toledo im Jahre 589 vollzogene Konfessionswechsel des westgotischen Reiches einschließlich der Integration bisher homöischer Bischöfe und Kleriker, wie er durch die Synode von Toledo bezeugt ist, brachte naturgemäß eine Fülle von Problemen mit sich, mit denen die westgotische Kirche sich noch länger auseinanderzusetzen hatte.

Das Hauptproblem war natürlich die Bildung und Ausbildung des ehemals homöischen Klerus, der in die nun katholische Kirche übernommen wurde, im Sinne des Katholizismus.⁶¹ Die westgotische Kirche konnte hier aber an Erfahrungen der

---

55 Zur offenbar problemlosen Synodalüberlieferung vgl. Ramos-Lissón (1981) 3–92.
56 Schäferdiek (1967) 157–192. Aus der Zeit der Herrschaft Leovigilds sind keine Synoden der romanischen Katholiken überliefert; vgl. Ramos-Lissón (1981).
57 Müller (2010).
58 Vgl. Orlandis Rovira (1981) 103–111.
59 Die Akten der beiden überlieferten suebischen Synoden sind unter den Werken Martins von Braga überliefert (*Concilium Bracarense primum octo episcoporum* [105–115 Barlow]; *Concilium Bracarense secundum duodecim episcoporum* [116–123 B.]); vgl. Schäferdiek (1967) 105–136; Ramos-Lissón (1981) 77–92.
60 Schäferdiek (1967) 124–125; Ramos-Lissón (1981) 77–86.
61 Ambrosius hatte im Jahre 374 nach dem Tod des Auxentius offenbar ziemlich problemlos dessen homöischen Klerus in Mailand übernommen, ohne dass irgendetwas von einer Bildung im Sinne der Orthodoxie bekannt ist; vgl. dazu Markschies (1995) 69–70. Der Unterschied zur Situation im westgotischen Reich liegt allerdings darin, dass es in der Mailänder Situation des Jahres 374 eben nicht um

Sueben anknüpfen. Das 585 von den Westgoten liquidierte und annektierte Reich der Sueben[62] war schon in der Mitte des Jahrhunderts, vermutlich zwischen 555 und 560, ebenfalls offiziell und von einer Synode in Braga bestätigt, vom Homöismus des Bekenntnisses von Rimini zum Katholizismus der vier ökumenischen Konzile übergetreten.[63] Das hatte dann bei der Einverleibung des suebischen Reiches in das westgotische unter dem einen strikt homöischen Kurs vertretenden König Leovigild zu konfessionellen Spannungen geführt. Bezeugt ist zumindest, dass katholische Bischöfe abgesetzt und aller Wahrscheinlichkeit nach durch homöische Bischöfe ersetzt wurden.[64]

Die wichtigste Person bei dem Konfessionswechsel der Sueben war Martin von Braga,[65] ein Pannonier, der den Osten kannte und dort auch theologisch beeinflusst worden war. Auch hier ergab sich das Probleme der Eingliederung des bisher homöischen Klerus in die katholische Kirche der romanischen Mehrheitsbevölkerung. Nach Isidor von Sevilla hatte Martin von Braga eine *fides* zur Belehrung der bisherigen Arianer verfasst.[66] Leider ist ein solcher Text von Martin von Braga nicht überliefert.[67] Zumindest aber bezeugt dieser Hinweis Isidors, dass es so etwas wie eine Art Lehrbuch zur Belehrung bisher homöischer Kleriker im suebischen Reich gegeben hatte. Da die Synode von Braga 561 sich ausdrücklich zur nicaenischen Orthodoxie und zu den vier ökumenischen Konzilien bekannt hatte (ohne Konstantinopel 553), kann der von Isidor erwähnte Text dem *Athanasianum* inhaltlich durchaus ähnlich gewesen sein.

7 Die 3. Synode von Toledo (589)

Die 589 von König Rekkared einberufene westgotische Reichssynode von Toledo, die offenbar vom König selbst geleitet wurde, ist relativ gut dokumentiert.[68] Nach einer

---

getrennte Kirchen der Homöer und der Nicaener ging, sondern um zwei theologisch und kirchenpolitisch einander entgegengesetzte Gruppen in der noch einen Reichskirche.
62 Claude (1970) 66–74; Castritius (2005) 205–210.
63 Vgl. oben Anm. 59–60.
64 Vgl. Schäferdiek (1967) 177–182.
65 Barlow (1950) 1–103; Schanz/Hosius/Krüger (1920) 623–627; Reichert (2002) 490–491.
66 Isidorus, *De viris illustribus* 22,1–6 (145–146 Codoñer Merino): *Martinus Dumiensis monasterii sanctissimus pontifex, ex Orientis partibus navigans in Galliciam venit, ibique conversis ab arriana impietate ad fidem catholicam Suevorum populis regulam fidei et sanctae religionis constituit, ecclesias informavit, monasteria condidit, copiosaque praecepta piae institutionis composuit.*
67 Zu den von Martin von Braga überlieferten Schriften vgl. CPL 1079c–1090.
68 Vgl. oben Anm. 53. Die westgotische Reichssynode von 589 gilt als die dritte Synode von Toledo. Es handelt sich aber überhaupt um die erste katholische westgotische Reichssynode. Als erste Synode von Toledo gilt eine (in vieler Hinsicht unsichere) Synode um 400; als zweite Synode von Toledo eine katholische Synode schon unter westgotischer Herrschaft im Jahre 517 (so Ramos-Lissón) oder 531 (so Weckwerth); vgl. Weckwerth (2013) 188–190; 197–198; Ramos-Lissón (1981) 39–52; 61–65. Die westgotischen Reichssynoden setzen also die katholische hispanische Synodaltradition auch in ihrer Zählung fort.

Einleitung beginnen die überlieferten Akten mit einer Rede des Königs als Dokumentation des Übertritts nun des gotischen Volkes. Es folgt ein Glaubensbekenntnis des Königs im Sinne des neunizänischen Katholizismus. Das Bekenntnis des Königs betont die Einheit der göttlichen Substanz bei strikter Unterscheidung der drei Personen der Trinität und der trinitarischen Relationen: Der Vater hat gezeugt, der Sohn ist gezeugt (vom Vater), der heilige Geist als dritte Person, der die göttliche *essentia* mit dem Vater und dem Sohn gemeinsam hat, geht aus dem Vater und dem Sohn hervor *(ex patre et filio procedere)*.[69]

Es fehlt bei Rekkared eine genaue Ausformulierung der Christologie. Durch die *assumptam a filio humani habitus formam*[70] ist unsere Erlösung bewirkt, die als Wiederherstellung eines ursprünglichen Zustandes angesehen wird. Dieses Bekenntnis des Königs Rekkared – Leander von Sevilla darf man vielleicht als Ghostwriter vermuten – ist nun theologisch in voller Übereinstimmung mit der ersten Hälfte des *Athanasianum*, aber in den Formulierungen sicherlich nicht vom *Athanasianum* direkt abhängig.

Es folgt ein ausdrückliches Bekenntnis zu den ersten vier ökumenischen Synoden,[71] wobei das *Symbolum Nicaenum*, das *Symbolum Constantinopolitanum* und die Formel von Chalkedon im Wortlaut wiedergegeben werden. Auffällig allerdings ist, dass in der handschriftlichen Überlieferung das *Constantinopolitanum* sowohl mit als auch ohne *filioque* bezeugt ist, sodass davon auszugehen ist, dass das *filioque* in der Überlieferung nachträglich eingeflossen ist.[72] Ausdrücklich nicht aufgenommen ist das 5. ökumenische Konzil von 553! Der König vermahnt den Episkopat seines Reiches mehrmals, den Glauben sowohl dem Klerus als auch dem Volk einzuschärfen.[73]

Es folgen dann 23 Anathematismen,[74] die übrigens fast immer mit *quicumque* eingeleitet werden, und die die ehemals homöischen Bischöfe unterschreiben müssen. Diese Anathematismen sind ausschließlich gegen den bisherigen Arianismus (Homöismus) der westgotischen Kirche gerichtet, stehen inhaltlich in voller Übereinstimmung mit dem *Athanasianum* und schließen nun auch die praktischen Folgen dieses Konfessionswechsels ein.

---

69 *Concilium Toletanum III, Regis professio fidei* (55,71–74 Martínez Díez/Rodríguez): *Spiritus aeque Sanctus confitendus a nobis et praedicandus est a Patre et Filio procedere, et cum Patre et Filio unius esse substantiae; tertiam vero in Trinitate Spiritus Sancti esse personam, qui tamen communem habeat cum Patre et Filio divinitatis essentiam.*
70 Vgl. *Concilium Toletanum III, Regis professio fidei* (56,77 M.D./R.).
71 *Concilium Toletanum III, Regis professio fidei* (61,134–71,247 M.D./R.).
72 *Concilium Toletanum III, Regis professio fidei* (67,199 M.D./R.).
73 *Concilium Toletanum III, Regis professio fidei* (50,15–17 M.D./R.): *Non incognitum reor esse vobis, reverentissimi sacerdotes, quod propter instaurandam disciplinae ecclesiasticae formam ad nostrae vos serenitas praesentiam devocaverim.* Ibid. (56,82–57,86 M.D./R.): *Vos tamen, Dei sacerdotes, meminisse oportet quanta hucusque ecclesia Dei catholica per Spanias adversae partis molestiis laboraverit, dum et catholici constantem fidei suae tenerent ac defenderent veritatem et haeresis pertinaciori animositate propria niteretur perfidiae.*
74 *Concilium Toletanum III, Gothorum professio fidei* (78,344–88,446 M.D./R.).

Anathematismus 14 schreibt verbindlich die Formulierung *Gloria patri et filio et spiritu sancto* im liturgischen Gebrauch vor (für die Laien wahrscheinlich zu der Zeit der Hauptunterschied zwischen homöischer und katholischer Kirche).
Anathematismus 15: „Wiedertaufe" wird verboten.
Anathematismus 16: Bestimmungen Leovigilds werden verworfen.
Anathematismus 17: Beschlüsse der Synode von Rimini von 359, bisher die Bekenntnisgrundlage des westgotischen Reiches, werden verworfen.
Anathematismen 18–22: Beschlüsse der ökumenischen Synoden (außer der 5. Synode von 553!) und aller katholischen Synoden werden angenommen.
Im 23. Kanon findet sich eine kurze Zusammenfassung der chalkedonensischen Inkarnations- und Zweinaturenlehre.

Diese Anathematismen müssen dann acht bisher homöische Bischöfe und ebenso die bisher homöischen Presbyter und Diakone unterschreiben, um in den katholischen Klerus aufgenommen zu werden.[75] Es folgen noch 23 *Canones* (*capitula*) und das Edikt des Königs Rekkared in ebenfalls 23 Gesetzen entsprechend den *capitula*.

Interessant ist der Befehl des Königs, dass das *Symbolum Constantinopolitanum* (Bekenntnis der 150 Väter) in allen Kirchen nach dem Vorbild der östlichen Kirchen jeden Sonntag in der Messe rezitiert werden muss.[76] Bei diesem Edikt des westgotischen Königs handelt es sich somit um den ersten Beleg für den regelmäßigen gottesdienstlichen Gebrauch des *Symbolum Constantinopolitanum* im Westen. Auch wenn die Beschlüsse der Synode inhaltlich völlig in Übereinstimmung mit dem *Athanasianum* sind, hat der Text selbst aber ganz offensichtlich nicht als Vorlage für die Formulierungen gedient.

Die Beschlüsse von Toledo bleiben Glaubensgrundlage der nun katholischen Kirche der Westgoten bis zum Ende des westgotischen Reiches. Welche Probleme bei der Integration und Belehrung des ehemals homöischen Klerus auftreten konnten, zeigt die Synode von Zaragoza 592, die erneute Weihen samt Unterweisung der ehemals homöischen Kleriker verlangte.[77] Die 4. Synode von Toledo,[78] die im Jahre 633

---
75 *Concilium Toletanum III, Regis professio fidei* (95,553–98,592 M.D./R.).
76 *Concilium Toletanum III, Canones* (101,620–623 M.D./R.): [...] *ut omni sacrificii tempore ante communicationem corporis Christi vel sanguinis iuxta Orientalium partium morem unanimiter clara voce sacratissimum fidei recenseant symbolum* [...]; vgl. auch ibid. (103,642) und ibid. (110,739–745 M.D./R.): [...] *sancta constituit synodus ut per omnes ecclesias Spaniae, Galliae vel Galliciae secundum formam Orientalium ecclesiarum concilii Constantinopolitani, hoc est centum quinquaginta episcoporum, symbolum fidei recitetur, ut priusquam Dominica dicatur oratio, voce clara a populo praedicetur, quo et fides vera manifestum testimonium habeat et ad Christi corpus et sanguinem praelibandum pectora populorum fide purificata accedant*.
77 Orlandis Rovira (1981) 124–128.
78 *Concilium Toletanum IIII* (161–274 Martínez Díez/Rodríguez; Orlandis Rovira (1981) 144–171.

stattfand, hat als *canon* 1 ein Bekenntnis, dessen Nähe zum *Athanasianum* schon immer aufgefallen ist:[79]

Secundum divinas enim scripturas et doctrinam quam a sanctis Patribus accepimus, Patrem et Filium et Spiritum Sanctum unius deitatis atque substantiae confitemur.	Gemäß den göttlichen Schriften und der Lehre, die wir von den heiligen Vätern empfangen haben, bekennen wir, dass der Vater und der Sohn und der Heilige Geist von e i n e r Gottheit und Substanz ‹sind›;
In personarum diversitate trinitatem credentes, in divinitate unitatem praedicantes, nec personas confundimus nec substantiam separamus.	indem wir in der Verschiedenheit der Personen die Dreifaltigkeit glauben und in der Gottheit die Einheit verkünden, vermischen wir weder die Personen noch trennen wir die Substanz.
Patrem a nullo factum vel genitum dicimus, Filium a Patre non factum sed genitum asserimus, Spiritum vero Sanctum nec creatum nec genitum sed procedentem ex Patre et Filio profitemur;	Wir sagen, dass der Vater von niemand gemacht oder gezeugt ‹wurde›, wir behaupten, dass der Sohn vom Vater nicht gemacht, sondern gezeugt ‹wurde›, vom Heiligen Geist aber verkünden wir, dass er weder geschaffen noch gezeugt, sondern aus dem Vater und dem Sohn hervorgehend ‹ist›;
ipsum autem Dominum Iesum Christum Dei Filium et creatorem omnium ex substantia Patris ante saecula genitum	unser Herr Jesus Christus selbst aber, der Sohn Gottes und Schöpfer von allem, wurde vor den Zeiten aus der Substanz des Vaters gezeugt;
descendisse ultimo tempore pro redemptione mundi a Patre, qui nunquam desiit esse cum Patre. Incarnatus est enim ex Spiritu Sancto et sancta gloriosa Dei genitrice Virgine Maria et natus ex ipsa solus.	am Ende der Zeit ist er für die Erlösung der Welt vom Vater herabgestiegen, er, der niemals aufgehört hat, mit dem Vater zu sein; er ist nämlich fleischgeworden aus dem Heiligen Geist und der heiligen, glorreichen Gottesgebärerin und Jungfrau Maria und allein er ist aus ihr geboren wurden;
Idem Dominus Iesus Christus, unus de sancta Trinitate, anima et carne perfectum sine peccato suscipiens hominem, manens quod erat, assumens quod non erat,	derselbe Herr Christus Jesus, e i n e r von der heiligen Dreifaltigkeit, hat den in Seele und Fleisch vollständigen Menschen ohne Sünde angenommen, wobei er blieb, was er war, und annahm, was er nicht war;
aequalis Patri secundum divinitatem, minor Patri secundum humanitatem, habens	gleich dem Vater in der Gottheit und geringer als der Vater in der Menschheit,

---

[79] Die deutsche Übersetzung folgt *Concilium Toletanum IIII, cap.* 1 (220–221 Denzinger/Hünermann).

in una persona duarum naturarum proprietates	hatte er in e i n e r Person die Eigentümlichkeiten zweier Naturen;
(naturae enim in illo duae, Deus et homo; non autem duo filii et dii duo, sed idem una persona in utraque natura),	in ihm <waren> nämlich zwei Naturen, Gott und Mensch, nicht aber zwei Söhne und zwei Götter, sondern derselbe <war> e i n e Person in beiden Naturen;
perferens passionem et mortem pro nostra salute non in virtute divinitatis sed in infirmitate humanitatis,	er erduldete Leiden und Tod für unser Heil, nicht in der Kraft der Gottheit, sondern in der Schwachheit der Menschheit;
descendit ad inferos ut sanctos qui ibi tenebantur erueret, devictoque mortis imperio resurrexit.	er stieg hinab in die Unterwelt, um die Heiligen, die ebendort festgehalten wurden, herauszuführen, und nachdem er die Herrschaft des Todes besiegt hatte, ist er auferstanden;
Assumptus deinde in caelis venturus est in futurum ad iudicium vivorum et mortuorum;	danach wurde er in die Himmel aufgenommen und wird in der Zukunft wiederkommen zum Gericht über Lebende und Tote;
cuius morte et sanguine mundati remissionem peccatorum consecuti sumus, resuscitandi ab eo in die novissima in ea qua nunc vivimus carne et in ea qua resurrexit idem Dominus forma,	durch seinen Tod und sein Blut gereinigt, haben wir die Vergebung der Sünden erlangt, um von ihm am Jüngsten Tag in dem Fleisch auferweckt zu werden, in dem wir jetzt leben, und in der Gestalt, in der der Herr auferstanden ist;
percepturi ab ipso alii pro iustitiae meritis vitam aeternam, alii pro peccatis supplicii aeterni sententiam.	die einen werden von ihm für die Verdienste der Gerechtigkeit das ewige Leben erhalten, die anderen für ihre Sünden die Verurteilung zur ewigen Pein.
Haec est catholica ecclesiae fides, hanc confessionem conservamus atque tenemus, quam quisque finissime custodierit perpetuam salutem habebit.	Dies ist der Glaube der katholischen Kirche, dieses Bekenntnis bewahren wir und halten wir fest; jeder, der es ganz fest bewahrt, wird das ewige Heil haben.

Das als *canon* 1 der 4. Synode von Toledo gezählte Bekenntnis bietet also eine Zusammenfassung des Glaubens: *secundum divinas enim scripturas et doctrinam quam a sanctis Patribus accepimus*.[80] Hier finden sich z.T. ganz wörtliche Übereinstimmungen mit dem *Athanasianum*,[81] wobei die Dreiheit in der Einheit und die Einheit in der Dreiheit im *Athanasianum* immer wieder eingeschärft wird. Wie im *Athanasianum* sind hier aber Trinitätslehre und Christologie ziemlich harmonisch und in sich schlüssig

---

80 *Concilium Toletanum IIII, Canones* (181,334–335 M.D./R.).
81 Vgl. Burn (1896) LXXXI, der alle Übereinstimmungen im Druck markiert hat.

verbunden. Nicht nur inhaltlich, sondern auch im Aufbau sind beide Texte ziemlich ähnlich. Die *canones* dieser Synode, die von Isidor von Sevilla geleitet wurde, sind dann das Gesetzgebungswerk der westgotischen Kirche geworden.[82]

Die 11. Synode von Toledo hat 675 ein sehr ausführliches Bekenntnis formuliert, eine Art Bekenntnistraktat, der wie eine Entfaltung des *Athanasianum* wirkt.[83] Aber die synodale Entwicklung nach 633 bis zum Ende des westgotischen Reiches soll hier nicht weiter verfolgt werden.[84]

8 Fazit

In aller Vorsicht und durchaus im Bewusstsein aller damit verbundenen Unsicherheiten möchte ich folgende Vermutung wagen:

Angesichts der vielen Übereinstimmungen gehe ich davon aus, dass der vierten Synode von Toledo 633 das *Athanasianum* bekannt war,[85] aber nicht einfach in den Bekenntniskanon der Synode übernommen wurde. Die Synode von 589, die den Konfessionswechsel der westgotischen Kirche vom homöischen Bekenntnis von Rimini zu den Beschlüssen der ersten vier ökumenischen Synoden markiert, scheint diesen Text dagegen noch nicht gekannt zu haben. Zu vermuten ist deshalb, dass im Auftrag des Königs Rekkared, wie er es 589 den Bischöfen eingeschärft hatte, das *Athanasianum* als Handbuch zur Unterrichtung bisher homöischer Kleriker nach 589 im Prozess der Integration der bisher homöischer Kleriker in die katholische westgotische Kirche aus der vorliegenden lateinischen theologischen Tradition formuliert worden ist als Zusammenfassung des katholischen Glaubens, wie er am Ende des sechsten Jahrhunderts hinsichtlich der Trinitätslehre und Christologie im Westen übereinstimmend feststand. Deswegen können Formulierungen daraus in das Synodalbekenntnis der vierten Synode von Toledo einfließen. Der Rückgriff auf Augustinus und die Augustinus-Rezeption entspricht dabei dem Stand der theologischen Diskussion in der lateinischen Kirche, ebenso der Rückgriff auf den lateinischen (Ps-) Athanasius, dessen Autorität natürlich in der Auseinandersetzung mit dem Arianismus der Westgoten besonderes Gewicht und besondere Überzeugungskraft hatte, weit mehr als der Name Augustinus, dessen Theologie den Text des *Athanasianum* aller-

---

82 Orlandis Rovira (1981) 144–171. Vgl. damit auch das Symbol der 6. Synode von Toledo (638): *Concilium Toletanum VI, Canones* (298,46–302,102 Martínez Díez/Rodríguez; Übers. 223–226 Denzinger/Hünermann).
83 *Concilio de Toledo XI* a. 675 (347–352 Vives/Marín Martínez/Martínez Díez; Übers. 241–250 Denzinger/Hünermann); Orlandis Rovira (1981) 233–240.
84 Vgl. dazu Orlandis Rovira (1981) 172–323. Zu den theologischen Konzilsbekenntnissen der westgotischen Synoden vgl. zusammenfassend Orlandis Rovira (1981) 341–343.
85 So Burn (1896) LXXIX–LXXXI; Morin (1911) 174; 337–359; Orlandis Rovira (1981) 148–149; zurückhaltender dagegen Drecoll (2007) 38.

dings wesentlich stärker beeinflusst hat, wie vor allem Drecoll betont hat.[86] Ich halte es mit Müller[87] dabei für durchaus möglich – wenn auch nicht beweisbar, – dass dieser Katechismus von Anfang mit dem Namen des Athanasius von Alexandrien, dem aufrechten und unerschütterlichen Kämpfers gegen allen Arianismus und Zeuge für die Beschlüsse des Konzils von Nicaea verbunden war.

Dass in den westgotischen Synodaltexten dieser Katechismus nicht einfach wörtlich zitiert oder namentlich genannt wird, ist nach meiner Meinung nicht verwunderlich. Synodalbekenntnisse können sich grundsätzlich nicht auf eine Person beziehen, auch nicht auf einen Heroen der Rechtgläubigkeit, sondern nur auf die Heiligen Schriften, die apostolische Überlieferung und die Väter, womit natürlich die Väter der autoritativen Synoden, also der vier ökumenischen Konzile gemeint sind. Ein Synodalbekenntnis ist einfach literarisch eine andere Gattung als ein auf die Autorität eines Kirchenvaters begründetes Lehrbuch, deshalb kann eigentlich das *Athanasianum* auch nicht unmittelbar als Synodaldokument in der Überlieferung auftauchen.

Unabhängig davon, ob dieser Versuch der Verortung dieses in fast der gesamten Überlieferung mit dem Namen des Athanasius von Alexandrien verbundenen Textes überzeugend ist, handelt es sich beim *Athanasianum* in jedem Fall um einen hoch interessanten und theologisch wichtigen Schlüsseltext der lateinischen Theologie an der Wende von der Spätantike zum Frühmittelalter, der das Erbe eines Athanasius von Alexandrien nicht nur mit der trinitätstheologischen und christologischen Augustinus-Rezeption, sondern darüber hinaus auch mit der inzwischen kanonischen Überlieferung der vier ersten ökumenischen Konzilien verbunden hat. Das *Athanasianum* ist so ein Beispiel, wie an der Schwelle zum Frühmittelalter die spätantike christliche Überlieferung des Ostens und Westens theologisch miteinander verbunden werden konnten und wie auf dieser gemeinsamen Basis eine neue abendländische lateinische theologische Kultur des Mittelalters möglich wurde.

Anhang

Symbolum Athanasianum (Symbolum quicumque)[88]

¹Quicumque vult salvus esse, ante omnia opus est, ut teneat catholicam fidem:

¹„Jeder, der da selig werden will, der muss vor allem den katholischen Glauben festhalten.

²quam nisi quisque integram inviolatamque servaverit, absque dubio in aeternum peribit.

²Jeder, der diesen nicht unversehrt und unverletzt bewahrt, wird ohne Zweifel auf ewig verloren gehen.

---

86 Drecoll (2007) 47–49.
87 Müller (2012) 24; 30.
88 Der lateinische Text folgt der Ausgabe von Turner; vgl. auch Kinzig (2017) 1–2.

³Fides autem catholica haec est: ut unum deum in trinitate, et trinitatem in unitate veneremur,	³Dies aber ist der katholische Glaube: Wir verehren den einen Gott in der Dreifaltigkeit und die Dreifaltigkeit in der Einheit,
⁴neque confundentes personas, neque substantiam separantes.	⁴ohne Vermischung der Personen und ohne Trennung der Wesenheit.
⁵Alia est enim persona Patris, alia [persona] Filii, alia [persona] Spiritus Sancti;	⁵Denn eine Person ist die des Vaters, eine andere die des Sohnes; eine andere die des Heiligen Geistes.
⁶sed Patris, et Filii, et Spiritus Sancti una est divinitas, aequalis gloria, coeterna maiestas.	⁶Aber der Vater und der Sohn und der Heilige Geist haben nur eine Gottheit, die gleiche Herrlichkeit, gleichewige Majestät.
⁷Qualis Pater, talis Filius, talis et Spiritus Sanctus:	⁷Wie der Vater ist, so ist der Sohn und so der Heilige Geist:
⁸Increatus Pater, increatus Filius, increatus Spiritus Sanctus;	⁸Ungeschaffen der Vater, ungeschaffen der Sohn, ungeschaffen der Heilige Geist.
⁹immensus Pater, immensus Filius, immensus Spiritus Sanctus;	⁹Unermesslich der Vater, unermesslich der Sohn, unermesslich der Heilige Geist.
¹⁰aeternus Pater, aeternus Filius, aeternus Spiritus Sanctus:	¹⁰Ewig der Vater, ewig der Sohn, ewig der Heilige Geist.
¹¹et tamen non tres aeterni, sed unus aeternus;	¹¹Und doch sind es nicht drei Ewige, sondern ein Ewiger,
¹²sicut non tres increati, nec tres immensi, sed unus increatus et unus immensus.	¹²wie es auch nicht drei Ungeschaffene oder drei Unermessliche sind, sondern ein Ungeschaffener und ein Unermesslicher.
¹³Similiter omnipotens Pater, omnipotens Filius, omnipotens Spiritus Sanctus;	¹³Ebenso ist allmächtig der Vater, allmächtig der Sohn, allmächtig der Heilige Geist.
¹⁴et tamen non tres omnipotentes, sed unus omnipotens.	¹⁴Und doch sind es nicht drei Allmächtige, sondern ein Allmächtiger.
¹⁵Ita Deus Pater, Deus Filius, Deus Spiritus Sanctus;	¹⁵So ist der Vater Gott, der Sohn Gott, der Heilige Geist Gott.
¹⁶et tamen non tres Dii, sed unus Deus:	¹⁶Und doch sind es nicht drei Götter, sondern ein Gott.
¹⁷Ita Dominus Pater, Dominus Filius, Dominus Spiritus Sanctus;	¹⁷So ist der Vater Herr, der Sohn Herr, der Heilige Geist Herr.
¹⁸et tamen non tres Domini, sed unus est Dominus:	¹⁸Und doch sind es nicht drei Herren, sondern ein Herr.
¹⁹Quia sicut singillatim unamquamque personam et Deum et Dominum confiteri christiana veritate conpellimur,	¹⁹Denn wie uns die christliche Wahrheit zwingt, jede Person einzeln für sich als Gott und als Herrn zu bekennen,
²⁰ita tres deos aut dominos dicere catholica religione prohibemur.	²⁰so verbietet uns der katholische Glaube, von drei Göttern oder Herren zu sprechen.

²¹Pater a nullo est factus nec creatus nec genitus:
²²Filius a Patre solo est, non factus nec creatus, sed genitus:
²³Spiritus Sanctus a patre et filio, non factus, nec creatus nec genitus, sed procedens.
²⁴Unus ergo Pater, non tres Patres; unus Filius, non tres Filii; unus Spiritus Sanctus, non tres Spiritus Sancti.
²⁵in hac trinitate nihil prius aut posterius, nihil maius aut minus,
²⁶sed totae tres personae coaeternae sibi sunt et coaequales.
²⁷ita ut per omnia, sicut iam supra dictum est, et trinitas in unitate, et unitas in trinitate veneranda sit.
²⁸Qui vult ergo salvus esse, ita de Trinitate sentiat.
²⁹Sed necessarium est ad aeternam salutem, ut Incarnationem quoque Domini nostri Iesu Christi fideliter credat.
³⁰Est ergo fides recta ut credamus et confiteamur, quia dominus noster Iesus Christus dei filius et Deus pariter et homo est:
³¹Deus est ex substantia Patris ante saecula genitus, et homo est ex substantia matris in saeculo natus;
³²perfectus Deus, perfectus homo, ex anima rationabili et humana carne subsistens;
³³aequalis patri secundum divinitatem, minor patre secundum humanitatem:
³⁴Qui licet deus sit et homo, non duo tamen, sed unus est Christus;

²¹Der Vater ist von niemandem gemacht, weder geschaffen noch gezeugt.
²²Der Sohn ist vom Vater allein, nicht geworden noch geschaffen, sondern gezeugt.
²³Der Heilige Geist ist vom Vater und vom Sohn, nicht geworden noch geschaffen noch gezeugt, sondern hervorgehend.
²⁴Es ist also ein Vater, nicht drei Väter, ein Sohn, nicht drei Söhne, ein Heiliger Geist, nicht drei Heilige Geister.
²⁵Und in dieser Dreifaltigkeit ist nichts früher oder später, nichts größer oder kleiner,
²⁶sondern alle drei Personen sind einander gleichewig und gleichrangig,
²⁷so dass in allem, wie bereits oben gesagt worden ist, die Einheit in der Dreifaltigkeit und die Dreifaltigkeit in der Einheit zu verehren ist.
²⁸Wer also selig werden will, soll diese Auffassung von der Dreifaltigkeit haben.
²⁹Aber zum ewigen Heil ist es [ferner] nötig, auch an die Fleischwerdung unseres Herrn Jesus Christus aufrichtig zu glauben.
³⁰Der richtige Glaube ist nun dieser: Wir glauben und bekennen, dass unser Herr Jesus Christus, der Sohn Gottes, Gott und Mensch ist.
³¹Gott ist er aus der Wesenheit des Vaters, vor den Zeiten gezeugt, und Mensch ist er aus der Wesenheit der Mutter, in der Zeit geboren,
³²vollkommener Gott, vollkommener Mensch, bestehend aus einer vernünftigen Seele und menschlichem Fleisch.
³³dem Vater gleich der Gottheit nach, geringer als der Vater der Menschheit nach.
³⁴Doch obwohl er Gott und Mensch ist, sind es nicht zwei, sondern ein Christus.

³⁵*unus autem non conversione divinitatis in carne, sed adsumptione humanitatis in deo;*

³⁵„Einer aber nicht dadurch, dass die Gottheit in Fleisch verwandelt worden wäre, sondern dadurch dass Gott die Menschheit angenommen hat;

³⁶*unus omnino non confusione substantiae, sed unitate personae.*

³⁶ganz und gar einer nicht durch eine Vermischung der Wesenheit, sondern durch die Einheit der Person.

³⁷*Nam sicut anima rationabilis et caro unus est homo, ita deus et homo unus est Christus.*

³⁷Denn wie vernünftige Seele und Fleisch einen Menschen ergeben, so ergeben Gott und Mensch einen Christus.

³⁸*Qui passus est pro salute nostra, discendit ad inferos, surrexit a mortuis,*

³⁸Er hat gelitten um unseres Heils willen, ist herabgestiegen zur Unterwelt, am dritten Tage auferstanden von den Toten,

³⁹*ascendit ad caelos, sedit ad dexteram dei patris, inde venturus iudicare vivos et mortuos.*

³⁹Er ist aufgestiegen in die Himmel, sitzt zur Rechten Gottes des Vaters, von wo er kommen wird, die Lebenden und die Toten zu richten.

⁴⁰*ad cuius adventum omnes homines resurgere habent in corporibus suis, et reddituri sunt de factis propriis rationem;*

⁴⁰Bei seiner Ankunft werden alle Menschen mit ihren Leibern auferstehen und über ihre Taten Rechenschaft ablegen;

⁴¹*et qui bona egerunt ibunt in vitam aeternam,*
qui mala, in ignem aeternum.

⁴¹die Gutes getan haben, werden ins ewige Leben eingehen, die Böses in das ewige Feuer.

⁴²*Haec est fides catholica: quam nisi quisque fideliter firmiterque crediderit, salvos esse non poterit.*

⁴²Dies ist der katholische Glaube. Jeder, der ihn nicht aufrichtig und fest glaubt, kann nicht selig werden."

Bibliographie

Quellen

Augustinus, *Contra Maximinum* = Pierre-Marie Hombert (Hg.), *Sancti Aurelii Augustini contra Arrianos opera. Sermo Arrianorum anonymus. Contra Sermonem Arrianorum. Conlatio cum Maximino. Contra Maximinum libri duo* (CChr.SL 87A), Turnhout 2009, 489–692.

Augustinus, *Contra sermonem Arrianorum* = Pierre-Marie Hombert (Hg.), *Sancti Aurelii Augustini contra Arrianos opera. Sermo Arrianorum anonymus. Contra Sermonem Arrianorum. Conlatio cum Maximino. Contra Maximinum libri duo* (CChr.SL 87A), Turnhout 2009, 181–256.

Augustinus, *De haeresibus* = Roland Vander Plaetse und Clemens Beukers (Hgg.), *Sancti Aurelii Augustini de haeresibus* (CChr.SL 46), Turnhout 1969, 283–345.

Concilium Bracarense primum octo episcoporum = Claude W. Barlow (Hg.), *Martini episcopi Bracarensis opera omnia* (Papers and Monographs of the American Academy in Rome 12), New Haven 1950, 105–115.

Concilium Bracarense secundum duodecim episcoporum = Claude W. Barlow (Hg.), *Martini episcopi Bracarensis opera omnia* (Papers and Monographs of the American Academy in Rome 12), New Haven 1950, 116–123.
Concilium Leudegarii episcopi Augustodunensis = Karl de Clercq (Hg.), *Concilia Galliae A. 511–A. 695* (CChr.SL 148A), Turnhout 1963, 318–320.
Concilium Toletanum III = Gonzalo Martínez Díez und Felix Rodríguez (Hgg.), *La colección canónica Hispana* 5. Concilios hispanos 2 (Monumenta Hispaniae sacra. Serie Canónica 5), Madrid 1992, 48–159.
Concilium Toletanum IIII =
  Gonzalo Martínez Díez und Felix Rodríguez (Hgg.), *La colección canónica Hispana* 5. Concilios hispanos 2 (Monumenta Hispaniae sacra. Serie Canónica 5), Madrid 1992, 161–274.
  Heinrich Denzinger und Peter Hünermann (Hgg.), *Kompendium der Glaubensbekenntnisse und der kirchlichen Lehrentscheidungen*, 38. Aufl., Freiburg i. Br. 1999, 220–221.
Concilium Toletanum VI =
  Gonzalo Martínez Díez und Felix Rodríguez (Hgg.), *La colección canónica Hispana* 5. Concilios hispanos 2 (Monumenta Hispaniae sacra. Serie Canónica 5), Madrid 1992, 293–336.
  Heinrich Denzinger und Peter Hünermann (Hgg.), *Kompendium der Glaubensbekenntnisse und der kirchlichen Lehrentscheidungen*, 38. Aufl., Freiburg i. Br. 1999, 223–226.
Concilio de Toledo XI = José Vives, Tomás Marín Martínez und Gonzalo Martínez Díez (Hgg.), *Concilios visigóticos e hispano-romanos* (España Cristiana. Textos 1), Barcelona 1963, 344–369.
  Heinrich Denzinger und Peter Hünermann (Hgg.), *Kompendium der Glaubensbekenntnisse und der kirchlichen Lehrentscheidungen*, 38. Aufl., Freiburg i. Br. 1999, 241–250.
Epiphanius, *Ancoratus* = Karl Holl, Marc Bergermann und Christian-Friedrich Collatz (Hgg.), *Epiphanius* 1: *Ancoratus und Panarion haer. 1–33* (GCS.NF 10,1), Berlin 2013, 1–149.
Epiphanius, *Panarion* = Karl Holl und Jürgen Dummer (Hgg.), *Epiphanius* 3: *Panarion haer. 65–80. De fide* (GCS Epiphanius 3), Berlin 1985, 1–496.
Isidorus, *De viris illustribus* = Carmen Codoñer Merino (Hg.), *El 'De viris Illustribus' de Isidoro de Sevilla. Estudio y edicion critica* (Theses et studia philologica Salmanticensia 12), Salamanca 1964, 133–153.
(Ps-?) Isidorus, *Epistulae* = Jacques P. Migne (Hg.), *Sancti Isidori, Hispalensis episcopi, opera omnia* 6 (PL 83), Paris 1862, 893–914.
Symbolum Athanasianum (Symbolum quicumque) = Cuthbert Hamilton Turner, „A Critical Text of the Quicumque vult", in: *JThS* 11 (1910), (401–411) 407–411.

Sekundärliteratur

Alonso-Núñez (1995): José M. Alonso-Núñez, „Reccared I.", in: *Lexikon des Mittelalters* 7, 500.
Barlow (1950): Claude W. Barlow (Hg.), *Martini episcopi Bracarensis opera omnia* (Papers and Monographs of the American Academy in Rome 12), New Haven.
Brennecke (2007): Hanns Christof Brennecke, „Auseinandersetzung mit sogenannten ‚Arianern'", in: Volker H. Drecoll (Hg.), *Augustin Handbuch*, Tübingen, 208–212.
Brennecke (2008): Hanns Christof Brennecke, „Augustin und der ‚Arianismus'", in: Therese Fuhrer (Hg.), *Die christlich-philosophischen Diskurse der Spätantike. Texte, Personen, Institutionen. Akten der Tagung vom 22.–25. Februar 2006 am Zentrum für Antike und Moderne der Albert-Ludwigs-Universität Freiburg* (Philosophie der Antike 28), Stuttgart, 175–187.
Brennecke (2010): Hanns Christof Brennecke, „Athanasius von Alexandrien in der abendländischen Rezeption bis zur Frühen Neuzeit", in: Silke-Petra Bergjan und Karla Pollmann (Hgg.), *Patristic*

Tradition and Intellectual Paradigms in the 17th Century (Spätmittelalter, Humanismus, Reformation 52), Tübingen, 137–157.

Brennecke (2013): Hanns Christof Brennecke, „Athanasian Creed (*Athanasianum/Symbolum quicumque*)", in: Karla Pollmann (Hg.), *The Oxford Guide to the Historical Reception of Augustine* 2, Oxford, 583–585.

Brennecke (2015): Hanns Christof Brennecke, „‚Apollinaristischer Arianismus' oder ‚arianischer Apollinarismus' – Ein dogmengeschichtliches Konstrukt?", in: Silke-Petra Bergjan, Benjamin Gleede und Martin Heimgartner (Hgg.), *Apollinarismus und seine Folgen* (STAC 93), Tübingen, 73–92.

Brennecke et al. (2014): Hanns Christof Brennecke, Annette von Stockhausen, Christian Müller, Uta Heil und Angelika Wintjes (Hgg.), *Dokumente zur Geschichte des arianischen Streites, 4. Lieferung: bis zur Synode von Alexandrien 362* (Athanasius Werke 3,1,4), Berlin.

Brennecke (2016): Hanns Christof Brennecke, *Athanasius von Alexandrien auf dem Konzil von Florenz* (Hans-Lietzmann-Vorlesungen 13), Berlin.

Burn (1896): Andrew Ewbank Burn, *The Athanasian Creed and Its Early Commentaries* (Texts and Studies 4,1), Cambridge.

Castritius (2005): Helmut Castritius, „Sweben § 12 Reichsbildung und Untergang", in: *Reallexikon der germanischen Altertumskunde* 30, 2. Aufl., 205–210.

Claude (1970): Dietrich Claude, *Geschichte der Westgoten*, Stuttgart.

Collins (1979): Roger John Howard Collins, „Athanasianisches Symbol", in: *TRE* 4, 328–333.

Diekamp (1907): Franz Diekamp (Hg.), *Doctrina patrum de incarnatione Verbi. Ein griechisches Florilegium aus der Wende des siebenten und achten Jahrhundert*, Münster.

Drecoll (2004): Volker H. Drecoll, „Symbolum Quicumque", in: *RGG*[4] 7, 1940.

Drecoll (2007): Volker H. Drecoll, „Das Symbolum Quicumque als Kompilation augustinischer Tradition", in: *ZAC* 11, 30–56.

Fontaine (1983): Jacques Fontaine, *Isidor de Séville et la culture classique dans l'Espagne wisigothique* 1–3, Paris.

Fontaine (2005a): Jacques Fontaine, „Spanien zwischen Barbaren und Häretikern", in: Luce Pietri (Hg.), *Der lateinische Westen und der byzantinische Osten (431–642)* (Geschichte des Christentums 3), Freiburg i. Br., 213–221.

Fontaine (2005b): Jacques Fontaine, „Erneuerung des kirchlichen Lebens auf der Iberischen Halbinsel. Synodale und literarische Aktivitäten", in: Luce Pietri (Hg.), *Der lateinische Westen und der byzantinische Osten (431–642)* (Geschichte des Christentums 3), Freiburg i. Br., 398–417.

Fontaine (2005c): Jacques Fontaine, „Spanien", in: Luce Pietri (Hg.), *Der lateinische Westen und der byzantinische Osten (431–642)* (Geschichte des Christentums 3), Freiburg i. Br., 785–793.

Heil (2011): Uta Heil, *Avitus von Vienne und die homöische Kirche der Burgunder* (PTS 66), Berlin.

Heil (2014): Uta Heil, „Chlodwig, ein christlicher Herrscher. Ansichten des Bischofs Avitus von Vienne", in: Mischa Meier und Steffen Patzold (Hgg.), *Chlodwigs Welt. Organisation von Herrschaft um 500* (Roma Æterna 3), Stuttgart, 67–90.

J[3] = Philipp Jaffé (Hg.), *Regesta pontificum Romanorum ab condita ecclesia ad annum post Christum natum MCXCVIII*, hg. von Marcus Schütz u. a., 3. Aufl., Göttingen 2016.

Kannengiesser (1999): Charles Kannengiesser, „Quicumque", in: *LThK*[3] 8, 771.

Kelly (1964): John Norman Davidson Kelly, *The Athanasian Creed* (Paddock Lectures 1962,3), London.

Kinzig (2017): Wolfram Kinzig, *Faith in Formulae. A Collection of Early Christian Creeds and Creed-Related Texts* 3 (OECT), Oxford.

Kohlbacher (2004): Michael Kohlbacher, „Das Symbol Athanasianum und die orientalische Bekenntnistradition. Formgeschichtliche Anmerkungen", in: Martin Tamcke (Hg.), *Syriaca* 2: *Beiträge zum 3. Deutschen Syrologen-Symposium in Vierzehnheiligen 2002* (Studien zur Orientalischen Kirchengeschichte 33), Münster, 105–164.

Markschies (1995): Chistoph Markschies, *Ambrosius von Mailand und die Trinitätstheologie. Kirchen- und theologiegeschichtliche Studien zu Antiarianismus und Neunizänismus bei Ambrosius und im lateinischen Westen (364–381 n. Chr.)* (BHTh 90), Tübingen.

Martindale (1992): John Robert Martindale (Hg.), *The Prosopography of the Later Roman Empire* 3 B, Cambridge 1992.

Mordek (1975): Hubert Mordek, *Kirchenrecht und Reform im Frankenreich. Die Collectio Vetus Gallica. Die älteste systematische Kirchenrechtssammlung des Fränkischen Gallien (Studien und Edition)* (Beiträge zur Geschichte und Quellenkunde des Mittelalters 1), Berlin.

Mordek/Reynolds (1992): Hubert Mordek und Roger E. Reynolds, „Bischof Leodegar und das Konzil von Autun", in: Hubert Mordek (Hg.), *Aus Archiven und Bibliotheken. Festschrift für Raymund Kottje zum 65. Geburtstag* (Freiburger Beiträge zur mittelalterlichen Geschichte 3), Frankfurt a. M., 71–92.

Morin (1911): Germain Morin, „L'origine du symbole d'Athanase", in: *JThSt* 12, 161–190; 337–359.

Müller (2010): Christian Müller, „Das Phänomen des ‚lateinischen Athanasius'", in: Annette von Stockhausen und Hanns Christof Brennecke (Hgg.), *Von Arius zum Athanasianum. Studien zur Edition der „Athanasius Werke"* (TU 164), Berlin, 3–42.

Müller (2012): Christian Müller, „From Athanasius to ‚Athanasius'. Usurping a ‚Nicene Hero' or The Making-of of the ‚Athanasian Creed'", in: Jörg Ulrich, Anders-Christian Jacobsen und David Brakke (Hgg.), *Invention, Rewriting, Usurpation. Discursive Fights over Religious Traditions in Antiquity* (Early Christianity in the Context of Antiquity 11), Frankfurt a. M., 19–40.

Orlandis Rovira (1981): José Orlandis Rovira, „Die Synoden im katholischen Westgotenreich", in: ders. und Domingo Ramos-Lissón (Hgg.), *Die Synoden auf der Iberischen Halbinsel bis zum Einbruch des Islam (711)* (Konziliengeschichte A, Darstellungen), Paderborn, 93–346.

Papebroch (1680): Daniel Papebroch, „S. Athanasii vita", in: *Acta Sanctorum Mai* 1, Antwerpen, X § 111.

Pontal (1986): Odette Pontal, *Die Synoden im Merowingerreich* (Konziliengeschichte A, Darstellungen), Paderborn.

Prelog (1991): Jan Prelog, „Leovigild", in: *Lexikon des Mittelalters* 5, 1903.

Ramos-Lissón (1981): Domingo Ramos-Lissón, „Die hispanischen Konzilien vor der Konversion Reccareds", in: José Orlandis Rovira und ders. (Hgg.), *Die Synoden auf der Iberischen Halbinsel bis zum Einbruch des Islam (711)* (Konziliengeschichte A, Darstellungen), 3–92.

Reichert (2002): Eckhard Reichert, „Martin von Braga", in: Peter Bruns, Siegmar Döpp und Wilhelm Geerlings (Hgg.), *Lexikon der antiken christlichen Literatur*, Freiburg i.Br., 490–491.

Ritter (2014a): Adolf Martin Ritter, „Das Athanasianum", in: Irene Dingel (Hg.), *Die Bekenntnisschriften der Evangelisch-Lutherischen Kirche*, Göttingen, 51–60.

Ritter (2014b): Adolf Martin Ritter, „Das Athanasianum", in: Irene Dingel (Hg.), *Die Bekenntnisschriften der Evangelisch-Lutherischen Kirche. Quellen und Materialien 1: Von den altkirchlichen Symbolen bis zu den Katechismen Martin Luthers*, Göttingen, 23–29.

Schäferdiek (1967): Knut Schäferdiek, *Die Kirche in den Reichen der Westgoten und Suewen bis zur Errichtung der westgotischen katholischen Staatskirche* (AKG 39), Berlin.

Schäferdiek (1978): Knut Schäferdiek, „Germanenmission", in: *RAC* 10, 491–548.

Schanz/Hosius/Krüger (1920): Martin Schanz, Carl Hosius und Gustav Krüger (Hgg.), *Geschichte der römischen Literatur* 4,2: *Die römische Literatur von Constantin bis zum Gesetzgebungswerk Justinians. Die Literatur des fünften und sechsten Jahrhunderts* (Handbuch der Altertumswissenschaft 8,4,2), München.

Scheibelreiter (2003): Georg Scheibelreiter, „Reccared", in: *Reallexikon der germanischen Altertumskunde* 24, 2. Aufl., 200–203.

Voss (1642): Gerhard Johannes Voss, *Dissertationes tres. De tribus symbolis, Apostolico, Athanasiano et Constantinopolitano*, Amsterdam.

Weckwerth (2013): Andreas Weckwerth (Hg.), *Clavis conciliorum occidentalium septem prioribus saeculis celebratorum. Qua ad investigationem synodorum fovendam tam optimas actorum synodalium editiones quam eorum testimonia conciliorum quorum monumenta deperdita sunt commode contulit* (CChr. Claves – Subsidia 3), Turnhout.

Wolfram (2001): Herwig Wolfram, „Leovigild", in: *Reallexikon der germanischen Altertumskunde* 18, 2. Aufl., 269–273.

Richard Price
Western Theology and the Ecumenical Councils

How considerable, or inconsiderable, was the theological contribution made by the West to the ecumenical councils of the fourth to eighth centuries? Standard presentations play this down. For not only were the councils held in the East, but in addition very few westerners attended, apart from the papal representatives, and the debates involved theological issues that were in dispute in the East but not in the West. Admittedly it was often asserted a generation ago that Nicaea and Chalcedon were exceptions. It was common to assert that the ὁμοούσιον adopted at Nicaea implied a strong doctrine of divine unity that was distinctively western, while in the East the emphasis was on the distinction between the persons. Christopher Stead, however, demonstrated that this represented too crude an interpretation of the ὁμοούσιον and too simplified an account of eastern Trinitarianism.[1] It was also commonly asserted that the two nature formula of the Christological definition of Chalcedon was taken from the *Tome of Leo*. This formula does not actually occur *ipsis verbis* in the *Tome*; nevertheless we know from the acts of the fifth session of the council that an unambiguously dyophysite formula was indeed adopted as a result of insistence by the Roman legates.[2] But the formula adopted – that Christ is to be "acknowledged in two natures" (ἐν δύο φύσεσιν [...] γνωριζόμενον) – was of eastern provenance,[3] while the eastern bishops took no interest in, and indeed had no knowledge of, western Christology, beyond what was said in the *Tome*, and this they interpreted as simply confirming the Creed and the teaching of the Council of Ephesus.[4]

1 Ephesus and Chalcedon

Did western Christology influence Greek Christology, or vice versa? Let us take the key theological issue at Chalcedon: are the human actions and experiences of Christ to be attributed to the divine *Logos* as their personal subject? We all know that Theo-

---

[1] See Stead (1977).
[2] See *Acts of Chalcedon*, Session 5,9–28, ACO 2,1,2 (123,24–125,25 Schwartz).
[3] The formula was first used by Basil of Seleucia at the Home Synod of 448. See *Acts of Chalcedon*, Session 1,301, ACO 2,1,1 (117,22 Schwartz). As Sophronius of Jerusalem later pointed out in his *Epistula synodica* (ACO, ser. 2, 2,1 [438,16–18 Riedinger]), it derived from the phrase "perfect in Godhead and the same perfect in manhood" (τέλειος ὢν ἐν θεότητι καὶ τέλειος ὁ αὐτὸς ἀνθρωπότητι) in Cyril of Alexandria's letter *Laetentur caeli* to John of Antioch, ACO 2,1,1 (110,4–5 Sch.).
[4] See the approval of the *Tome* expressed by the bishops in turn at Session 4, ACO 2,1,2 (94,4–101,39 Sch.).

dore of Mopsuestia and his followers, including Nestorius and Theodoret, denied this: it was obviously the divine Word who became flesh, but they attributed the multiple and particular human experiences that resulted from the incarnation not to the Word but to a distinct human subject.[5] In contrast, the main contention of Cyril of Alexandria was that it was the Word himself who underwent the sufferings, while remaining changeless and impassible in his divine nature.[6] What had been the practice of the great fourth-century theologians in this regard? It was not only Athanasius but also Gregory Nazianzen who attributed the human experiences to the *Logos*.[7] The same is true of the great Latin fathers. A letter of Augustine's mentions someone who formerly

> refused to admit that God was born of a virgin, that God was crucified and endured other human sufferings, but who afterwards came to know that God the Word became son of man in such a way that, with each of them remaining in its own substance, God suffered in the man what was human in such a way that he retained in himself what was divine without impairment.[8]

Pope Leo in his *Tome*, while insisting on a distinct human operation, nevertheless refers to Christ's divine nature as "his" nature and his human nature as "ours", thereby excluding a symmetrical Christology of two united subjects.[9] This amounts to a consensus of West and East, with neither dependent on the other. The *Tome* was a reaction (may we say an over-reaction?) to Eutyches rather than a balanced and comprehensive presentation of western Christology.[10] This was realized by the fathers of Chalcedon, who in their definition presented the synodical letters of Cyril as providing "instruction for those who with pious zeal seek the meaning of the saving Creed" (ἑρμηνείαν δὲ τῶν εὐσεβεῖ ζήλῳ τοῦ σωτηρίου συμβόλου ποθούντων τὴν ἔννοιαν), while commending Leo's *Tome* simply as "a universal pillar against those with false belief" (κοινήν τινα στήλην ὑπάρχουσαν κατὰ τῶν κακοδοξούντων) –

---

5 See Clayton (2007).
6 The key text is Cyril's *Epistula secunda ad Nestorium*, ACO 2,1,1 (104,15–106,29 Sch.), since it was this text of Cyril's that was formally approved at Session 1 of Ephesus, ACO 1,1,2 (13,8–31,5 Schwartz) and most cited in the subsequent debate.
7 Note how in distinguishing the sayings about Christ in the Gospels Gregory Nazianzen attributes the lowly ones not to Christ's manhood as a distinct subject but to "the one who emptied himself and became flesh" (*Orationes theologicae* 29,18 [216,24 Gally]: τῷ διὰ σὲ κενωθέντι καὶ σαρκωθέντι) and "the passible God" (*Orationes theologicae* 30,1 [226,10 G.]: Θεῷ παθητῷ).
8 Augustine, *Epistula* 219,3 (430,18–28 Goldbacher): *Nolebat fateri deum datum ex femina, deum crucifixum et alia humana perpessum [...]. sed posteaquam cognouit [...] dei filium sic esse factum hominis filium, ut [...] utroque in sua substantia permanente sic deus in homine pateretur humana ut in se ipso integra diuina seruaret.*
9 Leo I, *Tomus ad Flauianum* 3, ACO 2,2,1 (27,7–8 Sch.): *In integra ergo ueri hominis perfectaque natura uerus natus est deus, totus in suis, totus in nostris.*
10 Leo's *Epistula* 165, the so-called *Second Tome* (ACO 2,4 [113,2–119,14 Sch.]) corrected the *First Tome* in this respect, and betrays Leo's awareness of the unsatisfactory character of the latter.

that is, for its condemnation of Eutychianism and not for any positive Christological doctrine it contained.[11]

2 Constantinople II (553)

Proceeding to the Three Chapters Controversy and the Second Council of Constantinople (553), do we find a difference between West and East in the interpretation of Chalcedon and its work, or evidence of the exertion of an influence in either direction? The theology of Constantinople II has often been seen as a specifically "Cyrillian" or "Neo-" Chalcedonianism that represented a narrowing of Chalcedon, a departure from its mediating position between the antagonistic poles of Alexandria and Antioch.[12] I have argued elsewhere that the Chalcedonian Definition is essentially Cyrillian, and was not intended to supplement or correct Cyril by adopting elements of Roman or Antiochene theology.[13] But what was it that led the western churches of Italy and Africa to view the condemnation of the Three Chapters with such alarm – the condemnation, that is, directed against Theodore of Mopsuestia and against anti-Cyrillian writings by Theodoret of Cyrrhus and Ibas of Edessa? The evidence makes it clear that western opposition had nothing to do with a liking for Antiochene Christology, and everything to do with the danger of undermining Chalcedon, if fathers whom Chalcedon had either been silent about (namely Theodore of Mopsuestia) or actually reinstated (namely Theodoret and Ibas) were now to be condemned.[14]

The stance of deacon Rusticus of Rome is particularly interesting, and has still to be fully investigated and successfully interpreted. The puzzle is that in his collection of texts related to the Council of Ephesus he included a mass of material by those north Syrian bishops who rejected compromise with Cyril in the wake of the council; some of the material selected is seriously damaging to Cyril's reputation, to the extent of suggesting sympathy with his Syrian opponents.[15] Yet at the same time, in his treatise against the Monophysites, Rusticus sets out what is essentially a Cyrillian Christology, where the personal subject in Christ is unambiguously divine rather than the product of the union, and the symmetrical Christology of the Antiochene school

---

[11] *Acts of Chalcedon*, Session 5,34, ACO 2,1,2 (129,11–15 Sch.).
[12] See in contrast, however, the highly appreciative treatment of Constantinople II in Hausammann (2004) 90–108.
[13] Price/Gaddis (2005a) 65–73.
[14] Ferrandus of Carthage, *Epistula* 6 to Pelagius and Anatolius (921–928 Migne), is a particularly clear and eloquent expression of this position.
[15] Rusticus' *Collectio Casinensis* is in ACO 1,3–4. As an example of a document damaging to Cyril's reputation take the list of bribes paid by Cyril to members of the imperial household, *Collectio Casinensis* 295, ACO 1,4 (224,4–225,11 Schwartz).

is rejected.[16] By the time of Rusticus a Cyrillian Christology had become the common teaching of the imperial Church in both East and West.

3 Constantinople III (680–681)

Let us proceed to Constantinople III (680–681), which defined that there are two operations and two wills, divine and human, in Christ. At the beginning of the council both the patriarchs who attended (those of Constantinople and Antioch) were on the monothelete side (holding to one will in Christ) and, to judge by the minimal attendance at the early sessions, bishops were reluctant to attend the council. The *Acts* reveal in addition that there was strong support for monotheletism in Constantinople, in both the court and the army and among the general population.[17] This arose not from the purely doctrinal issue (which was a mere matter of terminology) as from the way in which the council was coerced into anathematizing the great monothelete patriarchs of the earlier seventh century, most notably Sergius, one of the most impressive figures ever to be patriarch. It is clear from the *Acts* that throughout the council it was the Roman legates who made the running – with the support of the emperor Constantine IV, who chaired most of the sessions in person. The huge florilegium, on which the council based its claim that the dyothelete position was the orthodox one, had been compiled at Rome and was presented at the council by the Roman legates.[18] In all, the victory of the dyothelete cause was brought about by the imperial imposition on a reluctant Byzantine Church of the teaching of the Roman see, as expressed by Pope Agatho in his letter to the council. The final oration delivered at the council spoke of his letter in memorable terms: "The city of Elder Rome presented you with a confession inscribed by God, and made the day of doctrine dawn in the west: there shone forth paper and ink."[19]

But how had that teaching developed? What was the origin of dyotheletism, the doctrine of two wills in Christ? The key biblical text were Christ's words at Gethsemane – in the Lukan version, "Father, if you wish, take this cup from me, but let not my will but yours be done."[20] A key passage attributed (falsely) to Athanasius interpreted this as follows: "He here exhibits two wills, one human, which is of the flesh, and the other divine. For the human will deprecates the passion because

---

[16] See Spataro (2007) 214–245, and Petri (2010) 107–114.
[17] This will be shown in the translation and commentary of the acts of this council by myself and Marek Jankowiak (Liverpool, forthcoming).
[18] This florilegium comes in *Session 10* of the *Acts*, ACO, ser. 2, 2,1 (288,1–390,9 R.).
[19] *Acts of Constantinople III*, Session 18, ACO, ser. 2, 2,2 (816,21–818,1 Riedinger): ὁμολογίαν σοι θεοχάρακτον ἡ Ῥώμη πόλις ἡ πρεσβῦτις ἀνέτεινε, τὴν τῶν δογμάτων ἡμέραν ἐκ τῆς ἑσπέρας ἀνέτειλε, χάρτης καὶ μέλαν ἐφαίνετο.
[20] Luke 22:42: πάτερ, εἰ βούλει παρένεγκε τοῦτο τὸ ποτήριον ἀπ' ἐμοῦ· πλὴν μὴ τὸ θέλημά μου ἀλλὰ τὸ σὸν γινέσθω.

of the weakness of the flesh, while his divine will is 'eager'."[21] Of course Christ's human will soon submitted to the passion, in the words of Cyril of Alexandria: "You will find that the emotions of the flesh were excited in Christ so that, once excited, they might be quelled by the power of the Word who dwelt in the flesh."[22] We find the same in the Latin Fathers. Augustine's interpretation runs as follows:[23]

> "Father", he said, "if it is possible, let this cup pass from me." This was the human will, wanting something individual and as if private. But because he wanted man to be upright of heart, so that he could direct towards the one who is always upright whatever in man is somewhat contorted, he added, "Yet not what I will, but what you will, Father." [...] Their Godhead is one, and so there cannot be any disparity of will; but in his human *persona* changing into himself those who are his own, he displayed a will that is proper to man; he displayed you and corrected you.

Here the submission of the human will is attributed to the dominance of the divine will: a free human response is attributed to us in our imitation of Christ, but not directly to Christ himself.

It was Maximus the Confessor who pointed out the real force of Christ's words "Not my will but yours be done": it is Christ in his manhood who is speaking, and with these words his manhood is not resisting but accepting the divine will – and accepting it not out of compulsion by the divine will, but because an uncorrupted human will freely and spontaneously cleaves to the source of its existence and its well-being.[24] The teaching of Maximus reached Pope Agatho through the *Acts of the Lateran Synod of 649*, which had been compiled and in part composed by Maximus himself, at that time in Rome. As Agatho summed up the matter in his letter read out at Constantinople III:[25]

---

21 Ps-Athanasius, *De incarnatione Verbi Dei et contra Arianos* 21 (1021B – C Migne): δύο θελήματα ἐνταῦθα δείκνυσι, τὸ μὲν ἀνθρώπινον, ὅπερ ἐστὶ τῆς σαρκός· τὸ δὲ θεικὸν, ὅπερ Θεοῦ. Τὸ γὰρ ἀνθρώπινον διὰ τὴν ἀσθένειαν τῆς σαρκὸς παραιτεῖται τὸ πάθος· τὸ δὲ θεικὸν αὐτοῦ πρόθυμον.
22 Cyril of Alexandria, *Thesaurus de sancta et consubstantialia Trinitate* 24 (397C Migne): εὑρήσεις ἐν Χριστῷ τὰ τῆς σαρκὸς πάθη κεκινημένα, οὐχ ἵνα κρατήσῃ ὥσπερ καὶ ἐν ἡμῖν, ἀλλ' ἵνα κινηθέντα καταργηθῇ τῇ δυνάμει τοῦ ἐνοικήσαντος τῇ σαρκὶ Λόγου.
23 Augustine, *Enarratio in psalmum* 32,2, *Sermo* 1,2 (248,18 – 31 Dekkers/Fraipont): *Pater, inquit, si fieri potest, transeat a me calix iste. Haec humana uoluntas erat, proprium aliquid et tamquam priuatum uolens. Sed quia rectum corde uoluit esse hominem, ut quidquid in illo aliquantum curuum esset, ad illum dirigeret qui semper est rectus: Verum non quod ego uolo, ait, sed quod tu, Pater.* [...] *Quorum una est diuinitas, non potest esse dispar uoluntas. Sed ex persona hominis transfigurans in se suos,* [...] *ostendit quamdam hominis propriam uoluntatem; ostendit te, et correxit te.*
24 See Price (2014) 96–100.
25 *Acts of Constantinople III*, Session 4, ACO, ser. 2, 2,1 (69, 21– 24 R.): *Orat quidem ad patrem ut homo, ut calicem passionis transageret, quia in eo nostrae humilitatis natura absque solo peccato perfecta est; pater, inquiens, si possibile est, transeat a me calix iste, uerumtamen non sicut ego uolo sed sicut tu uis. et in alio: non mea uoluntas sed tua fiat.*

> Indeed he prayed to the Father as man that he might accomplish[26] the cup of the passion, because in him the nature of our manhood was complete and without sin alone, saying, "Father, if it is possible, let this cup pass from me, yet not as I will but as you will", and in another place, "Let not my will but yours be done."

What does this imply about relations between East and West? There are notable affinities between aspects of Maximus' theology and those of Augustine. Maximus' understanding of will in Christ was that the human will was fully submissive to the divine will, but in perfect freedom, since this submission arose from the natural bent of Christ's perfect and uncorrupted human will. We have seen that Augustine did not interpret the agony in the garden in this way; but there remains a marked likeness between Maximus' understanding of will in Christ and Augustine's teaching on the way in which the will of those transformed by grace obeys God, in virtue of its natural drive towards the one who is at once its source and its goal. Maximus spent a long time in Africa, and it has been suggested that he had direct knowledge of some of the writings, or ideas, of Augustine.[27] But there is no evidence that he had ever read Augustine for himself, and no parallels in idea or expression so close as to show that he learnt from Augustine. The florilegia in the *Acts of the Lateran Synod of 649* were compiled by Maximus and his assistants, and contain a number of passages from Augustine; but these could well have been provided by Latin monks or clergy in Rome.[28] Maximus, on receiving these passages, will have recognized Augustine as an ally, but this does not mean that he learnt from Augustine.

We are still without evidence of an influence of Latin theology on Greek theology, but this should not be confused with the distinction between West and East. Greek culture and language had a strong presence in central and still more in southern Italy. Rome received an influx of Greek monks in the mid-seventh century; many later popes were Greek by birth, including the two great papal champions of dyotheletism, Pope Theodore (642–649) and Pope Agatho (678–681). Rome and Italy bridged the divide between West and East. Maximus, for so long unacceptable in the East and so welcomed in Rome, placed himself on the western half of the divide – not least in the way in which he stressed papal authority, while at the same time

---

[26] It is significant that the Greek version of this passage in the *Acts* translates the Latin *transageret* by παραγάγῃ (*Acts of Constantinople III, Session 4*, ACO, ser. 2, 2,1 [68,24 R.]), which is etymologically the equivalent Greek word, but has the contrary meaning – "avert" rather than "perform". The latter is what is required in this context, but the error was facilitated by the fact that the dominant interpretation of Christ's prayer in the Greek tradition was indeed that it expressed aversion from the passion.
[27] See now Börjesson (2015).
[28] So Price (2014) 62–64.

scandalizing Byzantium by claiming that the emperor had no right to interfere in church affairs.[29]

But the language barrier between Greeks and Latins remained, and this deprived Maximus of any longer-term influence in the West. None of his writings on the will, whether in us or in Christ, were translated into Latin. Nor could his interpretation of the agony of the garden reach Latin speakers via Agatho's letter in the *Acts* of 680–681, because this document (even in its Latin version) was little read in the West; and even if it had been, its key theological statements were too concise and undeveloped to have had an impact. Western interpretations of Gethsemane did not progress beyond the earlier patristic consensus. We have two substantial Latin commentaries on the *Gospel of Matthew* dating to the first half of the ninth century, those by Rabanus Maurus and Paschasius Radbertus. They both attribute Christ's acceptance of the passion to his divine will, while his human will is stated baldly to have set itself against the passion.[30]

This is not to say that either Agatho's letter or the *Acts of Constantinople III* were convincing documents. They both ran into the same difficulty. We ourselves may choose to see the emergence and victory of dyotheletism as a development of Chalcedonian Christology. Such a development certainly occurred, but the ecumenical councils did not recognize the development of doctrine. By the time of Constantinople III the councils insisted that they were simply restating the teaching of the church fathers of the golden age between Nicaea and Chalcedon. Novelty, indeed, was seen as heretical. This is why, from the First Council of Ephesus, argument proceeded not by means of theological debate and analysis, but via the presentation of florilegia, intended to prove that the doctrine to be defined was traditional, and the heresy to be condemned was either novel or to be found only in past heretics who had already been condemned.[31] But the great Fathers of the fourth and fifth centuries, to whom prime authority was attributed, were singularly unhelpful when it came to the question of

---

29 For Maximus' stress on Roman authority see Booth (2014) 269–277, and for his denying the emperor any priestly authority, and by implication any authority over the Church, see *Relatio motionis* (25,182–29,208 Allen/Neil).

30 Rabanus Maurus, *Expositio in Matthaeum* 8,26,41 (706,96–3 Löfstedt): *Cum enim dicit: "Spiritus quidem promptus, caro uero infirma", duas uoluntates ostendit, humanam uidelicet, quae est carnis, et diuinam, quae est Deitatis. Ubi humana quidem propter infirmitatem carnis recusat passionem, diuina autem eius est promptissima, quoniam formidare quidem in passione humanae fragilitatis est, suscipere autem dispensationem passionis diuinae uoluntatis atque uirtutis est.* Paschasius Radbertus, *Expositio in Matthaeum* 12,26,39 (1314,1535–1539 Paulus): *Vult enim et orat quod humanitatis est cum ait: Pater mi, transfer a me calicem istum si fieri potest. Deinde quia non potest revertitur in voluntate sua, quam habet cum Patre quorum semper una est et indiuisa uoluntas et ait quod diuinitatis est: Fiat uoluntas tua.*

31 Admittedly, florilegia played only a minor role at Chalcedon. There is no evidence that the florilegium attached to the *Tome of Leo* was read out at the council (see *Acts of Chalcedon*, ACO 2,1,1 [20,6–25,6 Sch.] and ACO 2,1,2 [81,21–22 Sch.]), while the council's "address to the emperors", which closes with a florilegium (ACO 2,1,3 [473,4–475,12 Schwartz]), is not likely to have been formally read out before, or approved by, the bishops. See Price/Gaddis (2005b) 105–107.

will, or wills, in Christ. None of them had produced an adequate interpretation of the agony in the garden. And to shift the discussion away from this single episode was impossible, since it was only in relation to Christ' words "Not my will but yours be done" that any of the Fathers had used the actual expression "two wills" in relation to Christ. The conciliar definition declared: "Likewise we also proclaim two natural wills, which are not contrary (God forbid!), as the impious heretics asserted, but his human will follows and does not oppose or resist, but instead is subject to, his divine and omnipotent will."[32] Yet the texts that are cited so copiously in the *Acts*, as stating or implying a human will in Christ distinct from his divine will, were all talking about a case of *opposition* between Christ's human will and his divine will. Again and again the Fathers had proceeded to state that this opposition was no more than the instinctive recoil of the flesh from suffering and death; this was true enough, but it made Gethsemane irrelevant to the issue of whether Christ had a proper human will. In fact, what the Fathers had been talking about was not the presence in Christ of two faculties of will, but the simple fact of a clash in volitions in Christ during the agony in the garden. The attempt to prove dyotheletism by citing the Fathers was a failure.

I make this point in order to show how the ecumenical councils by the seventh century had finished up, because of their claim to be simply traditional, in an intellectual cul-de-sac. This is also apparent in the work of the Second Council of Nicaea (787), to which I shall now proceed.

4 Nicaea II (787)

A common religious culture between Italy and the East was notable in the iconoclast controversy of the eighth century. From the very start of imperial iconoclasm in 726, the papacy gave its support to the iconophile cause. Only St Catherine's monastery on Mt Sinai can rival Rome in the presence there even today of early icons dating to the iconoclast era or before. The contrast with the western churches on the other side of the Alps is notable. Charlemagne and the Franks rejected the decree of the Second Council of Nicaea (787) defining that images are to be venerated, for the veneration of images or simply the production of images suitable for veneration, though traditional in Rome, had not crossed the Alps. Pope Hadrian responded by defending the decisions of the council.

Was he defending an authentic Roman tradition? The key texts for the latter were two letters of Gregory the Great, which deplored the destruction of images, but for-

---

32 *Acts of Constantinople III*, Session 18, ACO, ser. 2, 2,2 (774,22–24 R.): Ὡσαύτως κηρύττομεν καὶ δύο μὲν φυσικὰ θελήματα οὐχ ὑπεναντία, μὴ γένοιτο, καθῶς οἱ ἀσεβεῖς ἔφησαν αἱρετικοί, ἀλλ'ἑπόμενον τὸ ἀνθρώπινον αὐτοῦ θέλημα καὶ μὴ ἀντιπίπτον ἢ ἀντιπαλαῖον, μᾶλλον μὲν οὖν καὶ ὑποτασσόμενον τῷ θείῳ αὐτοῦ καὶ πανσθενεῖ θελήματι.

bade their veneration.³³ So in his letter to be read out at the council Hadrian included a florilegium of thirteen different extracts. It is striking that only one of these thirteen passages is taken from a Latin Father (namely St Ambrose); even this is a Latin retroversion of a passage taken from a Greek florilegium.³⁴

A problem for all the defenders of images, in the East as well as the West, was that a number of the Fathers of the patristic golden age (from Nicaea to Chalcedon) had indeed spoken appreciatively, or at least without disapproval, of religious images, but none of them had spoken of venerating them. They still provided effective ammunition at Nicaea II, since they told against the prohibition by the Byzantine iconoclasts of even the making of images. But in contrast the Franks accepted the existence of images but simply condemned their veneration. This meant that Hadrian's florilegium, though it sounded impressive to the Byzantines, was totally ineffectual in the context of the debate that followed between Rome and the Franks. It was indeed subjected by Charlemagne to devastating criticism in the *Libri Carolini*.³⁵ We can say that Hadrian contributed to the victory of the iconophile cause in Constantinople, but lost the debate in the West. The victory of iconophilism on the northern side of the Alps had to wait a long time – for developments in French and German piety in the eleventh century.³⁶

And yet the papal iconophile stance was essential for the victory of the iconophile cause in the East. The continuing strength of iconoclasm is shown by the failure of the attempt to hold an iconophile council in Constantinople in the summer of 786, when it had to be abandoned in the face of opposition by many bishops and by soldiers in Constantinople. Why then did the empress Eirene adopt the iconophile cause and abandon the iconoclasm of her great father-in-law Constantine V? One may surmise that the main reason was the need to end the isolation of Byzantium from the other parts of the Christian world, and principally the West. The empire still looked on Italy as part of its dominions, and Sicily was probably the most prosperous part of the empire. Relations with the Franks were also of importance, and it is very possible that the Byzantines had been unaware that in their attitude to images the Franks did not follow Rome.

5 Conclusion

The time had come to draw the threads together. A first question: did western theology penetrate into the churches of the East? The Greek bishops did not speak or read Latin. Very few Latin works were translated into Greek. Latin Fathers were certainly

---

33 Both addressed to Bishop Serenus of Marseilles in 599–600: Gregory the Great, *Registrum epistularum* 9,209 (768 Norberg) and 11,10 (873–876 N.).
34 *Acts of Nicaea II*, Session 2, ACO, ser. 2, 3,1 (151,1–3 Lamberz).
35 *Libri Carolini* 2,13–20 (259,20–273,22a Freeman).
36 See Schmitt (1987).

cited at the ecumenical councils, but as providing a supplement to Greek citations, rather than a source of new understanding. In the other direction, we can ask what influence the conciliar decrees had on western theology. Certainly the West adopted the Nicene orthodoxy of Athanasius and the Cappadocian Fathers. They did not have to learn from Cyril of Alexandria that Nestorius was in the wrong, because their own tradition taught them that. They adopted the formulae of the Chalcedonian Definition, but these were indeed merely formulae, made up of terms that were not defined.[37] The reality of the two natures of Christ, and the dominance within Christ of the divine Word as the single subject, were established orthodoxy in the West well before Chalcedon. As for the later councils, they were never placed on the same level. The Carolingians appreciated the work of the emperor Justinian, as both legislator and theologian, but (to judge by the number of surviving manuscripts) they read his own *Edict on the Orthodox Faith* in preference to the *Acts of Constantinople II*.[38] The dyothelete theology of Constantinople III was so undeveloped and confused as to teach no one anything. Nicaea II made slightly more of a contribution, because one passage in its acts (part of a document not of a decree) was incorporated into western canon law in the twelfth century, namely: "In remembrance and commemoration of their archetypes (*primitiuorum*) they (Christians) venerate and adore them, but they do not serve with divine cult either them or anything created."[39] But the iconophile decrees of Nicaea, even though approved by the pope, only penetrated across the Alps a few centuries after the council, and by this time images had already become important in the devotional practices of northern Europe.

Where, however, Rome had a decisive influence was on the politics of the councils. At Chalcedon it was Roman insistence that had led to an unambiguously dyophysite formula being included in the Definition. It is arguable that this would not in itself have led to the monophysite schism, since other parts of the definition was unmistakably Cyrillian, and that more decisive in exciting opposition in the East was the rehabilitation and reinstatement of Theodoret of Cyrrhus, who had been Nestorius' ally and a bitter critic of Cyril; and the main reason for Theodoret's reinstatement was the fact that Rome had already declared his condemnation at the Robber Council of Ephesus null and void.[40]

---

37 The attempts by Boethius and Rusticus in the sixth century to give them a more definite meaning are as notable as the contemporary attempts by Leontius of Byzantium and Leontius of Jerusalem in the East.
38 See Schieffer (1972).
39 *Decretum Gratiani* 3, *De consecratione*, distinctio 3,28 (1790B Migne): *Ad memoriam et recordationem primitiuorum uenerantur eas et adorant, sed non seruiunt eis cultu divino, nec alicui creaturae*. The Greek to which this corresponds is *Acts of Nicaea II, Session 6*, ACO, ser. 2, 3,3 (628,15–18 Lamberz).
40 At the first session of Chalcedon, the lay chairmen defended Theodoret's participation on the grounds that he had been restored to his see by the pope (ACO 2,1,1 [70,1–3 Sch.]).

Constantinople II was an example of papal resistance, and then capitulation, to Byzantine pressure, which left Rome humiliated and the churches of Italy divided. But Constantinople III is a prime case of a theology (in this case dyotheletism) being imposed on the Byzantine Church as a result of Roman demands. The case is similar, though less extreme, in the case of Nicaea II: doubtless the restoration of icon veneration was generally popular, but its adoption, despite opposition among both bishops and the army, was motivated primarily by the desire of a weak imperial regime to win the support of Rome and the West; that the aim of the council was primarily to please Rome is suggested by the fact that the sole early copy of the *Acts* was produced for despatch to Rome.[41] To conclude, it would not be an exaggeration to say that the principal work of many of the ecumenical councils was not to advance and vindicate Greek theology, but to impose the doctrines championed by Rome on a reluctant Byzantine Church.

Bibliography

Ancient Sources

ACO 1,1,2 = Eduard Schwartz (ed.)., *Concilium Universale Ephesenum* 1,2: *Collectio Vaticana 33–80* (ACO 1,1,2), Berlin 1927.

ACO 1,4 = Eduard Schwartz (ed.), *Concilium Universale Ephesenum* 4: *Collectionis Casinensis sive synodici a Rustico diacono compositi pars altera* (ACO 1,4), Berlin 1927–1928.

ACO 2,1,1 = Eduard Schwartz (ed.), *Concilium Universale Chalcedonense* 1,1: *Epistularum collectiones. Actio prima* (ACO 2,1,1), Berlin 1933.

ACO 2,1,2 = Eduard Schwartz (ed.), *Concilium Universale Chalcedonense* 1,2: *Actio secunda. Epistularum collectio B. Actiones III–VII* (ACO 2,1,1), Berlin 1933.

ACO 2,1,3 = Eduard Schwartz (ed.), *Concilium Universale Chalcedonense* 1,3: *Actiones VIII–XVII. 18–31* (ACO 2,1,3), Berlin 1935.

ACO 2,2,1 = Eduard Schwartz (ed.), *Concilium Universale Chalcedonense* 2,1: *Collectio Novariensis de re Eutychis* (ACO 2,2,1), Berlin 1932.

ACO 2,4 = Eduard Schwartz (ed.), *Concilium Universale Chalcedonense* 4: *Leonis Papae I. epistularum collectiones* (ACO 2,4), Berlin 1932.

ACO, ser. 2, 2,1 = Rudolf Riedinger (ed.), *Concilium Universale Constantinopolitanum Tertium* 1: *Concilii Actiones I–XI* (ACO, ser. 2, 2,1), Berlin 1990.

ACO, ser. 2, 2,2 = Rudolf Riedinger (ed.), *Concilium Universale Constantinopolitanum Tertium* 2: *Concilii Actiones XII–XVIII. Epistulae. Indices* (ACO, ser. 2, 2,2), Berlin 1992.

ACO ser. 2, 3,1 = Erich Lamberz (ed.), *Concilium Universale Nicaenum Secundum* 1: *Concilii Actiones I–III* (ACO ser. 2, 3,1), Berlin 2008.

ACO ser. 2, 3,3 = Erich Lamberz (ed.), *Concilii Actiones VI–VII. Tarasii et synodi epistulae. Epiphanii sermo laudatorius. Canones. Tarasii epistulae post synodum scriptae. Appendix Graeca* (ACO ser. 2, 3,3), Berlin 2016.

---

[41] In Rome it was immediately translated into Latin, and thereby reached the Franks. There is nothing to suggest similar circulation in the East prior to the ninth century.

Ps-Athanasius, *De incarnatione Verbi Dei et contra Arianos* = Jaques P. Migne (ed.), *S. P. N. Athanasii archiepiscopi Alexandrini opera omnia quae exstant vel quae eius nomine circumferuntur* (PG 26), Paris 1857, 984–1028.
Augustine, *Enarratio in psalmum 32* = Eligius Dekkers and Johannes Fraipont (eds.), *Sancti Aurelii Augustini Enarrationes in psalmos I–L* (CChr.SL 38), Turnhout 1956, 244–273.
Augustine, *Epistula 219* = Alois Goldbacher (ed.), *S. Aureli Augustini Hipponensis episcopi epistulae 4: Epistulae CLXXXV–CCLXX* (CSEL 57), Wien 1911, 428–431.
Cyril of Alexandria, *Thesaurus de sancta et consubstantialia Trinitate* = Jacques P. Migne (ed.), *S. P. N. Cyrilli Alexandrie archiepiscopi opera quae reperiri potuerunt omnia* (PG 75), Paris 1863, 9–1074.
Decretum Gratiani = Jaques P. Migne (ed.), *Decretum Gratiani* (PL 187), Paris 1861.
Ferrandus of Carthage, *Epistula 6* = Jaques P. Migne (ed.), *Dionysii Exigui, Viventioli, Trojani, Pontiani, S. Caesarii Arelatensis episcopi, Fulgentii Ferrandi et Rustici quorum prior Carthaginensis, posterior Romanae ecclesiae diaconus, necnon Justi, Facundi, Urgellensis et Hermianensis episcoporum, opera omnia* (PL 67), Paris 1865, 921–928.
Gregory Nazianzen, *Orationes theologicae* = Paul Gallay (ed.), *Grégoire de Nazianze, Discours 27–31 (Discours théologiques)* (SC 250), Paris 1978.
Gregory the Great, *Registrum epistularum 9,209; 11,10* = Dag Norberg (ed.), *S. Gregorii Magni Registrum epistularum libri VIII–XIV, appendix* (CChr.SL 140A), Turnhout 1982, 768; 873–876.
Libri Carolini = Ann Freeman (ed.), *Opus Caroli regis contra synodum (Libri Carolini)* (MGH.Conc 2, Suppl. 1), Hanover 1998.
Paschasius Radbertus, *Expositio in Matthaeum* = Bedae Paulus (ed.), *Paschasii Radberti expositio in Matheo libri XII (XI–XII)* (CChr.CM 56B), Turnhout 1984.
Rabanus Maurus, *Expositio in Matthaeum* = Bengt Löfstedt (ed.), *Hrabani Mauri expositio in Matthaeum (V–VIII)* (CChr.AM 174A), Turnhout 2000.
Relatio motionis = Pauline Allen and Bronwen Neil (eds.), *Scripta Saeculi VII vitam Maximi confessoris illustrantia una cum latina interpretatione Anastasii bibliothecarii iuxta posita* (CChr.SG 39), Turnhout 1999, 12–51.

Secondary Literature

Booth (2014): Phil Booth, *Crisis of Empire. Doctrine and Dissent at the End of Late Antiquity* (Transformation of the Classical Heritage 52), Berkeley, CA.
Börjesson (2015): Johannes Börjesson, "Augustine on the Will", in: Pauline Allen and Bronwen Neil (eds.), *The Oxford Handbook of Maximus the Confessor*, Oxford, 212–234.
Clayton (2007): Paul B. Clayton, *The Christology of Theodoret of Cyrus. Antiochene Christology from the Council of Ephesus (431) to the Council of Chalcedon (451)* (Oxford Early Christian Studies), Oxford.
Hausammann (2004): Susanne Hausammann, *Alte Kirche. Zur Geschichte und Theologie in den ersten vier Jahrhunderten 4: Das Christusbekenntnis in Ost und West. Zur Geschichte und Theologie im 4./5. Jahrhundert. Chalkedon, Trullanum II, Germanenmission, Bilderstreit*, Neukirchen-Vluyn.
Petri (2010): Sara Petri, *La Disputatio contra Acephalos di Rustico* (Studi sulla tardoantichità 5), Rome.
Price/Gaddis (2005a): Richard Price and Michael Gaddis (eds.), *The Acts of the Council of Chalcedon. Translation with Introduction and Notes 1: General Introduction, Documents Before the Council, Session I* (Translated Texts for Historians 45), Liverpool.

Price/Gaddis (2005b): Richard Price and Michael Gaddis (eds.), *The Acts of the Council of Chalcedon. Translation with Introduction and Notes* 3: *Sessions XI–XVI, Documents After the Council, Appendices, Glossary, Bibliography, Maps, Indices* (Translated Texts for Historians 45), Liverpool.

Price (2014): Richard Price (ed.), *The Acts of the Lateran Synod of 649* (Translated Texts for Historians 61), Liverpool.

Schieffer (1972): Rudolf Schieffer, "Nochmals zur Überlieferung von Justinians Ὁμολογία τῆς ὀρθῆς πίστεως (Edictum de recta fide)", in: *Kleronomia* 4, 267–284.

Schmitt (1987): Jean-Claude Schmitt, "L'Occident, Nicée II et les images du VIIIe au XIIIe siècle", in: François Boespflug and Nicolas Lossky (eds.), *Nicée II, 787–1987. Douze siècles d'images religieuses. Actes du colloque international Nicée 2, tenu au Collège de France, Paris les 2, 3, 4 octobre 1986*, Paris, 271–301.

Spataro (2007): Roberto Spataro, *Il diacono Rustico et il suo contributo nel dibattito teologico postcalcedonese* (Biblioteca di scienze religiose 199), Rome.

Stead (1977): Christopher Stead, *Divine Substance*, Oxford.

V. **Christen und Juden**

Günter Stemberger
Gregor von Tours und die Stellung der Juden im Gallien des 6. Jahrhunderts

Wer sich gewöhnlich eher mit jüdischem Leben und dem Verhältnis zur nichtjüdischen Umwelt im Osten des römischen Reichs und da v. a. mit der Entwicklung bis zum *Codex Theodosianus* befasst, begegnet im Westen, und da besonders nach 400, einer weithin anderen Welt. In der Osthälfte des römischen Reichs hat die jüdische Diaspora eine lange Geschichte, die weit in vorchristliche Zeit zurückreicht; die literarischen Belege kommen meist aus der früheren Phase bis in das 3. Jahrhundert n. Chr.; Inschriften gibt es auch noch länger danach. Im Westen dagegen setzen, abgesehen von Rom selbst, Belege für eine jüdische Präsenz erst viel später ein; archäologische Zeugnisse sind vergleichsweise sehr dürftig.

Es ist somit in erster Linie neben dem geographischen Faktor einer der Zeit, der eine Rolle spielt. In Gallien haben wir keine Möglichkeit, mit früheren Zeiten zu vergleichen, wohl aber in Italien. Bis ins 4. Jahrhundert ist dort die Stadt Rom das jüdische Zentrum schlechthin; fast alle archäologischen Belege – in erster Linie die zahlreichen Grabinschriften aus den jüdischen Katakomben – kommen von dort; literarische Belege nach dem frühen 2. Jahrhundert sind spärlich.[1] Ab etwa 400 verlieren die jüdischen Gemeinden Roms schnell an Bedeutung; Grabinschriften oder sonstige Belege findet man danach fast nicht mehr. Kleinere jüdische Gruppen sind nun immer mehr über das ganze Land verstreut. Bezeichnend ist, dass *Codex Theodosianus* 16,9,3 von 415 und 16,8,23 von 416, in Ravenna erlassen, an *Annati didascalo et maioribus Iudaeorum*[2] gerichtet sind und nicht an die römischen Juden. Für den Norden haben wir einzelne Inschriften (etwa Grado),[3] v. a. aber literarische Belege, so zum Beispiel Ambrosius, der 392 an der Exhumation der hl. Vitalis und Agricola auf dem jüdischen Friedhof in Bologna teilnahm.[4] Der eigentliche Schwerpunkt lag nun klar im Süden: Juden in Apulien und Kalabrien waren zur Mitwirkung in den städtischen Kurien verpflichtet (*Codex Theodosianus* 12,1,158 von 398), in Neapel sind sie 536 an der Verteidigung der Stadt gegen die Truppen Belisars beteiligt,[5] reich belegt sind sie durch die jüdischen Katakomben von Venosa, die u. a. auch eine langsame Hinwendung zum Hebräischen als einer der Sprachen der Inschriften belegen.[6] Schließlich zeigen auch die Briefe von Papst Gregor dem Großen die Verbreitung von Juden im

---

[1] Inschriften gesammelt in *JIWE* 2. Literarische Belege (ohne Kirchenväter): Stern (1974) und (1980). Zur Geschichte: Cappelletti (2006); Rutgers (1995).
[2] *Codex Theodosianus* 16,9,3 (896,1 Mommsen/Krüger); 16,8,23 (893,1 M./K.).
[3] *JIWE* 1, Nr. 8 (13–16 Noy).
[4] Ambrosius, *Exhortatio virginitatis* 1,7–8 (353–354 Migne).
[5] Prokopios von Caesarea, *Bellum Gothicum* 5,8,41–42 (64 Veh); 5,10,24–26 (78 V.). Text und Kommentar bei Rabello (1987) 202–205.
[6] *JIWE* 1, Nr. 42–116 (61–149 N.).

Süden, auch als Pächter auf kirchlichem Besitz, und ihre Probleme mit örtlichen Bischöfen.[7] Im Vergleich zu früher bzw. zum Osten des Reiches ist der Übergang ins Mittelalter hier gut fassbar in der Bewegung weg von den Zentren auf das flache Land, im Bemühen um eine auch sprachliche Abgrenzung eigener Identität sowie in der wachsenden Abhängigkeit von kirchlichen Autoritäten.

1 Juden in Gallien

Die Zuwanderung von Juden in das spätantike Gallien ist sehr schlecht dokumentiert; es gibt keine archäologisch belegten Synagogen, auch keine Inschriften aus dieser Zeit. Die beiden frühesten Inschriften sind deutlich später: ein lateinischer Grabstein von 688/9 aus Narbonne mit dem hebräischen Zusatz שלום על ישראל und eine Inschrift aus Auch (Elimberris, 7.–8. Jahrhundert) nahe der visigothischen Grenze, die eine Schenkung eines Jona belegt, vielleicht eine Herberge für Reisende: *peleger qui ic bennid, D(eu)s esto c(u)m ipso*.[8] Früher sind ein Bronzesiegel, durch eine Menora und zwei Etrogim im Zentrum als jüdisch ausgewiesen, beschriftet *Ianu(arius)* (vielleicht 4. Jahrhundert oder später), das jetzt in Avignon aufbewahrt wird, aber auch in der weiteren Umgebung gefunden worden sein mag, sowie ein Ring mit einem fünfarmigen Leuchter und dem Namen Aster (vielleicht 6. Jahrhundert), der in Bordeaux gefunden wurde.[9] Die beiden Kleinfunde können auch einem durchreisenden Juden gehört haben, sie können keineswegs eine dauernde jüdische Präsenz belegen. Weitere archäologische Zeugnisse kennt die Sammlung von David Noy (*JIWE* 1) nicht.

Ein Bischof Austremonius von Clermont soll noch im frühen vierten Jahrhundert die dort zahlreichen Juden zu bekehren versucht und einen Juden auch tatsächlich getauft haben. Die verschiedenen Fassungen der *Acta Austremonii* werden zunehmend detailfreudiger. In der jüngsten Version ist es das Kind des *princeps Iudaeorum*, das auf den Namen Lucius getauft wurde; nachdem es sein wütender Vater getötet hatte, wurde es als Märtyrer verehrt; die Juden des Ortes wurden vor die Alternative Taufe oder Tod gestellt.[10] Gregor von Tours erwähnt diesen Bischof und weiß auch von der wunderbaren Auffindung seines Grabes im sechsten Jahrhundert, spricht jedoch in diesem Zusammenhang nicht von Juden.[11] Die Datierung ins Jahr 312 ist unmöglich, doch auch die Geschichte insgesamt kaum glaubwürdig. Sie könnte ein Echo der

---

7 Texte bei Simonsohn (1988) 3–24.
8 *JIWE* 1, Nr. 189 und 191 (236–266; 267–270 N.).
9 *JIWE* 1, Nr. 190 und 192 (266–267; 270–272 N.).
10 *De S. Austremonio primo episcopo* (23–82 de Smedt/Van Hoff/de Backer). Die Alternative Taufe oder Tod findet sich erst in einem Anhang zur dritten Fassung 51–52. Wie van Hoff anmerkt, spiegelt das die Situation ab Avitus.
11 Gregor von Tours, *Liber Historiarum* 1,30 (23,6 Krusch/Levison); 44 (28,19 K./L.); die Grabauffindung durch Cautinus schildert Gregor, *Liber in gloria confessorum* 29 (316,4–16 Krusch); die Namensform ist jeweils *Stremonius*.

späteren Geschichte des Avitus von Clermont sein, auf die wir anschließend zu sprechen kommen. Die Präsenz einer größeren jüdischen Gemeinde in Clermont schon im 4. Jahrhundert kann diese Erzählung jedenfalls nicht belegen.

Zumindest für einzelne Juden brauchbar ist dagegen Sidonius Apollinaris (431–487), der einen Juden Gozolas, Klient des Bischofs Magnus Felix aus Narbonne, als Überbringer von zwei Briefen nennt.[12] Etwas später belegt die *Vita* des Caesarius von Arles die Präsenz einer Anzahl von Juden in seiner Stadt, denen im Jahr 508 bei der Belagerung der Stadt durch die Burgunder ein Mauerabschnitt zur Verteidigung zugewiesen wurde.[13]

Die *Canones* der gallischen Regionalsynoden[14] erwähnen mehrfach Juden; historisch sind sie nicht immer direkt auszuwerten und oft eher Programmansage nach der Eroberung neuer Gebiete – so etwa das Konzil von Vannes (Bretagne, um 465, kurz zuvor von Chlothar erobert); oft wiederholen sie einfach schematisch frühere Bestimmungen, ohne dass man daraus auch schon auf die Anwesenheit von Juden in der jeweiligen Region schließen dürfte.

Von Interesse ist *canon* 12 der Synode von Vannes, der Christen die Teilnahme an jüdischen Gastmählern verbietet (sachlich schon *canon* 50 von Elvira, dort aber ohne Begründung):

> *Omnes deinceps clerici Iudaeorum convivia evitent nec eos ad convivium quisquam excipiat; quia cum apud Christianos cibis communibus non utantur, indignum est atque sacrilegum eorum cibos a Christianis sumi; cum ea quae Apostolo permittente nos sumimus, ab illis iudicentur immunda ac sic inferiores incipiant esse clerici quam Iudaei, si nos quae ab illis apponuntur utamur, illi a nobis oblata contemnant.*[15]

Fast wörtlich findet sich das Verbot in *canon* 40 der Synode von Agde wieder (507, damals noch visigotisch!), ohne nähere Begründung dann auch in *canon* 15 von Épaone (517, nach Konversion des Burgunderkönigs Sigismund zum Katholizismus), der Tischgemeinschaft mit Häretikern den Klerikern verbietet, solche mit Juden aber auch den Laien: *A Iudeorum vero conviviis etiam laicus constitutio nostra prohibuit, nec cum ullo clerico nostro panem comedat, quisquis Iudeorum convivio fuerit inquinatus*[16] (vgl. auch noch die 3. Synode von Orléans 538 und die Synode von Mâcon 581–583, *canon* 15 – dort explizit als Wiederholung früherer Bestimmungen).[17]

---

12 Sidonius Apollinaris, *Epistula* 3,4,1 (43,4–6 Lütjohann): *Gozolas natione Iudaeus, cliens culminis tui, cuius mihi quoque esset persona cordi, si non esset secta despectui, defert litteras meas, quas granditer anxius exaravi*; *Epistula* 4,5,1 (57,17–18 L.): *Gozolas vester, deus tribuat ut noster, apicum meorum secundo gerulus efficitur.*
13 *Vita Caesarii episcopi Arelatensis* 1,31 (468,16–26 Krusch). Dazu Mikat (1996) 11–24.
14 Texte gesammelt in Linder (1997) 465–481, ebenso mit kurzem Kommentar Boddens Hosang (2010) 149–169.
15 *Synode von Vannes, canon* 12 (466,2–8 Linder).
16 *Synode von Épaone, canon* 15 (468,4–6 Linder).
17 Dazu Mikat (1995) 21–24.

Im Osten des römischen Reichs ist Tischgemeinschaft mit Juden nie ein Thema, wohl aber die Annahme von Geschenken oder ungesäuerten Broten zu jüdischen Feiertagen: so *canon* 37–38 des Konzils von Laodicaea um 340, ebenso noch in *canon* 70 der syrischen *Apostolischen Konstitutionen*, wo Ungesäuertes genannt wird. Dort geht es um die Übernahme jüdischer Kultbräuche und Teilnahme daran, also um Judaisieren, in Gallien dagegen um gesellschaftliches Zusammenleben ohne direkten religiösen Beiklang (auch wenn Juden sich an ihre Speisegesetze halten). Das setzt ein engeres soziales Neben- und Miteinander voraus, das auch aus dem Verbot von Ehen zwischen Juden und Christen hervorgeht (2. Synode von Orléans 533, *canon* 19, nochmals Clermont 535, *canon* 6, wo noch allgemeiner Sex zwischen Juden und Christen verboten wird). Wer trotz Mahnung sich nicht vom jüdischen Partner trennt, *a Cristeanorum coetu atque convivio et a communione aecclesiae, cuius sociatur hostibus, segregetur*[18] (siehe auch die 2. Synode von Orléans 533, *canon* 19, sowie die 4. Synode von Orléans 541, *canon* 31).[19] In dieselbe Richtung zielt wohl auch das Konzil von Mâcon (581–583), wenn es in *canon* 2 nicht nur fordert, dass sich Kleriker nicht mehr als notwendig in Frauenklöstern aufhalten, sondern auch Juden, die aus geschäftlichem Anlass hinkommen, verwarnt, nicht mit den dortigen Mädchen *aliquid secretius conloqui aut familiaritatem vel moras ibi habere praesumant*.[20]

Mehrmals findet man auch das Verbot, *ne Iudei Cristeanis populis iudices praeponantur* (Clermont von 535, *canon* 9;[21] Mâcon von 581–583, *canon* 13: Juden dürfen auch nicht als Steuereinheber tätig werden[22]). Das wäre eigentlich schon längst durch den *Codex Theodosianus* verboten, wird aber offensichtlich in Gallien nicht beachtet.[23] Auch christliche Sklaven im Besitz von Juden sind ein wiederkehrendes Thema (3. Synode von Orléans 538, *canon* 14: man darf sie nicht zu etwas zwingen, was die christliche Religion verbietet etc.; Loskauf durch Christen; so auch die 4. Synode von Orléans 541 *canon* 30–31 sowie die Synode von Mâcon 581–583, *canon* 16; *canon* 17 erklärt den Verlust des Sklaven, den ein jüdischer Besitzer zum Judentum konvertiert).[24] In dieser Frage ist schon das römische Recht über lange Zeit nicht einheitlich; somit fällt das Thema an sich in Gallien nicht aus dem Rahmen, wohl aber seine Häufigkeit in einer Zeit, in der es im Osten schon erledigt scheint.

---

18 *Synode von Clermont, canon* 6 (469,4–6 Linder).
19 Dazu Mikat (1995) 10–20.
20 *Synode von Mâcon, canon* 2 (473,9–10 Linder). Mikat (1995) 42 sieht hier allgemeiner eine Reaktion auf das Verhalten von Juden, die sich um die Regeln monastischen Zusammenlebens nicht kümmern.
21 *Synode von Clermont, canon* 9 (470 L.).
22 *Synode von Mâcon, canon* 13 (474 L.).
23 Mikat (1995) 25–36: „Das im merowingischen Frankenreich in Vergessenheit geratene beziehungsweise nicht mehr beachtete Verbot des Zuganges für Juden zu den öffentlichen Ämtern wird, beginnend mit dem Konzil von Clermont des Jahres 535, wieder in Erinnerung gerufen und mit dem Edikt Chlothars II. von 614 auch Bestandteil weltlichen Rechts" (36).
24 Dazu ausführlich auf dem Hintergrund der staatlichen Gesetzgebung Mikat (1995) 43–98; Grieser (1997) 113–116; 118–121 (Belege in 118, Anm. 236).

Nur erwähnt seien Bestimmungen, die rein religiös begründet sind und keine früheren Parallelen haben: So ergeht das Verbot, dass Juden sich vom Gründonnerstag bis zum Ostermontag auf der Straße unter Christen mischen (3. Synode von Orléans 538, *canon* 30; Mâcon 581–583, *canon* 14); dieses Verbot wird später noch öfter wiederholt.[25] Hierher gehört auch die Bestimmung, dass auch kein Jude am Sonntag arbeiten (*die dominico nullam operam faciant*) oder Ochsen einspannen darf außer bei dringender Notwendigkeit (Narbonne 589, *canon* 4).[26]

Auffällig ist *canon* 9 von Narbonne: *Iudeis non liceat corpus deducere psallendo; sed, ut eorum habuit mos et consuetudo antiqua, corpus deducant et reponant;*[27] das gleichzeitige 3. Konzil von Toledo (*canon* 22) behält das Grabgeleit unter Psalmengesang den Ordensleuten vor. Dass Juden auf dem Weg zum Begräbnis Psalmen (oder vielleicht allgemeiner religiöse Hymnen) singen, wird auch in erzählenden Texten erwähnt, ist aber sonst nicht belegt, auch nicht in jüdischen Quellen.[28] Heute ist die Rezitation von Psalm 91 vor dem Begräbnis im Friedhof verbreitet, doch gibt es keinen Beleg für Psalmen auf dem Weg dorthin.

Aus der Erzählung vom Empfang König Guntrams in Orléans im Jahr 585, wo die zur Prozession des Martinsfestes versammelte Bevölkerung ihm entgegenzieht, hat man gelegentlich abgeleitet, die Juden hätten Hebräisch gesungen: *Processitque in obviam eius inmensa populi turba [...] canentes laudes. Et hinc lingua Syrorum, hinc Latinorum, hinc etiam ipsorum Iudaeorum in diversis laudibus variae concrepabat.*[29] Doch Walter Goffart schränkt dazu ein, es gehe hier nicht um die Sprachen an sich, sondern

> the chanting of the Syrians and Jews at Orleans [...] was described by Gregory in order to heighten the colour of a festal scene, and not to imply the existence of a language barrier. As long-time residents of Gaul, the Syrians and Jews probably were bi- or trilingual. They were an ordinary part of the local landscape rather than foreigners.[30]

Dass Juden in Gallien Hebräisch sprachen oder auch nur Psalmen hebräisch rezitieren konnten, ist höchst unwahrscheinlich – auch im Osten war der Vorstoß, Hebräisch in

---

25 Mikat (1995) 37–40.
26 *Synode von Narbonne, canon* 4 (476 Linder).
27 *Synode von Narbonne, canon* 9 (477,2–4 L.).
28 Die klassische Sammlung von Bestimmungen rund um Tod und Begräbnis bietet der „kleine" bzw. „außerkanonische" Traktat *Semachot*, der gewöhnlich in Talmudausgaben mitgedruckt wird, aber auch in einer kritischen Ausgabe vorliegt. Diese Schrift stammt aus Palästina, findet aber im Mittelalter weite Verbreitung, auch wenn sie durch regionale Bräuche vielfach ergänzt wird. Siehe Reif (2014).
29 Gregor von Tours, *Liber Historiarum* 8,1 (370,14–16 K./L.). Laut Gregor, *Liber Historiarum* 8,1 (371,2–3 K./L.), errät der König, dass ihm die Juden nur so huldigen, *ut synagoga eorum, quae dudum a christianis deruta est, iuberem ope publica sublevare*, womit die Passage schon längere jüdische Präsenz in Orléans und eine schon zurückliegende Zerstörung ihrer Synagoge belegt. Dazu Geisel (1998) 279–282.
30 Goffart (1982) 88. Siehe auch Quenehen (2009).

der Liturgie durchzusetzen (damit befasst sich Justinian in seiner viel diskutierten *Novelle* 146 aus dem Jahr 553), erfolglos; im Westen gewinnt nur sehr langsam Hebräisch in Inschriften, vielleicht dann auch in der Liturgie, einen gewissen Raum, doch nicht als Umgangssprache.[31] Besonders schon lange ansässige Juden hatten, auch wenn sie ursprünglich aus Palästina stammten, ihr heimatliches Aramäisch (Hebräisch wurde ja auch in Palästina längst nicht mehr gesprochen) sicher längst gegen die lokalen Sprachen getauscht. Mehrsprachigkeit ist höchstens für eine gewisse Elite wie etwa Fernhändler anzunehmen und wird wohl erst später etwas häufiger.

Bevor wir zu Gregor von Tours kommen noch kurz zu Papst Gregor dem Großen.[32] Er erwähnt nicht nur vier von Juden losgekaufte christliche Sklaven, die nun in Narbonne in jüdischer Knechtschaft sind (*Epistula* 7,21 von 597), sondern schreibt schon im Juni 591 den Bischöfen Virgilius von Arles und Theodor von Marseilles (*Epistula* 1,45), um sich gegen Taufen von Juden unter Druck oder gar Zwang auszusprechen, ein Problem, mit dem er auch schon in Süditalien konfrontiert war:

> *Plurimi siquidem Iudaicae religionis viri in hac provincia commanentes ac subinde in Massiliae partibus pro diversis negotiis ambulantes ad nostram perduxere notitiam, multos consistentium in illis partibus Iudaeorum vi magis ad fontem baptismatis quam praedicatione perductos [...] Dum enim quispiam ad baptismatis fontem non praedicationis suavitate, sed necessitate pervenerit, ad pristinam superstitionem remeans inde deterius moritur, unde renatus esse videbatur. Fraternitas ergo vestra huiuscemodi homines frequenti praedicatione provocet, quatenus mutare veterem magis vitam de doctoris suavitate desiderent.*[33]

Wenn jemand unter Druck der Taufe zustimmt, ist damit zu rechnen, dass er später wieder zu seinem Glauben zurückkehrt. Die Frage von Zwangstaufen ist spezifisch für Westeuropa – im Osten sind sie erst ab Heraklius vereinzelt und historisch nur sehr unzuverlässig belegt.[34]

---

31 Doch siehe Lotter (2007) 296, der Aussagen über jüdische Teilnahme beim Begräbnis von Bischöfen in Gallien für glaubwürdig hält und besonders auf Honoratus in der Vita des Hilarius von Arles verweist, bei dessen Begräbnis um 449 Juden in hebräischer Sprache Klagelieder gesungen hätten (Honorat de Marseille, *Vita S. Hilarii episcopi Arelatensis* 29 [156,5–8 Cavallin]): *Iudaeorum concurrunt agmina copiosa [...] Hebraeam concinentium linguam in exequiis honorandis audisse me recolo*. Gegen eine zu direkte historische Auswertung wendet sich schon Toch (2001) 14–18 und (2001a) 470–474. Zur Totenklage der Juden für Caesarius von Arles im Jahr 542 – *Vita Caesarii Arelatensis* 2,49 (501,1–4 K.) – und der Diskussion über die historische Verlässlichkeit dieser Nachricht siehe Mikat (1996) 7; 36–38.
32 Dazu Judic (2014) mit Angabe älterer Literatur.
33 Papst Gregor I, *Epistula* 1,45 (4–5 Simonsohn). Dazu Geisel (1998) 297–304.
34 Stemberger (2010).

2 Gregor von Tours und die Juden

Die Einstellung Gregors von Tours zu den Juden hat zuletzt Martin Quenehen in zwei Beiträgen sehr differenziert und detailreich herausgearbeitet.[35] Gregor steht in der Tradition von Augustinus, wonach die Juden als Bücherträger der Christen weiterleben sollen, deren Bekehrung zum Christentum aber eine wichtige Aufgabe der Bischöfe ist. Er stellt wiederholt Juden auf eine Ebene mit Heiden und Häretikern, v. a. Arianern. Sie sind auf materiellen Gewinn aus und betrügen als Händler, wie Gregor am Beispiel des von ihm verachteten Bischofs Cautinus von Clermont zeigt:

> *Iudaeis valde carus ac subditus erat, non pro salute, ut pastoris cura debet esse sollicita, sed pro comparandis speciebus, quas, cum hic blandiretur et illi se adulatores manifestissime declararent, maiori quam constabant pretio venundabant.*[36]

Dass es den Juden nur um materielle Vorteile gehe, habe auch König Guntram erkannt, als ihm die Juden in Orléans huldigten: *Vae genti Iudaicae malae et perfidae ac subdolo semper sensu viventi* – sie haben ihm ja nur geschmeichelt, damit er befehle, ihre kurz zuvor von Christen zerstörte Synagoge mit öffentlichen Mitteln wieder aufbauen zu lassen, was er aber nie tun werde. Gregor selbst kommentiert das mit einem Lob auf die wunderbare Klugheit des Königs (*O regem admirabili prudentia clarum!*).[37] Juden gelten Gregor als Lügner. Juden, die sich unter König Chilperich taufen ließen, *ad ipsam quam prius perfidiam habuerant, Deo mentiti, regressi sunt, ita ut et sabbatum observare et diem dominicum honorare vidiantur*; und Priscus verspricht dem König in täuschender Absicht (*pollicitur dolosae*), nach Verheiratung seines Sohnes zu tun, was der König von ihm verlange.[38] Engeren Verkehr haben mit Juden nur schlechte Kleriker, wie der schon genannte Bischof Cautinus oder der Priester Eufrasius, der Nachfolger des Cautinus werden wollte und dafür *susceptas a Iudaeis species magnas regi per cognatum suum Beregisilum misit, ut scilicet, quod meritis optinere non poterat, praemiis optineret.*[39] Von den Juden zur Zeit Jesu schreibt Gregor, als Jesus seine Gottheit zu erkennen gab, *in Iudaeis ira succenditur, invidia exagitatur, ac mens de sanguine profetarum pasta, ut iustum interimat, iniuste molitur.*[40] Dieses Bild der Juden als Mörder Jesu überträgt Gregor auf die Juden der eigenen Zeit. Eine unvoreingenommene Darstellung der Ereignisse von Clermont ist da von ihm natürlich nicht zu erwarten.

---

[35] Quenehen (2009 und 2010).
[36] Gregor von Tours, *Liber Historiarum* 4,12 (144,2–5 K./L.).
[37] Gregor von Tours, *Liber Historiarum* 8,1 (370,20–371,4 K./L.).
[38] Gregor von Tours, *Liber Historiarum* 6,17 (286,7–12 K./L.).
[39] Gregor von Tours, *Liber Historiarum* 4,35 (167,30–32 K./L.).
[40] Gregor von Tours, *Liber Historiarum* 1,20 (17,13–15 K./L.).

3 Die Taufe vieler Juden in Clermont[41]

Eine Massentaufe von Juden durch Bischof Avitus von Clermont im Jahre 576 ist durch zwei zeitgenössische, wiewohl nicht unvoreingenommene Berichte bezeugt, die beide auf Gregor von Tours zurückgehen. Gregor war einst Schüler des Avitus und auch durch seinen Onkel Gallus, der 525–551 Bischof von Clermont war, mit dieser Stadt verbunden. Er informierte Venantius Fortunatus über die Ereignisse; dieser sollte eilends darüber ein Gedicht schreiben, das vielleicht zur öffentlichen Verlesung in Clermont bestimmt war (*Carmina* 5,5). Gregor selbst erzählte die Begebenheit später in *Liber Historiarum* 5,11.[42] Vorausgeschickt sei, dass die Juden von Clermont mit dem Vorgänger des Avitus, Cautinus, gute Kontakte gehabt hatten und auf Eufrasius als dessen Nachfolger hofften. Avitus, der dann Bischof wurde, war somit von Anfang an den Juden seiner Stadt nicht besonders zugeneigt.

Avitus bemühte sich um die Konversion der Juden, um die religiöse Einheit seiner Stadt zu bewirken. Wie Fortunatus schreibt, *plebs Averna etenim, bifido discissa tumulto / Urbe manens una non erat una fide.*[43] So ermahnte Avitus die Juden wiederholt, *relicto velamine legis Moysaicae, spiritaliter lecta intellegerent et Christum, filium viventis Dei, prophetica et legali auctoritate promissum, corde purissimo in sacris litteris contemplarent.*[44]

Doch hat er keinen Erfolg: *manebat in pectoribus eorum, iam non dicam, velamen illud, quod facies Moysi obrumbrabatur, sed paries.*[45] Fortunatus schreibt: *sed caligosi recubans velaminis umbra/pectora taetra premens cernere clara vetat.*[46]

Ein einziger Jude ließ sich zu Ostern 576 taufen; bei der folgenden Prozession begoss ihn ein Jude *diabulo instigante*[47] mit ranzigem Öl (darauf spielt vielleicht Fortunatus an: *Christicolis Iudaeus odor resilibat amarus*[48] – es kann aber einfach der verbreitete Topos des stinkenden Juden sein). Das Volk wollte den Juden steinigen, doch konnte der Bischof das Volk zurückhalten (*pontifex ut fieret non permisit*[49]), er ist auf Ruhe und Ordnung bedacht (Fortunatus weiß nichts davon). Doch hielt die Unruhe an und führte zu Christi Himmelfahrt zur Zerstörung der Synagoge: *plebs armante fide Iudaica templa revellit / et campus patuit quo synagoga fuit.*[50] Breiter, doch sachlich gleich, beschreibt dies Gregor selbst, nur wieder mit dem Kontrast Bischof/Volk: *Cum sacerdos de aeclesiam ad basilicam psallendo procederet, inruit super sinagogae Iu-*

---

41 Dazu siehe v. a. Goffart (1985) und Claude (1991).
42 Gregor von Tours, *Liber Historiarum* 5,11 (205,4–206,17 K./L.).
43 Venantius Fortunatus, *Carmina* 5,5 (108,17–18 Leo).
44 Gregor von Tours, *Liber Historiarum* 5,11 (205,6–8 K./L.).
45 Gregor von Tours, *Liber Historiarum* 5,11 (205,8–9 K./L.).
46 Venantius Fortunatus, *Carmina* 5,5 (109,25–26 L.).
47 Gregor von Tours, *Liber Historiarum* 5,11 (205,13–14 K./L.).
48 Venantius Fortunatus, *Carmina* 5,5 (108,19 L.).
49 Gregor von Tours, *Liber Historiarum* 5,11 (205, K./L.15).
50 Venantius Fortunatus, *Carmina* 5,5 (109,29–30 L.).

daeorum multitudo tota sequentium, distructamque a fundamentis, campi planitiae locus adsimilatur.[51] Eine so totale Zerstörung, dass noch am selben Tag der bisherige Platz der Synagoge dem freien Feld gleicht, ist natürlich schwere Übertreibung, wenn man nicht ein rein temporäres Holzgebäude annehmen möchte.

Der Bischof forderte am nächsten Tag die Juden auf, sich taufen zu lassen oder die Stadt zu verlassen. Den beim Dichter noch deutlichen Eindruck der Gewalt versucht Gregor zu vermeiden, wenn er den Bischof die Juden anreden lässt: *Vi ego vos confiteri Dei Filium non inpello [...] Ideoque si vultis credere ut ego, estote unus grex, costodi me posito; sin vero aliud, abscedite a loco.*[52] Nach drei Tagen akzeptierten die Juden das Angebot. 500 Juden erwarteten den Bischof in der Pfingstnacht in der Taufkirche außerhalb der Stadt. Die die Taufe ablehnten, begaben sich nach Marseille. Dadurch wurde, wie Venantius Fortunatus schreibt, die Gespaltenheit der Stadt überwunden: *excepit populus populum, plebs altera plebem: / germine qui non est, fit sibi fonte parens.*[53] Was die Zahl der getauften Juden betrifft, ist eine derart große jüdische Gemeinde zu Clermont im 6. Jahrhundert kaum denkbar (auch die Gemeinde von Rom dürfte kaum größer gewesen sein); eher ist an eine typische Zahl zu denken, ähnlich den über 3000 von Chlodwigs Heerbann, die gemeinsam mit ihm durch Remigius von Reims getauft wurden[54] – die Zahl könnte auf Apg 2,41 zurückgehen.[55]

Man hat für die gesamte Episode auf die Konversion der jüdischen Gemeinde von Magona auf Menorca verwiesen, die laut *Epistula Severi* im Gefolge der Ankunft der Reliquien des hl. Stephanus im Jahr 418 erfolgt sein soll: *In omnibus plateis adversus Iudaeos pugnae legis, in omnibus domibus fidei proelia gerebantur.*[56] Bischof Severus zieht mit der christlichen Gemeinde von Jamona in das dreißig Meilen entfernte Magona und zitiert die Juden in die Kirche, was diese wegen des Sabbats ablehnen. Nun dringen die Christen in die Synagoge ein. Ein Feuer bricht aus, in dem nur die Bücher sowie das Silber erhalten bleiben. Unter diesem Druck nehmen die meisten Juden das Christentum an und beseitigen selbst die letzten Reste der Synagoge, an deren Stelle eine Kirche errichtet wird. 540 Juden werden schließlich getauft. Alle Ereignisse finden innerhalb von acht Tagen statt, gleichsam in einem liturgischen Zeitraum wie auch in Clermont, wo die Zeitspanne von Ostern bis Pfingsten reicht.

Trotz der Argumentation von Friedrich Lotter, Scott Bradbury in seiner Textausgabe von 1996 und anderer Autoren halte ich die *Epistola Severi* nicht für einen zeit-

---

51 Gregor von Tours, *Liber Historiarum* 5,11 (205,16–18 K./L.).
52 Gregor von Tours, *Liber Historiarum* 5,11 (206,1–6 K./L.).
53 Venantius Fortunatus, *Carmina* 5,5 (111,115–116 L.).
54 Gregor von Tours, *Liber Historiarum* 2,31 (77,16 K./L.). Dazu Dumézil (2005) 151–155. Als germanischer König konnte Chlodwig von seinem Volk nicht die Konversion verlangen; „Clovis put en revanche exiger le passage au christianisme de trois mille hommes de sa truste, du fait de leur lien de dépendance personnelle": Dumézil (2005) 219.
55 Dazu Brennan (1985) 323–324. Für Clermont siehe Toch (2001) 16: „die verdächtig runde Zahl von 500".
56 *Epistula Severi* 5,2 (84,6–8 Bradbury).

genössischen Text. Er enthält zu viele Anachronismen und Augustinus, der einzelne der handelnden Personen gut kennt, weiß nichts davon (obwohl ihn Wunder in Verbindung mit der Ankunft von Stephanus-Reliquien in Nordafrika sehr wohl interessieren). Eine deutlich spätere Entstehungszeit macht den Text für einen Vergleich mit Clermont noch interessanter, bei all den Unterschieden im Detail ist er dann näher in der Mentalitätsgeschichte.

Hier ist natürlich auch die Aktion zu erwähnen, in der im Jahr 582 Chilperich in oder bei Paris die Taufe zahlreicher Juden befahl: *Rex vero Chilpericus multos Iudaeorum eo anno baptizare praecipit, ex quibus pluris [plures] excipit [excepit] a sancto lavacro.*[57] Zwar war die Aktion nicht ganz erfolgreich, da manche Getaufte weiterhin zumindest am Sabbat festhielten, im Grunde also jüdisch blieben. Priscus, der Juwelier des Königs, ließ sich nicht zur Taufe überreden und wurde deshalb eingekerkert, *ut, quem credere voluntariae non poterat, audire et credere faceret vel invitum.*[58] Da gibt Priscus scheinbar nach, möchte aber zuvor seinen Sohn mit einer Jüdin in Marseille vermählen, was ihm der König gestattet. Doch einer der Neugetauften ermordet ihn am Sabbat, als Priscus nach jüdischem Gesetz unbewaffnet war. Der Mörder bekam freie Ausreise, wurde aber von Verwandten des Priscus getötet.[59]

Zerstörungen von Synagogen sind seit Ende des 4. Jahrhunderts v. a. im Illyricum ein Problem, dann auch in Italien, sodass die Zerstörung der Synagoge von Clermont nicht überrascht (die Zerstörung der Synagoge von Orléans etwas vor 585 wurde schon erwähnt). Auffällig ist dagegen der Zugang zur Taufe gleich ganzer Gruppen, ohne das vorgeschriebene Katechumenat von acht Monaten abzuwarten. Hier herrschen offenbar andere Einstellungen zur Taufe als in der üblichen christlichen Theologie, worauf etwa Brian Brennan hinweist:

> Social relationships in Merovingian Gaul were changed through the sacrament of Baptism […]. The mass baptism of the Jews of Clermont by Bishop Avitus signalled in a sense his personal adoption of these erstwhile outsiders. In a social as well as a spiritual sense he became their patronus and offered protection to the Jews.[60]

Diese völlig anderen Vorstellungen von einer christlichen Glaubensgemeinschaft machen Ereignisse wie Clermont verständlich; sie bleiben jedoch für die Spätantike einzigartig und erschweren somit die historische Kontrolle und Einordnung.

---

57 Gregor von Tours, *Liber Historiarum* 6,17 (286,5–6 K./L.).
58 Gregor von Tours, *Liber Historiarum* 6,17 (286,10–11 K./L.).
59 Einzelne gallische Juden ließen sich in dieser Zeit kaum für das Christentum gewinnen, sodass auch Gregor von Tours nur ein einziges Beispiel nennen kann, einen Juden, der nach wunderbarer Heilung Christ wurde: *Liber in gloria martyrum* 99 (104,18–29 Krusch). Dazu Geisel (1998) 258–261, nach dem „eine von Erfolg gekrönte individuelle Judenmission damals als ein absoluter Ausnahmefall angesehen wurde […] allein die Heiligen und Märtyrer [scheinen] zu einer derartigen Großtat befähigt gewesen zu sein" (261).
60 Brennan (1985) 323–324. Siehe auch Angenendt (1984) 69–72 und (1990) 173, sowie Dumézil (2005) 217–243.

Was das Leben der Juden in Gallien in dieser Periode betrifft, bietet der Überblick über die wenigen Quellen ein zwiespältiges Bild. Besonders aus den Bestimmungen der kirchlichen Synoden der Zeit ergibt sich der Eindruck, dass Juden ein gutes Zusammenleben mit der christlichen Mehrheitsgesellschaft einschließlich des Klerus pflegten. Den kirchlichen Autoritäten ging das zu weit und sie versuchten daher wiederholt – und das heißt auch, mehr oder weniger erfolglos – die Christen und besonders den Klerus von einer zu großen Nähe abzuhalten. Vereinzelt ergibt sich ein ähnliches Bild auch aus dem Werk des Gregor von Tours. Doch wird dieses Bild verzerrt und verdunkelt durch Gregors kirchenpolitische Interessen – Klerikern, deren Einfluss Gregor nicht gefällt, wirft er vor, zu eng mit Juden verbündet zu sein und dabei von rein materiellen Interessen geleitet zu werden. Vor allem aber zeigt die breite Schilderung der nicht gerade freiwilligen Konversion vieler Juden zu Clermont sowie der Juden im Umfeld des Königs Chilperich, wie prekär und politisch-religiösen Interessen ausgesetzt die Lage der Juden gewesen sein muss. Dass es im damaligen Gallien schon wirklich so zahlreiche Juden gegeben hat, wie die Massenbekehrung von Clermont nahelegt, mag man bezweifeln. Die großen Lücken in der historischen Überlieferung erlauben jedenfalls kein zusammenhängendes Bild. Wie kontinuierlich jüdische Präsenz im Gallien des frühen Mittelalters war, muss offen bleiben.

Bibliographie

Quellen

Codex Theodosianus = Theodor Mommsen und Paul Krüger (Hgg.), *Theodosiani libri XVI cum constitutionibus Sirmondianis* 1,2, Berlin 1905.

De S. Austremonio primo episcopo = Charles de Smedt, Guillaume Van Hoff und Joseph de Backer (Hgg.), *Acta Sanctorum Novembris* 1, Paris 1887, 23–82.

Epistula Severi = Scott Bradbury (Hg. und Übers.), *Severus of Minorca. Letter on the Conversion of the Jews* (OECT), Oxford 1996.

Gregor I, *Epistula* 1,45 = Shlomo Simonsohn (Hg.), *The Apostolic See and the Jews. Documents: 492–1404* (Studies and Texts 94), Toronto 1988, 4–5.

Gregor von Tours, *Libri Historiarum* = Bruno Krusch und Wilhelm Levison (Hgg.), *Gregorii Episcopi Turonensis Libri Historiarum X* (MGH.SRM 1,1), editio altera, Hannover 1951.

Gregor von Tours, *Liber in gloria confessorum* = Bruno Krusch (Hg.), *Gregorii Episcopi Turonensis Miracula et opera minora* (MGH.SRM 1,2), Hannover 1885 (revidierter Nachdruck 1969), 294–370.

Gregor von Tours, *Liber in gloria martyrum* = Bruno Krusch (Hg.), *Gregorii Episcopi Turonensis Miracula et Opera Minora* (MGH.SRM 1,2), Hannover 1885 (revidierter Nachdruck 1969), 34–111.

Honorat de Marseille, *Vita S. Hilarii episcopi Arelatensis* = Samuel Cavallin (Hg.), *La vie d'Hilaire d'Arles. Introduction, traduction et notes par Paul-André Jacob* (SC 404), Paris 1995.

JIWE 1 = David Noy (Hg.), *Jewish Inscriptions of Western Europe 1: Italy (excluding the City of Rome), Spain and Gaul*, Cambridge 1993.

JIWE 2 = David Noy (Hg.), *Jewish Inscriptions of Western Europe 2: The City of Rome*, Cambridge 1995.

Prokopios von Caesarea, *Bellum Gothicum* = Otto Veh (Hg.), *Prokop Gotenkriege. Griechisch-Deutsch* (Prokop: Werke), 2. Aufl., München 1978.
Sidonius Apollinaris, *Epistulae* 3; 4 = Christian Lütjohann (Hg.), *Gai Sollii Apollinaris Sidonii epistulae et carmina* (MGH.AA 8), Berlin 1887, 39–51; 52–77.
Synode von Clermont (535) = Amnon Linder (Hg.), *The Jews in the Legal Sources of the Early Middle Ages*, Detroit 1997, 469–470.
Synode von Épaone (517) = Amnon Linder (Hg.), *The Jews in the Legal Sources of the Early Middle Ages*, Detroit 1997, 468.
Synode von Mâcon (581–583) = Amnon Linder (Hg.), *The Jews in the Legal Sources of the Early Middle Ages*, Detroit 1997, 473–476.
Synode von Narbonne (589) = Amnon Linder (Hg.), *The Jews in the Legal Sources of the Early Middle Ages*, Detroit 1997, 476–478.
Synode von Vannes (461–491) = Amnon Linder (Hg.), *The Jews in the Legal Sources of the Early Middle Ages*, Detroit 1997, 465–466.
Venantius Fortunatus, *Carmina* 5 = Friedrich Leo (Hg.), *Venanti Honori Clementiani Fortunati Presbyteri Italici opera poetica* (MGH.AA 4,1), München 1981 (Nachdruck von Berlin 1881), 101–123.
Vita Caesarii episcopi Arelatensis = Bruno Krusch (Hg.), *Passiones vitaeque sanctorum aevi Merovingici et antiquiorum aliquot. Vita Caesarii episcopi Arelatensis libri duo* (MGH.SRM 3), Hannover 1997 (unveränderter Nachdruck von 1896), 433–501.

Sekundärliteratur

Angenendt (1984): Arnold Angenendt, *Kaiserherrschaft und Königstaufe. Kaiser, Könige und Päpste als geistliche Patrone in der abendländischen Missionsgeschichte*, Berlin.
Angenendt (1990): Arnold Angenendt, *Das Frühmittelalter. Die abendländische Christenheit von 400 bis 900*, Stuttgart.
Boddens Hosang (2010): F. J. Elizabeth Boddens Hosang, *Establishing Boundaries. Christian-Jewish Relations in Early Council Texts and the Writings of the Church Fathers*, Leiden.
Brennan (1985): Brian Brennan, „The Conversion of the Jews of Clermont in AD 576", in: *JThS* 36, 321–337.
Cappelletti (2006): Silvia Cappelletti, *The Jewish Community in Rome: From the Second Century B.C. to the Third Century C.E.*, Leiden.
Claude (1991): Dietrich Claude, „Gregor von Tours und die Juden: Die Zwangsbekehrungen von Clermont", in: *Historisches Jahrbuch* 111, 137–147.
Dumézil (2005): Bruno Dumézil, *Les racines chrétiennes de l'Europe. Conversion et liberté dans les royaumes barbares, Ve–VIIIe siècles*, Paris.
Geisel (1998): Christof Geisel, *Die Juden im Frankenreich. Von den Merowingern bis zum Tode Ludwigs des Frommen*, Frankfurt.
Goffart (1982): Walter Goffart, „Foreigners in the Histories of Gregory of Tours", in: *Florilegium* 4, 80–99.
Goffart (1985): Walter Goffart, „The Conversions of Bishop Avitus and Similar Passages in Gregory of Tours", in: Jacob Neusner und Ernest R. Frerichs (Hgg.): „*To See Ourselves as Others See Us": Christians, Jews, „Others" in Late Antiquity* (Scholars Press Studies in the Humanities), Chico, CA, 473–497.
Grieser (1997): Heike Grieser, *Sklaverei im spätantiken und frühmittelalterlichen Gallien (5.–7. Jh.). Das Zeugnis der christlichen Quellen* (Forschungen zur antiken Sklaverei 28), Stuttgart.

Judic (2014): Bruno Judic, „Grégoire le Grand et les juifs, pratiques juridiques et enjeux théologiques", in: John Tolan et al. (Hgg.), *Jews in Early Christian Law. Byzantium and the Latin West, 6th–11th Centuries,* Turnhout, 95–117.

Lotter (2007): Friedrich Lotter, „Die Voraussetzungen christlich-jüdischer Koexistenz und deren Infragestellung durch Zwangsbekehrung und Vertreibung in Spätantike und Frühmittelalter", in: *Aschkenas* 16, 291–365.

Mikat (1995): Paul Mikat, *Die Judengesetzgebung der merowingisch-fränkischen Konzilien* (Nordrhein-Westfälische Akademie der Wissenschaften, Geisteswissenschaften 335), Opladen.

Mikat (1996): Paul Mikat, *Caesarius von Arles und die Juden* (Nordrhein-Westfälische Akademie der Wissenschaften, Geisteswissenschaften 345), Opladen.

Quenehen (2009): Martin Quenehen, „Ennemis intimes. La représentation des Juifs dans l'œuvre de Grégoire de Tours", in: *Archives Juives* 42, 112–128.

Quenehen (2010): Martin Quenehen, „Les Juifs de l'évêque. De l'usage des Juifs dans l'œuvre de Grégoire de Tours", in: *Archives Juives* 43, 96–113.

Rabello (1987): Alfredo M. Rabello, *Giustiniano, Ebrei e Samaritani alla luce delle fonti storico-letterarie, ecclesiastiche e giuridiche,* Mailand.

Reif (2014): Stefan C. Reif, Andreas Lehnardt und Avriel Bar-Levav (Hgg.), *Death in Jewish Life. Burial and Mourning Customs among Jews of Europe and Nearby Communities,* Berlin.

Rutgers (1995): Leonard Victor Rutgers, *The Jews in Late Ancient Rome: Evidence of Cultural Interaction in the Roman Diaspora,* Leiden.

Simonsohn (1988): Shlomo Simonsohn (Hg.), *The Apostolic See and the Jews. Documents: 492–1404* (Studies and Texts 94), Toronto 1988.

Stemberger (2010): Günter Stemberger, „Zwangstaufen von Juden im 4.–7. Jahrhundert – Mythos oder Wirklichkeit", in: ders., *Judaica Minora II. Geschichte und Literatur des rabbinischen Judentums* (Texts and Studies in Ancient Judaism 138), Tübingen, 82–108.

Stern (1974): Menahem Stern (Hg.), *Greek and Latin Authors on Jews and Judaism* 1: *From Herodotus to Plutarch,* Jerusalem.

Stern (1980): Menahem Stern (Hg.), *Greek and Latin Authors on Jews and Judaism* 2: *From Tacitus to Simplicius,* Jerusalem.

Toch (2001): Michael Toch, „,Dunkle Jahrhunderte'. Gab es ein jüdisches Frühmittelalter? 3. ,Arye Maimon-Vortrag' an der Universität Trier 15. November 2000", in: *Kleine Schriften des Arye-Maimon-Instituts* 4, 7–30.

Toch (2001a): Michael Toch, „Mehr Licht: Eine Entgegnung zu Friedrich Lotter", in: *Aschkenas* 11, 465–487.

Wolfram Drews
Anti-Jewish Treatises in Visigothic Spain

1 Introduction

Among the Barbarian successor states to the Roman Empire in the West, Visigothic Spain stands out for scope and intensity of its anti-Jewish policies. In the second decade of the seventh century, king Sisebut ordered all Jews of his kingdom to be baptized. The king seems to have been motivated partly by personal anxiety regarding his individual salvation; on the other hand, he seems to have tried to emulate his predecessor Reccared, who had been acclaimed by pope Gregory the Great for his apostolic merits at the time of the conversion of the Visigoths from Arianism (the Homoian creed) to Catholicism. Previously, Sisebut was thought to have acted on the advice or even instigation of the leading theologian of the period, Isidore of Seville. However, a closer analysis of Isidore's writings has shown that the bishop is quite critical of Sisebut's actions, although this criticism is expressed in a rather indirect manner. What is more, Sisebut decreed forced baptism without consulting an ecclesiastical assembly, nor did he try to have his actions legitimized by a church council afterwards. Furthermore, it is telling that the wording of the anti-Jewish decree has not come down to us; it was not preserved among the Visigothic laws, even though Visigothic legislation, both ecclesiastical and secular, was enacted, codified and collected several times during the seventh century.[1]

By his unprecedented actions, Sisebut created the problem of forcibly baptized Jews, some of whom returned to their ancestral faith afterwards. Throughout the seventh century, ecclesiastical canons and royal decrees repeatedly dealt with such "Judaizing" Christians, who were charged with violating the rules of their Christian faith.[2] However, it is important to note that anti-Jewish arguments and legislation were not consistent: while some kings legislated against the Jews, others did not take any action at all in this regard; the same can be said concerning church councils: some did pass anti-Jewish canons, others restricted themselves to other matters. What seems to be certain is that anti-Jewish legislation intensified in the second half of the seventh century, especially after the deposition of king Wamba in 680. Several later kings were dependent on ecclesiastical support; under their rule church councils met far more often than before, and it was at these instances that anti-Jewish legislation was enacted repeatedly. However, this very repetition begs the question whether such laws were applied in practice. Some scholars have taken the very fact of repetition as an indication of exasperation at the apparent futility of earlier

---

[1] See Drews (2006); González Salinero (1999 und 2000).
[2] See Bronisch (2005).

measures; others have interpreted them as something like a rhetorical exercise, meant to legitimize royal authority; according to this view, anti-Jewish legislation in the second half of the seventh century was meant to be a declaration of orthodoxy.

Matters are not made easier by insecurity regarding the actual strength of the Jewish population in Spain. Previously, Jewish presence was thought to have been quite strong, continuing the late Roman situation of the Jewish diaspora around the Mediterranean basin. Recently, some scholars have claimed that Jewish immigration started anew under Islamic rule from the eighth century onwards, postulating a decline in Jewish population in previous centuries. However, we have no documentation of the emigration of Spanish Jews to other Mediterranean regions, and it is uncertain whether any majority of Spanish Jews converted to Catholicism under Visigothic rule; there is at least some evidence showing close contacts between Jewish and Christian neighbours, who helped Jewish parents to save their children from baptism.[3]

In this paper, I am not going to discuss anti-Jewish policies and legislation, I will focus rather on the authors of anti-Jewish treatises. Visigothic Spain does not only stand out – in a negative sense – for anti-Jewish legislation; unlike other Barbarian kingdoms, Spain also produced several authors of anti-Jewish monographic writings, continuing late Roman traditions of *Adversus Iudaeos* literature, the most important being Isidore of Seville, Ildefonse of Toledo and Julian of Toledo. Apparently, there was an audience for such writings in the period. Isidore composed his *De fide catholica contra Iudaeos* at the instigation of his sister Florentina, and Julian wrote his *De comprobatione sextae aetatis* at the request of king Ervig, who had ascended the throne with Julian's support. Florentina, who lived as a consecrated virgin in some kind of family monastery, was an educated person typical of Visigothic Spain, where learned culture was not restricted to clerical circles; also laypeople, aristocrats and female religious formed part of the leading intellectual milieu of the period. It is important to note that both of these anti-Jewish works were written not at the request of ecclesiastics, but of educated laypeople, who had, however, both been consecrated in a liturgical act, either as a virgin or as an anointed monarch. Apparently, the recipients of anti-Jewish treatises were not located in clerical circles only; such writings were requested and read by a wider audience outside the ecclesiastical hierarchy.

2 Isidore of Seville and his *De fide catholica contra Iudaeos*

Isidore's exposition, written around 614/15, is basically a proof of Catholic doctrine by scriptural exegesis, following patristic outlines.[4] With one exception, he is

---

3 Drews (2002).
4 On its biblical and patristic sources, see Drews (2006) 47–82.

quite unoriginal, sticking to his sources even in the order of Biblical proof texts. The exception is his reference to a (contemporary?) Jewish "king" in the east, who is adduced by the Jews to prove that the "kingdom" has not departed from them, thereby refuting the Christian allegation that the Messiah has already come: *Iudaei autem peruicacia impudicae frontis dicunt nondum esse id tempus expletum, mentientes nescio quem regem ex genere Iudae in extremis Orientis partibus regnum tenere*.[5] Traditionally, the blessing of Jacob (Gen 49,10) was taken by Christian exegetes to refer to the first coming of Christ.[6] This is the only passage indicating that Isidore must have had at least indirect contact with contemporary Jews, because this Jewish argument is not cited by any previous author.[7] Apart from this, Isidore's exposition follows patristic and late Roman models. The first book treats the life of Christ as well as Christology in all its relevant aspects, the second ecclesiology, focussing on the church gathered among the gentiles. Interestingly, there is no trace of specific anti-Arian arguments, apart from the extensive treatment of baptism, which may be due to past liturgical differences between Catholics and Arians.[8]

Even though the structure of the work is entirely his own, Isidore closely follows earlier collections of testimonies, provided by Tertullian and Cyprian of Carthage. Extensive treatment is given to the story of Christ's passion and to the calling of the gentiles, while other topics, traditionally treated extensively in literature written *Adversus Iudaeos*, such as the Biblical commandments and Jewish holidays, receive less attention. According to the *epistola dedicatoria*, Isidore wrote the treatise for his sister Florentina: *Haec ergo, sancta soror, te petente, ob aedificationem studii tui tibi dicaui*.[9] It seems safe to conclude that this is a hint to the actual purpose of the work: it was composed to be read for Christian edification and education, in order to strengthen Christians in their faith, in this connection pointing to the Jews as allegedly ignorant outsiders who did not understand scripture properly.[10] Isidore's *De fide catholica* was basically a manual of Biblical hermeneutics, written for clerics and laypeople alike.

---

5 Isidorus Hispalensis, *De fide catholica contra Iudaeos* 1,8,2 (464 Migne).
6 Cf. Drews (2006) 153–156.
7 The argument is taken up by Julian of Toledo; cf. Moreno García/Pozas Garza (2002) 265–266.
8 On the structure of the work, see Drews (2006) 33–46.
9 Isidorus Hispalensis, *De fide catholica contra Iudaeos*, praef. (450 M.), with emendation following Ziolkowski (1982) 1.
10 On the addressees, see Drews (2006) 111–136.

3 Ildefonse of Toledo and his *De virginitate perpetua beatae Mariae contra tres infideles*

Around the middle of the seventh century, Ildefonse[11] wrote a treatise which is – in part – more original than Isidore's, being the first Latin treatise on Mariology.[12] The text on the perpetual virginity of Mary is divided into three parts, the first two being the refutation of two authors from the fourth century who had cast doubt on Mariological doctrines, Jovinianus and Helvidius; in this, they had been refuted by Saint Jerome already,[13] and also Ambrose and Augustine had written against the two authors, which provides the basis for Ildefonse's exposition.[14] From his correspondence with bishop Quiricus of Barcelona it has been inferred that he wrote the text at the request of this fellow bishop.[15] Interestingly, he gives no specific reason for writing, declaring simply to do no more than speaking the truth and glorifying God.[16]

The third part of his treatise is the largest one, and in this Ildefonse is more original, not in his scriptural exegesis, but in his linking of mariological doctrine with anti-Jewish arguments; his third and his principal adversary is a nameless Jew.[17] In 431 the council of Ephesus had established the title of *theotokos* for Mary, stating that she had given birth not just to Christ, but to God. This was, of course, related to the Christological discussions of the late Roman church which had their centre in the Eastern Mediterranean. To my knowledge, Christian theologians did not use the figure of invented Jewish adversaries to drive home their Christological points in the course of these discussions in the fifth century. This is different with Ildefonse: he constructs the image of a nameless Jew, blamed by him for alleged unbelief. The Jew is shown to hold heretical beliefs refuted already by Jerome. Apparently, after

---

11 On his biography and works see Díaz y Díaz (2007); Domínguez del Val (1971); Madoz (1952); Braegelmann (1942) 1–31. Contrary to some assertions, there is no contemporary evidence that Ildefonse was a student of Isidore at Seville; cf. Braegelmann (1942) 7 and Domínguez del Val (1971) 162 (the earliest reference is by Cixila, perhaps from the tenth century). On his anti-Jewish treatise, see Moreno García/Pozas Garza (2005).
12 Cascante Dávila (1970) 350; Rico Pavés (2007) 308. The first critical modern edition, provided by Vicente Blanco García in 1937, was reprinted with Spanish translation in 1971. For corrections on the text see Gil Fernández (1975). The text was probably written when Ildefonse was still abbot of the monastery of Agalí, before he became bishop of Toledo in 657; cf. Domínguez del Val (1971) 293; García Moreno (2007) 251.
13 Hieronymus Stridonensis, *Adversus Iovinianum libri duo*; *Adversus Helvidium de Mariae virginitate perpetua*.
14 On the sources, see Canal (1966).
15 Cf. Braegelmann (1942) 121; this is rejected by Domínguez del Val (1971) 293–294.
16 Braegelmann (1942) 122.
17 Right at the beginning of the third book the Jewish adversary is addressed as follows: *Quid dicis, Iudaee?* (Ildefonsus Toletanus, *De virginitate perpetua sanctae Mariae* 3 [62, 266 Campos Ruíz]).

the demise of Arianism in Spain the Jew is taken to be the contemporary representative of heterodox opinion.

Ildefonse is the first author to use Mariology as the battle ground against the Jews. Unlike Isidore, he does not seem to have had even indirect contact with contemporary Jews; otherwise he should have noted that the perpetual virginity of Mary is a concept so alien to Jewish thought that it would have been impossible to convert any Jew to this kind of doctrine.[18] A reason for the intensity of his anti-Jewish polemic is hard to find; however, it seems unlikely that it should be attributed to any recent controversies with Spanish Jews of the time, let alone to postulate the existence of "un judío representativo de la animadversión racial a la virginidad perpetua de María."[19] A much more nuanced position, criticizing earlier speculations, has been taken by Ursicino Domínguez del Val: "Nosotros decimos que debería aducirse documentación histórica sobre errores judíos antimarianos en aquellos días y estos autores no nos la ofrecen."[20] Domínguez del Val recalls that no Spanish church councils mention any errors of the Jews concerning the Virgin; nor do they refer to any such errors – even by Christians – at all.[21] Therefore, it seems safe to conclude that Ildefonse wrote the treatise for pastoral reasons, aiming to instruct Christians and to strengthen their Marian devotion: "[...] el fin del tratado era mentalizar los fieles en mariología."[22] Remarkably, in the prologue the author does not mention any contemporary heretics, nor the Jews, as addressees of the work. Therefore, the three persons constructed in the treatise should be read as symbols; there is no historical evidence substantiating the existence of the theological errors attributed to them in contemporary Spain.[23]

It is interesting to note that no contemporary context can be established for Ildefonse's Mariological focus in his anti-Jewish expositions; the Virgin does not otherwise appear to have been on the primary agenda of early medieval theologians,

---

18 It is unlikely that "he merely recognized the objections brought by the Jews of his time as the old arguments of Jovinian and Helvidius." (Braegelmann [1942] 123) Equally unfounded is Madoz (1952) 490: "Vió acaso en algunos contemporáneos judíos el error persistente de Joviniano y Elvidio." It is totally unlikely that any contemporary Jews would have had recourse to the writings of Christian heretics to combat the Visigothic church of their time, as postulated by Rivera Recio (1985) 240: "[...] para que no se pudieran apoyar en ellas los judíos contemporáneos del santo, los cuales eran los más acérrimos impugnadores de esta verdad de nuestra fe."
19 See Madoz (1952) 491 ("controversias recientes"). In a totally unhistorical manner, earlier scholars have postulated the persistence of earlier heresies in Toledo, with no evidence whatsoever; cf. Huidobro (1982) 202: "Los errores arrianos, priscilianistas y judíos estaban presentes en Toledo. [...] Ver en qué medida la teología ildefonsiana responde a los errores de la época."
20 Domínguez del Val (1971) 296.
21 Domínguez del Val (1971) 297.
22 Domínguez del Val (1971) 299. This may be corroborated by the statement of the *Mozarabic Chronicle of 754*, which does not, however, mention Marian devotion: [...] *et per Iberiam discursati ut uere a magna concilia fidelium lectitantium recreate sunt mentes atque a ribulis doctrinarum eo in tempore magnopere consolati sunt pusillanimes* (*Continuatio Hispana a. DCCLIV* 48 [349,10–12 Mommsen]).
23 Domínguez del Val (1971) 299.

apart from the 11th council of Toledo in 675, which emphasized the role of Mary in the redemption.[24] Few churches were dedicated to the Virgin in Visigothic Spain; there is one example in Toledo from 587.[25] In 656, the tenth council of Toledo ordered the transfer of the feast of the Annunciation from 25th March to the 18th of December;[26] the *Lex Visigothorum* urges to celebrate it throughout the kingdom, specifically ordering the Jews to observe this festival.[27]

In many ways, the structural setting of Ildefonse's argument is similar to high medieval legends relating to the disbelief of Jews in the dogma of the transubstantiation of the host. Also in these accounts, the Jew is no real person, but a literary fabrication, used as the embodiment of unbelief, in reality representing Christian unbelief in this recently established doctrine (following the fourth Lateran council of 1215). Ildefonse looks down on the allegedly incredulous Jew, he talks to him, but not with him,[28] nor would he even have listened to any Jewish arguments:

> *Ecce impleta est terra testibus partis meae, quia et repleta sunt caelum simul et terra ueritate fidei meae; ecce testibus partis tuae affirmaui quae dixi: ecce testibus partis meae roboraui quae testes dixerunt partis tuae. At proinde, tam quos tu adsumpseras, quam quos ego protuleram, toti facti sunt mei. [...] Quid ergo restat? Esse te sine ullo, et habere te prorsus nullum.*[29]

Ildefonse does not even regard the Jew as a human being: [...] *haec sentiant ut homo; tu autem aut dissentias ut animal, aut nec sentias ut lapis.*[30] Ildefonse creates the atmosphere of a battleground, where the Jew is defeated by a barrage of testimonies; on one side, "everything" (*omnia*) is claimed to be in favour of the Christian position, whereas on the other the Jew stands alone (*solus*), said to have been defeated by every possible argument. However, the entire argument can hardly have appeared convincing to any Jewish interlocutor.[31]

---

24 Braegelmann (1942) 125.
25 Braegelmann (1942) 125, note 32; Madoz (1952) 497.
26 Madoz (1952) 475.
27 *Leges Visigothorum. Liber Iudiciorum* 12,3,6 (434,11–435,2 Zeumer).
28 Cf. Ildefonsus Toletanus, *De virginitate perpetua sanctae Mariae* 7 (103, 926–927 C.R.): *Quare non credis uniuersae Ecclesiae catholicae?* The Jew is constantly addressed in imperative form: *Crede* or *Audi*, or questioned: *Audisti?* (e.g. *De virginitate perpetua sanctae Mariae* 8 [106–113 C.R.]). See also ibid. 12 (150,1689–1690 C.R.): *Sed nos audite, aemuli, uos attendite, infidi, uos cognoscite, discidio pleni, uos percipite, sapientes mundi.*
29 Ildefonsus Toletanus, *De virginitate perpetua sanctae Mariae* 9 (117,1150–1157 C.R.).
30 Ildefonsus Toletanus, *De virginitate perpetua sanctae Mariae* 9 (118,1165–1166 C.R.). Cf. ibid. 10 (122,1228 C.R.): [...] *lapideum pectus uel exempla lapidum findant.*
31 See already Braegelmann (1942) 120: "The style and content of the treatise seem to indicate that it was written not so much to confute the Jews as to instruct Christians and confirm them in their devotion to Mary." However, given the harsh polemical tone, it is unfounded to postulate that "there is always manifest on his part the desire to draw the Jew to Christ." (Ibid. 143) See also Rivera Recio (1985) 168–169.

Ildefonse points to the later middle ages also in another way: From the twelfth century onwards, Jewish synagogues were repeatedly converted into churches dedicated to the Virgin Mary. One of the earliest examples is Estella in Navarre, where this is said to have happened already in 1145, after the Jewish quarter had been moved to other parts of the town; subsequently, the former synagogue was converted into the church of *Santa María Jus del Castillo*. Later examples include two synagogues in Toledo, *Santa María la Blanca* and the *Sinagoga del tránsito* (whose name derives from the transit, that is the dormition, of the Virgin). In Germany, such conversions of synagogues happened mainly in Franconia and in the Rhineland; well-known examples include the *Frauenkirche* in Nuremberg (erected at the site of a synagogue destroyed during the pogroms following the black death) and the synagogue close to the town hall in Cologne, converted into the church of Saint Mary in Jerusalem.[32] In addition, there are numerous woodcuts associating the Virgin Mary with allegedly unbelieving Jews. In the present context, it is important to note that in the later middle ages it was quite typical to associate Jewish unbelief and the Virgin.[33] Ildefonse of Toledo seems to be the earliest example of this association in the Latin West, undocumented for centuries after his demise.

4 Julian of Toledo and his *De comprobatione sextae aetatis*

According to the *Mozarabic chronicle of 754*, Julian of Toledo was of Jewish descent.[34] If this is true, the fact was concealed during the Visigothic kingdom, when Jewish ancestry might have hindered ecclesiastical careers of aspiring young men. Julian became closely associated with Visigothic royalty, probably being involved in the deposition of king Wamba and in the installation of his successor Ervig.[35] He presided over four councils of Toledo, being the first metropolitan of Toledo to act as the primate of the Visigothic church. He is famous for writing the first historical monograph for centuries, following models such as the late republican *Coniuratio Catilinae* by Sallustius, namely the *Historia Wambae*. Equally original is his *Prognosticon futuri saeculi*, the very first Latin exposition of eschatological doctrine, and the *Antikeimenon Libri*, a juxtaposition of seemingly contradictory Biblical passages faintly reminiscent of later scholasticism.[36]

---

32 See Röckelein (1993); Glüber (2001).
33 Cf. Spangenberg (1993); Loewe (1912).
34 *Iulianus episcopus, ex traduce Iudeorum* (*Continuatio Hispana a. DCCLIV* 50 [349,18–19 M.]). For his life and writings, see Hillgarth (= Iulianus Toletanus, *De comprobatione aetatis sextae*) VIII–XXI; Gonzálvez Ruiz (1996); for the controversy surrounding his possible Jewish descent ibid. 7–8.
35 Cf. Murphy (1952); Collins (1977).
36 Hillgarth, followig Díaz, suggests that this should be put into the context of controversies with the Jews; see Hillgarth (1976) XVIII. See O'Loughlin (2013).

His anti-Jewish treatise *De comprobatione sextae aetatis*,[37] written in 686, is a refutation of the Jewish claim that in the second half of the seventh century people were still living in the fifth age of the world, which would imply that the Messiah had not yet come.[38] Christians claimed that with the incarnation of the Word in Jesus Christ the sixth age of the world had already begun.[39] In spite of the long time that had passed since Sisebut's fateful decree, there were apparently still Jews, baptized or not, who continued adhering to their ancestral religion, claiming that the Messiah was still to come. It was precisely this Messianic expectation that was chosen by Julian as the main topic of his refutation of Jewish beliefs. At the beginning of his first book he claims that Jews "force" a number of Christians to become insecure in their faith: [...] *etiam quosdam e fidelium numero titubare compellunt*.[40] On the one hand, this statement implies contacts between baptized Christians and Jews (baptized or not);[41] on the other, it highlights the necessity of reinforcing Christian education, a primary aspect of Visigothic culture in the seventh century: "the real audience for Julian's arguments was the Catholic population of Spain."[42]

5 Comparative analysis

There are a number of similarities, but also of differences when we compare the three treatises both with patristic and with high medieval writings. In the second century, Justin Martyr chose the literary genre of a dialogue for his refutation of Judaism, which was later also adopted in the pseudo-Augustinian *Altercatio Ecclesiae et Synagogae*. In the high middle ages, this form of dialogue became very popular, as can be seen by pointing to the examples of Gilbert Crispin Abbot of Westminster, Petrus Alfonsi and Petrus Abelard. In addition, there were actual disputations between Christians and Jews, often officially staged by Christian authorities, from the 13th century onward. In Visigothic Spain there were neither disputations, nor did authors choose the literary genre of a dialogue. To be sure, the dialogue form was a mere lit-

---

[37] Moreno García/Pozas Garza (2002) 249–269.
[38] Julian may have used Ildefonse's anti-Jewish treatise, but "the inspiration here is remote" (Hillgarth [=Iulianus Toletanus, *De comprobatione aetatis sextae*] XVII, note 5). It is highly improbable that the treatise was meant as a "refutation of the Babylonian Talmud" (ibid. XVIII), because it is uncertain to what extent rabbinic literature had reached Spain at this time. On the other hand, it is certain that Julian used Isidore's *De fide catholica* (cf. ibid. XVI, note 3).
[39] Cf. Roth (1986). The theory was developed by Cyprian of Carthage, Augustine of Hippo and, most importantly for Julian, by Isidore of Seville (*Etymologiae* 11,2,1–8); however, Augustine is his main patristic source in this respect, cf. Campos Ruíz (1967) 321–322. See also Campos Ruíz (1970) 255–256, and Landes (1988), for Julian of Toledo ibid. 171–174.
[40] Iulianus Toletanus, *De comprobatione aetatis sextae* 1,1 (149,7–8 Hillgarth).
[41] See also Iulianus Toletanus, *De comprobatione aetatis sextae* 1,2 (149,14–15 H.): *Quid quod etiam pernicies huiusmodi inficit et fideles?*
[42] Wood (2009) 80; cf. Collins (1992).

erary convention, but it did create at least the impression of some form of verbal exchange, pretending that the words of the Christian partner were addressed to a Jew, at least theoretically. Apparently, authors in Visigothic Spain did not feel the necessity to pretend addressing a real Jew in dialogue form;[43] this is corroborated by the fact that Ildefonse, who expressly writes against a Jew, does not even invent a name for this imaginary addressee.

Nonetheless, the authors – especially Ildefonse and Julian – claim that their arguments are meant to refute Jewish arguments, even to convince Jewish readers. However, none of them is bothered by the fact that their arguments can hardly have appeared convincing to any real Jews. Historical scholarship has established that literature written *Adversus Iudaeos* was in general addressed to Christian readers; it was the primary intention of authors to corroborate the Christian faith of their own communities, not to convert Jews. In addition, we do not have any evidence that Jews were ever converted after reading such writings. However, sometimes authors at least pretended to turn to actual Jews. The Visigothic authors discussed here fail to do so; they merely claim to have refuted Jewish arguments, but they do not create a Jewish spokesperson acknowledging or at least implying this. They do not presuppose a Jewish community to be converted or convinced, but a Christian one to be taught and strengthened; their aim is didactic, not missionary.[44] A sermon would have had to be much shorter, therefore the genre of a treatise was most suitable for this purpose. Ildefonse and Julian choose a more specific topic, Mariology

---

[43] Interestingly, in his *Antikeimenon* Julian of Toledo does arrange excerpts from larger works in a question and answer form; but this is not necessarily a parallel to dialogues, since it could equally be compared to *erotapokriseis*; cf. O'Loughlin (2013) 86.

[44] The end of Julian's preface is very telling in this respect: Whereas earlier in this text he seems to imply that Jews are meant to acknowledge and comprehend (Iulianus Toletanus, *De comprobatione aetatis sextae, praef.* [147,95–96 H.]: *in qua et sextam saeculi aetatem agnoscant, et in ea Christum natum intellegant*; [146,57–58.71 H.] even the verb *conuincere* is used on two occasions), at the very end there is no more talk of conviction, but of oppression: [...] *ualenter inimicorum Christi colla iugo seruitutis dominicae comprimas, et uexilla fidei Christianae potenter attollas* (148,118–120 H.). At stake is basically an issue of power and hierarchy, which is very much expressed by the final sentences of the third book: *Vere multum erras, multum desipis, multum stertis, grauiter enim corruisti, O Israel; iniquitatibus tuis collisus es, confractus es, conquassatus es. Viam perdidisti, uiam ergo sequere, ut per uiam uenias ad salutem* (Iulianus Toletanus, *De comprobatione aetatis sextae* 3,35 [212,144–148 H.]). See also Hillgarth (1976) LXVI: "Nevertheless, it is clear, that Julian had little hope that his work would have much effect on the Jews of Spain. The remarks he apparently addresses to them are rhetorical in nature. [...] The aim of the work is to convince the Christian reader of the falsity of the Jewish claims." Julian himself states clearly: *Nec enim possunt nunc intellegere Saluatorem quem audiunt, nisi in finem mundi, dum fuerit consummatio saeculorum* (Iulianus Toletanus, *De comprobatione aetatis sextae* 1,12 [159,38–39 H.]). Unfounded is the statement by Cascante Dávila (1970) 351: "[Ildefonso] no quiere el mal del adversario, antes bien lo invita al arrepentimiento y a la conversión."

and – so to speak – historical eschatology,⁴⁵ whereas Isidore is more conventional and comprehensive in his exposition of Christian doctrine.

As indicated earlier, scriptural exegesis in the three authors is not very original.⁴⁶ However, Ildefonse does provide a new theological and formal context – Mariology and liturgy,⁴⁷ while Julian focuses on sacred history and its periodization, which is accentuated by his *Prognosticon futuri saeculi*.⁴⁸ Julian uses the periodization of history, more especially the succession of generations, as evidence to substantiate the truth of Christianity, explicitly and expressly relying, however, on the Septuagint version.⁴⁹

All three authors continue the ancient tradition of *Adversus Iudaeos* literature;⁵⁰ they also reflect orthodox Western theology following the period of the council of Chalcedon: after the rapid demise of Arianism (or Homoian Christianity) there were no Trinitarian or Christological controversies in the Latin West, more precisely in Spain (Adoptionism was only a phenomenon of the Carolingian period). Therefore, none of them continues Christological debates of the third or fourth century; Isidore argues against a supposedly heretical Syrian bishop at the second council of Seville in 619, but such debates do not surface in his own theological writings. When asked by the pope, Julian of Toledo does state Spanish opinion on the refutation of Mono-

---

45 Hillgarth described Julian's treatise as "apologetic history in the interest of the Visigothic monarchy, from which the Spanish church was by now hardly separable." (Hillgarth [1976] XVIII).
46 All of them rely exclusively on the Latin text; apparently they have no knowledge of either Greek or Hebrew; for Isidore, see Drews (2006) 50–58; for Ildefonse, see Moreno García/Pozas Garza (2005) 113. On use of the Bible, see Muñoz León (1990); according to the author, the argument based of the innerbiblical relationship prophecy – fulfillment justifies the characterization of Ildefonse's treatise as a "planteamiento muy original" (ibid. 255). It is also questionable that Ildefonse would have followed methods of Jewish exegesis known as *midrash* or *targum* (ibid. 261–268); Ildefonse has no knowledge of rabbinic literature; any resemblances should be attributed to Biblical models found in the Old Testament or to traditions of ancient rhetoric used by both Christians and Jews. It seems rather fair to say that Ildefonse's works are "'centones' patrísticos y bíblicos" (Huidobro [1982] 201).
47 Cf. Canal (1966) 120–121: "La originalidad del toledano está en haber sabido hacer otra construcción teológica, otro esquema a desarrollar."
48 Notwithstanding his focus on the periodization of history, the structure of his treatise follows the outline of Cyprian of Carthage's *De testimoniis*; cf. Moreno García/Pozas Garza (2002) 256. On the *Prognosticon*, "the most widely disseminated work of late seventh-century Spain", see Wood (2009) 74.
49 Iulianus Toletanus, *De comprobatione aetatis sextae*, praef. (147,99–109 H.): *Quia igitur Iudaeorum infesta malitia de annorum diuersitate, quae inter nostros codices et illorum diuersa est, obicit quaestionem, nos e contrario de generationum euolutione, quae inter nostros codices et illorum una est, obicem praeparamus: ut cum illi pro distinguendis aetatibus annorum breuitatem ostenderint, nos plenitudine generationum ostensa, eorum contemnamus de annis quaestionem superfluam. Quid enim anni faciant, si generationes succumbant? In generationibus ergo aetatum natiuitatis Christi quaerenda est ueritas, quae et per legem monstratur, et per euangelium noscitur.* Cf. Moreno García/ Pozas Garza (2002) 258.
50 Cf. Madoz (1952) 46.

theletism in two *Apologetica*, but this argument is not taken up in his anti-Jewish treatise.

Anti-Jewish polemic in Visigothic Spain stands out for two reasons. First, Julian is perhaps the earliest writer to compose an anti-Jewish treatise at the instigation of a ruler, king Ervig.[51] Julian was also the first author in the Latin west to highlight the importance of royal unction for a concept of Christian rulership.[52] In his *Historia Wambae*, he stresses the role of the *princeps religiosus* for good government, in this case in the form of successful military action against a rebel.[53] Also in the *Historia Wambae*, there is some form of anti-Jewish argument: king Wamba stands out not only because of his allegedly scrupulous observance of every detail of the ecclesiastical inauguration ritual, after his victory over the rebels he is said to have taken actions against the Jews.[54] The historical Wamba never convened any "national" church councils, and his relations with the bishops appear to have been rather strained. Therefore, Julian cannot present him as an exemplary ruler regarding his actual interaction with the church hierarchy. In part, this lack is supplemented by mentioning Wamba's allegedly negative attitude towards the Jews, which does not correspond to historical truth at all. However, it is interesting to observe that Julian constructs exemplary royal performance by pointing to liturgical observance, the restitution of church property and to measures against the Jews. The *Historia Wambae* may have been written during the reign of king Ervig, who commissioned *De comprobatione sextae aetatis*, or even under king Egica, both of whom convened councils that passed anti-Jewish legislation under the presidency of Julian of Toledo. In the history of Christian anti-Judaism, Julian provides the rare example of an author writing at the request of a ruler.[55] There is no parallel example in other Barbarian successor states.

---

51 This is stated clearly in the *praefatio*: [...] *religiosis uestre gloriae iussis* [...] *obedientiae competentem uestrae Celsitudini reddens honorem* [...] *imperatum mihi opus* [...] *obedienter tamen ut potui, explicaui* (Iulianus Toletanus, *De comprobatione aetatis sextae, praef.* [146,51–55 H.]). Unlike Isidore and Ildefonse, Julian took an active part in anti-Jewish legislation passed by councils presided over by himself. See also García Herrero (1991 and 1995).
52 Cf. Dartmann (2010).
53 De Jong (1999); Martínez Pizarro (2005).
54 Iulianus Toletanus, *Historia Wambae regis* 5 (221,75–77 Levison): [...] *quod peius his omnibus est, contra ipsum saluatorem nostrum et dominum Iudaeorum blasfemantium prostibulum habebatur?* After his victory, Wamba takes several measures, applauded by Julian; this includes actions against the Jews: [...] *statum quoque rerum mira pace componit. Lecta illic praesidia bellatorum dimittit, radices ab ea omnis rebellionis detersit, Iudaeos abegit* [...] (*Historia Wambae regis* 28 [243,740–742 L.]). The *insultatio*, perhaps reworked by Julian, starts with several anti-Jewish invectives, directed against Gaul; cf. Iulianus Toletanus, *Historia Wambae, Insultatio* 1: *quae Iudaeorum potius quam fidelium Christi amicitiis incubabas* (245,13–14 L.) and 2: *sed super haec omnia Iudaeorum consortiis animaris, quorum etiam infidelitatem, si libens adtendis, iam in tuis transisse filiis recognoscis, dum hii, qui in te christianitatis titulo praefulgebant, ad Hebraeorum probati sunt transisse perfidiam* (245,23–27 L.).
55 Julian's *De comprobatione* was known only to a very limited extent outside Spain; only three manuscripts survive, four more appear to be lost; see Hillgarth (= Iulianus Toletanus, *De comproba-*

The *princeps religiosus* of the *Historia Wambae* combines mildness (*clementia*)[56] shown towards the aristocracy, including rebels, with harshness against the Jews. This may suggest that Julian, head of the Visigothic church after 681 and leading theological adviser to several kings, tries to promote social and ideological integration of elites by advocating rhetorical exclusion of outsiders. Visigothic aristocracy in the second half of the seventh century was rent by factionalism, which persisted until the end of the kingdom. In this context, political and ecclesiastical authorities such as king Ervig and (arch)bishop Julian chose the Jews as paradigmatic outsiders that could be used to foster internal cohesion of the Catholic monarchy, especially of its social elites. This political instrumentalization of anti-Judaism by rulers is unique in early medieval Europe. The singularity of the Spanish case is due first and foremost to Sisebut's unprecedented actions regarding the forceful baptism of all Jews of his kingdom. Decades later, Julian highlights the religious role of the monarch, styling him as a *princeps religiosus* responsible also for the spiritual wellbeing of his people; in this context, the Goths are even styled in the form of a chosen people, elected by God and guided by the appropriate political and ecclesiastical authorities.

The second reason marking Visigothic anti-Judaism as unique is its *Wirkungsgeschichte:* Isidore's treatise was diffused widely, being copied primarily in the Carolingian world as a compendium of patristic theology regarding the Jews. The text was included in collections of sermons, and it was translated into other languages, such as Old High German, probably at the beginning of the ninth century.[57] However, Carolingian authors did not produce anti-Jewish monographs reminiscent of Visigothic authors of the seventh century. This may have been partly due to the very success of Isidore's treatise, but also to the lack of royal support for anti-Jewish policies and expositions. Still, in exegetical commentaries on the Old Testament anti-Jewish thinking from the patristic and Visigothic periods was taken up and appropriated also in the Carolingian world.[58]

As in many other cases, Visigothic authors transmitted patristic thinking to the medieval world. First and foremost this was true regarding scriptural exegesis, set out in detail in Isidore's *De fide catholica contra Iudaeos*. Due to his very originality in his Mariological outline, also Ildefonse's treatise was widely diffused. The first modern editor Blanco García knew 24 surviving manuscripts, the two oldest dating to the ninth century;[59] Domínguez del Val indicated many more: in total he lists 18

---

tione aetatis sextae) XIX. "The *De comprobatione* was addressed to a particular problem and its polemical tone was perhaps a disadvantage. It had to compete with Isidore's *De fide catholica contra Iudaeos*, which is more clearly apologetic in character, contains many more Biblical passages, and follows the life of Christ very closely." (ibid. XX).

56 Iulianus Toletanus, *De comprobatione aetatis sextae, praef.* (145,13 H.): [...] *uestram, sacratissime princeps, uoluisse imitari clementiam*. See Deswarte (2009) esp. 364 and 367–368.

57 Drews (2006) 133–134.

58 Heil (1998).

59 See the list in Braegelmann (1942) 133–135.

in Spain, 24 in France, four in Italy and four in England, two in Austria, and one each in Germany, Portugal, and Luxemburg, which makes a total of 55, which may not be exhaustive yet.[60]

In the 12th and 13th century, Ildefonse's treatise was elaborated on by other authors such as Gauthier de Coincy, who reinforced the anti-Jewish aspect even further.[61] In the 15th century, the text was translated into Castilian by Alfonso Martínez de Toledo, known as the Arcipreste de Talavera. However, Ildefonse was remembered precisely because of his advocacy of the pre-eminence of the Virgin, but much less as an anti-Jewish author, even though in his treatise the two aspects are closely linked. In his later biographies, Ildefonse appears primarily as the recipient of a celestial garment (the chasuble) of the Virgin,[62] not as a theological adversary of the Jews. This was taken up also in early modern iconography, where Ildefonse is depicted principally, if not exclusively, as a champion of Marian devotion.

Julian was the first historiographer describing the ritual of royal unction; remarkably, the king so described was later credited with having made negative statements about the Jews, even though this may be contrary to historical truth. Luckily enough, royal unction, which became fairly widespread from the high Middle Ages onwards, was never specifically associated with anti-Judaism. However, the historical figure of Julian himself was later said to have had Jewish ancestry, highlighting the fact that the Jewish population had constituted a sizeable part of the Hispanic population.

6 Summary

After the conversion of the Goths to Catholicism following the third council of Toledo in 589, there were no more theological adversaries of Spanish theologians inside the Spanish church; at least they did not write any treatises addressed to such theological enemies, and there are no records of such theological debates at church councils. However, after Sisebut's conversion attempt the Jews turned into such an adversary: After being forcefully baptized, they belonged to the church, and they appeared to be contradicting church doctrine on many decisive points. However, unlike in earlier cases this Jewish "heresy" did not have any real spokespersons; it was not represent-

---

60 Domínguez del Val (1971) 301–303.
61 Moreno García/Pozas Garza (2005) 114. On later influence of the work see also Muñoz León (1990) 256.
62 Guiance (2009). The *Life*, probably written by bishop Cixila of León in the first half of the tenth century, "se convertiría en la leyenda hagiográfica hispana más exitosa a lo largo de la alta Edad Media y que alcanzaría pronto el resto de la cristiandad occidental." (ibid. 437). For the later veneration of Ildefonse as a saint, see also Corral (2010). The legendary apparitions of Saint Leocadia and the Virgin Mary are discussed in detail by Domínguez del Val (1971) 283–287. Remarkably, almost all collections of legends of the Virgin, both in Latin and in vernacular languages throughout western Europe, start with the legend of Ildefonse (ibid. 284).

ed at church councils, and there is hardly any record of any real Jewish argument in anti-Jewish literature, apart from the enigmatic Jewish king in the East and apparent Messianic expectations at the time of Julian of Toledo. Only regarding these two points is there any real contemporary context to the treatises. On the other hand, a contemporary theological context is provided mainly by the need for Christian education and catechism, also established by other theological writings by all three authors.[63] In the case of Ildefonse, a second context for his treatise can be proposed: His style is highly repetitive;[64] certain passages, such as the end of his treatise, appear to be doxological, resembling a prayer;[65] this might suggest that there is some link to liturgical poetry or Visigothic liturgy in general.[66] The wide diffusion of Isidore's and Ildefonse's treatise is due to the pragmatic aspect of their works: They present a compilation of patristic doctrine, useful for Christian education and devotion, centred on the figures of Christ and the Virgin. In this, they were remarkably successful, and we may regret today that this success was accompanied, if not aided, by their anti-Jewish undertones.

Bibliography

Ancient Sources

Continuatio Hispana A. DCCLIV = Theodor Mommsen (ed.), *Chronica minora saec. IV.V.VI.VII* 2 (MGH.AA 11), Berlin 1894, 334–368.

Hieronymus Stridonensis, *Adversus Iovinianum libri duo* = Jacques P. Migne (ed.), *Sancti Eusebii Hieronymi stridonensis presbyteri opera omnia* 2 (PL 23), Paris 1865, 221–354.

Hieronymus Stridonensis, *De perpetua virginitate B. Mariae adversus Heluidium* = Jacques P. Migne (ed.), *Sancti Eusebii Hieronymi Stridonensis persbyteri opera omnia* 2 (PL 23), Paris 1865, 193–216.

Ildefonsus Toletanus, *De virginitate perpetua sanctae Mariae* =
    Julio Campos Ruíz (ed.), *Santos Padres Españoles* 1: *San Ildefonso de Toledo, La virginidad perpetua de Santa María. El conocimiento del bautismo. El camino del desierto* (Biblioteca de Autores Christianos 320), Madrid 1971.
    Vincente Blanco García (ed.), *San Ildefonso De virginitate beatae Mariae. Historia de su tradición manuscrita, texto y comentario gramatical y estilístico*, Madrid 1937.

---

[63] Cf. Wood (2009) 83: "Julian was attempting to create a work that was of social and practical relevance."

[64] The style is referred to as *stylus isidorianus* or *more synonymorum*; it may have been partly intended to facilitate linguistic instruction, apart from devotional and mystical purposes; cf. Díaz y Díaz (2007) 236.

[65] Ildefonsus Toletanus, *De virginitate perpetua sanctae Mariae* 12 (154 C.R.). Cf. Muñoz León (1990) 252. However, there is hardly any trace of dialogue as postulated there.

[66] For the liturgical reading of the treatise see Braegelmann (1942) 13: for reading the text was normally divided into seven lessons, sometimes also into six (ibid. 131). On liturgical use in Spain, see also Domínguez del Val (1971) 305 and 328–329.

Isidorus Hispalensis, *De fide catholica contra Iudaeos* =
  Jacques P. Migne (ed.), *Sancti Isidori Hispalensis episcopi opera omnia* 6 (PL 83), Paris 1862, 450–558.
  Vernon Philip Ziolkowski (Hg.), *The De fide catholica of Saint Isidorus, Bishop: Book I*, Diss., Saint Louis 1982.
Iulianus Toletanus, *De comprobatione aetatis sextae* = Jocelyn N. Hillgarth (ed.), *Sancti Iuliani Toletanae sedis episcopi De comprobatione sextae aetatis libri tres* (CChr.SL 115), Turnhout 1976, 145–212.
Iulianus Toletanus, *Historia Wambae regis* = Wilhelm Levison (ed.), *Sancti Iuliani Toletanae sedis episcopi Historia Wambae regis* (CChr.SL 115), Turnhout 1976, 217–255.
Leges Visigothorum = Karl Zeumer (ed.), *Leges Visigothorum* (MGH.LNG 1), Hannover 1902, 35–456.

Secondary Literature

Braegelmann (1942): Sister Athanasius Braegelmann, *The Life and Writings of Saint Ildefonsus of Toledo* (Studies in Medieval History.NS 4), Washington, D.C.
Bronisch (2005): Alexander Pierre Bronisch, *Die Judengesetzgebung im katholischen Westgotenreich von Toledo* (Forschungen zur Geschichte der Juden A 17), Hannover.
Campos Ruíz (1967): Julio Campos Ruíz, "El 'De comprobatione sextae aetatis libri tres' de San Julián de Toledo", in: *Helmantica* 18, 297–340.
Campos Ruíz (1970): Julio Campos Ruíz, "El 'De comprobatione sextae aetatis libri tres' de San Julián de Toledo. Sus fuentes, dependencias y originalidad", in: *La Patrología Toledano-Visigoda. XXVII Semana española de teología (Toledo, 25.–29. Sept. 1967)*, Madrid, 245–259.
Canal (1966): José María Canal Sánchez-Pagín, "Fuentes del 'De virginitate sanctae Mariae' de San Ildefonso de Toledo", in: *Claretianum* 6, 115–130.
Cascante Dávila (1970): Juan María Cascante Dávila, "El tratado De virginitate S. Ildefonso de Toledo", in: *La Patrología Toledano-Visigoda. XXVII Semana española de teología (Toledo, 25.–29. Sept. 1967)*, Madrid, 349–368.
Collins (1977): Roger Collins, "Julian of Toledo and the Royal Succession in Late Seventh-Century Spain", in: Peter Hayes Sawyer and Ian N. Wood (eds.), *Early Medieval Kingship*, Leeds, 30–49.
Collins (1992): Roger Collins, "Julian of Toledo and the Education of Kings in Late Seventh-Century Spain", in: idem (ed.), *Law, Culture and Regionalism in Early Medieval Spain* 3 (Variorum Collected Studies Series 356), Aldershot, 13–22.
Corral (2010): Fernando Luis Corral, "En busca de hombres santos. Atila, Ildefonso y el obispado de Zamora", in: Iñaki Martín Viso (ed.), *¿Tiempos oscuros? Territorio y sociedad en el centro de la Península Ibérica (siglos VII–X)*, Madrid, 203–227.
Dartmann (2010): Christoph Dartmann, "Die Sakralisierung König Wambas. Zur Debatte um frühmittelalterliche Sakralherrschaft", in: *Frühmittelalterliche Studien* 44, 39–57.
Deswarte (2009): Thomas Deswarte, "La trahison vaincue par la charité: Julien de Tolède et les rebelles", in: Maïté Billoré and Myriam Soria (eds.), *La Trahison au Moyen Âge. De la monstruosité au crime politique (Ve–XVe siècle)*, Rennes, 353–368.
Díaz y Díaz (2007): Manuel C. Díaz y Díaz, "Ildefonso de Toledo, el hombre y el escritor", in: *Hispania Gothorum. San Ildefonso y el reino visigodo de Toledo* (Exposición 23 enero – 30 junio 2007, Toledo, Museo de Santa Cruz), Toledo, 233–238.
Domínguez del Val (1971): Ursicino Domínguez del Val, "Personalidad y herencia literaria de San Ildefonso de Toledo", in: *Revista Española de Teología* 31, 137–166; 283–334.

Drews (2002): Wolfram Drews, "Jews as Pagans? Polemical Definitions of Identity in Visigothic Spain", in: *Early Medieval Europe* 11, 189–207.

Drews (2006): Wolfram Drews, *The Unknown Neighbour. The Jew in the Thought of Isidore of Seville* (The Medieval Mediterranean 59), Leiden.

García Herrero (1991): Gregorio García Herrero, "Julián de Toledo y la realeza visigoda", in: *Antiguedad y cristianismo* 8, 201–255.

García Herrero (1995): Gregorio García Herrero, "El reino visigodo en la concepción de Julián de Toledo", in: *Antiguedad y cristianismo* 12, 385–420.

García Moreno (2007): Luis A. García Moreno, "San Ildefonso y sus relaciones con el poder político", in: *Hispania Gothorum. San Ildefonso y el reino visigodo de Toledo* (Exposición 23 enero – 30 junio 2007, Toledo, Museo de Santa Cruz), Toledo, 239–254.

Gil Fernández (1975): Juan Gil Fernández, "El tratado De virginitate beatae Mariae de S. Ildefonso de Toledo", in: *Habis* 6, 153–166.

Glüber (2001): Wolfgang Glüber, "'Die Judengaßen thet man zerstören / der hymelkünigin zu eren'. Synagogenzerstörung und Marienkirchenbau", in: Johannes Heil and Rainer Kampling (eds.), *Maria – Tochter Sion? Mariologie, Marienfrömmigkeit und Judenfeindschaft*, Paderborn, 163–186.

González Salinero (1999): Raúl González Salinero, "Catholic Anti-Judaism in Visigothic Spain", in: Alberto Ferreiro (ed.), *The Visigoths. Studies in Culture and Society* (The Medieval Mediterranean 20), Leiden, 123–150.

González Salinero (2000): Raúl González Salinero, *Las conversiones forzosas de los judíos en el reino visigodo* (Consejo Superior de Investigaciones Científicas Serie Histórica 2), Rome.

Gonzálvez Ruiz (1996): Ramón Gonzálvez Ruiz, "San Julián de Toledo en el contexto de su tiempo", in: *Anales Toledanos* 32, 7–21.

Guiance (2009): Ariel Guiance, "Observaciones en torno a una hagiografía controvertida: La Vita vel Gesta Sancti Ildefonsi", in: *Imago Temporis Medium Aevum* 3, 418–437.

Heil (1998): Johannes Heil, *Kompilation oder Konstruktion? Die Juden in den Pauluskommentaren des 9. Jahrhunderts* (Forschungen zur Geschichte der Juden A 6), Hannover.

Hillgarth (1976): Jocelyn N. Hillgarth, "Introduction", in: idem (ed.), *Sancti Iuliani Toletanae sedis episcopi De comprobatione sextae aetatis libri tres* (CChr.SL 115), Turnhout 1976, VIII–LXXIV.

Huidobro (1982): Faustino Huidobro, "San Ildefonso de Toledo", in: *Teología y vida* 23, 191–202.

De Jong (1999): Mayke De Jong, "Adding Insult to Injury. Julian of Toledo and his Historia Wambae", in: Peter J. Heather (ed.), *The Visigoths from the Migration Period to the Seventh Century. An Ethnographic Perspective* (Studies in Historical Archaeology 4), Woodbridge, 373–402.

Landes (1988): Richard Landes, "Lest the Millennium Be Fulfilled. Apocalyptic Expectations and the Pattern of Western Chronography 100–800 CE", in: Werner Verbeke, Daniel Verhelst and Andries Welkenhuysen (eds.), *The Use and Abuse of Eschatology in the Middle Ages* (Mediaevalia Lovaniensia Series 1 / Studia 15), Leuven, 137–211.

Loewe (1912): Heinrich Loewe, "Die Juden in der Marienlegende", in: *Monatsschrift für Geschichte und Wissenschaft des Judentums* 56, 257–284; 385–416; 612–621.

Madoz (1952): José Madoz, "San Ildefonso de Toledo", in: *Estudios Eclesiásticos* 26, 467–505.

Martínez Pizarro (2005): Joaquín Martínez Pizarro (ed.), *The Story of Wamba. Julian of Toledo's Historia Wambae regis*, Washington, D.C.

Moreno García/Pozas Garza (2002): Abdón Moreno García and Raúl Pozas Garza, "Una controversia judeo-cristiana del s. VII: Julián de Toledo", in: *Helmantica* 53, 249–269.

Moreno García/Pozas Garza (2005): Abdón Moreno García and Raúl Pozas Garza, "Una controversia judeo-cristiana del s. VII. De virginitate perpetua sanctae Mariae contra tres infideles de Ildefonso de Toledo", in: *Anales Valentinos* 31, 107–128.

Muñoz León (1990): Domingo Muñoz León, "El uso de la Biblia en el Tratado De virginitate perpetua Sanctae Mariae de San Ildefonso de Toledo", in: *Estudios Marianos* 55, 251–285.

Murphy (1952): Francis X. Murphy, "Julian of Toledo and the Fall of the Visigothic Kingdom in Spain", in: *Speculum* 27, 1–27.

O'Loughlin (2013): Thomas O'Loughlin, "Julian of Toledo's Antikeimenon and the Development of Latin Exegesis", in: idem (ed.), *Early Medieval Exegesis in the Latin West. Sources and Forms* 5 (Variorum Collected Studies Series 1035), Farnham, 80–98.

Rico Pavés (2007): José Rico Pavés, "La patrística toledana y las herejías en la época visigoda", in: *Hispania Gothorum. San Ildefonso y el reino visigodo de Toledo* (Exposición 23 enero – 30 junio 2007, Toledo, Museo de Santa Cruz), Toledo, 297–311.

Rivera Recio (1985): Juan Francisco Rivera Recio, *San Ildefonso de Toledo. Biografía, época y posteridad* (Biblioteca de autores cristianos 466), Madrid.

Röckelein (1993): Hedwig Röckelein, "Marienverehrung und Judenfeindlichkeit in Mittelalter und früher Neuzeit", in: Claudia Opitz et al. (eds.), *Maria in der Welt. Marienverehrung im Kontext der Sozialgeschichte 10.–18. Jahrhundert* (Clio Lucernensis 2), Zürich, 279–307.

Roth (1986): Norman Roth, "'Seis edades durará el mundo'. Temas de la polémica judía Española", in: *La Ciudad de Diós* 199, 45–65.

Spangenberg (1993): Peter Michael Spangenberg, "Judenfeindlichkeit in den altfranzösischen Marienmirakeln. Stereotypen oder Symptome der Veränderung der kollektiven Selbsterfahrung?", in: Rainer Erb (ed.), *Die Legende vom Ritualmord. Zur Geschichte der Blutbeschuldigung gegen die Juden* (Dokumente, Texte, Materialien. Zentrum für Antisemitismusforschung der Technischen Universität Berlin 6), Berlin, 157–177.

Wood (2009): Jamie Wood, "Individual and Collective Salvation in Late Visigothic Spain", in: Peter Clarke and Tony Claydon (eds.), *The Church, the Afterlife and the Fate of the Soul* (Studies in Church History 45), Woodbridge, 74–86.

VI. Gelehrtes und Gelerntes

Wolfram Kinzig

Formation des Glaubens. Didaktische und liturgische Aspekte der Rezeption altkirchlicher Symbole in der lateinischen Kirche der Spätantike und des Frühmittelalters

1 Vorbemerkungen[1]

Christlicher Glaube ist nicht nur ein existentieller Akt, sondern bezieht sich auf spezifische Inhalte. Theologisch gesprochen: Er ist nicht nur *fides qua creditur*, sondern auch *fides quae creditur*. Insofern kann und muss er auch gelehrt werden. Dies geschieht, wie gleich gezeigt werden soll, in einem didaktischen wie liturgischen Kontext anhand mehr oder weniger fest gefügter Formeln: den Tauffragen, der *regula fidei* und später dem Glaubensbekenntnis. Die Tauffragen[2] werden vor oder während der Taufe an den Täufling gerichtet und dienen dazu, dessen Kenntnisse über den christlichen Glauben zu erheben. Inwiefern die *regula fidei* in einen katechetischen Kontext gehört, ist ungewiss, denn sie findet sich vor allem in apologetischen Schriften.[3] Dabei handelt es sich um eine verdichtete Form von Glaubenssätzen, die ab der zweiten Hälfte des 2. Jahrhunderts vor allem bei Irenäus und Tertullian begegnet. Die Form ist hier noch nicht zur Formel geronnen – die Sätze sind noch beweglich, wenn auch ihr Inhalt schon weitgehend standardisiert ist. Aus Tauffragen und *regula fidei* entstehen spätestens im 4. Jahrhundert die nunmehr festgefügten Bekenntnisse, deren Sitz im Leben sowohl die Taufvorbereitung als auch die synodale Feststellung von Rechtgläubigkeit ist. Die weitaus größte Bedeutung haben dabei drei Texte:
1. Das *Romanum* (abgek. R) ist im 4. Jahrhundert erstmals sicher belegt und hat von Rom aus die Bekenntnisentwicklung im lateinischen Abendland entscheidend beeinflusst.[4] Aus ihm entwickelt sich bis zum 8. Jahrhundert eine Standardform, welche wir heute *Apostolisches Glaubensbekenntnis* nennen (abgek. T), weil sich damit seit dem späten 4. Jahrhundert die Legende verband, es sei von den Aposteln gemeinsam verfasst worden.[5]

---

[1] Für wertvolle bibliographische Hinweise danke ich meinem Bonner Kollegen Prof. Dr. Matthias Becher. Dr. Julia Winnebeck und Nathalie Thies haben dankenswerterweise kritisch Korrektur gelesen.
[2] Vgl. „Baptismal Interrogations" (FaFo 1, Kap. 5; FaFo 4, Kap. 10.1.1 und Kap. 11.3.1.1 Kinzig).
[3] Vgl. „Credal Formulae and Rules of Faith from the Second and Third Centuries" (FaFo 1, Kap. 6 K.).
[4] Vgl. „The Roman Creed, the Apostles' Creed, and Related Western Texts" (FaFo 2, Kap. 8.1 K.).
[5] Vgl. „The Legend of the Origin of the Apostles' Creed" (FaFo 2, Kap. 8.1.10 K.).

2. Das sog. *nizänische Bekenntnis*, welches in der heutigen Form vermutlich dem 2. Ökumenischen Konzil von Konstantinopel (381; abgek. C) zuzuschreiben ist,[6] aber immer als authentische Interpretation bzw. Fortschreibung des *Bekenntnisses von Nizäa* (325; abgek. N)[7] galt.
3. Schließlich das dem Athanasius zugeschriebene Symbol *Quicumque*, welches in Wahrheit ein kurzer trinitätstheologischer Traktat ist, der vermutlich in der 2. Hälfte des 6. Jahrhunderts im südlichen Gallien verfasst wurde.[8]

Im Folgenden möchte ich – in der gebotenen Kürze – der Geschichte des liturgischen wie katechetischen Sitzes im Leben dieser Formeln nachgehen und dabei fragen, welche Konsequenzen diese Sitze im Leben sowie die sich über die Jahrhunderte ergebenden Veränderungen für die Verbreitung des christlichen Glaubens gehabt haben. Dabei werde ich mich aus Gründen der Praktikabilität auf Rom, das westliche Römische Reich und seine Nachfolgeterritorien in Westeuropa, vor allem das Frankenreich, bis zu Karl dem Großen konzentrieren. Mein besonderes Interesse gilt der Zeit, in der sich die Kindertaufe in den christianisierten Gebieten allmählich als Regeltaufe etabliert, also in dem hier gesteckten Rahmen der Zeit vom 5. bis zum 9. Jahrhundert. Insbesondere möchte ich fragen, inwiefern die Durchsetzung der Kindertaufe und ihr ritueller Vollzug die Katechese über den christlichen Glauben verändert haben.

2 Die Ausbildung von *traditio* und *redditio symboli*

Der Zugang zu den Lehrinhalten des Christentums erfolgte für Erwachsene, die sich für diese Religion interessierten, von Anfang an in erster Linie über die Katechese, die ihrerseits auf die Taufe vorbereitete. Dies gilt unbeschadet der Tatsache, dass es zu gewissen Zeiten üblich war, diesen Akt aufzuschieben, und man natürlich auch außerhalb des Katechumenats, vor allem über das Elternhaus, entsprechende Kenntnisse der christlichen Religion erwerben konnte. Sobald jemand den Entschluss gefasst hatte, Christ zu werden, und dies gegenüber den innerhalb der christlichen Gemeinde dafür zuständigen Funktionsträgern bekundet hatte,[9] wurde er in den Grundlagen des christlichen Glaubens unterrichtet. Dieser Unterricht wird am Anfang in Bezug auf Inhalte wie Lehrpraxis noch wenig formalisiert und standardisiert gewesen sein.

---

6 Vgl. *Symbolum (Nicaeno-)Constantinopolitanum* (FaFo 1 § 184e, 511–513 K.).
7 *Symbolum Nicaenum* (vgl. FaFo 1 § 135c, 290–294 K.).
8 *Symbolum Quicumque* (vgl. FaFo 3 § 434, 1–9 K.). Vgl. hierzu auch den Beitrag von Hanns Christof Brennecke in diesem Band.
9 Ich drücke mich absichtlich sehr vorsichtig aus, da wir über die Anfänge der Taufe kaum etwas wissen. Vgl. für die Frühzeit im Einzelnen z. B. Kinzig/Wallraff (2002) 336; 345–346.

Von jedem Konvertiten und jeder Konvertitin wurde in den ersten drei Jahrhunderten nach der Zulassung zum Katechumenat verlangt, den katechetischen Unterweisungen zu Beginn des Gottesdienstes beizuwohnen.[10] Diese Periode konnte mehrere Jahre dauern. Sie konnte verkürzt werden, wenn der Katechumene gute Lernfortschritte machte und sich ordentlich aufführte. Die Ausgestaltung des Katechumenats scheint regional unterschiedlich gewesen zu sein – deutlich ist aber, dass sie eng zusammenhängt mit der Entwicklung des Wortgottesdienstes vor der Eucharistiefeier, der in erster Linie didaktischen Charakter hatte. Unabhängig davon dürfte es freilich auch Katechumenatsformen gegeben haben, die eher in einem schulischen Kontext anzusiedeln sind, doch sind die Einzelheiten hier undeutlich.[11]

Ein Beispiel für eine frühchristliche Katechese liegt uns möglicherweise in Kap. 1–6 der *Didache* vor, einer Kirchenordnung wohl aus dem frühen 2. Jahrhundert. In dieser sog. Zwei-Wege-Lehre werden in Reihenform ethische Ermahnungen für ein christliches Leben vermittelt. Daneben muss es – wie uns die wenigen erhaltenen Beispiele für Tauffragen und die mehr oder weniger „verfestigten" *regulae fidei* des 2. Jahrhunderts zeigen – auch eine Belehrung über den in der Heiligen Schrift (das heißt zunächst: im Alten Testament) bezeugten Gott und das Heilswerk Christi gegeben haben. Umstritten ist, ob eine derartige Katechese in der *Epideixis* des Irenäus von Lyon vorliegt. Ohne Zweifel handelt es sich hierbei um einen predigtartigen Traktat, der der Unterweisung dienen soll und – unter ausdrücklicher Berufung auf die Glaubensregel – auch Lehrsätze zur Trinität enthält.[12] Nur wissen wir leider nichts über den Sitz im Leben dieses Textes. Handelt es sich tatsächlich um eine Anleitung für den Taufunterricht? Oder ist es nicht eher ein Text, wie er in christlichen Philosophenschulen wie der in Alexandrien Verwendung fand?

Durch die offizielle Duldung und die sukzessive Förderung des Christentums im Zuge der Konstantinischen Wende stieg die Zahl der Taufbewerber stark an. Dies machte eine großflächige Formalisierung des Zugangs zum Christentum notwendig, die – neben dem Bedürfnis, den „rechten" Glauben synodal festzustellen – ebenfalls die Fixierung von Bekenntnisformeln beschleunigt haben dürfte.[13] Um die Mitte des 4. Jahrhunderts gab es bereits einen festen liturgischen Ritus, in dem der Text des Bekenntnisses bekannt gemacht und memoriert wurde: die *traditio* und *redditio symboli*. Wann und wo er zuerst entstand, ist ungewiss. Der Zugang zum Christentum war nunmehr ein feierlicher, in allen Einzelheiten geregelter Initiationsritus in die Geheimnisse der christlichen Religion, vergleichbar der Einweihung in eine Mysterienreligion. Der Bischof „übergab" das Symbol an die Taufbewerber an einem der

---

10 Vgl. zum Folgenden ausführlich Kinzig/Wallraff (2002) 339–348 mit weiterer Literatur.
11 Die Schulen Justins in Rom und Tatians könnten Beispiele hierfür sein. Vgl. dazu – mit unterschiedlichen Gewichtungen – Lampe (1989) 219–251; Gemeinhardt (2007) 97–101; Markschies (2007) 88–91. Die alexandrinische Schule und die Schule in Cäsarea dienten höchstwahrscheinlich nicht der Unterweisung der Katechumenen; vgl. dazu Scholten (1995); Markschies (2007) 97–107.
12 Bes. Irenäus, *Epideixis* 3 und 6 (vgl. FaFo 1 § 109a, 207–209 K.).
13 Vgl. zum Folgenden auch Kinzig (2017a) 315.

Samstage oder Sonntage vor der Taufe und erläuterte dabei die einzelnen Teile des Bekenntnisses, das die sogenannten Kompetenten nun auswendig zu lernen und am folgenden Samstag/Sonntag (noch vor der Taufe) bzw. während des Taufgottesdienstes selbst im Akt der *redditio* aufzusagen hatten.

Das älteste direkte Zeugnis für eine *redditio symboli* ist uns in Augustins *Confessiones* (etwa 397) überliefert. Augustin beschreibt darin, wie Marius Victorinus im Jahr 356 oder 357 in Rom das Symbol rezitierte.[14] Allerdings hat er den geschilderten Vorgang nicht selbst erlebt; vielmehr wurde er ihm von seinem väterlichen Freund Simplicianus berichtet, der an der Bekehrung des berühmten Rhetors und Philosophen einen erheblichen Anteil hatte. Dieser hatte durch die Lektüre der Heiligen Schrift und anderer christlicher Bücher den Wunsch verspürt, Christ zu werden. Er war daraufhin unterrichtet worden (über die Inhalte erfahren wir leider nichts) und hatte sich dann zu einem Tauftermin namentlich angemeldet. Hier setzt nun Augustins Bericht ein:

> Schließlich nahte die Stunde, da er seinen Glauben bekennen sollte, welchen in Rom üblicherweise jene, die zu deiner Gnade herzutreten wollen, mit festgesetzten und auswendig gelernten Worten an einem erhöhten Ort öffentlich vor den Gläubigen rezitieren. Da boten, wie er [Simplicianus] berichtete, die Priester dem Victorinus an, er könne ihn im Geheimen rezitieren, so wie es üblicherweise so manchem angeboten wurde, den man aus Schüchternheit davor zurückscheuen sah. Jener aber zog es vor, seine Rettung im Angesicht der heiligen Menge zu bekennen. Es war nämlich nicht die Rettung, die er im Rhetorikunterricht zu lehren pflegte, und dennoch hatte er sie öffentlich bekannt. Um wieviel weniger musste er sich also vor deiner sanftmütigen Herde fürchten, wenn er dein Wort verkündete, wo er sich doch mit seinen eigenen Worten nicht einmal vor Scharen von Verrückten fürchtete. Als er also hinaufstieg, um die Rezitation zu beginnen, flüsterten sie sich alle, sobald sie ihn erkannt hatten, in einem begeisterten Murmeln untereinander seinen Namen zu. Wer aber hätte ihn dort nicht erkannt? Und mit unterdrückter Stimme erklang aus dem Munde all derer, die sich gemeinsam freuten: „Victorinus, Victorinus." Kaum hatten sie begeistert Laut gegeben, weil sie ihn sahen, da schwiegen sie bereits wieder, gespannt, ihn zu hören. Jener aber verkündete den wahrhaften Glauben mit glänzender Zuversicht, so dass sich alle um ihn rissen und ihn in ihre Herzen (schließen wollten). Und sie rissen sich um ihn in Liebe und in Freude: so verhielten sich die Scharen derer, die sich um ihn rissen.[15]

---

14 Die genaue Datierung ist umstritten. Vgl. dazu etwa Cooper (2005) 20–22. Zum Folgenden auch Saxer (1988) 568–569.

15 Augustinus, *Confessiones* 8,2,5 (FaFo 4 § 636a, 44–45 K.): *Denique ut ventum est ad horam profitendae fidei, quae verbis certis conceptis retentisque memoriter de loco eminentiore in conspectu populi fidelis Romae reddi solet ab eis, qui accessuri sunt ad gratiam tuam, oblatum esse dicebat Victorino a presbyteris, ut secretius redderet, sicut nonnullis, qui verecundia trepidaturi videbantur, offerri mos erat; illum autem maluisse salutem suam in conspectu sanctae multitudinis profiteri. Non enim erat salus, quam docebat in rhetorica, et tamen eam publice professus erat. Quanto minus ergo vereri debuit mansuetum gregem tuum pronuntians verbum tuum, qui non verebatur in verbis suis turbas insanorum? Itaque ubi ascendit, ut redderet, omnes sibimet invicem, quisque ut eum noverat, strepuerunt nomen eius strepitu gratulationis. Quis autem ibi eum non noverat? Et sonuit presso sonitu per ora cunctorum collaetantium: Victorinus, Victorinus. Cito sonuerunt exsultatione, quia videbant eum, et cito siluerunt in-*

Wir erfahren aus diesem Text mehrere interessante Details. Die Formulierung *verbis certis conceptis retentisque* unterstreicht, dass hier eine feste Symbolformel auswendig gelernt wurde. Diese Formel wurde dann vor der Gemeinde von einem erhöhten Ort aus (d.h. vielleicht einem Podest) rezitiert, sofern der Täufling psychisch dazu imstande war. Besonders schüchterne Taufbewerber hingegen konnten die *redditio* vor dem Priester offensichtlich auch unter vier Augen ablegen.

Rufin liefert uns in seiner um 404 verfassten *Expositio symboli* weitere Einzelheiten zur römischen Praxis: Er hebt die Kürze der Symbolformel hervor und begründet dies damit, dass dort keinerlei Häresien entstanden seien, die Erweiterungen des Symbols notwendig gemacht hätten. Auch Rufin erwähnt eigens die in der Hauptstadt übliche Sitte, das Bekenntnis öffentlich, nämlich vor der versammelten Gemeinde, abzulegen, damit diese die unverfälschte Wiedergabe des Symbols überwachen könne.[16] Seine Bemerkung ist wahrscheinlich so zu verstehen, dass die *redditio symboli* in Aquileia, der Heimat Rufins, an der Wende zum 5. Jahrhundert allenfalls vor dem Bischof oder Priester praktiziert wurde. Überdies war zur Zeit des Marius Victorinus die *redditio* ein Akt, den jeder Gläubige einzeln vollziehen musste. Aus Rufins Angaben ist nicht ganz ersichtlich, ob dies um die Jahrhundertwende auch noch galt oder ob die Taufbewerber hier das Bekenntnis im Chor aufsagten.

Jedenfalls wird aus den beiden Zeugnissen deutlich, dass es um die Jahrhundertmitte in Rom ein feststehendes Bekenntnis gab, dessen Inhalte die katechetische Grundlage bei der Taufvorbereitung bildeten. Dieses Bekenntnis scheint überdies deklaratorisch gewesen zu sein.

Die bisherigen Belege dokumentieren – streng genommen – nur die Praxis der *redditio symboli*. Das erste Beispiel für die *traditio* als einen liturgischen Akt ist im Westen offenbar erst in einem Brief des Ambrosius aus dem Jahr 385 für Mailand belegt. Hier berichtet der Bischof über die Auseinandersetzungen mit dem homöischen Kaiserhaus um den Besitz der Kirchen in Mailand. Eher beiläufig erwähnt er, er habe das Symbol den Taufbewerbern (*competentes*) an einem nicht näher spezifizierten Sonntag nach den Lesungen, der Predigt und der Entlassung der Katechumenen im Baptisterium übergeben. Die Praxis dürfte also schon länger eingeführt sein. Später sagt er im selben Brief, er habe anschließend die Messe gehalten.[17] Das

---

tentione, ut audirent eum. Pronuntiavit ille fidem veracem praeclara fiducia, et volebant eum omnes rapere intro in cor suum et rapiebant amando et gaudendo; hae rapientium manus erant.
16 Rufin, *Expositio symboli* 3 (FaFo 4 § 638, 54 K.): *In ecclesia tamen urbis Romae hoc non deprehenditur factum. Pro eo arbitror, quod neque haeresis ulla illic sumpsit exordium et mos inibi servatur antiquus eos, qui gratiam baptismi suscepturi sunt, publice, id est fidelium populo audiente, symbolum reddere; et utique adiectionem unius saltim sermonis eorum, qui praecesserunt in fide, non admittit auditus. In ceteris autem locis, quantum intellegi datur, propter nonnullos haereticos addita quaedam videntur, per quae novellae doctrinae sensus crederetur excludi.* Ähnlich auch Leo I., *Tractatus* 24,6 (FaFo 4 § 643a, 57 K.): *[...] permanete stabiles in ea fide, quam confessi estis coram multis testibus* [1 Tim 6,12] *[...]*.
17 Ambrosius, *Epistula* 76(20),4 (109,17–110,19.22–23 Zelzer; vgl. FaFo 4 § 632a, 41 K.): *Sequenti die, erat autem dominica, post lectiones atque tractatum dimissis catechumenis symbolum aliquibus com-*

heißt, dass in Mailand die *traditio symboli* zwischen Wortgottesdienst und Eucharistiefeier eingeschoben wurde, wobei man hierzu von der Kirche in das Baptisterium (und zur Messe vermutlich wieder zurück in die Kirche) wechselte.[18] Der Akt der *traditio* war von einer Predigt des Bischofs begleitet, von der uns noch eine Fassung erhalten ist.[19]

Im ausgehenden 4. und im 5. Jahrhundert verbreitete sich die Praxis der *traditio* und *redditio symboli* in weiten Teilen der lateinischen Kirche. Zwischen *traditio* und *redditio* eingeschoben bzw. damit verknüpft waren die sogenannten Skrutinien, ursprünglich Prüfungen, mit denen u. a. festgestellt werden sollte, inwieweit die Taufbewerber die Inhalte der Glaubenskatechese verinnerlicht hatten. Diese Funktion scheint allerdings zu einem nicht klar erkennbaren Zeitpunkt verloren gegangen zu sein.[20] Darüber hinaus kam es zu lokalen Variationen im Vollzug dieser Riten, die hier nicht näher beleuchtet werden müssen. Weitgehende Einigkeit bestand indessen darin, dass das einmal erlernte Symbol außerhalb des liturgischen Kontextes nicht laut aufgesagt oder aufgeschrieben werden durfte, damit es nicht von Uneingeweihten mitgehört werde oder ihnen gar in die Hände falle. Vielmehr sollten es die Gläubigen auswendig bei sich tragen. Die Zahl dieser Mahnungen in der Kirchenväterliteratur ist Legion.[21] Niketas von Remesiana und Augustin forderten ihre Zuhörer auf, das Bekenntnis täglich zweimal, nämlich morgens nach dem Aufstehen und abends vor dem Zubettgehen, aufzusagen,[22] bei Ambrosius genügte die morgendliche Rezitation.[23]

Darüber hinaus hatten die Kirchen die wichtigsten christologischen Inhalte des Glaubensbekenntnisses auch in dem Zyklus der Herrenfeste Weihnachten, Ostern, Himmelfahrt und Pfingsten abgebildet, wie sie im Wesentlichen in der zweiten Hälfte des 4. Jahrhunderts ausgestaltet worden waren, so dass durch die Feier dieser Feste das Heilsgeschehen, wie es die Symbole zusammenfassten, im Laufe des liturgischen Jahres anschaulich und erlebbar wurde.[24] Sie wurden häufig von Katechesen oder Predigten begleitet, die den Inhalt der einzelnen Feste auslegten.

---

petentibus in baptisterii tradebam basilica. [...] *Ego tamen mansi in munere, missam facere coepi.* Vgl. dazu auch Schmitz (1975) 69–75.

18 Zum komplexen archäologischen Grabungsbefund bezüglich der Mailänder Baptisterien vgl. Schmitz (1975) 6–14; Ristow (1998) 183–184 (Nr. 376) und Tafel 13–14 sowie 317–318 (Nr. 993–995).
19 Vgl. Ambrosius, *Explanatio symboli*. Dazu Schmitz (1975) 70–75.
20 Vgl. dazu knapp Kretschmar/Hauschildt (1989) 4; Yarnold (2001) 681. Zur Problematik der Skrutinien im Einzelnen, deren Funktion und Ort in der römischen Liturgie nicht mehr klar erkennbar ist, vgl. Kretschmar (1970) 253–254; Rubellin (1982) 40–42; Saxer (1988) 592–593; 603–604; Cramer (1993/1994) 142–143; Keefe (2002) 1, 44–45. Allgemein auch Stenzel (1958) 199–240. In karolingischer Zeit wird die Funktion des Skrutiniums (oft im Singular!) als Glaubensprüfung allerdings durchaus (wieder) in den Tauferklärungen hervorgehoben; vgl. für Beispiele Phelan (2014) 177; 183–184; 187.
21 Zahlreiche Belege bei Kinzig (2011) 17, Anm. 54 (= Kinzig [2017a] 340, Anm. 54; englische Fassung).
22 Niketas von Remesiana, *Competentibus ad baptismum instructionis libelli* 2, fr. 4 (FaFo 4 § 625, 34–35 K.); Augustin, *Sermo* 58,11,13 (FaFo 4 § 636b2, 46 K.).
23 Vgl. Ambrosius, *De virginibus* 3,4,20 (FaFo 1 § 15b, 75 K.).
24 Vgl. Kinzig (2011) 16–29 (= Kinzig [2017a] 339–350; englische Fassung).

Freilich wird man sich vor allzu großem Optimismus im Hinblick auf die theologische Bildung der Laien in der Spätantike hüten müssen. Inwieweit diese Predigtpraxis von den urbanen Zentren in die ländlichen Gegenden ausgestrahlt hat, kann man nicht ohne weiteres sagen, da wir von der pastoralen Versorgung in den nichturbanen Regionen wenig wissen.[25] Den Untersuchungen Ramsay MacMullens zufolge umfasste der Gottesdienstbesuch im 4. Jahrhundert im Schnitt nicht mehr als fünf Prozent der christlichen Gesamtbevölkerung einer mediterranen Stadt und speiste sich hauptsächlich aus den lokalen Eliten.[26] Auch wenn das sicher zu niedrig gegriffen ist,[27] kann man nicht *a priori* davon ausgehen, dass religiöse Bildung in der Spätantike im Hinblick auf das Christentum selbstverständlich war. Mehr noch: Auch dort, wo Christen den Gottesdienst besuchten, konnten sie nicht überall eine Predigt hören. So scheint man etwa im frühen 6. Jahrhundert im südöstlichen Gallien auf dem Land allenfalls an den hohen Festen Musterhomilien verlesen zu haben.[28] Auch dürfte es zu starken regionalen Unterschieden gekommen sein, was auch mit der Entstehung des Mönchtums und dessen (lokal sehr unterschiedlichem) Engagement in der Seelsorge zusammenhing. Jedenfalls begegnet in westlichen Quellen verdächtig oft die Mahnung, die Gläubigen sollten zumindest das Symbol und das Vaterunser auswendig können und ihre Kinder darin unterrichten.[29] Von einem Verstehen dieser Texte ist keine Rede, geschweige denn von einer Kenntnis weitergehender biblischer Inhalte. Ich komme auf dieses Problem noch zurück.

---

25 Vgl. hierzu z. B. Angenendt (1982) 199–226; Beck (1950): südöstliches Gallien; Pauly (1976): Bistum Trier; Stancliffe (1979): Touraine; Semmler (1982): Rhein, Mosel, Maas; Klingshirn (1994/1995) 201–243: Südgallien, 5./6. Jh.; Weiss (1997): Provence, 5. Jh.; Predel (2005) 47–68: Gallien allgemein; Van Rhijn (2007) 124–138; González (1979); García Moreno (2014): Spanien; Ewig (2012) 108–110: Merowingerzeit. Ferner Riché (1994/2010a) 675–680; Monfrin (2001/2010) 1048–1058; Brown (2013) 146–147; Diesenberger (2016) 67–68; Domagalski/Mühlenkamp (2016). Originelle Spekulationen über die Modellierung von urbanem vs. ländlichem Christentum finden sich jetzt bei Robinson (2017).
26 MacMullen (2009) 111 u. ö.
27 Kritisch zur Zahl z. B. Boin (2010); Bradshaw (2011); Robinson (2017).
28 Vgl. Beck (1950) 269, Anm. 48, unter Berufung auf Caesarius von Arles, *Praefatio libri sermonum* 2 (18,15–19 Morin): *Pro intuitu paternae pietatis et qualiscumque pastoris sollicitudine admonitiones simplices parochiis necessarias in hoc libello conscripsimus, quas in festivitatibus maioribus sancti presbyteri vel diacones debeant commissis sibi populis recitare.* Vgl. ferner Klingshirn (1994/1995) 64; 227. Zur Änderung dieser Praxis durch Caesarius und die Synode von Vaison (529) vgl. ibid. 228–232.
29 Vgl. Augustin, *Sermo* 213,10–11 (FaFo 4 § 636d, 47–48 K.); Predigtfragment in *Decretum Gratiani* 3,4,105 (FaFo 4 § 636h, 50–51 K.); Caesarius von Arles, *Sermo* 13,2 (FaFo 4 § 656d, 65–66 K.); *Sermo* 130,5 (FaFo 4 § 656f, 66–67 K.); *Sermo* 229,6 (FaFo 4 § 656h, 67 K.); Isidor von Sevilla, *Sententiae* 1,22(21),1 (FaFo 1 § 39c, 114 K.); Eligius von Noyon, *De supremo iudicio* 5–6 (FaFo 4 § 663, 75 K.) usw.

3 *Traditio* und *redditio symboli* im frühmittelalterlichen Rom

Die flächendeckende Durchsetzung der Kindertaufe musste für den Ritus der *traditio* und *redditio symboli* zwangsläufig gravierende Konsequenzen haben. Wie sahen diese aus? Ich konzentriere mich weiterhin auf Rom. Leider fließen unsere Quellen über Jahrhunderte recht spärlich. Es gibt aber gute Gründe anzunehmen, dass das sog. *Altgelasianische Sakramentar* mindestens in Teilen eine wesentlich ältere liturgische Praxis widerspiegelt, wie sie in der Hauptstadt gepflegt wurde.[30] Die Zuschreibung an Papst Gelasius (492–496), die sich auf uneindeutige Quellen stützt, wird heute nicht mehr aufrecht erhalten. Vielmehr stammt die Endredaktion des Buches aus der Mitte des 7. Jahrhunderts. Jedoch ist die Annahme sinnvoll, dass die im *Altgelasianum* niedergelegte Praxis der *traditio* und *redditio symboli* in der überlieferten Form tatsächlich vielleicht aus dem 5. Jahrhundert stammt, wobei Teile vermutlich noch älter sind. Die Herkunft des Großteils des Sakramentars aus Rom, für die schon der Titel der Kompilation (*Liber sacramentorum Romanae ecclesiae ordinis anni circuli*) spricht, kann hier nicht weiter begründet werden, gilt aber heute unter Liturgiehistorikern – mit wenigen Ausnahmen – als wahrscheinlich.

Schauen wir etwas genauer auf den Ablauf der *traditio*.[31] Er gilt für die Vorbereitung der Säuglings- bzw. Kindertaufe.[32] Man muss sich hierbei vorab eine Besonderheit der römischen Liturgie vor Augen halten: Johannes der Diakon berichtet in den ersten Jahrzehnten des 6. Jahrhunderts in seinem berühmten Brief an Senarius, dass man in Rom bei der Taufe mit Säuglingen ebenso verfahre wie mit Erwachsenen, auch wenn sie von den Vorgängen nichts verstünden. Bei ihnen trete das Bekenntnis der Eltern oder anderer an die Stelle.[33] Mit anderen Worten erklären sich gewisse, im

---

30 Eine Begründung für diese Annahme, die den Forschungsstand zusammenfasst, findet sich bei Vogel (1986) 64–70; Palazzo (1998) 42–46. Das Sakramentar ist in den heutigen Handschriften Rom, Biblioteca Apostolica Vaticana, Reg. lat. 316, fol. 3–245 und Paris, Bibliothèque Nationale, lat. 7193, fol. 41–56 enthalten, die ursprünglich zum selben Codex gehörten, welcher erst um die Mitte des 8. Jahrhunderts im Frauenkloster Notre-Dame-des-Chelles bei Paris entstanden sein dürfte. Endredaktion des Sakramentars und älteste Bezeugung dürfen also nicht miteinander verwechselt werden. Vgl. dazu auch den Beitrag von Weckwerth in diesem Band.
31 Vgl. zum Folgenden *Sacramentarium Gelasianum vetus* Nr. 310–315 (FaFo 4 § 675a, 84–85 K.; 2 § 255g, 236–239 K.). Ferner auch Stenzel (1958) 207–219; Kretschmar (1970) 253–257; Angenendt (1987) 289–294; Saxer (1988) 597–624; Keefe (2002) 1, 43–46; Johnson (2007) 222–229.
32 Inwieweit hier unterschieden werden muss, ist nicht ganz deutlich. Der bevorzugte Tauftermin an Ostern legt aber nahe, anzunehmen, dass die Täuflinge durchaus bereits ein Jahr alt sein konnten. Karolingische Rechtsquellen sprechen von einem Alter zwischen einem Tag und höchstens drei Jahren. Abgesehen davon wurde auch zu Epiphanias und Pfingsten getauft und bei Gefahr für den Säugling eine Nottaufe vollzogen. Zum Problem insgesamt vgl. Rubellin (1982) 34–42; Cramer (1993/1994) 137–139; Yarnold (2001) 688–689.
33 Johannes Diaconus, *Epistula ad Senarium* 7 (175,1–5 Wilmart): *Illud autem ne pretermissum videatur, ante praedicimus, quod ista omnia etiam parvulis fiant, qui adhuc pro ipsius aetatis primordio*

Folgenden noch näher zu betrachtende liturgische Spannungen daher, dass man die alte Liturgie der *traditio* und *redditio* bei der Erwachsenentaufe nicht an die neuen Gegebenheiten anpasste; vielmehr verfuhr man mit Säuglingen als wären es Erwachsene: Man sprach sie in der zweiten Person an, und die Eltern bzw. Paten antworteten offensichtlich an ihrer Stelle in der ersten Person.

Die *traditio* fand am Samstag vor Palmsonntag statt und begann mit einer Präfation, die vermutlich von Leo dem Großen stammt.[34] Diese wurde von dem Bischof verlesen. Er ermahnte die Täuflinge zunächst, den Glauben mit ganzem Herzen zu ergreifen, weil so die Rechtfertigung empfangen werde. Sodann forderte er sie auf, herzuzutreten, um das vom Herrn inspirierte und von den Aposteln unter der Leitung des Heiligen Geistes verfasste Bekenntnis zu erhalten. Schließlich erging die Mahnung, das Bekenntnis auswendig zu lernen, aber nicht aufzuschreiben. Die Ansprache war insofern überflüssig, als die Paten ja bereits getauft waren und damit das Bekenntnis auch bereits „besaßen". Ganz offensichtlich stammt also die Präfation aus der Erwachsenentaufe, die allerdings nicht mehr die Regel gewesen ist. Eine eigene Vermahnung der Eltern oder Paten war hier hingegen nicht vorgesehen.

Anschließend übergab der Bischof die weitere Leitung der Zeremonie an den ihm assistierenden Klerus. Einer der Akolythen (Ministranten) nahm aus der Schar der zu taufenden Kinder einen Knaben auf den linken Arm und legte ihm die Hand auf den Kopf. Der Priester fragte den Akolythen: „In welcher Sprache bekennen [die Täuflinge] unseren Herrn Jesus Christus?", worauf dieser antwortete: „Auf Griechisch."[35] Daraufhin forderte der Priester den Akolythen dazu auf, das Glaubensbekenntnis aufzusagen. Der Akolyth rezitierte das Symbol auf Griechisch, wobei diese Rezitation *decantando* erfolgte, also vermutlich nicht im normalen Sprechton, sondern in einer dem Gesang angenäherten Weise. Dieses Bekenntnis war nun aber verwirrenderweise nicht R, sondern C,[36] wobei dieses in der Handschrift auch nicht im griechischen Originaltext, sondern in einer lateinischen Umschrift wiedergegeben ist, was belegt, dass man kein Griechisch mehr verstand.[37] Aus diesem Grund schloss sich auch unmittelbar eine lateinische Übersetzung von C an.[38]

---

nihil intellegunt. Unde scire debetis quia, dum a parentibus aut a quibus libet aliis offeruntur, aliena eos professione salvari necesse est qui fuerant alieno errore dampnati. Dazu Didier (1965) 86–87; Saxer (1988) 589–595; Johnson (2007) 164–169; Ferguson (2009) 767–768.
34 Vgl. Leo I., *Tractatus* 98, Teil I (FaFo 2 § 255g, 236–239 K.). Die Vermahnung wird heute als erster Teil von *Tractatus* 98 unter Leos Namen geführt.
35 *Sacramentarium Gelasianum vetus* Nr. 311 (FaFo 4 § 675a, 85 K.): *Et interrogat ei presbyter: Qua lingua confitentur dominum nostrum Iesum Christum? Respondet: Graece.*
36 Es handelt sich um die Fassung der 3. Sitzung von Chalcedon (FaFo 1 § 184e1, 511–513 K.); im Vergleich mit der Fassung im *Altgelasianischen Sakramentarium* (§ 184f2.1, 521–522 K.).
37 Die Rezitation griechischer Texte war nicht auf das Symbol beschränkt, sondern umfasste auch Bibellesungen und liturgische Gesänge. Vgl. dazu Caspari 3 (1875/1964) 466–510 sowie zur neueren Diskussion auch Kinzig (2017b) 249, Anm. 36.
38 Vgl. FaFo 1 § 184f2.2, 522–523 K.

Es folgte eine sehr knappe Auslegung des Glaubensbekenntnisses, die wieder auf Leo I. zurückgehen dürfte. Deren Verlesung ist ausdrücklich dem Priester übertragen. Darin wird zunächst noch einmal betont, dass das Bekenntnis von Gott inspiriert sei und dass es von jedermann verstanden und gelernt werden könne. Sodann wird der Inhalt des Bekenntnisses knapp rekapituliert. Am Ende erfolgt die Mahnung, das Bekenntnis ohne Veränderung des Wortlauts (*nullo mutato sermone*) zu lernen. Die Kürze der Auslegung könnte dem Umstand geschuldet sein, dass eine ausführliche Darlegung angesichts der Tatsache, dass die Paten ja bereits getauft waren, als nicht mehr notwendig erachtet wurde.

Wie alle Gottesdienste in der Antike, wird man sich auch den Ritus der *traditio* am Palmsonntag als eine lebhafte und vielleicht auch lautstarke Zeremonie vorstellen müssen. So wissen wir von Johannes Cassian, dass zu Beginn des 5. Jahrhunderts die Menschen in Marseille bei der *traditio* applaudiert oder jedenfalls ihre Zustimmung deutlich zum Ausdruck gebracht haben.[39] Nachrichten wie diese relativieren etwas den Eindruck der ehernen Feierlichkeit, den man allein aus der Lektüre der Sakramentare gewinnen könnte.

Die *redditio* erfolgte sodann eine Woche später, also am Karsamstag, in der Frühe in einer relativ kurzen Zeremonie.[40] Typisch hierfür ist die Verschränkung von Abrenuntiation, also der Abschwörung Satans, und Rezitation des Glaubensbekenntnisses, wie sie sich auch in byzantinischen Riten findet.[41] Die Rubrik beginnt mit einem einigermaßen rätselhaften Satz: „Am Morgen rezitieren die Kinder das Symbol."[42] Dieser Satz, der wohl eine Art Überschrift darstellt, setzt voraus, dass die Taufbewerber dazu in der Lage waren. Nun handelte es sich aber – wie gesagt – um Säuglinge (oder Kleinkinder). Hier wird also einmal mehr die bereits angedeutete Spannung deutlich, dass die *redditio symboli* eigentlich mit einer aktiven Beteiligung der *competentes* selbst rechnete, wozu diese aber noch gar nicht in der Lage waren. Tatsächlich nahm die Zeremonie dann auch einen anderen Verlauf: Zunächst wandte sich der Bischof nämlich in einer Art Invokation an Satan und kündigte ihm die bevorstehende Austreibung an. Es folgten der Effata-Ritus und die Abrenuntiation. Hierbei wurden die *competentes* bzw. genauer: deren Eltern oder Paten gefragt, ob sie Satan, seinen Werken und seinem Pomp entsagen würden. Sodann wurde das Bekenntnis rezitiert, und zwar ausdrücklich vom Bischof unter Handauflegung auf die Taufbewerber. Da es sich um Säuglinge handelte, wurde von ihnen natürlich auch keine Rezitation des Bekenntnisses erwartet. Es fällt allerdings auf, dass die Eltern oder Paten dies auch nicht stellvertretend taten.[43] Welches Bekenntnis hier gemeint ist,

---

39 Vgl. Johannes Cassian, *De incarnatione domini* 6,11,1 (FaFo 4 § 641b, 56 K.).
40 Vgl. *Sacramentarium Gelasianum vetus* 418–424 (FaFo 4 § 675b, 86 K.).
41 So zum Beispiel in (Ps-)Kyrill von Jerusalem, *Mystagogia* 1,9 (FaFo 4 § 631a, 40 K.) oder im *Ordo* von Konstantinopel innerhalb des *Barberini Euchologion* (vgl. FaFo 4 § 677, 91–93 K.).
42 Vgl. *Sacramentarium Gelasianum vetus* 418 (FaFo 4 § 675b, 86 K.): *Mane reddunt infantes symbolum*.
43 Vgl. dazu auch Lynch (1986) 293–294, der zu dem eng verwandten *Ordo Romanus XI* feststellt: „*Ordo romanus xi* was an imperfect compromise between the realities of infant baptism and a reluc-

wird nicht gesagt, es muss aber nach Lage der Dinge C gewesen sein. Das heißt dann aber, dass auch die *redditio* bereits im späten 5. Jahrhundert mindestens in Rom zu einem rein zeremoniellen Akt geronnen war, der keinerlei aktive Beteiligung der Eltern oder Paten bei der Rezitation des Bekenntnisses mehr voraussetzte. Die Zeremonie wurde durch ein Gebet abgeschlossen.

Doch taucht das Symbol noch ein drittes Mal im *Altgelasianum* auf, nämlich in den Tauffragen während der Taufe selbst, die sich zwar an den Täufling richten, aber offensichtlich von dessen Eltern beantwortet wurden. Diese Tauffragen, die in ihrem Wortlaut weder auf C noch auf R bzw. T zurückgehen, stellen im *Altgelasianum* eine merkwürdige Doppelung zur *traditio/redditio* dar, was vermutlich daher zu erklären ist, dass sie de facto älter sind als der Ritus der *traditio/redditio*, einen Aspekt, den ich hier nicht vertiefen kann.[44]

Die bis hierher skizzierten Riten der *traditio* und *redditio symboli* finden sich mit Modifikationen auch im *Ordo Romanus XI*, einer römischen Taufagende aus der zweiten Hälfte des 7. Jahrhunderts sowie in den vom *Altgelasianum* bzw. dessen Vorlage abhängigen Sakramentaren. Es gibt im Einzelnen allerdings charakteristische Abweichungen, die uns hier jetzt nicht näher beschäftigen müssen.[45] Bei den sog. nicht-römischen westlichen Agenden[46] stellt sich die Situation hingegen komplizierter dar, da etwa das *Missale von Stowe* keine *traditio* und *redditio symboli* zu kennen scheint (es sie zumindest nicht erwähnt),[47] während in der *mozarabischen Liturgie* die *redditio* großenteils nur darin besteht, dass der Täufling bzw. die Paten oder Eltern auf Glaubensfragen mit „Ja" antworten, also die Memorierung des Symbols auch hier nicht mehr eigens nachgewiesen werden muss.[48] In England hingegen schärften die

---

tance to tamper with the venerable liturgical forms handed down from antiquity. These forms had once served a function, that of preparing adults for baptism, but they were decidedly nonfunctional in *Ordo xi*. The child could not, on an observable level, absorb or respond to the traditional modes of preparation, and the liturgical service made no effort to equip either parents or sponsors for the future formation of the child, nor did it impress on them the seriousness of their role in the moral and religious shaping of that child. Thus, from the perspective of what it accomplished on a human level, *Ordo romanus xi* was solemn ritual for its own sake, ill-adapted to the task of instructing young Christians, their parents, or their sponsors."

44 Vgl. Kinzig (2017a) 237–267.
45 Vgl. dazu z. B. Lynch (1986) 294–297. Der für die römische Praxis unmittelbar einschlägige Ritus im *Ordo Romanus XI* ist weitgehend mit dem im *Altgelasianum* identisch. Unter den Abweichungen ist bemerkenswert, dass der Ölritus mit Abrenuntiation und die Tauffragen fehlen; möglicherweise kürzen die Anweisungen des *Ordo* diese Riten aber ab. Amalarius von Metz erfragt nach der Abrenuntiation noch von den Paten und Patinnen, ob sie das Vaterunser und das Symbol „singen" (*cantare*) können; vgl. *Epistula ad Carolum imperatorem de scrutinio et baptismo* 40 (FaFo 4 § 782a2, 244 K.). In seinem *Liber officialis* 1,23,11 (FaFo 4 § 770a, 232–233 K.) beschränkt sich freilich die *redditio* auf eine einfache Zustimmung.
46 Vgl. dazu Vogel (1986) 273–289.
47 *Missale von Stowe* (vgl. FaFo 4 § 680, 96–97 K.).
48 *Mozarabische Liturgie* (vgl. FaFo 4 § 684, 102–108 K.); dazu auch Saxer (1988) 553. Siehe allerdings auch die Ausführungen des Ildefonsus von Toledo, der eindeutig von einer aktiven *redditio symboli* an

Zweite Synode von Clofesho (747)⁴⁹ und die sog. Legatinischen Synoden von 786⁵⁰ den Priestern ein, sie müssten die Täuflinge bzw. deren Paten durch geeignete Maßnahmen in die Lage versetzen, die Abrenuntiation und das Symbol aufzusagen.

Im fränkischen Einflussgebiet scheint man lediglich in Missionsgebieten strenger verfahren zu sein: Alkuin fordert Heidenmissionare dazu auf, vor der Taufe die Konvertiten mit „friedfertigen und klugen Worten den Glauben zu lehren".⁵¹ In Anweisungen in den Handschriften München, Bayerische Staatsbibliothek, Clm 14410⁵² und Sankt Gallen, Stiftsbibliothek, 40⁵³ aus dem Anfang bzw. der Mitte des 9. Jahrhunderts wird der Priester ermahnt, bei der Taufe von bekehrten Heiden mit den Täuflingen ausführliche Glaubensverhöre durchzuführen.⁵⁴ Verschiedentlich hören wir auch sonst in Kommentaren zur Taufliturgie und Glaubensverhören davon, es würden mit Konvertiten Skrutinien durchgeführt, um festzustellen, inwieweit die Worte des Symbols im Herzen der Katechumenen verankert seien.⁵⁵ Es gab also unter den Karolingern Bemühungen, den Skrutinien in der Heidenmission wieder zu ihrer ursprünglichen Bedeutung zu verhelfen.⁵⁶ Inwieweit diese Anweisungen allerdings umgesetzt wurden und bei den teilweise hohen Zahlen von Konvertiten überhaupt umgesetzt werden konnten, entzieht sich unserer Kenntnis. Die erhaltenen Sakramentare bieten dafür jedenfalls keinen liturgischen Ort mehr.

Gründonnerstag spricht (*De cognitione baptismi* 35; FaFo 4 § 664, 77 K.), sowie die *traditio symboli* im *Liber ordinum* (FaFo 4 § 684c4, 105–107 K.), die offenbar ebenfalls auf eine *redditio* des Bekenntnisses abzielt (sofern die Worte nicht einer mittlerweile verschwundenen Praxis entstammen).
49 Vgl. *Zweite Synode von Clofesho* (747), can. 11 (FaFo 3 § 587b, 462 K.).
50 Vgl. *Legatinische Synoden* (786), can. 2 (FaFo 3 § 588, 463–464 K.).
51 Alkuin, *Epistula* 111 (160,25–26 Dümmler): *Unde et praedicatores paganorum populum pacificis verbis et prudentibus fidem docere debent.*
52 Vgl. Keefe (2012a) 282–283 (mit Heer [1911] ein „missionary catechism" genannt).
53 Vgl. Keefe (2012a) 336–337 („clerical instruction reader").
54 Vgl. Keefe 2 Text 38, 534–537 (= FaFo 4 § 779, 240 K.) und Keefe 2 Text 8.1, 234–238 (= FaFo 4 § 759, 221–222 K.).
55 Vgl. etwa Alkuins Text *De sacramento baptismatis* (Keefe 2 Text 9, 240: *primo paganus*) zur Heidenmission, demzufolge auf die *traditio symboli* die Skrutinien folgen sollen, *ut exploretur saepius, an post renuntiationem Satanae sacra verba datae fidei radicitus corde defixerit* (FaFo 4 § 775, 237–238 K.). Ähnlich Keefe 2 Text 41, 543,5–7 (= FaFo 4 § 760[2], 223 K.); Keefe 2 Text 52, 594,26–595,2 (= FaFo 1 § 75[4], 141 K.); Keefe 2 Text 55, 614,11–14 (= FaFo 4 § 794[3], 268 K.). Ferner Amalarius von Metz, *Epistula ad Carolum imperatorem de scrutinio et baptismo* 40 (FaFo 4 § 782a2, 244 K.): *Deinde perscrutamur patrinos vel matrinas, si possunt cantare orationem dominicam et symbolum, sicut praemonuimus, ac postea per ordinem, sicut in Romano ordine scriptum est, sacrum officium peragimus usque ad sacratissimum opus baptismatis.*
56 So möchte Wiegand (1899) 315 aus den Worten des Amalarius schließen, dass der karolingische Tauforder „die Belehrung und Prüfung der Kompetenten wieder in ihre alten Rechte" einsetzte (ebenso Wiegand [1899] 327). Ferner Phelan (2006).

4 Die Glaubenskatechese

Soweit zunächst zum liturgischen Rahmen der Glaubensunterweisung. Diese Riten wurden – wie bereits angedeutet – im Beisein der gesamten Gemeinde vollzogen.[57] Dementsprechend hätten sich auch die damit einhergehenden Katechesen an die gesamte Gemeinde gerichtet, und man könnte somit annehmen, dass der Inhalt des Glaubens in regelmäßigen Abständen rekapituliert und repetiert wurde. Doch ist der Befund komplizierter und uneindeutig. Wie die inhaltliche Belehrung über die einzelnen Stücke des Symbols konkret aussah, hatte ich bereits im Zusammenhang der vermutlich von Leo I. stammenden Unterweisung angedeutet, die im *Altgelasianum* erhalten geblieben ist. Diese *explanatio* ist freilich sehr kurz, und es ist nicht recht deutlich, ob sie eher als unveränderliches liturgisches Stück anzusehen ist oder aber nur eine Art Platzhalter oder vielleicht auch Stichwortzettel für eine längere Erklärung bildet. Im ersteren Fall müsste eine ausführlichere Glaubensunterweisung an dieser oder an anderer Stelle stattgefunden haben, wofür aber das *Altgelasianum* keinen Raum lässt. Dass es diese Glaubensunterweisungen aber die gesamte Spätantike hindurch bis in karolingische Zeit immer gegeben hat, ist in den letzten Jahren durch die Editionen zahlreicher neuer einschlägiger Texte durch Liuwe Westra[58] und Susan Keefe[59] deutlich geworden, eine Quellenbasis, die ich unlängst selbst noch etwas verbreitern konnte.[60] Die Auslegung des Bekenntnisses in Form von *expositiones* oder *explanationes symboli* bildete eine eigene Gattung, wobei vor allem die bereits genannten Predigten Rufins und Ambrosius', aber auch die Augustins sowie die Schrift Isidors von Sevilla *De origine officiorum (De ecclesiasticis officiis)* stilbildend wirkten. Freilich sind die erhaltenen Vertreter der Gattung gerade aus der Zeit des Frühmittelalters oft erstaunlich kurz, ja sie bestehen streckenweise nur aus kaum noch verständlichen Stichworten. Dies deutet darauf hin, dass der Prediger während seiner Erklärung extemporierte. Man kann also aus der Länge der erhaltenen Predigten keinesfalls auf die tatsächliche Dauer dieser Auslegungen schließen.

Es wäre ein lohnendes Unternehmen, die Inhalte dieser Symbolauslegungen einmal näher zu untersuchen und nach Erklärungstypen zu differenzieren.[61] Dies kann hier nicht geschehen. Stattdessen möchte ich ein relativ willkürlich ausgewähltes Exemplar dieser Gattung aus dem 9. Jahrhundert kurz vorstellen und kom-

---

57 Zum Folgenden vgl. auch Kinzig (2011) (= Kinzig [2017a] 329–364; englische Fassung) mit reichen Belegen, die hier nicht wiederholt werden.
58 Westra (2002).
59 Vgl. Keefe (2002); Keefe (2012b).
60 Vgl. Kinzig (2017a).
61 Vgl. hierzu die allgemeine Charakterisierung bei Keefe (2012a) 10: „Their authors may begin with a general definition of the word ‚symbolum' and give a summary of Christian belief, defining the triune God, Christ's incarnation, passion, death, resurrection, ascension and second coming, the church, the communion of the saints, forgiveness of sins, resurrection of the flesh, and eternal life." Ausführlicher auf veralteter Quellengrundlage Wiegand (1899) 331–351.

mentieren.⁶² Diese *expositio* ist in sechs Handschriften in zwei leicht voneinander abweichenden Rezensionen mehr oder weniger vollständig erhalten. Die erhaltenen Titel machen deutlich, dass die Predigt im Zusammenhang der *traditio symboli* gehalten wurde. Der Verfasser ist völlig unoriginell und gerade deshalb typisch.

Die Erklärung ist dreiteilig: Sie setzt ein mit einer in den beiden Rezensionen voneinander abweichenden Erläuterung des Begriffs *symbolum*. Der ausführlicheren Fassung des Codex I (Montpellier, Bibliothèque Interuniversitaire, Section Médecine, H 14 1, ff. 4r–v) zufolge bedeutet *symbolum* „Anzeige" (*indicium*) oder „Einzahlung" (*conlatio pecuniae*): „Anzeige" (*indicium*), da dadurch die „Wahrheit, durch welche wir zum ewigen Leben gelangen können", angezeigt werde; „Einzahlung" hingegen wie bei der Bezahlung der Fahrkarte für eine Schiffspassage.⁶³ Die erforderliche Summe werde auf dem Schiff zusammengelegt und dann von den Passagieren bis zur Ankunft eifersüchtig bewacht. Es folgt eine knappe allegorische Auslegung, die darauf hinausläuft, dass die Apostel das Bekenntnis gewissermaßen „zusammengelegt" hätten, um so die Kirche zu erhalten.

Den zweiten Teil des Textes bildet das Bekenntnis selbst, dessen Klauseln in einer Handschrift auch den einzelnen Aposteln zugeteilt werden. Ein abschließender Satz in vier Handschriften deutet allerdings auch eine gewisse Verwirrung im Hinblick auf die genaue Reihenfolge der Apostel an, denn der Verfasser bekennt, die Verse des Bekenntnisses den einzelnen Aposteln nicht sicher zuordnen zu können.⁶⁴

Im dritten Teil beginnt die Auslegung der einzelnen Artikel, welche jeweils nur wenige Zeilen umfasst. Zunächst wird das Problem von Einheit und Dreiheit in der Gottheit erläutert, freilich nicht durch Rückgriff auf die einschlägigen dogmatischen Termini, sondern durch zwei Analogien: In der Sonne gebe es eine Dreiteilung: die Sonne selbst, ihr Licht und ihre Wärme – und doch bilde alles ein einziges Ganzes. Gleiches gelte für die drei Teile der Seele, nämlich Gedächtnis, Begabung und Verstand. Exegetisch bedeutet für den Verfasser die trinitarische Einheit: In der Bibel ist bei Nennung einer Person immer die ganze Gottheit mitgemeint. Darüber hinaus sei Gott allmächtig, weil er nicht irren, sterben oder sündigen könne.

Sodann wird der Name Jesu Christi knapp erklärt. „Jesus" sei ein Eigenname, Christus bedeute hingegen der „Gesalbte". Dieser sei als Mensch und Gott anzusehen. Etwas mehr Energie verwendet der Verfasser auf die Erläuterung des Wortes *unicus*. Zwar würden nach Lk 3,38 Adam und nach Joh 19,26–27 Johannes als Sohn Gottes bzw. Mariens bezeichnet, aber nur Christus sei der „natürliche" Sohn, die anderen seien hingegen Adoptivsöhne. Die Bezeichnung „Herr" verweise auf die Gottheit des Sohnes, der Zusatz *nostrum* hingegen auf seine Menschheit.

---

62 *Expositio symboli* 2 (18–65 Kinzig, mit Übers. und Kommentar).
63 *Expositio symboli* 2,1 (cod. I) (24 Kinzig): *Indicium, per quod indicatur omnis scientia veritatis, per quam possumus pervenire ad vitam aeternam. Conlatio, quasi datio pecuniae.*
64 Vgl. *Expositio symboli* 2,13 (codd. M Z Q V) (28 Kinzig): *Ordo dicentium, quis primus de apostolis hoc dixit, difficile invenitur.*

Bei der Geburt durch den Heiligen Geist und die Jungfrau Maria (der Verfasser kennt offenbar die Empfängnis durch den Geist noch nicht) wird zunächst die Vorstellung abgewiesen, dass Christus zwei Väter gehabt haben könne, nämlich Gottvater und den Geist. Dem Geist wird stattdessen eine dienende Funktion bei der Geburt zugewiesen.

Die Jungfräulichkeit Mariens sei der Grund gewesen, warum gerade sie ausgewählt wurde, um den Heiland zu gebären. Ihr Glaube wird besonders hervorgehoben. Das Fleisch Christi sei sündlos gewesen. Pontius Pilatus werde genannt, um Christus historisch eindeutig zu identifizieren und Verwechslungen mit dem Antichrist auszuschließen. Kreuzigung, Tod und Grab erwähnt der Verfasser nur knapp, der Abstieg in die Unterwelt ist offenbar nicht Bestandteil des ausgelegten Bekenntnisses und wird nicht genannt. Die Auferstehung Jesu dient gemäß Hos 6,3 als Vorbild für die eschatologische Auferstehung der Gläubigen. Auf Bitten der Patriarchen und Propheten habe Christus die Menschheit angenommen und sei damit zum Himmel aufgestiegen. Dort sitze er in seinem menschlichen Fleisch zur Rechten des Vaters, das heißt im Zustand des ewigen Lebens. Relativ ausführlich werden Wiederkunft und Jüngstes Gericht erläutert. Christus werde dem Gerichtshof der Apostel präsidieren und die sündige Menschheit richten. (Die Einzelheiten dieses Vorgangs sind nur kryptisch angedeutet.)

Nun folgen Ausführungen zum Heiligen Geist. Auch diese fallen wieder sehr kurz aus. Die Funktion des Heiligen Geistes innerhalb der Trinität sei die Lebensspendung, sagt der Verfasser und beruft sich dafür auf Röm 11,36 und den Beginn des Buches *Genesis* (1,1–2). Er gehe der Kirche voraus, weil diese von ihm erleuchtet werde. Ganz wichtig ist dem Prediger, dass man nicht „an" die Kirche glauben solle, sondern stattdessen bekenne, dass sie als heilige Kirche existiere. Die katholische Kirche sei der Ort, an dem die Sünden vergeben würden, während dies in der Kirche der Häretiker unmöglich sei. Der Verfasser erwartet die Auferstehung des Fleisches, welche er als leibliche Auferstehung aller Menschen versteht. Der Abschluss ist wiederum unklar. Offenbar geht der Prediger davon aus, dass die Verstorbenen bereits jetzt Lohn und Strafe erhalten, sich diese aber nur auf deren Seele beziehen. Nach der Auferstehung hingegen werde Seele *und* Leib der gebührende Lohn zuteil. Wie sich diese Vorstellung zu der des Jüngsten Gerichts verhält, wie sie im zweiten Artikel bekannt wurde, wird nicht weiter erläutert.

So weit in groben Zügen der Inhalt dieser Erklärung des Symbols. Es kann kein Zweifel sein: Es handelt sich hier um eine Stichwortsammlung (noch dazu in einem nach klassischen Maßstäben teilweise fehlerhaften Latein), was auch mancherlei Unebenheiten erklärt, die auf die Zusammenstückelung unterschiedlicher Quellen zurückgehen. Möglicherweise erklärt sich die Kürze vieler Symbolerklärungen auch daher, dass es sich ursprünglich um Glossen am Rand des in der Mitte geschriebenen Symboltextes handelte.[65] Insgesamt ist sehr auffällig, dass die theologischen Debatten

---

65 Ein instruktives Beispiel hierfür bietet St. Gallen, Stiftsbibliothek, Cod. Sang. 27 (= *Psalterium*

des 4. und 5. Jahrhunderts in diesem Text kaum Spuren hinterlassen haben. Die Trinitätslehre wird nur angedeutet, und die christologischen Aussagen nehmen keinen erkennbaren Bezug etwa auf die Glaubensdefinition von Chalkedon, geschweige denn auf die Entscheidungen späterer Konzilien.

Das ist nicht überall so. In anderen *expositiones* finden sich längere Ausführungen zur Trinitätslehre oder umfangreichere theologische Reflexionen zu einzelnen Artikeln des Symbols. Sie sind aber selten eigenständig, sondern den einschlägigen patristischen Autoren entnommen.[66] Gelegentlich hat man auch das für die Trinitätslehre maßgebliche *Symbolum Quicumque (Athanasianum)* kommentiert,[67] während es zu N oder C, wenn ich recht sehe, überhaupt keine Kommentare aus der Zeit zwischen dem 6. und dem frühen 9. Jahrhundert gibt und stattdessen – wenn überhaupt – spätantike Auslegungen repetiert wurden.[68] Das Niveau der Unterweisung variierte also durchaus. Dabei fällt auf, dass die Glaubensinhalte durchweg als feststehend und unhinterfragbar verstanden wurden. Mit anderen Worten erfolgte die Verständigung über den Glauben nicht dialogisch oder diskursiv, sondern durchweg apodiktisch. Dies entsprach dem Predigtverständnis überhaupt, war es doch die Pflicht der Gemeinde, „in Demut und Schweigen die Ermahnungen des Priesters zu hören".[69] Das gilt auch für die *expositiones*, welche katechismusartig in Frage- und

---

Gallicanum mit Kommentar), 690–692 (http://www.e-codices.unifr.ch./de/csg/0027/690/, aufgerufen am 22.06.2018); vgl. dazu Westra (2002) 474–479; Keefe (2012a) 88–89, Nr. 75 und Anonymus, *Symbolum apostolorum* (FaFo 2 § 280, 273–274 K.). Westra vermutet, dass die Darbietung des Textes im Sankt Galler Codex die ursprüngliche ist. Ferner bereits Wiegand (1904) 12, Anm. 2.

66 Ein schönes Beispiel hierfür ist die *Symboli apostolici explanatio*, inc. *Quando* (oder: *Cum*) *beatum legimus Paulum apostolum*, die möglicherweise Leidrad von Lyon zuzuschreiben ist; vgl. FaFo 2 § 285, 276 K. Ferner Wiegand (1904) 13–14 sowie Mirabile. Archivio digitale della cultura medievale / Digital Archives for Medieval Culture (http://www.mirabileweb.it/title/expositio-symboli-apostolici-[keefe-cat-95]-(cum-(quando)-beatum-legimus-paulum-apostolum-dixisse-fidelibus-)-title/169601, aufgerufen am 15.12.2017).

67 Von den 393 Stücken in Keefes Katalog kommentieren allerdings nur 11 das *Athanasianum* (Keefe [2012a] 153–159: Nr. ?265; 267–271; 273; 275; ?276; ?277; ?279). Sie sind teilweise vielleicht bereits nachkarolingisch.

68 Die von Keefe als Kommentare zu N (oder Variante: CNIC bzw. CNIC-type) bzw. C oder Variante (CNC [existiert nicht] bzw. CNC-type) bezeichneten Texte sind entweder falsch klassifiziert oder stammen aus deutlich früherer Zeit. CNIC bzw. CNIC type: Keefe (2012a) Nr. 51 (kurz nach 400 entstanden), Nr. *142 (möglicherweise bereits 2. Hälfte des 4. Jh.s); Nr. 201 (vielleicht 360/370; stammt vermutlich von Gregor von Elvira); Nr. ?215 (5./6. Jh); Nr. *?345 (falsche Zuordnung bei Keefe [2012a]; vgl. FaFo 3 § 526, 290–293 K.). CNC-type: Nr. 87 (vermutlich aus Spanien stammend; vgl. auch FaFo 1 § 184f9, 529 K.); Nr. 90 (eigentlich ein Traktat über das *Apostolikum*, der freilich auch die Kenntnis von C verrät). Inwiefern diese Auslegungen in der Taufkatechese verwendet wurden, ist unklar.

69 Vgl. hierzu die in Homiliaren überlieferte Mahnung: *L'homéliaire de Saint-Père de Chartres* Nr. 17 (19–20 Barré): *Primum in praedicatione christianus debet populus silentium tenere; deinde, qui habet aures audiendi audiat id est qui intellectum mentis continet, humiliter audiat sermones quos annuntiat sacerdos. Sacerdotis est enim in pace populum ammonere quod debeat agere; populi est cum humilitate et silentio audire quae monet sacerdos.* Vgl. McKitterick (1977) 109; Cross (1987) 25.

Antwortform aufgebaut sind und offenbar eine Art Glaubensverhör voraussetzen.[70] Wo dieses seinen liturgischen Platz fand, ist unklar, da die erhaltenen liturgischen Formulare auch hierfür keinen Ort vorsehen. Man darf annehmen, dass in manchen Fällen gar nicht die Gläubigen (bzw. deren Paten) befragt wurden, sondern die Priester selbst oder aber – wie im Fall der beiden oben zitierten Handschriften[71] – bekehrte Heiden. In jedem Fall ist deutlich, dass auch hier eine klare, zuvor eingeübte Antwort erwartet wurde.

Durch den Rückbezug auf einen engen Kanon von Referenztexten, die in immer neuen Variationen angeführt wurden, entwickelte sich gewissermaßen eine *lingua catechetica*, welche sich – wie im zitierten Beispiel – überwiegend aus einem überschaubaren Fundus theologischer Formeln speiste und nur in Ausnahmefällen Züge kerygmatischer Originalität aufwies. Dies ist auch der Grund dafür, warum die Forschung diese Gattung bisher sträflich vernachlässigt hat. Durch den vor einigen Jahren publizierten, von Susan Keefe erstellten Katalog der Texte in karolingischen Handschriften, die sich auf die Glaubensbekenntnisse beziehen,[72] und die bereits genannten neueren Editionen ist hier ein Grundstein für weitere Arbeit gelegt. Die Allgegenwart dieser formelhaften *lingua catechetica* macht auch die Datierung und Lokalisierung der meist anonym oder pseudonym überlieferten Predigten schwierig, denn wie ich an anderer Stelle an Beispielen zu zeigen versucht habe, lassen sich literarische Abhängigkeiten oder Provenienzen nicht eindeutig nachweisen.[73]

Auch darf man sich den Umgang mit den kommentierten Bekenntnissen nicht so vorstellen, dass man sklavisch am Wortlaut dieser Symbole festgehalten hätte. Vielmehr kann in derselben Predigt zu Beginn die eine Variante von T an die Gläubigen übergeben, in der anschließenden Auslegung dann aber eine andere Variante kommentiert werden. Daher sind auch Versuche, wie sie etwa vor einigen Jahren Liuwe Westra unternommen hat, die Bekenntnisse aufgrund von Varianten bestimmten Regionen zuzuschreiben, m. E. ganz überwiegend zum Scheitern verurteilt.[74]

5 Priesterausbildung und Predigt im Frühmittelalter

Um diesen Befund recht deuten zu können, muss man sich die Situation in den Pfarrkirchen des Frankenreichs und der Vorgängerreiche in Westeuropa vor Augen halten. Dazu ist gerade in jüngster Zeit eine große Zahl anregender Publikationen erschienen,[75] so dass ich mich auf einige wenige Punkte konzentrieren und für wei-

---

70 Zahlreiche Beispiele in Keefe (2012b). Vgl. jetzt auch Kinzig (2017a) 126–144.
71 Siehe oben S. 400.
72 Vgl. Keefe (2012a).
73 Vgl. Kinzig (2017a) 3–145.
74 Zu Ausnahmen vgl. Kinzig (2017c) 14.
75 Vgl. dazu den Überblick von Bünz (2008) sowie die im Folgenden zitierte Literatur.

terführende Literatur auf die Anmerkungen verweisen kann. Vor allem in den durch die Franken eroberten Gebieten galt es, in kürzester Zeit große Zahlen von mehr oder minder vom Christentum überzeugten Neubekehrten in die Kirche zu integrieren.[76] Wie die Predigt lag auch die Auslegung des Glaubensbekenntnisses nicht mehr allein beim Bischof – das wurde schon im *Altgelasianum* deutlich, in dem die Verlesung der Erklärung Leos I. eindeutig dem Priester übertragen war. Angesichts der großen Zahl an Taufkapellen in nahezu jedem Dorf um 900,[77] muss man ohnehin annehmen, dass nicht nur der Bischof getauft hat. Darauf deuten auch die Manuale zur Unterrichtung der Priester („instruction-readers") aus der Karolingerzeit hin, die Susan Keefe identifiziert hat und die durchweg auch Erklärungen der Taufliturgie enthalten.[78]

Unter den politischen und geistesgeschichtlichen Voraussetzungen, wie sie in der lateinischen Kirche der ausgehenden Spätantike und des Frühmittelalters bestanden, waren jedoch die personellen und institutionellen Möglichkeiten zur theologischen Ausbildung des einfachen Pfarrklerus, dem diese Aufgabe der Integration übertragen war, sehr begrenzt.[79] Wir wissen darüber erstaunlich wenig. Zwar gab es in der Karolingerzeit Kathedral-, Kloster- und in gewissem Umfang auch Pfarrschulen, aber sie dürften angesichts des rapide anwachsenden fränkischen Territoriums im Zeichen der Expansionspolitik der Merowinger und Karolinger kaum ausgereicht haben, um den Bedarf zu befriedigen.[80] Anzunehmen ist, dass man sich zwar in diesen Schulen eine mehr oder weniger gründliche Schriftkenntnis angeeignet hat. Aber in welchem Umfang man etwa eine ernst zu nehmende Exegese betrieb oder die Kirchenväter studierte, darüber gibt es keine gesicherten Erkenntnisse.[81]

Diverse Quellen geben über die theologische Bildung der Priester in der Karolingerzeit Auskunft. Dabei handelt es sich – abgesehen von beiläufigen Bemerkungen in Urkunden oder Heiligenviten – ganz überwiegend um Kapitularien oder Kanones

---

[76] Grundlegend hierfür Padberg (1995).
[77] Vgl. Smith (1995) 657–658; Van Rhijn (2007) 124–125. Zur Situation in Bayern vgl. zusammenfassend Kohl (2010) 268 und die Karten 208; 213; 218. Eine Fallstudie zur Christianisierung in der Touraine mit einer Kartierung der Landkirchen bereits in der Merowingerzeit findet sich bei Stancliffe (1979). Die Kirchen in der Diözese Trier zur Mitte des 8. Jahrhunderts sind bei Gauthier (1980) 434, die in der Diözese Thérouanne in der Morinie bei Mériaux (2000) 378 dargestellt. Zur Gesamtproblematik vgl. auch Semmler (1982): Rhein, Mosel, Maas; Delaplace (2005): für Südgallien, und Kruppa (2008) mit zahlreichen weiteren Fallbeispielen.
[78] Keefe (2002) 1, 23–26. Ferner jetzt Van Rhijn (2014, 2016a und 2016b) mit weiteren Ergänzungen.
[79] Vgl. hierzu De la Tour (1900) 127–142; Stachnik (1926); Amos (1983) 268–276; Hildebrandt (1992) 16; 57; 119–129; 134–139; Riché (1994/2010b) 750–753; Picker (2001) 197–199; Keefe (2002) 1, 5–7; 13–15; 23–26; 28–38; 147–155 u.ö. und jetzt vor allem Barrow (2015) 170–235.
[80] Dazu die Überblicke bei Amos (1983) 254–263; Riché (1989) 47–118; McKitterick (1989) 212–227; McLaughlin (1991) 83–84; Hildebrandt (1992); Riché (1994/2010b) 755–758; Haubrichs (1995) 176–182; Riché (1995); Keefe (2002) 1, 28–35; Van Rhijn (2006) 227–228; Barrow (2015) 185–186. Ferner Angenendt (2009b) 114–115.
[81] Die einschlägigen Studien wie etwa Chazelle/Edwards (2003) haben zwangsläufig in erster Linie die „Hochexegese" im Blick.

von Konzilien und Bischöfen[82] und zu einem geringen Teil um Formulare, nach denen Priester bei ihrer Weihe vom Bischof examiniert wurden.[83] Es wäre müßig, diese Bestimmungen hier im Einzelnen zu repetieren.[84] Grob gesprochen wurde in der Karolingerzeit von den Priestern erwartet, über Literatur zu verfügen, die sie instand setzte, die Messe zu halten, Musterpredigten zu verlesen, das Symbol und das Herrengebet auszulegen und die Beichte nach vorgegebenen Formularen abzunehmen.[85] Der Besitz einer vollständigen Bibel (außer dem Psalter) wurde nirgends verlangt; man kompensierte dies teilweise durch das Lektionar.[86] Das setzte voraus, dass Priester lesen und schreiben konnten und Latein verstanden.[87] Auch wurde von ihnen gefordert, für Schulunterricht zu sorgen.[88] Darüber hinaus gab es eindeutige Vorschriften für die Predigt.[89] Doch findet sich keine explizite Regelung der Priesterausbildung. Zu vermuten ist, dass sich die angehenden Priester das notwendige Wissen hinsichtlich der Messliturgie, der Kasualien und (so vorhanden) der Katechese und Predigt häufig durch *learning by doing* angeeignet haben.[90] Dabei waren sie auf die vorhandenen Bücher angewiesen, die oft nicht mehr umfassten als Sakramentar, Lektionar, Antiphonar und eine Sammlung der Stundengebete.[91]

---

82 Das Handbuch *De institutione clericorum* des Hrabanus Maurus (bes. Buch 3) sowie andere Werke desselben Verfassers für die Klosterschule in Fulda zielen auf eine umfassendere theologische Bildung ab. Freilich ist auch hier die Predigtaufgabe unterbestimmt. Vgl. dazu im Einzelnen Picker (2001) 196–205. Er resümiert (205): „In *De institutione clericorum* ist ein bemerkenswerter Mangel an homiletischem Problembewußtsein zu konstatieren. Hrabanus bleibt weit hinter der ehrgeizigen Predigtgesetzgebung Karls zurück. Dies zwingt zu dem Schluß, daß Hrabanus eine flächendeckende Predigtversorgung der Bevölkerung nicht im Blick hat. Eine allgemeinverständliche Volkspredigt über biblische Texte, Glaubensinhalte oder Fragen der Moral gehört für ihn nicht zu den primären Aufgaben der Kleriker. […] In *De institutione clericorum* ist die *praedicatio* kein vorrangig pastorales Genus, sondern ein akademisches."
83 Hierzu vgl. etwa Van Rhijn (2006) 227–228; Van Rhijn (2007) 84–88; Van Rhijn (2012).
84 Vgl. dazu im Einzelnen z.B. Sachsse (1897) 134–136; Wiegand (1899) 321, Anm. 1; Verd Conradi (1977) 300–304; Amos (1983) 139–192; Menzel (1991) 338–350; Godding (2001) 51–73; Keefe (2002) 1, 13–15; McCune (2006) 81–85; Van Rhijn (2006); Van Rhijn (2007) 107–112; Kohl (2010) 253–258. Ferner Patzold (2009); Diesenberger (2016) 66–72; Kohl (2016) 59–61.
85 Vgl. auch unten S. 409 zu Hinkmar von Reims.
86 Zu den Bibellektionaren vgl. Vogel (1986) 314–355; Palazzo (1998) 83–106. Vgl. demgegenüber noch Caesarius von Arles, der seiner *Vita* zufolge niemanden zum Diakonat zuließ, der die Bibel nicht mindestens viermal vollständig gelesen hatte (*Vita S. Caesarii* 1,56; vgl. dazu Godding [2001] 67–68).
87 Es scheint Ausnahmen gegeben zu haben: vgl. das Beispiel eines illiteraten Priesters bei Kohl (2016) 62. Ferner Richter (1995) 166–167.
88 Vgl. Göbl (1880) 98–100; Sachsse (1897) 156–157; Paul (1993) 145–146. Ferner Pokorny (1995) 98, Anm. 14.
89 Eine Liste der einschlägigen Belege in Brommer (= Theodulf von Orléans, *Erstes Kapitular* 28 [125 Brommer, *apparatus ad locum* Anm. 100]) und bei Menzel (1991) 345, Anm. 31; Buck (1997) bes. 116–139; McCune (2013) 285–294; ferner Linsenmayer (1886) 7–12; Albert (1892) 114–135; Albert (1893) 49–60; Longère (1983) 46–48. Weitere Literatur bei Brommer an der angegebenen Stelle.
90 Vgl. McLaughlin (1991) 108.
91 Vgl. Haubrichs (1995) 231–232 (mit Ausnahmen); Kohl (2010) 231–232; Hen (2016); Kohl (2016) 62–64.

Das hat in der Praxis mehr schlecht als recht funktioniert. Bei näherem Hinsehen ergibt sich eine Kluft zwischen dem, was die kirchlichen Autoritäten forderten, und dem, was man tatsächlich bei den einzelnen Priestern voraussetzen durfte. Karl der Große beklagte sich höchstpersönlich bei einem Bischof über die Ignoranz von dessen Klerus.[92] Von Priestern wurde, wie gesagt, grundsätzlich erwartet, dass sie predigen sollten.[93] Alkuin erwähnt jedoch Geistliche, die dies ablehnten.[94] Wenn sie jedoch predigten, waren sie selten imstande, die Heilige Schrift mit den Methoden der Bibelexegese, wie sie die Kirchenväter ausgebildet hatten, eigenständig auszulegen. Sie waren weithin lediglich Ritenverwalter, die mit der religiösen Unterweisung der ihnen anvertrauten Gemeinde überfordert waren. Jesse von Amiens schreibt um 802 einen Brief an seinen Klerus mit der Bitte, die Gebildeten sollten die Ungebildeteren über die Riten von Katechumenat und Taufe belehren.[95] Theodulf von Orléans geht etwa zur selben Zeit wie selbstverständlich davon aus, dass nicht alle Priester in der Lage sind, über die Heilige Schrift zu predigen. Sie sollten stattdessen die Gläubigen mit Psalm 33 auffordern, Gutes zu tun und den Frieden zu halten, denn solche werde Gott belohnen, während er die Übeltäter bestrafe.[96] Ein römisches Konzil gibt im Jahr 826 ausführ-

---

[92] Karl der Große, *Epistula* 22 (532,6–10 Dümmler): *Cum in adquirendis fidelium animabus studiose Deo favente invigiles, mirandum nobis valde videtur, cur in erudiendo clero proprio litterarum studiis nullam sollicitudinem geris. Cernis namque undique in subditorum cordibus ignorantiae tenebras circumfundi; et cum possis eruditionis radium eorum sensibus infundere, in suae illos caecitatis caligine latere permittis.* Dazu Julius (2003) 163, Anm. 710.
[93] Vgl. dazu McKitterick (1977) 81–83 (mit einer Übersicht über die einschlägigen Bestimmungen) sowie jetzt wieder Diesenberger (2016) 67–68.
[94] Alkuin, *Epistula* 136 a. 798 (209,13–17 Dümmler): *Audio etiam per ecclesias Christi quandam consuetudinem non satis laudabilem, quam vestra prudentissima auctoritas facile emendare potest. Si tamen vera est opinio, et non magis falsa excusatio: ut quod facere non volunt presbyteri suis iniciant episcopis. Nam dicunt ab episcopis interdictum esse presbyteris et diaconibus praedicare in ecclesiis [...].* Dazu Linsenmayer (1886) 21; McCune (2013) 300–301; Diesenberger (2016) 66.
[95] Vgl. Jesse von Amiens, *Epistula de baptismo* (Keefe 2 Text 30, 405,3–406,5): *Quoniam quidem dubitor me loqui vobis, cum saepius fore cognosco de divinis libris ac sacerdotalis officii mysteriis, quanquam mihi causa impossibilitatis impediat ac absentiae, ideo breviter vobis, in quantum temporum adfuit spatium, qualiter a sacri baptismatis unda per gradus perveniri debeatur scribendo perstrinximus. Scio vero quia multi ex vobis eius bene noverunt mysteria, sed propter exercitationem et ignorantiae causa* [so cod. V3; *ignorantiam, causam* Keefe] *convenientius mihi omnibus scribere videtur, quam aliquibus insciis. Unde et rogo ut vos qui capaciores sensu estis, instruatis et adhortetis eos qui minoris sunt ingenii in spiritu mansuetudinis ac lenitatis, ut intente quae in eo latent perquirant, et ad fructum sanctae dei ecclesiae, domino favente, inquisita perducant.* Dazu Keefe (2002) 1, 117.
[96] Theodulf von Orléans, *Erstes Kapitular* 28 (125,1–5 Brommer): *Hortamur vos paratos esse ad docendas plebes. Qui scriptura scit, praedicet scripturas; qui vero nescit, saltim hoc, quod notissimum est, plebibus dicat: Ut declinant a malo et faciant bonum, inquirant pacem et sequantur eam, quia oculi domini super iustos et aures eius ad preces eorum; vultus autem domini super facientes mala, ut perdat de terra memoriam eorum* [Ps 33,15–17]. *Nullus ergo se excusare poterit, quod non habeat linguam, unde possit aliquem aedificare.* Dazu auch Diesenberger (2016) 69. Etwas positiver im *Zweiten Kapitular* 1,8–9 (152,14–17 Brommer; Fassung Ademars): *Deinde, si dominus dat intellectum* [2 Tim 2,7], *hoc, quod sacerdos veraciter intelligit de evangelio, de epistola, quantum potest, dicat illis.* Dazu auch Banniard

liche Anweisungen dazu, wie mit unzureichend ausgebildeten Klerikern umzugehen sei.[97]

Ein etwas anspruchsvolleres Priesterbild zeichnet das *Erste Kapitular*, welches Hinkmar von Reims im Anschluss an eine Diözesansynode im Jahre 852 publizierte.[98] Hier wird vom Priester erwartet, dass er das (nicht näher bezeichnete) Glaubensbekenntnis, das Vaterunser und das *Athanasianum* auswendig kennt und die Gemeinde darüber zu belehren vermag. Außerdem soll er die Präfation und den Kanon der Messe auswendig rezitieren und die Messgebete, die Paulusbriefe und die Evangelien deutlich vorlesen können. Die Psalmen und die übrigen liturgischen Gesänge sollen ebenfalls auswendig vorgetragen werden. Auch bezüglich der Katechumenats- bzw. Taufliturgie, der Beichte, der Bestattungsliturgie und den Benediktionen und Exorzismen von Wasser und Salz bei der Weihwasserweihe wird erwartet, dass sie auswendig gelernt werden. Darüber hinaus gibt es Gebete zu weiteren Kasualien, die der Priester auswendig oder doch lesen können soll. Weiterhin wird der Priester dazu angehalten, die Evangelienhomilien Gregors des Großen fleißig zu lesen und darunter besonders *Homilie* 17 (über Lk 10,1–9) in Ehren zu halten und auswendig zu lernen, „damit er erkenne, dass er nach dem Vorbild der 72 Jünger in den kirchlichen Dienst berufen worden ist".[99] Schließlich soll er Kenntnisse des liturgischen Kalenders besitzen und den Kirchengesang beherrschen. Auch Hinkmar rechnet offensichtlich nicht damit, dass der Priester über eine Bibel verfügt. Die weitreichende Rezeption dieses Textes machte das Kapitular im frühen Hochmittelalter zu einem Musterschreiben dafür, was ein Priester können musste.[100] Dabei sieht es so aus, als ob Hinkmar die Anforderungen an die Priesterausbildung im Vergleich zur Epoche davor deutlich erhöhte.

Die Hauptaufgabe des Priesters bestand freilich auch bei Hinkmar im Vollzug der (möglichst auswendig gelernten) Riten, nicht hingegen in der Verkündigung, die nicht einmal eigens erwähnt wird (auch wenn das Homiliar Gregors sicher nicht nur zur Unterrichtung des Priesters gedacht war). Auch blieben die Verhältnisse prekär: So bemerkt Riculf von Soissons († nach 900), Priester, welche kein Altes Testament besäßen, sollten sich wenigstens das Buch *Genesis* abschreiben, um so durch dessen

---

(1992) 397: „C'est peu de dire que le niveau culturel de ces serviteurs de l'Église était très bas." Optimistischer z. B. Patzold (2009) 383. Zu Theodulfs Anweisungen zur Predigt vgl. auch Brommer (1974) 86–87.
[97] Vgl. *Concilium Romanum* 4 (826) (568,13–22 Werminghoff). Wiederholt vom römischen Konzil im Dezember 4 (853) (320,10–20 Hartmann).
[98] Vgl. Hinkmar von Reims, *Erstes Kapitular* 1–8 (34–38 Pokorny/Stratmann). Dort in den Anmerkungen auch Hinweise zur Rezeptionsgeschichte. Ferner McKitterick (1977) 63; Van Rhijn (2007) 151–152; Mériaux (2016).
[99] Hinkmar von Reims, *Zweites Kapitular* 1,8 (38,1–4 Pokorny/Stratmann): *Omelias XL Gregorii quisque presbyter studiose legat et intellegat et, ut cognoscat se ad formam LXX duorum discipulorum in ministerio ecclesiastico esse promotum, sermonem predicti doctoris de LXX discipulis a domino ad praedicandum missis plenissime discat ac memorie tradat.*
[100] Vgl. dazu die Hinweise durch Pokorny/Stratmann (1995) 19–26.

Lektüre die Weltschöpfung kennen zu lernen.[101] Ratherius von Verona mahnt in einem Synodalschreiben aus dem Jahre 966, da die Priester nicht zu predigen verstünden, sollten sie das Volk Gottes mindestens durch ihren frommen Lebenswandel erziehen.[102]

Nicht die eigenständige Verkündigung, sondern allenfalls die Verlesung bzw. sogar das Auswendiglernen von Musterpredigten wie die des Caesarius von Arles, Gregors des Großen oder der Sermone im Homiliar des Paulus Diaconus[103] dürfte also der Regelfall gewesen sein,[104] wobei man nicht einmal genau weiß, wie häufig irgendeine Form von Wortverkündigung stattfand.[105] Chrodegang von Metz forderte von seinen Kanonikern wenigstens zweimal pro Monat eine Predigt.[106] Doch noch die Synode an der Donau von 796 überließ es den Priestern, wie oft sie predigen wollten.[107] Karl der Große legte in den *Capitula a sacerdotibus proposita* (802) fest, jeder Geistliche solle an allen Festtagen und Sonntagen dem Volk das Evangelium predigen.[108] Ihm folgten Ghärbald und Theodulf in ihren Kapitularien.[109] Das Konzil von

---

101 Vgl. Riculf von Soissons, *Anno Incarnationis Dominice DCCCLXXXVIIII Indictione VII*, can. 8 (104,1–4 Pokorny/Stratmann): *Si quis autem omnes veteris testamenti libros habere nequiverit, saltem hoc studiosius elaboret, ut primum totius diuinę historię librum, Genesim videlicet, sibi correcte transcribat, cuius lectione totius mundi creationem dinoscere valeat.*

102 Vgl. Ratherius von Verona, *Epistula 25* (129,22–25 Weigle): *Ista et illis similia quia vos penitus nescire doleo, immo de talibus nil curare gemisco, pastoraliter, ut addiscere festinetis, praecipio, et quia sermone ignoratis, bono exemplo Dei populum erudire, quaeso, studeatis.*

103 Zum Homiliar des Paulus Diaconus vgl. zusammenfassend Grégoire (1966) 71–114; McKitterick (1977) 102–105; Grégoire (1980) 423–478; Vogel (1986) 363–364; Old (1999) 198–200; Hall (2000) 222. Zu weiteren Homiliaren, die für ein breiteres Publikum gedacht waren, vgl. Barré (1962); Grégoire (1966); Verd Conradi (1977) 308–315; McKitterick (1977) 97–114; Grégoire (1980); Vogel (1986) 363–365; Cross (1987); Palazzo (1998) 152–156; McCune (2013) 294–300; Hen (2016) 169–172. Zu bayerischen Predigtsammlungen vgl. jetzt auch Diesenberger (2016) 26–48.

104 Vgl. Menzel (1991) 347–349. Bei ausgesprochenen Missionspredigten war dies vielleicht anders. Vgl. die optimistische Einschätzung der Quellen bei Padberg (1995) 125–140.

105 Zur Häufigkeit von Predigten vgl. die Übersicht bei Linsenmayer (1886) 13; 24–28; McLaughlin (1991) 78–83.

106 Vgl. Chrodegang von Metz, *Regula* 44 (1076C–D Migne): *Unde constituimus ut bis in mense per totum annum, de quinto decimo, in quinto decimo, verbum salutis ei praedicetur, qualiter ad vitam aeternam, Deo auxiliante, perveniat. Et si omnibus festis et Dominicis diebus assidua fuerit praedicatio, utilior est; et iuxta quod intelligere vulgus possit, ita praedicandum est.* Dazu McLaughlin (1991) 78–79; Riché (1994/2010a) 677; Riché (1995) 389.

107 *Conventus episcoporum ad ripas Danubii* a. 796 (175,7–10 Werminghoff).

108 Karl der Große, *Capitula a sacerdotibus proposita* 4 (106,20–21 Brommer); dazu McKitterick (1977) 82 und Diesenberger (2016) 69.

109 Ghärbald, *Erstes Kapitular* 3 (17,4–5 Brommer; möglicherweise bereits älter als die *Capitula a sacerdotibus proposita*); Theodulf, *Zweites Kapitular* 1,8 (152,1–4.28–30 Brommer [Fassung Ademars]: Sonntags). Ferner *Capitula Frisingensia* 1,12 (205,5–6 Pokorny); *Admonitio synodalis* 40 (51 Amiet); *Synodalordo – Inquisitio* 8 (410,64–65 De Clercq). Vgl. auch Brommer (= Theodulf, *Erstes Kapitular*) 125, Anm. 100.

Paris (829) klagte allerdings über die Vernachlässigung der Predigt[110] und auch sonst fehlt es nicht an Hinweisen, dass nicht regelmäßig gepredigt wurde.[111]

Mancherorts scheint man dann auch das Symbol und das Vaterunser erklärt zu haben.[112] Doch auch dafür fehlte es an Hilfsmitteln. Susan Keefe hat unlängst an das Vorwort eines Anonymus zu seinem Kommentar des *Athanasianums* wohl aus dem Anfang des 9. Jahrhunderts erinnert, welches ein Schlaglicht auf die Situation werfen mag:

> Du hast mir aufgetragen, jenes Werkchen über den Glauben, welches bei uns überall in den Kirchen verlesen wird und über welches unsere Priester häufiger nachdenken als über die übrigen Werke, durch Sätze der heiligen Väter wie durch einen Kommentar zu erläutern. Denn du sorgst dich um die Priester unserer Diözese, die in keinerlei Weise über ausreichend Bücher verfügen, sondern selten und nur mit Mühe Psalter, Lektionar und Missale anschaffen, mit deren Hilfe sie die heilige Messe und die übrigen Gottesdienste feiern können. Weil aber wegen des Mangels an Büchern bei den meisten weder der Eifer zum Lesen noch zum Lernen gefördert wird, ist es euer Wunsch, dass sie veranlasst werden, zumindest über diese Auslegung des Glaubens nachzudenken, um so ein bisschen mehr von Gott zu wissen und zu verstehen. Denn das größte Verderben für alle ist es, dass die Priester, die doch das Volk Gottes hätten unterweisen sollen, selbst erwiesenermaßen Gott nicht kennen.[113]

---

110 *Konzil von Paris* 21 (627,8–12 Werminghoff): *Conperimus etiam quosdam socios ordinis nostri non causa necessitatis aut utilitatis, sed potius avaritiae et propriae delectationis saepissime, propria civitatis suae sede relicta cleroque neglecto, remociora loca frequentare, de qua re et distitutio divini cultus et praedicatio in plebibus et cura subiectorum postponitur et hospitalitas neglegitur.* Vgl. bereits ibid. 50 (613,40–614,1 W.): *Ecce quale periculum praedicatoribus, nisi strenue utiliterque praedicaverint, et auditoribus, nisi id, quod sibi praedicatum fuerit, oboedienter impleverint, instat. Quod autem per neglegentiam et desidiam praedicatorum et per contemptum quorundam auditorum transgressio sit divinorum praeceptorum periculumque animarum, manifestum est.* Vgl. ebenso *Konzil von Pavia* 3 (um 845/50) (211,15–17 Hartmann): *Doctrina vero et praedicatio in populum partim episcoporum et reliquorum sacerdotum, partim vero populi neglegentia non, sicut necessarium est, procuratur.* McLaughlin (1992) 82 resümiert vielleicht etwas zu pessimistisch: „Due to clerical negligence and lay resistance, preaching was rare in the cities and was not actually expected in the countryside". Vgl. ibid. 106: „The sermon or homily was simply not viewed as a necessary (or particularly well-adapted) part of worship nor was it indispensable as a means of instruction or evangelization. As a result, though preaching to the laity was not totally lacking, it was sporadic and occasional."

111 Vgl. z. B. Blancidius, *Epistula* 2 (487,37–39 Dümmler): *Nunc quia sacerdotes estis, dicamus breviter; sacerdos ergo si predicationis est ignarus, quam clamoris vocem daturus est preco mutus? preconis quippe officium suscipit quisquis ad sacerdotium accedit.* Concilium Aquisgranense 29 (836) (711,39–712,1 Werminghoff): *Presbiterorum vero, qui praesunt ecclesiae Christi et in confectione divini corporis et sanguinis consortes cum episcopis sunt, ministerium esse videtur, ut in doctrina praesint populis et in officio predicandi nec in aliquo desides inventi appareant.* Dazu Diesenberger (2016) 71–72; 132–133.

112 Zu den Vaterunserauslegungen vgl. Wiegand (1899) 343–344; Adam (1976) 6–13; Haubrichs (1995) 235–241; Hammerling (2008); Patzold (2016). Patzold (2016) 211–214, listet mehr als 25 unterschiedliche Auslegungen des Gebets in den karolingischen Handschriften auf. Vgl. auch Keefe (2002) 2, 141–142.

113 Codex Vaticanus Reg. Lat. 231, fol. 152v, um 820–830; vgl. Keefe (2012b) VI, Anm. 2: *Iniunxistis mihi illud fidei opusculum, quod passim in ecclesiis recitatur, quodque a presbyteris nostris usitatius quam caetera opuscula meditatur, sanctorum Patrum sententiis quasi exponendo dilatarem, consulentes*

Michael Menzel hat schon vor längerer Zeit die Situation – wie sie sich mir darstellt – treffend zusammengefasst:

> Mit den Predigten hatten dem Volk möglichst in vorformulierter Form lediglich die zur Mitfeier der Messe nötigen Grundelemente und Formen der christlichen Religion nahegebracht zu werden [...]. Eine freiere theologische Erörterung behielt sich die vor allem auf den Klerus ausgerichtete Bischofspredigt vor [...]. Die parochiale Predigt vor Laien durfte über vorgegebene Grundaussagen nicht hinausgehen. Hinter der regelmäßigeren und inhaltlich anspruchsvolleren Bischofspredigt hat die parochiale Predigt durch Priester demnach zurückgestanden. Als rechtliches wie auch inhaltlich schwächeres Derivat hat man sie sich theologisch unbedeutend vorzustellen.[114]

Gegenüber der Bischofspredigt – so Menzel weiter – sei die parochiale Predigt eine „delegierte Aufgabe" gewesen und habe „eine autorisierte sowie schließlich kontrollierte Lehre" dargestellt.[115]

Hinzuzufügen wäre, dass diese parochiale Predigt, so sie denn überhaupt stattfand, für viele, wenn nicht gar die meisten Menschen den Normalfall gebildet haben dürfte. Je größer die Distanz der Parochien[116] von den Bischofskirchen, d. h. also den wenigen urbanen Zentren, und den Klöstern ausfiel, und je größer der soziale Abstand zwischen Bischof und Priester gewesen ist, desto geringer wird man die theologische Bildung der Priester (und damit indirekt auch der Gemeinde) einschätzen müssen.[117] Man wird also weder von einer regelmäßigen Predigt noch darin von einer theologisch vertieften Reflexion biblischer Inhalte ausgehen dürfen. Die kirchliche Bildung sowohl der Priester wie der Laien bestand im Wesentlichen im Memorieren von Riten,

---

parochiae nostrae presbyteris, qui sufficienter habere libros nullo modo possunt, sed vix et cum labore sibi psalterium, lectionarium vel missalem acquirunt, per quos divina sacramenta vel officia agere queant; et quia cum inopia librorum plerisque neque studium legendi aut discendi suffragatur, idcirco vultis ut saltem hanc fidei expositionem meditari cogantur, ut aliquanto amplius de Deo possint sapere et intelligere. Quia maxima omnium ista pernicies est, quod sacerdotes, qui plebes Dei docere debuerant, ipsi Deum ignorare inveniuntur. Ferner Keefe (2012a) Nr. 275, wo Theodulf von Orléans als Verfasser erwogen wird. Der Text der *Praefatio* wurde bereits bei Mai (1837) 396 gedruckt.

114 Menzel (1991) 348–349.
115 Menzel (1991) 349.
116 Zum Begriff der Parochie bzw. Pfarrei vgl. zusammenfassend Labriolle (1928); Müller (1933) 149–160; Petke (2013); Domagalski/Mühlenkamp (2016).
117 McLaughlin (1991) 84 fasst zusammen: „Few priests would have gone beyond the essentially passive role that training in grammar made possible. Rhetoric, the science of composition, was not a normal part of the education for clerics. And one may also doubt whether many Carolingian clerics ever achieved the mastery of Latin required simply to transfer the contents of the homiliaries and other liturgical texts, either through translation or paraphrase, into the vernacular." Zur Situation der Landgemeinden und den unterschiedlichen Kirchentypen vgl. immer noch De la Tour (1900); ferner etwa für Neustrien im 7. Jahrhundert Fouracre (1979); für die Bretagne Davies (1988) 99–104; für den Raum Konstanz Julius (2003); für Bayern Kohl (2010). Weitere Fallstudien finden sich jetzt in Patzold/Van Rhijn (2016). Zur allgemeinen Situation vgl. auch Innes (2000). Ferner oben Anm. 77. Ein besonderes Problem, welches ich hier nicht behandeln kann, stellt die Klosterpredigt dar. Vgl. hierzu Menzel (1991) 342–343, der ihre Bedeutung für die Karolingerzeit als gering einschätzt.

Glaubenslehren und moralischen Regeln auf einer sehr elementaren Ebene[118] und in einer architektonisch bescheidenen Umgebung.[119]

Davon war dann auch die Taufkatechese – so sie denn überhaupt noch stattfand – betroffen. Die Briefe des Bonifaz bieten hierfür eindrucksvolle Beispiele: So fragte er bei Papst Gregor II. an, ob eine Taufe ohne *redditio symboli*, die *adulteri et indigni presbyteri* vollzogen hatten, gültig sei, und erhielt zur Antwort, entscheidend sei die trinitarische Taufformel.[120] Derselbe Bonifaz berichtete Gregors Nachnachfolger Zacharias im Jahre 746 von einem Fall, wo der Priester der lateinischen Sprache so unkundig war, dass er nicht einmal die Taufformel korrekt sprechen konnte.[121] Zwei Jahre später beschwerte er sich beim Papst über irregeleitete Priester, die

> eine einverständige Gemeinde um sich sammeln und jenen irrigen Dienst nicht in einer katholischen Kirche, sondern in Dörfern auf dem Lande und in Bauernstuben vollziehen, wo ihre unverständige Dummheit sich vor den Bischöfen verbergen kann. Sie predigen weder den Heiden den katholischen Glauben noch haben sie selbst den rechten Glauben, auch lehren sie weder jene feierlichen Worte, welche jeder Katechumene, der alt genug ist, dass er bereits verständig ist, mit der Wahrnehmung seines Herzens erfassen und verstehen soll, noch erfragen sie auch [diese Worte] von denen, die sie taufen sollen, nämlich die Absage an den Satan und das Übrige, und schützen nicht einmal [die Taufkandidaten] mit den Zeichen des Kreuzes Christi, [Riten,] die doch der Taufe vorausgehen müssen. Ja, sie lehren weder irgendeine Form des Glaubens an den einen Gott und die heilige Trinität noch erfragen sie sie auch von ihnen, auf dass diese mit dem Herzen glauben zur Gerechtigkeit und das mündliche Bekenntnis ihnen zum Heil gereiche [vgl. Röm 10,10].[122]

---

118 Vgl. Van Rhijn (2014) 690 zum Dorfpriester: „Such priests read Mass to the faithful, baptised, taught the basics of the Christian faith, received the tithes due to them and submitted sinners to the penance they deserved."
119 Zur archäologischen Situation vgl. die Aufsätze in Delaplace (2005) sowie Van Rhijn (2014) 690.
120 Gregor II an Bonifaz, *Epistula* 26 (22. November 726) (276,27–32 Dümmler) = *Epistula* 26 (46,18–26 Tangl) = FaFo 4 § 666, 80 K.
121 Vgl. Zacharias an Bonifaz, *Epistula* 68 (1. Juli 746) (336,19–30 Dümmler) = *Epistula* 68 (141,8–23 Tangl) = *Vitae Bonifatii* (169,3–18 Levison). Ähnlich der *Conventus episcoporum ad ripas Danubii a. 796* (176,7–11 W.): *Illi vero, qui ab inlitteratis clericis baptizati existunt et, cum intinguerentur in aqua, nec illi fidem, quia nesciebant, professi sunt, nec ille, qui baptizabat, dixit: „Baptizo te in nomine patris et filii et Spiritus sancti" nec „in nomine Iesu Christi", sicut cuiusdam horum idiotarum professione conperimus, sed sola aqua solum corpus abluit, hi profecto pro non baptizatis habendi sunt.* Dazu Lotter (2003) 185–186; Van Rhijn (2016b) 136.
122 Zacharias an Bonifaz, *Epistula* 80 (175,23–176,5 Tangl): [...] *seorsum populum consentaneum congregant et illum erroneum minysterium non in aecclesia catholica, sed per agrestia loca, per cellas rusticorum, ubi eorum imperita stultitia celari episcopis possit, perpetrant nec fidem catholicam paganis predicant nec ipsi fidem rectam habent, sed nec ipsa sollempnia verba, quae unusquisque caticuminus, si talis aetatis est, ut iam intellectum habeat, sensu cordis sui percipere et intellegere, nec docent nec quaerent ab eis, quos baptizare debent, id est abrenuntiatione satane et cetera, sed neque signacula crucis Christi eos muniunt, quae precedere debent baptismum, sed nec aliquam credulitatem unius deitatis et sanctae trinitatis docent, neque ab eis quaerent, ut corde credant ad iustitiam et oris confessio fiat illis in salutem* [...]. Papst Zacharias zitiert hier offensichtlich aus einem verlorenen Schreiben des Bonifaz. Vgl. dazu Kretschmar (1970) 309; Angenendt (1987) 290; Padberg (1995) 178.

Noch ins 8. Jahrhundert gehört auch die Rechtssammlung eines unbekannten Kompilators, die nach ihrem Erstherausgeber *Collectio Herovalliana* genannt wird. Dort wird empfohlen, Priester, welche ohne Kenntnis des Symbols, des Herrengebets und der Psalmen getauft hätten, auf Lebenszeit in ein Kloster zu schicken.[123]

Die ältere Literatur spricht in diesem Zusammenhang gerne von einem „Niedergang" oder einer „Krise" der Katechese im Frühmittelalter.[124] Häufig verbindet sich dieser Vorwurf mit dem weiteren, im Zuge der Kindertaufe sei der Katechumenat zunehmend ritualisiert worden.[125] Allerdings darf man den Katechumenat – sieht man einmal von dem Sonderfall der Massentaufe in Missiongebieten ab[126] – nicht von der allgemeinen Predigtpraxis, wie ich sie oben skizziert habe, trennen und muss man sich auch vor Pauschalurteilen hüten. So wurden in den letzten Jahren – wie bereits erwähnt – Dutzende von Predigten zum Glaubensbekenntnis veröffentlicht, die mutmaßlich aus karolingischer Zeit stammen und die in ihrer Bedeutung für die Katechese noch nicht ausgewertet worden sind.[127] Weitere harren noch der Publikation. Das heißt aber, dass es punktuell, aber wohl nicht flächendeckend durchaus eine Predigt über den Glauben gegeben hat, wobei man fast durchweg getreu den Spuren der Väter, eben vor allem Rufins, Ambrosius', Augustins und Isidors, folgte und somit völlig unoriginell war. Statt um theologische Originalität ging es um Vermittlung dogmatischer Grundlehren auf niedrigstem Niveau und in einfacher Sprache, teils weil die Adressaten sonst überfordert gewesen wären, teils weil die Bildung der Prediger ganz offensichtlich für anspruchsvollere theologische Überlegungen oder rhetorische Kabinettstückchen nicht ausreichte.

Durchaus verwunderlich ist in diesem Zusammenhang, dass wir nahezu keine Auslegungen in der Volkssprache finden. Eine Ausnahme ist die wohl in die Zeit um 812 zu datierende, anonyme *Exhortatio ad plebem Christianam*, eine knappe Vermahnung, Bekenntnis und Vaterunser sorgfältig auswendig zu lernen, die sich offensichtlich an die *traditio symboli* anschloss und auch in einer althochdeutschen

---

123 *Collectio Herovalliana* 13 (444 Ubl): *De illo presbytero, qui baptizavit, tamen nec symbolum nec orationem dominicam nec psalmos tenet nec scit, si episcopus eum benedixit, hic primum omnium dignitatem, qua illicita uti praesumpsit, amittens sub districta poenitentia et in monasterium mittatur et omnibus diebus vitae suae plangens, quod incongrue egit, degat vita monastica.*
124 So schon Göbl (1880) im Untertitel seines Werks. Ähnlich noch Läpple (1987) 20.
125 So z. B. Angenendt (1982), der allgemein vom „frühmittelalterlichen Ritualismus" (173) spricht; Angenendt (1987) 287–301; Saxer (1988) 626–636; McLaughlin (1991); Angenendt (2009a) 465–466; Angenendt (2009b) 113–117.
126 Vgl. dazu Angenendt (1984), bes. 66–72; Padberg (1995) 187–188.
127 Hinzu kommen auch einzelne Texte wie die sechs Stücke der *Ratio de catechizandis rudibus*, die im Cod. München, Bayerische Staatsbibliothek, 14410 aus dem ersten Drittel des 9. Jahrhunderts enthalten sind und die erwachsene Konvertiten im Blick haben. Sie werden sehr eingehend nach den Motiven ihres Übertritts befragt und sodann knapp über die Zehn Gebote, die Abkehr von den Götzenbildern und die Verehrung des christlichen Gottes belehrt. Vgl. Heer (1911); Sullivan (1956) 284–285; Suntrup/Wachinger/Zotz (1999) 1486; Bouhot (2008) 298–299; Phelan (2010) 470–472.

(altbayerischen) Version aus dieser Zeit erhalten ist.[128] Alle übrigen erhaltenen Symbolauslegungen auch der Karolingerzeit sind auf Lateinisch geschrieben. Die Predigt in der Volkssprache insgesamt beginnt in den unterschiedlichen Sprachgebieten über einen größeren Zeitraum. Abgesehen von der bereits genannten *Exhortatio* konnten althochdeutsche Predigtglossen und Predigtübersetzungen ebenfalls für das frühe 9. Jahrhundert nachgewiesen werden.[129] Im Altenglischen beginnt die Predigtüberlieferung hingegen erst im 10. Jahrhundert,[130] und auch in den romanischen Sprachen setzt sie relativ spät ein.[131] Wie kann man diese Verzögerung in der Abfassung volkssprachlicher Predigt erklären? Ist dies einfach ein Zufall der Überlieferung? Wurden die Predigten bis ins 9./10. Jahrhundert hinein tatsächlich auf Lateinisch gehalten? Hat man spontan in die jeweilige Landessprache übersetzt?[132] Hat man in der Volkssprache über den Glauben gepredigt, diese Predigten aber nicht verschriftlicht, weil man in erster Linie das Lateinische als Schriftsprache ansah?[133] Oder darf man die Grenzen zwischen Latein und Volkssprache mindestens in den romanischen Gebieten nicht so scharf ziehen, wie man lange Zeit angenommen hat?[134]

Ich kann auf dieses dornige Problem hier nicht im Einzelnen eingehen, denn man müsste nicht nur zeitlich, sondern auch regional differenzieren. Überdies ist unsere Quellenlage auch in dieser Hinsicht unbefriedigend.[135] Keinen Zweifel kann es aber

---

128 Vgl. FaFo § 790, 264–265 K., mit Literaturhinweisen. Ferner McKitterick (1977) 86; Schiewer (2000) 863–864; McCune (2013) 291–292 und jetzt Diesenberger (2016) 177.
129 McCune (2013) 292; Diesenberger (2016) 182–190.
130 Cross (2000) 561–562.
131 Vgl. Verd Conradi (1977) 307–308; McKitterick (1989) 8.
132 So etwa Amos (1983) 279–283; Riché (1994/2010a) 676; Riché (1995) 389–390.
133 Vgl. z. B. McKitterick (1977) 96–97; Haubrichs (2005) 95–98 (mit weiterer Literatur). Darauf könnten die Homilien des Pseudo-Eligius aus dem Ende des 9. Jahrhunderts hindeuten. Der Verfasser betont mehrfach, er werde aus Rücksicht auf die Laien in der Volkssprache sprechen – diese Predigten sind aber nicht erhalten. Vgl. Pseudo-Eligius, *Homilia* 6 (612D Migne): *Quia, fratres mei, de his estis, sicut ait Apostolus, quibus lac opus sit, non solidus cibus* [Hebr 5,12]. *Ideo rustico sermone vos alloquimur, ut si mysteria secretorum capere non potestis, saltem vel minima cibi coelestis in ventris memoria reponatis.* Vgl. Pseudo-Eligius, *Homilia* 11 (630 A Migne): *Boni homines, quia vestram fraternitatem aliter necesse est alloqui quam consacerdotes et cooperatores nostros, quibus datum est nosse mysteria regni coelorum: ideo ad vos simplici et rusticano utentes eloquio convertamur, ut tantae solemnitatis sacramentum juxta parvitatem nostri sensus exponamus vobis rusticitate verborum.* Vgl. dazu auch McKitterick (1977) 85; Verd Conradi (1977) 305–306; Diesenberger (2016) 182.
134 Vgl. z. B. Wright (1982); McKitterick (1989) 7–22. Prägnant etwa 22: „In the Frankish kingdoms in the eighth and ninth centuries a man or woman would have spoken a ‚Romance' dialect or an Old High German one, or both, but would have read Latin and used Latin in court and in church." Dazu auch die Arbeiten Banniards (siehe nächste Anm.).
135 Vgl. zur Sprachenfrage aus der Fülle der Literatur McKitterick (1977) 184–205; Verd Conradi (1977) 304–308; Wright (1982); Geuenich (1983); McKitterick (1989) 7–22 (dort 9, Anm. 17 Hinweise auf die ältere Literatur); Menzel (1991) 348 mit Anm. 46; Banniard (1992); Paul (1993) 173–175; Banniard (1995); Hen (1995) 21–42; Padberg (1995) 140–146; Riché (1995) 389–390; Richter (1995); Banniard (2009) (dort 42, Anm. 11 weitere Arbeiten desselben Autors zum Thema); Banniard (2013); Pohl/Zeller (2012);

daran geben, dass man die Predigten in einer Weise halten sollte, die vom Volk verstanden wurde. Von Bonifaz wissen wir, dass er den Friesen *patria voce* gepredigt hat.[136] Es zeichnete auch einen Bischof wie Bernold von Strassburg (820/23–831/40) aus, dass er in der Volkssprache predigen konnte.[137] Die Zweite Synode von Clofesho (747) schreibt in Kanon 10 vor, dass die Priester in der Lage sein müssten, Symbol, Vaterunser sowie die Mess- und Taufriten „in ihrer eigenen Sprache" (also wohl in Englisch) zu erklären.[138] Das Konzil von Tours legte im Jahre 813 in Kanon 17 fest, dass jeder Bischof über Musterhomilien verfügen solle, um die Gläubigen, „soweit sie es vermöchten", über den katholischen Glauben, die Vergeltung der guten wie der bösen Taten, die künftige Auferstehung und das Jüngste Gericht und die Art und Weise, wie man sich das ewige Leben verdienen könne, zu unterrichten. Diese Predigten sollten „offen" in „ungebildetes" Latein[139] oder in die deutsche Volkssprache „übertragen" werden, damit alle leichter verstehen könnten, was gesagt werde.[140] Eine Mainzer Synode wiederholte diese Bestimmung im Jahre 847.[141] Die genaue Bedeutung des zweiten Teils dieser Anweisung hat in der Forschung zu vielen Diskussionen Anlass gegeben.[142] Das muss uns hier nicht beschäftigen – es reicht zu wissen, dass es Predigt in der Volkssprache gegeben zu haben scheint. Darauf deutet auch Kanon 15 des Konzils von Reims aus demselben Jahr[143] sowie eine Klausel aus den *Capitula Vesu-*

Garrison/Orbán/Mostert (2013) (mit Übersicht über den *status quaestionis*); Diesenberger (2016) 175–192.
136 Vgl. *Vita Bonifatii auctore Willibaldo* (50,5 Levison); dazu auch Linsenmayer (1886) 37–38.
137 Vgl. Ermoldus Nigellus exulis, *Carmen in laudem gloriosissimi Pippini regis* (84,155–159 Dümmler): *Barbara lingua sibi, scripturae nescia sacrae, // Ni foret antestis ingeniosus ei: // Hic populis noto scripturas frangere verbo // Certat, et assiduo vomere corda terit, // Interpres quoniam simul atque antestis habetur.* Dazu Haubrichs (1995) 255; Diesenberger (2016) 181.
138 Vgl. *Zweite Synode von Clofesho*, can. 10 (FaFo 3 § 587b, 462 K.): *Decimo docuerunt decreto, ut presbyteri omne sui gradus officium legitimo ritu per omnia discant exhibere nosse, deinde ut symbolum fidei ac dominicam orationem, sed et sacrosancta quoque verba, quae in missae celebratione et officio baptismi sollemniter dicuntur, interpretari atque exponere posse propria lingua, qui nesciant, discant [...].* Vgl. dazu auch die *tituli*, wo es zu Kanon 10 heißt: *Ut dominicam orationem et symbolum Anglice discant et doceant* (FaFo 3 § 587a, 462 K.).
139 Ich folge der Übersetzung Banniards (1992) 413, der *Romana lingua* als synonym mit *Latina lingua* versteht.
140 *Konzil von Tours*, can. 17 (813) (288,24–30 Werminghoff): *Visum est unanimitati nostrae, ut quilibet episcopus habeat omelias continentes necessarias ammonitiones, quibus subiecti erudiantur, id est de fide catholica, prout capere possint, de perpetua retributione bonorum et aeterna damnatione malorum, de resurrectione quoque futura et ultimo iudicio et quibus operibus possit promereri beata vita quibusve excludi. Et ut easdem omelias quisque aperte transferre studeat in rusticam Romanam linguam aut Thiotiscam, quo facilius cuncti possint intellegere quae dicuntur.*
141 *Mainzer Synode* 2 (847) (164,10–16 Hartmann). Dazu Diesenberger (2016) 180.
142 Vgl. McKitterick (1977) 84; Geuenich (1983) 128; McKitterick (1989) 8–9; Banniard (1992) 410–419; Banniard (2013) 81–83. Vgl. auch Auernheimer (2003) 22; McCune (2013) 290; Diesenberger (2016) 180.
143 *Konzil von Reims*, can. 15 (813) (255,17–18 Werminghoff): *Ut episcopi sermones et omelias sanctorum patrum, prout omnes intellegere possent, secundum proprietatem linguae praedicare studeant.* Ähnlich auch *Capitula e canonibus excerpta* 14 (296,9–10 W.): *De officio praedicationis, ut iuxta quod*

lensia hin, die sich auch in anderen Kapitularien findet. In letzterer werden offenbar die Priester, die nicht in der Volkssprache über den Glauben zu predigen vermögen, aufgefordert, sich die Worte „von jemandem, der gebildeter" ist, übertragen zu lassen.[144]

6 Glaubensbildung der Bevölkerung im Frühmittelalter

Noch bescheidener war dann die Kenntnis des Christentums, die man bei den einfachen Gläubigen voraussetzen darf.[145] Glaubensbekenntnis und Vaterunser waren das theologische Minimalgepäck, das jeder Christ im Gedächtnis bei sich tragen sollte – das galt schon in der Spätantike, und das setzt sich nun fort.[146] Seit der ersten Hälfte des 8. Jahrhunderts gibt es erste Hinweise darauf, dass das *Apostolicum* in der Volkssprache gelernt wurde. Beda schreibt, er habe Symbol und Vaterunser für Priester, welche kein Latein sprächen, in die *lingua Anglorum* übertragen.[147] Aus etwas späterer Zeit sind die ersten althochdeutschen Beispiele hierfür erhalten.[148] Auch das *Athanasianum* ist nun althochdeutsch überliefert.[149] Dies stimmt überein mit dem

---

intellegere vulgus possit assiduae fiat. Vgl. hierzu auch Chrodegang von Metz, *Regula* 44 (zit. oben Anm. 106). Ferner dazu McKitterick (1977) 84; Geuenich (1983) 120; Diesenberger (2016) 180.
144 Vgl. *Capitula Vesulensia* 13 (348,5–19 Pokorny): *Nullus sit presbiter, qui in ęcclesia publice non doceat lingua, quam audito res intellegant, fidem omnipotentis in unitate simpliciter credere et ea, quę omnibus generaliter dicenda sunt, de malis evitandis sive de bonis faciendis et iudicio in resurrectione futuro. Si vero ipse verbis manifeste explicare non poterit, petat sibi ea a doctiore alio transcribi, qualiter aperte legat, quod, qui audiunt, intellegant [...]*. Die Bedeutung der Worte *si vero ipse verbis manifeste explicare non poterit* ist freilich nicht ganz klar. Vgl. ferner Hrabanus Maurus, *De ecclesiastica disciplina* 3 (1234B Migne): *Qui vero sensum locutionis sacrae ex lectione non possunt percipere, attentius audiant interpretantem, ut recipiant saltem in aedificationem*. (Auch in: Pseudo-Augustin, *Sermo* 302,3 [2324 Migne].) Dazu Verd Conradi (1977) 305. Zu Dolmetschern vgl. auch Paul (1993) 173–175; Riché (1994/2010a) 676–677; Riché (1995) 390; Diesenberger (2016) 182.
145 Sehr pessimistisch etwa die Sicht Banniards (1992) 397–398.
146 Vgl. z. B. Pseudo-Augustin, *Homilia de sacrilegiis* 4(14); 8(27) (FaFo 4 § 669, 81–82 K.); Pirminius, *Scarapsus* 32 (FaFo 4 § 665, 79–80 K.); *Legatinische Synoden* (786), can. 2 (FaFo 4 § 671 = FaFo 3 § 588[2], 463–464 K.); sog. *Elmenhorst-Homilie* (FaFo 4 § 672, 82–83 K.; § 795, 269 K.); Amalarius, *Epistula ad Carolum imperatorem de scrutinio et baptismo* 10 (vgl. FaFo 1 § 52, 128 K.); *Exhortatio ad plebem Christianam* (FaFo 4 § 790[5], 264 K.). Weitere Belege bei Wiegand (1899) 319, Anm. 1; McLaughlin (1991) 110.
147 Beda, *Epistula ad Egbertum* 5 (FaFo 3 § 584, 459 K.): *Propter quod et ipse multis saepe sacerdotibus idiotis haec utraque, et symbolum videlicet et dominicam orationem, in linguam Anglorum translatam obtuli*. Dazu Angenendt (1987) 292–293.
148 Bekenntnis in Codex Sangallensis 911 (vgl. FaFo 2 § 300, 287 K.), Bekenntnis aus Weissenburg oder Worms (vgl. FaFo 2 § 303, 288 K.) sowie die althochdeutschen und altsächsischen Taufgelöbnisse (vgl. FaFo 4 § 766–768, 229–232 K.; 4 § 771, 233–234 K.). Zu späteren Symbolen vgl. Barbian (1964). Ferner Geuenich (1983) 121.
149 Vgl. FaFo 3 § 434c, 4–6 K. Ferner Haubrichs (1995) 238.

Kapitular Haitos von Basel (etwa 806–813), in dem in Kapitel 2 gefordert wird, dass jeder das Herrengebet und das *Apostolicum* auf Latein und in der Landessprache (*barbarice*) auswendig können müsse.[150] Auch die Bischöfe der Synode von Mainz 813 gingen realistischerweise davon aus, dass Herrengebet und Symbol in der Landessprache gelernt würden, auch wenn das Lateinische vorzuziehen sei.[151] Die Inhalte des Bekenntnisses wurden dann in manchen Gegenden bei der Beichte in Form eines knappen Glaubensverhörs, welches vor allem auf die Vorstellung vom dreieinigen Gott und der leiblichen Auferstehung sowie der eschatologischen Belohnung bzw. Bestrafung abhob, repetiert.[152]

In vielen Gegenden dürften freilich die religiösen Kenntnisse über das Glaubensbekenntnis und Vaterunser auch nicht hinausgegangen sein. Die Zehn Gebote gehörten schon nicht mehr dazu. Zugang zur Bibel hatten Laien, auch wenn sie lesen und schreiben konnten, nur über die gottesdienstliche Lesung – sie waren somit in diesem Punkt völlig abhängig vom örtlichen Klerus bzw. von dessen Lektionaren.[153] Allerdings sollten die Laien, wenn sie denn mit gewisser Regelmäßigkeit zur Messe gingen[154] und dort Predigten hören konnten, eine ungefähre Vorstellung von einem christlichen Leben haben, das heißt, welche Tugenden zu erstreben und welche Laster zu vermeiden waren.[155] Diese Art der rudimentären ethischen Bildung, die unter Karl dem Großen vom Regenten selbst kodifiziert wurde,[156] begründete sich eschatologisch: Sie stand immer unter der Drohung des Jüngsten Gerichts mit seiner Verheißung der ewigen Seligkeit und der Androhung nimmerendender Höllenstrafen. Bei Vergehen wider die biblischen Vorschriften bot allenfalls die Beichte einen Ausweg.[157]

---

150 Vgl. Haito von Basel, *Capitularia* (FaFo 4 § 747a[2], 212 K.): *Secundo iubendum, ut oratio dominica, in qua omnia necessaria humanae vitae comprehenduntur, et symbolum apostolorum, in quo fides catholica ex integro comprehenditur, ab omnibus discatur tam Latine quam barbarice, ut quod ore profitentur corde credatur et intelligatur.* Dazu jetzt auch Diesenberger (2016) 176.

151 Vgl. *Synode von Mainz*, can. 45 (FaFo 4 § 754, 218 K.): *Qui vero aliter non potuerit vel in sua lingua hoc discat.* Dazu Geuenich (1983) 120–121; Diesenberger (2016) 176.

152 Vgl. Pseudo-Alkuin, *De divinis officiis* 13 (FaFo 4 § 761b, 224–225 K.). Dasselbe Verhör findet sich mit kleineren Varianten auch im *Paenitentiale Cantabrigiense* (356,37–42 Delen/Gaastra/Saan/Schaap) und in zahlreichen anderen Quellen; vgl. dazu Meens (1994) 206–207 und Delen et al. (2002) 346, Anm. 24.

153 Die selbständige Bibellektüre durch Laien wurde später sogar ausdrücklich verboten; vgl. Grégoire (1980) 36.

154 Zur Häufigkeit des Messbesuchs vgl. etwa Amos (1983) 302–303; Hen (1995) 71–74.

155 Ein Sonderfall stellen die Laienparänesen dar (etwa von Paulinus von Aquileia, Jonas von Orléans, Dhuoda oder Hinkmar von Reims), da sie sich ausschließlich an hohe Adlige richteten. Vgl. Sedlmeier (2000) und Savigni (2002). Allgemein Bougard/Le Jan/McKitterick (2009).

156 Vgl. *Admonitio generalis* 80.

157 Zur Praxis der frühmittelalterlichen Beichte vgl. Price (2004), die Aufsätze von Rob Meens, Dominique Iogna-Prat und Abigail Firey in Firey (2008), ferner Firey (2009) und jetzt Meens (2014).

Die Hausväter oder die Eltern wurden ermahnt, ihre Kenntnisse über den christlichen Glauben ihren Familien und ihrem Gesinde weiterzugeben.[158] Dieser Vorgang konnte allerdings auch umgekehrt verlaufen: Verständige Kinder, die Symbol und Vaterunser soeben in der Katechese gelernt hatten, sollten ihre Eltern an das erinnern, was diese selbst einst gelernt hatten.[159] Daneben erwartete man auch von den Paten, sich entsprechend erzieherisch zu betätigen.[160] Inwiefern diese häusliche bzw. familiäre Katechese im Einzelnen umgesetzt wurde und nicht Wunschdenken geblieben ist, sei hier dahingestellt. Die Bedeutung des Patenamts für die Vermittlung christlicher Inhalte wird man jedenfalls nicht sehr hoch einschätzen dürfen.[161] Karl der Große beklagte sich in seiner *Epistola de oratione dominica et symbolo discendis* bitterlich, wie er bei einem Tauftermin anlässlich des Epiphaniasfestes miterleben musste, dass die Paten weder Herrengebet noch Symbol aufzusagen wussten, woraufhin er eigens ein (heute leider verlorenes) Kapitular veröffentlichte, welches einschärfte, dass Kinder nur dann zu taufen seien, wenn ein Pate oder ein Elternteil zur Verfügung stehe, der bzw. das die Texte auswendig wisse.[162]

7 Fazit

Unser Durchgang durch die mit dem Katechumenat verbundenen Riten und unsere Überlegungen zur Glaubenskatechese in der lateinischen Kirche der Spätantike und des Frühmittelalters fallen insgesamt relativ ernüchternd und auch in sich widersprüchlich aus. Wir können nicht wirklich abschätzen, wie der christliche Glaube gelehrt und vermittelt wurde und welche Bedeutung das Glaubensbekenntnis im Leben der Gläubigen gehabt hat. Wer hat wo und in welchen Kontexten über das Bekenntnis gepredigt? Wurde das Symbol sodann im Alltag tatsächlich regelmäßig memoriert? Wir haben dazu keinerlei Zeugnisse. Die Art der Übergabe des Bekenntnisses in den Taufliturgien deutet darauf hin, dass es dort schon früh weniger auf das Verstehen dogmatischer Inhalte als auf korrektes Repetieren eines heiligen Textes

---

158 Vgl. bereits oben Anm. 29 sowie Pirminius, *Scarapsus* 32 (FaFo 4 § 665, 79–80 K.); *Legatinische Synoden*, can. 2 (786) (FaFo 4 § 671 = 3 § 588[2], 463–464 K.); sog. *Elmenhorst-Homilie* (FaFo 4 § 672, 82–83 K.); *Exhortatio ad plebem Christianam* (FaFo 4 § 790, 264–265 K.). Vgl. ferner Göbl (1880) 19–24 und Wiegand (1899) 322, Anm. 1 mit weiteren Belegen.
159 *Synode von Mainz*, can. 45 (813) (FaFo 4 § 754, 218 K.). Dazu Riché (1994/2010b) 765–766.
160 Vgl. bereits oben Anm. 29. Ferner *Legatinische Synoden*, can. 2 (786) (FaFo 4 § 671 = 588[2], 463–464 K.); *Exhortatio ad plebem Christianam* (FaFo 4 § 790, 264–265 K.). Weitere Belege bei Wiegand (1899) 324, Anm. 1.
161 Vgl. zum Patenamt im Frühmittelalter Göbl (1880) 35–39; Rubellin (1982) 47–50; Lynch (1986), bes. 305–332; Jussen (1991); Guerreau-Jalabert (1995); Angenendt (2009a) 473–476.
162 Karl der Große, *Epistola de oratione dominica et symbolo discendis* (FaFo 4 § 731, 195–197 K.). Vgl. dazu Wiegand (1899) 325; Phelan (2014) 158–161. Karl teilt uns leider nicht mit, welches Symbol er dabei im Blick hatte, denn in der Mehrzahl der fränkischen Sakramentare ist ja das Taufsymbol nicht R (sondern eine Variante hiervon), sondern C. Siehe oben S. 397.

ankam. Mit der zunehmenden Durchsetzung der Kindertaufe scheint man auch darauf immer weniger Wert gelegt zu haben. Dem steht jedoch die Tatsache gegenüber, dass es in der lateinischen Kirche in vielen Regionen durchgängig von der Spätantike bis zur Karolingerzeit eine (wenigstens) rudimentäre Unterweisung in Glaubensfragen gegeben hat, die uns in den *expositiones symboli* gut dokumentiert ist. Galt diese Unterweisung nur für die Heidenmission? Wie dem auch sei: Die Texte belegen eindrücklich, dass für das Überleben des Christentums in der lateinischen Kirche dogmatische Präzision oder vertiefte theologische Kenntnisse nicht wesentlich gewesen sind. Stattdessen scheint es ausgereicht zu haben, wenn den Gläubigen im Symbol ein Grundraster zur Beschreibung des Verhältnisses zwischen Gott und den Menschen an die Hand gegeben wurde und wenn ihnen im Vaterunser eine Anleitung zur Verfügung stand, wie man mit dem Gott, wie er im Symbol skizziert wurde, in angemessener Form in Kontakt treten konnte.[163] Das kann in einer Zeit wachsender theologischer Unbildung durchaus tröstlich stimmen.

Bibliographie

Quellen

Admonitio synodalis = Robert Amiet (Hg.), „Une Admonitio Synodalis' de l'époque carolingienne. Étude critique et Édition", in: *Mediaeval Studies* 26 (1964), 12–82.

Alkuin, *De sacramento baptismatis* = Susan A. Keefe (Hg.), *Water and the Word. Baptism and the Education of the Clergy in the Carolingian Empire* 2 (Publication in Mediaeval Studies), Notre Dame 2002, 238–245.

Alkuin, *Epistula 111* = Ernst Dümmler (Hg.), *Epistolae Karolini Aevi* 2 (MGH.Ep 4), Berlin 1895, 159–162.

Alkuin, *Epistula 136* = Ernst Dümmler (Hg.), *Epistolae Karolini Aevi* 2 (MGH.Ep 4), Berlin 1895, 205–210.

Ambrosius, *Epistula 76(20)* = Michaela Zelzer (Hg.), *Sancti Ambrosi opera 10: Epistularum liber decimus. Epistulae extra collectionem. Gesta concili Aquileiensis* (CSEL 82,3), Wien 1982, 108–125.

Anonymus, *Commentarius ad Symbolum Athanasianum* = Susan A. Keefe (Hg.), *Explanationes Symboli Aevi Carolini* (CChr.CM 254), Turnhout 2012, VI.

Ps-Augustin, *Sermo 302* = Jacques P. Migne (Hg.), *Sancti Aurelii Augustini Hipponensis episcopi opera omnia* 5 (PL 39), Paris 1861, 2323–2324.

Blancidius, *Epistula* = *Appendix ad Alcuini epistulas* 2 = Ernst Dümmler (Hg.), *Epistolae Karolini Aevi* 2 (MGH.Ep 4), Berlin 1895, 484–490.

Caesarius von Arles, *Sermones* = Germain Morin (Hg.), *Sancti Caesarii Arelatensis Sermones. Nunc primum in unum collecti et ad leges artis criticae ex innumeris mss. recogniti* 1 (CChr.SL 103), Turnhout 1953, 18–19.

Capitula Frisingensia prima = Rudolf Pokorny (Hg.), *Capitula Frisingensia prima* (MGH.Cap.episc. 3), Hannover 1995, 204–205.

---

163 Vgl. hierzu auch die durchaus unterschiedlichen Einschätzungen dieses Vorgangs bei McKitterick (1977) 80–81; Gauthier (1980) 435–437 (für die Diözese Trier); Hen (1995) 157.

Capitula Vesulensia = Rudolf Pokorny (Hg.), *Capitula Vesulensia* (MGH.Cap.episc. 3), Hannover 1995, 346–353.

Chrodegang von Metz, *Regula canonicorum* = Jacques P. Migne (Hg.), *Octavi saeculi ecclesiastici scriptores maxima ex parte recensentur. Quorum opera omnia* (PL 89), Paris 1863, 1057–1126.

Collectio Herovalliana = Karl Ubl, „Der lange Schatten des Bonifatius. Die Responsa Stephans II. aus dem Jahr 754 und das fränkische Kirchenrecht", in: *Deutsches Archiv für Erforschung des Mittelalters* 63 (2007), (403–449) 435–449.

Concilium Aquisgranense a. 836 = Albert Werminhoff (Hg.), *Concilia Aevi Karolini* 1,2 (MGH.Conc 2,2), Hannover 1908, 704–767.

Concilium Remense a. 813 = Albert Werminghoff (Hg.), *Concilia Aevi Karolini* 1,1 (MGH.Conc 2,1), Hannover 1906, 253–258.

Concilium Romanum a. 826 = Albert Werminghoff (Hg.), *Concilia Aevi Karolini* 1,2 (MGH.Conc 2,2), Hannover 1908, 552–583.

Concilium Romanum a. 853 = Wilfried Hartmann (Hg.), *Die Konzilien der karolingischen Teilreiche 843–859* (MGH.Conc 3), Hannover 1984, 308–346.

Conventus episcoporum ad ripas Danubii = Albert Werminghoff (Hg.), *Concilia Aevi Karolini* 1,1 (MGH.Conc 2,1), Hannover 1906, 172–176.

Ps-Eligius, *Homilia 11* = Jacques P. Migne (Hg.) *Scriptorum ecclesiasticorum qui in VII saeculi secunda parte floruerunt opera omnia* (PL 87), Paris 1863, 630–638.

Ps-Eligius, *Homilia 6* = Jacques P. Migne (Hg.), *Scriptorum ecclesiasticorum qui in VII saeculi secunda parte floruerunt opera omnia* (PL 87), Paris 1863, 612–613.

Ermoldus Nigellus exulis, *Carmen in laudem gloriosissimi Pippini regis* = Ernst Dümmler (Hg.), *Poetae latini Aevi Carolini* 2 (MGH.PL 2), Berlin 1884, 97–85.

Expositio symboli 2 = Wolfram Kinzig (Hg.), *Neue Texte und Studien zu den antiken und frühmittelalterlichen Glaubensbekenntnissen* (AKG 132), Berlin 2017, 24–41.

FaFo = Wolfram Kinzig (Hg.), *Faith in Formulae. A Collection of Early Christian Creeds and Creed-related Texts* 1–4 (OECT), Oxford 2017.

Ghärbald von Lüttich, *Erstes Kapitular* = Peter Brommer (Hg.), *Ghärbald I* (MGH.Cap.episc. 1), Hannover 1984, 16–21.

Gregor II an Bonifaz, *Epistula 26* =
Ernst Dümmler (Hg.), *Epistolae Merowingici et Karolini Aevi* 1 (MGH.Ep 3), Berlin 1892, 275–277.
Michael Tangl (Hg.), *Die Briefe des heiligen Bonifatius und Lullus* (MGH.ES 1), Berlin 1916, 44–47.

Hinkmar von Reims, *Erstes Kapitular* = Rudolf Pokorny und Martina Stratmann (Hgg.), *Hinkmar I* (MGH.Cap.episc. 2), Hannover 1995, 34–45.

Hinkmar von Reims, *Zweites Kapitular* = Rudolf Pokorny und Martina Stratmann (Hgg.), *Hinkmar II* (MGH.Cap.episc. 2), Hannover 1995, 45–70.

Hrabanus Maurus, *De ecclesiastica disciplina 3* = Jacques P. Migne (Hg.), *B. Rabani Mauri Fuldensis Abbatis et Moguntini Archiepiscopi Opera omnia* (PL 112), Paris 1878, 1229–1262.

Jesse von Amiens, *Epistula de baptismo* = Susan A. Keefe (Hg.), *Water and the Word. Baptism and the Education of the Clergy in the Carolingian Empire* 2 (Publication in Mediaeval Studies), Notre Dame 2002, 405–428.

Johannes Diaconus, *Epistula ad Senarium* = André Wilmart (Hg.), *Analecta Reginensia. Extraits des manuscrits latins de la Reine Christine conservés au Vatican* (Studi e Testi 59), Vatikanstadt 1933, 170–179.

Karl der Große, *Capitula a sacerdotibus proposita* = Peter Brommer (Hg.), *Theodulf I* (MGH.Cap 1), Hannover 1984, 103–142.

Karl der Große, *Epistula 22* = Ernst Dümmler (Hg.), *Epistolae Karolini Aevi* 2 (MGH.Ep 4), Berlin 1895, 532.

Keefe 2 = Susan A. Keefe, *Water and the Word. Baptism and the Education of the Clergy in the Carolingian Empire* 2 (Publication in Mediaeval Studies), Notre Dame 2002.

Konzil von Paris = Albert Werminhoff (Hg.), *Concilia Aevi Karolini* 1,2 (MGH.Conc 2,2), Hannover 1908, 605–680.

Konzil von Pavia = Wilfried Hartmann (Hg.), *Die Konzilien der karolingischen Teilreiche 843–859* (MGH.Conc 3), Hannover 1984, 207–215.

Konzil von Reims = Albert Werminghoff (Hg.), *Concilia Aevi Karolini* 1,1 (MGH.Conc 2,1), Hannover 1906, 253–258; 294–306.

Konzil von Tours = Albert Werminghoff (Hg.), *Concilia Aevi Karolini* 1,1 (MGH.Conc 2,1), Hannover 1906, 286–293.

L'homéliaire de Saint-Père de Chartres = Henri Barré (Hg.), *Les homéliaires carolingiens de l'école d'Auxerre. Authenticité, inventaire, tableaux comparatifs, initia* (Studi e testi 225), Vatikanstadt 1962, 17–25.

Mainzer Synode = Wilfried Hartmann (Hg.), *Die Konzilien der karolingischen Teilreiche 843–859* (MGH.Conc 3), Hannover 1984, 150–177.

Paenitentiale Cantabrigiense = Karijn M. Delen, Adriaan H. Gaastra, Marjolijn D. Saan und Barbara Schaap (Hgg.), „The *Paenitentiale Cantabrigiense*. A Witness of the Carolingian Contribution to the Tenth-century Reforms in England", in: *Sacris Eruditi* 41 (2002), (341–373) 355–370.

Ratherius von Verona, *Epistula 25* = Fritz Weigle (Hg.), *Die Briefe des Bischofs Rather von Verona* (MGH.B 1), Weimar 1949, 124–137.

Riculf von Soissons, *Anno Incarnationis Dominice DCCCLXXXVIIII Indictione VII* = Rudolf Pokorny und Martina Stratmann (Hgg.), *Riculf von Soissons* (MGH.Cap.episc. 2), 100–111.

Synodalordo = Carlo De Clercq, *La législation religieuse franque de Clovis a Charlemagne. Étude sur les actes de conciles et les capitulaires, les statuts diocésains et les règles monastiques* 2: *De Louis le Pieux à la fin du IXe siècle (814–900)*, Antwerpen 1958, 407–410.

Theodulf von Orléans, *Erstes Kapitular* = Peter Brommer (Hg.), *Theodulf I* (MGH.Cap.episc. 1), Hannover 1984, 103–142.

Theodulf von Orléans, *Zweites Kapitular* = Peter Brommer (Hg.), *Theodulf II* (MGH.Cap.episc. 1), Hannover 1984, 142–184.

Vita Bonifatii auctore Willibaldo = Wilhelm Levison (Hg.), *Vitae Sancti Bonifatii archiepicopi Moguntini* (MGH.SRG 57), Hannover 1905, 1–58.

Zacharias an Bonifaz, *Epistula 68* =
Ernst Dümmler (Hg.), *Epistolae Merowingici et Karolini Aevi* 1 (MGH.Ep 3), Berlin 1892, 336.
Wilhelm Levison (Hg.), *Vitae sancti Bonifatii archiepiscopi Moguntini* (MGH.SRG 57), Hannover 1905, 168–169.
Michael Tangl (Hg.), *Die Briefe des heiligen Bonifatius und Lullus* (MGH.ES 1), Berlin 1916, 140–142.

Zacharias an Bonifaz, *Epistula 80* =
Ernst Dümmler (Hg.), *Epistolae Merowingici et Karolini Aevi* 1 (MGH.Ep 3), Berlin 1892, 356–361.
Wilhelm Levison (Hg.), *Vitae sancti Bonifatii archiepiscopi Moguntini* (MGH.SRG 57), Hannover 1905, 186–190.
Michael Tangl (Hg.), *Die Briefe des heiligen Bonifatius und Lullus* (MGH.ES 1), Berlin 1916, 172–180.

Sekundärliteratur

Adam (1976): Bernd Adam, *Katechetische Vaterunserauslegungen. Texte und Untersuchungen zu deutschsprachigen Auslegungen des 14. und 15. Jahrhunderts* (Münchener Texte und Untersuchungen zur deutschen Literatur des Mittelalters 55), Zürich.

Albert (1892): Felix Richard Albert, *Die Geschichte der Predigt in Deutschland bis auf Karl den Großen. 600–814. Lateinische Predigten von Verfassern fremdländischer Herkunft* (Die Geschichte der Predigt bis Luther 1), Gütersloh.

Albert (1893): Felix Richard Albert, *Seit wann giebt es eine Predigt in deutscher Sprache? beantwortet durch die Geschichte der Predigt in Deutschland von 814–1100* (Die Geschichte der Predigt bis Luther 2), Gütersloh.

Amos (1983): Thomas Leslie Amos, *The Origin and Nature of the Carolingian Sermon*, PhD thesis, Michigan.

Angenendt (1982): Arnold Angenendt, „Die Liturgie und die Organisation des kirchlichen Lebens auf dem Lande", in: *Cristianizzazione ed organizzazione ecclesiastica delle campagne nell'alto medioevo. Espansione e resistenze. 10–16 aprile 1980* 1 (Settimane di studio della Fondazione Centro italiano di studi sull'alto medioevo 28,1), Spoleto, 169–226.

Angenendt (1984): Arnold Angenendt, *Kaiserherrschaft und Königstaufe. Kaiser, Könige und Päpste als geistliche Patrone in der abendländischen Missionsgeschichte* (Arbeiten zur Frühmittelalterforschung. Schriftenreihe des Instituts für Frühmittelalterforschung der Universität Münster 15), Berlin.

Angenendt (1987): Arnold Angenendt, „Der Taufritus im frühen Mittelalter", in: *Segni e riti nella chiesa altomedievale occidentale. 11–17 aprile 1985* 1 (Settimane di studio della Fondazione Centro italiano di studi sull'alto medioevo 33), Spoleto, 275–336.

Angenendt (2009a): Arnold Angenendt, *Geschichte der Religiosität im Mittelalter*, 4. Aufl., Darmstadt.

Angenendt (2009b): Arnold Angenendt, „Kirche als Träger der Kontinuität", in: Theo Kölzer und Rudolf Schieffer (Hgg.), *Von der Spätantike zum frühen Mittelalter. Kontinuitäten und Brüche, Konzeptionen und Befunde* (Konstanzer Arbeitskreis für Mittelalterliche Geschichte. Vorträge und Forschung 70), Ostfildern, 101–142.

Auernheimer (2003): Birgit Auernheimer, *Die Sprachplanung der karolingischen Bildungsreform im Spiegel von Heiligenviten. Vergleichende syntaktische Untersuchungen von Heiligenviten in verschiedenen Fassungen, v. a. der Vita Corbiniani, auf der Basis eines valenzgrammatischen Modells*, München.

Baker (1979): Derek Baker (Hg.), *The Church in Town and Countryside. Papers Read at the Seventeenth Summer Meeting and the Eighteenth Winter Meeting of the Ecclesiastical History Society* (Studies in Church History 16), Oxford.

Banniard (1992): Michel Banniard, *Viva voce. Communication écrite et communication orale du IVe au IXe siècle en Occident latin* (Collection des Études Augustiniennes. Série Moyen-Âge et temps modernes 25), Paris.

Banniard (1995): Michel Banniard, „Latin tardif et latin merovingien: Communication et modèles langagiers", in: *Revue des études latines* 73, 213–230.

Banniard (2009): Michel Banniard, „Niveaux de compétence langagière chez les élites carolingiennes: Du latin quotidien au latin d'apparat", in: François Bougard, Régine Le Jan und Rosamond McKitterick (Hgg.), *La culture du haut moyen âge. Une question d'élites?* (Collection Haut Moyen Âge 7), Turnhout, 39–61.

Banniard (2013): Michel Banniard, „The Transition from Latin to the Romance Languages", in: Martin Maiden, John Charles Smith und Adam Ledgeway (Hgg.), *The Cambridge History of the Romance Languages* 2: *Contexts*, Cambridge, 57–106.

Barbian (1964): Karl-Josef Barbian, *Die altdeutschen Symbola. Beiträge zur Quellenfrage* (Veröffentlichungen des Missionspriesterseminars St. Augustin bei Siegburg 14), Steyl.

Barré (1962): Henri Barré (Hg.), *Les homéliaires carolingiens de l'école d'Auxerre. Authenticité, inventaire, tableaux comparatifs, initia* (Studi e testi 225), Vatikanstadt.

Barrow (2015): Julia Barrow, *The Clergy in the Medieval World. Secular Clerics, Their Families and Careers in North-Western Europe, c. 800 – c. 1200*, Cambridge.

Beck (1950): Henry G.J. Beck, *The Pastoral Care of Souls in South-East France During the Sixth Century* (Analecta Gregoriana 51/Analecta Gregoriana. Series Facultatis Historiae Ecclestiasticae. Sectio B 8), Rom.

Boin (2010): Douglas Ryan Boin, Rezension zu „Ramsay MacMullen, The Second Church. Popular Christianity A.D. 200 – 400 (Writings from the Greco-Roman World Supplements 1)", in: *Classical Review* 60, 544 – 546.

Bougard/Le Jan/McKitterich (2009): François Bougard, Régine Le Jan und Rosamond McKitterick (Hgg.), *La culture du haut moyen âge une question d'élites?* (Collection Haut Moyen Âge 7), Turnhout.

Bouhot (2008): Jean-Paul Bouhot, „Deux documents en relation avec l'enquête de Charlemagne sur le baptême", in: *Revue d'Études Augustiniennes et Patristiques* 54, 295 – 314.

Bradshaw (2011): Paul F. Bradshaw, Rezension zu „Ramsay McMullen, The Second Church. Popular Christianity, A.D. 200 – 400 (Writings from the Greco-Roman World Supplement Series, No. 1)", in: *The Catholic Historical Review* 97, 563 – 564.

Brommer (1974): Peter Brommer, „Die bischöfliche Gesetzgebung Theodulfs von Orléans", in: *Zeitschrift der Savigny-Stiftung für Rechtsgeschichte. Kanonistische Abteilung* 60, 1 – 120.

Brown (2013): Peter Brown, *The Rise of Western Christendom. Triumph and Diversity, A.D. 200 – 1000*, Tenth Anniversary Revised Edition, Chichester.

Buck (1997): Thomas Martin Buck, *Admonitio und Praedicatio. Zur religiös-pastoralen Dimension von Kapitularien und kapitulariennahen Texten (507 – 814)* (Freiburger Beiträge zur mittelalterlichen Geschichte. Studien und Texte 9), Frankfurt a. M.

Bünz (2008): Enno Bünz, „Die mittelalterliche Pfarrei in Deutschland. Neue Forschungstendenzen und -ergebnisse", in: Nathalie Kruppa (Hg.), *Pfarreien im Mittelalter. Deutschland, Polen, Tschechien und Ungarn im Vergleich* (Veröffentlichungen des Max-Planck-Instituts für Geschichte 238/Studien zur Germania Sacra 32), Göttingen, 27 – 66.

Caspari (1875/1964): Carl Paul Caspari, *Ungedruckte, unbeachtete und wenig beachtete Quellen zur Geschichte des Taufsymbols und der Glaubensregel. Herausgegeben und in Abhandlungen erläutert* 3, Christiania 1875, Nachdruck Brüssel.

Chazelle/Edwards (2003): Celia Martin Chazelle und Burton Van Name Edwards (Hgg.), *The Study of the Bible in the Carolingian Era* (Medieval Church Studies 3), Turnhout 2003.

Cooper (2005): Stephen Andrew Cooper, *Marius Victorinus' Commentary on Galatians. Introduction, Translation, and Notes* (Oxford Early Christian Studies), Oxford.

Cramer (1993/1994): Peter Cramer, *Baptism and Change in the Early Middle Ages c. 200 – c. 1150* (Cambridge Studies in Medieval Life and Thought. Fourth Series 20), Cambridge, Nachdruck.

Cross (1987): James E. Cross, *Cambridge Pembroke College MS. 25. A Carolingian Sermonary Used by Anglo-Saxon Preachers* (King's College London Medieval Studies 1), London.

Cross (2000): James E. Cross, „Vernacular Sermons in Old English", in: Beverly Mayne Kienzle (Hg.), *The Sermon* (Typologie des Sources du Moyen Âge Occidental 81 – 83), Turnhout, 561 – 596.

Davies (1988): Wendy Davies, *Small Worlds. The Village Community in Early Medieval Brittany*, Berkeley.

De la Tour (1900): Pierre Imbart De la Tour, *Les paroisses rurales du IVe au XIe siècle* (Les origines religieuses de la France), Paris.

Delaplace (2005): Christine Delaplace (Hg.), *Aux origines de la paroisse rurale. En Gaule méridionale (IVe – IXe siècles)*, Paris.

Delen et al. (2002): Karijn M. Delen, Adriaan H. Gaastra, Marjolijn D. Saan und Barbara Schaap, „The *Paenitentiale Cantabrigiense*. A Witness of the Carolingian Contribution to the Tenth-century Reforms in England", in: *Sacris Erudiri* 41, 341–373.

Didier (1965): Jean-Charles Didier, „Une adaptation de la liturgie baptismale au baptême des enfants dans l'Église ancienne", in: *Mélanges de science religieuse* 22, 79–90.

Diesenberger (2016): Maximilian Diesenberger, *Predigt und Politik im frühmittelalterlichen Bayern. Karl der Große, Arn von Salzburg und die Salzburger Sermones-Sammlung* (Millennium-Studien zu Kultur und Geschichte des ersten Jahrhunderts n. Chr. 58), Berlin.

Domagalski/Mühlenkamp (2016): Bernhard Domagalski und Christine Mühlenkamp, „Pfarrei", in: *RAC* 27, 455–492.

Ewig (2012): Eugen Ewig, *Die Merowinger und das Frankenreich* (Kohlhammer-Urban-Taschenbücher 392), 6. Aufl., Stuttgart.

Ferguson (2009): Everett Ferguson, *Baptism in the Early Church. History, Theology, and Liturgy in the First Five Centuries,* Grand Rapids, MI.

Firey (2008): Abigail Firey (Hg.), *A New History of Penance* (Brill's Companions to the Christian Tradition 14), Leiden.

Firey (2009): Abigail Firey, *A Contrite Heart. Prosecution and Redemption in the Carolingian Empire* (Studies in Medieval and Reformation Traditions 145), Leiden.

Fouracre (1979): Paul Fouracre, „The Work of Audoenus of Rouen and Eligius of Noyon in Extending Episcopal Influence from the Town to the Country in Seventh-Century Neustria", in: Derek Baker (Hg.), *The Church in Town and Countryside. Papers Read at the Seventeenth Summer Meeting and the Eighteenth Winter Meeting of the Ecclesiastical History Society* (Studies in Church History 16), Oxford, 77–91.

García Moreno (2014): Luis A. García Moreno, „La organización territorial de la Iglesia hispanogoda", in: José Antonio Escudero (Hg.), *La Iglesia en la historia de España*, Madrid, 169–184.

Garrison/Orbán/Mostert (2013): Mary Garrison, Árpád Péter Orbán und Marco Mostert (Hgg.), *Spoken and Written Language. Relations between Latin and the Vernacular Languages in the Earlier Middle Ages* (Utrecht Studies in Medieval Literacy 24), Turnhout.

Gauthier (1980): Nancy Gauthier, *L'évangélisation des pays de la Moselle. La province romaine de Premiere Belgique entre Antiquité et Moyen-Age (IIIe–VIIIe siècles),* Paris.

Gemeinhardt (2007): Peter Gemeinhardt, *Das lateinische Christentum und die antike pagane Bildung* (STAC 41), Tübingen.

Geuenich (1983): Dieter Geuenich, „Die volkssprachige Überlieferung der Karolingerzeit aus der Sicht des Historikers", in: *Deutsches Archiv für Erforschung des Mittelalters* 39, 104–130.

Göbl (1880): Peter Göbl, *Geschichte der Katechese im Abendlande vom Verfalle des Katechumenats bis zum Ende des Mittelalters,* Kempten.

Godding (2001): Robert Godding, *Prêtres en Gaule mérovingienne* (Subsidia hagiographica 82), Brüssel.

González (1979): Teodoro González, „La Iglesia desde la conversión de Recaredo hasta la invasion arabe", in: Ricardo García Villoslada (Hg.), *Historia de la Iglesia en España* 1: *La Iglesia en la España romana y visigoda (siglos I–VIII)* (Biblioteca de Autores Cristianos. Serie Maior 16), Madrid, 401–727

Grégoire (1966): Réginald Grégoire, *Les homéliaires du moyen âge. Inventaire et analyse des manuscrits* (Rerum ecclesiasticarum documenta. Series maior. Fontes 6), Rom.

Grégoire (1980): Réginald Grégoire, *Homéliaires liturgiques médiévaux. Analyse de manuscrits* (Biblioteca degli „Studi medievali" 12), Spoleto.

Guerreau-Jalabert (1995): Anita Guerreau-Jalabert, „Spiritus et Caritas. Le baptême dans la société médiévale", in: Françoise Héritier-Augé und Elisabeth Copet-Rougier (Hgg.), *La parenté spirituelle* (Ordres sociaux), Paris, 133–203.

Hall (2000): Thomas Nelson Hall, „The Early Medieval Sermon", in: Beverly Mayne Kienzle (Hg.), *The Sermon* (Typologie des Sources du Moyen Âge Occidental 81–83), Turnhout, 203–269.

Hammerling (2008): Roy Hammerling, „The Lord's Prayer in Early Christian Polemics to the Eighth Century", in: ders. (Hg.), *A History of Prayer. The First to the Fifteenth Century* (Brill's Companions to the Christian Tradition 13), Leiden, 223–241.

Haubrichs (1995): Wolfgang Haubrichs, *Die Anfänge. Versuche volkssprachiger Schriftlichkeit im frühen Mittelalter (ca. 700–1050/60)* (Geschichte der deutschen Literatur von den Anfängen bis zum Beginn der Neuzeit 1: Von den Anfängen bis zum hohen Mittelalter 1), 2. Aufl., Berlin.

Haubrichs (2005): Wolfgang Haubrichs, „Die Edition althochdeutscher (theodisker) Texte zwischen Überlieferungstreue und Rekonstruktion", in: Martin J. Schubert (Hg.), *Deutsche Texte des Mittelalters zwischen Handschriftennähe und Rekonstruktion.* Fachtagung Berlin, 1.–3. April 2004 (Editio. Beihefte 23), Tübingen, 95–117.

Heer (1911): Joseph Michael Heer, *Ein Karolingischer Missions-Katechismus. Ratio de Cathecizandis Rudibus und die Tauf-Katechesen des Maxentius von Aquileia und eines Anonymus im Kodex Emmeram. XXXIII saec. IX* (Biblische und Patristische Forschungen 1), Freiburg i. Br.

Hen (1995): Yitzhak Hen, *Culture and Religion in Merovingian Gaul, A.D. 481–751* (Cultures, Beliefs and Traditions 1), Leiden.

Hen (2016): Yitzhak Hen, „Priests and Books in the Merovingian Period", in: Steffen Patzold und Carine Van Rhijn (Hgg.), *Men in the Middle. Local Priests in Early Medieval Europe* (Ergänzungsbände zum Reallexikon der Germanischen Altertumskunde 93), Berlin, 162–176.

Hildebrandt (1992): Madge M. Hildebrandt, *The External School in Carolingian Society* (Education and Society in the Middle Ages and Renaissance 1), Leiden.

Innes (2000): Matthew Innes, *State and Society in the Early Middle Ages. The Middle Rhine Valley 400–1000* (Cambridge Studies in Medieval Life and Thought. Fourth Series 47), Cambridge.

Johnson (2007): Maxwell E. Johnson, *The Rites of Christian Initiation. Their Evolution and Interpretation,* 2. Aufl., Collegeville, MN.

Julius (2003): Harro Julius, *Landkirchen und Landklerus im Bistum Konstanz während des frühen und hohen Mittelalters. Eine begriffsgeschichtliche Untersuchung,* Diss. phil., Konstanz (https://kops.uni-konstanz.de/bitstream/handle/123456789/11521/Landkirche.pdf?sequence=1, aufgerufen am 25.03.2017).

Jussen (1991): Bernhard Jussen, *Patenschaft und Adoption im frühen Mittelalter. Künstliche Verwandtschaft als soziale Praxis* (Veröffentlichungen des Max-Planck-Instituts für Geschichte 98), Göttingen.

Keefe (2002): Susan A. Keefe, *Water and the Word. Baptism and the Education of the Clergy in the Carolingian Empire* 1–2 (Publications in Medieval Studies), Notre Dame, IN.

Keefe (2012a): Susan A. Keefe, *A Catalogue of Works Pertaining to the Explanation of the Creed in Carolingian Manuscripts* (Instrumenta Patristica et Mediaevalia. Research on the Inheritance of Early and Medieval Christianity 63), Turnhout.

Keefe (2012b): Susan A. Keefe, *Explanationes Symboli Aevi Carolini* (CChr.CM 254), Turnhout.

Kienzle (2000): Beverly Mayne Kienzle (Hg.), *The Sermon* (Typologie des Sources du Moyen Âge Occidental 81–83), Turnhout.

Kinzig (2011): Wolfram Kinzig, „Glaubensbekenntnis und Entwicklung des Kirchenjahres", in: ders., Ulrich Volp und Jochen Schmidt (Hgg.), *Liturgie und Ritual in der Alten Kirche. Patristische Beiträge zum Studium der gottesdienstlichen Quellen der Alten Kirche* (Studien der Patristischen Arbeitsgemeinschaft 11), Leuven, 3–41.

Kinzig (2017a): Wolfram Kinzig (Hg.), *Neue Texte und Studien zu den antiken und frühmittelalterlichen Glaubensbekenntnissen* (AKG 132), Berlin.

Kinzig (2017b): Wolfram Kinzig, „,...natum et passum etc.' Zur Geschichte der Tauffragen in der lateinischen Kirche bis zu Luther [1999]", in: ders. (Hg.), *Neue Texte und Studien zu den antiken und frühmittelalterlichen Glaubensbekenntnissen* (AKG 132), Berlin, 237–267.

Kinzig (2017c): Wolfram Kinzig, „Introduction", in: ders. (Hg.), *Faith in Formulae. A Collection of Early Christian Creeds and Creed-related Texts* 1 (OECT), Oxford, 1–32.

Kinzig/Wallraff (2002): Wolfram Kinzig und Martin Wallraff, „Das Christentum des dritten Jahrhunderts zwischen Anspruch und Wirklichkeit", in: Dieter Zeller (Hg.), *Das Christentum* 1: *Von den Anfängen bis zur Konstantinischen Wende* (Die Religionen der Menschheit 28), Stuttgart, 331–388.

Klingshirn (1994/1995): William E. Klingshirn, *Caesarius of Arles. The Making of a Christian Community in Late Antique Gaul* (Cambridge Studies in Medieval Life and Thought. Fourth Series 22), Cambridge, Nachdruck.

Kohl (2010): Thomas Kohl, *Lokale Gesellschaften. Formen der Gemeinschaft in Bayern vom 8. bis zum 10. Jahrhundert* (Mittelalter-Forschungen 29), Ostfildern.

Kohl (2016): Thomas Kohl, „*Presbyter in parochia sua*. Local Priests and their Churches in Early Medieval Bavaria", in: Steffen Patzold und Carine Van Rhijn (Hgg.), *Men in the Middle. Local Priests in Early Medieval Europe* (Ergänzungsbände zum Reallexikon der Germanischen Altertumskunde 93), Berlin, 50–77.

Kretschmar (1970): Georg Kretschmar, „Die Geschichte des Taufgottesdienstes in der alten Kirche", in: Karl Ferdinand Müller (Hg.), *Leiturgia. Handbuch des evangelischen Gottesdienstes* 5: *Der Taufgottesdienst*, Kassel, 1–348.

Kretschmar/Hauschildt (1989): Georg Kretschmar und Karl Hauschildt, „Katechumenat/Katechumenen", in: *TRE* 18, 1–14.

Kruppa (2008): Nathalie Kruppa, *Pfarreien im Mittelalter. Deutschland, Polen, Tschechien und Ungarn im Vergleich* (Veröffentlichungen des Max-Planck-Instituts für Geschichte 238/Studien zur Germania Sacra 32), Göttingen.

Labriolle (1928): Pierre de Labriolle, „Paroecia", in: *Recherches de Science Religieuse* 18, 60–72.

Lampe (1989): Peter Lampe, *Die stadtrömischen Christen in den ersten beiden Jahrhunderten. Untersuchungen zur Sozialgeschichte* (WUNT 2,18), 2. Aufl., Tübingen.

Läpple (1987): Alfred Läpple, „Katechismen im Wandel der Zeit", in: Werner Chrobak (Hg.), *Der Katechismus von den Anfängen bis zur Gegenwart. Ausstellung in der Bischöflichen Zentralbibliothek Regensburg, St. Petersweg 11–13, 18. September bis 18. Dezember 1987* (Bischöfliches Zentralarchiv und Bischöfliche Zentralbibliothek Regensburg, Kataloge und Schriften 1), München, 14–31.

Linsenmayer (1886): Anton Linsenmayer, *Geschichte der Predigt in Deutschland von Karl dem Großen bis zum Ausgange des vierzehnten Jahrhunderts*, München.

Longère (1983): Jean Longère, *La prédication médiévale*, Paris.

Lotter (2003): Friedrich Lotter, *Völkerverschiebungen im Ostalpen-Mitteldonau-Raum zwischen Antike und Mittelalter (375–600)* (Ergänzungsbände zum Reallexikon der Germanischen Altertumskunde 39), Berlin.

Lynch (1986): Joseph Howard Lynch, *Godparents and Kinship in Early Medieval Europe*, Princeton, NJ.

MacMullen (2009): Ramsay MacMullen, *The Second Church. Popular Christianity A.D. 200–400* (Writings from the Greco-Roman World. Supplement Series 1), Atlanta.

Mai (1837): Angelo Mai, *Scriptorum veterum nova collectio e Vaticanis codicibus edita* 9, Rom.

Markschies (2007): Christoph Markschies, *Kaiserzeitliche christliche Theologie und ihre Institutionen. Prolegomena zu einer Geschichte der antiken christlichen Theologie*, Tübingen.

McCune (2006): James Christopher McCune, *An Edition and Study of Select Sermons from the Carolingian Sermonary of Salzburg*, PhD Thesis, London (https://kclpure.kcl.ac.uk/portal/files/2930713/441286.pdf, aufgerufen am 21.02.2017).

McCune (2013): James McCune, „The Preacher's Audience, *c.* 800–*c.* 950", in: Maximilian Diesenberger, Yitzhak Hen und Marianne Pollheimer (Hgg.), *Sermo doctorum. Compilers, Preachers, and their Audiences in the Early Medieval West* (Sermo. Studies on Patristic, Medieval, and Reformation Sermons and Preaching 9), Turnhout, 283–338.

McKitterick (1977): Rosamond McKitterick, *The Frankish Church and the Carolingian Reforms, 789–895* (Royal Historical Society. Studies in History 2), London.

McKitterick (1989): Rosamond McKitterick, *The Carolingians and the Written Word*, Cambridge.

McLaughlin (1991): Robert Emmet McLaughlin, „The Word Eclipsed? Preaching in the Early Middle Ages", in: *Traditio. Studies in Ancient and Medieval History, Thought, and Religion* 46, 77–122.

Meens (1994): Rob Meens, *Het tripartite boeteboek. Overlevering en betekenis van vroegmiddeleeuwse biechtvoorschriften (met editie en vertaling van vier tripartita)* (Middeleeuwse studies en bronnen 41), Hilversum.

Meens (2014): Rob Meens, *Penance in Medieval Europe, 600–1200,* Cambridge.

Menzel (1991): Michael Menzel, „Predigt und Predigtorganisation im Mittelalter", in: *Historisches Jahrbuch* 111, 337–384.

Mériaux (2000): Charles Mériaux, „Thérouanne et son diocèse jusqu'à la fin de l'époque carolingienne. Les étapes de la christianisation d'après les sources écrites", in: *Bibliothèque de l'École des chartes* 158, 377–406.

Mériaux (2016): Charles Mériaux, „Ideal and Reality. Carolingian Priests in Northern Francia", in: Steffen Patzold und Carine Van Rhijn (Hgg.), *Men in the Middle. Local Priests in Early Medieval Europe* (Ergänzungsbände zum Reallexikon der Germanischen Altertumskunde 93), Berlin, 78–97.

Mirabile. Archivio digitale della cultura medievale / Digital Archives for Medieval Culture. http://www.mirabileweb.it/title/expositio-symboli-apostolici-[keefe-cat-95]-(cum-(quando)-beatum-legimus-paulum-apostolum-dixisse-fidelibus-)-title/169601, aufgerufen am 15.12.2017).

Monfrin (2001/2010): Françoise Monfrin, „Die Etablierung der Kirchen im 5. und 6. Jahrhundert", in: Luce Pietri und Guido Bee (Hgg.), *Der lateinische Westen und der byzantinische Osten (431–642)* (Die Geschichte des Christentums. Religion, Politik, Kultur 3), Freiburg i.Br., Sonderausgabe, 1011–1074.

Müller (1933): Karl Müller, „Kleine Beiträge zur alten Kirchengeschichte. 18. Parochie und Diözese im Abendland in spätantiker und merowingischer Zeit", in: *ZNW* 32, 149–185.

Old (1999): Hughes Oliphant Old, *The Reading and Preaching of the Scriptures in the Worship of the Christian Church* 3: *The Medieval Church,* Grand Rapids, MI.

von Padberg (1995): Lutz E. von Padberg, *Mission und Christianisierung. Formen und Folgen bei Angelsachsen und Franken im 7. und 8. Jahrhundert*, Stuttgart.

Palazzo (1998): Eric Palazzo, *A History of Liturgical Books. From the Beginning to the Thirteenth Century,* Collegeville, MN.

Patzold (2009): Steffen Patzold, „Bildung und Wissen einer lokalen Elite des Frühmittelalters. Das Beispiel der Landpfarrer im Frankenreich des 9. Jahrhunderts", in: François Bougard, Régine Le Jan und Rosamond McKitterick (Hgg.), *La culture du haut moyen âge une question d'élites?* (Collection Haut Moyen Âge 7), Turnhout, 377–391.

Patzold (2016): Steffen Patzold, „*Pater noster.* Priests and the Religious Instruction of the Laity in the Carolingian *populus christianus*", in: Steffen Patzold und Carine Van Rhijn (Hgg.), *Men in the Middle. Local Priests in Early Medieval Europe* (Ergänzungsbände zum Reallexikon der Germanischen Altertumskunde 93), Berlin, 199–221.

Patzold/Van Rhijn (2016): Steffen Patzold und Carine Van Rhijn (Hgg.), *Men in the Middle. Local Priests in Early Medieval Europe* (Ergänzungsbände zum Reallexikon der Germanischen Altertumskunde 93), Berlin.

Paul (1993): Eugen Paul, *Geschichte der christlichen Erziehung* 1: *Antike und Mittelalter*, Freiburg i.Br.

Pauly (1976): Ferdinand Pauly, *Siedlung und Pfarrorganisation im alten Erzbistum Trier* 10: *Zusammenfassung und Ergebnisse* (Veröffentlichungen der Landesarchivverwaltung Rheinland-Pfalz 25/Veröffentlichungen des Bistumsarchivs Trier 25), Koblenz.

Petke (2013): Wolfgang Petke, „Die Pfarrei in Mitteleuropa im Wandel vom Früh- zum Hochmittelalter", in: Enno Bünz und Gerhard Fouquet (Hgg.), *Die Pfarrei im späten Mittelalter*. Kongress Insel Reichenau, 31. März–3. April 2009 (Vorträge und Forschungen 77), Ostfildern, 21–60.

Phelan (2006): Owen M. Phelan, „The Carolingian Renewal and Christian Formation in Ninth Century Bavaria", in: Richard Corradini et al. (Hgg.), *Texts and Identities in the Early Middle Ages* (Österreichische Akademie der Wissenschaften. Denkschriften der philosophisch-historischen Klasse 344/Forschungen zur Geschichte des Mittelalters 12), Wien, 389–399.

Phelan (2010): Owen M. Phelan, „Catechising the Wild. The Continuity and Innovation of Missionary Catechesis under the Carolingians", in: *Journal of Ecclesiastical History* 61, 455–474.

Phelan (2014): Owen M. Phelan, *The Formation of Christian Europe. The Carolingians, Baptism, and the Imperium Christianum*, Oxford.

Picker (2001): Hanns-Christoph Picker, *Pastor doctus. Klerikerbild und karolingische Reformen bei Hrabanus Maurus* (Veröffentlichungen des Instituts für Europäische Geschichte Mainz. Abteilung für abendländische Religionsgeschichte 186), Mainz.

Pohl/Zeller (2012): Walter Pohl und Bernhard Zeller (Hgg.), *Sprache und Identität im frühen Mittelalter* (Österreichische Akademie der Wissenschaften. Denkschriften der philosophisch-historischen Klasse 426/Forschungen zur Geschichte des Mittelalters 20), Wien.

Pokorny (1995): Rudolf Pokorny (Hg.), *Capitula Cordesiana* (MGH.Cap.episc. 3), Hannover, 97–99.

Pokorny/Stratmann (1995): Rudolf Pokorny und Martina Stratmann, „Hinkmar von Reims" (MGH.Cap.episc 2), Hannover, 3–33.

Predel (2005): Gregor Predel, *Vom Presbyter zum Sacerdos. Historische und theologische Aspekte der Entwicklung der Leistungsverantwortung und Sacerdotalisierung des Presbyterates im spätantiken Gallien* (Dogma und Geschichte. Historische und Begriffsgeschichtliche Studien zur Theologie 4), Freiburg i. Br.

Price (2004): Richard Price, „Informal Penance in Early Medieval Christendom", in: Kate Cooper und Jeremy Gregory (Hgg.), *Retribution, Repentance, and Reconciliation. Papers Read at the 2002 Summer Meeting and the 2003 Winter Meeting of the Ecclesiastical History Society* (Studies in Church History 40), Woodbridge, 29–38.

Riché (1989): Pierre Riché, *Écoles et enseignement dans le Haut Moyen Âge. Fin du Ve siècle–milieu du XIe siècle*, 2. Aufl., Paris.

Riché (1995): Pierre Riché, *Éducation et culture dans l'Occident barbare VIe–VIIIe siècle* (Points. Histoire 195), 4. Aufl., Paris.

Riché (1994/2010a): Pierre Riché, „Von Gregor dem Großen bis Pippin dem Jüngeren", in: Gilbert Dagron et al. (Hgg.), *Bischöfe, Mönche und Kaiser (642–1054)* (Die Geschichte des Christentums. Religion, Politik, Kultur 4), Freiburg i. Br., Sonderausgabe, 603–685.

Riché (1994/2010b): Pierre Riché, „Das Christentum im karolingischen Reich (Mitte 8. bis Ende 9. Jahrhundert)", in: Gilbert Dagron et al. (Hgg.), *Bischöfe, Mönche und Kaiser (642–1054)* (Die Geschichte des Christentums. Religion, Politik, Kultur 4), Freiburg i. Br., Sonderausgabe, 686–777.

Richter (1995): Michael Richter, „The Reality of Latin Civilization in Medieval Europe", in: ders., *Studies in Medieval Language and Culture* (Medieval Studies), Dublin, 148–174.

Ristow (1998): Sebastian Ristow, *Frühchristliche Baptisterien* (JbAC.E 27), Münster.

Robinson (2017): Thomas A. Robinson, *Who Were the First Christians? Dismantling the Urban Thesis*, New York.

Rubellin (1982): Michel Rubellin, „Entrée dans la vie, entrée dans la chrétienté, entrée dans la société. Autour du baptême à l'époque carolingienne", in: *Les entrées dans la vie. Initiations et apprentissages. XIIe Congrès de la Société des historiens médiévistes de l'Enseignement supérieur public, Nancy 1981* (Annales de l'Est. Série 5, No. 1/2. Numéro spécial), Nancy, 31–51.

Sachsse (1897): Eugen Sachsse, *Die Lehre von der kirchlichen Erziehung nach evangelischen Grundsätzen. Evangelische Katechetik* (Sammlung von Lehrbüchern der praktischen Theologie in gedrängter Darstellung 4), Berlin.

Savigni (2002): Raffaele Savigni, „Les laïcs dans l'ecclésiologie carolingienne. Normes statutaires et idéal de ‚conversion'", in: Michel Lauwers (Hg.), *Guerriers et moines. Conversion et sainteté aristocratiques dans l'Occident médiéval (IXe–XIIe siècle)* (Collection d'études médiévales 4), Antibes, 41–92.

Saxer (1988): Victor Saxer, *Les rites de l'initiation chrétienne du IIe au VIe siècle. Esquisse historique et signification d'après leurs principaux témoins* (Settimane di studio della Fondazione Centro italiano di studi sull'alto medioevo 7), Spoleto.

Schiewer (2000): Hans-Jochen Schiewer, „German Sermons in the Middle Ages", in: Beverly Mayne Kienzle (Hg.), *The Sermon* (Typologie des Sources du Moyen Âge Occidental 81–83), Turnhout, 861–961.

Schmitz (1975): Josef Schmitz, *Gottesdienst im altchristlichen Mailand. Eine liturgiewissenschaftliche Untersuchung über Initiation und Meßfeier während des Jahres zur Zeit des Bischofs Ambrosius († 397)* (Theophaneia. Beiträge zur Religions- und Kirchengeschichte des Altertums 25), Köln.

Scholten (1995): Clemens Scholten, „Die alexandrinische Katechetenschule", in: *JbAC* 38, 16–37.

Sedlmeier (2000): Franz Sedlmeier, *Die laienparänetischen Schriften der Karolingerzeit. Untersuchungen zu ausgewählten Texten des Paulinus von Aquileia, Alkuins, Jonas' von Orléans, Dhuodas und Hinkmars von Reims* (Deutsche Hochschuledition 86), Neuried.

Semmler (1982): Josef Semmler, „Mission und Pfarrorganisation in den rheinischen, mosel- und maasländischen Bistümern (5.–10. Jahrhundert)", in: *Cristianizzazione ed organizzazione ecclesiastica delle campagne nell'alto medioevo. Espansione e resistenze. 10–16 aprile 1980* 2 (Settimane di studio della Fondazione Centro italiano di studi sull'alto medioevo 28,2), Spoleto, 813–888.

Smith (1995): Julia M.H. Smith, „Religion and Lay Society", in: Rosamond McKitterick (Hg.), *The New Cambridge Medieval History* 2: *c. 700–c. 900*, Cambridge, 654–678.

Stachnik (1926): Richard Stachnik, *Die Bildung des Weltklerus im Frankenreiche von Karl Martell bis auf Ludwig den Frommen. Eine Darstellung ihrer geschichtlichen Entwicklung*, Paderborn.

Stancliffe (1979): Claire Stancliffe, „From Town to Country. The Christianisation of the Touraine 370–600", in: Derek Baker (Hg.), *The Church in Town and Countryside. Papers Read at the Seventeenth Summer Meeting and the Eighteenth Winter Meeting of the Ecclesiastical History Society* (Studies in Church History 16), Oxford, 43–59.

Stenzel (1958): Alois Stenzel, *Die Taufe. Eine genetische Erklärung der Taufliturgie* (Forschungen zur Geschichte der Theologie und des innerkirchlichen Lebens 7/8), Innsbruck.

Sullivan (1956): Richard E. Sullivan, „Carolingian Missionary Theories", in: *The Catholic Historical Review* 42, 273–295.

Suntrup/Wachinger/Zotz (1999): Rudolf Suntrup, Burghart Wachinger und Nicola Zotz, „‚Zehn-Gebote' (Deutsche Erklärungen)", in: *Die deutsche Literatur des Mittelalters. Verfasserlexikon* 10, 2. Aufl., 1484–1503.

Van Rhijn (2006): Carine Van Rhijn, „Priests and the Carolingian Reforms. The Bottlenecks of Local *correctio*", in: Richard Corradini et al. (Hgg.), *Texts and Identities in the Early Middle Ages* (Österreichische Akademie der Wissenschaften. Denkschriften der philosophisch-historischen Klasse 344/Forschungen zur Geschichte des Mittelalters 12), Wien, 219–237.

Van Rhijn (2007): Carine Van Rhijn, *Shepherds of the Lord. Priests and Episcopal Statutes in the Carolingian Period* (Cultural Encounters in Late Antiquity and the Middle Ages 6), Turnhout.

Van Rhijn (2012): Carine Van Rhijn, „Karolingische priesterexamens en het probleem van *correctio* op het platteland", in: *Tijdschrift voor Geschiedenis* 125, 158–171.

Van Rhijn (2014): Carine Van Rhijn, „The Local Church, Priests' Handbooks and Pastoral Care in the Carolingian Period", in: *Chiese locali e chiese regionali nell'alto medioevo* 2 (Settimane di studio della Fondazione Centro italiano di studi sull'alto medioevo 61,2), Spoleto, 689–710.

Van Rhijn (2016a): Carine Van Rhijn, „Manuscripts for Local Priests and the Carolingian Reforms", in: Steffen Patzold und Carine Van Rhijn (Hgg.), *Men in the Middle. Local Priests in Early Medieval Europe* (Ergänzungsbände zum Reallexikon der Germanischen Altertumskunde 93), Berlin, 177–198.

Van Rhijn (2016b): Carine Van Rhijn, „Carolingian Rural Priests as Local (Religious) Experts", in: Steffen Patzold und Florian Bock (Hgg.), *Gott handhaben. Religiöses Wissen im Konflikt um Mythisierung und Rationalisierung*, Berlin, 131–146.

Verd Conradi (1977): Gabriel María Verd Conradi, „La predicación carolingia (751–910)", in: *Miscelánea Comillas. Revista de Cicencias Humanas y Sociales* 35, 297–344.

Vogel (1986): Cyrille Vogel, überarbeitet und übersetzt von William G. Storey and Niels Krogh Rasmussen, *Medieval Liturgy. An Introduction to the Sources* (Studies in Church Music and Liturgy), Washington, D.C.

Weiss (1997): Jean-Pierre Weiss, „Le statut du prédicateur et les instruments de la prédication dans la Provence du Ve siècle", in: Rosa Maria Dessì und Michel Lauwers (Hgg.), *La parole du prédicateur. Ve–XVe siècle* (Collection d'études médiévales de Nice 1), Nizza, 23–47.

Westra (2002): Liuwe H. Westra, *The Apostles' Creed. Origin, History, and Some Early Commentaries* (Instrumenta Patristica et Mediaevalia. Research on the Inheritance of Early and Medieval Christianity 43), Turnhout.

Wiegand (1899): Friedrich Wiegand, *Die Stellung des apostolischen Symbols im kirchlichen Leben des Mittelalters* 1: *Symbol und Katechumenat* (Studien zur Geschichte der Theologie und der Kirche 4,2), Leipzig.

Wiegand (1904): Friedrich Wiegand, *Das apostolische Symbol im Mittelalter. Eine Skizze* (Vorträge der Theologischen Konferenz zu Gießen 21), Gießen.

Wright (1982): Roger Wright, *Late Latin and Early Romance. In Spain and Carolingian France* (Arca. Classical and Medieval Texts, Papers and Monographs 8), Liverpool.

Yarnold (2001): Edward J. Yarnold, „Taufe III. Alte Kirche", in: *TRE* 32, 674–696.

Andreas Weckwerth

Was hat Cicero mit der Liturgie zu schaffen? Zur Bedeutung der Rhetorik in der spätantiken lateinisch-christlichen Gebetssprache

Hinführung

Ciceronianus es, non Christianus – mit diesen berühmten Worten wird Hieronymus, von starkem Fieber ergriffen, in einem Traumbild vom himmlischen Richter für seine Anhänglichkeit an pagane Autoren scharf kritisiert und anschließend von Engeln gegeißelt.[1] In diesem Diktum offenbart sich exemplarisch der Zwiespalt, in dem sich viele christliche Autoren der Spätantike befinden[2]: Einerseits sind sie in der Mehrzahl durch ihre Ausbildung mit der Kunstform eines gehobenen literarisch–rhetorischen Stils bestens vertraut, besitzen folglich eine unmittelbare, stark emotionale Nähe zu Autoren wie Vergil und Cicero; andererseits weist die Heilige Schrift sowohl in griechischem als auch lateinischem Gewande eine so gänzlich andere Diktion auf, die mit den Deklamationen der Rhetorenschulen kaum etwas gemein hat und diejenigen, die die dortige Ausbildung durchlaufen haben, erheblich abstößt.[3] Augustinus beschreibt bekanntlich in den *Confessiones* anschaulich, wie sehr ihm als Studenten der Rhetorik der Stil der frühen lateinischen Bibelübersetzungen missfallen hat, da er ihn als mit der *dignitas Tulliana*, dem ehrwürdigen Ideal guten lateinischen Stils, als unvereinbar empfunden hat.[4] Später urteilt er hier wesentlich großzügiger und nimmt sogar lieber die Rüge von Grammatikern in Kauf, als dass ihn bei einer Predigt etwa seine Zuhörer durch die Verwendung unbekannter Wörter nicht verstünden[5]: Er ist sich sehr wohl

---

1 Hieronymus, *Epistula* 22,30 (189,9 – 191,15 Hilberg). Vgl. zu dieser Stelle u. a. Feichtinger (1991); Gemeinhardt (2007) 431.
2 Vgl. Gemeinhardt (2007) 417– 448.
3 Vgl. z. B. Laktanz, *Divinae institutiones* 5,1,15 – 17 (130 Monat): *Nam haec in primis causa est cur apud sapientes et doctos et „principes huius saeculi" scriptura sancta fide careat, quod prophetae communi ac simplici sermone ut ad populum sunt locuti. Contemnuntur itaque ab iis qui nihil audire vel legere nisi expolitum ac disertum volunt nec quicquam haerere animis eorum potest nisi quod aures blandiore sono mulcet, illa vero quae sordida videntur, anilia inepta vulgaria existimantur. Adeo nihil verum putant nisi quod auditu suave est, nihil credibile nisi quod potest incutere voluptatem: nemo rem veritate ponderat, sed ornatu.*
4 Augustinus, *Confessiones* 3,9 (31,5 – 8 Verheijen): *Non enim sicut modo loquor, ita sensi, cum attendi ad illam scripturam, sed visa est mihi indigna quam Tullianae dignitati compararem. Tumor enim meus refugiebat modum eius et acies mea non penetrabat interiora eius.*
5 Augustinus, *Enarratio in psalmum* 36,26 *sermo* 3,6 (371,1– 5 Dekkers/Fraipont): *Feneratur* quidem latine dicitur et qui dat mutuum et qui accipit; planius hoc autem dicitur, si dicamus *fenerat. Quid ad nos quid grammatici velint? Melius in barbarismo nostro vos intellegitis, quam in nostra disertitudine vos deserti eritis.*

bewusst, dass die Wahl des stilistischen Registers jeweils adressatenabhängig sein muss. Insgesamt ist die Forderung eines möglichst einfachen Stils aufgrund des biblischen Vorbilds wie aber auch einer bisweilen topisch vorgetragenen Skepsis gegenüber rhetorischer Finesse bei kirchlichen Schriftstellern weit verbreitet.[6] Dies bedeutet im Umkehrschluss jedoch nicht, dass sie sich mit dem *genus humile* zufrieden gegeben hätten, sondern man wird Eduard Norden zustimmen können, wenn er konstatiert: „In der Theorie haben sie von den ältesten Zeiten bis tief in das Mittelalter hinein fast ausnahmslos den Standpunkt vertreten, dass man ganz schlicht schreiben müsse, in der Praxis haben sie das gerade Gegenteil befolgt".[7] Jedoch auch in der theoretischen Reflexion wird die Rhetorik keineswegs durchgängig in Bausch und Bogen verdammt[8]; bisweilen wird ein erhabener Stil sogar explizit gefordert.[9]

Ein primärer Ort für eine solche adressatenbezogene, sprachlich-stilistische Gestaltung von Texten scheint aus heutiger Perspektive die christliche Liturgie zu sein, sind doch die an ihr teilnehmenden Absolventen spätantiker Rhetorenschulen signifikant in der Minderheit. Neben der Gattung der Predigt sind die verwendeten Gebetstexte von besonderem Interesse, wobei sich viele mögliche Fragestellungen ergeben: Auf welcher stilistischen Ebene bewegen sich liturgische Texte? Wie ist der Abstand von liturgischer Sprache zu Sprachregistern Angehöriger literarisch nicht gebildeter Schichten einzuschätzen? Anders gefragt: Was haben diese eigentlich von den Gebetstexten verstanden? Finden sich gewisse Elemente des sogenannten „Vulgärlateins",[10] deren Existenz Els Rose für das *Missale Gothicum*[11] sowie das *Missale*

---

6 Vgl. die Belege bei Norden (1898) 529–532.
7 Norden (1898) 529.
8 Eine moderate Sicht legt z. B. Augustinus im 4. Buch seiner Schrift *De doctrina Christiana* vor. Die Rhetorik sei aus sich heraus indifferent (*in medio posita*) und könne zur Überzeugung von Wahrem wie Falschem verwendet werden. Somit sei sie für den Prediger ein nützliches Mittel, um der Wahrheit zu dienen. Vgl. Augustinus, *De doctrina christiana* 4,3 (117,13–18 Martin): *Cum ergo sit in medio posita facultas eloquii, quae ad persuadenda seu prava seu recta valet plurimum, cur non bonorum studio comparatur, ut militet veritati, si eam mali ad obtinendas perversas vanasque causas in usus iniquitatis et erroris usurpant?* Vgl. Gemeinhardt (2007) 337–349.
9 Belege bei Norden (1898) 533–534. Ein interessantes Plädoyer für die Verwendung einer hohen Sprachform und Stilistik (*genus grande*) findet sich bei Hilarius von Poitiers, *Instructio in psalmum* 13,1 (76,14–24 Doignon): Die Auslegung der Heiligen Schrift in der Predigt müsse hinsichtlich ihrer sprachlichen Gestalt der Würde ihres Autors, also Gottes, entsprechen, so wie jemand, der die Worte eines Herrschers auslege und dem Volk verkünde, dessen Würde beachten müsse: *Vigilandum ergo et curandum est ut nihil humile dicamus metuentes huius sententiae legem:* Maledictus omnis faciens opera Dei neglegenter [...]. *Oportet igitur et praedicantes existimare non hominibus se loqui et audientes scire non hominum sibi verba proferri, sed esse Dei voces, Dei constituta, Dei leges et reverentiam maximam utrique officio convenire.* Die Sorgfalt der sprachlichen Formulierung ist für Hilarius also ein Ausdruck der *reverentia* gegenüber Gott. Vgl. Gemeinhardt (2007) 338–339, hier 338: „Nicht das Fassungsvermögen der Zuhörer liegt der Gestaltung der Predigt als Kriterium zu Grunde, sondern die Botschaft und ihr ‚Absender'".
10 Der Terminus „Vulgärlatein" ist in der heutigen Forschung umstritten. Verschiedene Definitionen sind bei Kiesler (2006) 7–13 zusammengestellt. Kiesler selbst betrachtet das Vulgärlatein „als zu allen Zeiten der Latinität existierende, diastratisch und diatopisch variable Umgangssprache aller Mitglieder

*von Bobbio*¹² aufgezeigt hat, auch in anderen spätantik-frühmittelalterlichen liturgischen Texten? Und nicht zuletzt: Was sagt die liturgische Sprache über das zugrundeliegende Gottesbild und die sich aus ihm ergebende Form der Verehrung aus?

Im begrenzten Rahmen dieses Beitrages kann der eben skizzierte potentielle Fragehorizont natürlich nur streiflichtartig behandelt werden: Um all denjenigen, die sich nicht primär mit spätantiken liturgischen Texten beschäftigen, eine erste Annäherung an die Fragestellung zu ermöglichen, werden diese zunächst als literarisches Genus vorgestellt und ihre Überlieferung skizziert. Zweitens sollen Aspekte der rhetorischen Gestaltung liturgischer Gebetstexte aus der römischen und altspanischen Tradition exemplarisch vorgestellt werden, bevor drittens die Frage nach der Rhetorik des liturgischen Gebets vorläufig in größere Zusammenhänge eingeordnet wird. Hierauf folgt ein kurzes Resümee.

1 Typologie und Überlieferung spätantiker liturgischer Texte in Rom und Spanien

Aus heutiger Perspektive könnte man versucht sein, bei der Untersuchung lateinischer Liturgiesprache ausschließlich die römische Tradition in den Blick zu nehmen. Jedoch existieren in Spätantike und Frühmittelalter, in Restbeständen sogar bis heute, weitere westliche Liturgiefamilien¹³ wie z.B. die altspanische,¹⁴ altgallische¹⁵ oder altmailändische,¹⁶ die allesamt das Lateinische verwendeten. Diese kommen angesichts der großen Bedeutung der römischen Kirche schon recht früh auch mit deren liturgischem Formelgut in Kontakt.¹⁷ Umgekehrt üben diese Liturgiefamilien auch ihren Einfluss auf die römische Liturgie aus. Bereits in der Spätantike ist folglich mit einem Austausch von Texten und Riten zu rechnen, was bei der Beschäftigung mit liturgischen

---

der lateinischen Sprachgemeinschaft" (ibid. 13). Diese Definition vermeidet die exklusive Gleichsetzung von „Vulgärlatein" und „gesprochenem Latein" sowie dessen Beschränkung auf sozial eher niedere Schichten.
11 Vgl. Rose (2005) 182–187.
12 Vgl. Rose (2004).
13 Vgl. überblicksartig Meyer (1989) 153–164; Pinell i Pons (1997) 179–195.
14 Eine Zusammenstellung des überlieferten liturgischen Quellenmaterials bei Gamber (1968) 52–68.
15 Vgl. Gamber (1968) 25–51.
16 Vgl. Gamber (1968) 89–108; vgl. zu spätantiken mailändischen Gebetstexten auch Weckwerth (2010).
17 Dem Brief des römischen Bischof Vigilius an den Brager Bischof Profuturus (*Epistula ad Profuturum episcopum* [832B – C Migne]) kann man entnehmen, dass er diesem eine *prex canonica* sowie Orationen für den Ostertag geschickt hat: *Quapropter et ipsius canonicae precis textum direximus subter adiectum, quem Deo propitio ex apostolica traditione suscepimus. Et ut charitas tua cognoscat quibus locis aliqua festivitatibus apta connectimus, paschalis diei preces simul adiecimus.*

Gebetstexten zu beachten ist.[18] Für eine umfassende Analyse lateinischer Liturgiesprache ist die in der bisherigen Forschung nicht selten vernachlässigte[19] Einbeziehung außerrömischer Traditionen von erheblicher Bedeutung.

1.1 Gattungen westlicher liturgischer Gebetstexte

Für die westlichen Liturgiefamilien lassen sich zwei Haupttypen von liturgischen Gebetstexten unterscheiden, die sich in Struktur und Anlage deutlich voneinander abheben[20]: Orationen und Hochgebete. Beide werden jeweils von dem der Liturgie vorstehenden Bischof oder Presbyter vorgetragen (Präsidialgebete).

Bei den Orationen handelt es sich um Gebete, die eine klare zwei- bzw. dreiteilige Struktur aufweisen (Gottesanrede – [relativische Prädikation] – Bitte),[21] wie sie in der römischen Tradition z. B. die *Collecta* (Tagesgebet), *Secreta* (Gabengebet) und *Postcommunio* (Schlussgebet) erkennen lassen. Orationen werden in verschiedensten liturgischen Kontexten verwendet: Sie können einen Abschnitt der Liturgie beschließen und folglich eine überleitende Funktion besitzen. Ebenso finden sie aber auch als Segensgebete Verwendung und begleiten sakramentale Handlungen.[22] In der römischen Tradition sind diese oft von geradezu epigrammatischer Kürze, können aber besonders in der altspanischen und altgallischen Liturgie jedoch erheblich wortreicher gestaltet sein.[23]

---

18 Vgl. hierzu für das Verhältnis von römischer und altspanischer Liturgie Coebergh (1949); Janini (1965). Vgl. ebenso unten Kap. 2.1.
19 Vgl. Rose (2005) 182: „Few scholars of Christian and postclassical Latin have devoted attention to the usage of liturgical sources. Those who have – of whom Christine Mohrmann is one of the most prominent – limited themselves mainly to sources of the ‚Golden Age' of liturgical creation: the liturgical texts of the churchfathers, and the texts of the Roman liturgy from the fourth to the sixth centuries. Up until today, liturgical texts of the early Middle Ages from non-Roman traditions, such as the Gothic Missal, have escaped the attention of scholars".
20 Vgl. zum Folgenden Merz (1990) 116–123.
21 Einen guten Überblick bieten Botte/Mohrmann (1953) 44–47; Haessly (1938) 166–178; Lang (2012) 114–130; Rheinfelder (1931). Als Beispiel für die volle dreiteilige Form sei die *Collecta* der *Missa in nocte* am Weihnachtsfest angeführt (*Sacramentarium Gelasianum vetus* 5 [7,24–26 Mohlberg]): *Deus, qui hanc sacratissimam noctem veri luminis fecisti inlustratione clariscere, da, quesumus, ut cuius lucis mysterium in terra cognovimus, eius quoque gaudiis in caelo perfruamur.* Die relativische Prädikation kann jedoch auch häufiger fehlen. Vgl. die zweite *Collecta* der *Missa in nocte* (*Sacramentarium Gelasianum vetus* 6 [8,1–3 M.]): *Concede, quaesumus, omnipotens deus, ut unigeniti tui nova per carnem nativitas liberet, quos sub peccati iugo vetusta servitus tenet.*
22 Merz (1990) 122–123 unterscheidet die Gattungen „Segensgebet" und „Orationen als Begleittexte" eigens von der Gattung „Oration". In ihrer sprachlichen Form unterscheiden sich diese jedoch nicht voneinander, so dass diese Differenzierung hier übergangen werden kann.
23 Vgl. z. B. die meist längeren einleitenden Gebete (*missae*) der altspanischen Messliturgie, die etwa an Heiligenfesten Elemente des Lebens der Tagesheiligen enthalten können, um deren Vorbildhaftigkeit herauszustellen. Vgl. z. B. die Eingangsorationen am Fest der Märtyrerin Eulalia im *Liber mozarabicus sacramentorum* 92–93 (45,20–46,41 Férotin).

Die Hochgebete umfassen verschiedene, meist recht umfangreiche Gebetstexte, die in unterschiedlichen liturgischen Kontexten verwendet werden. Im Vordergrund steht der dankende Lobpreis, aus dem sich an Gott gerichtete Bitten ergeben. Als wiederkehrende Elemente[24] finden sich vor allem Anaklese (Anrufung Gottes), Anamnese (Erinnerung der Heilstaten Gottes) und Epiklese (Herabrufung Gottes bzw. des Heiligen Geistes): Neben eucharistischen Hochgebeten[25] sind unter diese Gattung aufgrund ähnlicher formaler Charakteristika auch Taufwasserweihgebete,[26] Weihegebete für Jungfrauen[27] und Kleriker,[28] Brautsegen[29] oder die höchst kunstvoll gestalteten *praeconia paschalia*,[30] also das feierliche Osterlob, zu rechnen.

1.2 Die Überlieferung liturgischer Texte römischer und altspanischer Provenienz

Spätantike liturgische Texte sind in aller Regel im Rahmen größerer liturgischer Corpora, sogenannter „Sakramentare"[31], überliefert: Bei diesen handelt es sich um eine meist nach dem Kirchenjahr geordnete Zusammenstellung von Gebetstexten für den unmittelbaren gottesdienstlichen Gebrauch des Zelebranten bzw. Offizianten, während die entsprechenden Rubriken, d. h. die liturgischen „Regieanweisungen", zumindest in den frühen Beispielen dieser Gattung, weitgehend fehlen[32].

Ältester Überlieferungsträger von stadtrömischen euchologischen Texten ist das sogenannte *Sacramentarium Veronense*,[33] das jedoch höchst wahrscheinlich[34] nicht für den liturgischen Gebrauch bestimmt war, sondern eine Sammlung einzelner, aus römischen Archiven stammender liturgischer Formulare darstellt, den sogenannten *libelli missarum*.[35] Man sollte folglich genauer von der *Collectio Veronensis*[36] sprechen.

---

24 Vgl. Merz (1990) 116–120.
25 Eine Zusammenstellung westlich-spätantiker Hochgebete bei Hänggi/Pahl (1998) 419–513.
26 Vgl. z. B. *Sacramentarium Gelasianum vetus* 445–448 (72,22–74,3 M.).
27 Vgl. z. B. *Collectio Veronensis* 1104 (138,11–139,18 Mohlberg).
28 Vgl. z. B. das Gebet für die Bischofsweihe in der *Collectio Veronensis* 946–947 (119,9–120,6 M.); für die Presbyterweihe *Collectio Veronensis* 952–954 (121,20–122,19 M.) = *Sacramentarium Gelasianum vetus* 145–146 (25,12–26,2 M.); für die Diakonatsweihe *Collectio Veronensis* 951 (120,21–121,18 M.) = *Sacramentarium Gelasianum vetus* 152–154 (27,12–28,9 M.).
29 *Collectio Veronensis* 1110 (140,7–30 M.).
30 Vgl. zu den überlieferten spätantiken Beispielen dieser Gattung Zweck (1986).
31 Vgl. zu den Charakteristika von Sakramentaren Metzger (1994) 33–37; Palazzo (1998) 21–27.
32 Vgl. Palazzo (1998) 26: Seit karolingischer Zeit finden sich auch zunehmend Rubriken in Sakramentaren.
33 Vgl. Metzger (1994) 38–56; Meyer (1989) 189–190; Palazzo (1998) 38–42; Vogel (1986) 38–46. Eine ältere, auf die ersten Herausgeber, die Gebrüder Bianchini, zurückgehende, heute allerdings nicht mehr gebräuchliche Benennung lautet *Sacramentarium Leonianum*.
34 Vgl. die Diskussion der wichtigsten Forschungsmeinungen Vogel (1986) 39–43.
35 Vgl. zu den *libelli missarum* Palazzo (1990); Vogel (1986) 37–38.

Ihr Aufbau orientiert sich nicht am Kirchenjahr, sondern an den Monaten des weltlichen Jahres. Zeitlich anzusetzen ist die Kompilation durch einen unbekannten Redaktor um die Mitte bzw. in der zweiten Hälfte des 6. Jahrhunderts.[37]

Ein wirkliches Sakramentar stellt das im Codex Vaticanus Reginensis latinus 316, fol. 3–245 erhaltene sogenannte *Sacramentarium Gelasianum vetus* dar.[38] Es handelt sich um eine um 750 in Gallien entstandene Abschrift eines stadtrömischen Sakramentars, das heute meist in den Zeitraum von 628–715 datiert wird.[39] Neben dem genuin römischen Material enthält die Abschrift auch einige hinzugefügte fränkische Elemente wie Gebetstexte für die niederen Weihen, Kirchweihe, Jungfrauenweihe u. a.[40] Das *Altgelasianum* wurde ursprünglich wahrscheinlich von den Presbytern der römischen Titelkirchen genutzt und durch die späteren Hinzufügungen im gallisch-fränkischen Raum für den dortigen bischöflichen Gottesdienst adaptiert.[41]

Als dritte wichtige Quelle sind die sogenannten gregorianischen Sakramentare zu nennen, die eine komplexe Überlieferungsgeschichte aufweisen.[42] Es existieren drei jüngere Haupttextzeugen, die für die Rekonstruktion jeweils unterschiedlicher Redaktionsphasen heranzuziehen sind: 1) das *Hadrianum* (Ende des 8. Jh.); 2) das *Sacramentarium Paduense* (1. Hälfte 9. Jh.); 3) das *Sacramentarium Tridentinum* (1. Hälfte 9. Jh.). Unter dem *Hadrianum* versteht man ein Exemplar des im Lateran gebräuchlichen Sakramentars, das zwischen 784 und 791 vom römischen Bischof Hadrian an Karl den Großen geschickt wurde.[43] Dieses Sakramentar ist zwar verloren, erhalten ist jedoch eine Kopie, das Sakramentar des Hildoard von Cambrai (um 811).[44] Das *Hadrianum* ist später vermutlich von Benedikt von Aniane ergänzt worden.[45] Das *Sakramentar von Trient* scheint auf ein römisches Sakramentar vor dem Pontifikat Sergius' I. zurückzugehen und ist folglich um 685 zu datieren.[46] Der Grundbestand des *Sakramentars von Padua* lässt sich wohl auf ein Sakramentar vielleicht für den Gebrauch an St. Peter zwischen 650 und 680 zurückführen. Es ist eine Adaption des *Lateranischen Sakramentars* für die presbyterale Liturgie und wird deswegen auch als

---

36 Metzger (1994) 38–39 spricht treffend von einem „recueil occasionnel": „Le titre de ‚sacramentaire' ne convenant pas à ce livre, on le désignera par l'appellation de ‚Recueil' [...]".
37 Vgl. Palazzo (1998) 40–41.
38 Vgl. Metzger (1994) 81–106; Meyer (1989) 190; Palazzo (1998) 42–46; Vogel (1986) 64–70.
39 Vgl. Vogel (1986) 68–69.
40 Vgl. Metzger (1994) 102–104; Vogel (1986) 66–67.
41 Zusammenfassend Metzger (1994) 105–106.
42 Vgl. Metzger (1994) 57–80; Meyer (1989) 190–192; Palazzo (1998) 79–102; Vogel (1986) 79–102.
43 Vgl. Palazzo (1998) 51–52; Vogel (1986) 80–85.
44 *Sacramentarium Gregorianum-Hadrianum*: Edition von Jean Deshusses.
45 Vgl. Palazzo (1998) 53; Vogel (1986) 85–92; *Sacramentarium Hadrianum revisum Anianense cum supplemento*: Edition von Jean Deshusses.
46 Vgl. Palazzo (1998) 54–55; Vogel (1986) 97–102; *Sacramentarium Tridentinum*: Edition von Ferdinando Dell'Oro.

Typ II der gregorianischen Sakramentare bezeichnet.⁴⁷ Das *Hadrianum* bezeugt also den Redaktionsstand der gregorianischen Sakramentartradition des 8. Jahrhunderts, die beiden übrigen den des 7. Jahrhunderts.

Der bedeutendste Tradent altspanischer Gebetstexte ist der *Liber mozarabicus sacramentorum*.⁴⁸ Es ist die einzige heute noch vollständig überlieferte altspanische Sakramentarhandschrift, die im 9. Jahrhundert entstanden ist, jedoch viele spätantike Texte enthält. Darüber hinaus sind einige Gebetstexte auch im altspanischen *Liber ordinum* erhalten.⁴⁹

1.3 Datierung und Verfasserschaft liturgischer Texte

Eine grundsätzliche Schwierigkeit liegt in der Frage nach Datierung und Autorenschaft einzelner liturgischer Formulare. Zum einen muss man sich bewusst sein, dass die Sakramentare Gebetstexte tradieren, die teilweise erheblich älter sind als der Zeitpunkt ihrer Redaktion. Die frühesten Texte der erhaltenen Sakramentare sowohl in Rom als auch in Spanien dürften – so weit sich dies sagen lässt – dem beginnenden 5. Jahrhundert angehören.⁵⁰

Zum anderen ist die Zuordnung liturgischer Formulare an bestimmte Verfasser nicht unproblematisch: Meist aufgrund von sprachlichen wie inhaltlichen Übereinstimmungen mit den Schreiben römischer Bischöfe sowie von vermuteten Anspielungen auf historische Zeitumstände wurde versucht, Autoren liturgischer Formulare der frühen römischen Sakramentare zu identifizieren.⁵¹ Ähnliches ist auch für For-

---

47 Vgl. Palazzo (1998) 54; Vogel (1986) 92–97. *Sacramantarium Gregorianum Paduense:* Edition von Jean Deshusses.
48 Vgl. Férotin (1912) XX–XXXII; Gamber (1968) 196–197; Pinell (1978) 192–193; Vogel (1986) 109.
49 Vgl. Pinell (1978) 200–201. Man muss zwischen *Ordines* für den presbyteralen und den bischöflichen Gebrauch unterscheiden.
50 Vgl. Vogel (1986) 43 zur *Collectio Veronensis:* „No set seems earlier than 400 A.D. [...] Most sets are after 440 and continue to appear until 560; more than half of them are later than 500"; ibid. 36 zum *Liber sacramentorum mozarabicus:* „Most of the prayers in the Liber mozarabicus sacramentorum and the Liber ordinum seem to derive from the first half of the V century".
51 Vgl. z.B. die umfangreiche Bibliographie zu Datierungsversuchen der *Collectio Veronensis* bei Mohlberg (1956) LXIX–LXXXI. Zwei Beispiele sollen hier genügen: Kontrovers diskutiert werden die Messformulare, die Gelasius aus Anlass des sogenannten Luperkalienstreits verfasst haben soll. Capelle (1945–1946) 18–37 hatte *Collectio Veronensis* 75–78; 515–520 (11,4–17; 67,26–68,16 M.) vor diesem Hintergrund Gelasius zugeschrieben, indem er offenkundige stilistische und sprachliche Übereinstimmungen zu Briefen von Gelasius aufzeigte. Pomarès (1959) 52–130 plädiert für die gelasianische Autorenschaft von insgesamt 18 Messformularen. Skeptisch äußert sich hierzu Benz (1962) 564–565, der die mangelnde methodische Strenge der Argumentation von Pomarès kritisiert: „Gerne würde man die Ergebnisse annehmen, wenn sie bewiesen wären". Ein zweites Beispiel: Chavasse (1950; 1952) und ergänzend Bastiaensen (1985) deuten verschiedene Messformulare der *Collectio Veronensis* vor dem Hintergrund der Belagerung Roms durch die Ostgoten (Januar 537 – März 538) sowie den mit dieser einhergehenden Phänomenen wie Hungersnot und Seuchen und plädieren aufgrund

mulare des *Liber mozarabicus sacramentorum* unternommen worden.[52] Ob solche Ähnlichkeiten jedoch auf die jeweiligen Bischöfe und Theologen selbst oder spätere Verfasser zurückzuführen sind, die prägnante Formulierungen und Gedanken aus Predigten oder Briefen zu liturgischen Texten formten, wird im Letzten kaum entschieden werden können; ebenso muss damit gerechnet werden, dass ein Autor auf einen bereits vorhandenen liturgischen Text zurückgreift.[53] Versuche, hinter den doch meist sehr allgemein formulierten Gebeten konkrete historische Ereignisse zu erkennen, bleiben meist ebenfalls vage. Über höhere oder geringere Plausibilitäten hinaus wird man im Regelfall bei Datierungs- und Verfasserfragen liturgischer Texte nicht gelangen können.[54]

2 Die Rhetorik liturgischer Texte am Beispiel der Gattung „Präfation"

Aus der Fülle möglicher liturgischer Texte soll im Folgenden der das eucharistische Hochgebet eröffnende Teil vorgestellt werden, der als „Präfation" (*praefatio*) bezeichnet wird. Dieser Begriff ist in der Spätantike noch kein auf seine heutige Spezialbedeutung verengter Terminus technicus, sondern kann Verschiedenes bezeichnen: feierliche, lobpreisende Gebete, die Mitteilung des Glaubensbekenntnis und des Vaterunser an die Taufkandidaten, Gebetsinvitatorien, Teile des Canons u. a.[55] Sein heutiger Gebrauch lässt sich in der römischen Liturgie bereits für das 6./7. Jahrhundert erschließen.[56] In der altspanischen Liturgie hat sich für den Eröffnungsteil des Hochgebetes der Terminus *inlatio*[57] eingebürgert, in der altgallischen Liturgie findet

---

stilistischer Beobachtungen für den römischen Bischof Vigilius als deren Autor. Die Ergebnisse und Schlussfolgerungen dieser Studien werden in der Forschung weitgehend anerkannt. Vgl. z. B. Metzger (1994) 52–53; Vogel (1986) 42.

52 Vgl. De Bruyne (1913); Vogel (1986) 36.

53 Vgl. Metzger (1998) 124.

54 Vgl. Metzger (1998) 123–126. Ebenso skeptisch Lang (2012) 124: „Parallelen zwischen lateinischen Liturgietexten aus der Spätantike und den Schriften von Kirchenvätern derselben Zeit lassen sich zweifelsohne feststellen, doch alle Versuche, den Verfasser oder Bearbeiter eines bestimmten Gebetes zu identifizieren, gehen über Vermutungen nicht hinaus. So ist es schwierig festzustellen, ob ein bekannter Prediger wie Leo der Große der Autor eines Gebetes ist oder ob das Gebet als spätere Zusammenstellung von Wendungen und Ausdrücken aus seinen Predigten entstand. Noch zweifelhafter erscheint der Versuch, den genauen Hintergrund eines Gebetes zu bestimmen; die altrömischen Kollekten sind inhaltlich in der Regel sehr allgemein gehalten und konnten für eine Vielfalt besonderer Situationen in Frage kommen, besonders in der turbulenten Zeit nach dem Fall des Westreichs".

55 Vgl. Jungmann (1941) 54–70; Mohrmann (1953) 10–15.

56 Vgl. Jungmann (1941) 56–57.

57 Vgl. Férotin (1912) XXI–XXII. Vgl. Isidor von Sevilla, *De ecclesiasticis officis* 1,15 (17,16–20 Lawson): *Quinta deinde infertur inlatio in sanctificatione oblationis, in qua etiam et ad dei laudem terrestrium creaturarum virtutumque caelestium universitas provocatur et osanna in excelsis cantatur quod salvatore*

man neben *contestatio* seltener auch *immolatio*.[58] Aufgrund ihrer prominenten Stellung am Beginn des Hochgebetes sowie ihres Inhalts lässt sich eine besonders sorgfältige und kunstvolle Gestaltung der Präfation bereits erahnen. Im Vordergrund dieser Textgattung steht nämlich der an Gott gerichtete Dank für sein Wirken (*gratiarum actio*), das anamnetisch vor allem durch die Erwähnung heilsgeschichtlicher Ereignisse, aber auch durch die Schilderung des Lebens von Märtyrern und Heiligen illustriert wird, so dass ein deutlich panegyrischer[59] Charakter zu beobachten ist.

Die Präfation wird durch ein schon in der *Traditio apostolica*[60] überliefertes Responsorium zwischen Zelebrant und Gläubigen eröffnet,[61] das in den liturgischen Formularen in aller Regel nicht aufgeführt ist. Ihr Text ist in drei sich deutlich voneinander abhebende Teile gegliedert: Am Beginn steht der an Gott, den unmittelbaren Adressaten der Präfation, gerichtete Dank, eingeleitet durch die Formel *Vere dignum et iustum est*, mit der die letzte Akklamation der Gläubigen (*Dignum et iustum est*) aufgegriffen wird. In den ältesten römischen Sakramentaren wird diese Junktur meist nur durch die ersten beiden Worte *Vere dignum* oder auch durch ein bisweilen kunstvoll gestaltetes Monogramm *VD* angedeutet. Daher ist der genaue Wortlaut des einleitenden Teils für die Präfationen der *Collectio Veronensis* unbekannt, während das *Altgelasianum* zumindest ein voll ausgeschriebenes Beispiel enthält.[62] Der Hauptteil umfasst das jeweilige Festgeheimnis, das oft als Begründung des Dankes dient, eröffnet meist mit relativischem Satzanschluss oder kausalen Konjunktionen (*quia* etc.). Der dritte Teil leitet mit Verweis auf die Verbindung von irdischer und himmlischer Liturgie unter Erwähnung der Anbetung Gottes durch die Engel bzw. verschiedene Engelgruppen (*virtutes, dominationes* etc.)[63] zum *Sanctus* über. In der *Collectio Vero-*

---

de genere David nascente salus mundo usque ad excelsa pervenerit. Offensichtlich begreift Isidor das *Sanctus* nicht als einen eigenen Teil, sondern als Element der *inlatio*.
58 Vgl. Blaise (1966) 146, Anm. 1.
59 Vgl. Bernard (2001) 88–89.
60 *Traditio apostolica* 4 (10,14–12,10 Botte): *Illi* [sc. *episcopo*] *vero offerant diacones oblationes, quique inponens manus in eam cum omni praesbyterio dicat gratia[n]s agens: D(omi)n(u)s vobiscum. Et omnes dicant: Et cum sp(irit)u tuo. Su<r>sum corda. Habemus ad dom(inum). Gratias agamus d(omi)no. Dignum et iustum est.*
61 Vgl. hierzu Jungmann (1962) 2, 138–144. Im *Sacramentarium Gelasianum vetus* 1242 (183,21–23 M.) wird dieser Dialog bereits in der noch heute üblichen Form überliefert, lediglich das einleitende *Dominus vobiscum* fehlt dort, was man aus *Sacramentarium Gelasianum vetus* 385 (62,3–8 M.) aber voraussetzen darf, auch wenn der Dialog dort das Chrisamweihegebet einleitet. In der altspanischen Tradition ist der Dialog in etwas abgewandelter, angereicherter Form überliefert. Vgl. *Liber Ordinum Mozarabicus* 2,2 (236,34–39 Férotin): *Aures ad Dominum.* – [Resp.:] *Habemus ad Dominum nostrum. Sursum corda.* – [Resp.:] *Habemus ad Dominum nostrum. Deo ac Domino nostro, Patri, et Filio, et Spiritui Sancto, dignas laudes et gratias referamus.* – [Resp.:] *Equum et iustum, dignum et iustum est.* Vgl. zu diesen dialogischen Elementen auch den Beitrag von Els Rose in diesem Band.
62 Vgl. z. B. *Sacramentarium Gelasianum vetus* 1243 (183,25–27 M.): *Vere dignum et iustum est aequum et salutare nos tibi semper et ubique gratias agere, domine, sancte pater, omnipotens aeternae deus, per Christum dominum nostrum.*
63 Vgl. zur Terminologie Blaise (1966) 236–237.

nensis ist dieser Abschnitt durchgängig nur mit *per* angedeutet, was eine Rekonstruktion des Wortlautes wiederum unmöglich macht. Im *Altgelasianum*[64] haben sich unterschiedliche Formulierungen dieses Teils erhalten, die bisweilen ebenfalls mit *per* beginnen. Wahrscheinlich sind solche und ähnliche Formeln bereits für die *Collectio Veronensis* zu vermuten. In der altspanischen Liturgie findet sich eine größere Variationsbreite; der zum *Sanctus* überleitende Teil ist hier meist vollständig angeführt.[65]

2.1 Römische Liturgie

In der *Collectio Veronensis* besitzt nahezu jedes liturgische Formular eine eigene Präfation, während deren Zahl in späteren römischen Sakramentaren kontinuierlich reduziert wurde.[66] Als Beispiel dient im Folgenden die der *Collectio Veronensis* entnommene Präfation des Pfingsttages[67]:

---

[64] In den liturgischen Formularen wird dem Zelebranten der letzte Präfationsteil meist formelhaft angedeutet: *quem laudant angeli*; *et ideo cum angelis*, *per quem maiestatem tuam* u. a. Ausgeführt ist dieser letzte Abschnitt im *Sacramentarium Gelasianum vetus* 1243 (183,27–184,2 M.): *Per quem maiestatem tuam laudant angeli, adorant dominationes, tremunt potestates, caeli caelorumque virtutes ac beata syrafin [sic!] sotia [sic!] exultatione concaelebrant. Cum quibus et nostras voces ut admitti iubeas depraecamur supplice confessione dicentes.*

[65] Vgl. z. B. den Schlussteil der *inlatio* vom dritten Adventssonntag = *Liber mozarabicus sacramentorum* 23 (17,27–36 F.): *Presta, unita equalis et indivisa Trinitas, Deus noster: quem celorum multiplex et ineffabilis numerus, quem omnium Angelorum et Archangelorum millia, cum Senioribus et Virtutibus, cum Thronis et Dominationibus laudare non cessant. In cuius preconio quadriga illa senarum remigio suffulta alarum, intrinsecus et extrinsecus minutatim oculis luminata, cum Cherubin ymnum cantici novi concinunt, laudantes atque ita dicentes.* Neben solchen sehr feierlichen und hymnisch anmutenden Überleitungen gibt es häufig aber auch kurze, wie z. B. der Schlussteil der *inlatio* des ersten Adventssonntags = *Liber mozarabicus sacramentorum* 5 (12,7–9 F.): *Quem adorant Angeli, atque Archangeli, Throni, Dominationes ac Potestates, ita dicentes.*

[66] Vgl. Lang (2012) 130–131: In der *Collectio Veronensis* sind 267, im *Altgelasianum* 54, in der Abschrift des *Sacramentarium Hadriano-Gregorianum*, dem sogenannten *Hildoald-Sakramentar*, lediglich 14 Präfationen enthalten. Das *Missale Romanum* von 1570 weist nur noch 11 Präfationen auf; im 20. Jahrhundert wurde deren Zahl wieder leicht erhöht, bevor im *Missale Romanum* von 1970 der Bestand auf 84 angewachsen ist.

[67] *Collectio Veronensis* 217 (28,4–10 M.); *Praefatio* 433 (115 Moeller).

	Text	Quantitierender Prosarhythmus[68]	Akzentuierender Prosarhythmus[69]
Einleitung	*Vere dignum:*		
	haec tibi nŏ́strā cōnfḗssĭō,	2 γ	T γ
	pater gloriae, sḗmpĕr āccḗptā sĭt,	2 γζ	T γζ
	de cordibus filiorum promissĭṓnĭs ēmī́ssă:	1 γ	P γ
Hauptteil: Festgeheimnis	quia nihil sublī́mĭūs cōllā́tŭm	tr33 δ	TT δ
	aeclesiae tuae probā́mŭs ēxṓrdĭīs	2 γ	T γ
	quam ut evangelii tŭ́ī praēcṓnĭă	–	T γ
	linguis omnibus credentium ṓrā lŏquĕrḗntŭr;	1² γ	TT γ
	ut et ī́llā sēntḗntĭā,	2 γ	T γ
	quam superbae quondam tŭ́rrīs ēxtrŭ́ctĭō	2 γ	T γ
	mḗrŭĭt, sōlvĕrḗtŭr,	a3 δ	T γ
	et vocum varietas aedificationi		
	aeclesiasticae non difficultā́tēm fắcĕrĕt,	–	M γ
	sed augeret pŏ́tĭŭs ūnĭ́tā́tĕm:	t3 δ	V γ
Schlussformel / Überleitung zum *Sanctus*	per ...		

Die gedankliche Struktur des Textes tritt klar hervor. Der Hauptteil, eingeleitet durch *quia*, enthält das Festgeheimnis und ist formal die Begründung für die *confessio*, den Lobpreis.

Wie lässt sich die stilistische Gestaltung beschreiben? Als erstes sticht die Verwendung von Prosarhythmen hervor. Im Unterschied zu deren Gestalt innerhalb der klassischen Latinität orientiert man sich in der Spätantike in zunehmendem Maße nicht mehr primär an Quantitäten, sondern Wortakzenten. Es existieren auch Mischformen, in denen beide Prinzipien gleichermaßen berücksichtigt werden, was im oberen Beispiel häufig der Fall ist. Es handelt sich um den sogenannten *Cursus*,[70]

---

[68] Dem Abkürzungssystem liegt Henke/Menze (2014) 101–104 zu Grunde: 1 = Katalektischer Dikretikus (–◡––◡); 2 = Dikretikus (–◡––◡); 3 = Ditrochäus (–◡–◡); 33 = Dispondeus (–––◡); 4 = Hypodochmius (–◡–◡). Die „Anläufe", d. h. meist einem Ditrochäus bzw. Dispondeus vorgeschaltete Versfüße, werden folgendermaßen bezeichnet: a = Anapäst (◡◡–); t = Tribrachys (◡◡◡); tr = Trochäus (–◡). Mit griechischen Buchstaben werden die Zäsuren bezeichnet: α = Zäsur vor dem ersten Element (= Bildung der Klausel durch ein einziges Wort); β = Zäsur vor dem zweiten Element usw. Die Auflösung einer Länge in zwei Kürzen wird durch eine hochgestellte Ziffer bezeichnet: 1² = Katalektischer Dikretikus mit aufgelöster zweiter Länge (–◡◡◡–◡) usw.
[69] Vgl. Henke/Menze (2014) 115: P = Cursus planus (áaaáa); T = Cursus tardus (áaaáaa); V = Cursus velox (áaaaáa); TT = Cursus Tritrochaïcus (áaaáa); M = Cursus medius (áaaáa). Die griechischen Buchstaben bezeichnen wie auch bei den quantitierenden Klauseln die Zäsur.
[70] Vgl. für die erste Orientierung Norberg (1968) 86–89; Pennacini/Odelman (1994); Stotz (1998) 482–487.

der ebenfalls z. B. in den Schreiben der römischen Bischöfe[71] und nicht wenigen Kirchenvätertexten Verwendung findet. Mit dessen Hilfe wird ein Text nach Art unserer Satzzeichen in kleinere, in sich geschlossene Kola gegliedert, wodurch der Gedankengang geordnet und bei liturgischen Texten nicht zuletzt die Kantillation des Vortrags unterstützt wird. Diese Beobachtung lässt sich leicht verallgemeinern: Liturgische Gebetstexte folgen im Regelfall den rhythmischen Mustern der spätantiken Rhetorik.[72]

Darüber hinaus finden sich kleinere Hyperbata bzw. Klammerstellungen (*haec tibi nostra confessio; aeclesiae tuae probamus exordiis; superbae quondam turris*). Eine Enallage liegt in der Wendung *superbae quondam turris extructio* vor, denn schließlich ist der Vorgang des Baus, nicht der Turm selbst, als hochmütig zu bezeichnen. Der Hauptteil endet effektvoll mit einem antithetischen Chiasmus: *non difficultatem faceret – sed augeret potius unitatem*. Schließlich sei noch auf die Wortstellung innerhalb des zweiten Kolon des Hauptteils verwiesen: Dort wird das Objekt *evangelii tui praeconia* dem Subjekt und Prädikat (*credentium ora loquerentur*) vorangestellt, was in literarischem Latein nicht ungewöhnlich ist. Diese Beobachtung unterstreicht die auch in der Wortfolge auf eine gewisse *variatio* ausgelegte rhetorische Prägung des Textes. Die im umgangssprachlichen Latein bevorzugte Wortstellung ist tendenziell wie später in den romanischen Sprachen die Abfolge Subjekt – Prädikat – Objekt.[73]

Diese Präfation ist überdies ein Beispiel für die Übernahme von Passagen eines römischen Textes in die altspanische Liturgie. In die wesentlich umfangreichere *inlatio* des Pfingstfestes im *Liber mozarabicus sacramentorum* sind centonenartig einige Zitate aus ihr eingefügt worden.[74] Dass der Verfasser der *inlatio* das römische Formelgut in seinen Text eingebaut hat, ist wahrscheinlicher, als dass der Autor der *praefatio* die *inlatio* als Vorlage verwendet und durch Streichungen und Änderungen der Wortstellung zwecks rhythmischer Gestaltung bearbeitet hat.

Inhaltlich verarbeitet die vorliegende Präfation das biblische Motiv des pfingstlichen Sprachenwunders und stellt es dem Turmbau von Babel kontrastierend gegenüber[75]: Die babylonische Sprachverwirrung ist durch Pfingsten an ihr Ende gekommen; die *varietas vocum* ist nicht mehr Hindernis der christlichen Mission,

---

71 Vgl. Di Capua (1935/1947) sowie die exemplarische Analyse des Prosarhythmus der ersten Dekretale des Siricius bei Hornung (2011) 63–72.
72 Vgl. Di Capua (1912); Stummer (1954) 269–281. Mohlberg (1956) LII–LIII bietet eine umfängliche Bibliographie zur Verwendung von Prosarhythmen in liturgischen Texten.
73 Vgl. Kiesler (2006) 68.
74 *Liber mozarabicus sacramentorum* 788 (339,34–33 F.). Vgl. Coebergh (1949) 297–300, hier 299: „D'abord il est clair que l'Inlatio mozarabe a emprunté une grande partie à la préface du sacramentaire léonien alléguée".
75 Eine ähnliche Gegenüberstellung findet sich bei Cyrill von Jerusalem, *Catechesis* 17,17 (989A–B Migne). Jakob von Sarug, *Homilia* 1 (Übers. 271–285 Landersdorfer) vergleicht beide biblischen Geschichten ebenfalls miteinander, versteht die babylonische Sprachverwirrung jedoch nicht nur als Strafe, sondern auch als Gnadengabe Gottes, der auf diese Weise gleichsam der Überbevölkerung in Babylon ein Ende machte, indem die Menschen gezwungen waren, sich über die Erde zu verteilen.

sondern wird im Pfingstwunder in die Einheit überführt. Die in der Präfation typologisch aufeinander bezogenen Perikopen werden in die Form und Struktur spätantiker Kunstprosa gekleidet. Auf diese Weise erfährt die biblische Tradition im Vergleich zur Sprachform und Stilistik der lateinischen Bibelübersetzungen eine deutliche sprachliche Überhöhung und Stilisierung.

2.2 Altspanische Liturgie

Im Unterschied zur Mehrzahl der römischen Präfationen der *Collectio Veronensis* ist die altspanische *inlatio* häufig deutlich umfangreicher und in ihrer Sprache hymnischer und überschwänglicher; es handelt sich in den altspanischen Messformularen meist um den längsten Gebetstext.[76] Das vorliegende Beispiel, eine *inlatio* für den Ostersonntag, ist in Relation zu anderen Texten recht knapp gehalten.[77]

	Text	Quantitierender Prosarhythmus	Akzentuierender Prosarhythmus
Einleitung	*Dignum et iustum est nos tibi grā́tiās ā́gĕrĕ,*	1³ δ	T δ
	Domine sancte, Pater eterne,		
	omnī́pŏtēns Dĕ́ŭs,	–	P δ
	et Ihesu Christo Fī́lĭō tŭ́ō	–	P δ
	Dŏ́mĭnō nŏ́strō:	–	P δ
Hauptteil: Festgeheimnis	*qui tecum simul et cum Spī́rī́tū sā́nctō*	1 δ	P δ
	diem gemino luminis dĕ́cŏrĕ sānctī́ficāns,	–	?
	et luci eam dedicavit pā́rĭtĕr ĕ́t sălū́tī:	t3 δε	V δε
	in hanc[78] non exstā́ntĭā́ crĕ́āns,	–	P δ
	in hanc creata redimḗndō sālvī́ficāns;	–	T γ
	hanc in conditione tḗmpŏrŭm prī́măm,	1 δ	P δ
	hanc in reparatione hominis effī́cĭēns glōrĭṓsăm;	a3 δ	V δ
	in ea lucem istam visī́bĭlēm crĕ́āns,	–	P δ
	in ea hodierne resurrectionis glŏ́rĭăm mănī́fĕ́stāns.	–	V δ
	In hac quippe ipse solutis dolŏ́rĭbŭs īnfḗrnī,	–	TT δ
	devicto diā́bŏlō trĭūmphā́vĭt,	–	V δ
	cum mortem mŏ́rĭēns vī́cĭt	–	P δ
	et sanguine suo terrena celestibus rĕ̆cōncī́lĭā́vĭt.	–	TT α
Überleitung zum *Sanctus*	*Unde merito illi ŏ́mnēs Āngĕ́lī(s)*	–	M γ
	omnesque sancti non cĕ́ssānt clāmā́rĕ	–	P γ
	ī́tă dī́cĕ́ntēs (cursus planus)	–	P γ

---

76 Vgl. Férotin (1912) XXII.
77 *Liber mozabicus sacramentorum* 615 (256,18 – 36 F.); *Praefatio* 1261 (389 Moeller).
78 Anstelle des Akkusativs wäre hier wie auch im folgenden Kolon ein Ablativ zu erwarten. Ob der Akkusativ durch einen Abschreibefehler in den Text gelangt ist, lässt sich nicht mehr eruieren.

Der Aufbau der *inlatio* ist deckungsgleich mit der Struktur der römischen *praefatio*. Obligatorisch ist ebenso der Gebrauch des *Cursus*, der den Text wiederum in kleinere Sinneinheiten gliedert. Die Beachtung von Quantitäten spielt im Unterschied zum eben behandelten Text jedoch erkennbar keine Rolle mehr, sondern der Prosarhythmus orientiert sich an den Wortakzenten.[79] Es finden sich wiederum Hyperbata, wie z. B. *hanc in reparatione hominis efficiens gloriosam*. Eine kunstvolle Wortstellung liegt bei *et luci eam dedicavit pariter et saluti* vor. Die auf einer Ebene liegenden Dative *luci* und *saluti* sind recht weit voneinander getrennt, wodurch hier offenbar *saluti* hervorgehoben werden soll. Auch rhythmische Gründe sind für diese Wortstellung ausschlaggebend.[80] Ferner fallen die zahlreichen weitgehend parallel gebauten Kola ins Auge: *hanc in conditione temporum primam, hanc in reparatione hominis efficiens gloriosam* u. a. Diese ergeben sich aus der Aussageintention, insofern der Sonntag, der Tag der Auferstehung Christi, als Kulminationspunkt des göttlichen Heilshandelns mit dem ersten Schöpfungstag verknüpft wird[81]: Gott heiligt diesen Tag „durch den zweifachen Glanz des Lichtes" (*gemino luminis decore*), d. h. durch die Erschaffung des Lichtes und den Glanz der Auferstehung. Die anaphorischen Eingänge mehrerer Kola im Hauptteil (*in hanc* [...] *in hanc; hanc* [...] *hanc; in ea* [...] *in ea*) verleihen der *inlatio* Nachdruck und unterstreichen den vom ersten Schöpfungstag bis zur Auferstehung gespannten Bogen.

Die *inlatio* verwendet neben Lichtmetaphorik ebenso eine ausgeprägte Siegesmotivik: Wie ein antiker Feldherr triumphiert Christus nach dem Sieg über den Teufel (*devicto diabolo triumphavit*); im Tod ist er Sieger, ausgedrückt durch die Juxtaposition von stammgleichen Wörtern in der Junktur *mortem moriens vicit*. Beide Elemente, Licht- wie Siegesmetaphorik, sind nicht untypisch für österliche liturgische Texte und finden sich z. B. auch in den *Praeconia paschalia*.[82]

---

79 Vgl. Díaz y Díaz (1965) 83: „En nuestros textos el ritmo clausular, generalmente más amplio que para los solos finales de período, es ya acentuativo".
80 Vgl. mit weiteren Belegen Di Capua (1912) 476.
81 Diese doppelte Konnotation des Sonntags liegt schon bei Justin Martyr, *1 Apologia* 67,8 (122 Munier) vor: Τὴν δὲ τοῦ ἡλίου ἡμέραν κοινῇ πάντες τὴν συνέλευσιν ποιούμεθα, ἐπειδὴ πρώτη ἐστὶν ἡμέρα, ἐν ᾗ ὁ θεὸς τὸ σκότος καὶ τὴν ὕλην τρέψας κόσμον ἐποίησε, καὶ Ἰησοῦς Χριστὸς ὁ ἡμέτερος σωτὴρ τῇ αὐτῇ ἡμέρᾳ ἐκ νεκρῶν ἀνέστη.
82 Vgl. z. B. folgende Passagen aus dem im *Missale Gothicum* 225 überlieferten ursprünglich norditalischen, später in die römische Liturgie eingewanderten *Praeconium paschale* „Exultet iam angelica turba caelorum" (437–439 Rose [hier 437,4–438,26 R.]): [...] *Gaudeat se tantis illius inradiata fulgoribus et aeterni regni splendore lustrata totius urbis* (sic!) *se senciat amisse* (sic!) *caliginem.* [...] *Quapropter adstantibus vobis, fratres karissimi, ad tam miram sancti huius luminis claritatem* [...] *Haec nox est, in qua distructis vinculis mortis, Christus ab inferis victor ascendit.*

3 Liturgische Rhetorik zwischen kultureller Transformation und Gottesverehrung

Selbstverständlich existieren rhetorisch noch aufwendiger und kunstvoller gestaltete liturgische Texte, wie besonders die erwähnten *Praeconia paschalia*, die unter intensiver Verwendung des *Cursus*[83] eine hymnische, stellenweise geradezu poetische Sprache und Wortwahl aufweisen. Aber auch die beiden vorgestellten Beispiele haben einen guten Einblick in die rhetorische Formung liturgischer Texte ermöglicht. Es ist deutlich geworden, dass sie nicht die lateinische Umgangssprache breiter Volksschichten widerspiegeln,[84] was schon in der Spätantike das Verstehen für nicht literarisch-rhetorisch gebildete Gläubige erheblich erschwert haben dürfte.[85] Hinzu kommt, dass sich der Abstand des literarisch durchgeformten Lateins zu den gesprochenen Varietäten dieser Sprache, aus denen sich die romanischen Sprachen entwickeln sollten, im Laufe der Zeit kontinuierlich vergrößert.[86] Warum also greift man in einem solchen Maße auf rhetorische Gestaltungselemente zurück?

Zunächst muss man sich vor Augen führen, dass die liturgischen Texte für den öffentlichen Gottesdienst der Kirche bestimmt sind und laut vorgetragen wurden,

---

83 Vgl. hierzu Di Capua (1927).
84 Vgl. u. a. Mohrmann (1959) 53–54. Dies bedeutet nicht, dass sich hier und da Elemente der Umgangssprache, d.h. eines niedrigeren Sprachregisters, nicht auch in liturgischen Texten nachweisen lassen können, wie Rose (2004 und 2005) gezeigt hat. Misst man diese aber am stilistischen Gesamteindruck, den die Gebetstexte der römischen wie außerrömischen Sakramentare hinterlassen, scheint dies ein sicherlich ungewollter Tribut an tief verwurzelte Sprachgewohnheiten ihrer Verfasser zu sein.
85 Vgl. Klauser (1965) 44: „Die Gestaltung des Gebets nach den Gesetzen der römischen Rhetorik und die Verwendung der altertümlichen römischen Sakralsprache hat zur Folge, dass die Ausdrucksweise der Gebete nicht bloß hoch über der Alltagsrede liegt – das muss man bis zu einem gewissen Grade von jeder Liturgie fordern –, sondern so hoch darüber, dass wohl schon der römische Durchschnittschrist des vierten, fünften und sechsten Jahrhunderts den Gebetsformeln nicht immer zu folgen vermochte". Diese sicherlich treffende Vermutung müsste im Rückgriff auf neuere Forschungen zum sogenannten „Vulgärlatein" illustriert und konkretisiert werden. Hierbei handelt es sich um eine methodisch herausfordernde Aufgabe, da das Umgangslatein literarisch ungebildeter Schichten aufgrund des in der Natur der Sache liegenden Fehlens unmittelbarer Quellen nur indirekt erschlossen werden kann. Denn auch einschlägige literarische oder epigraphische Quellen können das gesprochene Umgangslatein in seiner von verschiedenen Faktoren abhängigen Diversität niemals eins zu eins abbilden. Vgl. Euler (2005) 44: „Das tatsächliche Vulgärromanisch in der Endphase Westroms und auch kurz danach schimmert allenfalls durch die Folie spätlateinischer Texte durch, und seien sie noch so trivialen Inhalts. [...] Weder einer Nonne Egeria noch einem Mediziner des 6. Jahrhunderts wäre es eingefallen, etwas in einem reinen Vulgärromanisch niederzuschreiben – ebenso wenig, wie vielleicht heute in Bayern oder Österreich eine Ordensschwester ihren Bericht von einer Pilgerreise oder ein Tierarzt seine Untersuchungsergebnisse in streng bairischem Dialekt statt auf Hochdeutsch abfassen würde, selbst wenn beide ein stark bairisch beeinflusstes Hochdeutsch sprechen".
86 Vgl. mit zahlreichen Beispielen Euler (2005) 16–45; Kiesler (2006) 105–110. Vgl. zu diesem Problem den Beitrag von Carmen Cardelle de Hartmann in diesem Band.

genauer gesagt kantilliert.[87] Es liegt in spätantiker Perspektive folglich sehr nahe, diese Gebete auch rhetorischen Gesetzen entsprechend zu gestalten.[88]

Hinzu kommt ein weiterer zentraler Aspekt: In der Zeit der zweiten Hälfte des 4. und darüber hinaus im 5. Jahrhundert wird von der Forschung der Plan einer bewussten Christianisierung der römischen Kultur verortet. Hierzu gehören etwa aufwändige Bauprojekte großer Basiliken in Rom,[89] die fortan das Stadtbild prägen sollten, aber auch die Etablierung eines stadtrömischen christlichen Festkalenders, greifbar im *Kalender des Filocalus*, dem sogenannten *Chronographen vom Jahre 354*.[90] In diesem Kontext ist auch der nach vorherrschender Meinung unter Damasus abgeschlossene Prozess des Übergangs von der griechischen zur lateinischen Liturgiesprache in Rom zu verorten.[91] Für die flächendeckende Gewinnung einer geistig-kulturellen Elite, die sprachlich-literarische Bildung als *conditio sine qua non* betrachtete, war eine elaborierte und den Gesetzen lateinischer Kunstprosa gehorchende Gebetssprache ein nicht zu unterschätzender Baustein. Die verbale wie non-verbale Gestaltung des Gottesdienstes ist gleichsam eine Visitenkarte, eine Selbstpräsentation der Kirche nach innen wie nach außen. Besonders hier hatte sie gerade gegenüber den geistigen Eliten der spätantiken Welt durch die in sprachlich-stilistischer Hinsicht stellenweise sehr dürftigen lateinischen Bibelübersetzungen einen deutlichen Minuspunkt auszugleichen.[92] Es scheint plausibel, dass vergleichbare kulturelle Transformationsprozesse nicht nur in Rom und Italien, sondern auch in den Provinzen stattgefunden haben, findet sich doch auch dort eine nach den gleichen rhetorischen Prinzipien gestaltete Liturgiesprache.

Eine ebenso wichtige Rolle dürfte darüber hinaus der Wille gespielt haben, die Kommunikation mit Gott auf angemessene und ehrfürchtige Art und Weise zu ge-

---

87 Vgl. Jungmann (1941) 110–111.
88 Vgl. Haessly (1938) 4–5; Lang (2012) 94.
89 Vgl. Brandenburg (2013) 274–280.
90 Vgl. Divjak/Wischmeyer (2014). Neben Verzeichnissen der Konsuln und Stadtpräfekten finden sich dort auch Übersichten zu stadtrömischen Märtyrerfesten und den Depositionstagen und -orten der römischen Bischöfe von 255–352. Vgl. Schmidt (1989) 180: „Der Kalender wie das chronographische Corpus insgesamt sind als Symptome einer noch paganen und schon christlichen Übergangskultur von kapitaler Aussagekraft".
91 Vgl. zusammenfassend Lang (2012) 67–75; Vogel (1986) 293–296. Man wird insgesamt von einem längeren Prozess ausgehen müssen, der seine Wurzel sehr wahrscheinlich schon in der Mitte des 3. Jahrhunderts besitzt. Genauere Einzelheiten lassen sich aus den spärlichen Quellen leider nicht erkennen.
92 Vgl. oben Anm. 3 und 4. Augustinus, *De catechizandis rudibus* 9,13 (135,1–136,38 Bauer) berichtet von Absolventen antiker Grammatik- und Rhetorenschulen (*quidam de scholis usitatissimis grammaticorum oratorumque venientes*), die spotten, wenn sie Bischöfe hören, die mit Barbarismen und Solözismen Gott im Gebet anrufen und selbst nicht verstünden, was sie vortrügen (*si aliquos antistites et ministros ecclesiae forte animadverterint vel cum barbarismis et soloecismis deum invocare, vel eadem verba quae pronuntiant non intellegere perturbateque distinguere*). Augustinus kritisiert dieses Verhalten nicht, weil er solche sprachlichen Entgleisungen nicht für verbesserungswürdig hielte (*non quia ista minime corrigenda sunt*), sondern weil sie im gläubigen Sinn (*pie*) zu ertragen seien.

stalten. Offensichtlich soll auch durch die sprachliche Form der Respekt vor Gott, dessen Erhabenheit und Würde sowie der Abstand zwischen Geschöpf und Schöpfer zum Ausdruck gebracht und auf diese Weise die Gebetserhörung befördert und gesichert werden. Zumindest die kirchliche Elite der Spätantike hat im Regelfall selbst eine rhetorische Ausbildung absolviert. Die liturgische Verwendung von Sprachregistern, die täglich auf der Straße oder dem Markt zu hören waren, scheint aus ihrer Perspektive für die unmittelbare Kommunikation mit Gott im Rahmen des *cultus publicus* nicht in Frage gekommen zu sein, zumindest nicht *intentionaliter*.[93] Demgegenüber wurden die lateinischen Bibelübersetzungen trotz offenkundiger sprachlicher Mängel weitgehend unangetastet gelassen, vielleicht auch aufgrund ihres Verkündigungscharakters, der eine leichter zu verstehende Sprachform erforderte. Sogar die Revision dieser Übersetzungen durch Hieronymus führte bekanntlich nicht zur Ausmerzung aller für grammatisch geschulte Ohren anstößigen Formulierungen,[94] offenbar aus Respekt vor einem bereits Generationen vertrauten Wortlaut und den daraus resultierenden christlichen Lese- und Hörgewohnheiten[95]. Die Absicht, eine im spätantik-kulturellen Rahmen als angemessen und würdig empfundene liturgische Gebetssprache zu schaffen, dominierte im Ergebnis offensichtlich über die Frage nach einer für breite Volksschichten unmittelbaren Eingängigkeit und Verständlichkeit.[96]

In diesem Bemühen um Stil und Form konnten die lateinischen Christen auf Elemente der pagan-römischen Sakralsprache zurückgreifen, wie sie Anton Baumstark am Beispiel des *Canon Romanus* nachgewiesen hat.[97] Wirkmächtig werden jedoch auch spätantike Modelle des Herrscherlobs, die mit biblischen Vorstellungen

---

[93] Angesichts mangelnder Bildung von Bischöfen muss es durchaus vorgekommen sein, dass sie die liturgischen Gebete in sprachlicher, teils auch in theologischer Hinsicht nicht einwandfrei formuliert haben (vgl. Anm. 92). Es ist die Zeit des allmählichen Übergangs von einem improvisationsartigen Vortrag von Gebeten durch den Bischof hin zur Verwendung normierter und approbierter Sammlungen liturgischer Gebete. Vgl. hierzu für Nordafrika mit Belegen Vogel (1986) 34–35 und allgemein zur Technik frühchristlicher Improvisation liturgischer Texte Budde (2001).
[94] Vgl. Stummer (1928) 117–119.
[95] In *Epistula* 71,5 (253,1–16 Goldbacher) berichtet Augustinus Hieronymus, dass ein nordafrikanischer Bischof dessen Übersetzung des Buches *Jona* im Gottesdienst verwendet habe und aufgrund einer dort abweichenden Wortwahl in Jon 6,4 ein regelrechter Aufruhr (*tantus tumultus*) unter den Gläubigen entstanden sei. Der Bischof war gezwungen, die Meinung von Juden (*Iudaeorum testimonium*) einzuholen, welches die richtige Übersetzung sei. Vgl. zum Übersetzungsproblem Fürst (1994).
[96] Mohrmann (1968) 345–347 unterscheidet in Rückgriff auf die Forschung von Ferdinand de Saussure u. a. zwei wesentliche Funktionen von Sprache: Kommunikation (*communication*) und Ausdruck (*expression*). Sakralsprachen würden aufgrund ihrer Stilisiertheit schwerpunktmäßig dem zweiten Typ angehören: „Diese stilisierte Sprachform verringert in ihrer isolierten Stellung die Verständlichkeit zugunsten anderer Elemente, die wegen ihrer geistigen Wirkung bevorzugt werden: sie gehört also mehr dem Gebiet der expression als dem der communication an". Ibid. 348–350 nennt Mohrmann drei Charakteristika von Sakralsprachen, die auch auf die lateinische Liturgiesprache zutreffen: 1) Konservativismus, 2) Tendenz, exotische Fremdwörter zu verwenden (Sabaoth, Hosanna, Alleluia, Amen etc.) und 3) syntaktische und lautliche Stilisierung.
[97] Vgl. Baumstark (1948).

interagieren. Gott wird bereits in biblischer Perspektive in herrschaftlichen Kategorien wahrgenommen und verehrt, was sich in der Spätantike fortsetzt: So wird er als *pater, qui omnia regis* angerufen, wie es am Beginn des Kehrverses eines psalmodischen Hymnus des 4. Jahrhunderts heißt.[98] Im *Te Deum* wird – unter intensiver Nutzung biblischer Tradition[99] – im ersten Teil eine Art himmlischer Hofstaat geschildert, woran sich im zweiten Abschnitt akklamative Anrufungen Christi anschließen, die in abschließende Bitten münden. Philippe Bernard hat in diesem Kontext die Ähnlichkeit zwischen spätantik-politischer und religiös-liturgischer Rhetorik detailliert herausgearbeitet[100]: Der Aspekt der *gratiarum actio* z. B., der Danksagung, komme in panegyrischen wie in liturgischen Zusammenhängen – hier vor allem in den Präfationen – vor. Im Herrscherlob nähmen Begrifflichkeiten wie *clementia, liberalitas* oder *indulgentia* einen zentralen Raum ein. Diese besitzen eine hohe Anschlussfähigkeit an die Liturgie, insofern sich im spätantiken Denken Konvergenzen zwischen biblischer Gottesvorstellung, die von königlich-herrschaftlichen Elementen durchzogen ist,[101] und spätantiker Herrschaftstopik ergeben[102]: Wenn z. B. Gott im römischen Kanon als *clementissime pater* angesprochen wird, ist dies, wie Bernard Botte betont,[103] ein eher im politischen als im biblischen Vokabular häufig belegter Begriff; zugleich aber sind Güte und Barmherzigkeit Gottes auch fester Bestandteil biblischer Gottesrede. Die im spätantiken Denken verankerte Entsprechung von göttlicher und irdischer Herrschaft sowie deren Sakralisierung[104] dürfte die unmittelbare Plausibilität derartiger Übernahmen noch verstärkt haben. Es wird Aufgabe künftiger Forschung sein, diese Zusammenhänge zu präzisieren und vor ihrem spätantiken Hintergrund zu deuten.

4 Resümee

Kehren wir abschließend zu der frei nach Tertullian[105] und Hieronymus[106] mit einem Augenzwinkern formulierten Frage im Titel des Vortrags zurück: Was hat Cicero mit der christlichen Liturgie, d. h. der formal-sprachlichen Gestaltung ihrer Gebetstexte, eigentlich zu schaffen? Natürlich huldigt man in der Abfassung liturgischer Texte

---

98 *Psalmus responsorius* (105,1 Roca Puig).
99 Vgl. hierzu Maringer (1983).
100 Vgl. Bernard (2001); ders. (2002) 146–155 mit weiterführenden bibliographischen Angaben und zahlreichen Beispielen.
101 Vgl. Janowski (2007).
102 Vgl. Bernard (2001) 96–97.
103 Botte/Mohrmann (1953) 74: „Titre impérial abondamment attesté par les inscriptions".
104 Vgl. Höfert (2015) 129–150.
105 Tertullian, *De praescriptione haereticorum* 7,9 (193,32–34 Refoulé): *Quid ergo Athenis et Hierosolymis? Quid academiae et ecclesiae? Quid haereticis et christianis?*
106 Hieronymus, *Epistula* 22,29,7 (189,2–3 H.): *Quid facit cum psalterio Horatius? Cum evangeliis Maro? Cum apostolo Cicero?*

keinem rigiden Ciceronianismus,[107] bemüht sich also nicht darum, die Sprache und Semantik Ciceros sklavisch nachzuahmen. So werden zahlreiche Termini des christlichen Lateins selbstverständlich und notwendigerweise in euchologischen Texten verwendet. Bei allem evidenten Bemühen um ein möglichst literarisch hochstehendes Latein sind die Schöpfer der liturgischen Texte auch Kinder ihrer Zeit, denen durchaus Verstöße gegen das unterlaufen, was man in den spätantiken Rhetorenschulen und dann erneut seit der Renaissance unter dem Konstrukt einer auf Cicero und Caesar zurückgeführten klassischen Normgrammatik versteht. Auch die für den antiken Prosarhythmus charakteristische Beachtung der Quantitäten wird in der Spätantike infolge des Quantitätenkollapses,[108] also des Verlusts der Fähigkeit, lange und kurze Silben zu unterscheiden, mehr und mehr zugunsten der Wortakzente aufgegeben. Die lateinisch-liturgischen Texte stehen hier unverkennbar in direkter Tradition zur spätantik-lateinischen Rhetorik. Diese besitzt ihre Wurzeln jedoch in der Übertragung griechischer Rhetorik in den römischen Raum, bei der Cicero eine zentrale vermittelnde Rolle eingenommen hat. Aufgrund seiner einschlägigen rhetorischen Werke und deren Verwendung im Kontext der Schule sollte er auch in der Folgezeit, vermittelt durch Quintilian, ein zentraler Bezugspunkt bleiben. Die Pionierarbeit Ciceros hat letztendlich also die Grundlagen gelegt, die in spätantiker Gestalt auch für die christlich-lateinische Gebetssprache prägend werden sollten.

Insgesamt lässt sich die Herausbildung der lateinischen Liturgiesprache als transformierendes Zusammenspiel unterschiedlicher Traditionsstränge begreifen, wie folgendes Schema illustriert:

Das Grundgerüst bildet die christlich-biblische Tradition, wie sie sich in aus der Heiligen Schrift gespeisten Glaubensüberzeugungen, aber auch einem voll entwickelten christlich–lateinischen Vokabular ausdrückt, das selbstverständlich auch die Gebetssprache durchzieht. In stilistischer Hinsicht sind neben der spätantiken Rhetorik im Allgemeinen und den Stilelementen der Panegyrik im Besonderen auch Charakteristika paganer Sakralsprache sowie die Verwendung klassisch-poetischen Vokabulars[109] formgebend, worauf hier leider nicht ausführlicher eingegangen werden konnte. Die christliche spätantike Gebetssprache ist folglich ein klassisches Beispiel für das im Besonderen von Christian Gnilka herausgearbeitete Konzept des *usus iustus*, des methodischen Umgangs der Christen mit der sie umgebenden spätantiken Kultur.[110] Die Verfasser der spätantiken Orationen, Präfationen u. a. gebrauchen in der paganen Antike entwickelte rhetorische Modelle und Figuren und umkleiden mit diesen ihre an Gott gerichteten Bitten sowie den Lobpreis seiner *maiestas* und seiner Heilstaten gleichsam wie mit einem edlen, aus kostbaren Stoffen kunstvoll gewebten Gewand.

---

107 Vgl. hierzu Tateo (1994) 229: Der Ciceronianismus ist vor allem ein Phänomen der Renaissance, besitzt aber seine Wurzeln bereits in der spätantiken Wirkungsgeschichte Ciceros.
108 Vgl. Stotz (1996) 4–5.
109 Vgl. Bernard (2001) 95 für die gallischen *contestationes*.
110 Vgl. hierzu einführend Gnilka (1984) 44–91.

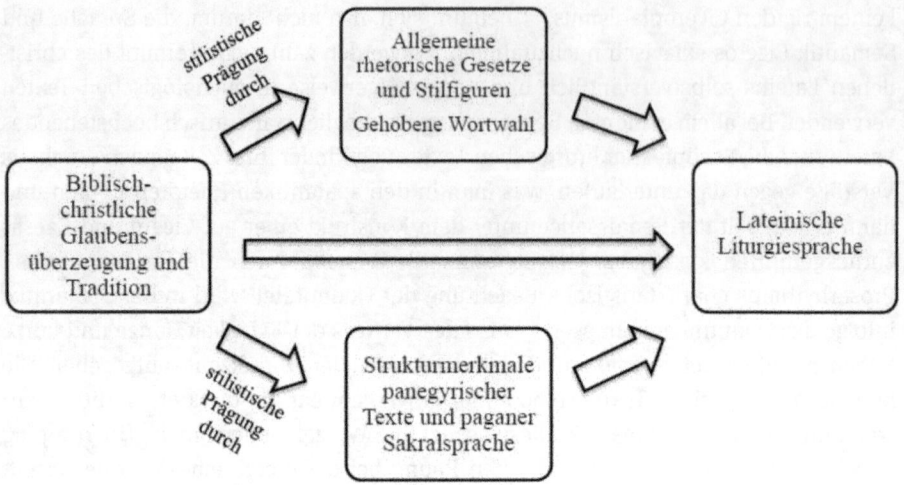

Abb. 1: Genese der lateinischen Liturgiesprache.

Die durch diesen Transformationsprozess im 4./5. Jahrhundert entstandenen lateinischen Gebetsformeln und sprachlich-stilistischen Ausdrucksformen bleiben durch Mittelalter und Neuzeit hindurch bis in die unmittelbare Gegenwart hinein prägend. Zum einen finden sich zahlreiche spätantike Gebetstexte in den *Missalia Romana* von 1570 bzw. 1970 wieder. Zum anderen gehorchen auch neu geschaffene Orationen und Präfationen bis auf den heutigen Tag[111] der in der Spätantike entwickelten Formensprache. Die lateinische Liturgiesprache ist nicht zuletzt ein eindrucksvolles Beispiel für die prägende Kraft und Nachhaltigkeit spätantiker Ingeniosität.

---

[111] Der überwiegende Teil neuformulierter lateinischer euchologischer Texte sind Orationen für die Feste neuer Heiliger. Vgl. z. B. die *Oration für den Gedenktag des Heiligen Johannes XXIII: Omnipotens sempiterne Deus, qui per orbem terrarum in beato Ioanne, papa, Christi boni pastoris vivum effulgere fecisti exemplum, concede nobis, quaesumus, ut, eius intercessione, abundantiam christianae caritatis laetanter effundere valeamus. Per Dominum.* Neugeschaffene Präfationen sind demgegenüber wesentlich seltener. Vgl. als jüngstes Beispiel die *Präfation zum Fest der Heiligen Maria Magdalena: Vere dignum et iustum est, aequum et salutare, nos te, Pater omnipotens, cuius non minor est misericordia quam potestas, in omnibus praedicare per Christum Dominum nostrum. Qui in horto manifestus apparuit Mariae Magdalenae, quippe quae eum dilexerat viventem, in cruce viderat morientem, quaesierat in sepulcro iacentem, ac prima adoraverat a mortuis resurgentem, et eam apostolatus officio coram apostolis honoravit ut bonum novae vitae nuntium ad mundi fines perveniret. Unde et nos, Domine, cum Angelis et Sanctis universis tibi confitemur, in exsultatione dicentes.*

Bibliographie

Quellen

Augustinus, *Confessiones* = Lucas Verheijen (Hg.), *Sancti Augustini Confessionum libri XIII* (CChr.SL 27), Turnhout 1981.

Augustinus, *De catechizandis rudibus* = Johannes B. Bauer (Hg.), *Sancti Aurelii Augustini De catechizandis rudibus* (CChr.SL 46), Turnhout 1969, 121–178.

Augustinus, *De doctrina christiana* = Joseph Martin (Hg.), *Sancti Augustini De doctrina christiana* (CChr.SL 32), Turnhout 1962, 1–167.

Augustinus, *Enarratio in psalmum 36* = Eligius Dekkers und Jean Fraipont (Hgg.), *Sancti Aurelii Augustini Enarrationes in Psalmos I–L* (CChr.SL 38), Turnhout 1956, 336–382.

Augustinus, *Epistula 71* = Alois Goldbacher (Hg.), *S. Aureli Augustini Hipponiensis episcopi Epistulae 2: Ep. XXXI–CXXIII* (CSEL 34,2), Wien 1898, 248–255.

Collectio Veronensis = Leo Cunibert Mohlberg (Hg.), *Sacramentarium Veronense (Cod. Bibl Capit. Veron. LXXXV [80])* (Rerum ecclesiasticarum documenta. Series maior. Fontes 1), Rom 1956.

Cyrill von Jerusalem, *Catechesis 17* = Jaques P. Migne (Hg.), *S. P. N. Cyrilli archiepiscopi Hierosolymitani opera quae extant omnia* (PG 33), Paris 1857, 967–1012.

Hieronymus, *Epistula 22* = Isidor Hilberg (Hg.), *Sancti Eusebii Hieronymii Epistulae 1: Epistulae I–LXX* (CSEL 54), Wien 1996, 143–211.

Hilarius von Poitiers, *Instructio in psalmum 13* = Jean Doignon (Hg.), *Sancti Hilarii Pictaviensis episcopi Tractatus super psalmos. Instructio psalmorum in psalmos I–XCI* (CChr.SL 61), Turnhout 1997, 76–80.

Isidor von Sevilla, *De ecclesiasticis officis* = Christopher M. Lawson (Hg.), *Sancti Isidori episcopi Hispalensis De ecclesiasticis officiis* (CChr.SL 113), Turnhout 1984.

Jakob von Sarug, *Homilia 1* = Simon Landersdorfer (Übers.), *Ausgewählte Schriften der syrischen Dichter. Cyrillonas, Baläus, Isaak von Antiochien und Jakob von Sarug, aus dem Syrischen übersetzt* (BKV, 1. Reihe 6), Kempten 1912, 271–285.

Justin Martyr, *1 Apologia* = Charles Munier (Hg.), *Saint Justin Apologie pour les Chrétiens. Édition et traduction* (Paradosis 39), Fribourg 1995.

Laktanz, *Divinae institutiones* = Pierre Monat (Hg.), *Lactance, Institutions divines. Livre V* 1 (SC 204), Paris 1973.

Liber mozarabicus sacramentorum = Marius Férotin (Hg.), *Le Liber Mozarabicus Sacramentorum et les manuscrits Mozarabes* (Monumenta ecclesiae liturgica 6), Paris 1912, 10–666.

Liber Ordinum Mozarabicus = Marius Férotin (Hg.), *Le Liber Ordinum en usage dans l'église Wisigothique et Mozarabe d'Espagne du cinquième au onzième siècle* (Monumenta ecclesiae liturgica 5), Paris 1904.

Missale Gothicum = Els Rose (Hg.), *Missale Gothicum e codice Vaticano Reginensi latino 317 editum* (CChr.SL 159D), Turnhout 2005.

Oration für den Gedenktag des Heiligen Johannes XXIII = Kongregation für den Gottesdienst und die Sakramentenordnung (Hg.), *Die 11 octobris, Sancti Ioannis XXIII, papae,* http://www.vatican.va/roman_curia/congregations/ccdds/documents/rc_con_ccdds_doc_20140912_testi-liturgici-gxxiii_lt.html (aufgerufen am 11.12.2017).

Praefatio 433 = Edmond Moeller (Hg.), *Corpus Praefationum. Textus (A–P)* (CChr.SL 161A), Turnhout 1980, 115.

Praefatio 1261 = Edmond Moeller (Hg.), *Corpus Praefationum. Textus (Q–V)* (CChr.SL 161C), 389.

Präfation zum Fest der Heiligen Maria Magdalena = Kongregation für den Gottesdienst und die Sakramentenordnung (Hg.), *Dekret zur Auflistung der liturgischen Feier der heiligen Maria Magdalena im Römischen Generalkalender im Rang eines Festes (3. Juni 2016). Praefatio: de *apostolorum apostola*, http://www.vatican.va/roman_curia/congregations/ccdds/documents/sanctae-m-magdalenae-decretum_la.pdf (aufgerufen am 11.12.2017).

Psalmus responsorius = Ramon Roca Puig (Hg.), *Himne a la Verge Maria. „Psalmus Responsorius". Papir llatí del segle IV*, 2. Aufl., Barcelona 1965, 105–109.

Sacramentarium Gregorianum-Hadrianum = Jean Deshusses (Hg.), *Le sacramentaire grégorien. Ses principales formes d'après les plus anciens manuscrits* 1 (Spicilegium Friburgense 16), Fribourg 1971, 85–348.

Sacramentarium Gregorianum Paduense = Jean Deshusses (Hg.), *Le sacramentaire grégorien. Ses principales formes d'après les plus anciens manuscrits* 1 (Spicilegium Friburgense 16), Fribourg 1971, 609–684.

Sacramentarium Hadrianum revisum Anianense cum supplemento = Jean Deshusses (Hg.), *Le sacramentaire grégorien. Ses principales formes d'après les plus anciens manuscrits* 1 (Spicilegium Friburgense 16), Fribourg 1971, 351–605.

Sacramentarium Tridentinum = Ferdinando Dell'Oro (Hg.), *Monumenta liturgica ecclesiae Tridentinae saeculo XIII antiquiora* 2a: *Fontes liturgici libri sacramentorum* (Collana di monografie edita dalla società per gli studi trentini 38/2), Trient 1985, 75–310.

Sacramentarium Gelasianum vetus = Leo Cunibert Mohlberg (Hg.), *Liber sacramentorum Romanae aeclesiae ordinis anni circuli (Cod. Vat. Reg. lat. 316/Paris Bibl. Nat. 7193, 41/56) (Sacramentarium Gelasianum)* (Rerum ecclesiasticarum documenta, Series maior. Fontes 4), Rom 1960.

Tertullian, *De praescriptione haereticorum* = Raymon-François Refoulé (Hg.), *Quinti Septimi Florentis Tertulliani Opera* 1: *Opera catholica, Adversus Marcionem* (CChr.SL 1), Turnhout 1954, 187–224.

Traditio apostolica = Bernard Botte (Hg.), *La tradition apostolique de Saint Hippolyte. Essai de reconstitution*, hg. von Albert Gerhards unter Mitarbeit von Sabine Felbecker (Liturgiewissenschaftliche Quellen und Forschungen 39), 5. Aufl., Münster 1989.

Vigilius, *Epistula ad Profuturum episcopum* = Jaques P. Migne (Hg.), *Sancti Isidori Hispalensis episcopi opera omnia* 8 (PL 84), Paris 1862, 829B–832D.

Sekundärliteratur

Bastiaensen (1985): Antoon A.R. Bastiaensen, „Un formulaire de messe du sacramentaire de Vérone et la fin du siège de Rome par les Goths (537–538)", in: *Revue Bénédictine* 95, 39–43.

Baumstark (1948): Anton Baumstark, „Antik–römischer Gebetsstil im Messkanon", in: *Miscellanea Liturgica in honorem L. C. Mohlberg* 1, Rom, 301–331.

Benz (1962): Suitbert Benz, „Rezension zu G. Pomarès, Gélase Ier. Lettre contre les Lupercales et dix–huit messes du sacramentaire Léonien (SC 65), Paris 1959", in: *Archiv für Liturgiewissenschaft* 7,2, 564–565.

Bernard (2001): Philippe Bernard, „‚O beata nox, quae sola meruit scire tempus et horam in qua Christus ab inferis resurrexit!' Les fastes de l'éloge dans les liturgies latines, du IVe au IXe siècle", in: Lionel Mary und Michael Sot (Hgg.), *Le discours d'éloge entre Antiquité et Moyen Âge*, Paris, 79–139.

Bernard (2002): Philippe Bernard, „Les Latins de la liturgie (Antiquité tardive et Moyen–Âge). Vingt–cinq années de recherches (1978–2002)", in: *Archivum Latinitatis medii aevi* 60, 77–170.

Blaise (1966): Albert Blaise, *Le vocabulaire latin des principaux thèmes liturgiques*, Turnhout.

Botte/Mohrmann (1953): Bernard Botte und Christine Mohrmann, *L'ordinaire de la messe* (Études liturgiques 2), Paris.

Brandenburg (2013): Hugo Brandenburg, *Die frühchristlichen Kirchen in Rom vom 4. bis zum 7. Jahrhundert. Der Beginn der abendländischen Kirchenbaukunst*, 3. Aufl., Regensburg.

Budde (2001): Achim Budde, „Improvisation im Eucharistiegebet. Zur Technik freien Betens in der Alten Kirche", in: *JbAC* 44, 127–141.

Capelle (1945–1946): Bernard Capelle, „Messes du Pape S. Gélase dans le sacramentaire Léonien", in: *Revue Bénédictine* 56, 12–41.

Chavasse (1950; 1952): Antoine Chavasse, „Messes du Pape Vigil (537–555) dans le sacramentaire léonien", in: *Ephemerides liturgicae* 64, 161–213; 66, 145–219.

Coebergh (1949): Carl Coebergh, „Sacramentaire léonien et liturgie mozarabe", in: *Miscellanea Liturgica in honorem L. Cuniberti Mohlberg* 2 (Bibliotheca ephemerides liturgicae 23), Rom, 295–304.

De Bruyne (1913): Donatien de Bruyne, „De l'origine de quelques textes liturgiques mozarabes", in: *Revue Bénédictine* 30, 421–436.

Díaz y Díaz (1965): Manuel C. Díaz y Díaz, „El latín de la liturgia hispánica", in: J. Rivera Recio (Hg.), *Estudios sobre la liturgia mozarabe* (Publicaciones del Instituto Provincial de Investigaciones y Estudios Toledanos 3 ; Estudios introducciones repertorios 1), Toledo, 55–87.

Di Capua (1912): Francesco di Capua, „De numero in vetustis Sacramentariis", in: *Ephemerides liturgicae* 26, 459–476; 526–535; 591–600.

Di Capua (1927): Francesco di Capua, „Il ritmo della prosa liturgica e il Praeconium Paschale", in: *Didaskaleion.NS* 5,2, 1–23.

Di Capua (1935/1946): Francesco di Capua, *Il ritmo prosaico nelle lettere dei papi e nei documenti della cancellaria Romana dal IV al XIV secolo* 1–3, Rom.

Divjak/Wischmeyer (2014): Johannes Divjak und Wolfgang Wischmeyer (Hgg.), *Das Kalenderhandbuch von 354. Der Chronograph des Filocalus* 1–2, Wien.

Euler (2005): Wolfram Euler, *Vom Vulgärlatein zu den romanischen Einzelsprachen. Überlegungen zur Aufgliederung von Protosprachen* (Studia Interdisciplinaria Ænipontana 6), Wien.

Feichtinger (1991): Barbara Feichtinger, „Der Traum des Hieronymus – Ein Psychogramm", in: *VigChr* 45, 54–77.

Férotin (1912): Marius Férotin, „Introduction", in: ders. (Hg.), *Le Liber Mozarabicus Sacramentorum et les manuscrits Mozarabes* (Monumenta ecclesiae liturgica 6), Paris, XI–LXXXVIII.

Fürst (1994): Alfons Fürst, Kürbis oder Efeu? Zur Übersetzung von Jona 4,6 in der Septuaginta und bei Hieronymus, in: *Biblische Notizen* 72, 12–19.

Gamber (1968): Klaus Gamber, *Codices liturgici Latini antiquiores* 1 (Spicilegii Friburgensis Subsidia 1), 2. Aufl., Fribourg.

Gemeinhardt (2007): Peter Gemeinhardt, *Das lateinische Christentum und die antike pagane Bildung* (STAC 41), Tübingen.

Gnilka (1984): Christian Gnilka, *Der Begriff des „rechten Gebrauchs"* (Chresis 1), Basel.

Hänggi/Pahl (1998): Anton Hänggi und Irmgard Pahl (Hgg.), *Prex Eucharistica. Textus e variis liturgiis antiquioribus selecti* (Spicilegium Friburgense 12), 3. Aufl., Fribourg.

Haessly (1938): Mary Gonzaga Haessly, *Rhetoric in the Sunday Collects of the Roman Missal. With Introduction, Text, Commentary, and Translation*, Cleveland.

Henke/Menze (2014): Rainer Henke und Martin Menze (Hgg.), *Recitationes. Begleitheft zu den Hörbeispielen aus der lateinischen und griechischen Literatur der Antike. Mit Einführung in Metrik und Klauseln*, Münster.

Höfert (2015): Almut Höfert, *Kaisertum und Kalifat. Der imperiale Monotheismus im Früh- und Hochmittelalter* (Globalgeschichte 21), Frankfurt.

Hornung (2011): Christian Hornung, *Directa ad decessorem. Ein kirchenhistorisch–philologischer Kommentar zur ersten Dekretale des Siricius von Rom* (JbAC Ergänzungsband. Kleine Reihe 8), Münster.

Janini (1965): José Janini, „Roma y Toledo. Nueva problemática de la liturgia visigótica", in: Juan Francisco Rivera Recio (Hg.), *Estudios sobre la liturgia mozarabe* (Publicaciones del instituto provincial de investigaciones y estudios toledanos 3,1), Toledo, 33–53.

Janowski (2007): Bernd Janowski, „,Ein großer König über die ganze Erde' (Ps 47,3). Zum Königtum Gottes im Alten Testament", in: *Bibel und Kirche* 62, 102–108.

Jungmann (1941): Josef Andreas Jungmann, *Gewordene Liturgie. Studien und Durchblicke*, Innsbruck.

Jungmann (1962): Josef Andreas Jungmann, *Missarum sollemnia. Eine genetische Erklärung der römischen Messe* 1–2, 5. Aufl., Freiburg i. Br.

Kiesler (2006): Reinhard Kiesler, *Einführung in die Problematik des Vulgärlateins* (Romanistische Arbeitshefte 48), Tübingen.

Klauser (1965): Theodor Klauser, *Kleine abendländische Liturgiegeschichte. Bericht und Besinnung*, Bonn.

Lang (2012): Uwe Michael Lang, *Die Stimme der betenden Kirche* (Neue Kriterien 14), Freiburg i. Br.

Maringer (1983): Ruth Maringer, „Der Ambrosianische Lobgesang. Bibeltheologische Aspekte zur Interpretation des Hymnus", in: Hansjakob Becker und Reiner Kaczynski (Hgg.), *Liturgie und Dichtung. Ein interdisziplinäres Kompendium* 1: *Historische Präsentation* (Pietas liturgica 1), St. Ottilien, 276–279.

Merz (1990): Michael B. Merz, „Gebetsformen der Liturgie", in: Rupert Berger (Hg.), *Gestalt des Gottesdienstes. Sprachliche und nichtsprachliche Ausdrucksformen* (Gottesdienst der Kirche. Handbuch der Liturgiewissenschaft 3), 2. Aufl., Regensburg, 97–130.

Metzger (1994): Marcel Metzger, *Les sacramentaires* (Typologie des sources du moyen âge occidental 70), Turnhout.

Meyer (1989): Hans Bernhard Meyer, *Eucharistie. Geschichte, Theologie, Pastoral. Zum Gedenken an den 100. Geburtstag von Josef Andreas Jungmann SJ am 16. Nov. 1989* (Gottesdienst der Kirche. Handbuch der Liturgiewissenschaft 4), Regensburg.

Mohlberg (1966): Leo Cunibert Mohlberg, „Einleitung", in: ders. (Hg.), *Sacramentarium Veronense (Cod. Bibl Capit. Veron. LXXXV [80])* (Rerum ecclesiasticarum documenta. Series maior. Fontes 1), 2. Aufl., Rom, XV–CXV.

Mohrmann (1953): Christine Mohrmann, „Sur l'histoire de praefari – praefatio", in: *VigChr* 7, 1–15.

Mohrmann (1959): Christine Mohrmann, *Liturgical Latin and its Origins and Character. Three Lectures*, London.

Mohrmann (1968): Christine Mohrmann, „Sakralsprache und Umgangssprache", in: *Archiv für Liturgiewissenschaft* 10,2, 344–354.

Norberg (1968): Dag Norberg, *Manuel pratique de latin médiéval* (Connaissance des langues 4), Paris.

Norden (1898): Eduard Norden, *Die antike Kunstprosa vom VI. Jahrhundert v. Chr. bis in die Zeit der Renaissance* 2, Leipzig.

Palazzo (1990): Eric Palazzo, „Le rôle des libelli dans la pratique liturgique du haut Moyen Age. Histoire et typologie", in: *Revue Mabillon* 62, 9–36.

Palazzo (1998): Eric Palazzo, *A History of Liturgical Books from the Beginning to the Thirteenth Century*, Collegeville, MN.

Pinell (1978): Jordi Pinell, „Libri liturgici ispanici", in: *Anàmnesis. Introduzione storico-teologica alla Liturgia* 2: *La Liturgia. Panorama storico generale*, Rom, 190–201.

Pinell i Pons (1997): Jordi Pinell i Pons, „History of the Liturgies in the Non–Roman West", in: Ansgar J. Chupungco (Hg.), *Handbook for Liturgical Studies* 1: *Introduction to the Liturgy*, Collegeville, MN, 179–195.

Pennacini/Odelman (1994): Adriano Pennacini und Eva Odelman, „Cursus", in: *Historisches Wörterbuch der Rhetorik* 2, 397–405.

Pomarès (1959): Gilbert Pomarès, *Gélase Ier. Lettre contre les Lupercales et dix-huit messes du Sacramentaire Léonien* (SC 65), Paris.

Rheinfelder (1931): Hans Rheinfelder, „Zum Stil der lateinischen Orationen", in: *Jahrbuch für Liturgiewissenschaft* 11, 20–34.

Rose (2004): Els Rose, „Liturgical Latin in the Bobbio Missal", in: Yitzhak Hen und Rob Meens (Hgg.), *The Bobbio Missal. Liturgy and Religious Culture in Merovingian Gaul*, Cambridge, 67–78.

Rose (2005): Els Rose, „Introduction", in: dies. (Hg.), *Missale Gothicum e codice Vaticano Reginensi latino 317 editum* (CChr.SL 159D), Turnhout, 11–328.

Schmidt (1989): Peter Lebrecht Schmidt, „Der Bildkalender des Filocalus (§ 531.2); Annalen und christlicher Festkalender vom Jahre 354 (§ 531.3)", in: Reinhart Herzog (Hg.), *Restauration und Erneuerung. Die lateinische Literatur von 284–374 n. Chr.* (Handbuch der lateinischen Literatur der Antike 5), 178–182.

Stotz (1996): Peter Stotz, *Handbuch zur Lateinischen Sprache des Mittelalters 3: Lautlehre* (Handbuch der Altertumswissenschaft 2,5,3), München.

Stotz (1998): Peter Stotz, *Handbuch zur Lateinischen Sprache des Mittelalters 4: Formenlehre, Syntax und Stilistik* (Handbuch der Altertumswissenschaft 2,5,4), München.

Stummer (1928): Friedrich Stummer, *Einführung in die lateinische Bibel. Ein Handbuch für Vorlesungen und Selbstunterricht*, Paderborn.

Stummer (1954): Friedrich Stummer, „Vom Satzrhythmus in der Bibel und in der Liturgie der lateinischen Christenheit", in: *Archiv für Liturgiewissenschaft* 3, 233–283.

Tateo (1994): Francesco Tateo, „Ciceronianismus A–B.III.3", in: *Historisches Wörterbuch der Rhetorik* 2, 225–239.

Vogel (1986): Cyrille Vogel, *Medieval Liturgy. An Introduction to the Sources. Revised and translated by William G. Storey and Nils Krogh Rasmussen*, Washington, D.C.

Weckwerth (2010): Andreas Weckwerth, „Mailand (B. II. e. Liturgie)", in: *RAC* 23, 1175–1181.

Zweck (1986): Heinrich Zweck, *Osterlobpreis und Taufe. Studien zu Struktur und Theologie des Exsultet und anderer Osterpraeconien unter besonderer Berücksichtigung der Taufmotive* (Regensburger Studien zur Theologie 32), Frankfurt a. M.

Els Rose

Plebs sancta ideo meminere debet. The Role of the People in the Early Medieval Liturgy of Mass

The early Middle Ages are seen by many liturgical scholars as the era in which, at least in the Latin West, the celebration of the Eucharist increasingly became a matter of the ordained clergy and thus gradually moved away from the body of the faithful. Gregory Dix is one of the representatives of this tendency, which he claims to be present already in the fourth century and which he characterises as "the clericalisation of the Eucharist":

> [...] that steady tendency which begins in the fourth century to take the eucharistic action away from the Church as a whole and to concentrate it exclusively in the hands of the ministers, so that it becomes in fact something done *by* the clergy *for* the laity, instead of the action of the Body of Christ.[1]

Similarly, Arnold Angenendt states that in the early Middle Ages the corporate character of the Eucharist was "verdunkelt" and the faithful laity lost its agency in the Eucharistic celebration:

> Dieser kirchlich-öffentliche Bezug wurde im Frühmittelalter verdunkelt. Denn jetzt galt der Priester als der eigentlich Feiernde und Opfernde, ja als der "Mittler" zwischen Gott und den Menschen, so daß sich die Gemeinde ihm nur noch anschließen konnte und nicht mehr eigentliches Subjekt der Feier war.[2]

However, not all scholars side with such a view. As early as 1977, Rosamond McKitterick reacted against this presentation of the role of the faithful during the liturgical celebrations in the early medieval Church. Even though she confirms the increasing importance of the mediating function of the ministers between God and humanity in the Carolingian approach to the clergy,[3] as is stressed by Angenendt in the passage cited above, she emphatically draws attention to the importance of Mass as a corporate celebration, and its relevance as a marker of unity of the whole Christian body. She does so with reference to an anonymous Mass commentary which will be part of our discussion later on.[4] McKitterick's response is concerned in particular with Dix's assumption of a dramatic decrease of the "active comprehension and participation of

---

[1] Dix (1937) 132. I am grateful to Yitzhak Hen for his helpful comments on an earlier draft of this article, and to Nina Crowther for correcting the English.
[2] Angenendt (1990) 333.
[3] McKitterick (1977) 116–117 and 142.
[4] McKitterick (1997) 117–118.

the laity", making the latter into "spectators".⁵ In an elaborate exposé McKitterick discusses the details of the people's contribution to Mass. She argues that "in a sense the comprehension and participation of the laity was increased, if we see the laity as an audience participating in the liturgy as they would in a play".⁶ To involve the laity actively in the celebration of the liturgy and to increase their understanding of the rituals was, according to McKitterick, the task and responsibility of the local parish priests, who were encouraged to explain the nature and significance of rituals and celebrations to their flock.⁷ Moreover, the dramatic character of the ritual performances itself – of Mass in the first place but also of other rituals such as penitential processions and the alternating of chants and colours in the liturgical tides of penance and joy – was helpful in drawing the faithful present at Mass to the mysteries of faith and their celebration.⁸ Finally, McKitterick stresses the active participation of the people in Mass in both words and deeds, underlining the people's contribution in the very concrete form of the oblations of bread (and wine).⁹

Other authors underline the importance of the laity and their contribution to specific elements of the liturgical performance. Yitzhak Hen gives a brief overview of the responses that were the people's role during Mass, which in his description "required the full attention, cooperation and participation of the congregation", and suggests that this manner of active participation was promoted in sixth-century Gaul also to keep the laity from attending Mass for reasons of social encounter or even business exchange.¹⁰ Edward Foley shows the role of the laity in performing some of the sung elements of Mass, such as the *Sanctus* (to which we will return below) and the proper texts sung by the people. Foley argues against the idea that the music in medieval liturgical practice became more and more a matter for specialists rather than the common faithful.¹¹ More recently, Carol Symes addressed the issue, stressing on the one hand the importance of the laity and their contribution to the liturgical performance, and acknowledging at the same time that the liturgical sources seem to hide this element because "the makers of those texts were trying to promote the interests and authority of a small class of professionalized clergy".¹²

In the present contribution I should like to investigate the role of the laity and its relevance for the performance of liturgical rituals in early medieval Gaul between the sixth and the ninth centuries in three types of sources: 1. Sermons and other admon-

---

5 McKitterick (1997) 138.
6 McKitterick (1997) 138. The idea of Mass as a drama or play is discussed in more detail by Yitzhak Hen, who makes a helpful distinction between a "drama", including a plot and a passive audience, and a "dramatic performance", such as Mass, in which the "audience" is actively involved. Hen (1995) 76–77; Hen (2016b) 194–198. See also the work done by Bailey (2016).
7 McKitterick (1977) 139–140.
8 McKitterick (1977) 140–141.
9 McKitterick (1977) 144; see also Rose (2017) 71–74.
10 Hen (1995) 74–75 (quotation on p. 75) and see, on Mass as a "social event", ibid. 71–74.
11 Foley (1997).
12 Symes (2016) 263.

itory texts, 2. Liturgical text books transmitting the texts to be recited during Mass, and 3. Mass commentaries. We shall see, then, that although these texts were all written by clerics and (in most cases) for a clerical audience, they surprisingly often spotlight the people's contribution to Mass, thus underlining its indispensability with more emphasis than has been acknowledged so far.

1 The Sixth Century: Sermons and Royal Admonitions

The first category of sources to be discussed in this section will be episcopal and royal admonitions in the form of sermons and royal decrees respectively.

One of the most direct discussions addressing the presence of the faithful during the liturgical celebrations and their contribution to Mass is found in the collection of sermons by Caesarius of Arles, bishop of this metropole between 503 and 542.[13] Gregory Dix includes Caesarius' sermons in his argument that "the countries of the Gallican rite" were the centre and incentive of the observed tendency of clericalisation.[14] The fact that Caesarius reproaches the laity for their passivity and urges them repeatedly to participate in Communion is seen by Dix just as clear evidence of a "change from a 'collective' to a 'clerical' sacrifice",[15] a change that he sees confirmed in the sixth-century and later councils of Gaul that repeatedly emphasise the importance of the laity receiving Communion.[16] It is inevitable that scholars differ in their interpretation or, more precisely, their weighing of emphasis in sources like Caesarius' sermons and the Church councils of sixth-century Gaul. Yet to my mind, the reproaches expressed by Caesarius and the warnings in the Church councils that those shying away from Communion will lose their catholic identity[17] do not precisely speak of a tendency of clericalisation, if we interpret this term as a process in which the clergy is the agent. If anything, they seem to indicate a lack of fervour among the laity, to which the clergy responds with their repeated summons to change this attitude for a more active involvement. This would imply that from the side of the clergy at least the opposite of a decreasing participation of the laity is strived for.

How did Caesarius and his contemporaries try to increase the people's involvement and active participation in Mass?[18] One of the most informative and detailed

---

13 For a list of manuscripts of the "Collection A" (Morin [1953] XLV – LI), see Bayerische Staatsbibliothek (2017).
14 Dix (1937) 133.
15 Dix (1937) 132.
16 Dix (1937) 133.
17 Dix (1937) 133.
18 See also Klingshirn (1994) 154–159 on the desired behaviour and participation of the people during Mass.

sources dealing with this issue is Caesarius' sermon entitled "Admonition in order to exhort the entire people to stay in church until the holy mysteries have been celebrated".[19] As in a number of other sermons, Caesarius stresses here the importance of the presence of the lay people in church. His general pastoral concern is the people's (spiritual) welfare, which is in his theological view furthered by their presence during Mass. With reference to the parable of the wedding banquet (Matt 22,1–14), Caesarius confronts his parishioners, unwilling to come to Mass or to stay in church until the whole Mass is completed, with the indignity (*indignos convivio suo ipse dominus dixit*)[20] of the invited guests who declined the invitation. Caesarius calls upon his flock to attend church and to stay there for the duration of the celebration: "Do not despise the banquet of your Lord, lest he will despise you in the blessedness of his kingdom".[21] Next to this, Caesarius expresses another concern, namely that the performance of Mass cannot be effectuated without the people's presence, because of their indispensable contribution to specific elements of that same performance. Reading the Bible can be practiced at home, thus Caesarius – an explicit attestation of private and lay biblical reading in this period – but the consecration of Christ's body and blood only takes place in the house of God:

> For the readings from the Prophets or the Epistles or even from the Gospels you can read yourselves in your own houses, or you can listen to others reading them to you. Yet the consecration of the body and blood of Christ you cannot hear or see anywhere else but in the house of God.[22]

The voice of the people cannot be missed in the performance of Mass, because a number of components are theirs to perform:

> When the greater part of the people, or even worse, almost all leave the church after the completion of the readings, to whom will the priest say: "Lift up your hearts"? Or how can they respond that they have lifted them up when they descend to the street with body and soul? Or how shall they proclaim with fear and joy alike: "Holy, holy, holy, blessed is He who comes in the name of the Lord"? And when the Lord's Prayer is said, who will shout humbly and truthfully: "Forgive us our debts, as we have also forgiven our debtors"?[23]

---

19 Caesarius of Arles, *Sermo* 73 (306 Morin): *Admonitio per quam suadetur ut omnis populus donec divina mysteria celebrantur in ecclesia fideliter expectent.* That the sermon was read in the Middle Ages under this heading is shown by the ninth-century (third or fourth quarter) Italian manuscript Munich, Bayerische Staatsbibliothek, Clm 6344, where the title is listed in the capitula (fol. 74r). The beginning of the sermon itself has got lost due to a lacuna at the transition from the third to the fourth quire (fol. 88v–88r).
20 Caesarius of Arles, *Sermo* 74,2 (310–311 Morin).
21 Caesarius of Arles, *Sermo* 74,2 (310 M.): [...] *nolite despicere convivium domini vestri, ut vos ille non despiciat in beatitudine regni sui.*
22 Caesarius of Arles, *Sermo* 73,2 (307 M.): *Nam lectiones sive propheticas, sive apostolicas, sive evangelicas etiam in domibus vestris aut ipsi legere, aut alios legentes audire potestis: consecrationem vero corporis et sanguinis Christi non alibi nisi in domo dei audire vel videre poteritis.*
23 Caesarius of Arles, *Sermo* 73,2 (307 M.): *Cum enim maxima pars populi, immo quod peius est, paene omnes recitatis lectionibus exeunt de ecclesia, cui dicturus est sacerdos: Sursum corda? Aut quo-*

The presence of the people at the celebration of Mass is not only the bishop's concern; its importance is also expressed by secular rulers. A capitulary issued during the rule of the Merovingian king Guntram in 585 stresses the importance of the people's presence in church when Mass is celebrated on Sundays and feast days:

> Therefore, we ordain with the strength of this decree and of the general law, that on all Sundays, in which we venerate the mystery of the holy resurrection, and during all other solemnities, when according to custom the fellowship of the entire Christian people is gathered together with assiduity to the venerable chapels of the churches, except for what is necessary to prepare the daily food, all bodily labour is to be suspended [...].[24]

Again, it is difficult to weigh the degree to which prescriptive or exhortative texts such as capitularies and sermons reflect reality, or just depict an ideal situation. However, the division of roles that might be just wishful thinking in the utterings of Caesarius and Guntram is depicted as common practice in other sources. First, Gregory of Tours concurs with Caesarius when he confirms the people's role in the singing of specific parts of Mass in a number of miracle stories around St Martin's tomb in Tours, such as the *Sanctus* in the story on the healing of Palatina (*De virtutibus Martini* 2,14):

> And when the prayer of sacrifice came to its end and all the people (*omnis populus*) proclaimed the *Sanctus* in praise of God, her stiffened nerves suddenly loosened, and she stood on her feet, while all the people watched her, and thus, with God's help, she proceeded towards the holy altar in order to receive Communion on her own strength, while no one was supporting her.[25]

In the story narrating the healing of a lame woman (*De virtutibus Martini* 2,30), the Lord's Prayer is presented as a text recited by all:

---

modo sursum se habere corda respondere possunt, quando deorsum in plateis et corpore simul et corde descendunt? Vel qualiter cum tremore simul et gaudio clamabunt: Sanctus, sanctus, sanctus; benedictus qui venit in nomine Domini? Aut quando oratio dominica dicitur, quis est qui humiliter et veraciter clamet: Dimitte nobis debita nostra, sicut et nos dimittimus debitoribus nostris?
24 *Guntchramni regis edictum* (585) (11,32–36 Boretius): *Idcirco huius decreti ac definitionis generalis vigore decernimus, ut in omnibus diebus dominicis, in quibus sanctae resurrectionis mysterium veneramur, vel in quibuscunque reliquis solemnitatibus, quando ex more ad veneranda templorum oracula universae plebis coniunctio devotionis congregatur studio, praeter quod ad victum praeparari convenit, ab omni corporali opere suspendatur.*
25 Gregory of Tours, *De virtutibus sancti Martini* 2,14 (163,31–34 Krusch): *At ubi, expeditam contestationem, omnis populus Sanctus in laudem Domini proclamavit, statim dissoluti sunt nervi, qui legati erant, et stetit super pedes suos, cuncto populo spectante, et sic, propitiante Domino, usque ad altare sanctum ad communicandum propriis gressibus, nullo sustentante, pervenit.* The *Sanctus* is singled out by Edward Foley as one of the chants of Mass that were sung by the faithful laity: Foley (1997) 207–209; see also Rose (2017) 69–71.

> For on a certain Sunday, when Mass was celebrated, she stood in the holy basilica together with the other faithful. Then it happened, when the Lord's Prayer was said, that her mouth as well was opened and she chanted the holy prayer together with the others.[26]

The question we now turn to is the extent to which and the manner in which liturgical sources *stricto sensu* reflect this performative practice.

2 The Seventh Century: Evidence from a Celebrant's Book for Mass

Even if the liturgical tradition of early medieval (i.e. pre-Carolingian) Gaul is not the poorest in sources transmitting the material to actually celebrate rites,[27] the sources of prayers and rituals that have come down to us are not always sufficient to form a complete picture of a certain celebration in a specific place at a given moment. Books were tailor made for a specific place or person,[28] rather than produced in series such as to further or support uniformity.[29] Moreover, each single book often concentrates on one type of liturgical information. Thus, texts to be sung or recited are found in one book, while rubrics and explanations indicating the gestures and division of roles are often found elsewhere. The chance to find a set of sources providing both texts and rubrics relating to one place and moment in time is rather small. It is possible nevertheless to find indications on the performance of texts in books of prayers corresponding to the practices described in the adhortative and narrative sources discussed in the previous section. Of this I will present here one example: the *Gothic Missal*, a late seventh-century book with prayers for Mass to be recited by the celebrant (priest or bishop) and made presumably for the cathedral of Autun.[30] The information we look for, namely the division of roles between ordained ministry and faithful laity during the celebration of Mass, is not found in the form of verbatim rubrics in this source, but in the palaeographical marking of certain words and phrases, either by using a different colour or a different font. While the bulk of texts collected in this sacramentary were recited by the celebrant, the exceptions to

---

[26] Gregory of Tours, *De virtutibus sancti Martini* 2,30 (170,9–12 K.): *Nam quodam die dominico, dum missarum solemnia celebrarentur, haec in sancta basilica cum reliquo populo stabat. Factum est autem, cum dominica oratio diceretur, et haec aperto ore sanctam orationem coepit cum reliquis decantare*. See also Rose (2017) 70.

[27] As compared to Rome; see Bernard (2008) 13–20; for a survey of sources of early medieval Gaul, see Vogel (1986) 108.

[28] See, e.g., the case of the *Bobbio Missal*, probably made for or even by the priest that was going to use it in a local parish situation; see Hen/Meens (2004).

[29] On the diversity of liturgical practice in Merovingian Gaul, see most recently Hen (2016a).

[30] Codex Vaticanus, Biblioteca Apostolica Vaticana, reg. lat. 317. The most recent edition is found in *Missale Gothicum* (Rose). The English translation of the Latin text is provided by Rose (2017).

this rule were displayed in deviant colours and scripts, thus giving information on the performative practice that forms the living context of this book.

The Gothic Missal is transmitted in a single manuscript, now kept in the Vatican Library. The book is written in the uncial that was already archaic when the book was produced, which marks the sacred character of the text.[31] Due to the age of the manuscript and the alternation of scribes who worked on it, the colour of ink is not stable throughout.[32] It is possible nonetheless to discern where the rubricator took over and used a different colour to mark a word or phrase as different in its performative nature from its environment. Another method to mark these distinctions is the use of a different majuscule, while both methods were also used simultaneously. This is the case in many instances where the *Sanctus* is singled out, e.g. on fol. 21r, and in the frequent setting apart of the words *Pater noster* to introduce the Lord's Prayer, e.g. on fol. 23r. A third example of the same procedure is given by the recurrent *Amen* to conclude the *Blessing of the People* before Communion, e.g. on fol. 23r.[33] The palaeographical marking of this repeated *Amen* throughout the book indicates that the word, like the entire *Sanctus* and *Pater noster*, was to be recited not by the celebrant, for whom a book like the *Gothic Missal* was principally made, but by the lay congregation. With regard to the response *Amen*, we can say that its performance by the laity is an old practice. We find it already in a treatise dating to the fourth century and attributed to the anonymous, probably Roman author referred to as Ambrosiaster (who owes this pseudonym to the resemblance of his views to Ambrose's):

> An illiterate, listening to what he does not understand, does not know when the prayer ends and does not answer with *Amen*, i.e. "It is true", so that the blessing be confirmed. The confirmation of the prayer is fulfilled by those who answer with *Amen*, so that everything that is said is confirmed with a true testimony in the hearts and minds of those who listen.[34]

The fourth-century conviction that the people confirm with *Amen* the prayer that the priest expresses remained strong until well into the seventh century – despite the dramatic change in social-cultural circumstances, of which the transition from Greek to Latin as the sacred language of the Western Church is only a small example[35] – and beyond, as we will see in the following section.

---

31 On the palaeographical characteristics of the manuscript, see Mohlberg (1929).
32 On the various hands that worked on the *Gothic Missal*, see Rose (2005) 13–15.
33 For a description of the prayers occurring in the Mass ordo of early medieval Gaul and the *Gothic Missal* in particular, see Rose (2017) 44–65.
34 Ambrosiaster, *Commentarius in epistulam Pauli ad Corinthios prima* 14,16 (153,22–154,2 Vogels): *Inperitus enim audiens quod non intelligit, nescit finem orationis, et non respondet: amen, id est verum; ut confirmetur benedictio. Per hos enim impletur confirmatio precis, qui respondent amen, ut omnia dicta veri testimonio in audientium mentibus confirmentur.*
35 On this transition, see Mohrmann (1965) 72–74; Klauser (1946); Rose (2015).

3 The Eighth Century and Beyond: Mass Commentaries

As the third and final type of sources to be included in the present discussion I will turn now to early medieval Mass commentaries.[36] The "genre" of the *expositio Missae* became very popular in the twelfth and thirteenth centuries, when it almost always took the form of an allegorical explanation of Mass in imitation of Amalarius of Metz' early example. It has become well known through the work of people like Hugh of St Victor († 1141) and William Durandus of Mende (1230–1296). Explanations of the texts and rituals of Mass are found in earlier forms already in the earliest centuries of Christianity, when they were addressed primarily to the (adult) baptismal candidates. The Mass commentaries that relate to the period central to the present article are almost all found in manuscripts that contain material directed towards a clerical audience, and aiming at their instruction. In what follows, I will discuss the role of the people in the celebration of Mass as it is brought forward in three Mass commentaries of the seventh, eighth and ninth centuries. As we will see, the active participation of the people during Mass and their contribution is a central notion in these explanations of the liturgical celebration. The three texts I selected are, in chronological order:

1. The treatise known as *De ecclesiasticis officiis*, dated to the later seventh century and authored by Isidore of Seville;
2. The anonymous treatise in the form of two letters, formerly attributed to the sixth-century bishop Germain of Paris but now dated in the late eighth or early ninth century, which I will refer to as *De ordine*;
3. The anonymous treatise *Dominus vobiscum*,[37] the popularity of which is testified by the large number of manuscripts from the ninth century as well as later centuries.[38] Despite efforts to attribute the work to a specific author, like Alcuin,[39] Amalarius of Metz,[40] and Hrabanus Maurus,[41] the issue of authorship is as of yet unresolved.

---

36 See the fundamental and still valuable article by Wilmart (1924–1953); see further Vismans (1965–1968); and, more recently Bernard's introduction to his edition of *De ordine* (2007).
37 *Dominus vobiscum:* edited by Johann Michael Hanssens.
38 Keefe (2002) 1, 126–127.
39 Nason (2004).
40 Contested by Hanssens (1948) 108–110; see further Nason (2004) 87.
41 As in Migne's edition (PL 112 [Hrabanus Maurus, *De sacris ordinibus, sacramentis divinis et vestimentis sacerdotalibus ad Thiotmarum*]); see McKitterick (1977) 115.

3.1 Isidorus of Seville, *De ecclesiasticis officiis*

Isidore's treatise is addressed to bishop Fulgentius of Astigi in his diocese Sevilla (now Écija) and was immensely popular throughout the Middle Ages if we count the manuscripts transmitted from the eighth century onwards.[42] The work is divided into two books, the first discussing the feasts and observations celebrated by all (*in communi ab ecclesia celebrantur*),[43] while the second book is dedicated to those who carry out the *ministeria religionis*, in other words, the clergy.[44] Isidore's work consists mainly of a compilation of older works, as he indicates in the prologue.[45]

The importance of the people in the liturgical celebration is found in roughly three categories of *De officiis*. It appears first in Isidore's definition of Church; then in his remarks on the importance of the people's presence during Mass and their participation in or contribution to this celebration, scattered through the work; and third in general remarks about Christian doctrine and practice which, as Isidore's wording suggests, appear to be valid for all members of the community.

As far as the first category is concerned, we find a relevant definition of *ecclesia* in the first chapter, where the word *catholica* is explained as including the whole human race, both rulers and ruled, both learned and illiterate.[46] A second passage shows Isidore's thinking about the quality of the celebrating community (indicated alternately as *populus* and *plebs* in his work), as essentially united with Christ. Quoting Cyprian, Isidore explains how the union of the ecclesiastical body with Christ is reflected in the ritual of mixing water and wine before Communion. Celebrating Communion with wine only would be useless, for it would represent Christ without "us" (*nam si vinum tantum quis offerat, sanguis Christi incipit esse sine nobis*),[47] where *nobis* clearly refers to *plebs*; celebrating the ritual only with water would represent a community without Christ (*si vero aqua sit sola, plebs incipit esse sine Christo*).[48]

In the second category, we find remarks on the mere presence of the faithful during the celebration of Mass, e.g. as recipients of the readings. Prior to the reading, the deacon requires silence to further concentration and understanding.[49] More actively the people contribute both to texts to be recited during Mass and to the Eucha-

---

[42] Lawson (1989) 19*–33*; see Hen (2001) 5.
[43] Isidore of Seville, *De officiis* 2, *prol.* (51,2–3 Lawson).
[44] Isidore of Seville, *De officiis* 2, *prol.* (51,4 L.).
[45] Isidore of Seville, *De officiis* 1, *prol.* (1,8 L.): *Ex scriptis uetustissimis auctorum*, among which Augustine's oeuvre plays an important role.
[46] Isidore of Seville, *De officiis* 1,1 (4,6–22 L.): *De ecclesia a vocabulo Christianorum:* [...] *Catholica autem ideo dicitur* [...] *vel propter omne hominum genus ad pietatis subiectionem tam principum quam etiam qui principantur, oratorum et idiotarum.*
[47] Isidore of Seville, *De officiis* 1,18 (20,45–46 L.).
[48] Isidore of Seville, *De officiis* 1,18 (20,46–47 L.).
[49] Isidore of Seville, *De officiis* 1,10 (9,20–23 L.): *Ideo et diaconus clara voce silentium ammonet ut, sive dum psallitur sive dum lectio pronuntiatur, ab omnibus unitas conservetur, ut quod omnibus praedicatur aequaliter ab omnibus audiatur.*

ristic offering itself. The people's contribution to those texts that are recited or chanted during Mass comes to the fore first in the discussion of the *Creed*. The *Creed* is presented as an important instrument to counter heresy and blasphemy. Precisely for that reason it is vital that it is recited "by the people" (*a populo praedicatur, a populo proclamatur*), as Isidore states twice:

> The Creed [...] is proclaimed by the people at the time of sacrifice [...]. Its teaching of the true faith excels in mysteries of such great doctrine that it speaks about every part of the faith, and there is almost no heresy to which it does not respond through individual words or statements. It tramples on all the errors of impiety and blasphemies of faithlessness, and because of this it is proclaimed by the people in all churches with equal confession.[50]

Apart from reciting texts, such as the *Creed*, the active contribution of the people consists in their offering of the oblations, which we find expressed in the second of the seven *orationes* of the Mass Ordo.[51] Isidore's commentary on the text states that the faithful (*fidelium*) offer not only their intercessions (*preces*), but also their oblations (*oblationem*), i.e. the gifts of bread and wine.[52] Finally, the participation of the people is expressed by their reception of Communion, which is received by all (*ab omni ecclesia*).[53]

In a more general way, Isidore includes many phrases in his treatise from which it becomes clear that in his thinking about Mass and other ritual celebrations the participation of the entire Christian congregation is required, rather than only the ordained clergy. To this points Isidore's frequent use of terms like *universa ecclesia* and *omne genus humanum*. This, in combination with the first person plural that he quite consistently uses, suggests that he generally addresses "us Christians" rather than "us clergymen", e.g. in the call that "we should (*solemus*) celebrate Christmas each year to recall to remembrance that Christ is born".[54] The same exhortation directed to the entire community of faithful is expressed in passages on the observance of fasting, such as in chapter 37. Here, Isidore gives the Old Testament precept of giving tithes, which concerned "the whole people" (*universo populo*), as a typological

---

50 Isidore of Seville, *De officiis* 1,16 (18,2–9 L.; trans. following 41 Knoebel): *Symbolum autem, quod tempore sacrificii a populo praedicatur* [...]. *Cuius verae fidei regula tantis doctrinae mysteriis praecellit, ut de omni parte fidei loquatur nullaque paene sit heresis cuius per singula verba vel sententias non respondeat; omnes enim errores impietatum perfidiaeque blasphemias calcat, et ob hoc in universis ecclesiis pari confessione a populo proclamatur.*
51 In a number of ninth-century priest manuals this part of Isidore's treatise is found in combination with the treatise *Dominus vobiscum*, to be discussed below.
52 Isidore of Seville, *De officiis* 1,15 (17,8–9 L.): *Secunda [oratio] invocationis ad deum est ut clementer suscipiat preces fidelium oblationemque eorum.*
53 Isidore of Seville, *De officiis* 1,18 (20,23–24 L.): *Ab universa autem ecclesia* [...] *semper accipitur.*
54 Isidore of Seville, *De officiis* 1,26 (30,26–28 L.): *Quemque ideo observare per revolutum circulum anni festa solemnitate solemus ut in memoriam revocetur Christus quod natus est.*

model for the Christian fasting.[55] The Old Testament obligation to give tithes valid for "the whole (Jewish) people" implies that the Christian obligation to sacrifice one tenth of the days of the year in fasting likewise concerned the whole Christian people. The universality of fasting also becomes clear in chapter 41, where the reprehensible presence of both sexes (*utriusque sexus*) at pagan-inspired celebrations in honour of Janus is countered with a public fasting (*publicum ieiunium*) installed by the *patres*.[56]

3.2 *De ordine*

Let us now turn to the second treatise, *De ordine*, transmitted in only one manuscript.[57] Like Isidore's *De officiis*, *De ordine* is divided into two parts. The first part deals with the liturgical rituals, in particular the celebration of Mass.[58] According to the treatise, this celebration rests essentially on the contributions of both ordained ministers and lay faithful. The treatise, which is clearly dependent on Isidore's *De officiis*,[59] gives a more detailed discussion of the individual elements of Mass[60] and, thereby, offers a more specific impression of the role of the people[61] than Isidore does.

The contribution of the people comes to the fore first in the comments on two dialogues between the minister and the congregation in the celebration of Mass.

---

[55] Isidore of Seville, *De officiis* 1,37 (43,29–31; 44,37–39 L.): *Lege enim Moysaica generaliter universo populo est praeceptum decimas et primitias offerre domino deo.* [...] *Atque his diebus quasi pro totius anni decimis ad ecclesiam concurrimus, actuumque nostrorum operationem deo in hostiam iubilationis offerimus.*
[56] Isidore of Seville, *De officiis* 1,41 (46,1–47,19 L.).
[57] Codex Autun, Bibliothèque municipale, S 184 (G III). The dating of the manuscript varies slightly (9th century, second third; 9th century, second or third quarter; middle 9th century); see Bernard (2007) 18–19. The second part of this manuscript consists entirely of material that we would classify under the usual contents of a Carolingian priest manual; see Bernard (2007) 34–48.
[58] Referred to as *ordo Ecclesie* and *kanon ecclesiasticus*: *De ordine*, prol. (337,5.6 Bernard). The terms are interpreted by Philippe Bernard in his translation *cum* commentary: Bernard (2008) 35. In the present context, *ordo* indicates, according to Bernard, the course or organisation of liturgical celebrations: "le déroulement, la disposition ou l'organisation des célébrations liturgiques". Bernard's interpretation of *ecclesie* in this element of the prologue as the church as institution, coming forth, as Bernard phrases it, from the author's exclusively clerical point of view, seems to me to be too hasty. I cannot but understand the word *ecclesie* here as referring to the full body of ministers and lay participants alike.
[59] See the elaborate annotation in Bernard's edition: *De ordine* (337–365 B.) or, for a quick overview, the *index fontium*: ibid. 376.
[60] The treatise, though dated to the end of the eighth century, follows the Mass ordo as it was celebrated in late antique and early medieval Gaul (represented by late seventh- or early eighth-century sources such as the *Gothic Missal* and the *Bobbio Missal*). This might explain its limited distribution. See also Hen (2001) 7.
[61] On the term *plebs* and its meaning, see Bernard (2008) 56–57.

In the discussion of the first, *Dominus vobiscum* [...] *et cum spiritu tuo*, the author underlines the contribution of the people, for the blessing pronounced by the priest is depending on the people's response: "The priest is all the more worthy to bless the people, as the people, with God's grace, with one voice receive the blessing".[62] The comment on the second dialogue, *Sursum corda*, brings forward the active part of the people. This dialogue, introducing the Eucharistic prayer and the whole Communion rite, was given by Caesarius of Arles as an example of the necessity of the people's presence during Mass, as we have seen in section 1 above. The present comment on this element of Mass accentuates the relevance of the dialogue for all involved in the celebration. The division of roles between priest and faithful in this dialogue implies that the possessive *nostris* (*in pectoribus nostris*) refers to all faithful: "The priest admonishes [us] to lift up [our] hearts, so that no earthly thoughts remain in our hearts (*in pectoribus nostris*) at the moment of the sacred offering".[63]

The readings from Scripture and the *Lives of the Saints* are entirely directed towards the faithful: they serve the understanding of the people (*ut populus intellegit*).[64] The chapter on the homilies read from the legendaries of the saints is concerned with the issue of comprehensibility. It indicates that the homily, i.e. the explanation of the readings by the bishop,[65] should find a happy mean between simplicity and eloquence, lest the learned be offended by coarse language and a burden of verbosity obscures the message for the illiterate.[66]

The second part of *De ordine* is less relevant for our present investigation since it deals more specifically with the various tasks of clergy and other ordained people: *De commune offitio*.[67] But even in this part of the treatise, the constant interplay between ordained ministers and faithful lay people is emphasised. An example of this is found in the last section of part 2, where the vestments of priest and deacon are discussed. Even though these chapters underline the difference between various members of the one ecclesiastical body as expressed in daily dress,[68] the focus is still on the people. It signals the ritual blessings as one of the main tasks of the *sacerdos* and the fact that his garments are adjusted to this task. Thus, the *casula* of the *sacerdos* is sleeveless, so that the celebrant can make the appropriate gestures accompanying the blessing more easily.

---

[62] *De ordine* 1,2 (338,30–32 B.): [...] *ut tanto magis ille dignus sit populo benedicere, quantum, favente Deo, de ore tocius populi recipit benedictionem.*
[63] *De ordine* 1,20 (349,203–206 B.): *Sursum corda ideo sacerdos habere admonet, ut nulla cogitatio terrena maneat in pectoribus nostris in hora sacre oblationis.*
[64] *De ordine* 1,6 (340,67 B.).
[65] *De ordine* 1,11 (343,110–111 B.): *doctor vel pastor Ecclesiae*. On the use of these words to indicate the bishop, see Bernard (2008) 143–144.
[66] *De ordine* 1,11 (343,108–113 B.). Cf. the contribution of Carmen Cardelle de Hartmann in this volume.
[67] *De ordine* 2 (353,2 B.).
[68] See the interpretation of *casula* as the daily mantle, rather than the liturgical chasuble: Bernard (2008) 548. On the early medieval dress of clergy, see Miller (2014) and Hen (2016b) 204.

When going through those elements in *De ordine* in which the faithful laity play a prominent role, I come to the conclusion that the author of this treatise has one main perspective on the liturgical celebrations he describes: performed for the benefit of the people (*pro populo*) and attuned to their spiritual profit, Mass as the most important of the liturgical celebrations does not profile the faithful as spectators, but as active participators and contributors.

3.3 *Dominus vobiscum*

The third and final treatise in our analysis, *Dominus vobiscum*, is an even more detailed, word-for-word commentary[69] focusing on the prayers of the *canon missae*, the heart of the Eucharistic part of Mass. It occurs in more than twenty ninth-century codices containing Carolingian priest manuals and was clearly meant to instruct young priests about the rituals of Mass. The treatise was copied frequently in later medieval manuscripts as well as in early modern printed versions.[70]

More than the other two treatises, *Dominus vobiscum* gives evidence of its intended audience, referring to "us priests" and emphasising the priest several times as the main agent in the celebration of Mass.[71] More pronouncedly than *De officiis* and *De ordine*, therefore, and in line with its didactic purpose, *Dominus vobiscum* approaches Mass from the perspective of the celebrant. At first sight, Dix's idea of a tendency of clericalisation of Mass could be recognised here. However, a closer look reveals quite the opposite. What this treatise aims to convey to young priests, even more explicitly than the other two treatises, is that in the celebration of Mass ordained ministry and lay faithful have equally important roles to play. The laity's participation and contribution are presented as indispensable, as both parties rely on each other for the liturgical ritual to be actually performed.

This interdependence is visible in the very first part of the treatise, where it discusses the dialogues between priest and congregation. The comment on the first dialogue, *Dominus vobiscum*, makes clear that the effectiveness of the prayer recited by the priest is dependent on the people's plea that God's Spirit is with him.[72] The pray-

---

[69] Bernard (2007) 40. I follow the text as found in Codex St. Gallen, Stiftsbibliothek, Cod. Sang. 40.
[70] Bernard (2007) 35. Susan Keefe found the treatise in sixteen of twenty-seven Carolingian manuscripts containing an *expositio missae*: Keefe (2002) 2, 126–127. Ongoing research by my Utrecht colleague Carine van Rhijn has enlarged the number to 22 ninth-century manuscripts so far; Van Rhijn also lists 26 later manuscripts. One of the manuscripts is Codex Autun, Bibliothèque municipale, S 184 (G III), which also includes *De ordine* (see footnote 57 above). On the relation between *De ordine* and *Dominus vobiscum*, see Bernard (2007) 40–41.
[71] *Dominus vobiscum* (Codex St. Gallen, Stiftsbibliothek, Cod. Sang. 40, 315,20; 315,21–22): *Memores esse nos sacerdotes profitemur; Ideo sacerdotes fideliter memores esse debent quia ipsi missam celebrant [...]*.
[72] *Dominus vobiscum* (Codex St. Gallen, Stiftsbibliothek, Cod. Sang. 40, 306,13–15): *DOMINUS VOBISCUM salutat sacerdos populum, et orat ut dominus sit cum illo. ET CUM SPIRITU TUO responsio est*

er is not ended without the confirmative *Amen*, which script is to be performed by the faithful: "AMEN is the confirmation of the prayer, to be recited by the people, and must be understood to mean, in our language, that all say that it be so as the priest prayed".[73] The word is, perhaps for that reason, explained *in nostra lingua*.[74] In the second dialogue, *Sursum corda*, a similar interplay between minister and congregation is expressed: "Faithful and priest together give thanks".[75]

The same sense of acting together is expressed in the sections that focus on the Eucharistic sacrifice itself, most of all in the comments on the anamnetic (or commemorative) function of Mass, which is central in the section *Vnde et memores*. As we have seen already, this passage presents the priest as the one who celebrates Mass, but that is not all. Both priest and people share in the anamnetic act of Mass as the commemorative repetition of Christ's passion, "for Christ did not die for the priests only, but also for the people".[76] What the treatise teaches young priests here quite clearly is to understand the liturgical celebration, in particular of Mass, as a shared performance in which the body of the Church takes part as one *ecclesia*, defined elsewhere in the treatise as the unity of all those who believe in God and who, therefore, form one congregation.[77]

This is precisely the reason why, just as Caesarius of Arles did, *Dominus vobiscum* wishes that the people remain in church until the very end of Mass, when the deacon dismisses them: *Ite missa est* and they respond *Deo gratias* – the faithful have the final word.[78]

4 Conclusion

Now that we have examined a variety of sources from the early sixth to the beginning of the ninth century to hear what they have to say about the role of the faithful laity

---

populi atque oracio ut sicut sacerdos oravit quod dominus esset cum populo, ita et populus orat quod dominus sit cum spiritu sacerdotis. Dum dicit sacerdos: OREMUS, rogat omnes orare, ut oracio eius a domino et audiatur.

73 *Dominus vobiscum* (Codex St. Gallen, Stiftsbibliothek, Cod. Sang. 40, 305,23–27): *AMEN confirmacio oracionis est a populo et in nostra lingua intelligi potest, quasi omnes dicant ut ita fiat sicut sacerdos oravit.*

74 Whenever the author of *Dominus vobiscum* refers to *nostra lingua*, he has Latin in mind as opposed to the biblical languages Greek (also the original language of a number of the liturgical prayers discussed) and Hebrew.

75 *Dominus vobiscum* (Codex St. Gallen, Stiftsbibliothek, Cod. Sang. 40, 306,24–25): *Populus cum sacerdote simul gracias agit deo [...].*

76 *Dominus vobiscum* (Codex St. Gallen, Stiftsbibliothek, Cod. Sang. 40, 315,25–26): *Plebs sancta ideo meminere debet quia Christus non solum pro sacerdotibus passus est sed et pro plebe.*

77 *Dominus vobiscum* (Codex St. Gallen, Stiftsbibliothek, Cod. Sang. 40, 312,8–10): *Ecclesia Grece, latine congraegacio dicitur. Catholica universalis dicitur. Quia universi qui in domino credunt in una debent [esse] congregacione*; see also McKitterick (1977) 118.

78 *Dominus vobiscum* (Codex St. Gallen, Stiftsbibliothek, Cod. Sang. 40, 322,15–16).

in the celebration of Mass, a picture emerges that modifies earlier assumptions of clericalisation. Most sources we analysed are either written by clergy or address a clerical audience or both. Caesarius' sermons, just as a liturgical source like the *Gothic Missal*, are initiated, written, and/or used by ordained ministers. The same can be said about sources as different in character, aim, and audience as the miracle stories of Gregory of Tours and the Mass commentaries. Many of the sources also have a clerical audience in mind, in particular those Mass commentaries. Nevertheless, all sources discussed give the faithful laity a specific and active role in the celebration of Mass. This role is not confined to the recitation of certain textual elements, not even to the preparation of the oblations in the form of home-made bread, and wine. The active role and contribution of the people is described in terms of the indispensability of their presence. Without the laity, the performance of Mass cannot be completed.

How does this relate to the development of the private Mass, which could (but should not) be celebrated by a priest alone for a specific, requested purpose, in this same period of the later eighth and the ninth century?[79] And how does the role of the people in the responses, such as the confirmative *Amen* which is visualised in the Gothic Missal and stressed in *Dominus vobiscum*, function in the development of the priest reciting part of the prayers in silence?[80] Silent prayer and private Mass are traditionally seen as the most drastic changes of the celebration of Mass in the early Middle Ages, and are generally considered to have dramatically changed the face of this core ritual of the Christian Church from a public and corporate act of thanksgiving (Eucharist) to a private and clerical celebration of sacrifice (Mass).[81]

The latter presentation of a fundamental shift in meaning, impact, and essence of the celebration of the Eucharist in the early medieval period is modified by the sources analysed in the foregoing. If we look at the reception of the sources discussed in the third section, the early Mass commentaries, we must acknowledge that these writings do not represent, ephemerally, the private opinions of one or two commentators. The manuscript transmission of Isidore's *De officiis* and of the anonymous Mass commentary *Dominus vobiscum* shows the long-lasting relevance of these treatises. Moreover, the fact that both were found primarily in manuals made to instruct young priests, training them to preside over the liturgical celebrations indicates that "clericalisation" is not the most adequate term to present the early medieval view on the meaning of Mass and its participants. Quite the contrary, the treatises all show and underline the celebration of Mass as a corporate performance, in which the faithful laity had their own distinctive and indispensable role to play.

---

79 See Angenendt (1990) 333.
80 Angenendt (2008) 457.
81 Angenendt (2008) 456.

We must conclude, then, that despite the changes that the celebration of Mass undeniably underwent in the period that we discussed, there was a clear continuity in the understanding of the laity as *sancta plebs*, encouraged to be an active participant in the liturgical ritual. The contribution of the faithful to the liturgical act, culminating in Mass as "the most important and most frequently performed ceremony of the religious cult",[82] remained vital and constructive and was, in the ninth century, considered at least as central as it had been in the time of Caesarius of Arles and the Merovingian king Guntram.

Bibliography

Primary Sources

Ambrosiaster, *Commentarius in epistulam Pauli ad Corinthios prima* = Heinrich Joseph Vogels (ed.), *Ambrosiastri qui dicitur Commentarius in epistulas Paulinas* 2: *In Epistulas ad Corinthios* (CSEL 81,2), Vienna 1968, 3–194.

Bayerische Staatsbibliothek (2017): Bayerische Staatsbibliothek, Münchener DigitalisierungsZentrum, *Caesarius [Arelatensis]*. https://www.digitale-sammlungen.de/index.html?c=autoren_index&ab=Caesarius+%5BArelatensis%5D&l=de (seen 15 December 2017).

Caesarius of Arles, *Sermo* 73; 74 = Germain Morin (ed.), *Sancti Caesarii Arelatensis Sermones* 1 (CChr.SL 103), Turnhout 1953, 306–312.

Codex Munich, Bayerische Staatsbibliothek, Clm 6344. http://daten.digitale-sammlungen.de/~db/0004/bsb00047267/images/index.html?id=00047267&groesser=&fip=eayaewqeayaxdsydeayaeayaeayaqrsqrseayaeayasdas&no=55&seite=178 (seen 6 September 2017).

Codex St. Gallen, Stiftsbibliothek, Cod. Sang. 40. http://www.e-codices.unifr.ch/en/list/one/csg/0040 (seen 1 September 2017).

Codex Vaticanus, Biblioteca Apostolica Vaticana, reg. lat. 317. http://digi.vatlib.it/search?k_f=1&k_v=Reg.lat.317 (seen 29 August 2017).

De ordine = Philippe Bernard (ed.), *Epistolae de ordine sacrae oblationis et de diversis charismatibus ecclesiae Germano Parisiensi episcopi adscriptae* (CChr.CM 187), Turnhout 2007.

Dominus vobiscum = Johann Michael Hanssens (ed.), *Amalarii episcopi opera liturgica omnia* 1: *Introductio. Opera minora* (Studi e testi 138), Vatican City 1948, 284–338.

Gregory of Tours, *De virtutibus sancti Martini episcopi* = Bruno Krusch (ed.), *Gregorii episcopi Turonensis Miracula et opera minora* (MGH.SRM 1,2), Hanover 1885, 134–211.

Guntchramni regis edictum = Alfred Boretius (ed.), *Guntchramni regis edictum* (MGH.CRF 1), Hanover 1883, 11–12.

Hrabanus Maurus, *De sacris ordinibus, sacramentis divinis et vestimentis sacerdotalibus ad Thiotmarum* = Jaques P. Migne (ed.), *B. Rabani Mauri Fuldensis abbatis et Moguntini archiepiscopi Opera omnia* (PL 112), Paris 1852, 1165–1192.

Isidore of Seville, *De ecclesiasticis officiis* =
Christopher M. Lawson (ed.), *Sancti Isidori Episcopi Hispalensis De Ecclesiasticis officiis* (CChr.SL 113), Turnhout 1989.
Thomas L. Knoebel (trans.), *Isidore of Seville, De Ecclesiasticis officiis* (Ancient Christian Writers 61), New York 2008.

---

82 Angenendt (2008) 458.

Missale Gothicum = Els Rose (ed.), *Missale Gothicum e codice Vaticano Reginensi latino 317 editum* (CChr.SL 159D), Turnhout 2005.

Secondary Sources

Angenendt (1990): Arnold Angenendt, *Das Frühmittelalter. Die abendländische Christenheit von 400 bis 900* (Christentum und Gesellschaft 4), Stuttgart.

Angenendt (2008): Arnold Angenendt, "Sacrifice, Gifts, and Prayers in Latin Christianity", in: Thomas F.X. Noble and Julia M.H. Smith (eds.), *The Cambridge History of Christianity* 3: *Early Medieval Christianities c. 600 – c. 1000*, Cambridge, 453 – 471.

Bailey (2016): Lisa Kaaren Bailey, *The Religious Worlds of the Laity in Late Antique Gaul*, London.

Bernard (2007): Philippe Bernard, "Introduction", in: id. (ed.), *Epistolae de ordine sacrae oblationis et de diversis charismatibus ecclesiae Germano Parisiensi episcopi adscriptae* (CChr.CM 187), Turnhout, 9 – 268.

Bernard (2008): Philippe Bernard, *Transitions liturgiques en Gaule carolingienne. Une traduction commentée des deux "lettres" faussement attribuées à l'évêque Germain de Paris (fin du VIIIe siècle)*, Paris.

Dix (1937): Gregory Dix, "The Idea of the Church in the Primitive Liturgies", in: Arthur Gabriel Hebert and William Spohn Baker (eds.), *The Parish Communion. A Book of Essays*, London, 95 – 143.

Eisenhofer/Lechner (1961): Ludwig Eisenhofer and Joseph Lechner, *The Liturgy of the Roman Rite*, Freiburg i. Br.

Foley (1997): Edward Foley, "The Song of the Assembly in Medieval Eucharist", in: Lizette Larson-Miller (ed.), *Medieval Liturgy. A Book of Essays* (Garland Medieval Casebooks 18; Garland Reference Library of the Humanities 1884), New York, 203 – 234.

Hanssens (1948): Johann Michael Hanssens, "Introductio", in: id. (ed.), *Amalarii episcopi opera liturgica omnia* 1: *Introductio. Opera minora* (Studi et testi 138), Vatican City, 39 – 224.

Hen (1995): Yitzhak Hen, *Culture and Religion in Merovingian Gaul A.D. 481 – 751* (Cultures, Beliefs and Traditions 1), Leiden.

Hen (2001): Yitzhak Hen, *The Royal Patronage of Liturgy in Frankish Gaul. To the Death of Charles the Bald (877)* (Henry Bradshaw Society. Subsidia 3), London.

Hen (2016a): Yitzhak Hen, "The Church in Sixth-Century Gaul", in: Alexander Callander Murray (ed.), *A Companion to Gregory of Tours* (Brill's Companions to the Christian Tradition 63), Leiden, 232 – 255.

Hen (2016b): Yitzhak Hen, "Liturgy and the Propagation of Faith in the Early Medieval West", in: *Quaestiones medii aevi novae* 21, 189 – 204.

Hen/Meens (2004): Yitzhak Hen and Rob Meens (eds.), *The Bobbio Missal. Liturgy and Religious Culture in Merovingian Gaul* (Cambridge Studies in Palaeography and Codicology 11), Cambridge.

Keefe (2002): Susan Keefe, *Water and the Word. Baptism and the Education of the Clergy in the Carolingian Empire* 1 – 2, Notre Dame, IN.

Lawson (1989): Christopher M. Lawson, "Introduction", in: id. (ed.), *Sancti Isidori Episcopi Hispalensis De Ecclesiasticis officiis* (CChr.SL 113), Turnhout, 13* – 163*.

McKitterick (1977): Rosamond McKitterick, *The Frankish Church and the Carolingian Reforms* (Royal Historical Society. Studies in History Series 2), London.

Miller (2014): Maureen C. Miller, *Clothing the Clergy. Virtue and Power in Medieval Europe, c. 800 – 1200*, Ithaca.

Mohlberg (1929): Leo Cunibert Mohlberg, *Missale Gothicum. Das gallikanische Sakramentar (Cod. Vatican. regin. lat. 317) des VII.–VIII. Jahrhunderts. Facsimile und Kommentar. Textband* (Codices liturgici e Vaticanis praesertim delecti phototypice expressi 1), Augsburg.

Mohrmann (1965): Christine Mohrmann, "Les origines de la latinité chrétienne à Rome", in: ead. (ed.), *Études sur le latin des chrétiens* 3: *Latin chrétien et liturgique* (Storia Letteratura 103), Rome, 67–126.

Morin (1953): Germain Morin, "Praefatio", in: id. (ed.), *Caesarii Arelatensis Opera* 1: *Sancti Caesarii Arelatensis Sermones* 1 (CChr.SL 103), Turnhout, IX–CXXII.

Klauser (1946): Theodor Klauser, "Der Übergang der römischen Kirche von der griechischen zur lateinischen Liturgiesprache", in: *Miscellanea Giovanni Mercati. Publ. in occasione dell' 80. Natalizio* 1: *Bibbia, letteratura cristiana antica* (Studi e testi/Biblioteca Apostolica Vaticana 121), Vatican City, 467–482.

Klingshirn (1994): William E. Klingshirn, *Caesarius of Arles. The Making of a Christian Community in Late Antique Gaul* (Cambridge Studies in Medieval Life and Thought), Cambridge.

Rose (2005): Els Rose, "Introduction", in: ead. (ed.), *Missale Gothicum e codice Vaticano Reginensi latino 317 editum* (CChr.SL 159D), Turnhout, 11–328.

Rose (2015): Els Rose, "Getroost door de klank van woorden. Het Latijn als sacrale taal van Ambrosiaster tot Alcuin", in: Gerard Rouwhorst and Petra Versnel-Mergaerts (eds.), *Taal waarin wij God verstaan. Over taal en vertaling van Schrift en traditie in de liturgie* (Meander. Publicatiereeks van het Liturgisch Instituut Tilburg 15), Heeswijk, 63–88.

Rose (2017): Els Rose, *The Gothic Missal. Introduction, Translation and Notes* (Corpus Christianorum in Translation 27), Turnhout.

Symes (2016): Carol Symes, "Liturgical Texts and Performance Practices", in: Helen Gittos and Sarah Hamilton (eds.), *Understanding Medieval Liturgy. Essays in Interpretation*, Farnham, 239–267.

Vogel (1986): Cyrille Vogel, *Medieval Liturgy. An Introduction to the Sources*, rev. and transl. by William G. Storey and Niels Krogh Rasmussen (The National Association of Pastoral Musicians. Studies in Church and Liturgy), Washington, D.C.

Sachregister

aequalitas 14, 225, 235–237, 240f., 247, 256f., 264, 321, 328, 332f., 467
Afrika 13, 17, 20f., 26, 54–56, 58f., 61, 96, 110, 164, 195–209, 211–214, 219, 222, 254, 257, 269, 282, 288, 301, 322, 341, 344, 364, 449
apollinarisch 269, 271
Arianer 23, 162, 164f., 199, 206, 213, 275, 288f., 293, 307–309, 311, 320, 325, 361, 371
– Anti-Arianismus 3, 23, 105, 162, 165, 231, 255, 275, 318, 320–322
– Arianismus 5f., 8, 162f., 165, 196, 283, 289, 301, 306, 309–311, 320, 323f., 326, 330f., 369, 373, 378
Athanasianum 22, 26, 239, 317–322, 325–331, 390, 404, 409, 411, 417
Autor 8f., 18f., 22, 25, 51, 60, 67–69, 71–80, 83–85, 93–95, 97f., 102f., 105f., 112, 118–134, 136–143, 145f., 164f., 178, 181, 185, 187, 189, 242, 272, 282–284, 286–288, 290, 294, 302, 310, 318f., 363, 370–373, 376–382, 401, 404, 415, 433f., 439f., 444, 460, 465f., 469–472

Barbar 10, 14, 37, 39f., 75–80, 83, 160, 195, 197, 199, 283, 288f., 418
Bekenntnis 6, 14, 25, 157, 160, 163, 196f., 209, 213, 227f., 233, 237, 248f., 269, 271, 281, 285, 288f., 294–296, 317f., 321, 323, 325–331, 339f., 342, 369, 389–394, 396–398, 400–402, 404, 409, 413f., 416–419, 433, 440, 442, 468
– Apostolisches Glaubensbekenntnis 319, 389, 404, 417f.
– *explanatio symboli* 394
– *expositio symboli* 227, 393, 402
– Römisches Glaubensbekenntnis 5f., 14, 27, 389, 409, 442
– *traditio symboli* 394, 400, 402, 414
Bibel 18, 44, 68–71, 74f., 79f., 83f., 109, 164, 197, 201, 230f., 237, 242, 311, 331, 378, 391f., 402, 407–409, 418, 433f., 451, 462
Bischof 4, 8, 12f., 16, 19, 21, 38, 43f., 51f., 54–60, 62, 70, 73, 95–97, 99f., 105, 108, 112, 120, 122–126, 131, 134–141, 143, 145f., 171f., 174, 176, 178–180, 186–189, 196–208, 211, 213f., 254f., 264f., 281f., 284–287, 290–297, 301–303, 306–308, 310, 312, 317, 319, 324–327, 330, 339, 341f., 345, 347, 349, 356f., 360–364, 369, 372, 378–381, 391, 393f., 397f., 406–408, 412f., 416, 418, 435–440, 444, 448f., 461, 463f., 466f., 470
Brief 12–16, 19, 40, 42–44, 53–59, 73, 78, 80, 104, 117–127, 129–147, 161, 171f., 175, 178f., 182, 187, 189, 196–198, 205, 231, 234, 264, 266–276, 281, 285–287, 291f., 294f., 301–312, 319–322, 339–343, 345–347, 355, 357, 360, 363, 371, 393, 396, 399f., 408, 410f., 413, 417, 419, 433, 435, 439f., 449f., 460, 465f.
Buch 9, 18f., 26, 35–37, 39, 61, 69–71, 80–82, 93f., 117–122, 124–141, 143–146, 164f., 171f., 180, 182, 184, 187–189, 197, 210, 219–221, 253–255, 303, 372, 376f., 319, 321, 325, 330f., 361, 363, 392, 396, 403, 407, 409, 411, 434, 449, 461, 464f., 467
Burgund 7, 19, 22, 38, 198, 206, 301, 304–311, 322, 324, 357

Canones 24, 54f., 171, 177, 310, 327, 329f., 357, 369, 406, 440
Cento 78, 98f., 102f., 105
Christentum 3, 5–11, 16–19, 21, 23, 25, 27, 35f., 38f., 45, 117f., 133, 135, 141f., 145, 157–159, 161–163, 165f., 199, 209, 263, 281, 361, 363f., 378, 390f., 395, 406, 417, 420, 466
Christianisierung 4, 11, 322, 406, 448
christlich 3f., 6, 8–11, 17–19, 22, 24–27, 35f., 38–42, 44f., 57, 60, 68f., 72, 74, 78, 85, 117f., 121, 125f., 132, 134–137, 141–145, 147, 157f., 159–166, 174f., 178–180, 188f., 197, 199, 201, 243, 265, 317, 322, 331f., 347f., 358, 360, 363–365, 369–374, 376–379, 382, 389–392, 395, 399, 401, 412–414, 418f., 433f., 436, 444, 448–451, 459, 463, 467–469, 473
Christologie 10f., 15, 17, 20–26, 159, 161–163, 165, 179, 195, 199, 207, 219, 263–265, 267, 269–273, 275, 296, 319f., 322,

326, 329–331, 339–342, 345, 371 f., 378, 394, 404
Christus 5, 8, 11, 21, 23–25, 35, 42, 57, 60, 69 f., 99, 112, 141, 158–161, 165, 173, 179 f., 206, 211, 233, 241 f., 254, 264, 268, 273 f., 320, 328, 333 f., 339–346, 348, 357–359, 361, 363–365, 371 f., 374, 376, 380, 382, 390, 392, 395, 397, 401–403, 417, 446, 449, 451, 459, 462, 467 f., 472
Codex 18–20, 43 f., 52, 72, 79, 93, 95, 99, 105, 109, 117–120, 122, 126–135, 143 f., 146 f., 165, 173, 175–177, 182, 185–189, 202, 204 f., 219–221, 225, 253, 302, 321, 348, 355, 358, 378–380, 396 f., 400, 402, 404 f., 411, 417, 438, 461 f., 464–467, 469, 471–473
cursus 443, 445–447

Debatte 4–6, 9–11, 18–26, 43, 67–69, 135, 157–159, 161–165, 174, 178–180, 182, 188, 190, 203, 207 f., 231, 240 f., 252, 254–257, 265, 267, 275–277, 282, 294–296, 301, 303 f., 309 f., 312, 339 f., 345, 347, 378, 381, 403
– *altercatio* 9, 23, 163 f., 188 f., 221, 376
– Dialog 9 f., 17, 19, 22 f., 112, 157–159, 163–166, 175, 179 f., 188 f., 221, 227 f., 252, 301 f., 312 f., 376 f., 382, 441, 469–472
– Diskurs 10 f., 17, 85, 157, 197, 234, 236, 241 f., 246, 250, 253, 255–257, 264
– Religionsgespräch 21, 231, 253 f.
– Streitgespräch 9, 19 f., 23, 201, 207, 227
Dekadenz 18
dialektisch 165, 180, 182–184, 186
Drei-Kapitel-Streit 15, 341

Ehe 5, 24, 41, 200, 310, 358
Enhypostasie 21
ethnisch 6, 17, 35–42, 44 f., 62, 181, 311
Ethnizität 6, 17, 37 f.
Ethnogenese 4, 6 f., 38
Europa 3 f., 9, 17, 27, 36, 38 f., 45, 118, 145, 348, 380 f.
eutychianisch 266, 275, 281, 289 f., 294 f., 305, 341
Exil 16, 21, 59, 137, 171 f., 177, 189, 202, 204 f., 207 f., 220, 254 f., 265, 270, 309 f., 317 f.

Fälschung 93 f., 102, 269, 271
filioque 317, 324, 326

Gallien 8, 12–14, 16, 21–25, 37, 54–56, 62, 96, 119, 121, 126, 158, 198, 207, 213, 282 f., 286–291, 294, 296, 301, 311, 322, 355–360, 364 f., 379, 390, 395, 438, 451, 460 f., 464 f., 469
gentes 6 f., 10 f., 13, 20, 22, 35, 39–41, 43–45, 214, 282, 296, 371
Germanisierung 5 f., 17, 36
Grammatik 18, 68–76, 78, 80–85, 127, 412, 433, 448

Häresie 20, 59, 163–165, 173, 176–178, 182 f., 188–190, 202, 228–230, 236 f., 243 f., 246, 248, 252, 257, 269, 275, 281, 284, 286 f., 289 f., 294 f., 301–303, 306 f., 345 f., 373, 381, 393, 468
– Ketzer 165, 196 f., 199, 202
Hasdingen 20, 196 f., 210
Heiden 43 f., 69, 133 f., 161, 207, 213, 220, 243 f., 361, 400, 405, 413, 433, 448 f., 451, 469
heilig 11, 16, 18, 41–44, 74, 78, 80, 84, 95, 103, 109, 125, 141, 164, 201, 207 f., 213, 225 f., 228, 230 f., 241 f., 246 f., 257, 268 f., 282, 284 f., 293, 309, 317, 320, 324, 326, 328 f., 331–333, 364, 391 f., 397, 403, 408, 411, 413, 419, 433 f., 437, 441, 451 f., 462–464
Heiliger Geist 14, 78, 141, 174, 213, 223, 225 f., 228, 230, 241 f., 244, 247, 271, 276, 286, 309, 317 f., 320, 324, 326, 328, 332 f., 397, 403, 437, 471
– Pneuma 244, 252
Henotikon 205
Homöer 6, 10 f., 17, 20–22, 25, 162–164, 195–204, 206–209, 212–214, 219 f., 222, 231–233, 235–239, 242–245, 247–250, 253 f., 256 f., 288 f., 303, 305, 308–311, 320, 322–327, 330, 369, 378, 393
Hypostase 21, 264, 268 f., 272, 277

Identität 4, 6 f., 10, 17, 20, 25, 35–38, 41, 45, 209, 265, 281, 356, 461
Ikonoklasten 346 f.
– ikonophil 346–348
Inkarnation 4, 268–274, 276, 284, 327, 333
– Inkarnierter 21, 269

Juden   8, 16f., 23f., 39–42, 45, 112, 159f., 174, 213, 355–365, 369–382, 449, 469
- Adversus Iudaeos   363, 370f., 377f.
- Antijudaismus   16, 22, 24

Karolinger   7, 26f., 37, 41, 99, 283, 301, 318, 348, 378, 380, 394, 396, 400f., 405f., 411f., 414, 437, 459, 464, 469, 471
Karthago   21, 59, 61, 96, 195, 198f., 201–210, 213, 220, 227, 254f., 286, 288, 322
Katechese   17, 23, 25, 97, 140, 390f., 389–391, 393f., 401, 407, 414, 419
- Katechismus   157, 321, 331, 382, 400
katholisch   10, 20–22, 25, 36, 96, 162, 165, 176, 195–209, 212–214, 219f., 230f., 234, 244, 246, 252, 254f., 286, 288f., 303, 305–309, 318, 322, 324f., 327, 329f., 332, 334, 370f., 376, 380, 403, 413, 416, 461
Kirche   8f., 12, 15, 20, 23, 35f., 41f., 44f., 51–62, 111, 120, 131, 133, 138, 141, 171–176, 179, 187, 189f., 195–206, 208, 212, 214, 238, 249, 266, 281, 285f., 288, 290–292, 296f., 308, 311, 317, 322–327, 329f., 341f., 345–347, 349, 363, 371–376, 378–381, 389, 393f., 396, 401–403, 406, 408, 411, 413, 415, 419f., 435, 447f., 450, 459, 462f., 465, 467–470, 472f.
Klerus   25f., 121, 144, 171f., 195f., 198, 203f., 206, 209, 289, 308, 311, 322, 324–327, 344, 365, 397, 408, 412, 418, 459–461, 467f., 470, 473
- klerikal   8, 26, 126, 128, 144, 370, 400, 411, 459, 461, 466, 469, 471, 473
Kloster   8f., 12f., 16, 105, 206f., 287, 306, 346, 370, 372, 406, 412, 414
Konstantinopel   12, 20, 40, 52, 55, 58, 97, 162, 176, 198f., 201, 206, 209–213, 268, 281, 285f., 291, 293, 295, 317, 319f., 325, 341–349, 390, 398
Konzil   13, 15, 22f., 51, 53f., 57–59, 61, 133, 162f., 165, 171f., 176–178, 180, 188f., 195f., 198, 205, 207f., 213, 229, 231, 240, 263–265, 268f., 281–287, 289–292, 294–297, 302, 310, 319–327, 329–331, 339, 341f., 345–349, 357–359, 365, 369, 372–375, 378f., 381f., 390, 395, 400, 408–411, 416–419, 461
- Chalkedon 451   13, 15, 22, 26, 55, 160, 180, 205, 213, 263, 365f., 268f., 271, 274–277, 281–285, 289, 291f., 294–297, 319–321, 326f., 339–341, 345, 347f., 378, 397, 404
- Ephesus 431   269, 286f., 290, 294, 319, 339–341, 345, 372
- Karthago 484   21, 61, 201f., 227, 254
- Konstantinopel 381   14, 25, 54, 162, 390
- Konstantinopel II 553   341, 348f.
- Konstantinopel III 680/681   342–346, 348f.
- Lateran 649   176f., 343f.
- Nizäa 325   25, 54, 57, 162, 196, 208, 213, 231, 289, 331, 339, 345–349, 390
- Nizäa II 787   346
- Rimini 359   25, 54, 163, 196, 203, 320, 323, 325, 327, 330
- Seleucia 359   196, 203
- Toledo III 589   22, 195, 213, 323–325, 327, 330, 359, 381

Laie   13, 25f., 122f., 126, 144, 198, 206, 303, 327, 348, 357, 370f., 395, 411f., 415, 418, 459–465, 469–474
Latein   18, 26, 39, 59f., 62, 67, 69, 81f., 84f., 117f., 121, 124f., 127, 129–133, 136, 140, 142, 145, 181f., 185, 219, 311, 340, 343–345, 347, 349, 372, 375, 378f., 381, 403, 407, 412, 415–418, 435f., 444, 447, 451, 459, 465, 472
latinitas   67f., 81, 85, 111, 434, 443
Liturgie   4, 12, 17, 25f., 55, 74, 145, 165, 171–173, 202, 249, 268, 327, 360, 363, 370f., 378f., 382, 389–391, 393f., 396f., 399–401, 405, 409, 412, 433–442, 444–447, 449–451, 459–461, 464, 466f., 469–474

Manichäer   199, 285, 293f., 302
Maria   21, 94, 269, 271, 273, 328, 372–374, 375, 377f., 380–382, 403, 452
- Jungfrau   161, 226, 269, 328, 340, 370, 372–375, 381f., 403, 437
- Theotokos   372
Merowinger   12f., 25, 37, 406
Messkommentar   26, 459, 473
Monophysiten   205, 263, 265, 268, 270, 274, 281, 321, 341, 348
Monotheismus   158–161
- Henotheismus   159
Monotheletismus   176, 342, 379
- dyotheletism   342, 344–346, 349

Natur, *natura* (s. Substanz, Hypostase) 14, 21, 76, 94, 106, 129, 136, 179, 234, 241, 243, 245, 263f., 266–271, 273f., 277, 291, 295, 329, 339f., 343f., 348, 377
Nestorianer 263, 266, 270, 275f., 290
Neuchalkedonismus 21, 265, 267–269, 272–276, 341
neunizänisch 320, 326
Nizäner 25, 198, 275
– Homoousianer 21, 201, 203
– homoousianisch 257
– homoousios 162, 207, 228, 231, 243, 256f.
– nizänisch 7, 10, 14, 17, 21, 162f., 165, 231, 239f., 243, 245, 248, 263, 265, 348, 390

Ontologie 11, 159f., 264, 274
Orthodoxie 10, 20, 96f., 141f., 157, 163–165, 172f., 177, 188f., 199, 213, 263, 296, 305f., 324f., 342, 348, 370, 378
Osten 4, 7f., 14, 16–18, 21–23, 51–54, 56, 58–62, 158, 162f., 175, 198f., 205, 210–213, 256, 263–265, 271, 275, 282, 288, 290f., 293–297, 312, 320, 325, 331, 339–342, 344, 346–349, 355f., 358–360, 371f., 382
– Orient 18, 52, 55, 58, 41, 51f., 54, 58, 60–62, 211, 263, 286, 288, 291f.
– Ostrom 14, 51, 162, 206, 288, 294
Ostgoten 439

Panegyrik 15, 140, 182, 310, 441, 450f.
Papst 22, 43f., 52, 54f., 57–62, 73, 195, 198, 204f., 207, 264, 268, 285–287, 290f., 293f., 297, 318, 355, 360, 396, 413, 435, 438, 440, 444, 448
Paraklet (s. Heiliger Geist) 225, 242
pastoral 126, 145, 373, 395, 407, 462
persona 14, 21, 117, 120, 125, 142, 144, 181f., 188, 202, 208, 213, 230, 237, 245, 247–249, 252f., 263f., 266–277, 318, 326, 328f., 331–334, 339, 342, 357, 364, 370, 373f.
Poetik 74–76, 78f., 106, 108, 117, 120–123, 125, 127, 129, 136f., 140, 145, 382, 447, 451
– *carmen* 12, 18, 25, 67, 82, 107, 122–125, 130, 136–138, 145–147, 185, 187, 311, 362f., 416, 447, 470

Polemik 19, 23, 74, 164f., 172–175, 180, 186–190, 209, 235, 238, 243, 246–248, 252, 257, 272, 373f., 379f.
– Invektive 20, 171, 173, 175–178, 180–185, 187–190, 379
Präfation 397, 409, 440–442, 444f., 450–452
Predigt 18f., 25f., 71, 80f., 85, 93–113, 171f., 175, 189, 199, 232f., 241, 243, 249, 266, 271, 303, 312, 320, 343, 377, 380, 393–395, 401f., 405–412, 414–418, 433f., 440, 460–463, 473
– Homiletik 93
– Homiliarien 95f., 109
– Homilie 409, 411, 415, 417, 419, 470
Pseudepigraphie 9f., 16–18, 23, 93f., 96f., 99f., 105f., 108, 141, 144, 179, 196, 376, 405, 415, 465

regnum 20, 36–38, 40f., 45, 52, 195, 302, 371
rex 5, 15, 17, 20f., 37–40, 42, 45, 82, 110, 195–202, 204–210, 212–214, 219f., 254–257, 288, 292, 301, 304, 323, 325–327, 330, 359, 361, 363–365
Rhetorik 20, 25, 67, 69–71, 81, 98, 112, 120, 126f., 134, 139, 157, 171, 173–175, 177f., 180f., 184–188, 190, 264, 302, 307, 370, 377f., 380, 412, 414, 433–435, 440, 444, 447–451
Rom 3f., 8, 15, 17f., 22f., 25f., 36f., 39–41, 51, 54–58, 61f., 73, 82, 117, 121, 123–125, 133, 135f., 139, 157, 161, 163, 176, 195, 197–200, 204f., 213, 221f., 266, 268, 271, 277, 281–288, 290–297, 323, 342–344, 346–349, 355, 358, 363, 389–394, 396, 399, 408f., 435–442, 444–451, 464

sabellianisch 228, 230, 237, 248, 257
sakral 24, 120, 135, 171, 187, 205, 305, 378, 465, 470
Sammlung 18f., 68, 94–96, 99, 105f., 109, 117–123, 125, 127, 129, 131f., 135, 147, 175, 183, 186f., 341, 356, 359, 371, 380f., 407, 437, 449, 461
– *corpus* 96, 100–102, 105, 107–109, 113, 118, 135, 146, 173, 327, 359, 413, 437, 448
– Kollation 132

scriptura   84, 135, 223, 226, 232, 248, 328 f., 408, 416, 433
– scriptural   370, 372, 378, 380
Sklave   24, 358, 360
Spanien   20–22, 24, 36, 54 f., 62, 195–198, 213 f., 282, 288, 291 f., 294, 296, 369 f., 373 f., 376–379, 381 f., 395, 404, 435, 439
Substanz   14, 37, 207, 213, 223, 227, 230, 233–236, 240–243, 245, 247 f., 256 f., 266, 275, 318, 326, 328, 332–334, 340
– *subsistentia*   267, 271
Sueben   213, 282, 293, 296, 325
Synagoge   9, 24, 356, 359, 361–364, 375

Taufe   11, 24 f., 42 f., 137, 202, 272, 306, 356, 360–364, 369–371, 376, 380 f., 389 f., 392, 396–400, 406, 408, 413 f., 419
– Kindertaufe   25, 390, 396, 414, 420
– Massentaufe   24, 362, 414
– Zwangstaufe   24, 360
theopaschitisch   21, 268, 276
Tischgemeinschaft   357 f.
– Gastmahl   24, 357
Trinität   4, 14, 24–26, 51 f., 141, 162–165, 207, 213, 220, 230, 237, 241 f., 246, 249 f., 252, 257, 268–270, 272, 275–277, 318 f., 326, 328 f., 332 f., 378, 391, 402 f., 413

universal   7, 10, 17, 35 f., 44, 69, 203, 340, 469

Vandalen   19–22, 164, 195 f., 198–201, 203 f., 206–214, 219, 222, 238, 254 f., 257, 270, 282, 288, 322 f.
Völker   3–6, 13, 15, 17, 36–45, 83 f., 213, 282 f., 288 f., 296
Völkerwanderung   3 f., 6, 8, 195, 282

Westen   3 f., 7–9, 11, 13 f., 16–18, 22 f., 25–27, 36 f., 51–54, 56, 58, 60–62, 68, 93, 117 f., 143–145, 158, 163, 182, 198, 200, 206, 256, 263, 265, 268, 275, 277, 281–283, 286–288, 291 f., 295–297, 318, 320 f., 323, 327, 330 f., 339–342, 344–349, 355, 360, 369, 375, 378 f., 381, 389 f., 393, 395, 399, 435–437, 459, 465
– Okzidens   17, 51 f., 54, 61, 117, 381
– Westrom   4, 7 f., 37, 51 f., 281 f., 296 f., 323, 440, 447
Westgoten   7, 20, 22, 24, 137, 195, 213 f., 282, 294, 303, 309–311, 317, 322–327, 330 f., 356 f., 369 f., 373–380, 382

Personenregister

Agobard von Lyon   171–174, 186, 188 f., 301 f., 312 f.
Alkuin   43–45, 100, 183, 400, 408, 418, 466
Amalarius von Metz   171–177, 186–189, 399 f., 417, 466
Ambrosius von Mailand   9, 60, 94, 96, 161, 164, 173, 227, 233 f., 241, 245, 249, 324, 347, 355, 372, 393 f., 401, 414, 465
Apollinaris von Laodicaea   269, 289, 321
Aristoteles   181, 186, 272
Arius   162–164, 175, 213, 231, 234, 243, 257
Athanasius von Alexandrien   9 f., 23, 162–164, 227 f., 231, 239 f., 242, 245, 257, 269, 317–319, 322, 324, 330 f., 340, 342, 348, 390
Augustinus   7, 9 f., 17–19, 21 f., 26, 35, 43, 52, 58–62, 68–73, 81, 93–100, 103–106, 108–112, 125, 128, 173, 175, 182 f., 187, 189, 196, 207, 220, 227, 233 f., 237, 241, 243, 245 f., 263, 268–270, 274 f., 277, 287, 290, 319 f., 322, 324, 330 f., 340, 343 f., 361, 364, 372, 376, 392, 394 f., 401, 414, 433 f., 448 f., 467
– Ps-Augustinus   9 f., 23, 93 f., 97, 99, 102, 105–108, 112, 175, 227, 417
Avitus von Vienne   10, 21 f., 43, 107, 121, 301–305, 307 f., 311 f., 364

Beda Venerabilis   18, 43, 71, 97, 176, 207, 417
Boethius   8, 119, 181, 265, 267, 348

Caesarius von Arles   9, 12, 19, 26, 93 f., 96, 98–102, 319, 322, 357, 360, 395, 407, 410, 461–463, 470, 472–474
Cartenius   302 f.
Cassiodor   8, 18, 71 f., 80, 94, 130, 209, 272, 304, 319
Chilperich   303, 306–310, 361, 364 f.
Chlodwig   24, 43, 126, 303, 306, 308, 363
Cicero   25, 82, 85, 95, 125, 184–186, 433, 450 f.
Claudianus Mamertus   96, 136–138, 141–143, 304, 309 f.
Constans II.   176
Constantine IV (Kaiser)   342
Constantine V (Kaiser)   347
Constantius II. (Kaiser)   54, 180, 187, 196 f.
Cyprian von Karthago   60, 371, 376, 378, 467

Dionysius von Alexandrien   179
Dracontius   79

Ennodius   207, 304, 312
Epiphanius von Salamis   304, 319 f.
Eugenius von Karthago   204, 207
Eugenius von Toledo   79
Eurich   137, 197, 306, 309 f.
Eutyches   284, 291, 294 f., 340

Faustus von Riez   22, 125–127, 136–145, 302, 304, 309 f.
Ferrandus von Karthago   204, 207, 271, 275, 341
Florus von Lyon   20, 171–179, 186–189, 302, 313
Fulgentius von Ruspe   9 f., 20–22, 96, 164, 195, 204, 207 f., 219–222, 228, 230 f., 238 f., 242, 249, 251–256, 263, 265–276, 319

Gelimer   20, 209–212
Gennadius von Marseille   105, 136 f., 142, 146, 196, 310
(Ps-)Germanus von Paris   26, 466
Gildas   42
Gottschalk   178, 183
Gregor der Große (Papst)   8 f., 18, 43, 45, 68, 72 f., 80 f., 204, 346 f., 355, 360, 369, 409 f.
– Ps-Gregor der Große   99–102
Gregor von Nazianz   175, 179, 187, 319, 340
Gregor von Tours   9 f., 12, 16, 23 f., 207, 303 f., 306–308, 313, 355 f., 359–365, 463 f., 473
Gundioch   301, 306–311
Gundobad   10, 21 f., 301–312
Gunthamund   203–205, 207

Hadrian (Papst)   346 f., 438
Hieronymus   9, 22, 60, 69, 72 f., 94, 104, 125, 127 f., 135, 163 f., 175, 180, 187, 189, 282, 284, 289, 292 f., 372, 433, 449 f.
Hilderich   200, 203, 205, 208–213
Hinkmar von Reims   178 f., 407, 409, 418
Honorius (Kaiser)   52 f., 58
Hunerich   21, 39, 198–203, 206, 231, 254, 256
Hydatius   22, 282 f., 291–296

Ildefons von Toledo 24, 370, 372–382
Innozenz (Papst) 52, 54–58, 60, 62, 290, 293
Isidor von Sevilla 8, 18, 24, 26, 40, 45, 81–84, 187, 207f., 221, 321, 325, 330, 369–373, 376, 378–380, 382, 395, 401, 414, 440f., 466–469, 473

Johannes Cassian 137, 233, 287, 398
Johannes Diaconus 396
Johannes Maxentius 10, 265, 267, 270, 273, 276
Johannes Scotus Eriugena 183f.
Johannes von Biclaro 195, 213
Julian von Toledo 18, 24, 79, 370f., 375–382
Justin I. (Kaiser) 265, 268
Justin II. (Kaiser) 12–16
Justinian (Kaiser) 7, 15, 26, 62, 209–213, 263, 348, 360

Karl der Große 36, 38, 43–45, 346f., 390, 407f., 410, 418f., 438
Konstantin (Kaiser) 12f., 23, 158, 162, 195, 213
Kyrill von Alexandrien 59, 268–270, 272, 277, 286, 291, 293–295, 398
Kyrill von Jerusalem 444

Leo I. (Papst) 7, 62, 96f., 189, 198, 263f., 268–270, 281, 284–286, 290–294, 296, 339f., 345, 393, 397f., 401, 406, 440
Leo (Kaiser) 211, 312
Leovigild 323–325, 327
Lupus von Troyes 126f., 130f., 134f., 143

Markian (Kaiser) 213, 263, 281, 284–286, 289, 312
Martin von Braga 324f.
Maximus Confessor 277, 343–345
Maximus von Turin 9, 96f., 105, 113

Nestorius 54, 286f., 289, 291, 293–295, 340, 348
Niketas von Remesiana 394

Orosius 59f., 308

Paulus Diaconus 83, 96f., 208f., 410
Prosper von Aquitanien 22, 43f., 195f., 205, 246, 277, 282–288, 291f., 294–296
Prudentius 79
Prudentius von Troyes 178f.

Quodvultdeus 96, 105, 195, 197

Radegunde von Poitiers 12–16
Rekkared 20, 22, 195, 213f., 323, 325–327, 330, 369
Rikimer 22, 309–312
Rufin von Aquileia 54, 137, 227, 288, 393, 401, 414
Rusticus, Diakon 10, 341f., 348
Rusticus, Presbyter 135, 142
Rutilius Lupus 186f.

Salvian von Marseille 135, 307
Sidonius Apollinaris 19, 117–127, 129–132, 134–147, 197, 304, 306f., 309–311, 357
Sigismund 301–303, 306–309, 311, 357
Sulpicius Severus 40f.

Thrasamund 20f., 204, 206–209, 219–221, 252–257, 265

Venantius Fortunatus 12, 24, 362f.
Vergil 76–78, 82, 106f., 135, 210, 433
Vigilius von Thapsus 10, 164, 227f., 242, 301
Viktor von Vita 21, 195–203, 222, 231, 254

Stellenregister
Altes Testament

Genesis 409
1,1–2 403
9–10 40
11 40
49,10 371

Exodus
1,12 197

Deuteronomium
21,11–13 141

1 Könige
11,1–13 41
11,14–23 41

Hiob 80, 164

Psalmen 69, 71, 359, 409, 414
2,7 223, 232
18,10 111
21,7 79
33 408
33,15–17 408
91 359
109 245–246
109,3 226, 242, 245–246, 248

Proverbia
8,22–23 223, 232
8,25 223, 232

Kohelet 61

Jesaja 302, 311
7,14 226, 246–248
6,3 249
29,13 225–226, 244
53,8 223, 231, 234, 245
63,9 110

Hosea
6,3 403

Jona
6,4 449

Micha 302, 311

Sapientia Salomonis 61, 302, 311

Neues Testament

Matthäus 246–247
1,18–2,1 226
1,21 248
6,13 110
11,27 236
19,28 104
27,11 39
27,37 39
27,29 39
28,19 43

Markus
7,11–12 302
13,10 43
13,32 275
15,2 39
15,18 39
15,26 39

Lukas 246–247
1,26–33 226
2,6–12 226
2,52 275
3,38 402
10,1–9 409
16,1–13 104
22,42 342
23,3 39
23,38 39

Johannes
1,3 239
1,3–4 225, 239, 245
1,4 239, 243

1,4–5	239
1,5	225, 239
1,9	225, 239
1,14	223, 232–233
3,18	232
5,18	236
5,23	236
5,32	225, 241–243, 245
6,44	236
10,11	79
10,30	236
14,6	236
14,9	236
14,10	236
14,16	225, 241
14,26	241
16,28	223, 232
17,10	236
18,34	39
19,19	39
19,21	39
19,22	39
19,26–27	402

Apostelgeschichte 104
2,41	363
17,1–9	57

Römer
10,10	413
11,36	403

1 Korinther
2,4	270
6,3	104
8,5–6	159

Epheser 35

Kolosser
1,15	223, 232–233
3,11	42

1 Thessalonicher 57

2 Thessalonicher 57

1 Timotheus
6,12	393

2 Timotheus
2,7	408

1 Petrus
2,9–10	42

1 Johannes
1,5	239
5,7	247
5,7–8	226

Hebräer
1,3	236, 240, 256
5,12	415

Antike bis frühmittelalterliche Quellen

Acta Conciliorum Oecumenicorum (ACO)
Ephesenum
ACO 1,1,2	
Actio I	340
ACO 1,3–4	341
Collectio Cassinensis 295	341

Chalcedonense
ACO 2,1,1	339–340, 345
Actio I	339, 348
ACO 2,1,2	281, 345
Actio IV	264, 339
Actio V,9–28	339
Actio V,34	341
ACO 2,1,3	
Adlocutio ad Marcianum 345	
ACO 2,2,2	
Ordo gestarum 8	267

Constantinopolitanum III
ACO, ser. 2, 2,1	
Actio IV	343–344
Actio X	342
ACO, ser. 2, 2,2	
Actio XVIII	342, 346

Nicaenum II
ACO, ser. 2, 3,1	
Actio II	347
ACO, ser. 2, 3,3	
Actio VI	348

Acta Austremonio 356

Admonitio synodalis
40 410

Aelius Donatus
Ars maior
2,10 73
2,14 73
3,1 75
3,2 76
3,4 75

Agapet
Epistula ad Reparatum Carthaginiensis 322

Agobard von Lyon
Contra libros quatuor Amalarii 173
2 172
4 172
5 172
7 173
9 172
12 173
18 172
De antiphonario (ad cantores ecclesiae Lugdunensis)
6 172
7 172
9 172

Alanus von Farfa
Homiliarium, praefatio
4 96–97

Alcuin
De sacramento baptismatis 400
De virtutibus et vitiis 100
Epistulae
17 43–44
111 400
136 408
138 43
Vita Vedastis
2 43

Ps-Alcuin
De divinis officiis
13 418

Alexander von Alexandrien
Epistula ad Alexandrum Thess.
20–21 231

Amalarius von Metz
Embolis 172
Epistula ad Carolum imperatorem de scrutinio et baptismo
10 417
40 399–400
Liber officialis 171–174, 189
1,23,11 399
2,5 174
2,6 173
2,7 174
2,13 173
Liber officialis, glossae 173–174

Ambrosiaster
Commentarius in epistulam Pauli ad Corinthios prima
14,16 465

Ambrosius von Mailand
De fide
2,10,86 249
De incarnationis dominicae sacramento
2,13 245
8,79 234
9,93 234
9,95 234, 241
9,97 234
De virginibus
3,4,20 394
Epistulae
73,8 161
73,11 161
76(20),4 393
Exhortatio virginitatis
1,7–8 355
Explanatio symboli 394

Ps-Ambrosius von Mailand
Tractatus in Symbolum Apostolorum/De Trinitate
11 227

Anonymi in Iob 164

Anonymus ad Cuimnanum (*Expossitio latinitatis*) 72
prologus 83
1,7 73, 84
15 83
26 84

Aponius
In Canticum Canticorum Expositio 229

Apostolische Konstitutionen
can. 70 358

Apuleius
Periermeneias 182

Aquila Romanus
De figuris sententiarum et elocutionis
1 185

Arator Subdiaconus
Historia apostolica
1,119 107
1,628 107
2,659 107

Aristoteles
De sophisticis elenchis 181

Arius
Epistula ad Alexandrum 234

Arnobius Iunioris
Altercatio cum Serapione 9

Arriani Fragmenta in Lucam rescripta 164

Athanasius von Alexandrien
Epistula ad Afros
4,3 240
4,5 239
5,4 240
7,2–6 239
De decretis Nicaenae synodi
13,5 245
21,4 245
35,12 245
Oratio 1 contra Arianos
26,4 228

Ps-Athanasius von Alexandrien
De incarnatione Verbi Dei et contra Arianos
21 343
Libri de trinitate 321
2,3 228

Augustinus
Confessiones
3,9 433
8,2,5 392
Conlatio cum Maximino
13 237, 243
15,18 245
15,22 243
Contra Faustum 187
2,5 109
Contra Iulianum
1,13–14 60
1,34 60
6,26 104
Contra Maximinum
1,7 227, 245
2,14,1 320
2,17,1 245
Contra sermonem Arrianorum
5,5 320
29,27 241
De catechizandis rudibus
9 70
9,13 448
De civitate Dei
17,20 61
20,5 104
De dialectica
7 182–183
De diversis quaestionibus
12 95
31 95
De doctrina Christiana 69–71
2,19 70
2,20 70
2,21 71
3,36 70
4,3 434
4,22 70
4,24 70
De haeresibus
49 320
De natura et gratia
42 94

De Trinitate

5,3,4	234
6,7	234

Enarrationes in psalmos

18,2,10	111
32,2	343
36,26	433
49,8–10	104
56,4	112
86,4	104
90,1,9	104
92,6	246
109,16	245–246
128,9	111
134,1	111
147,11	111

Epistula ad catholicos de secta Donatistarum

11,29	104

Epistulae

4*,5	59
71,5	449
219,3	340

In Iohannis evangelium tractatus

2,14	73
6,7	112
10,2	112
27,10	104

Locutiones in Heptateuchum 70

Retractationes

1,26	95
2,4,1	69
2,13	128
2,32	128

Sermones

1,2	343
2 A	98
50	110
52,19	111
58,11,13	394
59 A,6	112
59 A,7	111
59 A,8	110
61B	98, 110
61B,4	110
68 auct. (= Sermo Mai 126)	110
178,8	94
187	110
193	110
202,2	109
204B,2	109
204B,4	109
204C,1	109
213,10–11	395
272C	99, 111
272C,3	111
280	110
298A,1	110–111
307	110
319B	110
363A,2	112
363B	110, 112
363B,2	110

Sermones Dolbeau

16,16	111
27,4	112

Sermones praeter Guelferbytanos ed. Morin

9	110

Ps-Augustinus

Categoriae decem 182

Collatio Augustini cum Pascentio Ariano 10, 175, 189

De altercatione Ecclesiae et Synagogae 9, 23, 376

Dialogus quaestionum

1	227

Homilia de sacrilegiis

4(14)	417
8(27)	417

Sermones

1–3	106
1,4	106
2,1	106
2,3	106
3	107
3,4	106–107
109	100
245	112
302,3	417

Sermo Caillau-Saint-Yves 1, App. 8 106–108
Sermo Caillau-Saint-Yves 2, App. 17 106–108
Sermo Mai 37   106
Sermo Mai 126   110
Sermo Mai 194,2   94

Sermones ad fratres in eremo 105

1–44	99
46–48	99
50	99, 102
51	102

55	99
56	102

Authpertus von Monte Cassino
Sermo de Sancto Matthia 103

Avitus von Vienne
Carmina
4,496	107–108

Contra Eutychianam Haeresim 22
1,1	305
2,2	312
2,19	305

Epistulae
1	302, 311–312
5	307
7	302, 308
8	308
21–22	302
22	311
23	302, 308
28	303, 308
30	302–303
31	303, 308
46	43, 308
53	303
54	303

Fragmenta
fr. 2 (= Agobard von Lyon, *Liber de imaginibus Sanctorum*) 301
fr. 3 A (= Agobard von Lyon, *Liber adversus legem Gundobadi*) 301, 312
fr. 3B 312
fr. 30 (= *Epistula 1*) 302, 311–312
Homilia
24	303

Ps-Avitus von Vienne
Dialogi cum Gundobado rege vel librorum contra Arrianos relliquiae 10

Barberini Euchologion 398

Baudonivia
Vita Radegundis 2
16	12

Beda Venerabilis
Chronicon 176
De schematibus et tropis 71

Epistula ad Egbertum
5	417

Historia ecclesiastica gentis Anglorum
1,22	43

Blancidius
Epistula
2	411

Boethius
Contra Nestorium et Eutychen 265
1–3	267

De consolatione philosophiae
1,1,4	119

De sophisticis elenchis 181

Bonifatius
Ars grammatica 74
Epistula
46	44

Praefatio ad Sigibertum 74

Bonifatius I
Epistula ad Rufum et ceteros episcopos Illyrici
58

Caesarius von Arles
Praefatio libri sermonum 2 395
Sermones
5,5	100
6,1	101–102
7	102
13,2	395
14,1	100
16,1	101
17,1	101–102
19,1	101
29,1	101
31,2	101
45,4	101
73	462
73,2	462
74,2	462
100,4	102
130,5	395
133	102
140	93
140,2	94
151,1	101

224,3 100
229,6 395

Canon missae 471

Canon Romanus 449

Capitula Frisingensia
1,12 410

Capitula Vesulensia 416
13 417

Carmen de figuris vel schematibus 185, 187

Cassiodor
Institutiones
1,15,1–12 71
2,1,2 80
Variae 304

Chirius Fortunatianus
Ars Retorica
2,1 181–182
2,31 184

Chrodegang von Metz
Regula 44 410, 417

Chronograph von 354 (Filocalus) 448

Chronica Mozarabica a. 754 (= Continuatio Hispana a. DCCLIV)
48 373
50 375

Cicero
De inventione
1,53 184
2,159–167 95
Epistulae 125
Tusculanae disputationes
4,25 186

Claudian
De raptu Proserpinae
1,269 119

Claudianus Mamertus
De statu animae 136–138, 142, 304, 309

Ps-Clemens von Rom
Recognitiones 179

Codex Carolinus
Epistula
39 43
45 43–44

Codex Theodosianus 355, 358
12,1,158 355
16,5,48 52
16,5,52,5 202
16,8,23 355
16,9,3 355

Codices
Codex 1, Montepellier, Bibliothèque Interuniversitaire, Section Médecine, H 14 1
fol. 4 402
Codex Autun, Bibliothèque municipale S 184 (G III) 469, 471
Codex Florenz, Bibl. Laur. Edili 10 105
Codex Fulda, Hessische Landesbibliothek, Aa20 175
Codex London, British Library Harley 3081
fol. 80v–82v 99
Codex Lyon, Bibliothèque municipale, 599 175
Codex Lyon, Bibliothèque municipale, 610 187
Codex Madrid, Biblioteca de la Universidad complutense 134 204
Codex Metz, Bibliothèque – Mediathèque, 1212 175
Codex München, Bayerische Staatsbibliothek, Clm. 6344 462
Codex München, Bayerische Staatsbibliothek, Clm. 14410 400, 414
Codex München, Bayerische Staatsbibliothek, Clm. 15221
fol. 71r–74v 99
Codex Oxford, Bodleian Library, Laud. Misc. 92 221
Codex Paris, Bibliothèque nationale de France, nouv. acq. lat. 329 173–174
Codex Paris, Bibliothèque nationale de France, lat. 792 109
Codex Agobardinus, Paris, Bibliothèque nationale de France, lat. 1622 187
Codex Paris, Bibliothèque nationale de France, lat. 2738 99

Codex Paris, Bibliothèque nationale de France, Fonds, lat. 4860
fol. 49v   204–205
Codex Paris, Bibliothèque nationale de France, lat. 7193
fol. 41–56   396
Codex Paris, Bibliothèque nationale de France, lat. 8907   165
Codex Paris, Bibliothèque nationale de France, lat. 12234   220
fol. 44r–45v   221
Codex Paris, Bibliothèque nationale de France, lat. 12949
fol. 12   182
fol. 16v   183
Codex Paris, Bibliothèque nationale de France, lat. 13371
fol. 1–16   175, 189
fol. 16v–21r   175
fol. 22r–33v   175
fol. 33v–42r   175
fol. 42r–57r   175
fol. 57r–59v   175
fol. 60r–68r   175
Codex Paris, Bibliothèque nationale de France lat. 17416   221, 225
Codex Rein, Stiftsbibliothek 139
fol. 86v–88r   99
Codex St. Gallen, Stiftsbibliothek, Cod. Sang. 27
fol. 690–692   404
Codex St. Gallen, Stiftsbibliothek, Cod. Sang. 40   400, 471–472
Codex St. Gallen, Stiftsbibliothek, Cod. Sang. 681
fol. 4–54   175
fol. 6   176
Codex St. Gallen, Stiftsbibliothek, Cod. Sang. 911   417
Codex theologicus et philosophicus 201, Stuttgart, Württembergische Landesbibliothek 321
Codex Troyes, Bibliothèque municipale 804
fol. 106v–107v   221
Codex Vaticanus, Biblioteca Apostolica Vaticana, Pagès 1   186
Codex Vaticanus, Biblioteca Apostolica Vaticana, reg. lat. 141
fol. 127v   187
Codex Vaticanus, Biblioteca Apostolica Vaticana, reg. lat. 231
fol. 152v   411

Codex Vaticanus, Biblioteca Apostolica Vaticana, reg. lat. 240
fol. 121v   178
Codex Vaticanus, Biblioteca Apostolica Vaticana, reg. lat. 267   219–220
fol. 99r–100v   221
Codex Vaticanus, Biblioteca Apostolica Vaticana, reg. lat 316
fol. 3–245   396, 438
Codex Vaticanus, Biblioteca Apostolica Vaticana, reg. lat. 317   464
Codex Vaticanus, Biblioteca Apostolica Vaticana, reg. lat. 1746 79
Codex Vaticanus, Biblioteca Apostolica Vaticana, reg. lat. 3828
fol. 144r2–145r2   109
Codex Verona, Biblioteca capitulare, LI (49) 165
Codex Valenciennes, Bibliothèque municipale 170
fol. 51v–53r   221
Codex Würzburg, Universitätsbibliothek Cod. I. t. f. XXXIV
fol. 86v–88r   99

Coelestin
Epistula
21   287

Collectio Armamentarii
9   106–108

Collectio Arriana Veronensis, Contra Iudeaos
2,3   233

Collectio Herovalliana 13 414

Commentarius ad Symbolum Athanasianum 411

Concilium (s. Synode)

Consentius
Ars de barbarismis et metaplasmis 79

Consultationes Zacchei christani et Apollonii philsophi   9

Contra hereticos   165

Contra Iudaeos   9, 23, 165

Contra paganos 165

Conventus episcoporum ad ripas Danubii
a. 796 410, 413

Coripp
Iohannidos seu de bellis Libycis
1,380–381 210
3,198–261 209

Cyprian von Karthago
De testimoniis 378

Cyrill (s. Kyrill)

De altercatione Ecclesiae et Synagogae 9

Decretum Gratiani
3,3,28 348
3,4,105 395

De ordine sacrae oblationis 26, 466, 469–471
Prologus 469
1,2 470
1,6 470
1,11 470
1,20 470
2 470

Diomedes
Ars grammatica
1 83
2 78

Disputatio Cerealis contra Maximinum
18 250

Dissertatio Maximini
37–40 234

Dominus vobiscum 26, 441, 466, 468, 470–473

Dynamius
Vita Marii
1,2 310

Edictus Langobardorum
Incipit 39

Eligius von Noyon
De supremo iudicio
5–6 395

Ps-Eligius von Noyon
Homilia 6 415
Homilia 11 415

Elmenhorst-Homilie 417, 419

Encyclica de emendatione librorum et officiorum ecclesiasticorum 96

Ennodius von Pavia
Vita Epifani 304
154 304
164–165 304
165–167 304
171 304

Epiphanius von Salamis
Ancoratus
33 320
Historia tripartita
9,14 319
Panarion
69,19,7 320

Epistulae Arelatensis genuinae
19 306

Epistulae Austrasicae
32 40
34 40
37–39 40

Epistula Severi
5,2 363

Ermenrich von Ellwangen
Epistola ad Grimoldum
12 78

Ermoldus Nigellus exulis
Carmen in laudem gloriosissimi Pippini regis
416

Eucherius von Lyon
De contemptu mundi 142
Epistulae 135, 142

Eunomius
Apologia
14   234

Eusebius von Caesarea
Contra Marcellum
2,1,2   229
De ecclesiastica theologia 229
3,3,63   229–230
Historia ecclesiastica
7,24,6–9   179

Eusebius/Hieronymus
Chronicon
a. 368   73

Eusebius Gallicanus
sermo 12 A   107

Evagrius
Altercatio legis inter Simonem Judaeum et Theophilum Christianum 23

Exhortatio ad plebem Christianam 414, 417, 419

Explanatio evangelii de vilico 104

Expositio Symboli
2,1 (cod. I)   402
2,13 (codd. M Z Q V) 402

Faustus von Riez
De gratia Dei   137
De ratione fidei   140–141
De spiritu sancto   22, 137, 140, 304, 309–310
1,1   309
2,4   309

Flavius Josephus
Antiquitates Iudaicae 39
Bellum Iudaicum   39

Florus von Lyon
Collectio ex dictis XII partum 187
Contra Amalarium   171–172, 175
Epistola ad rectores ecclesiae 171–172, 175
Epistola ad synodum Teodonis 171–172, 175, 187
Invectio canonica in Amalarium officiographum 171–172, 176–177

Liber adversus cuiusdam vanissimi hominis qui cognominatur Joannes ineptias et errores
9   178
Liber de Christi divinitate 302
Liber de divina psalmodia 171–172, 175
Liber de electionibus Episcoporum 171
Liber de tribus epistolis (Ps-Remigius)
40   189
Relatio synodalis   172, 175
Sermo synodalis   171–172, 175

Ferrandus von Karthago
Epistula
6   341

Fulgentius von Ruspe
Ad Monimum
2,2,2–3   249
2,5,4–5   249
Ad Thrasamundum 21
1,2   207
1,2,2   208, 219
1,8,2   276
1,12,2   266
2,17,2   266
3,17,2   267
3,27,2   266
Contra Fabianum
fr. 2–3   267
fr. 4   266
fr. 12–13   267
fr. 18,7–10   275
fr. 33,5   266
fr. 36,1–2   267
Contra Fastidiosum
8,1   266
9–20   275
11   266
12   266
20,1–3   266
20,2   276
De fide ad Petrum
7–9   275
7–16   277
13   266
16   274
59   267
60   274
61   273

De incarnatione
2–23　　　　　　275
20–23　　　　　　275
De Trinitate ad Felicem
1,2　　　　　　　266
1,3　　　　　　　266
2,2　　　　　　　239
5,4　　　　　　　266
Dicta Regis Trasamundi　21, 208, 219–257
Epistulae
8,16　　　　　　266
8,26　　　　　　266
8,28　　　　　　266
10　　　　　　　271
11/12　　　　　　271
14　　　　　　　266
14,11　　　　　　267
14,18　　　　　　266
14,21–24　　　　275
14,25–34　　　　275
16,3–5　　　　　269
16,6–7　　　　　269
16,8–9　　　　　270
16,10–11　　　　270, 273
16,12–13　　　　270
16,18　　　　　　270
17　　　　　　　266, 274
17,1　　　　　　271
17,2　　　　　　271
17,3–13　　　　　271
17,4　　　　　　266
17,7　　　　　　273
17,10　　　　　　274
17,14–17　　　　271
17,18　　　　　　272–273
17,18bis　　　　　272, 276
17,19–20　　　　271
17,21　　　　　　266
17,21–22　　　　272
17,22　　　　　　267
18　　　　　　　276
Sermones
4,6　　　　　　　266
4,10　　　　　　266

Gallische Chronik a. 452　22, 282, 287, 307
21　　　　　　　289
22　　　　　　　288
24　　　　　　　290
39　　　　　　　290
44　　　　　　　289–290
51　　　　　　　288
54　　　　　　　290
58　　　　　　　289
60　　　　　　　290
73　　　　　　　288
74　　　　　　　290
81　　　　　　　289–290
83　　　　　　　290
98　　　　　　　288
108　　　　　　　288
122　　　　　　　290
124　　　　　　　288
127　　　　　　　288
128　　　　　　　288
129　　　　　　　288
134　　　　　　　290
135　　　　　　　289
138　　　　　　　288–289
141　　　　　　　283

Gelasius I.
Epistula ad episcopos Dardaniae
63　　　　　　　205

Gesta episcoporum Aquileia adversum haereticos Arrianos
43　　　　　　　233
47　　　　　　　233

Gennadius
De scriptoribus ecclesiasticis　135–136, 142
11　　　　　　　137
17　　　　　　　137
62　　　　　　　137
86　　　　　　　137
De viris illustribus　310
41　　　　　　　105
96　　　　　　　196

Ghärbald
Erstes Kapitular
3　　　　　　　　410

Gildas
De excidio et conquestu Britanniae
Praefatio　　　42

Gottschalk
De trina deitate　178

Gregor II.
Epistula
26   413

Gregor von Montesacro
De hominum deificatione
5,1430–1438   108
5,1496–1550   108

Gregor der Große
Moralia in Iob, Epistola ad Leandrum
2   80
5   73, 80
Registrum epistularum
1,45   360
7,21   360
9,209   347
11,10   347
11,36   43
12,1   204

Ps-Gregor der Große
Sermones   100–102

Gregor von Nazianz
Orationes theologicae
27   179
29,18   340
30,1   340

Gregor von Tours
De virtutibus sancti Martini
2,14   463
2,30   463–464
Decem Libri Historiarum
1,20   361
1,30   356
1,44   356
2,28   307
2,29–31   303
2,31   363
2,32   306
2,32–33   307
2,33   308
2,34   303, 308
4,12   361
4,35   361
5,11   362–363
5,43–44   10, 303
6,5   10
6,6   23
6,17   361, 364
6,18   10
6,40   10
8,1   359, 361
9.40   12
9,42   12
Liber in gloria confessorum
29   356
Liber in gloria martyrum
5   16
99   364
Liber Vitae Patrum
1,5   306

Gregor von Elvira
De fide orthodoxa contra Arianos
21   233

Guntram I.
Guntchramni regis edictum 463

Haito von Basel
Capitularia   418

Hieronymus
Adversus Iovinianum libri duo 372
Altercatio Luciferiani et Orthodoxi 164
19   163
Chronicon
a. 368   73
Commentarius in Danielem
2,5,7   73
Commentarius in Isaiam
18, prologus   60
Adversus Helvidium de Mariae virginitate perpetua 372
Epistulae
22,29,7   450
22,30   433

Hilarius von Poitiers
Instructio in psalmum
13,1   434

Hinkmar von Reims
De una et non trina deitate
13   178
Epistola 2 ad Nicolaum papam 178

Erstes Kapitular
1–8   409
Zweites Kapitular
1,8   409

Honoratus von Marseille
Vita S. Hilarii episcopi Arelatensis
29   360

Horaz
Ars poetica   122
Epodae
14,8   119

Hrabanus Maurus
Expositio in Matthaeum
8,26,41   345
De ecclesiastica disciplina 3 417
De institutione clericorum 407
De sacris ordinibus, sacramentis divinis et verstimentis sacerdotalibus ad Thiotmarum
     466

Hydatius
Chronicon   282–283
Praefatio 1   293
Praefatio 3   292
Praefatio 5–6   294
5   293
13   293
15   293
35   293
37   294
38   293
40   292–293
52   293
53   294
58   293
61   293
65   293
73   294
87   293
105   293
106   293–295
109   293–295
127   293
133   293–294
135   293–294
145   291, 293–295
151   294
177   294
215   294
221   293
242–244   294
248   293

Ildefons von Toledo
De cognitione baptismi
35   400
De virginitate perpetua sanctae Mariae
3   372
7   374
8   374
9   374
12   382

Innozenz I.
Epistulae
Ad Decentium episcopum Egubinum 55
Ad Rufum, Eusebium [...] episcopos 57
Ad Rufum Thessalonicensis episcopum 56–57
Ad Alexandrum Antiochenum 56

Irenäus von Lyon
Epideixis
3   391
6   391

Isidor von Sevilla
De ecclesiasticis officiis 401, 466, 471, 473
1, prologus   467
2, prologus   467
1,1   467
1,10   467
1,15   440, 468
1,16   468
1,18   467–468
1,26   468
1,37   469
1,41   469
De fide catholica contra Iudaeos 370, 386
Praefatio   371
1,8,2   371
De viris illustribus
14   221
22,1–6   325
Etymologiae   84
1,33,2–3   82
1,33,5   82
1,34,1   82

1,35,1	82
2,16,2	81
9,1	40
9,1,6–7	82
11,2,1–8	376

Sententiae

1,22(21),1	395

(Ps-?)Isidor von Sevilla
Epistulae

6,4	321
8,3	321

Iuvencus
Evangeliuorum libri quattuor

1,354–362	107

Jakob von Sarug
Homilia 1 444

Jesse von Amiens
Epistula de baptismo 408

JIWE

Nr. 8	355
Nr. 42–116	355
Nr. 189	356
Nr. 190	356
Nr. 191	356
Nr. 192	356

Johannes Cassian
Contra Nestorium

1,3	287
5,2	287
6,14	287

De incarnatione Domini contra Nestorium

6,4	233
6,11,1	398

Johannes Diaconus
Epistula ad Senarium

7	396

Johannes Maxentius
Brevissima adunationis ratio Verbi Dei ad propriam carnem

2–4	273

Contra Nestorianos

1,11–14	267
2,5–14	270
2,21	276

Dialogus contra Nestorianos 10
Libellus fidei

6,10	267
17,34	270

Responsio adversus epistulam Hormisdae

1,8	276

Johannes Scotius Eriugena
De divina praedestinatione

1,2	183
1,4	184

Johannes von Antiochia
fr. 209, 1 und 2 (= *Excerpta de insidiis* 93) 309

Johannes von Biclaro
Chronica

a. 590,1–3	213

Julian von Toledo
Antikeimenon 375, 377
De vitiis et virtutibus orationis

3,9	79

De comprobatione sextae aetatis 370, 375–376, 379

praefatio	378–380
1,1	376
1,2	376
1,12	377
3,35	377

Historia Wambae regis

5	379
28	379
Insultatio 1	379
Insultatio 2	379

Prognosticon futuri saeculi 375, 378

(Ps-?)Julian von Toledo
Ars grammatica

2,16,9	79

Julius Victor
Ars Rhetorica

4,2	182
6,1	182

Justin
1 Apologia
67,8   446

Justinian
Edictum de recta fide 348
Novella
146   360

Karl der Große
Admonitio generalis
80   418
Capitula a sacerdotibus proposita
4   410
Epistula
22   408
Epistula de oratione dominica et symbolo discendis   419
Libri Carolini
2,13–20   347

Konzil (s. Synode)

Kyrill von Alexandrien
Epistulae
46,1–2   268
Epistula ad Iohannem Antiochenum 339
4   268
Epistula secunda ad Nestorium 340
Thesaurus de sancta et consubstantialia Trinitate
24   343

Kyrill von Jerusalem
Catechesis
17,17   444

(Ps-)Kyrill von Jerusalem
Mystagogia
1,9   398

Laktanz
Divinae institutiones
5,1,15–17   433

Laterculus Veronensis 57

Laterculus Regum Wandalorum et Alanorum
                     204–205

Lateranisches Sakramentar 438

Leges Visigothorum. Liber Iudiciorum
12,3,6   374

Leo I.
Epistulae
15   292
16   62
67   291
102   292
103   292
104   264
165   340
Tomus ad Flavianum 285, 291
3   264, 340
5   264
Tractatus
24,6   393
98   397

Lex Romana Burgundionum 312

Lex Salica
Incipit Prologus   42

L'homéliaire de Saint-Père de Chartres 404

Liber Pontificalis   8

Libelli missarum   437

Liber altercationum christianae philosophiae contra erroneas et seductiles paganorum philosophum   9, 23

Liber Constitutionum
45   312

Liber Fidei Catholicae 21, 228–229, 251–255, 257
2,56   237, 241, 243–244, 248–249
2,57   243, 247, 256
2,60   247, 256
2,60–62   236
2,66   222, 227, 242, 247–248
2,66–2,70   237–238
2,66–2,74   227, 240, 250
2,67   233

2,68	223, 230–234	
2,69	230, 233, 237, 247–248	
2,70	223–225, 227–228, 234–235	
2,70–71	237	
2,70–72	238	
2,71	225, 235, 237, 239–241, 256	
2,72	223–226, 237, 240, 242, 245, 247	
2,73	237, 247	
2,74	236–237, 246–248, 256	
2,75	236, 249	
2,76	244, 248	
2,77	247	
2,78	247	
2,79	247–248	
2,80	247, 249	
2,82	226, 247	
2,83	247	
2,93	241	
2,94	249	
2,96	249	
2,98	249	
2,99	249	
2,100	249	

Liber mozarabicus sacramentorum 439–440
5	442
23	442
92–93	436
615	445
788	444

Liber ordinum mozarabicus 400
2,2	441

Malalas
Chronographia
14,33   309

Marius Victorinus
De homoousio recipiendo 175
Explanatio in rhetoricam M. Tullii Ciceronis
18   184

Markell von Ankyra
fr. 103   229

Markian
Epistula ad Leonem 281

Martial
Epigrammata
4,89,2   119

Martianus Capella
De arte rhetorica
53   184

Maximus
Relatio motionis   345

Missale Gothicum   434, 464–465
225   446

Missale Romanum   442

Missale von Bobbio   165, 434–435, 464, 469

Missale von Stowe   399

Mozarabische Liturgie   399

Nestorius
Epistula ad Caelestinum I.   54

Niketas von Remesiana
Competentibus ad baptismum instructionis libelli
2, fr. 4   394

Notitia dignitatum   52–53

Novella Valentiniani
17,1–4   198

Orosius
Historia adversus paganos
7,32,13   308
41,8   308
Liber apologeticus contra Pelagianos
6   59

Opus imperfectum in Matthaeum   164

Ordo Romanus XI   398–399

Ovid
Metamorphoses
11,124 107

Paenitentiale Cantabrigiense 418

Palladius von Helenopolis
Dialogus de vita Ioannis Chrysostomi 53

Paschasius Radbertus
Expositio in Matthaeum
8,26,41 345
12,26,39 345

Patricius
Confessio
38 43

***Pauca capitula ex dictis beati Gregorii Nazan-
zeni episcopi excerpta*** 175

Paulinus von Aquileia
Liber exhortationis 99

Paulus Diaconus
Epitome 83
Historia Romana
16,7 209
Homiliarium, prologus 96

Photius
Bibliotheca
cod. 230 274

Pirminius
Scarapsus
32 417, 419

Plinius der Jüngere
Epistulae
1–9 120
2 119
5,6,38 130
9,11,2 121
9,36,6 130
10 120

Porphyrius
Isagoge 182

Possidius von Calama
Indiculus 97, 105

Praeconium paschale 446

Praefationes
Praefatio 433 442
Praefatio 1261 445

Priscian
Praeexercitamina
7 182

Prokop
Bella
3,8,9–10 206
3,8,11 209
3,9,1–3 209
3,9,7 210
3,9,8 210
3,9,14–19 211
3,9,20–23 211
3,10,20–21 212
5,8,41–42 355
5,10,24–26 355

Prosper von Aquitanien
Chronicon
1220 286
1252 287
1261 287
1265 287
1266 286–287
1297 286–287
1301 287
1304 287
1306 286, 297
1327 196
1329 196
1336 287
1350 285, 294
1352 286
1358 286
1362 283–284
1364 283
1367 283
1369 283–284
1371 292
1376 285

Chronicon Additamenta Africana
1321 195
Chronicon Epitome Carthaginiensis
1321 196
De vocatione omnium gentium 43
1,6 44
Expositio Psalmorum 246

Prudentius von Troyes
De praedestinatione contra Joannem Scotum cognomento Erigenam 178

Psalmus responsorius 450

Quintilian
Institutio oratoria
1,8,14 75
5,10,23–29 181
9,2,18 185
9,2,26 186
9,2,26–29 186
9,3,65 187
9,3,89 185

Quodvultdeus
De cataclysmo
3,4 197
Liber promissionum et praedictorum Dei
32 197
36 197
37 197

Radegunde von Poitiers
Epistula ad Iustinum et Sophiam Augustos
13–16

Ratherius von Verona
Epistula
25 410

Ratio de catechizandis rudibus 414

Rhetorica ad Herennium
2,47 184
4,48–49 186
4,49 185

Riculf von Soissons
Anno Incarnationis Dominice DCCCLXXXVIIII Indictione VII
can. 8 410

Rufin von Aquileia
Expositio symboli 393
3 393
4 227
Historia ecclesiastica
10,20 54
10,22 54

Ruricius
Epistula
2,26 146–147

Rusticus
Contra Acephalos disputatio 10

Rutilius Lupus
Schemata lexeos
2,18 186

Sacramentarium Gelasianum vetus
 396–397, 438
5 436
6 436
145–146 437
152–154 437
310–315 396
311 397
385 441
418 398
418–424 398
445–448 437
1242 441
1243 441–442

Sacramentarium Gregorianum-Hadrianum 438, 442

Sacramantarium Gregorianum Paduense 439

Sacramentarium Hadrianum revisum Anianense cum supplemento 438

Sacramentarium Tridentinum 438

Sacramentarium Collectio Veronensis 437,
441–442, 445
75–78	439
217	442
515–520	439
946–947	437
951	437
952–954	437
1104	437
1110	437

Salvian von Marseille
De Gubernatione Dei 307

Schemata Dianoeas quae ad rhetores pertinent
2–4	185

Scolia Arriana in Concilium Aquileiense
21	234, 237
25	232
27	241
32	250
74	233

Sedulius Scottus
In Donati Artem maiorem
3	76

Seneca
De ira 186

Sermo Arrianorum 233, 320
27	241
28–29	249
31	243
32	243

Sermo Fastidiosi Ariani
3	232

Servius
Commentarius in artem Donati, de soloecismorum generibus 77

Sidonius Apollinaris
Carmina
2,360–365	311
8,7–8	123
16	136–138, 145
24	122

Epistularum libri 117–118, 126, 129–130
1	118, 124
1–7	120, 131
1,1	118, 144
1,1,1	118, 120
1,1,3	131
2,8,2	121
2,9,4	121, 129
3	121
3,4,1	357
3,14,1	122
4,3	136, 142
4,3,1	142
4,3,2–4	142
4,3,5	143
4,5,1	357
4,11	136
4,11,6	136
5,6	310
5,7	310
5,15,1	121
5,16	310
6	137
6,12,3	306
7	118–119, 125, 137
7–9	118–119
7,1–11	125
7,12–17	125
7,6	197, 307
7,6,2	304
7,6,10	310
7,7	310
7,8	144
7,18	119, 144
7,18,1	118
7,18,4	120
8	119, 131
8,1,1	119
8,4,3	145
8,16,1	119
8,16,3	130
9	117, 119–120, 122, 125, 136–137, 143
9,1	144
9,1–11	125
9,1,1	125, 144
9,1,4	120
9,1,5	146
9,2	125, 143
9,2,1	125

9,2,2	125
9,2,3	126
9,2–11	125
9,3	126, 136
9,3,1	137
9,3,5	138
9,3,6	141
9,3,7	138
9,4	126
9,5	126
9,6	126
9,7	126, 143
9,7,1	121
9,7,4	126
9,8	126
9,9	126, 136, 138, 140–144
9,9,3	126
9,9,3–5	144
9,9,3–16	139–140
9,9,5	144
9,9,6	143
9,9,6–11	141
9,9,7	126, 140
9,9,8	139–140
9,9,9	126
9,9,10–11	139
9,9,11	126, 140
9,9,12–15	141
9,9,14	141
9,9,15	141
9,9,16	141
9,10	126
9,11	126, 131, 134, 143
9,11,2	121, 131
9,11,5	131
9,11,6	126, 131
9,12	123, 125
9,12,1	123
9,12,2	123
9,12,3	123
9,12–16	122, 125–126
9,13	123
9,13,3	123
9,14	123, 126
9,14,4	123
9,15	123
9,16	121, 123, 140, 144
9,16,1	120
9,16,2	121
9,16,3	121, 123
9,16,4	121

Silvester I.
Acta Silvestri papae 23

Sixtus III.
Ad universos episcopos per Illyricum 58

Skeireins   164

Smaragdus von Saint-Mihiel
Liber in partibus Donati 74

Socrates Scholasticus
Historia ecclesiastica
7,30	308

Sophronius von Jerusalem
Epistula synodica   339

Sulpicius Severus
Chronica
1,24,2	41
2,2,5–6	41
2,3,7	40

Sulpicius Victor
Institutiones oratoriae
23,12	184

Symboli apostolici explanatio 404

Symbolum Apostolicum 227, 319, 389, 404, 417, 418

Symbolum Apostolorum 404

Symbolum Chalcedonense 26

Symbolum Nicaenum 25, 54–55, 163, 198, 231, 265, 326, 390, 404

Symbolum Nicaeno-Constantinopolitanum 227, 233, 248–249, 326–327, 390, 397, 399, 404, 419

Symbolum quicumque (= *Athanasianum*) 22, 26, 239, 317, 322, 325, 328–334, 390, 404, 409, 417
3–4   318
8–12   318
21–23   318
25–26   319
29–41   319
32–33   321
39–41   319

Symbolum Romanum 389, 395, 397, 399, 419

Symmachus
Relatio
3,2–3   160
3,8   160

Synodalordo – Inquisitio 8 410

Synoden
Synode von Aachen (836)
29   411
Synode von Agde (506) 310
can. 40   357
Synode von Antiochien (325) 240
Synode von Ariminium und Seleukia (359) 203
Epistula synodi Ariminensis 54
Synode von Autun (663–675)
1   321
Synode von Chalkedon (451)
can. 28   281
Synode von Clermont (535)
can. 6   358
can. 9   358
Synode von Clofesho II (747)
can. 10   416
can. 11   400
Synode von Elvira (um 300)
can. 50   357
Synode von Épaone (517) 310
can. 15   357
Synode von Karthago (419)
Epistula ad Bonifatium papam 55
Synode von Karthago (525) 205
Synode von Langres (859) 178
Synode von Laodicaea (um 340)
can. 37–38   358
Legatinische Synoden (786)

can. 2   400, 417–419
Synode von Mâcon (581–583)
can. 2   358
can. 13   358
can. 14   359
can. 15   357
can. 16   358
can. 17   358
Synode von Mainz (813)
can. 45   418–419
Synode von Mainz II (847) 416
Synode von Narbonne (589)
can. 4   359
can. 9   359
Synode von Orléans II (533)
can. 19   358
Synode von Orléans III (538) 357
can. 14   358–359
can. 30   359
Synode von Orléans IV (541)
can. 30–31   358
can. 31   358
Synode von Paris (829)
21   411
50   411
Synode von Pavia (845/850)
3   411
Synode von Reims (813)
can. 15   416
Capitula e canonibus excerpta 14 416
Synode von Rom (Lateransynode) (649) 343–344
Synode von Rom (826)
4   409
Synode von Rom (853)
4   409
Synode von Savonnieres (859) 178
Synode von Toledo III (598) 323
Canones   327
Gothorum professio fidei 326
Regis professio fidei 213–214, 326–327
Synode von Toledo IV (633)
can. 1   327–330
Synode von Toledo VI (638)
Canones   330
Synode von Toledo XI (675) 330
Synode von Tours (813)
can. 17   416
Synode von Valence (855)
can. 6   178

Synode von Vannes (461/491)
can. 12   357

Tacitus
Dialogus de oratoribus 157

Te Deum   450

Tertullian
De praescriptione haereticorum
7,9   450

Theodoret
Historia ecclesiastica
5,9   319
5,9,11   319

Theodosius von Alexandrien
Epistula ad Theodoram
3   274

Theodulf von Orléans
Erstes Kapitular
28   407–408
Zweites Kapitular
1,8   410
1,8–9   408

Traditio apostolica
4   441

Varro
Libri disciplinarum 142

Venantius Fortunatus
Carmina
2,1–6   12
5,5   362–363

Vergil
Aeneis
1,212   77
5,9   107
6,462   106
6,687–688   107
6,721   106
Eclogae
8,11   118

Victor von Tunnuna
Chronica
a. 497,4   207
a. 523,2   208
a. 534,1   212

Victor von Vita
Historia persecutionis Africanae provinciae
1,22   203
1,22–23   197
1,23   197
1,29   203
1,39   203
2,1   199
2,3–4   199
2,38–39   201
2,39   201, 203
2,46   202
2,56–101   222
3,3–14   202
3,4–5   203
3,5   231
3,8   202
3,19   198

Vigilius von Rom
Epistula ad Profuturum episcopum 435

Vigilius von Thapsus
Contra Arrianos Sabellianos Fotinianos dialogus 10
2,3   242
2,4   227
Contra Felicianum et Arianum de Unitate Trinitatis Optatum liber dialogus 10
Contra Varimadum Arianum (= Contra Marivadum Arianum diaconum libri tres) 10
Contra Eutychem Libri Quinque 10
De sancta Trinitate II
3   228
Sententia Probi   227
Solutiones obiectionum Arrianorum 10
3   228

Vita Abbatum Acaunensium absque epitaphiis
1   308
4   308

Vita Aviti   302
1   301

Vita Bonifatii auctore Willibaldo 416

Vita Caesarii episcopi Arelatensis
1,31	357
1,56	407
2,49	360

Vita Fulgentii (Ferrandus von Karthago)
1,4	267
20	207
20,44	255
21,46	220–221, 254
26	204

Vita Patrum Iurensium 307
93	306

Vita Suetonii
43–44	78

Wilhelm von Saint-Thierry
Disputatio adversus Petrum Abaelardum
4	229

Zacharias
Epistulae
68	413
80	413

List of Contributors

Hanns Christof Brennecke is Emeritus Professor of Church History at the Friedrich-Alexander University of Erlangen-Nuremberg (Germany).

Carmen Cardelle de Hartmann is Professor of Medieval and Modern Latin at the University of Zurich (Switzerland).

Volker Henning Drecoll is Professor of Church History at the Eberhard Karls University of Tübingen (Germany).

Wolfram Drews is Professor of Medieval History at the University of Münster (Germany).

Benjamin Gleede is Research Fellow at the University of Zurich and at the Katholieke Universiteit Leuven (Switzerland/Belgium).

Uta Heil is Professor of Church History at the University of Vienna (Austria).

Yitzhak Hen is Professor of Late Antique and Early Medieval History at the Hebrew University of Jerusalem and Director of the Israel Institute for Advanced Studies (Israel).

Wolfram Kinzig is Professor of Church History at the Rheinische Friedrich-Wilhelms-Universität Bonn (Germany).

Jan-Markus Kötter is University Assistant at the History Department at the Heinrich-Heine University Düsseldorf (Germany).

Walter Pohl is Professor for Medieval History at the University of Vienna and Director of the Institute for Medieval Research at the Austrian Academy of Science (Austria).

Richard Price is Honorary Research Fellow of Royal Holloway College at the University of London (England).

Irene van Renswoude is Professor by special appointment of Medieval Manuscripts and Cultural History in the department of Book Studies at the University of Amsterdam. She is also researcher at Huygens ING in Amsterdam, a research institute of the Royal Netherlands Academy of Arts and Sciences (KNAW), and postdoctoral research fellow in the project The Art of Reasoning. Techniques of Argumentation in the Medieval Latin West (400–1400) (the Netherlands).

Els Rose is Professor of Late and Medieval Latin at Utrecht University (the Netherlands).

Christoph Scheerer is Research Assistant for the Edition of Athanasius-Werke (Vol. III, 7) at the University of Vienna (Austria).

Fabian Schulz is Junior Research Group Leader in the Emmy Noether Program of the DFG at the Eberhard Karls University of Tübingen (Germany).

Roland Steinacher is Professor of Ancient History at the University of Innsbruck (Austria).

Günter Stemberger is Emeritus Professor of Jewish Studies at the University of Vienna (Austria).

Mark Vessey is Professor of English and Principal of Green College at the University of British Columbia, Vancouver (Canada).

Andreas Weckwerth is Professor of Ancient Church History and Patristics at the Catholic University of Eichstätt-Ingolstadt (Germany).

Clemens Weidmann is Research Collaborator for the Corpus Scriptorum Ecclesiasticorum Latinorum (CSEL) at the University of Salzburg (Austria).

Ian Wood is Emeritus Professor of Early Medieval History at the University of Leeds (England).

www.ingramcontent.com/pod-product-compliance
Lightning Source LLC
Chambersburg PA
CBHW060452300426
44113CB00016B/2567